# 壽險精算理論與實驗

張運剛 編著

(第二版)

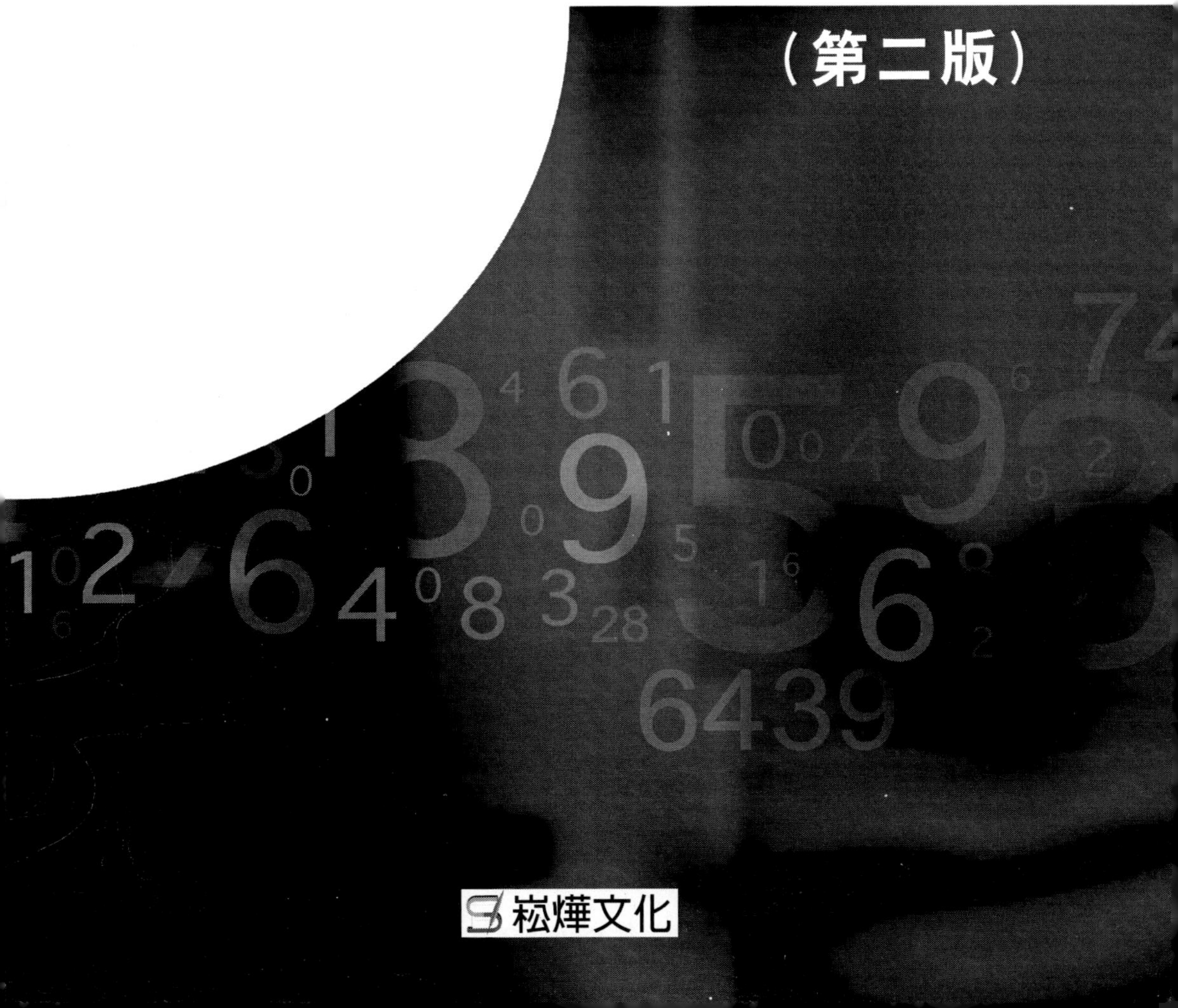

崧燁文化

# 前言

保險精算學在國外已有 300 多年的發展歷史,而國內僅僅走過 20 余年的歷程,但中國精算教育、資格考試、實際應用等方面都取得了顯著的進展。壽險精算學作為保險精算學的重要組成部分,由於其體系相對成熟,因而成為保險學相關專業的重要課程,也是精算師資格考試的必考內容。

壽險精算方面的教材大量湧現,其中不乏優秀之作,但有關壽險精算方面的實驗教材可以說仍十分缺乏。這主要受制於昂貴的專業軟件,不太可能大規模地運用於教學環境之中,目前國內外主要在探索運用一些統計軟件、數學軟件或編程來解決計算問題。

本人從事壽險精算方面的教學與科研已有 10 余年歷史,涉及本科與研究生兩個層次,有一些教學體會,也撰寫了一些計算機技術在壽險精算中運用的論文,並從 2003 年起在壽險精算、利息理論等課程中增加了實驗課教學內容。2007 年西南財經大學啓動了實驗教學項目,我所主持的「壽險精算實驗」被學校列為首批重點建設的實驗項目。在建設過程中,我感覺很有必要將教學過程中的心得體會編寫成書,供大家分享。

本書共分為十一章。第一章為壽險精算概論,簡要介紹壽險精算的內涵、研究內容、發展歷程、精算教育及資格考試。第二章至第十章為壽險精算的基本理論部分,主要介紹單生命、多生命、多減因條件下有關保險費及責任準備金的計算。第十一章為壽險精算實驗,主要是配合前面一至十章的基本理論,以實例為主進行操作演練。每章都有小結對全章進行簡明的概括,使讀者理清研究思路,同時配有大量習題,主要包括計算題與證明題。

本書特色之一是條理清楚,強調知識點之間的邏輯聯繫。全書共分概論部分、基本理論部分與實驗部分,其中基本理論部分又可分為單生命精算理論與多生命精算理論、單減因模型與多減因模型。在具體內容上,盡量體現各節或各目之間的平行關係,由此加強知識之間的聯繫性。

本書特色之二在於重視理論推導的同時,加強對其實際意義的通俗解釋。理論的推導既有助於讀者對基本理論的掌握,也有助於讀者精算思維的培養和實際應用的開發;通俗解釋則有利於將重複問題簡單化,增加讀者學習精算的興趣。

本書特色之三是強調理論與實驗的結合。精算中替換函數的出現是為了簡化計算,但隨著計算機的發展而走向衰亡,不少教材已開始弱化其作用。本書則注重精算結果的替換函數表達式,因為運用 Excel 將會非常方便地進行計算,本課程實驗非常適合已掌握了基本理論的讀者,也就是說實驗內容能促進基本理論的掌握,對基本理論的熟練掌握也有助於實驗活動的開展。

本書特色之四是突出理論與現實的結合。全書舉例以中國人壽保險業經驗生命表(2000—2003)為背景,得出的結論對現實有較強的解釋性。本書的方法也可運用於社會保險精算中去,為社會保險改革提供技術支持。

本書特色之五是操作性強。本書實驗的運行環境是 Excel,而這種程序比較易學、簡明直觀,容易獲得,實驗起來也很方便。本書很多的實驗內容具有半自動性,需要讀者根據需要進行適當調整。讀者可以此為向導,繼續豐富實驗內容。

本書是以卓志教授為課程建設負責人、筆者為課程建設重要成員的 2009 年度國家精品課程「壽險精算」的課程建設的重要成果之一。

本書適用於保險學專業、精算方向等相關專業的讀者,也可作為準備參加精算師資格考試參考用書;教學過程中,可根據不同教學對象,對內容進行取捨。

由於筆者知識水平的限制,加之時間倉促,錯誤在所難免,懇請廣大讀者批評指正。



張運剛

# 目　　錄

# 第一章　壽險精算概論



本章首先分析了壽險精算的內涵、內容及研究意義;其次探討了壽險精算的發展歷程與面臨的挑戰;最后介紹了精算教育與精算師資格考試制度。

## 第一節　壽險精算的內涵、內容及研究意義

本節主要討論壽險精算的有關概念、主要內容以及學習壽險精算對壽險公司經營管理所具有的重要意義。

### 一、壽險精算的內涵

#### (一) 精算(學)

Actuarial Science,傳統上譯為「保險統計」,現在譯為「保險精算學」(或「精算學」)。有關精算學這個名詞,世界各國都無從考證它的來源,也沒有統一權威的定義,但一直為人們所沿用下來。雖然對其內涵與本質難以準確地描述,但比較流行的定義是:精算學就是運用數學、統計學、金融學、保險學、人口學等學科的知識原理,去定量解決金融保險等領域與風險有關的實際問題,為決策提供科學依據的一門應用型學科。精算與保險相結合形成保險精算學,與投資活動相結合形成投資精算學,與人口問題相結合形成人口精算學,等等。總之,精算學正在將數學、統計學、金融學、保險學、經濟學原理運用於需要計算或定量分析的項目中去。

#### (二) 保險精算學

保險精算學是精算學的重要組成部分。其一般定義為:將數學、統計學、金融學、保險學、人口學等學科的知識原理運用於商業保險、社會保障業務中需要定量分析的項目中去,諸如生命表的構造、費率的厘定、準備金的計提、盈余的分配等,

以保證保險經營穩定性和安全性的一門學科。簡言之,保險精算就是將數學方法運用於保險領域以解決實際問題所形成的一套理論體系。保險精算也可理解為在一系列假設條件下遵循收支平衡原則所進行的「精確計算」。這些條件包括:預定死亡率(預定事故發生率)、預定利息率、預定費用率和預定解約率。由於實際死亡率、實際利息率、實際費用率、實際解約率與相應的預定率之間存在差異,因而就產生了死差損益、利差損益、費差損益和解約差損益等諸多問題。

### (三) 保險精算的分類

保險精算可以分為壽險精算與非壽險精算;也可以分為壽險精算、非壽險精算、健康保險精算和社會保險精算。后者的非壽險精算則是指其狹義的含義,主要涉及財產損失與責任保險。

壽險精算主要研究以被保險人的生存和死亡為條件而引起的一系列計算問題。既包括以單個被保險人生存死亡為條件的情形,即單生命年金、壽險問題,又包括多個相互關聯的被保險人生死組配下的年金、壽險問題。在單生命條件下,主要研究(生存) 年金保險、死亡保險、生死合險的保費的計算、準備金的計提等問題。在多生命條件下,主要研究年金保險與人壽保險保費、準備金等問題的計算。除了研究死亡這一單風險情形外,還研究殘廢(疾)、離職、適齡退休等多減因條件下年金保險、人壽保險的有關精算問題。

非壽險精算或意外險精算與壽險精算在具體的研究對象上各有側重,區別顯著。非壽險精算研究自然災害、意外事故的發生頻率和損失幅度的分佈以及由此而產生的一系列計算問題,如保費的計算和責任準備金的提取。換言之,非壽險精算是建立在風險理論基礎上的一門現代技術,是以現代數學和數理統計為手段,對非壽險經營活動的各個環節進行數量分析的一門學科,是認識、解釋和改造非壽險經營活動的重要武器。因此,非壽險精算的計算基礎則是預定事故率(建立在損失幅度之上)、預定費用率、預定解約率等。



## 二、壽險精算的研究內容

### (一) 壽險精算的計算基礎(或精算假設) 研究

這些研究包括:一是利率及其有關計算問題的研究;二是生命表與生命表函數的研究;三是費用率、解約率等問題的研究。

### (二) 單減因條件下的壽險精算研究

1. 單生命壽險精算問題研究

它以單個被保險人為研究對象,主要研究(生存) 年金保險、死亡保險與生死合險的保險費與責任準備金等問題的計算,並對利潤來源進行分析,等等。

2. 多生命壽險精算問題研究

它以多個相互關聯的被保險人為研究對象，主要研究多生命狀態下生存年金或人壽保險的保險費、責任準備金等計算問題。

**（三）多減因條件下的壽險精算研究**

它主要研究多元風險模型、養老金精算等問題。

## 三、研究壽險精算的意義

壽險精算在壽險經營中占據著十分重要的地位，是保險經營的科學基石，壽險經營的科學運行離不開壽險精算。之所以說壽險精算對壽險經營具有如此重要的意義，主要還是由於壽險經營具有特殊性。

**（一）壽險經營風險性離不開壽險精算**

我們可以通過壽險經營對象的風險性來說明壽險經營活動的風險性。壽險經營的對象涉及被保險人的生存和死亡。被保險人在不同年齡階段的生存概率與死亡概率大小對保險公司的經營有顯著影響。換言之，被保險人在不同年齡階段的生存或死亡，影響著保險金支付的多寡，實際上影響了保險金支付現值的大小。雖然人的生死具有客觀必然性，但就個體來講，則呈現出不確定性，大量的個體的生死則呈現出統計規律性。壽險經營要實現穩健經營，必須把握這種規律，即生死概率。壽險經營是以過去人群生死可能性大小去估計未來人群生死概率，以此作為計算保險費、責任準備金的基礎之一。這種預期的生與死的概率幾乎難以與實際的生與死頻率完全吻合。不吻合是絕對的、一般的和普遍的，但我們可以盡可能地讓預定的死亡率與實際死亡率接近，即盡可能滿足大數法則的條件：承保人數大量且獨立同分佈。

具體地講在選擇被保險人時，要求：① 承保人數應盡可能多，以便充分發揮大數法則的作用（風險大量性原則）；② 同一年齡組的被保險人生死概率盡可能接近（同質性原則）；③ 各被保險人之間的生死應當盡量地相互獨立（獨立性原則）。然而這些理想條件在實際生活中往往難以被滿足。主要表現在：參加保險的人畢竟有限，從而決定著相對風險並不為零，也就是說風險是客觀存在的。同時，同一年齡組的人也不太可能做到完全同質，一方面是受技術的限制；另一方面即便要辦到，也會使壽險功能受到抑制，否定保險的基本內涵，動搖大數法則的科學性。此外，壽險經營中的風險也許可能罕見，但也不排除幾年、幾十年甚至上百年遭受突發性大災，如戰爭、洪水、地震等，造成大面積的被保險人死亡的可能。醫療條件的改進、人類平均預期壽命的普遍提高都對壽險經營產生著重大影響。因此，在壽險經營中必須考慮到這些風險的存在，除採取積極措施防範道德風險及逆選擇外，還可用定量方法進行風險加成或安全附加,以應付實際與預期的偏差。為了應付巨災風險,還應逐步累積總準備金,提高自身的償付能力。凡此種種,都離不開精算的方法或技術的支持。

**(二)壽險經營成本的未來性離不開壽險精算**

壽險經營的成本與一般工商企業的產品成本存在著差異,表現在一般產品成本發生在過去,產品銷售出去,成本就得到彌補。而壽險經營的成本却發生在未來,即保險公司的成本只有在未來風險發生或者保險期滿時才能核算。由於壽險經營對象的風險性,為應付未來成本而籌措的保險費與未來實際發生的現實成本難以完全匹配。發生差額是普遍的、常見的。因為預定的計算基礎與實際的計算基礎往往不一致。為了使這種差額盡可能地縮小,可以通過建立準備金制度來實現。換言之,需要合理確定保險費成本或保險費率。同時,壽險經營過程中也存在閒置資金,如何投資運用好閒置資金,不僅關係到保險公司能否增強經濟實力,彌補承保利潤的下滑,而且還有助於減輕或消除利差損、死差損、費差損和解約損等缺口。然而投資額度的確定、投資風險的分析、投資項目的選擇、投資收益率的計算、投資綜合效益的評估等,都需要精算技術的支撐。因此,由於壽險經營成本的未來性,意味著經營成本的不確定性需要通過保險精算技術來降低或消除。

**(三)壽險經營責任的長期性和連續性離不開壽險精算**

由於投保對象千差萬別,致使投保人在投保時間、投保金額等方面表現各異。就一個會計年度來考察,該年度內隨時隨地有投保的可能,而保險期限一般較長且又各不相同,壽險責任表現出長期性和連續性,也導致保險年度與會計年度不完全一致,這就使保險費收入並非全部為盈余,而是包含著各種各樣的責任準備金。所謂責任準備金,就是保險人為了履行未來的賠付責任而從所收取的保險費中提取的資金準備。具體可用下面方法來計算:某個保險年度末的責任準備金等於該年度末未來保險金給付(的精算)現值減去未來純保險費收入的(精算)現值(未來法),或者等於該年度末過去已收取保險費的(精算)累積值減去已付保險金的(精算)累積值(過去法)。然后,再將保險年度末責任準備金轉換成會計年度末責任準備金,以便進行會計核算。由此可見,責任準備金是保險人對被保險人的負債,而不是保險人的資產。責任準備金的提存關係到保險人責任的履行能力,也關係到保險人盈余的多少,這些都需要精算技術來合理地處理。

除上述所分析的項目需要精算外,壽險經營的重複性決定了壽險中涉及精算的項目還相當多。如壽險經營中的利潤分配和評估、解約價值的確定以及由此產生的保單選擇權帶來的有關計算、最低償付能力的測定;經濟波動、利率調整、新生命表的採納、通貨膨脹與緊縮對壽險的經營同樣產生影響,由此引起相應的調整,並帶來有關的計算問題,所有這些都需要運用精算原理來解決。

總之,壽險要科學經營,客觀上需要精算,壽險精算在壽險經營中的重要地位毋庸置疑。

## 第二節　壽險精算的發展歷程與現狀

本節主要研究壽險精算的發展歷程與現狀,更詳細的研究請讀者可瀏覽各主要精算師協會的網站。

### 一、壽險精算的起源與發展

從歷史演進的角度來看,壽險精算與壽險經營密切相關,是從壽險經營的窘境中應運而生的一門新興學科。換言之,壽險精算是由於客觀需要而產生的。

從人壽保險產生和發展歷程可以看出壽險精算的起源和發展。近代保險出現最早的是海上保險,最初承保的對象主要是船舶和貨物,后來擴展到作為貨物運輸的奴隸的人身保險,再后來逐步擴展到對船長、船員、旅客進行人身保險。這一時期還出現了賭博性的人身保險,為與自己毫無關係的人投保,以他人生死進行賭博引發了道德危險,后來規定了保險利益原則后,這一賭博性的人身保險才告終結。

據記載,世界上最早的壽險保單,是在 16 世紀末由一群海上保險承保人對 William Gibbon 簽發的一年期的定期保單。1706 年在倫敦成立了英國早期的壽險組織 —— 協和保險社。1721 年,經特許成立的皇家交易保險公司和倫敦保險公司開始經營壽險業務,此外還有一些組織機構也開始經營壽險業務。

這一時期的壽險經營具有如下幾個特點:① 壽險不是作為一個獨立險種,僅為火險、海險的副產品,尚未大規模獨立地經營。② 壽險業務所承保的對象限制較多,以特殊人群作為承保對象。主要局限於商人、企業合夥人,將病人、老人一概拒之門外。③ 壽險的保險費採用賦課式,未將年齡大小、死亡率高低等因素考慮進去。④ 壽險經營具有冒險性,表現在壽險經營缺乏嚴密的科學基礎。由此導致壽險業的經營不景氣,保險技術停滯不前。

由於早期的保險社團、共濟會經營壽險業務時要求參加這些組織的成員死亡后給付的金額由生存的成員進行分攤,而不考慮年齡等因素,於是參加保險的老年人越來越多,而年輕人則紛紛離開這些組織。為了改變這種不利狀況,有些保險社團規定參保成員年齡不得超過 45 歲。1756 年,一位名叫詹姆斯・道森(James Dodson)的數學家因年齡已達到 46 歲,要求參加協和保險社遭到拒絕,其結果成為壽險精算興起的導火線。道森對遭到拒絕極為不滿,認為協和保險社不接受年齡超過 45 歲的人參保,是保費計算不科學、成員費用分攤不合理所致。如果年齡大的人按照較高死亡概率繳納較多的保費,就沒有理由拒絕他們參加保險了。他依據哈雷編製的生命表,提出了自然保費和均衡保費的計算思想。但是,限於道森當時所處的社會與經濟環境,他的建議在其有生之年並未得到協和保險社以及特許保險公司等的重視和讚同。直到 1762 年倫敦公平人壽保險公司(簡稱「老公平」)成立,道森的方案才被採納。「老公平」第一次依據生命表,採納均衡保費的辦法來收取保險費,從此開創了壽險經營的新局面,使之走上了科學經營之路。就這樣,現代壽險精算科學正式從「老公平」的壽險經營中誕生了。

下面我們來考察壽險精算發展過程中的一些重大事件。

第一,格蘭特對壽險精算的貢獻。歷史上第一張生命表出現在 1662 年由英國學者約翰·格蘭特(John Graunt)編寫的《關於死亡表的自然和政治的觀察》一書中(當時稱為死亡表),如表 1 - 1 - 1 所示。

表 1 - 1 - 1　　**倫敦居民死亡表(每 100 人)**

| 年齡(周歲) | 死亡數(人) | 年齡(周歲) | 生存數(人) |
|---|---|---|---|
| 0 ~ 6 | 36 | 6 | 64 |
| 6 ~ 16 | 24 | 16 | 40 |
| 16 ~ 26 | 15 | 26 | 25 |
| 26 ~ 36 | 9 | 36 | 16 |
| 36 ~ 46 | 6 | 46 | 10 |
| 46 ~ 56 | 4 | 56 | 6 |
| 56 ~ 66 | 3 | 66 | 3 |
| 66 ~ 76 | 2 | 76 | 1 |
| 76 ~ 86 | 1 | 86 | 0 |

註:年齡段 0 ~ 6 周歲包括右端年齡 6,不包括左端年齡 0;其余同此。

所謂生命表就是研究同時出生的一批人整個生命過程的統計表。從構成生命表的時間性質來看,生命表是假定一批人的生命過程的統計表。由於生命表是根據年齡別死亡率編製的,因而它又從另一個側面反應了同時出生的一批人隨年齡的增長而陸續死亡的過程,所以又可將其稱為死亡表。現在生命表的編製技術已日趨完善,所包含的基本項目也更多一些。

格蘭特編製第一張生命表或寫作《關於死亡表的自然的和政治的觀察》一書時,倫敦已經發展成為擁有幾十萬人的城市,人口非常集中,公共衛生條件非常惡劣,隨時都有爆發瘟疫的可能。據記載,1348 年倫敦發生了鼠疫,接著在 1563 年、1592 年、1603 年、1625 年、1665 年發生了鼠疫流行病,每次都有大量居民死亡。1592 年教會開始了洗禮、埋藏的記錄。在 1603 年的鼠疫之后,倫敦每週公布出生、死亡人數表,並成為定例,這樣就累積了豐富的人口統計資料。格蘭特根據 60 年來的人口統計資料進行了多年研究,於 1662 年寫成了《關於死亡表的自然的和政治的觀察》。他發現了人口變動中一些帶有規律性的東西:① 男嬰出生多於女嬰(14∶13);② 男性死亡率高於女性;③ 總人口中男性多於女性;④ 出生初期的死亡率較高;⑤ 大城市的死亡率高於其他地方,等等。

第二,道森的有關計算思想直接受其老師法國數學家棣模佛(Abraham De Moivre)的影響。1724 年棣模佛提出了一個死亡法則,並成功地簡化了當時大家頗感棘手的年金問題的計算。該死亡法則為:$l_x = \frac{86 - x}{86} l_0$,其中 $0 \leqslant x \leqslant 86$。

第三,哈雷等人對壽險精算做出了貢獻。1693 年,英國數學家、天文學家埃德蒙・哈雷(Edmund Halley)編製出了世界上第一張完全生命表(德國 Breslau 市生命表,總計 34,000 人,根據 1687—1691 年間出生和死亡數據編製),它精確地表示了每個年齡的死亡概率,為壽險的計算提供了依據。該生命表奠定了精算學的基礎,甚至有些人將哈雷編製的生命表的出現視為精算科學的開始。

18 世紀四五十年代,辛普森根據哈雷生命表,作出了隨死亡率增加而遞增的費率表;之后道森依照年齡差異計算保費,並提出了均衡保費思想,但直到 1764 年才運用於「老公平」的經營實踐之中。

第四,概率論的產生和發展為精算學的發展奠定了數理基礎。因為概率是研究隨機現象規律性的一門學科,而壽險所給付的保險金依據被保險人的生死來進行支付,其生死實際上也是一個隨機事件。

第五,計算機對壽險精算產生了重大影響。功能日益強大、日益大眾化的計算機改變了壽險精算的研究範式,將壽險精算從繁瑣的計算事務中解放出來,將研究的重點從如何計算轉向為什麼要這樣計算上來。

## 二、壽險精算的發展與作用

### (一) 壽險精算的發展

根據上述研究,世界上首家任命了精算師的近代壽險公司是 1762 年成立的「老公平」,然后又有數家保險公司相繼成立,但其中有些保險公司成立不久便夭折了。當時在養老金和壽險數學方面已達到了相當高的水平,但是:① 其死亡率未建立在充分統計的基礎上;② 對資產負債是否平衡沒有足夠的驗證;③ 對保險和養老金的長期性認識不足。而這幾點恰恰是精算學難點之所在,因此,導致一些公司夭折。即便是現在,保險公司陷入同樣困境的情況也時有發生。

1848 年,英國精算師協會成立,標誌著精算學的原型已基本確定下來。1848 年英格蘭精算師協會(The Institute of Actuaries) 在倫敦成立,1856 年蘇格蘭也在愛丁堡成立了精算師公會(The Faculty of Actuaries) ,1994 年兩個組織建立起統一的英國精算師資格考試制度,從此這兩個組織事實上已統一起來,被稱為英國精算師協會(The Faculty and Institute of Actuaries)。協會成立的目的:一是改進運用於壽險實踐中的數學理論;二是傳播知識,確立一些有關利息與概率方面的原則。從 1850 年版的英國 *Assurance Magazine* 中刊載的《精算學會會員規則》可以看出,會員分為研究會員、準會員和正式會員三個級別。級別越高,需考試的內容越多,難度也越大。這些考試含有必備的數學知識、保險學知識,能構造有關統計表,能計算保險費和盈余分配等內容。

然后,精算制度、精算技術逐漸傳到歐洲各國以及美國、加拿大、日本等國。

在1900年之前,已有10個精算職業組織。1856年蘇格蘭精算學會成立、1888年荷蘭壽險公司數學顧問協會成立、1889年美國精算師協會成立、1890年法國精算師協會成立、1895年比利時皇家精算師協會成立、1897年成立了義大利精算科學促進協會及澳大利亞新南威爾士精算師協會、1899年日本精算學會成立、1900年俄羅斯保險科學協會成立。此后,丹麥、德國、奧地利、匈牙利、瑞典、挪威、瑞士、加拿大、美國(非壽險精算師協會)、捷克、波蘭等 10 多個國家的精算師職業組織陸續成立。

此后,陸續有精算師職業組織成立,比如自20世紀90年代以來,匈牙利於1991年、塞浦路斯於 1993 年、斯洛伐克於 1995 年、加納於 1996 年、津巴布韋於 1997 年、埃及於 1999 年建立了精算師職業組織。當然,也有一些精算職業組織在停止活動一段時間后再次運轉,如波蘭於1991年、捷克於1992年、俄羅斯於1994年恢復精算活動。2007 年 11 月,中國精算師協會成立。

值得特別指出的事件是:1895 年成立的國際精算師協會對保險精算的發展起到了重要的推動作用。1895 年,國際精算師協會(the International Actuarial Association,簡稱 IAA) 在比利時首都布魯塞爾成立,並召開了會員大會。它是全球精算職業組織和個人精算師的組織。該組織於 1998 年重組,它致力於全球精算職業組織的發展,其技術領先,專業可靠,確保服務於公眾利益。它屬於非營利、非政治與非政府組織,加入聯合國的經濟和社會委員會的名錄,並被國際勞工組織登記在冊。其主要作用體現在:一是擴大精算職業的影響,提高精算師的聲譽;二是制定服務於大眾的更高的精算職業標準;三是促進精算學科知識體系的構建;四是促進個人精算師的職業發展;五是促進精算師之間的相互瞭解與相互尊重;六是為精算師和精算組織提供研討的場所;七是努力成為超國家團體的精算職業組織。

國際精算師協會的常設機構是理事會,下設執行委員會、法規委員會等委員會,由正會員、準會員、機構會員以及七個司(金融風險精算方法司、非壽險精算研究司、國際諮詢精算師司、健康保險司、年金員工福利社會保障司、無國界精算師司、壽險司)構成。

國際精算師協會肯定了歐洲精算師組織為相互認可所做的工件,目前正在著手成員組織間的精算師資格的相互認可和推動成員組織之間的相互合作,在學歷認可制度與資格考試制度之間尋找平衡點,使精算師能發揮更大的作用。國際精算師協會主席 Alf Guldberg 2005 年 11 月在巴西里約熱內盧會議上的講話中認為,精算師的基本訓練加上隨后的實踐工作就能應對新的挑戰,因此,他認為風險控制經理的任務就是招募在精算方面訓練有素的合適人選。他還認為,創建像 FIAA(Fellow of the IAA)這樣的世界性品牌對精算師未來發揮更大的作用有重要的影響。

由於世界各地精算教育與考試制度的基本框架仍遵從一般規律,例如壽險精算的基礎模型生命表,人類的生命本質也客觀地遵從某一規律,國際精算師協會於 2005 年制定出認可合格精算師的國際標準。該標準包括 10 門課程:金融數學、概率統計、經濟學、會計學、隨機模型、應用統計方法、精算數學(壽險與非壽險)、投資與資產管理、精算管理原理、精算職業原理。

### (二)壽險精算的作用

壽險精算的作用主要通過精算師的工作體現出來,具體表現在如下方面:

(1)保險產品的創新和定價。精算師要根據政治經濟環境的變化和市場需求的波動,研究和開發新的不同品質的產品,配合做出定價策略,並根據公司實際和績效目標判定產品價格。

(2)保險產品的適銷性分析和利潤分析。精算師要根據經營目標(如資本增值率等)和公司經營特點(如再保險的安排、現金價值的確定、投資業績的認定等)、市場特點(如客戶群的構成、目標市場的影響力等)對產品銷售進行可行性分析,為產品定價打下基礎,並以此為據進行整體的成本和利潤分析。

(3)保險產品的價值演示。精算師要在產品說明書或保單上展示適當的保單現金價值,做出紅利示例,以及為保額變更所做的處理等。

(4)對各類影響利潤的因素做經驗分析。精算師要在數據共享和統計累積的基礎上,對本公司參保客戶的死亡率、解約情況、費用分佈、預算狀況及保戶、保額分佈等特點進行歸納,為市場銷售決策和定價決策提供依據。

(5)精算師要計算為各類目的所需要的責任準備金,並做出精算報告。精算師要比較和分析各種準備金計算報告,比較和分析各種準備金計算方法,針對各類產品，選擇最適合該類產品特性和公司目標或有關政策規定的方法，在合法的前提下，分析評估假設變化對公司現狀和未來的影響，選擇最有利於公司經營目標的評估假設。對各類準備金計算及其結果提供相應精算報告。

（6）精算師要分析現金流動性和參與資產負債管理。精算師要對不同條件下現金流動的個案分析其對公司財務的影響，並就資產構成及其與負債的匹配進行分析，最好能找到一個較佳的產品和策略組合以應付較大風險的發生。

（7）精算師要參與投資結構及其策略的研討和制定。

（8）精算師要參與財務報表主要部分的準備工作。如為不同目標提供報表，建立不同的準備金，包括長期壽險準備金、未決賠款準備金、已發生未賠付準備金、已發生未報告準備金及各類風險準備金等。

（9）精算師要定期準備各類報告和報表，向決策層提供詳實可靠的數據和最新信息。

（10）精算師要準備和計算保單紅利。

（11）參與涉及公司內部信息化的推動及其他金融風險的管理。

## 三、壽險精算面臨的挑戰

當前精算職業正面臨經濟全球化、全球經濟波動加劇、市場更加開放透明、保險與其他金融業日益融合，在會計、償付能力、監管等方面國際化發展趨勢等一系列挑戰。

國家相關部門對風險管理方面的要求越來越高。要求實施以風險為基礎的監管，如對風險資本的監管、進行全面風險管理；由於社會保障、年金和健康系統形成的人口和經濟方面的巨大壓力，也使精算工作具有極大的挑戰性；精算師正面臨著會計師、風險管理師等其他職業的競爭壓力，這些壓力正在從傳統領域向非傳統領域擴展；從公眾視角看，更加強調精算師的職業水準、教育背景和職業繼續教育。

由於客觀環境瞬息萬變，精算假設的作出往往難以適應動態化的現實，更可能會出現實際結果與預定假設存在較大差異的情況，因而造成保險公司經營的巨大波動性。在競爭日趨激烈的條件下，試圖通過提高投資利潤去彌補承保利潤的下降，又面臨著金融市場日益動盪的風險。精算師必須具備良好的經濟學知識背景、紮實的數理功底、密切關注客觀環境的變化，不斷學習，才能增強應對這些挑戰的本領。



# 第三節　保險精算教育與精算師資格考試

本節主要介紹精算師及其職業組織、中國精算教育與資格考試的發展演變。

## 一、什麼是精算師

精算師(Actuary)是利用精算技能,分析和解決商業保險與社會保障領域中有關精算實際問題的專業人員,是評估經濟活動未來財務風險的專家。精算師有自己的職業組織(精算學會或精算師協會)。我們通常說某人是精算師,實際上是指這個人是某精算職業組織的會員。精算師協會的會員一般有正會員、準會員之分。這裡的精算技能指的就是應用各種定量模型來處理保險業中的風險管理問題。因其專業性與技術性極強,需受過專業訓練並從中選拔出專業人士即精算師來從事精算工作。在成熟的金融市場中,精算不僅僅被應用於保險領域,還被應用於投資融資、金融監管、社會保障以及其他與風險管理相關的領域。而精算師作為掌握了精算技術的專業人士,隨著世界各國保險業、社會保障事業以及金融服務業的蓬勃發展,受到越來越多的人的追捧。然而,也正是由於精算師在金融領域地位的鞏固與提高,各國對精算師資格的教育和認證都有一套科學的、系統的教育模式和考試體系。

從社會保障標準的計算、財政收支計劃的測算及投資活動的分析到對與我們每個人息息相關的生老病死、傷殘失業等隨機事件的把握,都離不開精算師縝密而科學的分析和運算。因此,精算師被國際社會形象地比喻為平衡社會經濟活動的「第一提琴手」。

精算師,英文單詞為 Actuary,來源於拉丁語單詞「actuarius」,意為古羅馬參議院的商務經理。作為一名精算師,不僅要有紮實的數理知識,能熟練地運用現代數學方法處理經驗數據,對未來變化趨勢作出分析判斷,還要有堅實的經濟理論修養,對法律、稅務、財務會計、投資有較好的理解,特別是對風險要有敏銳的洞察力和處理各種風險的能力。

按照 1968 年國際職業分類標準的定義,精算師是指「運用他或她的數學、統計學、金融學等方面的知識於年金方案、壽險、健康險、社會保險和財產保險等領域中的保單設計與保險運作」的專業人才。但該定義並未提及精算師除了在年金、壽險、健康險、傷殘險等傳統保險之外的金融及其他許多領域中的重要作用。

伴隨著經濟、科技的全球化發展,世界市場的建設日益重複,國際經濟金融形勢的不確定性空前增強,作為對未來不確定性的金融事務進行識別與量化控制的專業技術,精算學的技術與精算師的職業定位早已超出這一內涵,因此,對於精算技術與職業定位的最好描述體現在 IAA 的定義中:「精算職業就是對不確定的金融后果進行管理的專業領域。」因而關於精算師的一個最好的初步定義是:精算師就是「對未來很有財務意識的專業人士」,或是「處理不確定性事件的財務后果的專業人士」。

北美精算師協會在1998年發表的《未來精算師特別工作組》的研究報告中,將精算師定義為:「精算師是私人和公共財務設計師和潛在的企業管理人員,這是建立在精算職業的智能核心基礎上的,其智能核心為經驗分析和分析衡量、估算、轉移以及對未來意外事件的現行財務狀況做出反應。」

精算師還可以分為執業精算師和非執業精算師。前者是指通過向執業組織和主管部門申請,經過認可,並授予執業證書的精算師。執業證書不是永久性的,需要辦理年檢,對職業進修和執業表現的記錄都有一定的要求。執業證書具體又分為壽險精算執業證書、養老金精算執業證書和勞合社精算執業證書。非執業精算師由於不在實務部門工作,如在大學教學,因而就不需要對實際精算報告簽字負責。

精算師的從業資格必須經過金融保險監管部門認可。為了給保險公司培養更多的精算人才,世界各國相繼成立了精算師協會,定期舉辦精算師資格考試,對從事精算工作或準備從事精算工作的人員進行基本的素質考核。

世界上大體有兩種精算師資格認可制度。一是考試認可制度,以美國、英國、日本的精算師考試最為典型。分為準精算師和正精算師兩個部分,準精算師部分由於涉及從事精算職業所必需的數理基礎,因而各國可相互認可。但高級部分涉及國別差異,因而需要經過相應的考試。二是學歷認可制度,如德國、法國、義大利、瑞士、澳大利亞。分本科、研究生兩個階段,完成有關學業可獲得準精算師、正精算師稱號。精算師的工作領域主要在保險公司、銀行、諮詢公司、證券部門、政府機構、高等學校。精算師已成為金融領域中最有吸引力的職業之一。



## 二、精算師協會簡介

### (一) 北美精算師協會

北美精算師協會(SOA:Society of Actuaries)於1949年由美國紐約精算師協會(設立於1889年)與美國芝加哥精算師協會(設立於1909年)合併而成。它在人壽保險、健康保險和年金業務領域從事研究、教育(考試和接受會員)與專業培訓,是對金融風險與意外事件進行建模與管理的國際組織,並承擔從準會員到正會員的一系列的考試;每年5月、11月各舉辦一次考試。北美精算師協會致力於為公眾利益和會員服務,並把精算師培養成在模型設計、金融風險與意外事件管理方面的一流專業人才。該協會提供精算科學基本原理、高級教育和職業發展等方面的基本教育,並為從業精算師提供繼續教育;引導對未來預測的歷史經驗和方法研究,從精算視角分析公共政策問題,為職業的進一步發展提供基礎;並促進採納精算職業的職業能力和行為的高標準。目前該協會大約有20,000名會員,大多在保險公司、精算諮詢機構工作。

北美精算師協會在國際上最具代表性和權威性,享有極高的聲譽。北美精算師的考試分 ASA(準精算師)與 FSA(正精算師)兩個等級,學員在滿足一定條件后可以成為 ASA,之后可繼續考 FSA 課程。

因為美國經濟發達,保險業發展歷史悠久,美國的精算教育與考試體系對其他各國的精算教育與考試都有著深遠的影響。2000 年 1 月北美精算師協會開始了新的教育考試模式。新模式主要包括如下變革:分為基礎精算教育部分、高等精算教育部分、職業培養部分、職業道德標準部分。其中基礎精算教育部分又包括六個部分,第一部分到第二部分涵蓋精算從業所需的基礎知識,第三部分到第六部分包括了精算實務的基本原理。高等精算教育部分包括第七部分(即為一個應用精算實例的強化集訓課程)和第八部分(即七個專門方向的實用高級精算理論)。

北美精算師協會之所以進行資格考試制度的改革,是因為如下一些原因:過去的教育考試制度的主要缺陷是獲得正會員稱號所需時間延長了,抑制了更多人選擇精算師職業。傳統的教育考試制度在引導考生應考方面一直很成功,但在引導他們獨立思考、融匯所學知識解決具體專業問題方面則顯得有些不足。新制度應該說相對簡捷也易於維持,它強調融匯貫通,並以精算原理來組合課題,在這些原理實踐的基礎之上,高級精算師應該能夠適應日新月異的商業環境的變化並創造價值。新的教育系統依然保持對風險及財務理論極為嚴格的要求,並拓展了商業應用的範圍。在新制度條件下,通過所有考試的時間長度可能不會有多大改變,儘管當局期望通過正會員考試的時間會縮短。

北美精算師協會為了避免考生重複考試,對經濟學(*Economics*)、公司金融(*Corperate Finance*)、應用統計方法(*Applied Statistical Methods*)實行 *VEE*(*Validation by Educational Experience*)認證,對不同學校指定相關的課程及分數要求,達到要求者可獲免考資格。

獲得北美準精算師(*ASA*:*Associate of the Society of Actuaries*)稱號的條件:

(1)課程考試:概率論(*P*:*Probability*)、金融數學(*FM*:*Financial Mathematics*)、金融經濟模型(*MFE*:*Models for Financial Economics*)、壽險精算模型(*MLC*:*Models for Life Contingencies*)、精算模型構建與評估(*C*:*Construction and Evaluation of Actuarial Models*)。

(2)網路學習課程:精算實務原理(*FAP*:*Fundamentals of Actuarial Practice*)。

(3)*VEE* 認證。

(4)準精算師職業講座課程(*APC*:*Associateship Professionalism Course*)。

獲得北美正精算師(*FSA*:*Fellow of the Society of Actuaries*)稱號的條件:包括

課程考試、網路課程模塊、*VEE* 認證、精算職業講座、正會員入會課程。換言之,在獲得 *ASA* 稱號后,需要選擇一個專業方向,並滿足其所有條件。所有考生都必須完成 *DMAC* 模塊(*Decision Making and Communication* )和 *FAC* 模塊(*Fellowship Admissions Course*)。這些專業方向包括:公司金融和企業風險管理方向、數量金融和投資方向、個人壽險和年金方向、養老金方向、團體和健康保險方向、非壽險方向。

### (二) 英國精算師協會

英國的精算教育與考試也對世界產生了巨大影響,許多國家的精算教育和考試制度都借鑑了英國的教育思想。

英國精算師資格考試已有 160 多年的歷史。2000 年以前,英國精算師資格考試分為 A、B、C、D、E 五個系列,自 2000 年以后,英國精算師資格考試體系改革為四個系列:100 系列(包括「金融數學」「精算數學」「經濟學」等九門課程考試)、200 系列(「交流技能」一門課程考試)、300 系列(「投資和資產組合」、「壽險精算」、「財產險精算」、「養老金」四門課程考試) 和 400 系列(從人壽保險、財產保險等四種資格考試中選考一門)。

考生通過前三個系列考試的所有考試科目,即可獲得準精算師資格證書,再通過 400 系列的任意一門考試科目后,即可獲得英國精算學會和英國精算公會頒發的精算師資格證書。英國精算師資格考試一年舉辦兩次,分別安排在 4 月和 9 月。

從 2010 年起,英國精算師資格考試體系分為核心技術階段、核心應用階段和專家技術階段以及專家應用階段。核心技術階段涵蓋了如下課程:金融數學(CT1)、金融與財務報告(CT2)、概率與數理統計(CT3)、模型系列(CT4,如隨機過程、馬爾可夫鏈與過程、生存模型)、壽險精算(CT5)、統計方法(CT6)、商務經濟(CT7)、金融經濟(CT8)、商務意識模塊(CT9) 即 CT 課程。核心應用階段涵蓋精算風險管理(CA1)、模型文件、分析與報告(CA2)、交流(CA3) 即 CA 課程。專家技術階段包括:健康及護理、人壽保險(包括定價、準備金、資本模型)、普通保險、年金及其給付、金融與投資、企業風險管理即 ST 課程。專家應用階段包括:健康及護理、人壽保險、普通保險、年金及其他給付、金融、投資即 SA 課程。一旦你完成了 CT 與 CA 課程的考試,並有一年的工作經歷,你將能夠參加一天的職業訓練課,並獲得準精算師稱號。

如果你希望繼續下去獲得正精算師,你還需要參加 ST 和 SA 課程的考試,需要有三年工作經歷,並參加兩天的職業訓練課。

英國精算師協會對其本土與海外精算教育力量雄厚、歷史悠久的大學的精算課程實行科目不等的免考資格認證。

### (三) 日本精算學會

該學會創建於 1899 年,是由專職精算師及贊助會員公司組成的社團法人組織。其設立目的在於進行精算學的綜合調查研究、實施精算、教育與考試,維持並提高精算師的專業素質和能力,健全和發展精算事業。

該學會的主要工作是:① 進行精算學的調查研究;② 實施精算師的資格考試;③ 主辦精算師專業知識和實踐技能的教育研修;④ 與國內外有關協會、團體交流協作;⑤ 舉辦年會、例會;⑥ 發行學會會報、雜誌等刊物;⑦ 答覆政府主管部門的諮詢或向政府提出建議,等等。

1899 年該學會有 9 名會員;1936 年舉行正會員資格考試,有 193 名會員;目前大約有 3500 名會員。

考試課程分為前期課程與后期課程。前期有數學、產險數理、壽險數理、年金數理、會計經濟投資理論;后期有生保、損保、年金三個方向(每個方向有兩門課程)。

前期課程的目的是判斷考生是否具備參加后期考試所需要的基礎知識;只有全部通過前期課程考試者才能參加后期考試,其目的是判斷考生是否具備作為一名精算師在實際工作中所需要的專業知識及解決實際問題的能力。在日本國內,每年舉辦長短期培訓班,講授精算的基本原理、實務、保險監管等內容,實行考教分離。每年 12 月舉行資格考試。

### (四) 重要的精算師協會網址

(1) http://www.actuaries.org 國際精算師協會;

(2) http://www.soa.org 北美精算師協會;

(3) http://www.actuaries.org.uk 英國精算師協會;

(4) http://www.actuaries.jp 日本精算學會;

(5) http://www.e-caa.org.cn 中國精算師協會;

(6) http://www.casact.org 北美產險精算師協會。

## 三、中國精算教育與資格考試

### (一) 中國精算教育的發展歷史

1987 年 11 月,南開大學率先開始保險精算的教育考試制度。它與北美精算師協會簽訂了保險精算教育合作協議,並在 1988 年秋招收了國內首屆三年制精算研究生,設立了中國第一個北美精算師協會的考試中心,於 1992 年秋季首次舉行了 SOA 考試。

1991 年 9 月,湖南財經學院首次在本科層次上引進精算教育,首屆畢業生 29 名,這在中國百年的高等教育史與中國保險發展的歷程中都是一個重要的里程碑。

隨著精算教育的引入,各發達國家的精算師考試中心在一些著名保險公司或精算師協會的贊助下陸續進入中國,設立了北美精算師資格考試中心、英國精算師資格考試中心、日本精算師資格考試中心(該中心已於 2005 年關閉)。這些中心的設立對中國精算教育的快速發展起到了積極的推動作用。

到目前為止,國內已有 60 多所大學以各種形式開辦精算教育。有以研究生、本科生為主的教育形式,也有以業余培訓為主的教育形式;有的開設在數學學院(系)、統計學院(系),也有的在保險學院(系)或金融學院(系)開展精算教學,真可謂百花齊放、百家爭鳴。在國內,南開大學、中央財經大學、上海財經大學、中國人民大學、西南財經大學、對外經濟貿易大學、湖南大學、中山大學、復旦大學等院校的精算教育歷史悠久,規模可觀,影響深遠。

2016 年 3 月,對外經濟貿易大學申請的精算學本科專業獲得教育部審批通過,標誌著國內精算學本科專業的正式創立。

慕尼黑再保險集團於 1880 年在德國成立,是世界上最大的再保險集團,在全球擁有 60 多個分支機構,2015 年實現保費收入 504 億歐元,盈利 31 億歐元。該公司大中華區壽險北京分公司熱心於精算教育事業,積極培養精算人才。從 2011 年起,每年 5 月開展「慕尼黑再保險杯」大學生精算數學競賽。目前已在北京、天津、上海、南京、長沙、成都、廣州、新加坡、香港、臺北等地舉行競賽。對較大範圍內的優勝者給予較為優厚的物質獎勵與實習計劃支持。慕尼黑再保險精算教育已成為國內外很有影響力的一支重要力量。

### (二)保險法律法規的推動作用

1995 年 10 月 1 日生效的《中華人民共和國保險法》第一百一十九條規定:「經營人身保險業務的保險公司必須聘用經金融監管部門認可的精算專業人員,建立精算報告制度。」

經過修正並於 2003 年 1 月 1 日生效的《中華人民共和國保險法》第一百二十一條規定:「保險公司必須聘用經保險監督管理機構認可的精算專業人員,建立精算報告制度。」

經過再次修正並於 2009 年 10 月 1 日施行的《中華人民共和國保險法》第八十五條規定,「保險公司應當聘用經國務院保險監督管理機構認可的精算專業人員,建立精算報告制度」。第八十六條對精算報告提出了要求。

2014 年 8 月 31 日,《中華人民共和國保險法》第八十五條又修改為:「保險公司應當聘用專業人員,建立精算報告制度和合規報告制度。」

保險法律法規規定了保險精算在保險經營中的地位和作用,極大地推動了中國精算教育及考試制度的建立和發展。

### (三) 中國精算師資格考試發展歷程

中國精算師資格考試分為準精算師和正精算師兩個階段。準精算師部分考試共九門必考課程,考生通過全部九門課程考試后,將獲得準精算師資格。正精算師部分考試計劃設置十門課程,其中包括必修課和選修課,獲得準精算師資格的考生,通過五門精算師課程的考試並滿足有關精算職業培訓要求,答辯合格后,才能取得精算師資格考試合格證書。

準精算師部分的考試分為壽險方向和非壽險方向。共同科目有數學基礎Ⅰ、數學基礎Ⅱ、複利數學、壽險精算數學和綜合經濟基礎。壽險方向還包括風險理論、生命表基礎、壽險精算實務、非壽險精算數學與實務。非壽險方向還包括非壽險精算數學、非壽險原理與實務、非壽險定價、非壽險準備金評估。

正精算師部分要求完成三門必考課程、兩門選考課程及精算職業后續教育,並具有三年以上的精算工作經驗,方可獲得資格證書。必考科目包括保險公司財務管理、保險監管與法律法規、個人壽險與年金精算實務。選修科目包括社會保障、資產負債管理、高級非壽險精算實務、團體保險、意外傷害和健康保險、高級投資學、養老金計劃精算實務。必修科目包括精算職業后續教育。

從 2011 年春季起,實行新的資格考試體系,但仍分為準精算師部分和正精算師部分。

準精算師部分由八門專業課程及一門職業道德教育課程組成。每門課程均安排 3 小時筆試,具體包括:數學、金融數學、精算模型、經濟學、壽險精算、非壽險精算、會計與財務、精算管理、職業道德教育。

正精算師部分分為壽險和非壽險兩個方向,所有課程均為 4 小時筆試。壽險方向的考試由七門專業課程及一門職業道德教育課程組成,專業課程名稱如下:保險法及相關法規、保險公司財務管理、健康保險、投資學、個人壽險與年金精算實務、資產負債管理、員工福利計劃。非壽險方向的考試由七門專業課程及一門職業道德教育課程組成,專業課程名稱如下:保險法及相關法規、保險公司財務管理、健康保險、投資學、非壽險精算實務、非壽險定價、非壽險責任準備金評估。

1999 年 10 月中國認可了 43 名中國精算師。2000 年 12 月在中央財大、南開大學、復旦大學、武漢大學舉辦了面向普通大眾的首次中國精算師資格考試;2001 年 10 月增加了廣州中山大學考點。2001 年中國精算工作委員會成立。2002 年 9 月增加了香港大學、中國科技大學、西南財經大學考點。2003 年 9 月增加了西安交通大學、重慶大學、南京大學考點。2004 年 9 月增加了山東大學考點,年底時已產生了中國自己培養的精算師。從 2005 年起,每年在 4 月與 9 月各舉行兩次考試,2005 年增加了湖南大學和大連理工大學兩個考點。2006 年增加了廈門大學考試中心。2010 年增設了黑龍江大學考點。2011 年在加拿大滑鐵盧大學設立了中國精算師考試中心。2015 年秋季起，將中國精算師資格考試改為中國精算師協會會員水平測試。從 2016 年春季起，將數學、金融數學、精算模型、經濟學、會計與財務 5 門課程改為計算機測試科目。

2007 年 11 月 10 日，中國精算師協會第一次會員大會在北京召開，標誌著中國精算師協會成立。其宗旨是為金融保險業提供專業服務、監督精算專業人員維持其執業品質和職業道德，加強精算專業人員的自律管理，維護精算專業人員的合法權益。2010 年 12 月，中國精算師協會成為國際精算師協會的會員單位。2015 年 9 月出版了中國精算師協會的精算刊物《中國精算師》第 1 期，即創刊號。

**（四）精算教育面臨的挑戰**

中國設有保險系或保險專業的高等學校都將保險精算課程設定為核心課程；開辦精算教育和資格考試的機構一般是高等學校的保險學院（系），或統計學院（系），或數學學院（系）；以精算專業、精算方向、精算會計等名義招生，教育層次有本科、碩士、博士；精算專業或方向的學生往往需要參加設在本校的考試中心所舉辦的北美精算師、英國精算師或中國精算師的資格考試，這樣既可以促進保險精算教育，為考試中心提供高質量高穩定性的考生生源，又可以檢驗學生精算知識掌握情況與應用能力的高低，更重要的是使學生獲得了未來的精算從業資格。中國的精算教育與資格考試中心的設立、教育培訓、組織考生參加資格考試密切地結合起來，課程的設置往往帶有精算師資格考試的內容。

目前，精算教育主要存在如下一些問題，需要理論界與實務界共同努力加以解決。一是對保險精算理論的學習如何與加強精算實踐、培養學生解決實際問題的能力較好地結合起來；二是保險精算理論學習與保險精算上機實驗如何較好地結合起來，將學生從繁雜的計算工作中解放出來，以增強學生學習精算的興趣；三是本科精算教育如何與碩士、博士教育更好地結合起來；四是精算師資格考試如何更好地與專業系統訓練結合起來，克服浮躁情緒；五是國內精算教育與精算師資格考試如何與國際接軌，並體現自己的特色；六是如何提高中國精算師資格考試的國際知名度與認可度；七是如何拓展精算的應用領域，等等。



## 本章小結

本章主要探討了壽險精算的概念與研究內容、壽險精算的發展歷史、保險精算教育與精算師資格考試。

壽險精算是保險精算的重要組成部分，因為其發展歷史悠久、體系比較成熟，因而成為精算學中重要的研究內容。換言之，保險精算是從壽險精算中發展起來的，其應用範圍也在日益擴大。概率論和數理統計的產生與發展為壽險精算的產生與發展奠定了科學的基礎，功能強大的計算機改變了壽險精算的研究面貌，研究方向從「如何計算」轉變為「為什麼要這樣計算」。

壽險精算的發展是由於客觀需要。隨著經濟的發展，最先從英國發展起來，然后逐步擴大到全世界範圍。英國精算師協會是最早的精算職業組織，中國精算師協會雖成立較晚，但發展較快。不過，要樹立自己的品牌還任重道遠。

精算師就是從事精算職業的專業人員，需經過一系列的專門訓練，並通過一系列的職業資格考試，經過金融保險監管部門的認可。精算師分為準精算師、正精算師，世界上大致有考試認可和學歷認可兩種體系。精算師在如何應對日益變化的客觀環境、增強解決實際問題的能力等方面面臨著巨大的挑戰。

中國正規的精算教育開始於 1988 年的南開大學，在國外一些保險公司、精算師協會等多方面的努力下，先后在中國設立了北美精算師資格考試中心、英國精算師資格考試中心和日本精算師資格考試中心，為中國培養了大量的精算人才。中國的精算師資格認可與考試開始於 1999 年，保險法律法規、中國保監會、中國精算師協會（前身為中國精算工作委員會）、高等學校、保險公司極大地推動了中國保險精算教育與資格考試的發展。

## 習題 1

1－1　什麼是保險精算？如何分類？

1－2　概述壽險精算的發展歷史。

1－3　列出對壽險精算發展產生巨大影響的重大事件。

1－4　保險精算有哪些作用？

1－5　什麼是精算師？如何才能成為精算師？

1－6　概括北美精算師資格考試體系。

1－7　概括英國精算師資格考試體系。

1－8　概括日本精算師資格考試體系。

1－9　當前壽險精算面臨哪些挑戰？

1－10　概括中國精算教育與資格考試的發展歷史和面臨的主要挑戰。

# 第二章　生命函數與生命表

生命函數、生命表在人口學、精算學、生存模型的研究中佔有極其重要的地位。生命函數指的是隨著年齡或時間變化而變化,反應生存或死亡規律的函數關係,生命表是反應同時參加同一事件的一批人受一個或多個減損因素(或「死亡」因素)而陸續減損或「死亡」的過程的一張統計表。按涉及減因或風險的多少,生命函數可分為單減因生命函數與多減因生命函數,生命表也可相應分為單減因生命表與多減因生命表。按涉及生命個數的多少,生命函數可分為單生命函數與多生命函數(又稱為多元生命函數),生命表也可相應分為單生命表與多生命表。本章所研究的生命函數指的是單生命在遭遇單風險(即死亡風險)條件下隨著年齡或時間變化而變化,即生存與死亡規律的函數關係,簡稱為生命函數。本章所研究的生命表指的是反應同時出生的一批人在死亡風險作用下隨著時間推移而陸續死亡的過程的一張統計表,簡稱為生命表。多元生命函數與生命表的內容留在第八章研究,暴露於多元風險條件下的生命函數與生命表的研究留在第九章。

本章主要研究兩個方面的內容:一是生命函數;二是生命表。具體而言,主要討論與 $x$ 歲的人未來的生存、死亡相關的各種生命函數。具體內容有:三個基本隨機變量、生命函數、分數年齡生命函數的估計、參數生存模型、生命表。



## 第一節　三個基本隨機變量

本節將研究生命函數中涉及的三個最基本隨機變量即個體壽命、個體余命、取整余命。

### 一、個體壽命 X

$X$ 表示一個人從出生到死亡的這段時間,即個人壽命。顯然,由於一個人何時死亡事先無法確定,因此 $X$ 是一個隨機變量,且是連續型的。它的分佈函數設為 $F_X(x) = P(X \leqslant x)(x \geqslant 0)$,表示未能活過 $x$ 歲的概率。如 $P(X > 60)$ 表示一個新生嬰兒活過 60 歲的概率,$P(x < X \leqslant x + 1 \mid X > x)$ 表示 $x$ 歲的人在未來一年內死亡的概率。

$S(x) = P(X > x) = 1 - F_X(x)$ 表示一個新生嬰兒能活過 $x$ 歲的概率,也表示在 $x$ 歲時仍生存的概率,稱 $S(x)$ 為 $x$ 的生存函數。在統計學中,常用分佈函數 $F(x)$,而在精算學中,更多地使用 $S(x)$。顯然,$P(x_1 < X \leqslant x_2) = F_X(x_2) - F_X(x_1) = S(x_1) - S(x_2)$ 表示壽命界於 $x_1$ 與 $x_2$ 歲間的概率。容易得到 $F_x(x) = 1 - S(x)$。

假設 $F_X(x)$ 可導,$f_X(x)$ 為隨機變量 $X$ 的概率密度函數,則:

$$f_X(x) = F'_X(x) = -S'(x) \tag{2.1.1}$$

或

$$F_X(x) = \int_0^x f_X(t)\,\mathrm{d}t \tag{2.1.2}$$

有些著作將 $S(x)$ 記為 $S_0(x)$ 或 $S_X(x)$, $F(x)$ 記為 $F_0(x)$, $f(x)$ 記為 $f_0(x)$。

生存函數 $S(x)$ 具有如下基本性質:

(1) $S(0) = 1, S(\infty) = 0$;

(2) $S(x)$ 是 $x$ 的遞減函數;

(3) $S(x)$ 一般是 $x$ 的連續函數。

$X$ 的期望與方差為:

$$\mathrm{E}(X) = \int_0^{+\infty} x f_X(x)\,\mathrm{d}x = \int_0^{+\infty} S(x)\,\mathrm{d}x \tag{2.1.3}$$

$$\mathrm{var}(X) = \int_0^{+\infty} (x - \mathrm{E}(x))^2 f_X(x)\,\mathrm{d}x = \mathrm{E}(X^2) - (\mathrm{E}(X))^2 \tag{2.1.4}$$

## 二、個體余命 T

$T$ 或 $T(x)$ 表示 $x$ 歲的人未來能夠生存的時間。顯然,$T = T(x) = X - x$。由於要購買保險的人往往已經活到 $x$ 歲,與其說壽險公司關心一個人的壽命分佈,不如說更關心年齡為 $x$ 歲的人剩余壽命 $X - x$ 或 $T(x)$ 的分佈。今后用符號 $(x)$ 表示短語「$x$ 歲的人」。顯然,$T(0) = X$,且 $T$ 是連續型隨機變量。於是,$T$ 的分佈函數 $F_T(t)$ 為:

$$\begin{aligned} F_T(t) &= P(T \leqslant t) = P(X - x \leqslant t \mid X > x) \\ &= \frac{P(x < X \leqslant x + t)}{P(X > x)} = \frac{S(x) - S(x + t)}{S(x)} \end{aligned} \tag{2.1.5}$$

顯然,分佈函數 $F_T(t)$ 表示 $(x)$ 在未來 $t$ 年內死亡的概率。

假設 $F_T(t)$ 可導,則 $T$ 的概率密度函數為:

$$f_T(t) = F'_T(t) \tag{2.1.6}$$

有些著作將 $T(x)$ 記為 $T_x$, $F_T(t)$ 記為 $F_x(t)$, $f_T(t)$ 記為 $f_x(t)$。$S_x(t)$ 或 $S_T(t)$ 表示 $(x)$ 能存活 $t$ 年的概率。

$T$ 的期望與方差為:

$$\begin{aligned} \mathrm{E}(T) &= \int_0^{+\infty} t f_T(t)\mathrm{d}t = \int_0^{+\infty} t \cdot \mathrm{d}[-S_x(t)] \\ &= t \cdot [-S_x(t)] \Big|_0^{+\infty} + \int_0^{+\infty} S_x(t)\mathrm{d}t = \int_0^{+\infty} S_x(t)\mathrm{d}t \end{aligned} \tag{2.1.7}$$

$$\mathrm{var}(T) = \mathrm{E}(T^2) - (\mathrm{E}(T))^2 \tag{2.1.8}$$

## 三、取整余命 K

定義 $K = K(x) = [T(x)]$,表示 $(x)$ 還能生存的最大整年數,也稱為 $(x)$ 的取整余命,它是一離散型隨機變量,取值為 0,1,2,……

顯然,$K$ 的分佈律為

$$\begin{aligned} \mathrm{P}(K = k) &= \mathrm{P}(k \leqslant T < k+1) = F_T(k+1) - F_T(k) \\ &= \frac{S(x+k) - S(x+k+1)}{S(x)} \end{aligned} \tag{2.1.9}$$

$\mathrm{P}(K = k)$ 表示 $(x)$ 先存活 $k$ 年,並在接下來的一年內死亡的概率,即 $(x)$ 在未來第 $k+1$ 年內死亡的概率。

$K$ 的期望與方差為:

$$\mathrm{E}(K) = \sum_{k=0}^{+\infty} k\mathrm{P}(K = k) \tag{2.1.10}$$

$$\mathrm{var}(K) = \mathrm{E}(K^2) - (\mathrm{E}(K))^2。 \tag{2.1.11}$$

**例** 2.1.1 已知 $(x)$ 的尚存概率函數 $S(x) = \dfrac{1}{(1+x)^2}$ $(x \geqslant 0)$,試計算:

(1) 年齡為 20 歲的人在 40 歲前死亡的概率;

(2) 年齡為 20 歲的人在 30 歲與 40 歲間死亡的概率;

(3) 年齡為 20 歲的人在 39 歲與 40 歲間死亡的概率;

(4) $\mathrm{E}(T(20))$、$\mathrm{E}(K(20))$。

**解**:(1) 年齡為 20 歲的人在 40 歲前死亡的概率為:

$$\mathrm{P}(T(20) \leqslant 20) = \frac{S(20) - S(40)}{S(20)} = \frac{1,240}{1,681} \approx 0.737,7$$

(2) 年齡為 20 歲的人在 30 歲與 40 歲間死亡的概率為:

$$\mathrm{P}(10 < T(20) \leqslant 20) = \frac{S(30) - S(40)}{S(20)} = \frac{317,520}{1,615,441} \approx 0.196,6$$

(3) 年齡為 20 歲的人在 39 歲與 40 歲間死亡的概率為:

$$P(19 < T(20) \leqslant 20) = \frac{S(39) - S(40)}{S(20)} = \frac{35,721}{2,689,600} \approx 0.013,3$$

(4) 由於

$$S_{20}(t) = \frac{S(20+t)}{S(20)} = \left(\frac{21}{21+t}\right)^2$$

因此,

$$E(T(20)) = \int_0^{+\infty} S_{20}(t)\,dt = \int_0^{+\infty} \left(\frac{21}{21+t}\right)^2 dt = 21。$$

由於

$$P(K(20) = k) = \frac{S(20+k) - S(21+k)}{S(20)} = 441\left[\frac{1}{(21+k)^2} - \frac{1}{(22+k)^2}\right]$$

所以

$$\begin{aligned} E(K(20)) &= \sum_{k=0}^{+\infty} k \cdot P(K(20) = k) = \sum_{k=0}^{+\infty} k \cdot 441\left[\frac{1}{(21+k)^2} - \frac{1}{(22+k)^2}\right] \\ &= 441\sum_{k=0}^{+\infty}\left(\frac{1}{21+k} - \frac{1}{22+k}\right) - 441 \times 21 \sum_{k=0}^{+\infty} \frac{1}{(21+k)^2} \\ &\quad + 441 \times 22 \sum_{k=0}^{+\infty} \frac{1}{(22+k)^2} \\ &= 21 - (9,261)\left(\frac{\pi^2}{6} - \sum_{k=1}^{20} \frac{1}{k^2}\right) + (9,702)\left(\frac{\pi^2}{6} - \sum_{k=1}^{21} \frac{1}{k^2}\right) \\ &= 73.5\pi^2 - 441\sum_{k=1}^{20} \frac{1}{k^2} - 1 \approx 20.51。\end{aligned}$$

**例** 2.1.2　已知某生存模型為 $S(x) = ax^2 + b(0 < x \leqslant k)$,且個體壽命 $X$ 的期望值為 60,求 $X$ 的中位數。

**解**:$\because$ 生存模型為 $S(x) = ax^2 + b(0 < x \leqslant k)$

$\therefore 1 = S(0) = a \times 0^2 + b$　且　$0 = S(k) = ak^2 + b$

解得

$$\begin{cases} a = -\dfrac{1}{k^2} \\ b = 1 \end{cases}$$

又因為

$$60 = E(X) = \int_0^k S(x)\,dx = \frac{1}{3}ak^3 + bk$$

解得

$k = 90$。

設 $X$ 的中位數為 $m$,即 $\mathrm{P}(X > m) = \dfrac{1}{2}$ 或 $\mathrm{P}(X \leqslant m) = \dfrac{1}{2}$,那麼

$$\left(-\frac{1}{90^2}\right)m^2 + 1 = \frac{1}{2}$$

解得

$$m = 45\sqrt{2} \approx 63.64。$$

## 第二節　生命函數

生命函數指的是隨著年齡變化而變化,反應生存或死亡規律的函數關係。可以分為基本生命函數與一般生命函數。基本生命函數就是由生命表揭示的那些欄目所反應的隨著年齡變化而變化的函數關係,一般包括 $l_x$、$d_x$、$p_x$、$q_x$、$L_x$、$T_x$、$e_x$、$\mathring{e}_x$,這裡的年齡 $x$ 為整數。一般生命函數出現在生命表之外,主要有 ${}_tp_x$、${}_tq_x$、${}_td_x$、${}_{f|}q_x$、${}_{f|r}q_x$、$\mu_x$,這裡 $x$、$t$、$f$、$r$ 不必為整數,甚至 $l_x$、$S(x)$ 中的年齡也可以是小數,實際例子不勝枚舉。這裡我們將 $l_x$、$d_x$、$p_x$、$q_x$($x$ 為整數)歸類為簡單生命函數,而將其他生命函數,包括 $l_x$、$d_x$、$p_x$、$q_x$、$S(x)$($x$ 不為整數)歸類為重複生命函數。重複生命函數可用簡單生命函數表示。

### 一、簡單生命函數

#### (一)$l_x$

$l_x$ 表示同時出生的一批 $l_0$(通常取 $l_0 = 100,000$)人平均能活過 $x$ 歲的人數。一個新生嬰兒能否活過 $x$ 歲是一個隨機事件,現引入隨機變量 $L_j(x)$ 與 $L(x)$:

$$L_j(x) = \begin{cases} 1, \text{當第 } j \text{ 個新生嬰兒能活過 } x \text{ 歲時,這裡 } j = 1,2,\cdots,l_0 \\ 0, \text{否則} \end{cases}$$

$$L(x) = \sum_{j=1}^{l_0} L_j(x)$$

由於 $\mathrm{P}(L_j(x) = 1) = S(x)$,$\mathrm{P}(L_j(x) = 0) = 1 - S(x)$,因此

$$l_x = \mathrm{E}(L(x)) = l_0 S(x) \qquad (2.2.1)$$

#### (二)$d_x$

$d_x$ 表示同時出生的一批 $l_0$ 人平均在 $x$ 與 $x+1$ 歲間死亡的人數。

$$d_x = l_0 \mathrm{P}(x < X \leqslant x+1) = l_0[S(x) - S(x+1)] = l_x - l_{x+1} \qquad (2.2.2)$$

#### (三)$p_x$

$p_x$ 表示$(x)$在未來一年間仍然生存的概率,也表示 $x$ 歲的人能活過 $x+1$ 歲的

概率。

$$p_x = P(T > 1) = 1 - P(T \leqslant 1) = \frac{S(x+1)}{S(x)} = \frac{l_{x+1}}{l_x} \tag{2.2.3}$$

**(四)** $q_x$

$q_x$ 表示 $(x)$ 在未來一年內死亡的概率。

$$q_x = P(T \leqslant 1) = \frac{S(x) - S(x+1)}{S(x)}$$

$$= \frac{l_x - l_{x+1}}{l_x} = \frac{d_x}{l_x} = 1 - p_x \tag{2.2.4}$$

基本生命函數之間的關係:

$$l_x = d_x + l_{x+1} \tag{2.2.5}$$

或

$$l_{x+1} = l_x - d_x。 \tag{2.2.6}$$

對於任何年齡 $x$ 均有

$$p_x + q_x = 1 \tag{2.2.7}$$

公式(2.2.7) 表示 $(x)$ 在未來一年內要麼生存,要麼死亡。反覆運用公式(2.2.5) 不難證明下式成立:

$$l_x = d_x + d_{x+1} + d_{x+2} + \cdots + d_{\omega-1} \tag{2.2.8}$$

在公式(2.2.8) 的推導過程中會運用 $l_\omega = 0$,滿足此條件或 $S(\omega) = 0$ 的 $\omega$ 稱為終極年齡或極限年齡,而生命表中的最后一行對應的年齡,稱為生命表的最高年齡。

**例 2.2.1** 已知 $l_{85} = 29,300$, $l_{88} = 18,800$, $q_{85} = 0.125$, $p_{87} = 0.848$,求 $q_{86}$。

**解:** $\because p_{85} = \frac{l_{86}}{l_{85}}, p_{87} = \frac{l_{88}}{l_{87}}$

$$\therefore l_{86} = l_{85}p_{85}, l_{87} = \frac{l_{88}}{p_{87}}$$

$$\therefore q_{86} = 1 - p_{86} = 1 - \frac{l_{87}}{l_{86}} = 1 - \frac{l_{88}}{l_{85}p_{85}p_{87}}$$

$$= 1 - \frac{18,800}{29,300 \times (1 - 0.125) \times 0.848} \approx 0.135,3$$

## 二、重複生命函數

### (一) $_tp_x$

$_tp_x$ 表示 $(x)$ 未來能存活 $t$ 年的概率。特別地,$_xp_0 = S(x) = \frac{l_x}{l_0}$,即 0 歲的人活過

$x$ 歲的概率,也就是 $S(x)$。當 $t = 1$ 時,可省略左下標。

$$ {}_tp_x = \mathrm{P}(T > t) = \frac{S(x+t)}{S(x)} = \frac{l_{x+t}}{l_x} \tag{2.2.9} $$

容易證明

$$ {}_{m+n}p_x = {}_mp_x \cdot {}_np_{x+m} \tag{2.2.10} $$

$$ {}_np_x = p_x p_{x+1} p_{x+2} \cdots p_{x+n-1} \text{。} \tag{2.2.11} $$

(2.2.10) 可通俗解釋為:$(x)$ 要存活 $m+n$ 年,必須先存活 $m$ 年,再存活 $n$ 年。請讀者自行通俗解釋(2.2.11) 的意義。

**(二)** ${}_td_x$

${}_td_x$ 表示$(x)$ 在未來 $t$ 年內死亡的人數。或者說,同時出生的一批 $l_0$ 人在 $x$ 歲與 $x+t$ 歲之間死亡的平均人數。

$$ \begin{aligned} {}_td_x &= l_0\mathrm{P}(x < X \leqslant x+t) \\ &= l_0(S(x) - S(x+t)) = l_x - l_{x+t} \qquad (2.2.12) \\ &= (l_x - l_{x+1}) + (l_{x+1} - l_{x+2}) + \cdots + (l_{x+t-1} - l_{x+t}) \\ &= d_x + d_{x+1} + \cdots + d_{x+t-1} \end{aligned} $$

即

$$ {}_td_x = d_x + d_{x+1} + \cdots + d_{x+t-1} \tag{2.2.13} $$

公式(2.2.13) 表示在 $t$ 年內死亡的人數等於各年內死亡人數之和。

**(三)** ${}_tq_x$

${}_tq_x$ 表示$(x)$ 在未來 $t$ 年內死亡的概率。於是

$$ \begin{aligned} {}_tq_x &= \mathrm{P}(T \leqslant t) = 1 - \mathrm{P}(T > t) = 1 - {}_tp_x \\ &= 1 - \frac{l_{x+t}}{l_x} = \frac{l_x - l_{x+t}}{l_x} = \frac{{}_td_x}{l_x} \qquad (2.2.14) \end{aligned} $$

顯然

$$ {}_tp_x + {}_tq_x = 1 \text{。} \tag{2.2.15} $$

**(四)** ${}_{f|}q_x$ **與** ${}_{f|r}q_x$

${}_{f|}q_x$ 表示$(x)$ 在未來 $f$ 年間生存,在接下來的一年內死亡的概率。當 $f$ 為非負整數時,${}_{f|}q_x$ 表示$(x)$ 在第 $f+1$ 年內死亡的概率。

$$ \begin{aligned} {}_{f|}q_x &= \mathrm{P}(f < T \leqslant f+1) = \frac{l_{x+f} - l_{x+f+1}}{l_x} = \frac{d_{x+f}}{l_x} \\ &= {}_fp_x \cdot q_{x+f} \qquad (2.2.16) \\ &= {}_fp_x - {}_{f+1}p_x \qquad (2.2.17) \\ &= {}_{f+1}q_x - {}_fq_x \qquad (2.2.18) \end{aligned} $$

同理可得

$$_{f|r}q_x = {}_fp_x \cdot {}_rq_{x+f} \tag{2.2.19}$$

$$= {}_fp_x - {}_{f+r}p_x \tag{2.2.20}$$

$$= {}_{f+r}q_x - {}_fq_x \tag{2.2.21}$$

公式(2.2.17)可通俗解釋為:$(x)$要在第$f+1$年內死亡,他(她)必須活滿$f$年,但又不能活滿$f+1$年。請讀者自行通俗解釋公式(2.2.18)~公式(2.2.21)的意義。

當$r=1$時,$_{f|r}q_x$可省略成$_{f|}q_x$。容易證明

$$_nq_x = q_x + {}_{1|}q_x + {}_{2|}q_x + \cdots + {}_{n-1|}q_x \tag{2.2.22}$$

它表示$x$歲的人在未來$n$年內死亡的概率等於各年內死亡概率之和。

**(五)$\mu_x$**

$\mu_x$表示在$x$歲時的死亡力或死力,反應在$x$歲這一時點的死亡水平的高低或死亡力度的大小。定義:

$$\mu_x = -\frac{S'(x)}{S(x)} = -\frac{l'_x}{l_x} \tag{2.2.23}$$

為同時出生的一批$l_0$人在$x$歲時的死力。

依據$\mu_x$的定義可得

$$\mu_x = -\frac{l'_x}{l_x} = \lim_{\Delta x \to 0}\frac{l_x - l_{x+\Delta x}}{l_x \Delta x} \tag{2.2.24}$$

$l_x - l_{x+\Delta x}$表示$x$歲的人在微小區間$\Delta x$內死亡的人數,$\frac{l_x - l_{x+\Delta x}}{\Delta x}$表示每年死亡的人數,$\frac{l_x - l_{x+\Delta x}}{l_x \Delta x}$已消除了$\Delta x$期初的人數$l_x$(以千人為單位)多少的影響,它表示每千人每年的死亡人數,它的極限則表明同時出生的一批$l_0$人在$x$歲時每千人每年的死亡人數。由於它反應了死亡水平的高低,或死亡力度的大小,故稱為在$x$歲這一時點的死力。由於$\mu_x$可表示成$\lim_{\Delta x \to 0}\frac{_{\Delta x}q_x}{\Delta x}$,因此$\mu_x$又量度了在$x$歲這一時點每年的死亡概率。

由(2.2.23)容易得到

$$S'(x) = -\mu_x S(x) \tag{2.2.25}$$

$$l'_x = -l_x\mu_x \tag{2.2.26}$$

公式(2.2.25)、公式(2.2.26)在有關生命函數求導數、求積分、證明等方面有重要的運用價值。

由$\mu_x$的定義可得

$$\mu_x = -\frac{\mathrm{d}\ln l_x}{\mathrm{d}x} = -\frac{\mathrm{d}\ln S(x)}{\mathrm{d}x}$$

由此可得

$$l_x = l_0 \exp(-\int_0^x \mu_s \mathrm{d}s) \tag{2.2.27}$$

或

$$l_{x+t} = l_x \exp(-\int_x^{x+t} \mu_s \mathrm{d}s) = l_x \exp(-\int_0^t \mu_{x+s} \mathrm{d}s) \tag{2.2.28}$$

由此可得

$$S(x) = \exp(-\int_0^x \mu_s \mathrm{d}s) \tag{2.2.29}$$

或

$$_tp_x = \exp(-\int_x^{x+t} \mu_s \mathrm{d}s) = \exp(-\int_0^t \mu_{x+s} \mathrm{d}s)。 \tag{2.2.30}$$

設$T$的分佈函數與概率密度函數分別為$F_T(t)$與$f_T(t)$,則

$$F_T(t) = \mathrm{P}(T \leqslant t) = 1 - \frac{S(x+t)}{S(x)} = {}_tq_x \tag{2.2.31}$$

$$f_T(t) = F'_T(t) = \frac{\mathrm{d}}{\mathrm{d}t}(1 - \frac{S(x+t)}{S(x)})$$

$$= -\frac{1}{S(x)} \cdot (-S(x+t)\mu_{x+t}) = {}_tp_x \mu_{x+t} \tag{2.2.32}$$

由$T$的概率密度函數可得

$$_nq_x = \mathrm{P}(T \leqslant n) = \int_0^n {}_tp_x \mu_{x+t} \mathrm{d}t。 \tag{2.2.33}$$

由於$_tp_x\mu_{x+t}\mathrm{d}t$表示$(x)$在長度為$\mathrm{d}t$的微小區間上的死亡概率,因而$\int_0^n {}_tp_x\mu_{x+t}\mathrm{d}t$表示$(x)$在未來$n$年間的死亡概率。而$\int_n^{+\infty} {}_tp_x\mu_{x+t}\mathrm{d}t$或$\mathrm{P}(T > n)$則表示$(x)$在$n$年以后的死亡概率,即為$_np_x$。顯然$_\infty q_x = 1$,$_\infty p_x = 0$。嚴格地講,這裡的$\infty$指的就是$\omega - x$。

$$_{f|r}q_x = \int_f^{f+r} {}_tp_x \mu_{x+t} \mathrm{d}t \tag{2.2.34}$$

容易證明如下關係成立:

$$\frac{\mathrm{d}}{\mathrm{d}t}\,{}_tp_x = -{}_tp_x \mu_{x+t} \tag{2.2.35}$$

$$\frac{\mathrm{d}}{\mathrm{d}x}\,{}_tp_x = {}_tp_x(\mu_x - \mu_{x+t}) \tag{2.2.36}$$

由此可得

$$\mu_{x+t}=-\frac{\mathrm{d}_tp_x}{\mathrm{d}t}/{}_tp_x。$$

由 $\mu_x$ 的定義可得

$$\mathrm{d}l_x=-l_x\mu_x\mathrm{d}x$$

兩邊積分得

$$\int_x^{x+1}\mathrm{d}l_t=-\int_x^{x+1}l_t\mu_t\mathrm{d}t$$

即

$$l_{x+1}-l_x=-\int_0^1 l_{x+s}\mu_{x+s}\mathrm{d}s$$

或

$$d_x=\int_0^1 l_{x+s}\mu_{x+s}\mathrm{d}s \tag{2.2.37}$$

公式(2.2.37)可解釋為:$(x)$ 在未來一年間死亡的人數等於該年度內每時每刻死亡的人數的累加。

**例** 2.2.2　已知 $\mu_x=0.002x(20\leqslant x\leqslant 25)$,求 ${}_{3|}q_{20}$。

**解**:鑒於 $\mu_x=0.002x(20\leqslant x\leqslant 25)$,故運用公式(2.2.28)可得

$$l_{20+t}=l_{20}\exp(-\int_{20}^{20+t}\mu_s\mathrm{d}s)=l_{20}\exp(-0.001t^2-0.04t)(0\leqslant t\leqslant 5)$$

由此可得

$${}_{3|}q_{20}=\frac{l_{23}-l_{24}}{l_{20}}=\mathrm{e}^{-0.129}-\mathrm{e}^{-0.176}\approx 0.040,356$$

也可運用公式(2.2.17)及公式(2.2.30)求得。

**(六)$L_x$**

$L_x$ 表示(活過)$x$ 歲(的 $l_x$)人在未來一年間生存的人年數總和,也可理解為未來一年內平均生存的人數。這裡的「人年」是一個複合單位,1 人年就是一個人存活了一年。

$$L_x=\int_0^1 l_{x+t}\mathrm{d}t \tag{2.2.38}$$

$$=\int_0^1 tl_{x+t}\mu_{x+t}\mathrm{d}t+l_{x+1} \tag{2.2.39}$$

公式(2.2.38)是從生存者存活年數角度考慮的,而公式(2.2.39)的第一項則是從死亡者角度考慮的,兩者的關係可以通過分部積分法證明。假設各年齡段死亡人數服從均勻分佈,即 $d_x$ 在 $x\sim x+1$ 歲間均勻地分佈,那麼

$${}_t d_x = t d_x (0 \leqslant t \leqslant 1)$$

$$l_{x+t} = l_x - t d_x$$

因此

$$L_x = \int_0^1 l_{x+t} \mathrm{d}t = \int_0^1 (l_x - t d_x) \mathrm{d}t = \frac{l_x + l_{x+1}}{2} \tag{2.2.40}$$

關於 $l_{x+t}$ 等涉及分數年齡的生命函數的估計將留在下一節討論。

**(七) $T_x$**

$T_x$ 表示 $x$ 歲的人在未來生存的人年數總和。於是

$$T_x = L_x + L_{x+1} + L_{x+2} + \cdots \tag{2.2.41}$$

$$= \int_0^{+\infty} l_{x+t} \mathrm{d}t \tag{2.2.42}$$

$$= \int_0^{+\infty} t l_{x+t} \mu_{x+t} \mathrm{d}t。 \tag{2.2.43}$$

當各年齡段死亡人數都服從均勻分佈時

$$T_x = \frac{1}{2} l_x + l_{x+1} + l_{x+2} + l_{x+3} + \cdots \tag{2.2.44}$$

令 $\alpha(x)$ 表示 $(x)$ 在 $x$ 與 $x+1$ 歲間的死亡者在這一年間平均生存的年數，則

$$\alpha(x) = \frac{\int_0^1 t l_{x+t} \mu_{x+t} \mathrm{d}t}{\int_0^1 l_{x+t} \mu_{x+t} \mathrm{d}t} = \frac{L_x - l_{x+1}}{l_x - l_{x+1}} \tag{2.2.45}$$

從而

$$L_x = \alpha(x) l_x + (1 - \alpha(x)) l_{x+1} \tag{2.2.46}$$

或

$$L_x = \alpha(x) d_x + l_{x+1} \tag{2.2.47}$$

人口學家安斯雷・寇爾(Ansley J. Coale) 發現了 $\alpha(x)$ 的經驗值，如下表 2 - 2 - 1 所示。

**表 2 - 2 - 1　　各年齡段死亡者在該年度內平均生存年數**

| $x$ | 0 | 1 ~ 4 | 5 ~ 9 | 10 ~ 74 | 75 ~ 79 | 80 ~ 84 | 85 ~ 89 | 90 + |
|---|---|---|---|---|---|---|---|---|
| $\alpha(x)$ | 0.3 | 0.375 | 0.45 | 0.52 | 0.5 | 0.48 | 0.44 | 0.42 |

一般地，也可用 Farlle 方法來計算 $L_x$。公式如下：

$$L_0 = \frac{1}{4}l_0 + \frac{3}{4}l_1$$

$$L_x = \frac{1}{2}(l_x + l_{x+1}) + \frac{1}{24}(d_{x+1} - d_{x-1}), x = 1,2,3,4$$

$$L_x = \frac{1}{2}(l_x + l_{x+1}), 5 \leq x < \omega$$

$$L_\omega = \frac{1}{2}l_{\omega-1}。$$

**(八) 平均預期余命**

平均預期余命就是各個余命的平均值,簡稱為平均余命。一個人的余命大小事先不能確定,因而研究起來意義不大,但對一個新出生群體或達到某年齡的群體而言,平均余命可以較為準確地估計出來,由此可以用平均余命去估計個體余命的大小。平均余命有兩種形式:完全平均余命、簡約平均余命。前者是各個個體的完全余命(包括不足1年的小數部分)的平均值,后者則是各取整余命的平均值。分別用符號 $\mathring{e}_x$、$e_x$ 表示。

$$\mathring{e}_x = \mathrm{E}(T(x)) = \int_0^{+\infty} t f_T(t)\mathrm{d}t = \int_0^{+\infty} t\,{}_tp_x\,\mu_{x+t}\mathrm{d}t$$

$$= -t\,{}_tp_x\Big|_0^{+\infty} + \int_0^{+\infty} {}_tp_x\mathrm{d}t = \int_0^{+\infty} {}_tp_x\mathrm{d}t \qquad (2.2.48)$$

$$= \frac{\int_0^{+\infty} l_{x+t}\mathrm{d}t}{l_x} = \frac{T_x}{l_x} \qquad (2.2.49)$$

公式(2.2.49)的分子 $T_x$ 表示活到 $x$ 歲的 $l_x$ 個人在未來累計生存的人年數,因而,$\frac{T_x}{l_x}$ 表示平均每人未來生存的年數,即平均余命。

下面計算 $T(x)$ 的方差,它可以量度個體余命 $T(x)$ 偏離其平均值 $\mathring{e}_x$ 的程度。

$$\because \mathrm{E}(T^2(x)) = \int_0^{+\infty} t^2\,{}_tp_x\,\mu_{x+t}\mathrm{d}t = \int_0^{+\infty} t^2\mathrm{d}(-{}_tp_x)$$

$$= t^2(-{}_tp_x)\Big|_0^{+\infty} - \int_0^{+\infty} 2t(-{}_tp_x)\mathrm{d}t = 2\int_0^{+\infty} t\,{}_tp_x\mathrm{d}t$$

$$\therefore \mathrm{var}(T(x)) = 2\int_0^{+\infty} t\,{}_tp_x\mathrm{d}t - \mathring{e}_x^2 \qquad (2.2.50)$$

由於 $K(x)$ 為 $(x)$ 未來所能生存的最大整年數或為 $(x)$ 的取整余命,它的分佈律為

$$\mathrm{P}(K(x) = k) = {}_{k|}q_x = \frac{l_{x+k} - l_{x+k+1}}{l_x} = \frac{d_{x+k}}{l_x} \qquad (2.2.51)$$

因此

$$e_x = \mathrm{E}(K(x)) = \sum_{k=0}^{+\infty} k\mathrm{P}(K(x) = k)$$

$$= \frac{l_{x+1} + l_{x+2} + l_{x+3} + \cdots}{l_x} \tag{2.2.52}$$

$$= \frac{d_{x+1} + 2d_{x+2} + 3d_{x+3} + \cdots + kd_{x+k} + \cdots}{l_x} \tag{2.2.53}$$

從生存者角度來看,年齡為$x$歲的$l_x$人中,一年后有$l_{x+1}$生存,每人都活滿1年,故已生存的整年數為$l_{x+1}$;再經過一年后,有$l_{x+2}$人又活滿1年,它們每人再追加1年,即追加的整年數為$l_{x+2}$,第3年后再追加$l_{x+3}$…… 因此,$l_x$人未來所生存的整年數總和為$l_{x+1} + l_{x+2} + l_{x+3} + \cdots$,從而其平均取整余命為$\frac{l_{x+1} + l_{x+2} + l_{x+3} + \cdots}{l_x}$。

從死亡者角度來看,在活過$x$歲的$l_x$人當中,第1年內死亡$d_x$人,每人已存活的整年數為0,共存活$0 \cdot d_x$年;在第2年內死亡的$d_{x+1}$人中,每人已存活的整年數為1,共存活$1 \cdot d_{x+1}$年;在第3年內死亡$d_{x+2}$人中,每人已存活整年數為2,共計$2 \cdot d_{x+2}$年,以此類推。因此,$d_{x+1} + 2d_{x+2} + 3d_{x+3} + \cdots$表示$l_x$人未來生存整年數的總數。從而,$\frac{d_{x+1} + 2d_{x+2} + 3d_{x+3} + \cdots}{l_x}$為各取整余命的平均值。

記$S = T - K$或$T = K + S(0 \leqslant S < 1)$。當$S$服從均勻分佈時,各死亡日期均勻分佈在一年之中,即$S$的概率密度函數為$f(s) = 1(0 \leqslant s < 1)$,於是可得$\mathrm{E}(S) = \frac{1}{2}$與$\mathrm{var}(S) = \frac{1}{12}$,且容易證明$K$與$S$相互獨立。從而得到

$$\mathring{e}_x = \mathrm{E}(T) = \mathrm{E}(K) + \mathrm{E}(S) = e_x + \frac{1}{2}$$

即

$$\mathring{e}_x = e_x + \frac{1}{2} \tag{2.2.54}$$

$$\mathrm{var}(T) = \mathrm{var}(K) + \frac{1}{12} \tag{2.2.55}$$

由於各年齡段死亡人數服從均勻分佈,因此在公式(2.2.44)的兩邊同除以$l_x$也可得到公式(2.2.54)。

也可以利用阿貝爾變換計算$e_x$。這裡的阿貝爾變換類似於定積分中的分部積分法,指的是如下公式:

$$\sum_{k=0}^{n} f(k)\Delta g(k) = f(k)g(k)\Big|_{k=0}^{n+1} - \sum_{k=0}^{n} g(k+1)\Delta f(k) \tag{2.2.56}$$

$$e_x = \mathrm{E}(K(x)) = \sum_{k=0}^{+\infty} k\,_{k|}q_x = \sum_{k=0}^{+\infty} k\Delta(-\,_kp_x)$$

$$= k(-{}_kp_x)\Big|_0^{+\infty} + \sum_{k=0}^{+\infty} {}_{k+1}p_x = \sum_{k=1}^{+\infty} {}_kp_x。\tag{2.2.57}$$

運用阿貝爾變換可以簡化 $K(x)$ 方差的計算。

$$\because \mathrm{E}(K^2(x)) = \sum_{k=0}^{+\infty} k^2({}_kp_x - {}_{k+1}p_x) = \sum_{k=0}^{+\infty}(2k+1)\,{}_{k+1}p_x$$

$$\therefore \mathrm{var}(K(x)) = \sum_{k=0}^{+\infty}(2k+1)\,{}_{k+1}p_x - e_x^2。$$

也可能 $\mathring{e}_x$ 不存在,比如當 $S(x) = \dfrac{1}{1+x}$ 時,$\mathring{e}_x$ 就不存在。

**例** 2.2.3　證明:$\dfrac{\mathrm{d}}{\mathrm{d}x}\mathring{e}_x = \mu_x\mathring{e}_x - 1$　(2.2.58)

**證明**:$\because \mathring{e}_x = \int_0^{\omega-x} {}_tp_x\,\mathrm{d}t$

$$\therefore \frac{\mathrm{d}}{\mathrm{d}x}\mathring{e}_x = \frac{\mathrm{d}}{\mathrm{d}x}\int_0^{\omega-x} {}_tp_x\,\mathrm{d}t$$

$$= {}_{\omega-x}p_x \cdot \frac{\mathrm{d}}{\mathrm{d}x}(\omega - x) - {}_0p_x \cdot \frac{\mathrm{d}}{\mathrm{d}x}(0) + \int_0^{\omega-x}\frac{\mathrm{d}}{\mathrm{d}x}({}_tp_x)\,\mathrm{d}t$$

$$= \int_0^{\omega-x} {}_tp_x(\mu_x - \mu_{x+t})\,\mathrm{d}t$$

$$= \mu_x\int_0^{\omega-x} {}_tp_x\,\mathrm{d}t - \int_0^{\omega-x} {}_tp_x\,\mu_{x+t}\,\mathrm{d}t = \mu_x\mathring{e}_x - 1。$$

說明:

(1) 這裡使用了含參積分的求導公式:

$$\frac{\mathrm{d}}{\mathrm{d}t}\int_{a(t)}^{b(t)} f(x,t)\,\mathrm{d}x = f(b(t),t)b'(t) - f(a(t),t)a'(t) + \int_{a(t)}^{b(t)} f_t'(x,t)\,\mathrm{d}x。$$

(2) 容易得出 $\mu_x = \dfrac{1}{\mathring{e}_x} + \dfrac{1}{\mathring{e}_x}\cdot\dfrac{\mathrm{d}}{\mathrm{d}x}\mathring{e}_x$,這樣利用生命表中的完全平均余命可近似計算出 $\mu_x$,由於 $\dfrac{\mathrm{d}}{\mathrm{d}x}\mathring{e}_x \approx \mathring{e}_{x+1} - \mathring{e}_x$,因而可得 $\mu_x \approx \dfrac{1}{\mathring{e}_x} + \dfrac{\mathring{e}_{x+1} - \mathring{e}_x}{\mathring{e}_x}$。查閱 CL1(2000—2003)(即非養老金業務男表)可得 $\mathring{e}_{20} = 57.26$,$\mathring{e}_{21} = 56.29$,從而

$$\mu_{20} \approx \frac{1}{57.26} + \frac{1}{57.26}(56.29 - 57.26) \approx 0.000,524。$$

**例** 2.2.4　完成下面部分生命表(如表 2－2－2 所示)的填空。

表2－2－2　　部分空白生命表

| $x$ | $l_x$ | $d_x$ | $p_x$ | $q_x$ | $\mathring{e}_x$ | $e_x$ |
|---|---|---|---|---|---|---|
| 90 | 1,000 | 400 | | | | |
| 91 | | | | | | |
| 92 | 330 | | | 0.56 | | |
| 93 | | | 0.42 | | | |
| 94 | | 39 | | | | 0.36 |

**解：**利用 $q_x = \dfrac{d_x}{l_x}$、$p_x = \dfrac{l_{x+1}}{l_x}$、$d_x = l_x - l_{x+1}$ 及 $e_x = p_x(1 + e_{x+1})$ 來計算，結果如表2－2－3所示。

表2－2－3　　完整生命表

| $x$ | $l_x$ | $d_x$ | $p_x$ | $q_x$ | $\mathring{e}_x$ | $e_x$ |
|---|---|---|---|---|---|---|
| 90 | 1,000 | 400 | 0.60 | 0.40 | 1.66 | 1.16 |
| 91 | 600 | 270 | 0.55 | 0.45 | 1.43 | 0.93 |
| 92 | 330 | 185 | 0.44 | 0.56 | 1.19 | 0.69 |
| 93 | 145 | 84 | 0.42 | 0.58 | 1.07 | 0.57 |
| 94 | 61 | 39 | 0.36 | 0.64 | 0.86 | 0.36 |

**例2.2.5**　已知 $S(x) = \dfrac{\sqrt{k^2 - x}}{k}(0 \leqslant x \leqslant k^2)$，$\mathring{e}_{40} = 2\mathring{e}_{80}$，求 $\mathring{e}_{60}$。

**解：**$\because S(x) = \dfrac{\sqrt{k^2 - x}}{k}$

$$\therefore {}_tp_x = \frac{S(x+t)}{S(x)} = \left(1 - \frac{t}{k^2 - x}\right)^{\frac{1}{2}}$$

$$\mathring{e}_x = \int_0^{k^2-x} {}_tp_x \mathrm{d}t = \int_0^{k^2-x}\left(1 - \frac{t}{k^2 - x}\right)^{\frac{1}{2}}\mathrm{d}t = \frac{2}{3}(k^2 - x)$$

$$\because \mathring{e}_{40} = 2\mathring{e}_{80}$$

$$\therefore \frac{2}{3}(k^2 - 40) = 2 \times \frac{2}{3}(k^2 - 80)$$

$$k^2 = 120$$

$\mathring{e}_{60} = \frac{2}{3}(120 - 60) = 40$。

**（九）定期平均余命**

$n$ 年定期平均余命指的是在 $n$ 年內平均還能生存的年數。它可以分為 $n$ 年定期完全平均余命與 $n$ 年定期簡約平均余命。

1. $n$ 年定期完全平均余命

$$\mathring{e}_{x:\overline{n}|} = {}_n\mathring{e}_x = \frac{{}_nL_x}{l_x} = \frac{T_x - T_{x+n}}{l_x} \tag{2.2.59}$$

$$= \int_0^n {}_tp_x \mathrm{d}t \tag{2.2.60}$$

$$= t\,{}_tp_x \Big|_0^n - \int_0^n t\mathrm{d}({}_tp_x) = \int_0^n t\,{}_tp_x\,\mu_{x+t}\mathrm{d}t + n\,{}_np_x = \mathrm{E}(T^*(x))$$

其中，$T^*(x) = \begin{cases} T(x), & \text{當 } 0 < T(x) \leqslant n \text{ 時；} \\ n, & \text{當 } T(x) > n \text{ 時。} \end{cases}$。

2. $n$ 年定期簡約平均余命

$$e_{x:\overline{n}|} = {}_ne_x = \frac{l_{x+1} + l_{x+2} + \cdots + l_{x+n}}{l_x} \tag{2.2.61}$$

$$= p_x + {}_2p_x + \cdots + {}_np_x \tag{2.2.62}$$

$$= \sum_{k=0}^{n-1} k\,{}_{k|}q_x + n\,{}_np_x$$

$$= \mathrm{E}(K^*(x))$$

其中，$K^*(x) = \begin{cases} K(x), & \text{當 } 0 \leqslant K(x) \leqslant n-1 \text{，即 } K(x) = 0,1,\cdots,n-1 \text{ 時；} \\ n, & \text{當 } K(x) \geqslant n \text{，即 } K(x) = n, n+1, \cdots \text{ 時。} \end{cases}$

當然還可定義 $n$ 年延期平均余命。

$${}_{n|}\mathring{e}_x = \int_n^{+\infty} {}_tp_x \mathrm{d}t = {}_np_x\,\mathring{e}_{x+n} \tag{2.2.63}$$

$${}_{n|}e_x = \frac{1}{l_x}(l_{x+n+1} + l_{x+n+2} + \cdots) = {}_np_x\,e_{x+n} \tag{2.2.64}$$

顯然

$$\mathring{e}_x = \mathring{e}_{x:\overline{n}|} + {}_{n|}\mathring{e}_x \tag{2.2.65}$$

$$e_x = e_{x:\overline{n}|} + {}_{n|}e_x。 \tag{2.2.66}$$

**（十）中心死亡率**

定義中心死亡率為

$$m_x = \frac{d_x}{L_x} \tag{2.2.67}$$

這裡$L_x$應理解為$x$歲與$x+1$歲間的平均生存人數。顯然公式(2.2.67)可改寫為

$$m_x = \frac{\int_0^1 l_{x+t}\mu_{x+t}\mathrm{d}t}{\int_0^1 l_{x+t}\mathrm{d}t} \tag{2.2.68}$$

公式(2.2.68)右邊可理解為$\mu_{x+t}(0 \leqslant t < 1)$的加權平均值。

當死亡人數在各年齡段服從均勻分佈時,$L_x = l_x - \frac{1}{2}d_x$,由此可得

$$m_x = \frac{2q_x}{2-q_x} \tag{2.2.69}$$

或

$$q_x = \frac{2m_x}{2+m_x}。 \tag{2.2.70}$$

更一般地,可以定義$n$年中心死亡率${}_nm_x$

$${}_nm_x = \frac{{}_nd_x}{{}_nL_x} = \frac{\int_0^n l_{x+t}\mu_{x+t}\mathrm{d}t}{\int_0^n l_{x+t}\mathrm{d}t} \tag{2.2.71}$$

這裡

$${}_nL_x = \int_0^n tl_{x+t}\mu_{x+t}\mathrm{d}t + nl_{x+n} = \int_0^n l_{x+t}\mathrm{d}t \tag{2.2.72}$$

假設$l_{x+t}$在$0 \leqslant t \leqslant n$上服從均勻分佈,那麼

$$l_x - l_{x+t} = \frac{t}{n}(l_x - l_{x+n})$$

$$\therefore l_{x+t} = l_x - \frac{t}{n}\,{}_nd_x$$

$${}_nL_x = \int_0^n l_{x+t}\mathrm{d}t = l_x n - \frac{1}{2}n\,{}_nd_x$$

$$\therefore {}_nm_x = \frac{{}_nd_x}{nl_x - (1/2)n\,{}_nd_x} = \frac{{}_nq_x}{n(1-1/2\,{}_nq_x)} = \frac{2\,{}_nq_x}{n(2-{}_nq_x)} \tag{2.2.73}$$

或者

$${}_nq_x = \frac{2n\,{}_nm_x}{2+n\,{}_nm_x}。 \tag{2.2.74}$$

### (十一)人口統計中的死亡率

1. 總死亡率

總死亡率又稱為粗死亡率(Crude Death Rate,簡稱 *CDR*),是某一地區某一年

度的死亡人數與該年度的平均人口數或年中人口數之比。它反應了該地區人口總體死亡水平的高低。

$$CDR = \frac{D}{\bar{P}} \times 1,000‰ \quad (2.2.75)$$

其中,$D$ 為某一年度的死亡人數,$\bar{P}$ 為某一年的平均人數,$CDR$ 為粗死亡率。

2. 年齡別死亡率

年齡別死亡率就是按年齡分組計算的死亡率,它是一年內某一年齡組死亡人數與該年齡組平均人數之比。年齡別死亡率呈 $J$ 形曲線。

$$\tilde{m}_x = \frac{\tilde{D}_x}{\tilde{P}_x} \times 1,000‰ \quad (2.2.76)$$

其中,$\tilde{m}_x$ 為年齡別死亡率,$\tilde{D}_x$ 為某一年 $x$ 歲年齡組死亡人數,$\tilde{P}_x$ 為該年 $x$ 歲年齡組平均人數。

3. 標準化死亡率

一個國家或地區人口死亡水平的高低,要受人口總體年齡結構的影響,通過其年齡別死亡率分析可以看出,不同年齡組死亡率水平有顯著差異,低年齡組和高年齡組人口中死亡率往往較高,這些年齡組人口數占總人口的比例不同,總死亡率水平的高低也有著顯著差異。因此,為了便於將不同時期同一人口總體或同一時期不同人口總體之間死亡水平進行比較,就需要消除年齡結構的影響,這樣得到的死亡率稱為標準化死亡率。即:

$$SMR = \sum \tilde{m}_x s_x \quad (2.2.77)$$

其中,$\tilde{m}_x$ 為 $x$ 歲年齡別死亡率,$s_x$ 為 $x$ 歲之標準化年齡結構。這裡,$s_x = \frac{\tilde{P}_x}{P} \times 100\%$,$P = \sum \tilde{P}_x$,$SMR$ 為標準化死亡率。

4. 嬰兒死亡率

嬰兒死亡率是指一年內每千名不滿周歲的嬰兒中死亡的嬰兒人數所占的比重。它是一個重要指標,綜合地反應一個國家或地區的醫療衛生條件、綜合經濟實力、人民生活水平以及科學技術水平高低等各個方面的國力狀況。嬰兒死亡率高低,直接影響總人口死亡水平的高低,它是影響人口平均預期壽命高低的重要因素。由定義可得

$$IMR = \frac{D_0}{B_t} \times 1000‰ \quad (2.2.78)$$

其中,$D_0$ 為當年死亡嬰兒人數,$B_t$ 為當年新生嬰兒人數,$IMR$ 為嬰兒死亡率。

然而,由於嬰兒死亡人數主要以年度為計量時間單位,而不是只以嬰兒的年齡範圍來進行統計,因此,某一年內嬰兒死亡人數中,既有本年出生本年死亡的人數,又有去年出生今年死亡的人數。於是

$$IMR = \frac{D_{t,0} + D_{t-1,0}}{B_t} \times 1000‰ \qquad (2.2.79)$$

這裡 $D_{t,0}$ 為本年出生本年死亡的嬰兒數,$D_{t-1,0}$ 為去年出生而在今年死亡的嬰兒數。

由於分母與分子的口徑不一致,為此,經過調整后

$$IMR = \frac{D_{t-1,0} + D_{t,0}}{\alpha B_{t-1} + (1-\alpha)B_t}$$
$$= \frac{D_0}{\alpha B_{t-1} + (1-\alpha)B_t} \times 1,000‰ \qquad (2.2.80)$$

通常,取 $\alpha = \frac{1}{3}$,它為經驗常數。$\alpha$ 的值依據本年出生本年死亡嬰兒人數與去年出生今年死亡人數之間的比例關係而確定。根據大量人口統計資料,人們發現,在今年死亡的不滿周歲的嬰兒中,去年出生的嬰兒占比為$\frac{1}{3}$,今年出生的嬰兒占比為$\frac{2}{3}$。



## 第三節　正分數年齡生命函數的估計

正分數年齡生命函數,亦稱為非整數年齡生命函數。生命表中反應整數年齡上的壽命分佈規律是很不夠的,因為很多時候還需知道所有年齡包括非整數年齡上的壽命分佈。如果已知 $q_{24} = 0.000,738$,$q_{25} = 0.000,759$,那麼 24 歲的人在未來 3 個月內死亡的概率 ${}_{0.25}q_{24}$ 或 24.5 歲的人在未來 0.5 年內的死亡概率 ${}_{0.5}q_{24.5}$ 應為多少?這就需要在一些假設條件下由整數年齡的生命函數值去近似地估計分數年齡的生命函數值。具體而言,就是由 $x$ 歲、$x+1$ 歲的生存人數(或生存概率)推斷出 $x+t$ 歲時生存人數(或生存概率),這裡 $0 < t < 1$。常見的假設有三種:死亡均勻分佈假設、死力常數假設、鮑德希假設。

### 一、死亡均勻分佈假設

死亡均勻分佈假設(Uniform Distribution of Deaths,簡稱為 UDD) 指的是死亡人數在各年齡段服從均勻分佈,該方法又稱為線性插值法。該假設為

$$S(x+t)=(1-t)S(x)+tS(x+1) \tag{2.3.1}$$

或

$$l_{x+t}=(1-t)l_x+tl_{x+1} \tag{2.3.2}$$

由公式(2.3.2)可得 $l_{x+t}=l_x-td_x$ 或 ${}_td_x=td_x$，並由此可推導出

$${}_tq_x=tq_x \tag{2.3.3}$$

$${}_tp_x=1-tq_x \tag{2.3.4}$$

$${}_yq_{x+t}=\frac{yq_x}{1-tq_x} \quad (0\leqslant t+y\leqslant 1, 0\leqslant y\leqslant 1) \tag{2.3.5}$$

$$\mu_{x+t}=\frac{q_x}{1-tq_x} \tag{2.3.6}$$

$$f_T(t)={}_tp_x\mu_{x+t}=q_x \tag{2.3.7}$$

上述公式中的 $t$ 滿足 $0\leqslant t\leqslant 1$。運用公式(2.3.3)、公式(2.3.5)可以回答本節開始時所提出的問題。當然，也可在其他假設條件下進行計算。

## 二、死力常數假設

死力常數假設(Constant Force of Mortality，簡稱為CFM)指的是各年齡段死力為常數，該方法又稱為幾何插值法，其公式為：

$$S(x+t)=(S(x))^{1-t}[S(x+1)]^t \tag{2.3.8}$$

或

$$l_{x+t}=(l_x)^{1-t}(l_{x+1})^t \tag{2.3.9}$$

顯然，其對數可用線性插值法去估計。在CFM假設下，$l_{x+t}=l_x(p_x)^t$，並容易推導出如下公式：

$${}_tp_x=(p_x)^t \tag{2.3.10}$$

$${}_tq_x=1-(p_x)^t \tag{2.3.11}$$

$${}_yq_{x+t}=1-(p_x)^y \tag{2.3.12}$$

$$\mu_{x+t}=-\ln p_x \tag{2.3.13}$$

$$S(x+t)=S(x)e^{-\mu_x t}\text{，其中}\mu_x=-\ln p_x \tag{2.3.14}$$

$$f_T(t)={}_tp_x\mu_{x+t}=\mu_x e^{-\mu_x t} \tag{2.3.15}$$

上述公式中的 $t$ 滿足 $0\leqslant t\leqslant 1$。

## 三、鮑德希假設

鮑德希(Balducci)假設，該方法又稱為調和插值法，其倒數可用線性插值法去估計，其公式為：

$$\frac{1}{S(x+t)} = \frac{1-t}{S(x)} + \frac{t}{S(x+1)} \tag{2.3.16}$$

或

$$\frac{1}{l_{x+t}} = \frac{1-t}{l_x} + \frac{t}{l_{x+1}} \tag{2.3.17}$$

由公式(2.3.16)可得$\frac{1}{S(x+t)} = \frac{1}{S(x)} - t\left(\frac{1}{S(x)} - \frac{1}{S(x+1)}\right)$,並可得到如下公式:

$$_tq_x = \frac{tq_x}{1-(1-t)q_x} \tag{2.3.18}$$

$$_tp_x = \frac{p_x}{1-(1-t)q_x} \tag{2.3.19}$$

$$_yq_{x+t} = \frac{yq_x}{1-(1-t-y)q_x} \quad (0 \leqslant t+y \leqslant 1, 0 \leqslant y \leqslant 1) \tag{2.3.20}$$

$$\mu_{x+t} = \frac{q_x}{1-(1-t)q_x} \tag{2.3.21}$$

$$f_T(t) = {}_tp_x\mu_{x+t} = \frac{p_xq_x}{[1-(1-t)q_x]^2} \tag{2.3.22}$$

上述公式中的 $t$ 滿足 $0 \leqslant t \leqslant 1$。

上述三種假設以死亡均勻分佈假設最簡單、最常用,比較符合客觀情況,因為在同一年齡段內死力是遞增的。死力常數假設,簡單性體現在死力為常數,也有一定的合理性。鮑德希假設雖然不太符合常理,如死力是遞減的,但 $_{1-t}q_{x+t} = (1-t)q_x$ 比較簡單,因而常常用於生存模型中去估計死亡概率。

**例 2.3.1** 已知 $q_{70} = 0.06, q_{71} = 0.08$,試分別在三種假設:(1) UDD 假設;(2) CFM 假設;(3) Balducci 假設下計算 70 歲的人在 $70\frac{1}{2}$ 歲與 $71\frac{1}{2}$ 之間死亡的概率。

**解:**(1)在 UDD 假設下

$$_{1/2|}q_{70} = {}_{1/2|1/2}q_{70} + {}_{1|1/2}q_{70} = {}_{1/2}p_{70} \cdot {}_{1/2}q_{70\frac{1}{2}} + p_{70} \cdot {}_{1/2}q_{71}$$

$$= (1 - \frac{1}{2}q_{70}) \frac{\frac{1}{2}q_{70}}{1-\frac{1}{2}q_{70}} + (1-q_{70})\frac{1}{2}q_{71}$$

$$= \frac{1}{2}q_{70} + \frac{1}{2}q_{71}(1-q_{70}) = \frac{1}{2} \times 0.06 + \frac{1}{2} \times 0.08 \times (1-0.06)$$

$= 0.067,6$

(2) 在 CFM 假設下

$$
\begin{aligned}
{}_{1/2|}q_{70} &= {}_{1/2}p_{70} \cdot {}_{1/2}q_{70\frac{1}{2}} + p_{70} \cdot {}_{1/2}q_{71} \\
&= (p_{70})^{\frac{1}{2}}[1 - (p_{70})^{\frac{1}{2}}] + p_{70}[1 - (p_{71})^{\frac{1}{2}}] \\
&= (1 - 0.06)^{\frac{1}{2}}[1 - (1 - 0.06)^{\frac{1}{2}}] + (1 - 0.06)[1 - (1 - 0.08)^{\frac{1}{2}}] \\
&\approx 0.067,9
\end{aligned}
$$

(3) 在 Balducci 假設下

$$
\begin{aligned}
{}_{1/2|}q_{70} &= {}_{1/2}p_{70} \cdot {}_{1/2}q_{70\frac{1}{2}} + p_{70} \cdot {}_{1/2}q_{71} \\
&= \frac{p_{70}}{1 - (1 - \frac{1}{2})q_{70}} \cdot \frac{\frac{1}{2}q_{70}}{1 - (1 - \frac{1}{2} - \frac{1}{2})q_{70}} + (1 - q_{70}) \cdot \frac{\frac{1}{2}q_{71}}{1 - (1 - \frac{1}{2})q_{71}} \\
&= \frac{\frac{1}{2}p_{70}q_{70}}{1 - \frac{1}{2}q_{70}} + \frac{\frac{1}{2}q_{71}(1 - q_{70})}{1 - \frac{1}{2}q_{71}} \approx 0.068,2
\end{aligned}
$$

**例** 2.3.2　證明:在 Balducci 假設下,$\mu_{x+t} = \dfrac{q_x}{1 - (1 - t)q_x}$。

**證明:**由 Balducci 假設可得$\dfrac{1}{S(x+t)} = \dfrac{1}{S(x)} - t\left(\dfrac{1}{S(x)} - \dfrac{1}{S(x+1)}\right)$,從而

$$
\begin{aligned}
\mu_{x+t} &= \frac{-S'(x+t)}{S(x+t)} = \frac{\frac{\mathrm{d}}{\mathrm{d}t}\left[\frac{1}{S(x+t)}\right]}{\frac{1}{S(x+t)}} \\
&= \frac{-\left[\frac{1}{S(x)} - \frac{1}{S(x+1)}\right]}{\frac{1}{S(x)} - t\left[\frac{1}{S(x)} - \frac{1}{S(x+1)}\right]} = \frac{q_x}{p_x + tq_x} = \frac{q_x}{1 - (1 - t)q_x}
\end{aligned}
$$

## 第四節　參數生存模型

死亡法則就是關於死亡秩序或生死規律的解析表達式。對死亡規律的研究在人口統計學中處於很薄弱的環節。人們試圖用一個公式來表示死亡規律,曾經出現過一些死亡法則,這些法則中的參數需要估計,又稱為參數生存模型。與之相對的就是表格生存模型,即用表格形式來表示生存死亡規律。

## 一、均勻分佈

均勻分佈是簡單的雙參數分佈,其概率密度函數為常數。若隨機變量 $X$ 在區間 $[a,b]$ 上服從均勻分佈,則其概率密度函數為 $f_X(x) = \dfrac{1}{b-a}$,這裡 $a \leqslant x \leqslant b$;對於 $x$ 的其余取值,$f_X(x) = 0$。特別地,考慮個體壽命 $X$ 在 $(0,\omega)$ 上服從均勻分佈,那麼

$$f_X(x) = \frac{1}{\omega} \tag{2.4.1}$$

早在 1724 年,棣模佛(De Moivre) 用下面公式來概括死亡規律:

$$l_x = l_0 \frac{\omega - x}{\omega} \tag{2.4.2}$$

這裡,$\omega$ 為終極年齡(當時考慮的取值為 86),該死亡規律又稱為棣模佛法則。由於該法則將 $l_x$ 視為一條直線,因而這一法則是相當粗糙的,但這個法則簡化了年金的計算。由此可以推斷出:

$$\mu_x = \frac{1}{\omega - x} \tag{2.4.3}$$

$$_tp_x = \frac{\omega - x - t}{\omega - x} \tag{2.4.4}$$

$$q_x = \frac{1}{\omega - x} \tag{2.4.5}$$

$$_{k|}q_x = \frac{1}{\omega - x} \tag{2.4.6}$$

顯然,$q_x$ 隨著年齡增大而增大,這不適合於新生嬰兒或年齡很小的人。$_{k|}q_x$ 意味著 $x$ 歲的人未來任何一年的死亡概率均相同,這也與實際情況不相符。

## 二、龔柏茲分佈

1805 年龔柏茲(Gompertz) 認為,一個人死亡的原因受兩種因素支配。一是與年齡無關的死亡機會;二是隨著年齡的增加,死亡抵抗力在減退,以 $\dfrac{1}{\mu_x}$ 表示一個人對死亡的抵禦能力(因為 $\mu_x$ 表示死亡的力度大小)。Gompertz 認為這種抵禦死亡的能力以與自身成比例的速度遞減。即

$$\frac{\mathrm{d}}{\mathrm{d}x}\left(\frac{1}{\mu_x}\right) = -h \cdot \frac{1}{\mu_x} \tag{2.4.7}$$

積分得

$$\ln \frac{1}{\mu_x} = -hx - \ln B \quad (\ln B \text{ 為積分常數})$$

即

$$\mu_x = e^{hx+\ln B} = B(e^h)^x = BC^x \tag{2.4.8}$$

$$l_x = l_0\exp(-\int_0^x \mu_s ds) = l_0\exp(-\int_0^x BC^s ds)$$

$$= l_0\exp\left(-B\frac{C^s}{\ln C}\Bigg|_0^x\right) = l_0\exp\left(-B\frac{C^x}{\ln C} + \frac{B}{\ln C}\right) = kg^{C^x} \tag{2.4.9}$$

這裡,$\ln g = -\frac{B}{\ln C}, C = e^h, k = l_0\exp(\frac{B}{\ln C})$

$$\therefore\ {}_tp_x = \frac{l_{x+t}}{l_x} = \frac{kg^{C^{x+t}}}{kg^{C^x}} = g^{C^x(C^t-1)}。\tag{2.4.10}$$

## 三、梅克哈姆分佈

1860年,梅克哈姆(Makeham)對Gompertz關於死力$\mu_x$的公式進行了修正,他假設

$$\mu_x = A + BC^x \tag{2.4.11}$$

於是

$$l_x = l_0\exp(-\int_0^x \mu_s ds)$$

$$= \exp(-\int_0^x A ds)\cdot l_0\exp(-\int_0^x BC^s ds) = kr^x g^{C^x} \tag{2.4.12}$$

其中,$e^{-A} = r$ 或 $A = -\ln r$。由此可得

$${}_tp_x = r^t g^{C^x(C^t-1)}。\tag{2.4.13}$$

Makeham 法則對50歲以上60歲以下的人的死亡規律的量度相當適用,$r$、$g$、$C$稱為Makeham常數,有人估計出它們的取值範圍為$0.001 < A < 0.003$,$10^{-6} < B < 10^{-3}$, $1.08 < C < 1.12$,從而$0.997 < r < 0.999$,$0.85 < g < 0.999,99$。

后來又有些人提出,$\mu_x = A + Hx + BC^x$(稱之為Makeham第二死亡法則)或者$\mu_x = A + BC^x + Mn^x$等來研究死亡規律。

# 第五節　生命表概述

## 一、生命表及其編製

### (一)生命表的定義

生命表就是研究同時出生的一批人的整個生命過程的統計表。從構成生命表的時間性質來看,生命表所觀察到的是假定的一批人的生命過程的統計表。這就是

說,把同時存在著的各個不同年齡組人的生存狀況作為同一代人處於各個不同年齡的生存狀況來看,把某一時期(或某一年)各個年齡組人口死亡水平作為一代人一生經歷各個年齡的死亡水平來看,這樣就可以根據一年或幾年的統計資料來確定一代人的年齡別死亡率,這實際上就是將橫向數據縱向化。

在實際人口統計工作中,可以得到三種數字資料:① 某一日期上的分年齡人數;② 通過人口經常登記,取得每年的分年齡死亡人數;③ 通過出生登記,取得每年的出生人數。

**(二) 生命表的編製步驟**

1. 計算出年齡別死亡率

假設某年 $x$ 歲的死亡人數為 $\tilde{D}_x$,$x$ 歲的平均人數為 $\tilde{\tilde{P}}_x$,則可計算出分年齡死亡率。

$$\tilde{m}_x = \frac{\tilde{D}_x}{\tilde{\tilde{P}}_x}$$

其中,$\tilde{\tilde{P}}_x$ 為年中 $x$ 歲人數,或為年初 $x$ 歲人數與年末 $x$ 歲人數的平均值。

2. 計算生命表中的中心死亡率

死亡人數在各年齡段服從均勻分佈的假設下,生命表中的中心死亡率為

$$m_x = \frac{2q_x}{2 - q_x} \text{ 或 } q_x = \frac{2m_x}{2 + m_x}$$

3. 用 $\tilde{m}_x$ 去近似代替 $m_x$

由此可計算出年齡別死亡概率 $q_x = \dfrac{2\tilde{m}_x}{2 + \tilde{m}_x}$。

4. 選擇適當人口基數,編製出普通形式的生命表

$l_0$ 一般取 100,000,也可取 1,000,000 或 10,000,000,由此可以算出 $d_x$、$l_x$、$p_x$、$q_x$、$L_x$、$T_x$、$\mathring{e}_x$、$e_x$。

其實,生命表中最核心的函數為年齡別死亡概率 $q_x$,因為不少機構公布的生命表就是僅包含年齡別死亡概率 $q_x$ 的一張表。

## 二、生命表的分類

生命表是壽險精算的前提和基礎,它對保險公司科學經營、有效控制風險、切實保護保險雙方當事人利益具有重要的意義。

生命表就是研究同時出生的一批人整個生命過程的一張統計表。由於它也反應了隨著年齡增長而陸續死亡人數的變化情況,所以又稱為死亡表。由於根據此表可以計算出各年齡人口的平均預期余命,故又可稱為壽命表。

依生命表的定義,需要縱向跟蹤同時出生的一批人從出生到死亡的全部過程,

從而構造出生命表。但是,一方面,在實際工作中,很難取得完整的資料;另一方面,這樣取得的資料到手時已經時過境遷,不能反應當前的死亡水平。因而,在實際操作中,不採用這種「實際同批人」的方法去編製生命表,而是採用「假定同批人」的方法來編製,即把某一年齡人口的死亡水平當成同時出生的一批人在一生中依次經歷各個年齡時的死亡水平來看待,並由此編製出生命表。

最早的生命表出現在 1662 年英國人口統計學家約翰・格蘭特在其出版的《關於死亡表的自然的和政治的觀察》一書中,它實際上是一張簡略生命表。歷史上第一張完全生命表是由英國數學家、天文學家哈雷在 1693 年編製的,它精確地顯示了每個年齡的死亡概率,為壽險精算提供了依據。1764 年,生命表技術被正式運用於 1762 年在倫敦成立的「老公平」的壽險實踐之中。

生命表按編製對象的不同,可以分為國民生命表和經驗生命表,前者以全社會或某地區的人口為統計對象,根據人口統計資料來編製生命表,即以全體國民為編製對象編製的生命表;而后者是以人壽保險公司的被保險人為對象編製的生命表。生命表可以按性別劃分為男子生命表、女子生命表和男女混合生命表。

按一批人的減少是受單個因素還是受多個因素影響來劃分,生命表可分為單減因生命表與多減因生命表。前者是指根據單一因素(如死亡)的影響所編製出的生命表;后者則是指根據兩個或兩個以上因素的影響所編製出的生命表,如同時同年齡就業的一批人受失業、死亡兩個因素影響而在退休之前陸續減少,由此編製出的生命表就是多減因生命表。普通生命表指的就是以死亡為唯一減因的單減因生命表。

就經驗生命表而言,按業務適用範圍來劃分,可分為年金生命表和壽險生命表,前者適用於年金業務或養老金業務,后者適用於壽險業務或非養老金業務。也可按性別來劃分,分為男子表、女子表或混合表。若按投保時間長短來劃分,經驗生命表可分為選擇 — 終極表與綜合表。選擇表中生命函數的確定,不僅要考慮年齡因素,而且還要考慮已參保時間的長短,而終極表則僅取決於年齡因素,綜合表則是不考慮投保時間長短而綜合起來編製出的生命表。

**例 2.5.1** 利用中國人壽保險業經驗生命表(非養老金業務)男表(女表),即 CL1(2000—2003)或 CL2(2000—2003)計算 30 歲男子(女子)在下列條件下的概率:

(1) 活過 40 歲;

(2) 在 50 歲前死亡;

(3) 死於 49 歲與 50 歲間;

(4) 死於 40 歲與 50 歲間。

**解:** (1) ${}_{10}p_{30} = \dfrac{l_{40}}{l_{30}} \approx 0.988,188$(男),$0.994,412$(女)

$$(2)\ {}_{20}q_{30} = \frac{l_{30} - l_{50}}{l_{30}} \approx 0.035,333(\text{男}),0.017,348(\text{女})$$

$$(3)\ {}_{19|}q_{30} = \frac{d_{49}}{l_{30}} \approx 0.003,189(\text{男}),0.001,664(\text{女})$$

$$(4)\ {}_{10|10}q_{30} = \frac{l_{40} - l_{50}}{l_{30}} \approx 0.023,522(\text{男}),0.011,760(\text{女})$$

## 三、中國生命表的發展歷史

中國人壽保險業自 1981 年恢復人身保險業務以來的 10 多年時間裡,由於處於起步期,缺少壽險業務數據,一直借用日本全會社生命表,這與中國實際情況相差很大。到 1991 年,中國人壽保險長期業務承保人數已超過 800 萬人,為編製出自己的經驗生命表提供了可能。

中國人民保險公司於 1992 年下半年開始著手研究製作經驗生命表的可行性,1993 年正式開始籌劃製作經驗生命表的總體方案與實施步驟。該方案於 1993 年年末獲得批准,1994 年開始正式實施,1995 年 7 月中國第一套人壽保險業經驗生命表製作完成。資料收集範圍為 1985. 1. 1—1993. 12. 31 期間所承包的所有長期人壽保險業務,共採用 8,000,742 張保單,1990. 1. 1—1993. 12. 31 為本次死亡調查的觀察期。

1996 年 6 月經當時的保險業監管機關 —— 中國人民銀行公布,在中國境內從事壽險業務的保險公司統一使用「中國人壽保險業經驗生命表(1990—1993)」。該套生命表共包括六張表:非養老金業務男表、非養老金業務女表、非養老金業務混合表、養老金業務男表、養老金業務女表、養老金業務混合表。

隨后,保險業務快速發展,累積了大量的保險業務數據資料,保險公司信息化程度大幅度提高,數據質量也有了較大的改善,保險精算技術獲得了極大的發展,累積了一些死亡率分析經驗,在中國保監會的領導和組織下,2003 年 8 月,正式啓動了第二套生命表編製項目,編製的數據來源於國內經營時間較長、數據量較大的六家壽險公司:中國人壽、中國平安、太平洋人壽、新華人壽、泰康人壽、友邦保險公司的 1 億多條保單記錄,占全行業同期保單數量的 98% 以上。第二套生命表編製完成后,於 2005 年 11 月 12 日通過了以著名人口學專家、全國人大副委員長蔣正華為主任的專家評審會的評審。該套生命表按性別分業務類型共包括四張表:非養老金業務男表、非養老金業務女表、養老金業務男表、養老金業務女表。

2005 年 12 月 19 日中國保監會發出《關於頒布〈中國人壽保險業經驗生命表(2000—2003)〉的通知》,規定自 2006 年 1 月 1 日起使用《中國人壽保險業經驗生命表(2000—2003)》,保險公司可以自行決定定價用生命表、保單現金價值計算用生命表可以採用公司定價生命表,但保險公司進行法定準備金評估必須採用該套生命表。

中國人身保險業第三套經驗生命表編製項目自2014年3月啓動,由中國人壽、中國平安、太平洋人壽、新華人壽、泰康人壽、友邦保險、中國人保壽險、太平人壽、富德生命人壽9家壽險公司和中再壽險1家再保險公司組成項目組,觀察期為2010. 1. 1—2013. 12. 31,歷時兩年多完成了第三套生命表的編製工作。

2016年7月27日,中國人身保險業第三套經驗生命表審定會在北京舉行。來自保監會、國家統計局、北京大學、中國人民大學、南開大學、中國人壽、太平洋人壽的7位 專家組成的審定委員會,一致通過了第三套生命表的編製結果。

保監會副主席黃洪作為審定委員會主任委員出席會議並發表了重要講話。

生命表是人身保險業的基石和核心基礎設施,編製新生命表是服務國家治理體系和治理能力現代化的現實需要,也是貫徹落實新「國十條」的重要舉措。2014年國務院《關於加快發展現代保險服務業的若干意見》明確提出要「加快建立保險業分類風險數據庫,修訂行業經驗生命表、疾病發生率表」。目前使用的第二套生命表是2005年底發布的,十年來人口死亡率發生了明顯變化,預期壽命提高了近3歲,與此同時保險產品類型日益多元,原有的養老和非養老兩張表難以滿足產品精細化定價的需要,因此編製第三套生命表十分必要,意義重大。

此次生命表編製具有諸多亮點和創新點。一是樣本數據量巨大。共收集了3.4億張保單、185萬條賠案數據,覆蓋了1.8億人口,樣本數據量位居世界第一,為生命表的編製打下了堅實基礎。二是技術水平較高。運用數據挖掘等先進技術,利用計算機自動完成了全部理賠數據中95%的清洗工作,且準確率高於97%,大大提升了數據質量和處理效率。三是成果上有多處創新。首次編製出真正意義上的養老表,針對不同保險人群的特點編製出三張表,夯實了行業發展的技術基礎,進一步滿足了精細化定價和審慎評估的需要。

## 四、選擇—終極表

由於投保人投保人壽保險往往存在逆選擇,為了減少逆選擇的影響,往往需要體檢,因而剛投保時死亡率較低,經過一段時間后,驗體效力基本上消失,這時恢復到正常情形。在選擇期內,即驗體效力顯著的期間,死亡概率 $q_{[x]+j}(j=0,1,2,\cdots)$ 由兩個變量決定:一個是選擇年齡(或投保年齡),二是已經過的年數(為 $j$ 年),反應其在接下來的一年內(即在 $x+j$ 歲與 $x+j+1$ 歲間)的死亡概率。由於驗體效力的作用,$q_{[x]}<q_{[x-1]+1}<q_{[x-2]+2}<q_{[x-3]+3}<\cdots$,但經過一段時間后,無論曾經在哪一年齡選擇投保,活到相同歲數的生存者,其死亡概率將基本上相同。精確地說,對於某個正數 $\varepsilon$,如果存在一個最小的整數 $r$,使得對所有選擇年齡 $[x]$ 及所有的 $j>0$

均有：$|q_{[x]+r} - q_{[x-j]+r+j}| < \varepsilon$，即 $q_{[x-j]+r+j} \approx q_{[x]+r}(j > 0)$，這裡 $q_{[x]+r}$ 可以寫成 $q_{x+r}$（其中 $r$ 為選擇期）。這種依據承保期超過選擇期的死亡率而編製的生命表稱為終極生命表；而依據選擇期內各年度死亡概率（即既考慮投保年齡又考慮已經過年數獲得的死亡概率）而編製的生命表，稱為選擇生命表；不考慮投保年齡、經過年數所獲得的死亡概率而編製的生命表，稱為綜合表。

表 2－5－1 是一個選擇期為 3 年的選擇—終極表片斷示例。

**表 2－5－1　　某選擇—終極表片斷**

| $x$ | $q_{[x]}$ | $q_{[x]+1}$ | $q_{[x]+2}$ | $q_{x+3}$ | $l_{[x]}$ | $l_{[x]+1}$ | $l_{[x]+2}$ | $l_{x+3}$ | $x+3$ |
|---|---|---|---|---|---|---|---|---|---|
| 70 | 0.0226 | 0.0287 | 0.0347 | 0.0373 | 78,015 | 76,252 | 74,063 | 71,93 | 73 |
| 71 | 0.0245 | 0.0316 | 0.0358 | 0.0414 | 75,563 | 73,711 | 71,382 | 68,827 | 74 |
| 72 | 0.0274 | 0.0337 | 0.0397 | 0.0459 | 73,104 | 71,101 | 68,705 | 65,977 | 75 |
| 73 | 0.0291 | 0.0371 | 0.0428 | 0.0508 | 70,344 | 68,297 | 65,764 | 62,949 | 76 |
| 74 | 0.0322 | 0.0407 | 0.0479 | 0.0563 | 67,596 | 65,420 | 62,757 | 59,751 | 77 |
| 75 | 0.0359 | 0.0445 | 0.0533 | 0.0623 | 64,657 | 62,336 | 59,562 | 56,387 | 78 |
| 76 | 0.0394 | 0.0476 | 0.0565 | 0.0689 | 61,255 | 58,841 | 56,041 | 52,874 | 79 |

對於選擇—終極表的建立，一般先製作終極表，然后再建立選擇表。

終極表由 $l_x = l_0(1 - {}_xq_0)$ 來產生一組數 $l_{x+r} = l_{[x]+r}$，其中 $r$ 為選擇期長度；對於選擇表部分，則依據

$$l_{[x]+r-k-1} = \frac{l_{[x]+r-k}}{p_{[x]+r-k-1}} \quad (k = 0,1,2,\cdots,r-1) \tag{2.5.1}$$

在選擇期內，生命函數間的關係仍成立，只不過下標中要帶上中括號「[ ]」。但選擇期到達后，下標中的中括號「[ ]」將消失。

**例 2.5.2**　請在 UDD 假設下，利用表 2－5－1 相關數據計算如下概率：(1) ${}_2p_{[70]}$、${}_{2|2}q_{[70]+1}$、${}_3q_{[70]+1}$；(2) ${}_{0.9}q_{[70]+0.6}$。

**解：**

(1)
$$ {}_2p_{[70]} = \frac{l_{[70]+2}}{l_{[70]}} = \frac{74,063}{78,015} \approx 0.949,3$$

$$ {}_{2|2}q_{[70]+1} = \frac{l_{[70]+1+2} - l_{[70]+1+2+2}}{l_{[70]+1}} = \frac{l_{73} - l_{75}}{l_{[70]+1}}$$

$$ = \frac{71,93 - 65,977}{76,252} \approx 0.072,3$$

$$_{3}q_{[70]+1} = \frac{l_{[70]+1} - l_{[70]+1+3}}{l_{[70]+1}} = \frac{l_{[70]+1} - l_{74}}{l_{[70]+1}}$$

$$= \frac{76,252 - 68,827}{76,252} \approx 0.097,4$$

(2) 在 UDD 假設下

$$_{0.9}q_{[70]+0.6} = {}_{0.4}q_{[70]+0.6} + {}_{0.4|0.5}q_{[70]+0.6}$$

$$= {}_{0.4}q_{[70]+0.6} + {}_{0.4}p_{[70]+0.6} \cdot {}_{0.5}q_{[70]+0.6+0.4}$$

$$= \frac{0.4q_{[70]}}{1-0.6q_{[70]}} + \left(1 - \frac{0.4q_{[70]}}{1-0.6q_{[70]}}\right) \times \frac{1}{2}q_{[70]+1}$$

$$= \frac{0.4 \times 0.022,6}{1-0.6 \times 0.022,6} + \left(1 - \frac{0.4 \times 0.022,6}{1-0.6 \times 0.022,6}\right) \cdot \frac{1}{2} \times 0.028,7$$

$$\approx 0.023,4$$

## 本章小結

本章主要研究了生命函數及生命表。

個體壽命、個體余命、取整余命是壽險精算中三個最基本的隨機變量，是研究壽險精算的邏輯起點，也是將概率論運用於壽險精算中的切入口。這三個基本隨機變量及其衍生出的隨機變量的分佈函數、概率密度函數、數學期望與方差將貫穿於壽險精算的始終。

生命函數指的是隨著年齡或時間變化而變化，反應生存或死亡規律的函數關係。它可以分為基本生命函數和一般生命函數，前者出現在生命表之中，其余則歸為一般生命函數。也可分為簡單生命函數與重複生命函數，前者如 $l_x$、$d_x$、$p_x$、$q_x$，這裡年齡 $x$ 為整數，其余情形則歸結為重複生命函數。其實，生命表中最核心或最基本的函數就是年齡別死亡概率 $q_x$，但我們更願意用生存人數 $l_x$ 來表示，因為這樣理解起來更直觀一些。

沿著線索 $l_x \to L_x \to T_x \to \mathring{e}_x \to e_x$ 來研究某一人口的平均預期余命，在現實生活中具有重要意義。0 歲人口的平均預期壽命是反應一個國家醫療衛生事業、科技發展水平、人民生活質量高低的重要指標，退休年齡時的平均預期余命可以反應未來養老保險負擔的輕重。

生命表就是研究同時出生的一批人整個生命過程的統計表，它是壽險精算的基礎和前提。生命表有多種分類方法，不同分類方法滿足不同目的。生命表反應了隨著(整數)年齡變化而變化的函數關係，而對於分數年齡生命函數值則需要在一定假設條件下用整數年齡生命函數值去估計，常用的假設有：死亡均勻分佈假設、死力常數假設、鮑德希假設。

## 習題2

2－1　已知 $S(x)=\sqrt{1-\frac{x}{100}}$,求 $S(50)$、${}_{3|2}q_{30}$、${}_{3}p_{30}$、$\mu_{36}$。

2－2　已知 $l_x=2500(64-0.8x)^{1/3}$,$0\leqslant x\leqslant 80$,求:(1)$f(x)$;(2)$\mathrm{E}(X)$;(3)$\mathrm{var}(X)$;(4)$\mathrm{E}(T(70))$;(5)$\mathrm{var}(T(70))$;(6)${}_{10}m_{70}$。

2－3　已知 $\mu_x=kx$,$k>0$,且 ${}_{10}p_{35}=0.81$,求 ${}_{20}p_{40}$。

2－4　已知 $S(x)=a-\left(\frac{x}{b}\right)^2$,其中 $0\leqslant x\leqslant b$,$m_2=\frac{15}{24,281}$,求 $b$。

2－5　已知一個50歲的人在50～51歲間將面臨意外的危險。正常情況下,在50～51歲間死亡概率為0.006,而意外危險可表示附加一個年初值0.03,並均勻遞減到年末值為0的死力,試計算該人活過51歲的概率。

2－6　求常數 $c>0$,使當死力由 $\mu_{x+t}(0\leqslant t\leqslant 1)$ 改變成 $\mu_{x+t}-c$ 時,$(x)$ 在未來一年內死亡的概率將減半,答案用 $q_x$ 表示。

2－7　已知 $q_{50}=0.05$,$\mu_{60+t}=1.5\mu_{50+t}(0\leqslant t\leqslant 1)$,計算 $q_{60}$。

2－8　完成如表2－習題－1所示生命表:

表2－習題－1

| $x$ | $l_x$ | $d_x$ | $p_x$ | $q_x$ | $e_x$ | $\mathring{e}_x$ |
|---|---|---|---|---|---|---|
| 97 | 200 | | | | | |
| 98 | 80 | | | 0.7 | | |
| 99 | | 18 | | | | |
| 100 | | 6 | | | | |

2－9　已知 $e_{63}=9.5$,$e_{64}=9.0$,$e_{65}=8.5$,求(63)在65歲前的死亡概率。

2－10　已知 $S(x)=1-\frac{x^2}{100^2}$,求 $\mathring{e}_{20}$。

2－11　已知 $l_x=100-x(0\leqslant x\leqslant 100)$,計算 ${}_{3}q_{40}$、${}_{2}p_{40}$、${}_{3|2}q_{40}$、$\mathring{e}_{40:\overline{30|}}$。

2－12　已知 $\mu(x)=\begin{cases}0.04, & 0<x<40\\ 0.05, & x\geqslant 40\end{cases}$,計算 $\mathring{e}_{25:\overline{25|}}$。

2－13　已知 $S(x)=1-(0.01x)^2$,$0\leqslant x\leqslant 100$,求該分佈年齡中位數的完全平均余命。

2 - 14　已知 $q_x = 0.1$,(1) 在 UDD 假設下,計算 ${}_{0.3}q_{x+0.5}$;(2) 在 Balducci 假設下計算 ${}_{0.3}q_x$;(3) 在 CFM 假設下計算 ${}_{0.5}q_x$。

2 - 15　已知 $l_x = 1,000\sqrt{100-x}, 0 \leqslant x \leqslant 100$,求 $\mu_{36.25}$ 的精確值,並與 UDD 假設、CFM 假設、Balducci 假設下獲得的值進行比較。

2 - 16　(1) 若 $\mu(80.5) = 0.020,2$, $\mu(81.5) = 0.040,8$, $\mu(82.5) = 0.061,9$,死亡人數在各年齡段上服從均勻分佈,求(80.5)在兩年內死亡的概率。(2) 已知 $l_{60} = 92,000, l_{61} = 91,000, l_{62} = 90,000, l_{63} = 88,000, l_{64} = 85,000$,分別在 UDD、CFM、Balducci 假設下求 ${}_3q_{60.5}$。

2 - 17　在一個選擇期為兩年的選擇 — 終極表中,$l_{94} = 6,300$, $l_{95} = 5,040$, $l_{96} = 3,024$,且對所有的 $x$ 有:$2q_{[x]+1} = 3q_{[x+1]}$, $3q_{x+2} = 4q_{[x+1]+1}$,計算 $l_{[94]}$。

2 - 18　已知 $q_{[50]+1} = 0.008,93$, $q_{52} = 0.010,35$,該選擇一終極生命表的選擇期為兩年,計算 ${}_{11}q_{[50]+1}$。

2 - 19　已知一張選擇期為3年的選擇—終極表,從0歲開始,假設 $l_6 = 90,000$, $q_{[0]} = \dfrac{1}{6}$, ${}_5p_{[1]} = \dfrac{4}{5}$, ${}_3p_{[0]+1} = \dfrac{9}{10} \cdot {}_3p_{[1]}$,求 $l_{[0]}$。

2 - 20　對於選擇期為一年的選擇—終極表,已知 $l_{[70]} = 10,000$, $d_{[70]} = 1,000$, $\mathring{e}_{[70]} = 10.5$, $l_{[71]} = 9,500$,並假設死亡人數在各年齡段服從均勻分佈,求 $\mathring{e}_{[71]}$。

2 - 21　已知 $l_x = k(86-x)(0 \leqslant x \leqslant 86)$,證明:(1) $d_x = k$;(2) $p_x = \dfrac{85-x}{86-x}$;(3) $q_x = \dfrac{1}{86-x}$。

2 - 22　證明:$e_x = p_x(1 + e_{x+1})$。

2 - 23　證明:$L_{x+1} = L_x \exp\left(-\int_x^{x+1} m_t \mathrm{d}t\right)$。

2 - 24　在 CFM 假設下,即 $\mu_{x+t} = \mu \quad (0 \leqslant t < 1)$,證明

$$\alpha(x) = \frac{1}{\mu} - \frac{\mathrm{e}^{-\mu}}{1-\mathrm{e}^{-\mu}} \approx \frac{1}{2} - \frac{1}{12}q_x。$$

2 - 25　在 Balducci 假設下,證明

$$\alpha(x) = -\frac{p_x}{q_x^2}(q_x + \ln p_x) \approx \frac{1}{2} - \frac{q_x}{6}。$$

# 第三章 人壽保險

一個人面臨的主要人身風險有兩種:一種是活得太久;另一種是死得太早。前者往往導致老年生存艱辛,需通過參加年金保險來克服;后者由於死得太早,令遺屬生活困難,需通過死亡保險所提供的保險金來保障生活。換言之,生存保險主要解決長壽風險,死亡保險主要解決早亡風險,而兩全保險的作用兼而有之。

人壽保險就是以人的生命為保險標的,以人的生死作為保險金給付條件的人身保險。具體而言,依據保險責任的不同有如下的分類:

- 人壽保險
  - 生存保險
    - 純生存保險
    - 生存年金保險
  - 死亡保險
    - 即期死亡保險
      - 即期定期死亡保險
      - 即期終身死亡保險
    - 延期死亡保險
      - 延期定期死亡保險
      - 延期終身死亡保險
  - 生死兩全保險

一般將死亡保險、生死兩全保險統稱為(狹義的)人壽保險,本章主要討論這種狹義的人壽保險。

以保險金給付的及時程度來劃分,可將人壽保險劃分為:死亡所在年末給付保險金的人壽保險、死亡所在 $1/m$ 年末($m > 1$)給付保險金的人壽保險、死亡所在時刻給付保險金的人壽保險。本章將按此結構展開。這裡的年末指的是保險年度末,今后未作特別說明時均這樣理解。

依據保險金給付的金額是否隨死亡時間的推移而發生變化,將人壽保險分為等額壽險和非等額壽險。前者指的是無論被保險人何時死亡,保險金給付數額不發生變化,后者指的是保險金給付數額隨被保險人死亡時間不同而發生變化。

人壽保險也可分為即期壽險與延期壽險,或定期壽險與終身壽險。也可分為單生命壽險與多生命壽險,前者以某一被保險人死亡作為給付條件,后者以多個被保險人在滿足一定條件的死亡發生之后才給付保險金。本章只研究單生命壽險,而多生命壽險留在第八章進行研究。

本章的主要內容是求人壽保險的躉繳純保費或精算現值。

## 第一節 死亡所在年末給付保險金的人壽保險

### 一、等額壽險

#### (一) 終身壽險[①]

設 $A_x$ 表示 $x$ 歲加入、死亡年末給付保險金 1 的終身壽險的躉繳純保費,亦稱為人壽保險的精算現值,那麼運用團體法(即依據生命表,假設活過 $x$ 歲的 $l_x$ 人都參加了這樣的保險)可以得到在 $x$ 歲時的保費收入現值為 $l_xA_x$,保險金支出現值為 $vd_x + v^2d_{x+1} + v^3d_{x+2} + \cdots$,依據收支平衡原則,可以得到

$$A_x = \frac{vd_x + v^2d_{x+1} + v^3d_{x+2} + \cdots}{l_x}$$

$$= vq_x + v^2{}_{1|}q_x + v^3{}_{2|}q_x + \cdots \quad (3.1.1)$$

設 $Z_x$ 表示保險人給付的保險金的現值,顯然 $Z_x$ 是一隨機變量。即

$$Z_x = v^{K+1} \quad (K = 0,1,2,\cdots)$$

於是

$$\mathrm{P}(Z_x = v) = q_x$$

$$\mathrm{P}(Z_x = v^2) = {}_{1|}q_x$$

$$\mathrm{P}(Z_x = v^3) = {}_{2|}q_x$$

……

$$\mathrm{P}(Z_x = v^{k+1}) = {}_{k|}q_x$$

……

顯然

$$\mathrm{E}(Z_x) = \sum_{k=0}^{+\infty} v^{k+1}{}_{k|}q_x = vq_x + v^2{}_{1|}q_x + v^3{}_{2|}q_x + \cdots + v^{k+1}{}_{k|}q_x + \cdots \quad (3.1.2)$$

這表明躉繳純保費就是保險人給付保險金現值的數學期望。

為簡化計算起見,需引入如下替換函數或轉換函數:

---

① 本教材默認投保人給自己投保,即投保人就是被保險人。

$$C_x = v^{x+1} d_x \tag{3.1.3}$$

$$M_x = C_x + C_{x+1} + C_{x+2} + \cdots \tag{3.1.4}$$

$$R_x = M_x + M_{x+1} + M_{x+2} + \cdots \tag{3.1.5}$$

$$D_x = v^x l_x \tag{3.1.6}$$

$$N_x = D_x + D_{x+1} + D_{x+2} + \cdots \tag{3.1.7}$$

$$S_x = N_x + N_{x+1} + N_{x+2} + \cdots \tag{3.1.8}$$

通過對常用的生命表、常用的預定利率作出替換函數表來簡化計算。第十二章的壽險精算實驗可以大大簡化計算。公式(3.1.1) 可以變形為

$$A_x = \sum_{k=0}^{+\infty} v^{k+1} {}_{k|}q_x = \sum_{k=0}^{+\infty} \frac{v^{k+1} d_{x+k}}{l_x} = \sum_{k=0}^{+\infty} \frac{v^{x+k+1} d_{x+k}}{v^x l_x}$$

$$= \sum_{k=0}^{+\infty} \frac{C_{x+k}}{D_x} = \frac{M_x}{D_x}。 \tag{3.1.9}$$

下面計算隨機變量的方差。

$$\mathrm{E}(Z_x^{\ 2}) = v^2 q_x + v^4 {}_{1|}q_x + \cdots + v^{2(k+1)} {}_{k|}q_x + \cdots$$

$$= \sum_{k=0}^{+\infty} v^{2(k+1)} {}_{k|}q_x = {}^2A_x \tag{3.1.10}$$

這裡 ${}^2A_x$ 表示 $x$ 歲參加、在利息力翻倍條件下,死亡年末給付保險金1的終身壽險的躉繳純保費。關於利息力翻倍問題,詳見附錄 $B$。於是

$$\mathrm{var}(Z_x) = \mathrm{E}(Z_x - \mathrm{E}(Z_x))^2$$

$$= \mathrm{E}(Z_x^{\ 2}) - (\mathrm{E}(Z_x))^2 = {}^2A_x - (A_x)^2。 \tag{3.1.11}$$

**(二) 定期壽險**

設 $A^{\ 1}_{x:\overline{n|}}$ 表示 $x$ 歲加入、死亡年末給付保險金1的 $n$ 年定期壽險的躉繳純保費,設 $Z^{\ 1}_{x:\overline{n|}}$ 表示保險金給付的現值,則

$$Z^{\ 1}_{x:\overline{n|}} = \begin{cases} v^{K+1}, & K = 0,1,\cdots,n-1 \\ 0, & K = n,n+1,\cdots \end{cases}$$

且

$$A^{\ 1}_{x:\overline{n|}} = \mathrm{E}(Z^{\ 1}_{x:\overline{n|}}) = \sum_{k=0}^{n-1} v^{k+1} {}_{k|}q_x = \sum_{k=0}^{n-1} \frac{C_{x+k}}{D_x} = \frac{M_x - M_{x+n}}{D_x} \tag{3.1.12}$$

特別地,稱 $c_x = A^{\ 1}_{x:\overline{1|}} = \frac{C_x}{D_x} = vq_x$ 為自然保費。

$${}^2A^{\ 1}_{x:\overline{n|}} = \mathrm{E}((Z^{\ 1}_{x:\overline{n|}})^2) = \sum_{k=0}^{n-1} v^{2(k+1)} {}_{k|}q_x \tag{3.1.13}$$

$$\mathrm{var}(Z^{\ 1}_{x:\overline{n|}}) = {}^2A^{\ 1}_{x:\overline{n|}} - (A^{\ 1}_{x:\overline{n|}})^2 \tag{3.1.14}$$

### (三) 兩全保險

所謂生死兩全保險,指的是被保險人在保險期內死亡,或者期滿生存時均給付保險金的人壽保險。實際上,它是由生存保險與死亡保險合併而成的,故又稱生死合險。設$A_{x:\overline{n|}}$表示$x$歲加入,於死亡年末給付保險金1的$n$年期兩全保險的躉繳純保費,且$Z_{x:\overline{n|}}$表示兩全保險的保險金給付現值,$Z_{x:\overline{n|}}^{\ \ 1}$表示保額為1的$n$年期純生存保險的保險金給付現值。於是

$$Z_{x:\overline{n|}}^{\ \ 1}=\begin{cases}0, K=0,1,2,\cdots,n-1\\ v^n, K\geqslant n\end{cases}$$

$$Z_{x:\overline{n|}}=\begin{cases}v^{K+1}, K=0,1,2,\cdots,n-1\\ v^n, K\geqslant n\end{cases}$$

$$Z_{x:\overline{n|}}=Z_{x:\overline{n|}}^{1}+Z_{x:\overline{n|}}^{\ \ 1}$$

$$A_{x:\overline{n|}}^{\ \ 1}=E(Z_{x:\overline{n|}}^{\ \ 1})=v^n{}_np_x=\frac{D_{x+n}}{D_x} \tag{3.1.15}$$

$$A_{x:\overline{n|}}=E(Z_{x:\overline{n|}})=A_{x:\overline{n|}}^{1}+A_{x:\overline{n|}}^{\ \ 1} \tag{3.1.16}$$

$$=\frac{M_x-M_{x+n}+D_{x+n}}{D_x} \tag{3.1.17}$$

$$E(Z_{x:\overline{n|}}^2)=\sum_{k=0}^{n-1}v^{2(k+1)}{}_{k|}q_x+v^{2n}{}_np_x={}^2A_{x:\overline{n|}} \tag{3.1.18}$$

$$={}^2A_{x:\overline{n|}}^{1}+{}^2A_{x:\overline{n|}}^{\ \ 1}。 \tag{3.1.19}$$

$$\therefore \mathrm{var}(Z_{x:\overline{n|}})={}^2A_{x:\overline{n|}}-(A_{x:\overline{n|}})^2。 \tag{3.1.20}$$

下面,從另一個角度證明公式(3.1.20)是成立的。事實上

$$\mathrm{var}(Z_{x:\overline{n|}})=\mathrm{var}(Z_{x:\overline{n|}}^{1})+\mathrm{var}(Z_{x:\overline{n|}}^{\ \ 1})+2\mathrm{cov}(Z_{x:\overline{n|}}^{1},Z_{x:\overline{n|}}^{\ \ 1})$$

$$\because Z_{x:\overline{n|}}^{1}\cdot Z_{x:\overline{n|}}^{\ \ 1}=0, \therefore E(Z_{x:\overline{n|}}^{1}\cdot Z_{x:\overline{n|}}^{\ \ 1})=0$$

$$\therefore \mathrm{cov}(Z_{x:\overline{n|}}^{1},Z_{x:\overline{n|}}^{\ \ 1})=E(Z_{x:\overline{n|}}^{1}\cdot Z_{x:\overline{n|}}^{\ \ 1})-E(Z_{x:\overline{n|}}^{1})E(Z_{x:\overline{n|}}^{\ \ 1})$$

$$=-A_{x:\overline{n|}}^{1}\cdot A_{x:\overline{n|}}^{\ \ 1} \tag{3.1.21}$$

$$\mathrm{var}(Z_{x:\overline{n|}})=[{}^2A_{x:\overline{n|}}^{1}-(A_{x:\overline{n|}}^{1})^2]+[{}^2A_{x:\overline{n|}}^{\ \ 1}-(A_{x:\overline{n|}}^{\ \ 1})^2]-2A_{x:\overline{n|}}^{1}A_{x:\overline{n|}}^{\ \ 1}$$

$$={}^2A_{x:\overline{n|}}-(A_{x:\overline{n|}}^{1}+A_{x:\overline{n|}}^{\ \ 1})^2={}^2A_{x:\overline{n|}}-(A_{x:\overline{n|}})^2$$

公式(3.1.21)表明$Z_{x:\overline{n|}}^{1}$與$Z_{x:\overline{n|}}^{\ \ 1}$是負相關的。

### (四) 延期人壽保險

延期人壽保險主要有延期終身人壽保險、延期定期人壽保險和延期兩全保險。但是被保險人死亡發生在保險期內才給付保險金,而在延付期內,即使被保險人死亡,也不給付保險金。

1. 延期終身壽險

$$ {}_{r|}A_x = \mathrm{E}({}_{r|}Z_x) = \sum_{k=r}^{+\infty} v^{k+1}{}_{k|}q_x = \frac{M_{x+r}}{D_x} \tag{3.1.22} $$

$$ = v^r{}_rp_x . A_{x+r} = A_x - A^{1}_{x:\overline{r}|} \tag{3.1.23} $$

其中，$ {}_{r|}Z_x = \begin{cases} 0, & 0 \leqslant K \leqslant r-1; \\ v^{K+1}, & K \geqslant r。\end{cases} $

$$ \mathrm{var}({}_{r|}Z_x) = {}^{2}_{r|}A_x - ({}_{r|}A_x)^2 \tag{3.1.24} $$

2. 延期定期壽險

$$ {}_{r|}A^{1}_{x:\overline{n}|} = \mathrm{E}({}_{r|}Z^{1}_{x:\overline{n}|}) = \sum_{k=r}^{r+n-1} v^{k+1}{}_{k|}q_x = \frac{M_{x+r} - M_{x+r+n}}{D_x} \tag{3.1.25} $$

$$ = v^r{}_rp_x \cdot A^{1}_{x+r:\overline{n}|} = A^{1}_{x:\overline{r+n}|} - A^{1}_{x:\overline{r}|} \tag{3.1.26} $$

$$ \mathrm{var}({}_{r|}Z^{1}_{x:\overline{n}|}) = {}^{2}_{r|}A^{1}_{x:\overline{n}|} - ({}_{r|}A^{1}_{x:\overline{n}|})^2 \tag{3.1.27} $$

其中，$ {}_{r|}Z^{1}_{x:\overline{n}|} = \begin{cases} 0, & 0 \leqslant K \leqslant r-1; \\ v^{K+1}, & r \leqslant K \leqslant r+n-1; \\ 0, & K \geqslant r+n。\end{cases} $

3. 延期兩全保險

$$ {}_{r|}A_{x:\overline{n}|} = \mathrm{E}({}_{r|}Z_{x:\overline{n}|}) = \frac{M_{x+r} - M_{x+r+n} + D_{x+r+n}}{D_x} \tag{3.1.28} $$

$$ = A_{x:\overline{r+n}|} - A^{1}_{x:\overline{r}|} = v^r{}_rp_x \cdot A_{x+r:\overline{n}|} \tag{3.1.29} $$

$$ \mathrm{var}({}_{r|}Z_{x:\overline{n}|}) = ({}^{2}_{r|}A_{x:\overline{n}|}) - ({}_{r|}A_{x:\overline{n}|})^2 \tag{3.1.30} $$

其中，$ {}_{r|}Z_{x:\overline{n}|} = \begin{cases} 0, & 0 \leqslant K \leqslant r-1; \\ v^{K+1}, & r \leqslant K \leqslant r+n-1; \\ v^{r+n}, & K \geqslant r+n。\end{cases} $

**例 3.1.1**　已知 30 歲的人投保了保額為 100,000 元的 20 年期兩全保險，求其躉繳純保費，並分別計算它所包含的定期壽險與純生存保險的躉繳純保費。以 CL1(2000—2003)2.5% 為基礎。

**解**：在主體字母頭上加上波浪符號「～」，只是意味著保險金額不為 1，其他意義不變，其余依此類推。今后未特別說明時，均指此含義。所求的躉繳純保費為

$$ \tilde{A}_{30:\overline{20}|} = 100,000A_{30:\overline{20}|} = 100,000\frac{M_{30} - M_{50} + D_{50}}{D_{30}} \approx 61,76.93(\text{元}) $$

$$ \tilde{A}^{1}_{30:\overline{20}|} = 100,000A^{1}_{30:\overline{20}|} = 100,000\frac{M_{30} - M_{50}}{D_{30}} \approx 2,606.42(\text{元}) $$

$$\tilde{A}_{30:\overline{20|}}^{\ \ 1} = 100,000A_{30:\overline{20|}}^{\ \ 1} = 100,000\frac{D_{50}}{D_{30}} \approx 58,870.51(元)$$

**例 3.1.2** 為年齡為 35 歲的 50 個人的團體建立一個基金,在每個成員死亡年末均給付 1,000 元保險金,假設預定利率 $i = 0.06$,使用包含如下信息的死亡表(見表 3-1-1):

**表 3-1-1**

| $x$ | $A_x$ | $l_x$ |
|---|---|---|
| 35 | 0.1287 | 94,207 |
| 36 | 0.1347 | 94,017 |
| 37 | 0.1409 | 93,816 |
| 38 | 0.1475 | 93,602 |
| 39 | 0.1542 | 93,374 |

實際運行結果如表 3-1-2 所示。

**表 3-1-2**

| 年份 | 死亡人數 | 年利率 |
|---|---|---|
| 1 | 0 | 0.06 |
| 2 | 0 | 0.08 |
| 3 | 2 | 0.08 |
| 4 | 1 | 0.1 |

假設初始基金是充足的,求第四年年末基金預期余額與實際余額之差。

**解:** 設第 $t$ 年末實際基金余額為 $F_t(t = 0,1,2,3,4)$ 元,則初始基金余額為:

$$50 \times 1,000A_{35} = 6,435$$

第四年年末應為活著者建立的基金數額為:

$$50 \times \frac{l_{39}}{l_{35}} \times 1,000A_{39} \approx 7,642$$

而實際基金運行結果為:

$$F_0 = 6,435$$

$$F_1 = 6,435 \times 1.06 \approx 6,821$$

$$F_2 = 6,821 \times 1.08 \approx 7,367$$

$$F_3 = 7,367 \times 1.08 - 2,000 \approx 5,956$$

$$F_4 = 5,956 \times 1.10 - 1,000 \approx 5,552$$

因此,第四年年末基金預期余額與實際余額的差額為:

$$7,642 - 5,552 = 2,090(\text{元})。$$

思考:解釋出現差額的原因。同時,如果以 CL1(2000—2003)2.5% 為基礎,結果又如何?

**例** 3.1.3　證明並解釋:

$$A_x = vq_x + vp_x A_{x+1} \tag{3.1.31}$$

**證明**:右邊 $= \dfrac{C_x}{D_x} + \dfrac{D_{x+1}}{D_x} \cdot \dfrac{M_{x+1}}{D_{x+1}} = \dfrac{M_x}{D_x} = A_x =$ 左邊,得證。

公式(3.1.31)可解釋為:$x$ 歲的人投保死亡年末給付保險金 1 的終身壽險所應繳納的躉繳純保費 $A_x$ 起兩個方面的作用:一是保障第一年死亡時於所在年末給付保險金 1 的需要,平均開支 $A^{\,1}_{x:\overline{1}|}$ 或 $vq_x$;二是保障活過第一年即死於后續年度並於死亡所在年末給付保險金 1 的需要,平均開支 ${}_{1|}A_x$ 或 $vp_xA_{x+1}$。

## 二、非等額壽險

非等額壽險指的保險金額隨死亡時間變化而變化,為了簡便起見,主要考慮保險金按等差數列變化。等比數列情形可通過修改預定利率方式轉化為等額壽險,需要運用后面精算實驗中的 Excel 程序完成計算,也可看成是各次可能給付的精算現值之和,而一般情形則更要這樣思考。

### (一)遞增壽險

1. 遞增終身壽險

令 $(IA)_x$ 表示 $x$ 歲的人參加的,在第 1 年死亡時所在年末給付保險金 1,在第 2 年死亡時所在年末給付保險金 2…… 這樣的終身壽險的躉繳純保費。

$$(IA)_x = \mathrm{E}((IZ)_x) = \sum_{k=0}^{+\infty}(k+1)v^{k+1}{}_{k|}q_x \tag{3.1.32}$$

$$= \sum_{k=0}^{+\infty}(k+1)\frac{C_{x+k}}{D_x} = \frac{\sum_{k=0}^{+\infty}(k+1)(M_{x+k} - M_{x+k+1})}{D_x}$$

$$= \frac{M_x + M_{x+1} + \cdots}{D_x} = \frac{R_x}{D_x} \tag{3.1.33}$$

其中,$(IZ)_x = (K+1)v^{K+1}(K = 0,1,2,\cdots)$。

思考:應如何計算方差 $\mathrm{var}((IZ)_x)$?是否有 $\mathrm{var}((IZ)_x) = {}^2(IA)_x - ((IA)_x)^2$?如何用 Excel 來計算?

2. 遞增定期壽險

$$(IA)^{1}_{x:\overline{n}|} = \mathrm{E}((IZ)^{1}_{x:\overline{n}|})$$

$$= \sum_{k=0}^{n-1}(k+1)v^{k+1}{}_{k|}q_x = \frac{R_x - R_{x+n} - nM_{x+n}}{D_x} \qquad (3.1.34)$$

其中，$(IZ)^{1}_{x:\overline{n}|} = \begin{cases}(K+1)v^{K+1}, & K=0,1,\cdots,n-1;\\ 0, & K \geqslant n。\end{cases}$

3. 遞增兩全保險

$$(IA)_{x:\overline{n}|} = (IA)^{1}_{x:\overline{n}|} + nA_{x:\overline{n}|}^{\ \ 1} = \mathrm{E}((IZ)_{x:\overline{n}|})$$

$$= \frac{R_x - R_{x+n} - n(M_{x+n} - D_{x+n})}{D_x} \qquad (3.1.35)$$

其中，$(IZ)_{x:\overline{n}|} = \begin{cases}(K+1)v^{K+1}, & K=0,1,\cdots,n-1;\\ nv^{n}, & K \geqslant n。\end{cases}$

4. 遞增水平終身壽險

$$(I_{\overline{n}|}A)_x = (IA)^{1}_{x:\overline{n}|} + n\,{}_{n|}A_x = \frac{R_x - R_{x+n}}{D_x} \qquad (3.1.36)$$

$$= \mathrm{E}((I_{\overline{n}|}Z)_x)$$

其中，$(I_{\overline{n}|}Z)_x = \begin{cases}(K+1)v^{K+1}, & K=0,1,\cdots,n-1;\\ nv^{K+1}, & K \geqslant n。\end{cases}$

**（二）遞減壽險**

1. 遞減定期壽險

$$(DA)^{1}_{x:\overline{n}|} = \mathrm{E}((DZ)^{1}_{x:\overline{n}|}) = \sum_{k=0}^{n-1}(n-k)v^{k+1}{}_{k|}q_x$$

$$= \frac{nM_x - (R_{x+1} - R_{x+n+1})}{D_x} \qquad (3.1.37)$$

其中，$(DZ)^{1}_{x:\overline{n}|} = \begin{cases}(n-K)v^{K+1}, & K=0,1,\cdots,n-1;\\ 0, & K \geqslant n。\end{cases}$

2. 遞減水平終身壽險

$$(D_{\overline{n}|}A)_x = (DA)^{1}_{x:\overline{n}|} + {}_{n|}A_x = \mathrm{E}(D_{\overline{n}|}Z)_x = \frac{nM_x - (R_{x+1} - R_{x+n})}{D_x}$$

(3.1.38)

其中，$(D_{\overline{n}|}Z)_x = \begin{cases}(n-K)v^{K+1}, & K=0,1,\cdots,n-1\\ v^{K+1}, & K=n,n+1,\cdots\end{cases}$。

**例 3.1.4**　已知 $l_x = 100 - x, 0 \leqslant x \leqslant 100, i = 0.05$，計算 $A_{40}$、$(IA)_{40}$、$(IA)^{1}_{40:\overline{20}|}$。

**解**：$\because A_{40} = \sum_{k=0}^{59} v^{k+1} {}_{k|}q_{40} = \sum_{k=0}^{59} v^{k+1} \cdot \frac{1}{60} = \frac{1}{60} a_{\overline{60|}} \approx 0.32$

$$(IA)_{40} = \sum_{k=0}^{59} (k+1) v^{k+1} {}_{k|}q_{40} = \sum_{k=0}^{59} (k+1) v^{k+1} \cdot \frac{1}{60} = \frac{1}{60} (Ia)_{\overline{60|}}$$

$$= \frac{1}{60} \cdot \frac{\ddot{a}_{\overline{60|}} - 60v^{60}}{0.05} \approx 5.55$$

其中，${}_{k|}q_{40} = \frac{l_{40+k} - l_{40+k+1}}{l_{40}} = \frac{1}{60}$；

$$(IA)^{1}_{40:\overline{20|}} = \frac{1}{60} (Ia)_{\overline{20|}} \approx 1.85。$$

**例** 3.1.5　某50歲的人投保了一個終身壽險，保單規定：若在第1年死亡，給付保險金1萬元，以后每推遲一年死亡保額增加3萬元，直到16萬元；然后每多活一年保額遞減4萬元，到4萬元后就保持不變。以 CL1(2000—2003)2.5% 為例，求躉繳純保險費。假設保險金於死亡所在年末給付。

**解**：所求躉繳純保費為

$$A = \frac{C_{50} + 4C_{51} + 7C_{52} + 10C_{53} + 13C_{54} + 16C_{55} + 12C_{56} + 8C_{57} + 4C_{58} + 4C_{59} + \cdots}{D_{50}}$$

$$= \frac{R_{50} + 2R_{51} - 7R_{56} + 4R_{59}}{D_{50}} \approx 2.17(\text{萬元})$$

其中，已多次運用公式 $C_x = M_x - M_{x+1}$，$M_x = R_x - R_{x+1}$ 來化簡。

**例** 3.1.6　證明並解釋：$A_x = \sum_{y=x}^{\omega-1} (1 - A_{y+1}) v^{y-x+1} q_y$　(3.1.39)

**證明**：由(3.1.31)可得

$$A_x = vA_{x+1} + (1 - A_{x+1}) vq_x \qquad (3.1.40)$$

這樣來使用 $A_x$：一是在年初時為年末留下保費 $A_{x+1}$，需要開支 $vA_{x+1}$（當然無論年內生死都這樣操作），對於年末生存情形，已符合要求，因為年末可用已累積到的 $A_{x+1}$ 去購買終身壽險，這顯然實現了終身保障；二是對於年內死亡情形，年末要給付保險金1，缺口為 $1 - A_{x+1}$，因而平均開支 $(1 - A_{x+1}) vq_x$。

在公式(3.1.40)兩邊同乘以 $v^x$，變形可得

$$v^x A_x - v^{x+1} A_{x+1} = (1 - A_{x+1}) v^{x+1} q_x$$

將 $x$ 換成 $x+1, x+2, \cdots\cdots, \omega - 2$，可得

$$v^{x+1} A_{x+1} - v^{x+2} A_{x+2} = (1 - A_{x+2}) v^{x+2} q_{x+1}$$

$$v^{x+2} A_{x+2} - v^{x+3} A_{x+3} = (1 - A_{x+3}) v^{x+3} q_{x+2}$$

……

$$v^{\omega-2}A_{\omega-2} - v^{\omega-1}A_{\omega-1} = (1 - A_{\omega-1})v^{\omega-1}q_{\omega-2}$$

相加可得

$$v^x A_x - v^{\omega-1}A_{\omega-1} = \sum_{y=x}^{\omega-2}(1 - A_{y+1})v^{y+1}q_y$$

即

$$v^x A_x = \sum_{y=x}^{\omega-2}(1 - A_{y+1})v^{y+1}q_y + v^{\omega-1}A_{\omega-1}$$
$$= \sum_{y=x}^{\omega-1}(1 - A_{y+1})v^{y+1}q_y$$

注意到$A_{\omega-1} = vq_{\omega-1} + v^2{}_{1|}q_{\omega-1} + \cdots = v, q_{\omega-1} = 1$,並規定$A_\omega = 0$。兩邊同除以$v^x$,可得

$$A_x = \sum_{y=x}^{\omega-1}(1 - A_{y+1})v^{y-x+1}q_y$$
$$= (1 - A_{x+1})vq_x + (1 - A_{x+2})v^2q_{x+1} + (1 - A_{x+3})v^3q_{x+2} + \cdots$$

解釋:保險人向$(x)$收取的保費$A_x$將這樣來開支:在每一保險年度初先按活到下一年齡初時投保終身壽險所需要保費留存下來,然后對於年內死亡情形在年末需追加給付,以達到給付保險金 1 的目的。

對於在第 1 年內死亡情形,第 1 年末應追加給付額為$1 - A_{x+1}$,平均應追加$(1 - A_{x+1})q_x$,其現值為$(1 - A_{x+1})vq_x$;

對於在第 2 年內死亡情形,第 2 年末應追加給付額為$1 - A_{x+2}$,平均應追加$(1 - A_{x+2})q_{x+1}$,其現值為$(1 - A_{x+2})v^2q_{x+1}$;

對於在第 3 年內死亡情形,第 3 年末應追加給付額為$1 - A_{x+3}$,平均應追加$(1 - A_{x+3})q_{x+2}$,其現值為$(1 - A_{x+3})v^3q_{x+2}$;

……

對於在第$\omega - x$年內死亡情形,該年末應追加給付額為$1 - A_\omega$,平均追加$(1 - A_\omega)q_{\omega-1}$,其現值為$(1 - A_\omega)v^{\omega-x}q_{\omega-1}$。

因此,$A_x = \sum_{y=x}^{\omega-1}(1 - A_{y+1})v^{y-x+1}q_y$成立,即躉繳保費$A_x$將全部用於死亡所在年末追加的給付。

**例** 3.1.7　如果保險金額的給付隨著時間的推移不是按等差數列變化,而是按等比數列變化,如何解決其計算問題?例如,某 30 歲的被保險人投保了終身壽險,該保單規定:如果被保險人在第 $n$ 年死亡,則於死亡年末給付保險金$(1.02)^n$。已知預定利率為 2.5%,求躉繳純保費。假設保險金給付的是$(1.05)^n$,這裡$n = 1, 2, \cdots$,則結果如何?以 CL1(2000—2003)2.5%為例,試用 Excel 進行計算。

**解**：設預定利率為 $i$，若在第 $k$ 年死亡時，則在年末給付保險金 $(1+j)^k$，即保額的年增長率為 $j$，於是所求的躉繳純保費為

$$\tilde{A}_x = \sum_{k=0}^{+\infty}(1+j)^{k+1}v^{k+1}{}_{k|}q_x$$
$$= \sum_{k=0}^{+\infty}\tilde{v}^{k+1}{}_{k|}q_x = \frac{\widetilde{M}_x}{\widetilde{D}_x}$$

其中，$\tilde{v} = \dfrac{1+j}{1+i} = \dfrac{1}{1+\tilde{i}}$，$\tilde{i} = \dfrac{i-j}{1+j}$，$\widetilde{M}_x$ 與 $\widetilde{D}_x$ 是按年利率 $\tilde{i}$ 計算出的替換函數值。

於是，可求得所需的結果分別為 0.791,7 與 3.318,0。

## 第二節　死亡所在 1/m 年末給付保險金的人壽保險

首先，對任何一個保險年度，將其作 $m(m>1)$ 等分的劃分；其次，在死亡發生所在的 $1/m$ 年末給付保險金 1。顯然，這比死亡所在年末給付保險金更及時一些。

### 一、等額壽險

#### (一) 終身壽險

從投保人的角度看，將 $A_x^{(m)}$ 理解為 $x$ 歲加入，在死亡所在的 $1/m$ 年末給付保險金 1 的終身壽險的躉繳純保險費。那麼，運用團體法可得

$$l_xA_x^{(m)} = (l_x - l_{x+\frac{1}{m}})v^{\frac{1}{m}} + (l_{x+\frac{1}{m}} - l_{x+\frac{2}{m}})v^{\frac{2}{m}} + (l_{x+\frac{2}{m}} - l_{x+\frac{3}{m}})v^{\frac{3}{m}} + \cdots \tag{3.2.1}$$

$$\therefore A_x^{(m)} = v^{\frac{1}{m}}\cdot\frac{l_x - l_{x+\frac{1}{m}}}{l_x} + v^{\frac{2}{m}}\cdot\frac{l_{x+\frac{1}{m}} - l_{x+\frac{2}{m}}}{l_x} + v^{\frac{3}{m}}\cdot\frac{l_{x+\frac{2}{m}} - l_{x+\frac{3}{m}}}{l_x} + \cdots$$
$$= v^{\frac{1}{m}}{}_{\frac{1}{m}}q_x + v^{\frac{2}{m}}{}_{\frac{1}{m}|\frac{1}{m}}q_x + v^{\frac{3}{m}}{}_{\frac{2}{m}|\frac{1}{m}}q_x + \cdots$$
$$= \sum_{l=0}^{+\infty}v^{\frac{l+1}{m}}{}_{\frac{l}{m}|\frac{1}{m}}q_x = \sum_{k=0}^{+\infty}\sum_{j=0}^{m-1}v^{k+\frac{j+1}{m}}{}_{k+\frac{j}{m}|\frac{1}{m}}q_x \tag{3.2.2}$$

當死亡人數在各年齡段服從均勻分佈時，

$${}_{k+\frac{j}{m}|\frac{1}{m}}q_x = {}_kp_x\cdot{}_{\frac{j}{m}}p_{x+k}\cdot{}_{\frac{1}{m}}q_{x+k+\frac{j}{m}}$$
$$= {}_kp_x\left(1-\frac{j}{m}q_{x+k}\right)\frac{\frac{1}{m}q_{x+k}}{1-\frac{j}{m}q_{x+k}} = \frac{1}{m}{}_{k|}q_x$$

$$\therefore A_x^{(m)} = \sum_{k=0}^{+\infty}\sum_{j=0}^{m-1}v^{k+\frac{j+1}{m}}\cdot\frac{1}{m}{}_{k|}q_x = \sum_{k=0}^{+\infty}v^{k+1}{}_{k|}q_xs_{\overline{1|}}^{(m)}$$

$$= \frac{i}{i^{(m)}} \sum_{k=0}^{+\infty} v^{k+1} {}_{k|}q_x = \frac{i}{i^{(m)}} A_x \tag{3.2.3}$$

從保險人角度看,令 $Z_x^{(m)}$ 表示保險人給付的現值,$(x)$ 在第 $K+1$ 個保險年度中的第 $J+1$ 個分年度(長度為 $\frac{1}{m}$ 年) 內死亡時,於所在的分年度末給付保險金 1 的現值為:

$$Z_x^{(m)} = v^{K+\frac{J+1}{m}}$$

其中,$K = 0,1,2,\cdots$;$J = 0,1,2,\cdots,m-1$,且 $P(K=k, J=j) = {}_{k+\frac{j}{m}|\frac{1}{m}}q_x$。

容易發現 $J$ 與基本隨機變量 $T$ 與 $K$ 有如下關係:

$\frac{J}{m} \leqslant T-K < \frac{J+1}{m}$(實際應為 $\frac{J}{m} < T-K \leqslant \frac{J+1}{m}$,兩個孤立點並不影響概率值)

$$\therefore J \leqslant m(T-K) < J+1$$

$$\therefore J = [m(T-K)] \tag{3.2.4}$$

於是,

$$Z_x^{(m)} = v^{K+\frac{[m(T-K)]+1}{m}}。$$

容易證明:在 UDD 假設下,$K$ 與 $J$ 為兩個相互獨立的隨機變量。

為了研究 $\text{var}(Z_x^{(m)})$,需先計算出

$$E((Z_x^{(m)})^2) = E(v^{2(K+\frac{J+1}{m})}) = \sum_{k=0}^{+\infty} \sum_{j=0}^{m-1} v^{2(k+\frac{j+1}{m})} {}_{k+\frac{j}{m}|\frac{1}{m}}q_x$$

$$= {}^2A_x^{(m)} \approx \frac{{}^2i}{{}^2i^{(m)}} {}^2A_x \quad (\text{在 UDD 假設下})$$

$$\therefore \text{var}(Z_x^{(m)}) = E((Z_x^{(m)})^2) - [E(Z_x^{(m)})]^2 \tag{3.2.5}$$

這裡 ${}^2i$、${}^2i^{(m)}$ 表示利息力翻倍的條件下所計算出的實際利率與名義利率,詳見附錄 B。

### (二) 定期壽險

$$A_{\overset{1}{x}:\overline{n}|}^{(m)} = E(Z_{\overset{1}{x}:\overline{n}|}^{(m)}) = \sum_{k=0}^{n-1} \sum_{j=0}^{m-1} v^{k+\frac{j+1}{m}} {}_{k+\frac{j}{m}|\frac{1}{m}}q_x$$

$$= \frac{i}{i^{(m)}} A_{\overset{1}{x}:\overline{n}|} \quad (\text{在 UDD 假設下}) \tag{3.2.6}$$

其中,$Z_{\overset{1}{x}:\overline{n}|}^{(m)} = \begin{cases} v^{K+\frac{J+1}{m}}, & \text{當 } K = 0,1,2,\cdots,n-1; J = 0,1,2,\cdots,m-1 \text{ 時;} \\ 0, & \text{當 } K \geqslant n; J = 0,1,2,\cdots,m-1 \text{ 時。} \end{cases}$

### (三) 兩全保險

$$A_{x:\overline{n}|}^{(m)} = \mathrm{E}(Z_{x:\overline{n}|}^{(m)}) = \sum_{k=0}^{n-1}\sum_{j=0}^{m-1} v^{k+\frac{j+1}{m}}{}_{k+\frac{j}{m}|\frac{1}{m}}q_x + v^n{}_np_x = A_{\overset{1}{x}:\overline{n}|}^{(m)} + A_{x:\overset{\ 1}{\overline{n}|}} \quad (3.2.7)$$

$$= \frac{i}{i^{(m)}}A_{\overset{1}{x}:\overline{n}|} + A_{x:\overset{\ 1}{\overline{n}|}} \quad （在 UDD 假設下） \quad (3.2.8)$$

$$\neq \frac{i}{i^{(m)}}A_{x:\overline{n}|}$$

其中，$Z_{x:\overline{n}|}^{(m)} = \begin{cases} v^{K+\frac{J+1}{m}} & 當 K = 0,1,2,\cdots,n-1;J = 0,1,2,\cdots,m-1 時; \\ v^n & 當 K \geqslant n;J = 0,1,2,\cdots,m-1 時。\end{cases}$

### (四) 延期壽險

$${}_{r|}A_x^{(m)} = \mathrm{E}({}_{r|}Z_x^{(m)}) = \sum_{k=r}^{+\infty}\sum_{j=0}^{m-1} v^{k+\frac{j+1}{m}}{}_{k+\frac{j}{m}|\frac{1}{m}}q_x$$

$$= v^r{}_rp_x \cdot A_{x+r}^{(m)} \quad (3.2.9)$$

$$= \frac{i}{i^{(m)}}{}_{r|}A_x \quad （在 UDD 假設下）。 \quad (3.2.10)$$

事實上，

$${}_{r|}A_x^{(m)} = \sum_{k=r}^{+\infty}\sum_{j=0}^{m-1} v^{k+\frac{j+1}{m}}{}_{k+\frac{j}{m}|\frac{1}{m}}q_x = \sum_{l=0}^{+\infty}\sum_{j=0}^{m-1} v^{l+r+\frac{j+1}{m}}{}_{l+r+\frac{j}{m}|\frac{1}{m}}q_x (其中, l = k-r)$$

$$= v^r{}_rp_x \cdot \sum_{l=0}^{+\infty}\sum_{j=0}^{m-1} v^{l+\frac{j+1}{m}}{}_{l+\frac{j}{m}|\frac{1}{m}}q_{x+r} = v^r{}_rp_xA_{x+r}^{(m)}$$

其中，${}_{r|}Z_x^{(m)} = \begin{cases} 0, & 當 K = 0,1,2,\cdots,r-1;J = 0,1,2,\cdots,m-1 時; \\ v^{K+\frac{J+1}{m}}, & 當 K = r,r+1,\cdots;J = 0,1,2,\cdots,m-1 時。\end{cases}$

同理可得

$${}_{r|}A_{\overset{1}{x}:\overline{n}|}^{(m)} = \sum_{k=r}^{r+n-1}\sum_{j=0}^{m-1} v^{k+\frac{j+1}{m}}{}_{k+\frac{j}{m}|\frac{1}{m}}q_x = v^r{}_rp_xA_{\overset{1}{x+r}:\overline{n}|}^{(m)} \quad (3.2.11)$$

$$= \frac{i}{i^{(m)}}{}_{r|}A_{\overset{1}{x}:\overline{n}|} \quad （在 UDD 假設下） \quad (3.2.12)$$

$${}_{r|}A_{x:\overline{n}|}^{(m)} = v^r{}_rp_xA_{x+r:\overline{n}|}^{(m)} \quad (3.2.13)$$

**例 3.2.1** 已知 $l_x = 100 - x\ (0 \leqslant x \leqslant 100)$，$i = 10\%$。計算：$A_{\overset{1}{40}:\overline{10}|}$、$A_{40:\overset{\ 1}{\overline{10}|}}$、$A_{40:\overline{10}|}$、$A_{\overset{1}{40}:\overline{10}|}^{(4)}$、$A_{40:\overline{10}|}^{(4)}$。

**解**：$\because l_x = 100 - x$

$$\therefore {}_{k|}q_{40} = \frac{l_{40+k} - l_{40+k+1}}{l_{40}} = \frac{1}{60};$$

$${}_{10}p_{40} = \frac{l_{50}}{l_{40}} = \frac{50}{60} = \frac{5}{6}。$$

$$\therefore A^{\ 1}_{40:\overline{10|}} = \sum_{k=0}^{9} v^{k+1}{}_{k|}q_{40} = \frac{1}{60}\sum_{k=0}^{9} v^{k+1} = \frac{1}{60}a_{\overline{10|}0.1} \approx 0.102,4$$

$$A_{40:\overline{10|}}^{\ \ \ 1} = v^{10}{}_{10}p_{40} = \frac{1}{1.1^{10}} \times \frac{5}{6} \approx 0.321,3$$

$$\therefore A_{40:\overline{10|}} = A^{\ 1}_{40:\overline{10|}} + A_{40:\overline{10|}}^{\ \ \ 1} \approx 0.102,41 + 0.321,29 = 0.423,7$$

$$\because i^{(4)} = 4[(1+i)^{\frac{1}{4}} - 1] \approx 0.096,455$$

$$\therefore A^{(4)\ 1}_{40:\overline{10|}} \approx \frac{i}{i^{(4)}}A^{\ 1}_{40:\overline{10|}} \approx \frac{0.1}{0.096,455} \times 0.102,41 \approx 0.106,2$$

$$A^{(4)}_{40:\overline{10|}} \approx 0.427,5$$

思考：為什麼 $A^{(4)\ 1}_{40:\overline{10|}} > A^{\ 1}_{40:\overline{10|}}$？若將精算假設改為 CL1(2000—2003) 2.5%，則結果如何？是否可算出例 3.2.1 中 $A^{(4)\ 1}_{40:\overline{10|}}$ 與 $A^{(4)}_{40:\overline{10|}}$ 的精確值？

**例** 3.2.2　某 30 歲的男子購買了保額為 10 萬元的 20 年期定期壽險，於死亡所在月末給付保險金，以 CL1(2000—2003)2.5% 為基礎，計算其躉繳純保費（在 UDD 假設下）。

**解**：
$$NSP = 100,000A^{(12)\ 1}_{30:\overline{20|}} \approx 100,000 \cdot \frac{i}{i^{(12)}}A^{\ 1}_{30:\overline{20|}}$$
$$= 100,000 \cdot \frac{2.5\%}{12(1.025^{\frac{1}{12}} - 1)} \cdot \frac{15,033.17 - 13,809.67}{46,941.74}$$
$$\approx 2,636.15(\text{元})。$$

參照 $100,000A^{\ 1}_{30:\overline{20|}} = 2,606.42$ 元，兩者相差 29.73 元。

引申：若是死亡所在季末給付，則

$$NSP' = 100,000A^{(4)\ 1}_{30:\overline{20|}}$$
$$\approx 100,000 \cdot \frac{2.5\%}{4(1.025^{\frac{1}{4}} - 1)} \times 0.026,064,22 \approx 2,630.73(\text{元})$$

與年末支付保險金情形相差 24.31 元。

## 二、非等額壽險

### (一) 遞增壽險

1. 每年遞增一次的人壽保險

令 $(IA)^{(m)}_{x}$ 表示 $x$ 歲的人參加的，第 1 年死亡給付保險金 1，第 2 年死亡給付保險金 2…… 第 $n$ 年死亡給付保險金 $n$…… 且保險金於死亡所在 $\frac{1}{m}$ 年末給付的終身壽險的躉繳純保費。

$$(IA)_x^{(m)} = \mathrm{E}((IZ)_x^{(m)}) = \sum_{k=0}^{+\infty}\sum_{j=0}^{m-1}(k+1)v^{k+\frac{j+1}{m}}{}_{k+\frac{j}{m}|\frac{1}{m}}q_x$$

$$\approx \sum_{k=0}^{+\infty}\sum_{j=0}^{m-1}(k+1)v^{k+\frac{j+1}{m}}\frac{1}{m}{}_{k|}q_x \qquad (\text{在 UDD 假設下})$$

$$= \sum_{k=0}^{+\infty}(k+1)v^{k+1}{}_{k|}q_x \cdot \frac{1}{m}\sum_{j=0}^{m-1}(1+i)^{1-\frac{j+1}{m}} = \frac{i}{i^{(m)}}(IA)_x \quad (3.2.14)$$

其中,保險金給付現值

$$(IZ)_x^{(m)} = (K+1)v^{K+\frac{J+1}{m}},\text{當 } K = 0,1,2,\cdots;J = 0,1,2,\cdots,m-1 \text{ 時。}$$

同理可得遞增定期壽險的躉繳純保費為:

$$(IA)_{x:\overline{n}|}^{1\,(m)} = \sum_{k=0}^{n-1}\sum_{j=0}^{m-1}(k+1)v^{k+\frac{j+1}{m}}{}_{k+\frac{j}{m}|\frac{1}{m}}q_x$$

$$\approx \frac{i}{i^{(m)}}(IA)_{x:\overline{n}|}^{1} \qquad (\text{在 UDD 假設下}) \qquad (3.2.15)$$

2. 每年遞增 $m$ 次的人壽保險

令 $(I^{(m)}A)_x^{(m)}$ 表示$(x)$第1個$\frac{1}{m}$年內死亡所在$\frac{1}{m}$年末給付保險金$\frac{1}{m}$,第2個$\frac{1}{m}$年內死亡所在$\frac{1}{m}$年末給付$\frac{2}{m}$,第3個$\frac{1}{m}$年內死亡所在$\frac{1}{m}$年末給付$\frac{3}{m}$……這樣的終身壽險的躉繳純保費。

$$(I^{(m)}A)_x^{(m)} = \mathrm{E}((I^{(m)}Z)_x^{(m)}) = \sum_{j=0}^{+\infty}\frac{j+1}{m}v^{\frac{j+1}{m}}{}_{\frac{j}{m}|\frac{1}{m}}q_x \qquad (3.2.16)$$

其中,$(I^{(m)}Z)_x^{(m)} = (K+\frac{J+1}{m})v^{K+\frac{J+1}{m}}$。

同理可得

$$(I^{(m)}A)_{x:\overline{n}|}^{1\,(m)} = \sum_{j=0}^{mn-1}\frac{j+1}{m}v^{\frac{j+1}{m}}{}_{\frac{j}{m}|\frac{1}{m}}q_x \qquad (3.2.17)$$

思考:能否利用 Excel,計算出公式(3.2.16)、公式(3.2.17)的具體結果?比如,以 CL1(2000—2003)2.5% 為基礎,取 $x = 30, m = 4, n = 20$。

**(二)遞減壽險**

設 $(DA)_{x:\overline{n}|}^{1\,(m)}$ 表示第1年死亡給付保險金 $n$,第2年死亡給付保險金 $n-1$……第 $n$ 年死亡給付保險金1,並於死亡所在$\frac{1}{m}$年末給付保險金的 $n$ 年遞減定期壽險的躉繳純保費。

$$(DA)_{x:\overline{n}|}^{1\,(m)} = \mathrm{E}((DZ)_{x:\overline{n}|}^{1\,(m)}) = \sum_{k=0}^{n-1}\sum_{j=0}^{m-1}(n-k)v^{k+\frac{j+1}{m}}{}_{k+\frac{j}{m}|\frac{1}{m}}q_x$$

$$\approx \sum_{k=0}^{n-1} \sum_{j=0}^{m-1} (n-k) v^{k+\frac{j+1}{m}} \frac{1}{m} \cdot {}_{k|}q_x \qquad \text{(在 UDD 假設下)}$$

$$= \sum_{k=0}^{n-1} (n-k) v^{k+1} {}_{k|}q_x \cdot \frac{1}{m} \sum_{j=0}^{m-1} (1+i)^{1-\frac{j+1}{m}}$$

$$= \frac{i}{i^{(m)}} (DA)^{1}_{x:\overline{n}|} \tag{3.2.18}$$

其中，$(DZ)^{(m)}_{\overset{1}{x}:\overline{n}|} = \begin{cases} (n-K) v^{K+\frac{J+1}{m}}, & \text{當 } K = 0,1,2,\cdots n-1; J = 0,1,2,\cdots,m-1 \text{ 時;} \\ 0, & \text{其余。} \end{cases}$

思考：$(D^{(m)}A)^{(m)}_{\overset{1}{x}:\overline{n}|}$ 表示每年遞減 $m$ 次，每次遞減$\frac{1}{m}$，第 1 個$\frac{1}{m}$年死亡給付 $n$，第 2 個$\frac{1}{m}$年死亡給付 $n-\frac{1}{m}$……並於死亡所在$\frac{1}{m}$年末給付保險金的 $n$ 年遞減定期壽險的躉繳純保費。試寫出其計算公式，並探討用 Excel 計算的方法。

## 第三節　死亡所在時刻給付保險金的人壽保險

死亡所在時刻或死亡時立即給付保險金的人壽保險，又稱為連續型人壽保險。死亡所在時刻給付保險金，就是在 $x+T$ 歲時或在時刻 $T$ 給付保險金。假設在時刻 $T$ 給付金額為 $b_T$，其折現因子為 $v_T$，於是假設保險金給付在 $x$ 歲時的現值為 $\bar{Z}_T$，那麼 $\bar{Z}_T = b_T v_T$ 因而躉繳純保費為 $\mathrm{E}(Z_T) = \mathrm{E}(b_T v_T)$。

本節所討論的人壽保險依死亡時保險金額是否隨死亡時間發生變化，可以分為等額壽險和非等額壽險。

### 一、等額壽險

#### (一) 終身壽險

令 $\bar{A}_x$ 表示$(x)$ 參加並於死亡時立即給付保險金 1 的終身壽險的躉繳純保費，那麼運用團體法及收支平衡原則有

$$l_x \bar{A}_x = \int_0^{+\infty} v^t l_{x+t} \mu_{x+t} \mathrm{d}t$$

$$\therefore \bar{A}_x = \int_0^{+\infty} v^t {}_tp_x \mu_{x+t} \mathrm{d}t \tag{3.3.1}$$

$$= \mathrm{E}(\bar{Z}_x) \tag{3.3.2}$$

其中，$\bar{Z}_x = v^T$。

$\bar{A}_x$ 亦可定義為：

$$\bar{A}_x = \lim_{m\to+\infty} A_x^{(m)} = \lim_{m\to+\infty} \sum_{l=0}^{+\infty} v^{\frac{l+1}{m}} {}_{\frac{l}{m}|\frac{1}{m}}q_x$$

$$= \lim_{m\to+\infty} \frac{1}{m} \sum_{l=0}^{+\infty} v^{\frac{l+1}{m}} {}_{\frac{l+1}{m}}p_x \mu_{x+\frac{l+1}{m}} = \int_0^{+\infty} v^t {}_tp_x \mu_{x+t} \mathrm{d}t$$

其中，$${}_{\frac{l}{m}|\frac{1}{m}}q_x = \frac{l_{x+\frac{l}{m}} - l_{x+\frac{l+1}{m}}}{l_x} = -\frac{1}{m} \cdot \frac{1}{l_x} \cdot \frac{l_{x+\frac{l+1}{m}+(-\frac{1}{m})} - l_{x+\frac{l+1}{m}}}{-\frac{1}{m}}$$

$$\approx -\frac{1}{m} \cdot \frac{1}{l_x} \cdot (-l_{x+\frac{l+1}{m}} \mu_{x+\frac{l+1}{m}}) = \frac{1}{m} \cdot {}_{\frac{l+1}{m}}p_x \mu_{x+\frac{l+1}{m}}$$

顯然，當 $m \to +\infty$ 時，${}_{\frac{l}{m}|\frac{1}{m}}q_x \sim \frac{1}{m} {}_{\frac{l+1}{m}}p_x \mu_{x+\frac{l+1}{m}}$。換言之，

$$l_{x+\frac{l}{m}} - l_{x+\frac{l+1}{m}} = \frac{l_{x+\frac{l}{m}} - l_{x+\frac{l+1}{m}}}{\frac{1}{m}} \cdot \frac{1}{m} \sim \frac{1}{m} l_x \mu_x$$

$$\sim \frac{1}{m} l_{x+\frac{l+1}{m}} \mu_{x+\frac{l+1}{m}} \sim \frac{1}{m} l_x \mu_x \qquad (\text{當 } m \to +\infty \text{ 時})。$$

在 UDD 假設下

$$A_x^{(m)} = \frac{i}{i^{(m)}} A_x$$

兩邊對 $m$ 取極限可得

$$\bar{A}_x = \frac{i}{\delta} A_x \tag{3.3.3}$$

$$\because T = K + S = (K+1) - (1-S)$$

假設 $K$ 與 $S$ 獨立，且 $S$ 服從均勻分佈，於是

$$\bar{A}_x = \mathrm{E}(v^T) = \mathrm{E}(v^{K+1}) \cdot \mathrm{E}((1+i)^{1-S}) = \frac{i}{\delta} A_x$$

其中，$\mathrm{E}((1+i)^{1-S}) = \int_0^1 (1+i)^{1-u} \mathrm{d}u = \bar{s}_{\overline{1|}} = \frac{i}{\delta}$。

為了計算 $\bar{A}_x$，需引入替換函數 $\bar{C}_x$、$\bar{M}_x$、$\bar{R}_x$：

$$\bar{C}_x = \int_0^1 v^{x+t} l_{x+t} \mu_{x+t} \mathrm{d}t \tag{3.3.4}$$

$$\bar{M}_x = \bar{C}_x + \bar{C}_{x+1} + \bar{C}_{x+2} + \cdots \tag{3.3.5}$$

$$= \int_0^1 v^{x+t} l_{x+t} \mu_{x+t} \mathrm{d}t + \int_0^1 v^{x+1+t} l_{x+1+t} \mu_{x+1+t} \mathrm{d}t + \int_0^1 v^{x+2+t} l_{x+2+t} \mu_{x+2+t} \mathrm{d}t + \cdots$$

$$= \int_0^{+\infty} v^{x+t} l_{x+t} \mu_{x+t} \mathrm{d}t \tag{3.3.6}$$

$$\bar{R}_x = \bar{M}_x + \bar{M}_{x+1} + \bar{M}_{x+2} + \cdots \tag{3.3.7}$$

$$= \bar{C}_x + 2\bar{C}_{x+1} + 3\bar{C}_{x+2} + \cdots = \sum_{k=0}^{+\infty}(k+1)\bar{C}_{x+k}。$$

$\bar{C}_x$、$\bar{M}_x$、$\bar{R}_x$ 有如下一些近似計算公式：

$\because$ 在 UDD 假設下，$l_{x+t} = l_x - td_x$

$$\therefore \mu_{x+t} = -\frac{l'_{x+t}}{l_{x+t}} = \frac{d_x}{l_x - td_x}$$

$$l_{x+t}\mu_{x+t} = d_x$$

$$\bar{C}_x = \int_0^1 v^{x+t} l_{x+t}\mu_{x+t}\mathrm{d}t = v^{x+1}d_x \cdot \int_0^1 (1+i)^{1-t}\mathrm{d}t$$

$$= C_x\left(-\frac{(1+i)^{1-t}}{\delta}\bigg|_0^1\right) = \frac{i}{\delta}C_x \tag{3.3.8}$$

或者

$$\int_0^1 (1+i)^{1-t}\mathrm{d}t \approx (1+i)^{1-\frac{1}{2}} \cdot 1 = (1+i)^{\frac{1}{2}}$$

從而

$$\bar{C}_x = (1+i)^{\frac{1}{2}}C_x \tag{3.3.9}$$

還可以從直觀意義上去理解公式(3.3.9)，即前者比后者平均早半年給付。同樣可理解：

$$\bar{A}_x = (1+i)^{\frac{1}{2}}A_x \tag{3.3.10}$$

由公式(3.3.5)、公式(3.3.7) 容易得到如下近似公式：

$$\bar{M}_x \approx \frac{i}{\delta}M_x \approx (1+i)^{\frac{1}{2}}M_x \tag{3.3.11}$$

$$\bar{R}_x \approx \frac{i}{\delta}R_x \approx (1+i)^{\frac{1}{2}}R_x \tag{3.3.12}$$

運用公式(3.3.1)、公式(3.3.6) 可以得到 $\bar{A}_x$ 的替換函數表達式，從而達到簡化計算的目的：

$$\bar{A}_x = \frac{\bar{M}_x}{D_x}。 \tag{3.3.13}$$

下面計算 $\bar{Z}_x$ 的方差：

$$\because \mathrm{E}((\bar{Z}_x)^2) = {}^2\bar{A}_x = \frac{{}^2i}{{}^2\delta}\cdot{}^2A_x = \frac{2i+i^2}{2\delta}\cdot{}^2A_x$$

$$\therefore \mathrm{var}(\bar{Z}_x) = \mathrm{E}((\bar{Z}_x)^2) - (\mathrm{E}(\bar{Z}_x))^2 = {}^2\bar{A}_x - (\bar{A}_x)^2 \tag{3.3.14}$$

**(二) 定期壽險**

$$\bar{A}^1_{x:\overline{n|}} = \mathrm{E}(\bar{Z}^1_{x:\overline{n|}}) = \int_0^n v^t\,{}_tp_x\,\mu_{x+t}\mathrm{d}t = \frac{\bar{M}_x - \bar{M}_{x+n}}{D_x} \tag{3.3.15}$$

$$\approx \frac{i}{\delta} A_{x:\overline{n}|}^{1} \tag{3.3.16}$$

其中，$\bar{Z}_{x:\overline{n}|}^{1} = \begin{cases} v^{T}, & 0 < T \leqslant n; \\ 0, & T > n。\end{cases}$

$$\because \mathrm{E}(\bar{Z}_{x:\overline{n}|}^{1})^{2} = \int_{0}^{n} v^{2t} {}_{t}p_{x} \mu_{x+t} \mathrm{d}t = {}^{2}\bar{A}_{x:\overline{n}|}^{1}$$

$$\therefore \mathrm{var}(\bar{Z}_{x:\overline{n}|}^{1}) = {}^{2}\bar{A}_{x:\overline{n}|}^{1} - (\bar{A}_{x:\overline{n}|}^{1})^{2} \tag{3.3.17}$$

### (三) 兩全保險

$$\bar{A}_{x:\overline{n}|} = \mathrm{E}(\bar{Z}_{x:\overline{n}|}) = \bar{A}_{x:\overline{n}|}^{1} + A_{x:\overline{n}|}^{\ \ 1}$$

$$= \frac{\bar{M}_{x} - \bar{M}_{x+n} + D_{x+n}}{D_{x}} \tag{3.3.18}$$

這裡，$\bar{Z}_{x:\overline{n}|} = \begin{cases} v^{T}, & 0 < T \leqslant n \\ v^{n}, & T > n \end{cases}$，且 $\bar{A}_{x:\overline{n}|} \neq \frac{i}{\delta} A_{x:\overline{n}|}$。

### (四) 延期壽險

$$_{r|}\bar{A}_{x} = \int_{r}^{+\infty} v^{t} {}_{t}p_{x} \mu_{x+t} \mathrm{d}t = v^{r} {}_{r}p_{x} \bar{A}_{x+r} \tag{3.3.19}$$

$$= \frac{\bar{M}_{x+r}}{D_{x}} \approx \frac{i}{\delta} {}_{r|}A_{x} \tag{3.3.20}$$

$$_{r|}\bar{A}_{x:\overline{n}|}^{1} = v^{r} {}_{r}p_{x} \bar{A}_{x+r:\overline{n}|}^{1} = \frac{\bar{M}_{x+r} - \bar{M}_{x+n+r}}{D_{x}} \tag{3.3.21}$$

$$_{r|}\bar{A}_{x:\overline{n}|} = v^{r} {}_{r}p_{x} \bar{A}_{x+r:\overline{n}|} = \frac{\bar{M}_{x+r} - \bar{M}_{x+r+n} + D_{x+r+n}}{D_{x}}。 \tag{3.3.22}$$

## 二、非等額壽險

### (一) 遞增終身壽險

1. 每年遞增一次

$$(I\bar{A})_{x} = \mathrm{E}(([T]+1)v^{T})$$

$$= \sum_{k=0}^{+\infty} \int_{k}^{k+1} (k+1) v^{t} {}_{t}p_{x} \mu_{x+t} \mathrm{d}t = \frac{1}{D_{x}} \sum_{k=0}^{+\infty} (k+1) \int_{k}^{k+1} v^{x+t} l_{x+t} \mu_{x+t} \mathrm{d}t$$

$$= \frac{1}{D_{x}} \sum_{k=0}^{+\infty} (k+1) \bar{C}_{x+k} = \frac{\bar{R}_{x}}{D_{x}} \tag{3.3.23}$$

由公式(3.3.12)可得

$$(I\bar{A})_{x} \approx \frac{i}{\delta} (IA)_{x} \tag{3.3.24}$$

2. 每$\frac{1}{m}$年遞增一次

設$(I^{(m)}\bar{A})_x$表示$(x)$參加的,第1個$\frac{1}{m}$年死亡時立即給付$\frac{1}{m}$,第2個$\frac{1}{m}$年死亡時立即給付$\frac{2}{m}$……第$k$個$\frac{1}{m}$年死亡時立即給付$\frac{k}{m}$……這樣的終身壽險的躉繳純保費。

$$(I^{(m)}\bar{A})_x = \mathrm{E}\left(\frac{v^T[1+mT]}{m}\right) = \int_0^{+\infty} \frac{[1+mt]}{m} v^t {}_tp_x \mu_{x+t} \mathrm{d}t$$

$$= \sum_{k=0}^{+\infty} \sum_{j=0}^{m-1} \int_{k+\frac{j}{m}}^{k+\frac{j+1}{m}} \frac{[1+mt]}{m} v^t {}_tp_x \mu_{x+t} \mathrm{d}t$$

$$= \sum_{k=0}^{+\infty} \sum_{j=0}^{m-1} (k+\frac{j+1}{m}) \int_{k+\frac{j}{m}}^{k+\frac{j+1}{m}} v^t {}_tp_x \mu_{x+t} \mathrm{d}t$$

$$\approx \sum_{k=0}^{+\infty} \sum_{j=0}^{m-1} (k+\frac{j+1}{m}) v^{k+\frac{j+1}{m}} \bar{s}_{\overline{\frac{1}{m}}|} {}_{k|}q_x \qquad \text{(在 UDD 假設下)}$$

$$= \bar{s}_{\overline{\frac{1}{m}}|} \sum_{k=0}^{+\infty} {}_{k|}q_x \left( \sum_{j=0}^{m-1} (k+\frac{j+1}{m}) v^{k+\frac{j+1}{m}} \right)$$

注意到

$$(k+\frac{j+1}{m}) v^{k+\frac{j+1}{m}} = (k+1) v^{k+1} (1+i)^{1-\frac{j+1}{m}} - v^{k+1} (1+i)^{1-\frac{j+1}{m}} + v^{k+1} (1+i)^{1-\frac{j+1}{m}} \frac{j+1}{m}$$

$$\therefore \sum_{j=0}^{m-1} (k+\frac{j+1}{m}) v^{k+\frac{j+1}{m}} = (k+1) v^{k+1} m s_{\overline{1}|}^{(m)} - v^{k+1} m s_{\overline{1}|}^{(m)} + v^{k+1} m (I^{(m)}s)_{\overline{1}|}^{(m)}$$

$$(I^{(m)}\bar{A})_x = \bar{s}_{\overline{\frac{1}{m}}|} [m s_{\overline{1}|}^{(m)} (IA)_x - m s_{\overline{1}|}^{(m)} A_x + m (I^{(m)}s)_{\overline{1}|}^{(m)} A_x]$$

或

$$(I^{(m)}\bar{A})_x = \frac{i}{\delta}(IA)_x - \frac{i}{\delta}A_x + \frac{i-d^{(m)}}{\delta d^{(m)}} A_x \qquad (3.3.25)$$

3. 連續遞增

$$(\bar{I}\bar{A})_x = \mathrm{E}(Tv^T) = \int_0^{+\infty} t v^t {}_tp_x \mu_{x+t} \mathrm{d}t = \lim_{m\to+\infty} (I^{(m)}A)_x^{(m)} \qquad (3.3.26)$$

$$= \lim_{m\to+\infty} (I^{(m)}\bar{A})_x \qquad (3.3.27)$$

公式(3.3.26)顯然成立,因為當$m\to+\infty$時,根據${}_{\frac{l}{m}|\frac{1}{m}}q_x \sim \frac{1}{m} {}_{\frac{l+1}{m}}p_x \mu_{x+\frac{l+1}{m}}$及定積分定義。

公式(3.3.27)成立是因為$\lim\limits_{m\to+\infty}\dfrac{[1+mt]}{m}=t$。

事實上,設$t=\dfrac{j}{m}+s$,其中$0\leqslant s<\dfrac{1}{m}$,顯然$\lim\limits_{m\to+\infty}s=0$,於是

$$\lim_{m\to+\infty}\frac{[1+mt]}{m}=\lim_{m\to+\infty}\frac{j+1}{m}=\lim_{m\to+\infty}(t-s+\frac{1}{m})=t$$

由公式(3.3.25)及公式(3.3.27)可以得到$(\bar{I}\bar{A})_x$的近似計算公式

$$(\bar{I}\bar{A})_x=\frac{i}{\delta}(IA)_x-\frac{i}{\delta}A_x+\frac{i-\delta}{\delta^2}A_x \tag{3.3.28}$$

**(二)遞增定期壽險**

$$(I\bar{A})^1_{x:\overline{n}|}=\int_0^n(t+1)v^t{}_tp_x\mu_{x+t}\mathrm{d}t=\frac{\bar{R}_x-\bar{R}_{x+n}-n\bar{M}_{x+n}}{D_x} \tag{3.3.29}$$

$$\approx\frac{i}{\delta}(IA)^1_{x:\overline{n}|} \tag{3.3.30}$$

$$(I^{(m)}\bar{A})^1_{x:\overline{n}|}\approx\frac{i}{\delta}(IA)^1_{x:\overline{n}|}-\frac{i}{\delta}A^1_{x:\overline{n}|}+\frac{i-d^{(m)}}{\delta d^{(m)}}A^1_{x:\overline{n}|} \tag{3.3.31}$$

$$(\bar{I}\bar{A})^1_{x:\overline{n}|}=\int_0^n tv^t{}_tp_x\mu_{x+t}\mathrm{d}t$$

$$=\frac{i}{\delta}(IA)^1_{x:\overline{n}|}-\frac{i}{\delta}A^1_{x:\overline{n}|}+\frac{i-\delta}{\delta^2}A^1_{x:\overline{n}|}。 \tag{3.3.32}$$

**(三)遞增水平終身壽險**

$$(I_{\overline{n}|}\bar{A})_x=\int_0^n([t]+1)v^t{}_tp_x\mu_{x+t}\mathrm{d}t+\int_n^{+\infty}nv^t{}_tp_x\mu_{x+t}\mathrm{d}t$$

$$=\frac{\bar{R}_x-\bar{R}_{x+n}}{D_x}。 \tag{3.3.33}$$

**(四)遞減定期壽險**

$$(D\bar{A})^1_{x:\overline{n}|}=\int_0^n(n-[t])v^t{}_tp_x\mu_{x+t}\mathrm{d}t=\frac{n\bar{M}_x-(\bar{R}_{x+1}-\bar{R}_{x+n+1})}{D_x} \tag{3.3.34}$$

$$=\frac{i}{\delta}(DA)^1_{x:\overline{n}|} \tag{3.3.35}$$

$(D^{(m)}\bar{A})^1_{x:\overline{n}|}$表示每年遞減$m$次,每$\dfrac{1}{m}$年遞減$\dfrac{1}{m}$,於死亡時給付保險金的$n$年定期遞減壽險的躉繳純保費,並且可通過下面公式來計算:

$$(I^{(m)}\bar{A})^1_{x:\overline{n}|}+(D^{(m)}\bar{A})^1_{x:\overline{n}|}=(n+\frac{1}{m})\bar{A}^1_{x:\overline{n}|} \tag{3.3.36}$$

**例3.3.1** 某30歲的人向一家壽險公司購買了30年定期死亡保險,在死亡發生

的時刻 $t$(簽單時開始計時) 立即給付 $e^{0.06t}$,假設被保險人死亡服從 $l_x = 100 - x$ $(0 \leqslant x \leqslant 100)$,且利息力 $\delta = 0.05$。求 30 歲簽單時應繳納的躉繳純保費。

**解**:設 30 歲的被保險人在 $30 + T$ 歲死亡時所給付的保險金現值為 $Z_T$,則

$$Z_T = e^{0.06T} \cdot v^T = e^{0.06T} \cdot e^{-0.05T} = e^{0.01T}$$

而 $T$ 的概率密度函數為

$$f_T(t) = {}_tp_{30}\,\mu_{30+t} = -\frac{l'_{30+t}}{l_{30}} = \frac{1}{70}$$

因此,所求躉繳純保費為:

$$\begin{aligned} E(Z_T) &= \int_0^{30} e^{0.01t} \frac{1}{70} dt = \frac{1}{70} \cdot \frac{1}{0.01} e^{0.01t} \Big|_0^{30} \\ &= \frac{e^{0.3} - 1}{0.7} \approx 0.499,798。\end{aligned}$$

**例** 3.3.2　證明:$\frac{d}{dx}\bar{A}_x = -\mu_x + (\delta + \mu_x)\bar{A}_x$。　(3.3.37)

**證明**:

方法一:$\because\ \forall h > 0, \bar{A}_x = \bar{A}^{1}_{x:\overline{h}|} + v^h\,{}_hp_x\bar{A}_{x+h}$

$$\therefore \frac{\bar{A}_{x+h} - \bar{A}_x}{h} = -\frac{\bar{A}^{1}_{x:\overline{h}|}}{h} + \frac{1 - v^h\,{}_hp_x}{h}\bar{A}_{x+h}$$

$$\because \lim_{h\to 0}\frac{\bar{A}^{1}_{x:\overline{h}|}}{h} = \lim_{h\to 0}\frac{\int_0^h v^t\,{}_tp_x\,\mu_{x+t}dt}{h} = \left(\frac{d}{ds}\int_0^s v^t\,{}_tp_x\,\mu_{x+t}dt\right)\Big|_{s=0} = \mu_x$$

$$\begin{aligned} \lim_{h\to 0}\frac{1 - v^h\,{}_hp_x}{h}\bar{A}_{x+h} &= -\lim_{h\to 0}\left(\frac{v^h\,{}_hp_x - 1}{h}\bar{A}_{x+h}\right) \\ &= -\frac{d}{dt}(v^t\,{}_tp_x)\Big|_{t=0}\bar{A}_x = (\delta + \mu_x)\bar{A}_x \end{aligned}$$

$$\therefore \frac{d}{dx}\bar{A}_x = \lim_{h\to 0}\frac{\bar{A}_{x+h} - \bar{A}_x}{h} = -\mu_x + (\delta + \mu_x)\bar{A}_x。$$

方法二:$\because$

$$\begin{aligned} \bar{A}_x &= \int_0^{+\infty} v^t\,{}_tp_x\,\mu_{x+t}dt = \int_0^{+\infty} v^t d(-{}_tp_x) \\ &= -v^t\,{}_tp_x\Big|_0^{+\infty} - \delta\int_0^{+\infty} v^t\,{}_tp_x dt = 1 - \delta Q \end{aligned}$$

或

$$\delta Q = 1 - \bar{A}_x$$

其中,$Q = \int_0^{+\infty} v^t\,{}_tp_x dt$,$+\infty$ 代表 $\omega - x$。兩邊對 $x$ 求導可得

$$\frac{d}{dx}Q = \frac{d}{dx}\int_0^{\omega - x} v^t\,{}_tp_x dt = \int_0^{\omega - x} v^t \frac{d}{dx}({}_tp_x)dt$$

$$= \int_0^{\omega - x} v^t {}_t p_x (\mu_x - \mu_{x+t}) \mathrm{d}t = \mu_x Q - \bar{A}_x$$

$$\therefore \frac{\mathrm{d}}{\mathrm{d}x}\bar{A}_x = -\delta(\mu_x Q - \bar{A}_x) = -\mu_x + (\delta + \mu_x)\bar{A}_x。$$

**例** 3.3.3　已知 $\delta_t = \frac{t}{100}, l_x = 100 - x(0 \leqslant x \leqslant 100)$,計算$(\bar{I}\bar{A})_{40}$。

**解**: $a^{-1}(t) = \exp(-\int_0^t \delta_s \mathrm{d}s) = \exp(-\int_0^t \frac{s}{100}\mathrm{d}s) = \exp(-\frac{t^2}{200})$

$${}_t p_{40}\,\mu_{40+t} = \frac{100 - 40 - t}{100 - 40}\left(-\frac{-1}{100 - 40 - t}\right) = \frac{1}{60}$$

$$\therefore (\bar{I}\bar{A})_{40} = \mathrm{E}(Ta^{-1}(T)) = \int_0^{60} ta^{-1}(t)\,{}_t p_{40}\,\mu_{40+t}\mathrm{d}t$$

$$= \frac{1}{60}\int_0^{60} t\exp(-\frac{t^2}{200})\mathrm{d}t = -\frac{100}{60}\exp(-\frac{-t^2}{200})\,\Big|_0^{60}$$

$$= \frac{5}{3}(1 - \mathrm{e}^{-18}) \approx \frac{5}{3}。$$

**例** 3.3.4　已知 $\mu_x$ 為與 $x$ 無關的常數 $\mu$,利息力為常數 $\delta$。證明:

$$\bar{A}_x = \frac{\mu}{\mu + \delta}。\qquad (3.3.38)$$

**證明**: $\because\ {}_t p_x = \exp(-\int_0^t \mu_{x+s}\mathrm{d}s) = \exp(-\int_0^t \mu \mathrm{d}s) = \exp(-\mu t)$

$$v^t = \exp(-\delta t)$$

$$\therefore \bar{A}_x = \int_0^{+\infty} v^t {}_t p_x \mu_{x+t}\mathrm{d}t = \mu\int_0^{+\infty} \exp(-(\mu + \delta)t)\mathrm{d}t = \frac{\mu}{\mu + \delta}。$$

**例** 3.3.5　某單位有年齡為40歲的職工100人,每人繳納 $\pi$ 元保費以產生一個基金,若有人死亡將立即從基金中給付保險金1,000元。已知 $\mu = 0.06, \delta = 0.02$。為了使基金能以95%的概率保證今后足夠給付,採用正態分佈近似,則 $\pi$ 至少應為多少元?(已知正態分佈95%分位數是1.645)

**解**:設第 $j$ 個人給付的現值為 $Z_j(j = 1,2,\cdots,100)$ 元,總給付現值為 $Z$ 元,顯然

$$Z = \sum_{j=1}^{100} Z_j,$$

$$\bar{A}_{40} = \frac{0.06}{0.06 + 0.02} = 0.75,$$

$${}^2\bar{A}_{40} = \frac{0.06}{0.06 + 0.02 \times 2} = 0.6$$

因此

$$\mathrm{E}(Z_j) = 1,000\bar{A}_{40} = 1,000 \times 0.75 = 750$$

$$\operatorname{var}(Z_j) = 1,000^2({}^2\bar{A}_{40} - (\bar{A}_{40})^2) = 37,500$$

從而

$$E(Z) = \sum_{j=1}^{100} E(Z_j) \approx 75,000$$

$$\sqrt{\operatorname{var}(Z)} = \sqrt{\sum_{j=1}^{100} \operatorname{var}(Z_j)} = 1,936.491,67$$

由題意知

$$P(100\pi > Z) = 0.95$$

即

$$P\left(\frac{Z - E(Z)}{\sqrt{\operatorname{var}(Z)}} < \frac{100\pi - E(Z)}{\sqrt{\operatorname{var}(Z)}}\right) = 0.95$$

因此

$$\frac{100\pi - E(Z)}{\sqrt{\operatorname{var}(Z)}} = 1.645$$

$$\therefore \pi = \frac{1}{100}\left[E(Z) + 1.645\sqrt{\operatorname{var}(Z)}\right] \approx 781.86(\text{元})$$

思考:假設參保人數擴大到 10,000 人,結果又如何?

## 本章小結

本章主要研究了以死亡作為保險金支付條件的人壽保險的躉繳純保費或精算現值。

按死亡后給付保險金的及時程度,人壽保險可分為:死亡所在年末給付保險金的人壽保險、死亡所在分年度末給付保險金的人壽保險、死亡所在時刻給付保險金的人壽保險。本章按這一思路分別作為三節進行探討,其中第一節屬於最基本最核心的內容。每一節又分為等額壽險與非等額壽險兩個部分,同時先探討即期壽險,然后考慮延期壽險,並且沿著終身壽險、定期壽險、兩全保險的思路具體展開。對於非等額壽險,主要考慮保額按等差數列變化,至於按等比數列變化的則可運用 Excel 輕松計算。

人壽保險的躉繳純保費,也可以看成是保險金給付現值的數學期望,而方差或標準差則量度了保險人給付現值圍繞所收取保費波動的程度。

## 習題 3

3 - 1　已知 $l_x = 100 - x\ (0 \leqslant x \leqslant 100)$,$i = 5\%$,求 $A_{30}$、$A^{1}_{30:\overline{10|}}$、$A_{30:\overset{1}{\overline{10|}}}$、$A_{30:\overline{10|}}$。

3－2　已知 $A_{30}=0.35, A_{50}=0.50, A_{30:\overline{20|}}=0.65$，求 $A^{1}_{30:\overline{20|}}$ 與 $A_{30:\overset{1}{\overline{20|}}}$。

3－3　(1) 已知 $vp_{76}=0.90, A_{76}=0.80, i=0.03$，求 $A_{77}$。

(2) 某60歲的人購買了兩年期定期壽險，保險金在被保險人死亡的年末給付，第1年、第2年的保險金額分別為 $b_1$、$b_2$。已知 $q_{60}=0.1, q_{61}=0.2, b_2=20-b_1$，$i=0$，令 $Z$ 表示保險金給付現值，求使 var($Z$) 最小的 $b_1$ 的值。

3－4　已知 $A_{51}-A_{50}=0.004, i=0.02, {}^2A_{51}-{}^2A_{50}=0.005, p_{50}=0.98$，計算 var($Z_{51}$)。

3－5　已知 $i=0, q_x=0.5$，且 $\mathrm{var}(Z^{1}_{x:\overline{2|}})=0.1771$，計算 $q_{x+1}$。

3－6　已知 $A_{40:\overline{1|}}=0.9434, A_{40}=0.1300, p_{40}=0.9964, (IA)_{40}=3.71$，計算 $(IA)_{41}$。

3－7　已知 ${}^2A_x=0.219,6, A_{x:\overline{n|}}=0.789,6, {}^2A_{x+n}=0.283,6, {}^2A_{x:\overset{1}{\overline{n|}}}=0.564,9$。記 $Z=1,000Z_{x:\overline{n|}}$，計算 var($Z$)。

3－8　某80歲的人投保了一個保額從20遞減到1、於死亡年末給付保險金的20年遞減定期壽險，已知 $i=0.06$，對於具有 $q_{80}=0.2$ 的某一張生命表，躉繳純保費為13。對於同一張生命表，只是 $q_{80}=0.1$，求其躉繳純保費。

3－9　某30歲的人購買了一個20年的定期壽險，保險金於死亡年末給付，第1年死亡時給付1萬元，然后每推遲1年死亡保額增加1萬元，直到10萬元，第11年死亡時仍給付10萬元，以后逐年遞減1萬元。求該保險的躉繳純保費，以CL1(2000—2003)2.5% 為基礎。

3－10　$\mu^{A}_{x}(t)$ 和 $\mu^{B}_{x}(t)$ 分別表示 $A$、$B$ 兩地人群的死亡力，$A^{A}_{x}$ 和 $A^{B}_{x}$ 分別表示 $A$、$B$ 兩地 $x$ 歲的人參加的於死亡年末給付保險金1的終身壽險的躉繳純保費。已知：

$$(1)\mu^{B}_{x}(t)=\begin{cases}\mu^{A}_{x}(t)+0.06t, & 0\leqslant t\leqslant 1\\ \mu^{A}_{x}(t), & t>1\end{cases};(2)A^{A}_{x}=0.42;(3)d=0.04。計算 A^{B}_{x}。$$

3－11　已知如表3－習題－1所示的選擇期為3年的選擇—終極表，並且 $i=0.03$，計算 ${}_{2|}A^{1}_{[60]:\overline{2|}}$。

**表3－習題－1　　選擇期為3年的選擇—終級表**

| $x$ | $q_{[x]}$ | $q_{[x]+1}$ | $q_{[x]+2}$ | $q_{x+3}$ | $x+3$ |
|---|---|---|---|---|---|
| 60 | 0.09 | 0.11 | 0.13 | 0.15 | 63 |
| 61 | 0.10 | 0.12 | 0.14 | 0.16 | 64 |
| 62 | 0.11 | 0.13 | 0.15 | 0.17 | 65 |
| 63 | 0.12 | 0.14 | 0.16 | 0.18 | 66 |
| 64 | 0.13 | 0.15 | 0.17 | 0.19 | 67 |

3－12　某30歲的人投保了一個保額為10萬元的10年定期壽險，在下列條件

下,計算躉繳純保費:(1) 保險金於死亡年末給付;(2) 保險金於死亡所在季末給付;(3) 保險金於死亡所在月末給付;(4) 保險金於死亡時立即給付。在 UDD 假設下,以 CL1(2000—2003)2.5% 為基礎計算。

3 - 13　某 30 歲的人投保了一個保額遞增的 10 年定期壽險,第 1 年死亡時給付 11 萬元,第 2 年死亡時給付 12 萬元 …… 第 10 年死亡時給付 20 萬元。在下列條件下,計算躉繳純保費:(1) 保險金於死亡年末給付;(2) 保險金於死亡所在季末給付;(3) 保險金於死亡所在月末給付;(4) 保險金於死亡時立即給付。在 UDD 假設下,以 CL1(2000—2003)2.5% 為基礎計算。

3 - 14　某50歲的人投保了保額為10,000元的終身壽險,利息力為0.06,且死力為$\mu_x = \dfrac{1}{100 - x}(0 \leqslant x < 100)$,求在下列條件下的躉繳純保費:(1) 保險金於死亡年末給付;(2) 保險金於死亡時立即給付。

3 - 15　已知$E(\bar{Z}^{1}_{x:\overline{n}|}) = 0.23$,$v^n = 0.20$,$var(\bar{Z}^{1}_{x:\overline{n}|}) = 0.08$,${}_np_x = 0.50$,計算$var(\bar{Z}_{x:\overline{n}|})$。

3 - 16　已知$S(40) = 0.500$,$S(41) = 0.475$,$i = 0.06$,$\bar{A}_{41} = 0.54$,在 UDD 假設下計算$A_{40}$。

3 - 17　已知$l_x = 100 - x\ (0 \leqslant x \leqslant 100)$,$i = 5\%$,計算$A^{(4)}_{30}$、$A^{(4)}_{\stackrel{1}{30}:\overline{10}|}$、$A^{(4)}_{30:\overline{10}|}$、$\bar{A}_{30}$、$\bar{A}^{1}_{30:\overline{10}|}$、$\bar{A}_{30:\overline{10}|}$。

3 - 18　一個 37 歲的人購買了一個全連續型 10 年延期的終身壽險保單,保額為 1,$\mu = 0.04$,$\delta = 0.1$,求保險金給付現值的方差。

3 - 19　已知死力為常數,$\delta = 0.06$,${}^2\bar{A}_x = 0.25$,計算$(\bar{I}\bar{A})_x$。

3 - 20　已知400個相互獨立、年齡均為40歲的人,投保了保額為1,000元的連續型終身壽險,$\mu_{40+t} = 0.04$,$\delta = 0.06$,則在收取保險費后,還應準備多少元的資金才能以95%的概率保證足夠給付[已知$u(0.95) = 1.645$]?

3 - 21　證明並解釋:$\dfrac{1}{D_x}\left(\sum\limits_{k=0}^{n-1} C_{x+k}v^{n-k-1} + D_{x+n}\right) = v^n$。

3 - 22　證明:(1)$p_x = \dfrac{1 - (1+i)A_x}{1 - A_{x+1}}$;(2)$q_x = \dfrac{(1+i)A_x - A_{x+1}}{1 - A_{x+1}}$。

3 - 23　已知在$x + t$歲時死亡概率增加了常數$c$,即$q'_{x+t} = q_{x+t} + c$,由此計算出的終身壽險的躉繳純保費為$A'_x$,證明:$A'_x = A_x + cv^{t+1}{}_tp_x(1 - A_{x+t+1})$。

3 - 24　證明:$(DA)^{1}_{x:\overline{n}|} = nvq_x + vp_x(DA)^{1}_{x+1:\overline{n-1}|} = A^{1}_{x:\overline{n}|} + (DA)^{1}_{x:\overline{n-1}|}$。

3 - 25　證明:$\dfrac{d}{di}\bar{A}_x = -v(\bar{I}\bar{A})_x$。

# 第四章 生存年金

生存年金就是以約定的人仍然生存作為給付條件的年金,它與確定年金相對;前者除了考慮利率因素外,還必須考慮生存概率,而后者與生死無關,只考慮利息率的作用,給付的數額與給付的次數事先確定。生存年金在整個人壽保險、社會養老保險中佔有極其重要的地位,如投保人(或被保險人)分期交納的保險費形成一種生存年金,勞動者從退休之日起每月或每年領取的養老金也形成一種生存年金。

生存年金有如下一些分類方式:

按給付期限是否有具體的規定,可分為終身生存年金與定期生存年金,前者只要生存就可獲得給付,后者還必須在規定的期限內生存才能獲得待遇。

按是否期初期末給付,可分為期初付生存年金與期末付生存年金,前者在給付期內的每期期初給付,后者則是在每期期末給付。

按各次給付數額是否相等,可分為等額生存年金與非等額生存年金,前者各次給付數額不隨著時間變化,又稱為水平生存年金,后者則相反,又稱為變額生存年金。

按簽約后是否立即開始給付期,可分為即期生存年金與延期生存年金。即期生存年金指的是簽約后立即開始給付期,而延期生存年金則是指簽約后等待一段時間才開始給付期,顯然,這裡的「開始給付期」並不意味著立即開始給付。

按與約定生死相關的人的數目多少,可分為單生命生存年金與多生命生存年金。單生命生存年金以一個約定的人的生存為給付條件,多生命生存年金以多個約定的人(包括兩人)在滿足一定生存關係時進行給付。多生命生存年金包括聯合生存者年金、最后生存者年金與遺屬年金。聯合生存者年金以多個約定的人都生存作為給付條件,最后生存者年金以多個約定的人中至少有一人生存作為給付條件,而遺屬年金以某些(包括一個)約定的人死亡后另一些(包括一個)約定的人仍生存作為給付條件的生存年金。本章只研究單生命生存年金,多生命生存年金留在第八章研究。

按給付頻率來劃分,可分為多年給付一次的生存年金、每年給付一次的生存年金、每年給付多次的生存年金、每年連續給付的生存年金。前三者屬於離散型生存年金,最后一種年金又稱為連續型生存年金。連續型生存年金完全按生存時間長短進行給付,而離散型生存年金,無論期初給付還是期末給付都存在一定的局限性,需要進行調整,從而演變為比例期初付生存年金與完全期末付生存年金,將留在本章最后一節討論。本章主要以這種劃分作為其邏輯體系加以研究。

本章的主要內容就是求生存年金的精算現值與精算終值。

與生存年金相關的概念就是年金保險。所謂年金保險就是以生存年金方式提供保險金的保險。顯然,年金保險的實質就是生存年金,因而本章關於生存年金的結論,適合於年金保險。



## 第一節　多年給付一次的生存年金

本節在考慮多年給付一次的生存年金時,為了簡化起見,重點考慮 $n$ 年期滿生存時給付一次的(特殊的)生存年金,那麼多年給付一次的生存年金無非就是多個這樣的一次性給付的生存年金的組合,這種組合方法也適合於更一般的生存年金。下面重點考察 $x$ 歲的人參加 $n$ 年期純生存保險,即 $n$ 年期滿生存時將獲得 1 的純生存保險或特殊的生存年金。

### 一、投保人繳納的躉繳純保費

設 ${}_nE_x$ 為 $x$ 歲的人購買保額為 1 的 $n$ 年期純生存保險所繳納的躉繳純保險費。運用團體法,即假設依據生命表活過 $x$ 歲的 $l_x$ 人都參加了這種純生存保險,那麼依收支平衡原則可得

$$l_x \, {}_nE_x = 1 \cdot l_{x+n} \cdot v^n \tag{4.1.1}$$

或

$$l_x \, {}_nE_x (1+i)^n = 1 \cdot l_{x+n} \tag{4.1.2}$$

解之得

$${}_nE_x = v^n \, {}_np_x = \frac{D_{x+n}}{D_x} \tag{4.1.3}$$

上式反應$(x)$為了獲得 $n$ 年期滿生存時 1 單位的生存年金,現在必須投入(即繳納)$v^n \, {}_np_x$,稱 $v^n \, {}_np_x$ 為 $n$ 年后 1 單位生存金的精算現值(以生存為條件),它是考慮

了生存概率情況下的現值,又稱為精算折現因子。上述過程可描述為:$(x)$ 現在繳納保費 ${}_nE_x$,那麼 $n$ 年期滿生存時可獲得生存金 1。按比例地,$(x)$ 現在繳納保費 1,那麼 $n$ 年期滿生存時可獲得 $\frac{1}{{}_nE_x}$,於是稱 $\frac{1}{{}_nE_x}$ 或 $\frac{D_x}{D_{x+n}}$ 為在 $x$ 歲時的 1 單位本金或投資在第 $n$ 年末(以生存為條件)的精算終值或稱為精算累積因子。現在可以定義生存年金的精算現值與精算終值了,即生存年金的精算現值就是各次給付的精算現值之和,生存年金的精算終值就是各次給付的精算終值之和。

假設 $(x)$ 立即存入 1 單位貨幣,$n$ 年期滿生存時可以領取多少?假設可以領取 $S$,則

$$1 = S \cdot v^n {}_np_x$$

解之得

$$S = \frac{1}{v^n {}_np_x} = \frac{1}{{}_nE_x}。$$

也可這樣考慮:假設活過 $x$ 歲的 $l_x$ 人每人均繳納保費 1,在期滿時生存者每人可領生存保險金 $S$,那麼

$$l_x(1+i)^n = Sl_{x+n}$$

解之得

$$S = (1+i)^n \cdot \frac{l_x}{l_{x+n}} = \frac{1}{v^n {}_np_x} = \frac{1}{{}_nE_x} > (1+i)^n。$$

即精算終值 $\frac{1}{{}_nE_x}$ 大於普通終值 $(1+i)^n$。

顯然,精算現值 $v^n {}_np_x$ 小於普通現值 $v^n$。

## 二、保險人給付保險金現值的期望值

設 $Y_{x:\overline{n|}}^{\ \ 1}$ 表示保險人對參加保額為 1 的 $n$ 年期純生存保險的 $(x)$ 所給付的現值,顯然它是一個隨機變量,其分佈律為

$$\mathrm{P}(Y_{x:\overline{n|}}^{\ \ 1} = v^n) = {}_np_x$$

$$\mathrm{P}(Y_{x:\overline{n|}}^{\ \ 1} = 0) = {}_nq_x$$

由此可得

$$\mathrm{E}(Y_{x:\overline{n|}}^{\ \ 1}) = v^n {}_np_x = {}_nE_x。$$

上式表明:保險人平均給付的現值等於保險人收取的保險費,這也體現保險雙方權利與義務的對等與公平性。顯然,$Y_{x:\overline{n|}}^{\ \ 1} = Z_{x:\overline{n|}}^{\ \ 1}$,從形式統一的角度講,本章更願意使用 $Y_{x:\overline{n|}}^{\ \ 1}$。

由公式(4.1.2)容易證明:

$$ {}_{n}E_{x} + {}_{n}E_{x}[(1+i)^{n}-1] + {}_{n}E_{x}(1+i)^{n}\frac{l_{x}-l_{x+n}}{l_{x+n}} = 1 \qquad (4.1.4) $$

**例** 4.1.1　解釋公式(4.1.4)。

**解**：公式(4.1.4)表示$(x)$在$n$年期滿生存時獲得的生存金1來源於三個部分：一是自己所繳納的保險費；二是自己所繳保費產生的利息；三是均分死亡者所喪失的保險費及其利息。

**例** 4.1.2　某年齡為30歲的人參加了保額為10,000元的20年期的純生存保險，(1)求其躉繳純保費，以CL1(2000—2003)2.5%為例；(2)驗證公式(4.1.2)與公式(4.1.4)。

**解**：

(1)所求躉繳純保費為：

$$ 10,000\,{}_{20}E_{30} = 10,000\frac{D_{50}}{D_{30}} \approx 5,887.05(\text{元}) $$

(2)依據所給定的生命表，活過30歲的有98,463人，保費收入為：

$$ 5,887.05 \times 98,463 = 579,656,604.15(\text{元}) $$

經過20年累積后，保費收入所形成的終值為：

$$ 579,656,604.15 \times (1+2.5\%)^{20} \approx 949,834,841.28(\text{元}) $$

活過50歲的人有94,984人，平均每人可分得生存金9,999.95元，近似地為10,000元，顯然誤差的原因在於保費收入、生存人數取的是近似值。

公式(4.1.4)的第2項變為：

$$ 10,000\,{}_{20}E_{30}[(1+2.5\%)^{20}-1] \approx 3,759.57 $$

公式(4.1.4)的第3項變為：

$$ 10,000\,{}_{20}E_{30}(1+2.5\%)^{20}\cdot\frac{l_{30}-l_{50}}{l_{50}} \approx 353.33 $$

顯然

$$ 5,887.05 + 3,759.57 + 353.33 \approx 9,999.95 \approx 10,000(\text{元}) $$

**例** 4.1.3　已知30歲的人，投保了某種年金保險，保單規定：每活過整10年齡時，將獲得保額為10,000元的生存金，直至滿100歲。以CL1(2000—2003)2.5%為基礎，求該年金保險的躉繳純保費。如果不領取待遇，而是活過100歲時再一次性領取，問可領取多少？

**解**：所求的躉繳純保費就是各次給付的精算現值之和，即為

$$ 10,000({}_{10}E_{30} + {}_{20}E_{30} + {}_{30}E_{30} + {}_{40}E_{30} + {}_{50}E_{30} + {}_{60}E_{30} + {}_{70}E_{30}) $$

$$ = 10,000\cdot\frac{D_{40}+D_{50}+D_{60}+D_{70}+D_{80}+D_{90}+D_{100}}{D_{30}} $$

$\approx 22,582.29$(元)

在 100 歲時可領取

$$10,000 \cdot \frac{D_{40}+D_{50}+D_{60}+D_{70}+D_{80}+D_{90}+D_{100}}{D_{100}}$$

$= 45,340,111.21$(元)

## 第二節　每年給付一次的生存年金

### 一、等額生存年金

#### (一) 期初付生存年金

1. 終身生存年金

令 $\ddot{a}_x$ 表示以 $x$ 歲的人生存為條件,每年初給付 1 的終身生存年金的精算現值,那麼

$$\ddot{a}_x = 1 + vp_x + v^2{}_2p_x + \cdots \tag{4.2.1}$$

$$= \frac{D_x}{D_x} + \frac{D_{x+1}}{D_x} + \frac{D_{x+2}}{D_x} + \cdots = \frac{D_x + D_{x+1} + D_{x+2} + \cdots}{D_x} = \frac{N_x}{D_x} \tag{4.2.2}$$

設($x$)參加的每年初生存時給付 1 的終身生存年金保險的躉繳純保費為 $\ddot{a}$,那麼運用團體法可得

$$\ddot{a} \cdot l_x = 1 \cdot l_x + 1 \cdot l_{x+1}v + 1 \cdot l_{x+2}v^2 + \cdots$$

$$\ddot{a} = 1 + vp_x + v^2{}_2p_x + \cdots \equiv \ddot{a}_x \tag{4.2.3}$$

公式(4.2.3)表明投保人繳納的躉繳純保費就是終身生存年金的精算現值。

以上計算生存年金精算現值的方法[即運用公式(4.2.1)],稱為現時給付法。下面介紹總額給付法,它是從保險人給付保險金的角度進行考慮的。

設保險人給付的現值為 $\ddot{Y}_x$,它顯然是一個隨機變量,且 $\ddot{Y}_x = \ddot{a}_{\overline{K+1|}}$,由於 $K$ 的分佈律為 $\mathrm{P}(K=k) = {}_{k|}q_x$,因此,保險人平均給付保險金的現值為:

$$\mathrm{E}(\ddot{Y}_x) = \mathrm{E}(\ddot{a}_{\overline{K+1|}}) = \sum_{k=0}^{+\infty} \ddot{a}_{\overline{k+1|}}\,{}_{k|}q_x = \sum_{k=0}^{+\infty}\Big(\sum_{j=0}^{k} v^j\Big)\,{}_{k|}q_x$$

$$= \sum_{j=0}^{+\infty}\sum_{k=j}^{+\infty} v^j\,{}_{k|}q_x = \sum_{j=0}^{+\infty} v^j\Big(\sum_{k=j}^{+\infty}{}_{k|}q_x\Big) = \sum_{j=0}^{+\infty} v^j\,{}_jp_x = \ddot{a}_x \tag{4.2.4}$$

公式(4.2.4)與公式(4.2.3)表明保險人平均給付現值等於投保人繳納的躉繳純保費。也可由 ${}_{k|}q_x = {}_kp_x - {}_{k+1}p_x$,並按 ${}_kp_x$ 合併同類項而得。

由公式(4.2.4)可得

$$\ddot{a}_x = \mathrm{E}(\ddot{Y}_x) = \mathrm{E}\left(\frac{1-v^{K+1}}{d}\right) = \frac{1-A_x}{d}$$

即

$$1 = d\ddot{a}_x + A_x \qquad (4.2.5)$$

或

$$A_x = 1 - d\ddot{a}_x \qquad (4.2.6)$$

公式(4.2.5)可解釋為:$x$歲的人立即投資本金1,那麼每年初生存時可預收當年利息$d$,其精算現值為$d\ddot{a}_x$,並於死亡年末收回本金1,其精算現值為$A_x$,因而由收支平衡原則有$1 = d\ddot{a}_x + A_x$。

公式(4.2.6)體現了人壽保險的躉繳純保費與生存年金精算現值的關係,是人壽保險與生存年金聯繫的橋樑,它在壽險精算中處於十分重要的地位,今后還將出現一系列這類公式,請讀者留心觀察。

下面計算$\ddot{Y}_x$的方差:

$$\mathrm{var}(\ddot{Y}_x) = \mathrm{var}(\ddot{a}_{\overline{K+1|}}) = \mathrm{var}\left(\frac{1 - v^{K+1}}{d}\right) = \frac{1}{d^2}\mathrm{var}(v^{K+1})$$

$$= \frac{1}{d^2}[\,{}^2A_x - (A_x)^2\,] \qquad (4.2.7)$$

2. 定期生存年金

記$\ddot{a}_{x:\overline{n|}}$、$\ddot{s}_{x:\overline{n|}}$分別表示保額為1的$n$年定期期初付生存年金的精算現值與精算終值,於是

$$\ddot{a}_{x:\overline{n|}} = 1 + vp_x + v^2\,{}_2p_x + \cdots + v^{n-1}\,{}_{n-1}p_x \qquad (4.2.8)$$

$$= \frac{D_x + D_{x+1} + D_{x+2} + \cdots + D_{x+n-1}}{D_x} = \frac{N_x - N_{x+n}}{D_x} \qquad (4.2.9)$$

與終身生存年金精算類似的考慮,$\ddot{a}_{x:\overline{n|}}$既可視為相應年金保險的躉繳純保費,又可以看成是保險金給付現值$\ddot{Y}_{x:\overline{n|}}$的數學期望,這裡

$$\ddot{Y}_{x:\overline{n|}} = \begin{cases} \ddot{a}_{\overline{K+1|}} & (K = 0,1,2,\cdots,n-1) \\ \ddot{a}_{\overline{n|}} & (K \geqslant n) \end{cases}$$

$$\therefore \mathrm{E}(\ddot{Y}_{x:\overline{n|}}) = \sum_{k=0}^{n-1} \ddot{a}_{\overline{k+1|}}\;{}_{k|}q_x + \ddot{a}_{\overline{n|}}\;{}_np_x = \ddot{a}_{x:\overline{n|}} \qquad (4.2.10)$$

容易證明

$$\ddot{Y}_{x:\overline{n|}} = \frac{1 - Z_{x:\overline{n|}}}{d}$$

兩邊取數學期望與方差,並適當變形可得

$$1 = d\ddot{a}_{x:\overline{n|}} + A_{x:\overline{n|}} \qquad (4.2.11)$$

或

$$A_{x:\overline{n|}} = 1 - d\ddot{a}_{x:\overline{n|}} \qquad (4.2.12)$$

$$\mathrm{var}(\ddot{Y}_{x:\overline{n}|}) = \frac{1}{d^2}\mathrm{var}(Z_{x:\overline{n}|}) = \frac{1}{d^2}({}^2A_{x:\overline{n}|} - (A_{x:\overline{n}|})^2) \tag{4.2.13}$$

下面考慮定期生存年金精算終值的計算：

$$\ddot{s}_{x:\overline{n}|} = \frac{1}{{}_nE_x} + \frac{1}{{}_{n-1}E_{x+1}} + \frac{1}{{}_{n-2}E_{x+2}} + \cdots + \frac{1}{{}_1E_{x+n-1}} \tag{4.2.14}$$

$$= \frac{D_x + D_{x+1} + \cdots + D_{x+n-1}}{D_{x+n}} = \frac{N_x - N_{x+n}}{D_{x+n}} \tag{4.2.15}$$

$$= \frac{N_x - N_{x+n}}{D_x} \cdot \frac{D_x}{D_{x+n}} = \ddot{a}_{x:\overline{n}|} \cdot \frac{1}{{}_nE_x} \tag{4.2.16}$$

或

$$\ddot{a}_{x:\overline{n}|} = \ddot{s}_{x:\overline{n}|}\,{}_nE_x \tag{4.2.17}$$

公式(4.2.14)是根據精算終值的定義直接翻譯而得的。公式(4.2.16)與公式(4.2.17)反應了精算現值與精算終值的關係，兩者具有等價關係，只是觀察點不一樣；精算現值可以看成是精算終值經過 $n$ 年的(精算)折現，而精算終值可以看成是精算現值經過 $n$ 年的(精算)累積而得。

以 CL1(2000—2003)2.5% 為基礎，我們可以計算出 $\ddot{a}_{30:\overline{20}|} \approx 15.794,5$，$\ddot{s}_{30:\overline{20}|} \approx 26.829,1$。若年金給付額以萬元為單位，則對計算結果可賦予實際意義：某年齡為 30 歲的男子以 15.794,5 萬元投保 20 年定期生存年金保險，那麼在保險期內，如果他每年初生存時就可獲得 1 萬元的生存金。某年齡在 30 歲的男子在未來 20 年間每年初生存時向保險公司存入(或繳費)1 萬元，那麼 50 歲生存時可獲得 26.8291 萬元。請讀者思考：如果他將錢存入銀行儲蓄帳戶，年利率仍為 2.5%，那麼 20 年后帳戶余額是多少？為什麼會形成差異？

3. 延期終身生存年金

$${}_{r|}\ddot{a}_x = v^r\,{}_rp_x + v^{r+1}\,{}_{r+1}p_x + \cdots \tag{4.2.18}$$

$$= \frac{N_{x+r}}{D_x} = v^r\,{}_rp_x\ddot{a}_{x+r} \tag{4.2.19}$$

$$= \ddot{a}_x - \ddot{a}_{x:\overline{r}|} \tag{4.2.20}$$

$$= \mathrm{E}({}_{r|}\ddot{Y}_x)$$

其中

$${}_{r|}\ddot{Y}_x = \begin{cases} 0 & (0 \leqslant K < r) \\ {}_{r|}\ddot{a}_{\overline{K+1-r}|} & (K \geqslant r) \end{cases}。$$

4. 延期定期的生存年金

$${}_{r|}\ddot{a}_{x:\overline{n}|} = \frac{N_{x+r} - N_{x+r+n}}{D_x} \tag{4.2.21}$$

$$= \ddot{a}_{x:\overline{r+n}|} - \ddot{a}_{x:\overline{r}|} \tag{4.2.22}$$

$$= v^r {}_rp_x \ddot{a}_{x+r:\overline{n}|} \tag{4.2.23}$$

請讀者思考其隨機變量期望表達式。

5. 有保證期的終身生存年金

$$\ddot{a}_{\overline{x:\overline{n}|}} = \mathrm{E}(\ddot{Y}_{\overline{x:\overline{n}|}}) \qquad 其中 \qquad \ddot{Y}_{\overline{x:\overline{n}|}} = \begin{cases} \ddot{a}_{\overline{n}|} & (0 \leqslant K < n) \\ \ddot{a}_{\overline{K+1}|} & (K \geqslant n) \end{cases}$$

$$\therefore\ \ddot{a}_{\overline{x:\overline{n}|}} = \ddot{a}_{\overline{n}|}\, {}_nq_x + \sum_{k=n}^{+\infty} \ddot{a}_{\overline{k+1}|}\, {}_{k|}q_x = \ddot{a}_{\overline{n}|} + {}_{n|}\ddot{a}_x \tag{4.2.24}$$

其中

$$\sum_{k=n}^{+\infty} \ddot{a}_{\overline{k+1}|}\, {}_{k|}q_x = \sum_{k=0}^{+\infty} \ddot{a}_{\overline{k+1}|}\, {}_{k|}q_x - \sum_{k=0}^{n-1} \ddot{a}_{\overline{k+1}|}\, {}_{k|}q_x$$

$$= \ddot{a}_x - (\ddot{a}_{x:\overline{n}|} - \ddot{a}_{\overline{n}|}\, {}_np_x) = \ddot{a}_{\overline{n}|}\, {}_np_x + {}_{n|}\ddot{a}_x$$

容易證明如下重要的遞推公式:

$$\ddot{a}_x = 1 + vp_x \ddot{a}_{x+1} \tag{4.2.25}$$

$$\ddot{a}_{x:\overline{n}|} = 1 + vp_x \ddot{a}_{x+1:\overline{n-1}|} \tag{4.2.26}$$

### (二) 期末付生存年金

由於期末付年金比期初付年金的每次給付依次延后一年,因而替換函數表達式中的分子「年齡增加 1」,而分母年齡不變,因為觀察點未變。

1. 終身生存年金

$$a_x = vp_x + v^2{}_2p_x + \cdots = \frac{N_{x+1}}{D_x} \tag{4.2.27}$$

$$= \mathrm{E}(Y_x)$$

其中

$Y_x = a_{\overline{K}|} \quad (K \geqslant 0)$,且規定 $a_{\overline{0}|} = 0$。

2. 定期生存年金

$$a_{x:\overline{n}|} = \frac{N_{x+1} - N_{x+n+1}}{D_x} \tag{4.2.28}$$

$$= \mathrm{E}(Y_{x:\overline{n}|})$$

其中

$$Y_{x:\overline{n}|} = \begin{cases} a_{\overline{K}|} & (0 \leqslant K < n) \\ a_{\overline{n}|} & (K \geqslant n) \end{cases}$$

$$s_{x:\overline{n}|} = \frac{1}{{}_{n-1}E_{x+1}} + \frac{1}{{}_{n-2}E_{x+2}} + \cdots + \frac{1}{{}_1E_{x+n-1}} + 1 = \frac{N_{x+1} - N_{x+n+1}}{D_{x+n}} \tag{4.2.29}$$

$$= a_{x:\overline{n}|} \frac{1}{{}_nE_x} \quad (4.2.30)$$

或

$$a_{x:\overline{n}|} = s_{x:\overline{n}|}\,{}_nE_x \quad (4.2.31)$$

3. 延期生存年金

$${}_{r|}a_{x:\overline{n}|} = \frac{N_{x+r+1} - N_{x+r+n+1}}{D_x} \quad (4.2.32)$$

$$= v^r\,{}_rp_x\,a_{x+r:\overline{n}|} \quad (4.2.33)$$

$$= \mathrm{E}({}_{r|}Y_{x:\overline{n}|})$$

其中

$${}_{r|}Y_{x:\overline{n}|} = \begin{cases} 0 & (0 \leqslant K < r) \\ a_{\overline{K}|} - a_{\overline{r}|} & (r \leqslant K < r+n) \\ a_{\overline{r+n}|} - a_{\overline{r}|} & (K \geqslant r+n) \end{cases}$$

$${}_{r|}a_x = v^r\,{}_rp_x\,a_{x+r} = \frac{N_{x+r+1}}{D_x} \quad (4.2.34)$$

$$= \mathrm{E}({}_{r|}Y_x)$$

其中

$${}_{r|}Y_x = \begin{cases} 0 & (0 \leqslant K < r) \\ a_{\overline{K}|} - a_{\overline{r}|} & (K \geqslant r) \end{cases}$$

### (三) 期初付生存年金與期末付生存年金的關係

期初付生存年金與期末付生存年金具有如下兩組關係:第一組給付期相同,第二組給付期不同。

第一組關係:

$$\ddot{a}_x = a_x + 1 \quad (4.2.35)$$

$$\ddot{a}_{x:\overline{n}|} = a_{x:\overline{n}|} + (1 - {}_nE_x) \quad (4.2.36)$$

$${}_{r|}\ddot{a}_x = {}_{r|}a_x + {}_rE_x \quad (4.2.37)$$

第二組關係:

$$\ddot{a}_{x:\overline{n}|} = 1 + a_{x:\overline{n-1}|} \quad (4.2.38)$$

**例 4.2.1** 證明:(1) $\ddot{a}_x < \frac{1}{d}$;(2) $\ddot{s}_{x:\overline{n}|} > \ddot{s}_{\overline{n}|}$。

**證明:**(1) $\because\ {}_kp_x < 1(k > 0)$

$$\therefore \ddot{a}_x = 1 + vp_x + v^2\,{}_2p_x + \cdots < 1 + v + v^2 + \cdots = \ddot{a}_{\overline{\infty}|} = \frac{1}{d}$$

這實際上反應了終身生存年金精算現值小於永久確定年金的現值。

$$(2)\because \ddot{s}_{x:\overline{n}|} = \frac{D_x + D_{x+1} + D_{x+2} + \cdots + D_{x+n-1}}{D_{x+n}}$$

$$= \frac{v^x l_x + v^{x+1} l_{x+1} + v^{x+2} l_{x+2} + \cdots + v^{x+n-1} l_{x+n-1}}{v^{x+n} l_{x+n}}$$

$$= (1+i)^n \frac{l_x}{l_{x+n}} + (1+i)^{n-1} \frac{l_{x+1}}{l_{x+n}} + \cdots + (1+i) \frac{l_{x+n-1}}{l_{x+n}}$$

$$> (1+i)^n + (1+i)^{n-1} + \cdots + (1+i) = \ddot{s}_{\overline{n}|}$$

其中,$l_x > l_{x+1} > \cdots > l_{x+n-1} > l_{x+n}$

$$\therefore \ddot{s}_{x:\overline{n}|} > \ddot{s}_{\overline{n}|}$$

$\ddot{s}_{x:\overline{n}|}$不僅考慮了利率因素,而且還考慮了殘存者獲得死亡者所喪失的利益因素(即所繳保費及利息)。

**例** 4.2.2　某 50 歲的人以 10,000 元投保了有 10 年保證期的終身期初付生存年金,求每年初可以領取的金額,以 CL1(2000—2203)2.5% 為基礎。

**解**:設每年可領取 $R$ 元,則

$$10,000 = R(\ddot{a}_{\overline{10}|} + {}_{10|}\ddot{a}_{50})$$

解得

$$R = \frac{10,000}{\ddot{a}_{\overline{10}|} + {}_{10|}\ddot{a}_{50}} \approx 483.55(\text{元})。$$

思考:若沒有保證期條款,則結果如何?並解釋其差異。

**例** 4.2.3　證明:$\sum_{k=1}^{+\infty} l_{x+k} A_{x+k} = l_x a_x$。

**證明**:$\because C_x = v^{x+1} d_x = v^{x+1}(l_x - l_{x+1}) = vD_x - D_{x+1}$ (4.2.39)

$$\therefore C_{x+1} = vD_{x+1} - D_{x+2}$$

……

上述等式相加可得

$$M_x = vN_x - N_{x+1} \tag{4.2.40}$$

$$\therefore \sum_{k=1}^{+\infty} l_{x+k} A_{x+k} = \sum_{k=1}^{+\infty} l_{x+k} \frac{M_{x+k}}{D_{x+k}} = \sum_{k=1}^{+\infty} (1+i)^{x+k} M_{x+k}$$

$$= \sum_{k=1}^{+\infty} (1+i)^{x+k} (vN_{x+k} - N_{x+k+1})$$

$$= \sum_{k=1}^{+\infty} [(1+i)^{x+k-1} N_{x+k} - (1+i)^{x+k} N_{x+k+1}]$$

$$= (1+i)^x N_{x+1} = l_x a_x$$

思考:試證明 $R_x = vS_x - S_{x+1}$。

## 二、非等額生存年金

非等額生存年金指的是各次給付不盡相同的生存年金,又稱為變額生存年金。有兩類特殊的生存年金計算起來比較簡便,一是給付額按等差數列變化;二是給付額按等比數列變化。這裡,只考慮按等差數列變化的生存年金,至於按等比數列變化的情形,則可通過修改預定利率的方式來計算,需要借助后面的精算實驗通過 Excel 來完成,借鑑例3.1.7的方法。給付額任意變化的生存年金的精算現值與終值完全可按定義去計算,也需要借助 Excel 才能比較容易地完成。

### (一)遞增生存年金

1. 期初付生存年金

(1)終身生存年金

$(I\ddot{a})_x$ 表示$(x)$在第1年初生存時給付1、在第2年初生存時給付2、在第3年初生存時給付3…… 這樣的每一年比上一年均增加1的終身生存年金的精算現值。

$$(I\ddot{a})_x = 1 + 2vp_x + 3v^2{}_2p_x + \cdots \tag{4.2.41}$$

$$= \frac{D_x + 2D_{x+1} + 3D_{x+2} + \cdots}{D_x} = \frac{S_x}{D_x} \tag{4.2.42}$$

$$= \mathrm{E}((I\ddot{Y})_x)$$

其中,$(I\ddot{Y})_x = (I\ddot{a})_{\overline{K+1|}}, K = 0,1,2,\cdots$。由此,請讀者證明並解釋:

$$\ddot{a}_x = d(I\ddot{a})_x + (IA)_x \tag{4.2.43}$$

(2)定期生存年金

$$(I\ddot{a})_{x:\overline{n|}} = 1 + 2vp_x + \cdots + nv^{n-1}{}_{n-1}p_x \tag{4.2.44}$$

$$= \frac{S_x - S_{x+n} - nN_{x+n}}{D_x} \tag{4.2.45}$$

$$= \mathrm{E}((I\ddot{Y})_{x:\overline{n|}})$$

請讀者寫出$(I\ddot{Y})_{x:\overline{n|}}$的表達式。

(3)遞增水平終身期初付生存年金

遞增水平終身期初付生存年金在第一年初給付1,以后每一年比上一年增加1,直至達到 $n$ 后,就將該水平保持下去。其公式為:

$$(I_{\overline{n|}}\ddot{a})_x = \frac{D_x + 2D_{x+1} + 3D_{x+2} + \cdots + nD_{x+n-1} + nD_{x+n} + nD_{x+n+1} + \cdots}{D_x}$$

$$= \frac{N_x + N_{x+1} + \cdots + N_{x+n-1}}{D_x} = \frac{S_x - S_{x+n}}{D_x}。 \tag{4.2.46}$$

2. 期末付生存年金

由於期末付生存年金每次給付較期初付生存年金晚 1 年,因而可運用分子「年齡加 1」法,即

$$(Ia)_x = \frac{S_{x+1}}{D_x} \tag{4.2.47}$$

$$(Ia)_{x:\overline{n}|} = \frac{S_{x+1} - S_{x+n+1} - nN_{x+n+1}}{D_x} \tag{4.2.48}$$

$$(I_{\overline{n}|}a)_x = \frac{S_{x+1} - S_{x+n+1}}{D_x} \tag{4.2.49}$$

**(二) 遞減年金**

1. 期初付生存年金

(1) 定期生存年金

$(D\ddot{a})_{x:\overline{n}|}$ 表示$(x)$在第 1 年初生存時給付 $n$,第 2 年初生存時給付 $n-1$、第 3 年初生存時給付 $n-2$…… 這樣的每一年比上一年均減少 1 的 $n$ 年定期生存年金的精算現值。

$$\begin{aligned}(D\ddot{a})_{x:\overline{n}|} &= n + (n-1)vp_x + (n-2)v^2{}_2p_x + \cdots + v^{n-1}{}_{n-1}p_x \\ &= \frac{nD_x + (n-1)D_{x+1} + \cdots + 2D_{x+n-2} + D_{x+n-1}}{D_x} \\ &= \frac{n(N_x - N_{x+1}) + (n-1)(N_{x+1} - N_{x+2}) + \cdots + (N_{x+n-1} - N_{x+n})}{D_x} \\ &= \frac{nN_x - (S_{x+1} - S_{x+n+1})}{D_x} \end{aligned} \tag{4.2.50}$$

(2) 遞減水平終身期初付生存年金

該生存年金在前 $n$ 年給付額依次從 $n$ 遞減至 1 后就保持 1 的水平。於是,

$$\begin{aligned}(D_{\overline{n}|}\ddot{a})_x &= \frac{nD_x + (n-1)D_{x+1} + \cdots + 2D_{x+n-2} + D_{x+n-1} + D_{x+n} + \cdots}{D_x} \\ &= (D\ddot{a})_{x:\overline{n}|} + {}_{n|}\ddot{a}_x \\ &= \frac{nN_x - (S_{x+1} - S_{x+n})}{D_x}\end{aligned} \tag{4.2.51}$$

2. 期末付年金

$$(Da)_{x:\overline{n}|} = \frac{nN_{x+1} - (S_{x+2} - S_{x+n+2})}{D_x} \tag{4.2.52}$$

$$(D_{\overline{n}|}a)_x = \frac{nN_{x+1} - (S_{x+2} - S_{x+n+1})}{D_x} \tag{4.2.53}$$

例 4.2.4　已知 $q_x < q_{x+t}(t = 1,2,3,\cdots)$，證明：

$$(1)a_x < \frac{p_x}{q_x + i};(2)\ddot{a}_x < \frac{1 + i}{q_x + i};(3)(I\ddot{a})_x < (\frac{1 + i}{q_x + i})^2。$$

證明：(1) $\because q_x < q_{x+t}, \therefore p_x > p_{x+t}(t = 1,2,3,\cdots)$

$$\therefore {}_kp_x < (p_x)^k, k > 1$$

$$\therefore a_x = vp_x + v^2{}_2p_x + v^3{}_3p_x + \cdots$$

$$< vp_x + (vp_x)^2 + (vp_x)^3 + \cdots = \frac{vp_x}{1 - vp_x} = \frac{p_x}{q_x + i}$$

$$(2)\ddot{a}_x = a_x + 1 < \frac{p_x}{q_x + i} + 1 = \frac{1 + i}{q_x + i}$$

$$(3)(I\ddot{a})_x = 1 + 2vp_x + 3v^2{}_2p_x + 4v^3{}_3p_x + \cdots$$

$$< 1 + 2vp_x + 3(vp_x)^2 + 4(vp_x)^3 + \cdots = (\frac{1 + i}{q_x + i})^2$$

例 4.2.5　當 $i = 0.05$ 時，$\ddot{a}_{20:\overline{10|}} = 8.067,8$，$\ddot{a}_{21:\overline{9|}} = 7.431,7$，$\ddot{a}_{22:\overline{8|}} = 6.761,9$，且 $l_{20} = 98,095$，求 $l_{21}$ 及 $l_{22}$。

解：$\because \ddot{a}_{20:\overline{10|}} = 1 + vp_{20}\ddot{a}_{21:\overline{9|}}$

$$\therefore p_{20} = \frac{(1 + i)(\ddot{a}_{20:\overline{10|}} - 1)}{\ddot{a}_{21:\overline{9|}}} \approx 0.998,586$$

$$\therefore l_{21} = l_{20}p_{20} \approx 97,956$$

又由 $\ddot{a}_{21:\overline{9|}} = 1 + vp_{21}\ddot{a}_{22:\overline{8|}}$ 可得，

$$\therefore p_{21} = \frac{(1 + i)(\ddot{a}_{21:\overline{9|}} - 1)}{\ddot{a}_{22:\overline{8|}}} \approx 0.998,726$$

$$l_{22} = l_{21}p_{21} \approx 97,831$$

## 第三節　每年給付 m 次的生存年金

### 一、等額生存年金

#### (一) 期初付生存年金

1. 終身生存年金

令 $\ddot{a}_x^{(m)}$ 表示 $(x)$ 參加的、每 $\frac{1}{m}$ 年初生存時給付 $\frac{1}{m}$ 的終身生存年金的精算現值。運用現時給付法或團體法可得到

$$\ddot{a}_x^{(m)} = \frac{1}{m}(1 + v^{\frac{1}{m}}{}_{\frac{1}{m}}p_x + v^{\frac{2}{m}}{}_{\frac{2}{m}}p_x + \cdots) \tag{4.3.1}$$

$$= \frac{1}{m}\sum_{k=0}^{+\infty}\sum_{j=0}^{m-1} v^{k+\frac{j}{m}}{}_{k+\frac{j}{m}}p_x \tag{4.3.2}$$

記 $f(t) = v^{k+t}{}_{k+t}p_x(0 \leqslant t \leqslant 1)$,那麼 $f(0) = v^k{}_kp_x$, $f(1) = v^{k+1}{}_{k+1}p_x$,從而

$$f(\frac{j}{m}) = v^{k+\frac{j}{m}}{}_{k+\frac{j}{m}}p_x \approx f(0) + (f(1) - f(0))\frac{j}{m}$$

$$= v^k{}_kp_x + (v^{k+1}{}_{k+1}p_x - v^k{}_kp_x)\frac{j}{m}$$

$$\therefore \ddot{a}_x^{(m)} \approx \frac{1}{m}\sum_{k=0}^{+\infty}\sum_{j=0}^{m-1}[v^k{}_kp_x + (v^{k+1}{}_{k+1}p_x - v^k{}_kp_x)\frac{j}{m}]$$

$$= \frac{1}{m}\sum_{k=0}^{+\infty}\left[mv^k{}_kp_x + \frac{m-1}{2}(v^{k+1}{}_{k+1}p_x - v^k{}_kp_x)\right] = \ddot{a}_x - \frac{m-1}{2m} \tag{4.3.3}$$

公式(4.3.3)表明每年給付 $m$ 次生存年金的精算現值可以由每年給付一次生存年金的精算現值近似地表示。下面介紹另外三種近似方法。

記 $f(t) = {}_{t|}\ddot{a}_x$,那麼 $f(0) = {}_{0|}\ddot{a}_x = \ddot{a}_x$, $f(1) = {}_{1|}\ddot{a}_x = a_x = \ddot{a}_x - 1$,從而

$$f(t) \approx f(0) + [f(1) - f(0)]t = \ddot{a}_x - t$$

$$\therefore {}_{\frac{k}{m}|}\ddot{a}_x \approx \ddot{a}_x - \frac{k}{m}$$

$$\therefore \ddot{a}_x^{(m)} = \frac{1}{m}\sum_{k=0}^{m-1}{}_{\frac{k}{m}|}\ddot{a}_x \approx \frac{1}{m}\sum_{k=0}^{m-1}\left(\ddot{a}_x - \frac{k}{m}\right) = \ddot{a}_x - \frac{m-1}{2m}$$

如果 $f(t) = v^{k+t}{}_{k+t}p_x(0 \leqslant t \leqslant 1)$ 近似表示成關於 $t$ 的3次函數,那麼可以證明:

$$\ddot{a}_x^{(m)} \approx \ddot{a}_x - \frac{m-1}{2m} - \frac{m^2-1}{12}(\mu_x + \delta) \tag{4.3.4}$$

下面用隨機變量方法或總量法進行考慮,將生存年金視作相應的年金保險,那麼保險金給付的現值為隨機變量 $\ddot{Y}_x^{(m)} = \ddot{a}^{(m)}_{\overline{K+\frac{J+1}{m}}|}$,顯然有

$$\ddot{a}_x^{(m)} = \mathrm{E}(\ddot{Y}_x^{(m)}) = \sum_{k=0}^{+\infty}\sum_{j=0}^{m-1}\ddot{a}^{(m)}_{\overline{k+\frac{j+1}{m}}|}\,{}_{k+\frac{j}{m}|\frac{1}{m}}q_x = \mathrm{E}\left(\frac{1 - v^{K+\frac{J+1}{m}}}{d^{(m)}}\right)$$

$$= \frac{1 - A_x^{(m)}}{d^{(m)}} \tag{4.3.5}$$

由此可得

$$1 = d^{(m)}\ddot{a}_x^{(m)} + A_x^{(m)} \tag{4.3.6}$$

或

$$A_x^{(m)} = 1 - d^{(m)}\ddot{a}_x^{(m)} \tag{4.3.7}$$

或

$$\ddot{a}_x^{(m)} \approx \frac{1}{d^{(m)}}(1 - \frac{i}{i^{(m)}}A_x) = \frac{1}{d^{(m)}}[1 - \frac{i}{i^{(m)}}(1 - d\ddot{a}_x)]$$

$$= \frac{id}{i^{(m)}d^{(m)}}\ddot{a}_x - \frac{i - i^{(m)}}{i^{(m)}d^{(m)}} = \alpha(m)\ddot{a}_x - \beta(m); \tag{4.3.8}$$

其中：

$$\alpha(m) = \frac{id}{i^{(m)}d^{(m)}}, \beta(m) = \frac{i - i^{(m)}}{i^{(m)}d^{(m)}} \tag{4.3.9}$$

或

$$\alpha(m) \approx 1, \beta(m) \approx \frac{m-1}{2m}; \tag{4.3.10}$$

顯然，$\alpha(m) > 0, \beta(m) > 0$。

下面考慮 $\ddot{Y}_x^{(m)}$ 的方差。

$$\mathrm{var}(\ddot{Y}_x^{(m)}) = \mathrm{var}\left(\frac{1 - v^{K+\frac{J+1}{m}}}{d^{(m)}}\right)$$

$$= \frac{{}^2A_x^{(m)} - (A_x^{(m)})^2}{(d^{(m)})^2} \tag{4.3.11}$$

仿照終身生存年金的推導方法，容易推出定期生存年金、延期生存年金有關精算現值的定義表達式與計算的近似公式。當表示成隨機變量期望值時，請讀者寫出這個隨機變量的表達式。

2. 定期生存年金

$$\ddot{a}_{x:\overline{n}|}^{(m)} \approx \alpha(m)\ddot{a}_{x:\overline{n}|} - \beta(m)(1 - v^n {}_np_x) \tag{4.3.12}$$

重要公式有：

$$1 = d^{(m)}\ddot{a}_{x:\overline{n}|}^{(m)} + A_{x:\overline{n}|}^{(m)} \tag{4.3.13}$$

或

$$A_{x:\overline{n}|}^{(m)} = 1 - d^{(m)}\ddot{a}_{x:\overline{n}|}^{(m)} \tag{4.3.14}$$

保險金給付現值的隨機變量為：

$$\ddot{Y}_{x:\overline{n}|}^{(m)} = \begin{cases} \ddot{a}_{\overline{K+\frac{J+1}{m}}|}^{(m)}, K = 0,1,\cdots,n-1; J = 0,1,\cdots,m-1 \\ \ddot{a}_{\overline{n}|}^{(m)}, K = n, n+1,\cdots; J = 0,1,\cdots,m-1 \end{cases}$$

顯然

$$\mathrm{E}(\ddot{Y}_{x:\overline{n}|}^{(m)}) = \ddot{a}_{x:\overline{n}|}^{(m)}$$

3. 延期生存年金

$${}_{r|}\ddot{a}_x^{(m)} = v^r {}_rp_x \ddot{a}_{x+r}^{(m)} \approx \alpha(m)\, {}_{r|}\ddot{a}_x - \beta(m) v^r {}_rp_x \tag{4.3.15}$$

$${}_{r|}\ddot{a}_{x:\overline{n}|}^{(m)} = v^r {}_rp_x \ddot{a}_{x+r:\overline{n}|}^{(m)} \approx \alpha(m)\, {}_{r|}\ddot{a}_{x:\overline{n}|} - \beta(m)(v^r {}_rp_x - v^{r+n} {}_{r+n}p_x) \tag{4.3.16}$$

### （二）期末付生存年金

對於期末付生存年金的精算現值情形，可以借鑑期初付生存年金精算現值的推導方法,但要注意給付的起點與終點的變化。

1. 終身生存年金

$$a_x^{(m)} = \frac{1}{m}\left(v^{\frac{1}{m}}{}_{\frac{1}{m}}p_x + v^{\frac{2}{m}}{}_{\frac{2}{m}}p_x + \cdots\right) = \frac{1}{m}\sum_{k=0}^{+\infty}\sum_{j=1}^{m} v^{k+\frac{j}{m}}{}_{k+\frac{j}{m}}p_x$$

$$\approx a_x + \frac{m-1}{2m} \tag{4.3.17}$$

$a_x^{(m)}$ 也可近似地表示為:

$$a_x^{(m)} \approx \alpha(m)a_x + \gamma(m) \tag{4.3.18}$$

其中

$$\alpha(m) = \frac{id}{i^{(m)}d^{(m)}}, \gamma(m) = \frac{d^{(m)} - d}{i^{(m)}d^{(m)}} \tag{4.3.19}$$

或

$$\alpha(m) \approx 1, \gamma(m) \approx \frac{m-1}{2m} \tag{4.3.20}$$

顯然,$\alpha(m) > 0, \gamma(m) > 0$。為簡單起見,由公式(4.3.10)、公式(4.3.20)得到的關於年金精算現值或終值的計算公式,稱為年金簡單近似公式,否則稱為年金重複近似公式。為簡單起見,在本書未作特別說明時,均採用簡單近似公式。

2. 定期生存年金

$$a_{x:\overline{n}|}^{(m)} \approx \alpha(m)a_{x:\overline{n}|} + \gamma(m)(1 - v^n{}_np_x) \tag{4.3.21}$$

3. 延期生存年金

$${}_{r|}a_x^{(m)} = v^r{}_rp_x a_{x+r}^{(m)} \approx \alpha(m){}_{r|}a_x + \gamma(m)v^r{}_rp_x \tag{4.3.22}$$

$${}_{r|}a_{x:\overline{n}|}^{(m)} = v^r{}_rp_x a_{x+r:\overline{n}|}^{(m)} \approx \alpha(m){}_{r|}a_{x:\overline{n}|} + \gamma(m)(v^r{}_rp_x - v^{r+n}{}_{r+n}p_x) \tag{4.3.23}$$

對於每年給付 $m$ 次的生存年金,也可引入替換函數來簡化計算。這裡需要引入 $D_{x+\frac{k}{m}}$、$D_x^{(m)}$、$N_x^{(m)}$、$S_x^{(m)}$。它們的定義如下:

$$D_{x+\frac{k}{m}} = v^{x+\frac{k}{m}} l_{x+\frac{k}{m}} \tag{4.3.24}$$

$$N_x^{(m)} = \frac{1}{m}\sum_{t=0}^{+\infty} D_{x+\frac{t}{m}} \tag{4.3.25}$$

$$S_x^{(m)} = \sum_{y=x}^{+\infty} N_y^{(m)} \tag{4.3.26}$$

$$D_x^{(m)} = \frac{1}{m}\sum_{t=0}^{m-1} D_{x+\frac{t}{m}} = N_x^{(m)} - N_{x+1}^{(m)} \tag{4.3.27}$$

由公式(4.3.3)、公式(4.3.4)、公式(4.3.8)可以得到關於替換函數的如下近似公式:

$$D_{x+n+\frac{j}{m}} \approx D_{x+n} + (D_{x+n+1} - D_{x+n})\frac{j}{m} \tag{4.3.28}$$

$$N_x^{(m)} \approx \alpha(m)N_x - \beta(m)D_x \approx N_x - \frac{m-1}{2m}D_x \quad (4.3.29)$$

$$D_x^{(m)} = \alpha(m)D_x - \beta(m)(D_x - D_{x+1}) \quad (4.3.30)$$

$N_x^{(m)}$ 表示依據生命表,每$\frac{1}{m}$年初生存時給付生存金$\frac{1}{m}$直至終極年齡,這些給付在0歲的精算現值。$D_x^{(m)}$ 則表示在$[x,x+1)$上這些給付在0歲的精算現值。

對於期初付生存年金的精算現值,有

$$\ddot{a}_x^{(m)} = \frac{N_x^{(m)}}{D_x} \quad (4.3.31)$$

$$\ddot{a}_{x:\overline{n}|}^{(m)} = \frac{N_x^{(m)} - N_{x+n}^{(m)}}{D_x} \quad (4.3.32)$$

$$_{r|}\ddot{a}_{x:\overline{n}|}^{(m)} = \frac{N_{x+r}^{(m)} - N_{x+r+n}^{(m)}}{D_x} \quad (4.3.33)$$

對於期末付生存年金的精算現值,則採用「年齡增加$\frac{1}{m}$歲」法,即

$$a_x^{(m)} = \frac{N_{x+\frac{1}{m}}^{(m)}}{D_x} \quad (4.3.34)$$

$$a_{x:\overline{n}|}^{(m)} = \frac{N_{x+\frac{1}{m}}^{(m)} - N_{x+n+\frac{1}{m}}^{(m)}}{D_x} \quad (4.3.35)$$

$$_{r|}a_{x:\overline{n}|}^{(m)} = \frac{N_{x+r+\frac{1}{m}}^{(m)} - N_{x+r+n+\frac{1}{m}}^{(m)}}{D_x} \quad (4.3.36)$$

## 二、非等額生存年金

### (一) 遞增生存年金

這裡僅考慮給付額按等差數列變化,並且考慮兩種情形:一是每年遞增一次,每年中各次給付額相等;二是嚴格遞增,每一次給付均比上一次增加。

1. 每年遞增一次

(1) 遞增終身生存年金

$(I\ddot{a})_x^{(m)}$ 表示$(x)$參加的每一年給付$m$次,第1年每次給付$1/m$、第2年每次給付$2/m$、第3年每次給付$3/m$…… 這樣的終身給付的期初付生存年金的精算現值。

$$(I\ddot{a})_x^{(m)} = \sum_{k=0}^{+\infty}\sum_{j=0}^{m-1}\frac{k+1}{m}v^{k+\frac{j}{m}}{}_{k+\frac{j}{m}}p_x = \sum_{k=0}^{+\infty}{}_{k|}\ddot{a}_x^{(m)}$$

$$= \sum_{k=0}^{+\infty}v^k{}_kp_x\ddot{a}_{x+k}^{(m)} = \sum_{k=0}^{+\infty}v^k{}_kp_x[\alpha(m)\ddot{a}_{x+k} - \beta(m)]$$

$$= \alpha(m)\sum_{k=0}^{+\infty} v^{k}{}_{k}p_{x}\ddot{a}_{x+k} - \beta(m)\sum_{k=0}^{+\infty} v^{k}{}_{k}p_{x}$$

$$= \alpha(m)(I\ddot{a})_{x} - \beta(m)\ddot{a}_{x} \tag{4.3.37}$$

遞增終身生存年金精算現值,也可用替換函數表示:

$$(I\ddot{a})_{x}^{(m)} = \frac{S_{x}^{(m)}}{D_{x}} \tag{4.3.38}$$

(2) 遞增定期生存年金

$$(I\ddot{a})_{x:\overline{n}|}^{(m)} = \alpha(m)(I\ddot{a})_{x:\overline{n}|} - \beta(m)\ddot{a}_{x:\overline{n}|} \tag{4.3.39}$$

$$= \frac{1}{D_{x}}(S_{x}^{(m)} - S_{x+n}^{(m)} - nN_{x+n}^{(m)}) \tag{4.3.40}$$

2. 每次比上一次遞增的終身生存年金

$$(I^{(m)}\ddot{a})_{x}^{(m)} = \sum_{l=0}^{+\infty} \frac{l+1}{m^{2}} v^{\frac{l}{m}}{}_{\frac{l}{m}}p_{x} \tag{4.3.41}$$

採用「年齡增加$\frac{1}{m}$歲」法可得遞增期末生存年金的精算現值$(Ia)_{x}^{(m)}$、$(Ia)_{x:\overline{n}|}^{(m)}$以及$(I^{(m)}a)_{x}^{(m)}$。

**(二) 遞減生存年金**

$$(D\ddot{a})_{x:\overline{n}|}^{(m)} = \frac{1}{D_{x}}[nN_{x}^{(m)} - (S_{x+1}^{(m)} - S_{x+n+1}^{(m)})] \tag{4.3.42}$$

$$(Da)_{x:\overline{n}|}^{(m)} = \frac{1}{D_{x}}[nN_{x+\frac{1}{m}}^{(m)} - (S_{x+1+\frac{1}{m}}^{(m)} - S_{x+n+1+\frac{1}{m}}^{(m)})] \tag{4.3.43}$$

**例 4.3.1** 計算:(1)$\mathrm{var}(\ddot{a}_{\overline{K+1}|})$;(2)$\mathrm{E}(\ddot{a}_{\overline{K+1}|}^{(12)})$。

**解**:(1)$\mathrm{var}(\ddot{a}_{\overline{K+1}|}) = \mathrm{var}\left(\frac{1-v^{K+1}}{d}\right) = \frac{1}{d^{2}}({}^{2}A_{x} - (A_{x})^{2})$

$$(2)\ \mathrm{E}(\ddot{a}_{\overline{K+1}|}^{(12)}) = \mathrm{E}\left(\frac{1-v^{K+1}}{d^{(12)}}\right) = \frac{1-\mathrm{E}(v^{K+1})}{d^{(12)}} = \frac{1-A_{x}}{d^{(12)}} = \frac{d}{d^{(12)}}\ddot{a}_{x}$$

**例 4.3.2** 證明:$(I^{(m)}\ddot{a})_{x}^{(m)} = \frac{\ddot{a}_{x}^{(m)} - (I^{(m)}A)_{x}^{(m)}}{d^{(m)}}$。

**證明**:引入隨機變量$(I^{(m)}\ddot{Y})_{x}^{(m)} = (I^{(m)}\ddot{a})_{\overline{K+\frac{J+1}{m}}|}^{(m)}$,那麼

$$(I^{(m)}\ddot{Y})_{x}^{(m)} = \frac{\ddot{a}_{\overline{K+\frac{J+1}{m}}|}^{(m)} - (K+\frac{J+1}{m})v^{K+\frac{J+1}{m}}}{d^{(m)}}$$

兩邊取數學期望可得

$$(I^{(m)}\ddot{a})_{x}^{(m)} = \frac{\ddot{a}_{x}^{(m)} - (I^{(m)}A)_{x}^{(m)}}{d^{(m)}}。$$

**例** 4.3.3　已知某30歲的人投保了一份年金保險,保單約定從40歲開始第一次給付,但最大給付期20年,每月給付2,000元,以CL1(2000—2003)2.5%為基礎,求該年金保險的躉繳純保費。

**解**:該保險每年給付24,000元,因此,所求的躉繳純保費為

$$\begin{aligned}
24,000\,{}_{10|}\ddot{a}^{(12)}_{30:\overline{20|}} &= 24,000v^{10}\,{}_{10}p_{30}\ddot{a}^{(12)}_{40:\overline{20|}}\\
&\approx 24,000\frac{D_{40}}{D_{30}}[\ddot{a}_{40:\overline{20|}} - \frac{11}{2\times 12}(1 - v^{20}\,{}_{20}p_{40})]\\
&= 24,000\frac{D_{40}}{D_{30}}[\frac{N_{40}-N_{60}}{D_{40}} - \frac{11}{24}\frac{D_{40}-D_{60}}{D_{40}}]\\
&= \frac{24,000(N_{40}-N_{60}) - 11,000(D_{40}-D_{60})}{D_{30}}\\
&\approx 285,395.02(元)
\end{aligned}$$

## 第四節　每年連續給付的生存年金

### 一、等額生存年金

#### (一) 極限法

極限法,又稱為現時給付法。在每年給付 $m$ 次的生存年金的精算現值或精算終值中,當 $m\to+\infty$ 時,就變成了連續給付的生存年金的精算現值或精算終值,其特點是每年連續給付1。

1. 精算現值

$$\begin{aligned}
\bar{a}_{x:\overline{n|}} &= \lim_{m\to\infty}\ddot{a}^{(m)}_{x:\overline{n|}} = \lim_{m\to\infty}\frac{1}{m}\sum_{k=0}^{mn-1}v^{\frac{k}{m}}\,{}_{\frac{k}{m}}p_x = \lim_{m\to\infty}\frac{1}{m}\sum_{k=0}^{mn-1}\frac{D_{x+\frac{k}{m}}}{D_x}\\
&= \int_0^n v^t\,{}_tp_x\,\mathrm{d}t = \int_0^n\frac{D_{x+t}}{D_x}\mathrm{d}t = \lim_{m\to\infty}a^{(m)}_{x:\overline{n|}}。
\end{aligned}\tag{4.4.1}$$

$$\bar{a}_x = \lim_{m\to\infty}\ddot{a}^{(m)}_x = \int_0^{+\infty}v^t\,{}_tp_x\,\mathrm{d}t = \int_0^{+\infty}\frac{D_{x+t}}{D_x}\mathrm{d}t = \lim_{m\to\infty}a^{(m)}_x\tag{4.4.2}$$

$${}_{r|}\bar{a}_x = \lim_{m\to\infty}{}_{r|}\ddot{a}^{(m)}_x = \lim_{m\to\infty}{}_{r|}a^{(m)}_x = \int_r^{+\infty}v^t\,{}_tp_x\,\mathrm{d}t\tag{4.4.3}$$

由此可得到如下近似公式:

$$\bar{a}_{x:\overline{n|}} \approx \ddot{a}_{x:\overline{n|}} - \frac{1}{2}(1 - v^n\,{}_np_x)\tag{4.4.4}$$

$$\approx \alpha(\infty)\ddot{a}_{x:\overline{n|}} - \beta(\infty)(1 - v^n\,{}_np_x)\tag{4.4.5}$$

$$\bar{a}_{x:\overline{n}|} \approx a_{x:\overline{n}|} + \frac{1}{2}(1 - v^n {}_n p_x) \tag{4.4.6}$$

$$\approx \alpha(\infty) a_{x:\overline{n}|} + \gamma(\infty)(1 - v^n {}_n p_x) \tag{4.4.7}$$

$$\bar{a}_x \approx \ddot{a}_x - \frac{1}{2} = a_x + \frac{1}{2} \tag{4.4.8}$$

$$\approx \alpha(\infty)\ddot{a}_x - \beta(\infty) \approx \alpha(\infty) a_x + \gamma(\infty) \tag{4.4.9}$$

其中,$\alpha(\infty) = \frac{id}{\delta^2}$,$\beta(\infty) = \frac{i-\delta}{\delta^2}$,$\gamma(\infty) = \frac{\delta - d}{\delta^2}$。

2. 精算終值

$$\bar{s}_{x:\overline{n}|} = \bar{a}_{x:\overline{n}|} \frac{1}{{}_nE_x} = \frac{\int_0^n v^t {}_t p_x \mathrm{d}t}{v^n {}_n p_x} \tag{4.4.10}$$

$$= \int_0^n (1+i)^{n-t} \frac{l_{x+t}}{l_{x+n}} \mathrm{d}t$$

顯然

$$\bar{a}_{x:\overline{n}|} = {}_nE_x \bar{s}_{x:\overline{n}|} \tag{4.4.11}$$

### (二) 總額給付法

1. 終身生存年金

對於$(x)$參加的每年連續給付1的終身生存年金保險,設保險金給付現值為$\bar{Y}_x = \bar{a}_{\overline{T}|}$,於是

$$\mathrm{E}(\bar{Y}_x) = \int_0^{+\infty} \bar{a}_{\overline{t}|}\, {}_t p_x \mu_{x+t} \mathrm{d}t \tag{4.4.12}$$

$$= \int_0^{+\infty} \bar{a}_{\overline{t}|} \mathrm{d}(-{}_t p_x) = \bar{a}_{\overline{t}|}(-{}_t p_x) \Big|_0^{+\infty} + \int_0^{+\infty} {}_t p_x \mathrm{d}(\bar{a}_{\overline{t}|})$$

$$= \int_0^{+\infty} {}_t p_x \frac{-v^t(-\delta)}{\delta} \mathrm{d}t = \int_0^{+\infty} v^t {}_t p_x \mathrm{d}t = \bar{a}_x \tag{4.4.13}$$

$$\because \bar{a}_x = \mathrm{E}(\bar{a}_{\overline{T}|}) = \mathrm{E}\left(\frac{1-v^T}{\delta}\right) = \frac{1-\mathrm{E}(v^T)}{\delta} = \frac{1-\bar{A}_x}{\delta}$$

$$\therefore 1 = \delta \bar{a}_x + \bar{A}_x \tag{4.4.14}$$

或

$$\bar{A}_x = 1 - \delta \bar{a}_x \tag{4.4.15}$$

$$\mathrm{var}(\bar{Y}_x) = \mathrm{var}(\bar{a}_{\overline{T}|}) = \mathrm{var}\left(\frac{1-v^T}{\delta}\right)$$

$$= \frac{1}{\delta^2}\mathrm{var}(v^T) = \frac{1}{\delta^2}({}^2\bar{A}_x - \bar{A}_x^{\,2}) \tag{4.4.16}$$

2. 定期生存年金

對於定期生存年金,保險金給付現值為 $\bar{Y}_{x:\overline{n}|} = \begin{cases} \bar{a}_{\overline{T}|} & (0 \leqslant T < n) \\ \bar{a}_{\overline{n}|} & (T \geqslant n) \end{cases}$,於是可得

$$\bar{a}_{x:\overline{n}|} = \mathrm{E}(\bar{Y}_{x:\overline{n}|}) = \int_0^n \bar{a}_{\overline{T}|}\,{}_tp_x\,\mu_{x+t}\mathrm{d}t + \bar{a}_{\overline{n}|}\,{}_np_x = \int_0^n v^t\,{}_tp_x\mathrm{d}t \tag{4.4.17}$$

容易得出

$$1 = \delta\bar{a}_{x:\overline{n}|} + \bar{A}_{x:\overline{n}|} \tag{4.4.18}$$

或

$$\bar{A}_{x:\overline{n}|} = 1 - \delta\bar{a}_{x:\overline{n}|} \tag{4.4.19}$$

$$\mathrm{var}(\bar{Y}_{x:\overline{n}|}) = \frac{1}{\delta^2}({}^2\bar{A}_{x:\overline{n}|} - (\bar{A}_{x:\overline{n}|})^2) \tag{4.4.20}$$

**(三) 團體法**

記 $\bar{a}_x$ 表示$(x)$ 參加的每年連續給付 1 的終身生存年金保險的躉繳純保費,那麼,運用團體法可得

$$l_x\bar{a}_x = \int_0^{+\infty} v^t l_{x+t}\mathrm{d}t$$

$$\therefore \bar{a}_x = \int_0^{+\infty} v^t\,{}_tp_x\mathrm{d}t$$

總額給付法是從保險人角度考慮的,而團體法則是從投保人角度考慮的。

為了簡化計算,下面引入替換函數 $\bar{N}_x$:$\bar{N}_x = \int_0^{+\infty} D_{x+t}\mathrm{d}t = \int_0^{+\infty} v^{x+t}l_{x+t}\mathrm{d}t$,並對公式(4.3.29) 兩邊取當 $m \to +\infty$ 時的極限,可得

$$\bar{N}_x \approx \alpha(\infty)N_x - \beta(\infty)D_x \tag{4.4.21}$$

其中

$$\begin{cases} \alpha(\infty) = \dfrac{id}{\delta^2} \\ \beta(\infty) = \dfrac{v-\delta}{\delta^2} \end{cases} \tag{4.4.22}$$

或

$$\begin{cases} \alpha(\infty) = 1 \\ \beta(\infty) = \dfrac{1}{2} \end{cases} \tag{4.4.23}$$

由此可得:

$$\bar{D}_x = \int_0^1 v^{x+t}l_{x+t}dt = \bar{N}_x - \bar{N}_{x+1}$$

$$\approx [\alpha(\infty) - \beta(\infty)]D_x + \beta(\infty)D_{x+1} \tag{4.2.24}$$

$$\bar{S}_x = \sum_{y=x}^{\infty} \bar{N}_y \approx \alpha(\infty)S_x - \beta(\infty)N_x \tag{4.2.25}$$

進而得到連續年金的替換函數表達式：

$$\bar{a}_x = \frac{\bar{N}_x}{D_x} \tag{4.4.26}$$

$$\bar{a}_{x:\overline{n}|} = \frac{\bar{N}_x - \bar{N}_{x+n}}{D_x} \tag{4.4.27}$$

$$_{r|}\bar{a}_x = \frac{\bar{N}_{x+r}}{D_x} \tag{4.4.28}$$

$$_{r|}\bar{a}_{x:\overline{n}|} = \frac{\bar{N}_{x+r} - \bar{N}_{x+r+n}}{D_x} \tag{4.4.29}$$

## 二、非等額生存年金

這裡僅考慮遞增生存年金，對於遞減生存年金可以做類似探討。

### (一) 每年遞增一次

$$(I\bar{a})_x = \lim_{m\to+\infty}(I\ddot{a})_x^{(m)} = \lim_{m\to+\infty}\sum_{l=0}^{+\infty}\frac{1}{m}\left(\left[\frac{l}{m}\right]+1\right)v^{\frac{l}{m}}{}_{\frac{l}{m}}p_x$$

$$= \int_0^{+\infty}([t]+1)v^t{}_tp_x\,\mathrm{d}t \tag{4.4.30}$$

$$= \alpha(\infty)(I\ddot{a})_x - \beta(\infty)\ddot{a}_x \tag{4.4.31}$$

$$= \frac{\bar{S}_x}{D_x} \tag{4.4.32}$$

### (二) 每年連續遞增

$$(\bar{I}\bar{a})_x = \int_0^{+\infty} tv^t{}_tp_x\,\mathrm{d}t = \lim_{m\to+\infty}(I^{(m)}\ddot{a})_x^{(m)} = \mathrm{E}((\bar{I}\bar{Y})_x)$$

其中

$$(\bar{I}\bar{Y})_x = (\bar{I}\bar{a})_{\overline{T}|} = \frac{\bar{a}_{\overline{T}|} - Tv^T}{\delta} \tag{4.4.33}$$

在公式(4.4.33)兩邊取數學期望，可得

$$(\bar{I}\bar{a})_x = \frac{\bar{a}_x - (\bar{I}\bar{A})_x}{\delta} \tag{4.4.34}$$

$$\bar{a}_x = \delta(\bar{I}\bar{a})_x + (\bar{I}\bar{A})_x \tag{4.4.35}$$

**例 4.4.1** 已知 $l_x = 100 - x(0 \leqslant x \leqslant 100)$，且 $i = 5\%$，求 $\ddot{a}_{50}$、$\ddot{a}_{50:\overline{10}|}$、$\ddot{a}_{50}^{(12)}$、$\ddot{a}_{50:\overline{10}|}^{(12)}$、$\bar{a}_{50}$、$\bar{a}_{50:\overline{10}|}$。

**解：**$\because l_x = 100 - x$

$$\therefore {}_kp_{50} = \frac{l_{50+k}}{l_{50}} = 1 - \frac{k}{50},\ {}_{\frac{k}{12}}p_{50} = \frac{l_{50+\frac{k}{12}}}{l_{50}} = 1 - \frac{1}{600}k$$

$$\therefore \ddot{a}_{50} = \sum_{k=0}^{49} v^k {}_kp_x = \sum_{k=0}^{49} v^k\left(1 - \frac{k}{50}\right)$$

$$= \sum_{k=0}^{49} v^k - \frac{1}{50}\sum_{k=1}^{49} kv^k = \ddot{a}_{\overline{50}|} - \frac{1}{50}(Ia)_{\overline{49}|} \approx 13.332,511$$

$$\ddot{a}_{50:\overline{10}|} = \sum_{k=0}^{9} v^k {}_kp_x = \sum_{k=0}^{9} v^k\left(1 - \frac{k}{50}\right)$$

$$= \sum_{k=0}^{9} v^k - \frac{1}{50}\sum_{k=1}^{9} kv^k = \ddot{a}_{\overline{10}|} - \frac{1}{50}(Ia)_{\overline{9}|} \approx 7.443,129$$

$$\ddot{a}_{50}^{(12)} = \sum_{k=0}^{599} \frac{1}{12} v^{\frac{k}{12}} {}_{\frac{k}{12}}p_{50} = \sum_{k=0}^{599} \frac{1}{12} v^{\frac{k}{12}}\left(1 - \frac{1}{600}k\right)$$

$$= \sum_{k=0}^{599} \frac{1}{12} v^{\frac{k}{12}} - \frac{1}{50}\sum_{k=1}^{599} \frac{k}{12^2} v^{\frac{k}{12}}$$

$$= \ddot{a}_{\overline{50}|}^{(12)} - \frac{1}{50}(I^{(12)}\ddot{a})_{\overline{\frac{599}{12}}|}^{(12)} \approx 12.868,630$$

$$\ddot{a}_{50:\overline{10}|}^{(12)} = \sum_{k=0}^{119} \frac{1}{12} v^{\frac{k}{12}} {}_{\frac{k}{12}}p_{50} = \sum_{k=0}^{119} \frac{1}{12} v^{\frac{k}{12}}\left(1 - \frac{1}{600}k\right)$$

$$= \ddot{a}_{\overline{10}|}^{(12)} - \frac{1}{50}(I^{(12)}\ddot{a})_{\overline{\frac{119}{12}}|}^{(12)} \approx 7.207,203$$

$$\bar{a}_{50} = \int_0^{50} v^t {}_tp_{50}dt = \int_0^{50} v^t\left(1 - \frac{t}{50}\right)dt$$

$$= \bar{a}_{\overline{50}|} - \frac{1}{50}(\bar{I}\bar{a})_{\overline{50}|} \approx 12.826,924$$

$$\bar{a}_{50:\overline{10}|} = \int_0^{10} v^t {}_tp_{50}dt = \int_0^{10} v^t\left(1 - \frac{t}{50}\right)dt$$

$$= \bar{a}_{\overline{10}|} - \frac{1}{50}(\bar{I}\bar{a})_{\overline{10}|} \approx 7.185,982$$

顯然，上述結果是精確的。$\ddot{a}_{50}^{(12)}$、$\ddot{a}_{50:\overline{10}|}^{(12)}$、$\bar{a}_{50}$、$\bar{a}_{50:\overline{10}|}$ 也可用近似公式(4.3.8)、公式(4.3.12)、公式(4.4.4)、公式(4.4.5)、公式(4.4.8)、公式(4.4.9) 來計算。請思考：用哪個公式計算出的結果與上面計算的結果是一致的，即為精確值？為什麼？能否用人壽保險與生存年金的關係去計算？計算過程會簡單一些嗎？如果將精算假設改為 CL1(2000—2003)2.5%，那麼上述年金的精算現值為多少？可否計算出期末付年金現值甚至遞增年金的現值？

**例 4.4.2**　證明：$\frac{\partial}{\partial x}\bar{a}_{x:\overline{n}|} = (\mu_x + \delta)\bar{a}_{x:\overline{n}|} - (1 - {}_nE_x)$。

**證明：**$\frac{\partial}{\partial x}\bar{a}_{x:\overline{n}|} = \frac{\partial}{\partial x}\int_0^n v^t {}_tp_x \mathrm{d}t = \int_0^n v^t {}_tp_x(\mu_x - \mu_{x+t})\mathrm{d}t$

$$= \mu_x\bar{a}_{x:\overline{n}|} - A^1_{x:\overline{n}|} = \mu_x\bar{a}_{x:\overline{n}|} - (A_{x:\overline{n}|} - A_{x:\overline{n}|}^{\ \ 1})$$

$$= \mu_x\bar{a}_{x:\overline{n}|} - (1 - \delta\bar{a}_{x:\overline{n}|} - {}_nE_x) = (\mu_x + \delta)\bar{a}_{x:\overline{n}|} - (1 - {}_nE_x)$$

**例 4.4.3**　已知 $\mu_x = \mu, \delta_t = \delta$（$\delta$ 為常數），證明：

(1) $\bar{a}_x = \frac{1}{\mu + \delta}$;

(2) $\bar{a}_{x:\overline{n}|} = \frac{S^n - 1}{\ln S}$（其中，$S = v\mathrm{e}^{-\mu}$）。

**證明：**(1) $\because {}_tp_x = \exp(-\int_0^t \mu_{x+s}\mathrm{d}s) = \mathrm{e}^{-\mu t}$

$$\therefore \bar{a}_x = \int_0^{+\infty} v^t {}_tp_x \mathrm{d}t = \int_0^{+\infty} v^t \mathrm{e}^{-\mu t}\mathrm{d}t$$

$$= \frac{(v\mathrm{e}^{-\mu})^t}{\ln(v\mathrm{e}^{-\mu})}\Big|_{t=0}^{+\infty} = \frac{1}{\mu + \delta}$$

(2) $\bar{a}_{x:\overline{n}|} = \frac{(v\mathrm{e}^{-\mu})^t}{\ln(v\mathrm{e}^{-\mu})}\Big|_0^n = \frac{(v\mathrm{e}^{-\mu})^n - 1}{\ln(v\mathrm{e}^{-\mu})} = \frac{S^n - 1}{\ln S}$，其中 $S = v\mathrm{e}^{-\mu}$。

**例 4.4.4**　設 $(x)$ 的余命 $T = T(x)$ 的概率密度函數為 $g(t) = 0.015\mathrm{e}^{-0.015t}$ $(t \geq 0)$，且利息力為 $\delta = 0.05$，試計算：(1) 精算現值 $\bar{a}_x$；(2) 基金 $\bar{a}_x$ 足夠用於實際給付的概率。

**解：**$\because g(t) = 0.015\mathrm{e}^{-0.015t}$，$\therefore {}_tp_x = \mathrm{e}^{-0.015t}$

(1) $\bar{a}_x = \int_0^{+\infty} v^t {}_tp_x \mathrm{d}t \approx 15.38$;

(2) $\mathrm{P}(\bar{a}_x > \bar{a}_{\overline{T}|}) = \mathrm{P}(T < 29.31) \approx 35.57\%$

**例 4.4.5**　已知 $\mu_{x+t} = 0.04, \delta = 0.06$，求 $\mathrm{E}(\bar{a}_{\overline{T}|})$ 及 $\mathrm{var}(\bar{a}_{\overline{T}|})$。

**解：**$\because T$ 的概率密度函數為 $g(t) = {}_tp_x\mu_{x+t} = \mu\mathrm{e}^{-\mu t} = 0.04\mathrm{e}^{-0.04t}$

$$\therefore \mathrm{E}(\bar{a}_{\overline{T}|}) = \bar{a}_x = \int_0^{+\infty} v^t {}_tp_x \mathrm{d}t = 10$$

$$\mathrm{E}((\bar{a}_{\overline{T}|})^2) = \int_0^{+\infty}\left(\frac{1 - \mathrm{e}^{-0.06t}}{\delta}\right)^2 \times 0.04 \times \mathrm{e}^{-0.04t}\mathrm{d}t = 125$$

$$\mathrm{var}(\bar{a}_{\overline{T}|}) = 125 - 10^2 = 25$$

關於方差的另解：

$$\bar{A}_x = \int_0^{+\infty} v^t {}_tp_x \mu_{x+t}\mathrm{d}t = \frac{\mu}{\mu + \delta} = \frac{0.04}{0.06 + 0.04} = 0.4$$

$$^2\bar{A}_x = \frac{\mu}{\mu + 2\delta} = \frac{0.04}{0.04 + 0.06 \times 2} = 0.25$$

$$\mathrm{var}(\bar{a}_{\overline{T|}}) = \frac{^2\bar{A}_x - (\bar{A}_x)^2}{\delta^2} = \frac{0.25 - 0.4^2}{0.06^2} = 25$$

**例 4.4.6** 已知 $\delta > 0$,證明:(1) $\bar{a}_x < \bar{a}_{\overline{e_x|}}$;(2) $a_x < a_{\overline{e_x|}}, x < \omega - 1$。

**證明:**(1) 記 $f(t) = \bar{a}_{\overline{t|}}$,則

$$f'(t) = \exp(-\delta t) > 0,\ f''(t) = -\delta\exp(-\delta t) < 0$$

$$\therefore f(t) < f(t_0) + f'(t_0)(t - t_0)$$

在上面的不等式中,取 $t_0 = \mathrm{E}(T), t = T$,並兩邊取數學期望可得

$$\mathrm{E}(f(T)) < f(\mathrm{E}(T))$$

$$\therefore \bar{a}_x < \bar{a}_{\overline{e_x|}}$$

(2) 方法同(1),只是取 $f(t) = a_{\overline{t|}}$,同樣可得 $f'(t) > 0,\ f''(t) < 0$。然后,取 $t_0 = \mathrm{E}(K), t = K$,並兩邊取數學期望,即可得證。

**例 4.4.7** 已知 $l_x = 100 - x (0 \leqslant x \leqslant 100), i = 0$,求 $(I\bar{a})_{95}$。

**解:** $\because {}_tp_{95} = \frac{l_{95+t}}{l_{95}} = \frac{5-t}{5}$,且 $i = 0$

$$\therefore (I\bar{a})_{95} = \int_0^5 ([t] + 1) v^t {}_tp_{95} \mathrm{d}t = \int_0^5 ([t] + 1) \times \frac{5-t}{5} \mathrm{d}t$$

$$= \sum_{k=0}^{4} \int_k^{k+1} (k + 1) \times \frac{5-t}{5} \mathrm{d}t = 5.5$$



## 第五節 完全期末付與比例期初付生存年金

連續型年金的優點在於一直連續不斷地給付到死亡為止,從而不存在調整問題,即不存在多給或少給的問題;而離散型年金,無論是期初給付還是期末給付,均涉及調整問題。前者存在著已經死亡而對應著生存金的給付,后者則涉及因為生存而未獲得給付的問題,即存在不公平問題。前者在期初付生存年金的基礎上,按比例扣除死亡所在年度或所在分年度未能生存期間所對應的年金,結果就是比例期初付生存年金;后者則在期末付生存年金的基礎上,補上死亡所在年度或所在分年度已經生存而應獲得的年金,結果就是完全期末付生存年金。

無論是完全期末付生存年金,還是比例期初付生存年金,都按照年金受領人實際生存時間的長短完全地給付。

## 一、完全期末付生存年金

### (一) 終身生存年金

令 $\mathring{a}_x^{(m)}$ 表示在 $x$ 歲時開始年金給付期,每期給付 $m$ 次($m$ 為自然數),每次給付 $\frac{1}{m}$ 的終身期末付生存年金的基礎上,補上已生存但尚未領取的應領年金的精算現值 $\alpha$ 而得到的精算現值,即

$$\mathring{a}_x^{(m)} = a_x^{(m)} + \alpha \tag{4.5.1}$$

其中

$$\alpha = \sum_{t=0}^{+\infty} \int_0^{\frac{1}{m}} s v^{\frac{t}{m}+s} {}_{\frac{t}{m}+s}p_x \mu_{x+\frac{t}{m}+s} \mathrm{d}s \approx \frac{1}{2m}\bar{A}_x - \frac{1}{12m^2}\mu_x \tag{4.5.2}$$

可以證明

$$\mathring{a}_x^{(m)} = \frac{\delta}{i^{(m)}}\bar{a}_x \tag{4.5.3}$$

事實上,公式(4.5.3) 可通過轉化為連續年金的方式來證明。設每 $\frac{1}{m}$ 年末給付 $\frac{1}{m}$,相當於每年連續給付 $R$、給付 $\frac{1}{m}$ 年,於是

$$R\bar{s}_{\overline{\frac{1}{m}}|} = \frac{1}{m} \tag{4.5.4}$$

或

$$R\frac{(1+i)^{\frac{1}{m}} - 1}{\delta} = \frac{1}{m}$$

$$\therefore R = \frac{\delta}{i^{(m)}}$$

由此可得

$$\begin{aligned}\mathring{a}_x^{(m)} &= \mathrm{E}(R\bar{a}_{\overline{T}|}) \\ &= R\mathrm{E}(\bar{a}_{\overline{T}|}) = \frac{\delta}{i^{(m)}}\bar{a}_x\end{aligned} \tag{4.5.5}$$

完全期末付生存年金,也可以看成某一隨機變量 $\mathring{Y}_x^{(m)}$ 的期望值。先考慮 $m = 1$,然后再考慮其他情形。

當 $m = 1$ 時,

$$\mathring{Y}_x = a_{\overline{K}|} + v^T \frac{\bar{s}_{\overline{T-K}|}}{\bar{s}_{\overline{1}|}} = \frac{\delta}{i}\bar{a}_{\overline{T}|} \tag{4.5.6}$$

$$\therefore \mathring{a}_x = \mathrm{E}(\mathring{Y}_x) = \frac{\delta}{i}\mathrm{E}(\bar{a}_{\overline{T}|}) = \frac{\delta}{i}\bar{a}_x$$

一般情形下,

$$\mathring{Y}_x^{(m)} = a_{\overline{K+H_m}|}^{(m)} + v^T \frac{\bar{s}_{\overline{T-K-H_m}|}}{m\bar{s}_{\overline{\frac{1}{m}}|}} = \frac{1-v^T}{i^{(m)}} = \frac{\delta}{i^{(m)}}\bar{a}_{\overline{T}|} \qquad (4.5.7)$$

其中

$$H_m = \frac{J}{m} = \frac{[m(T-K)]}{m}, J = 0,1,2,\cdots,m-1$$

$$\therefore \mathring{a}_x^{(m)} = \mathrm{E}(\mathring{Y}_x^{(m)}) = \frac{\delta}{i^{(m)}}\bar{a}_x$$

### (二) 定期生存年金

$\mathring{a}_{x:\overline{n}|}^{(m)}$ 表示在 $n$ 年定期期末付生存年金的基礎上,補上已生存但尚未領取的應領年金而得到的精算現值,可以證明①

$$\mathring{a}_{x:\overline{n}|}^{(m)} = \frac{\delta}{i^{(m)}}\bar{a}_{x:\overline{n}|} \qquad (4.5.8)$$

## 二、比例期初付生存年金

### (一) 終身生存年金

令 $\ddot{a}_x^{\{m\}}$ 表示在 $x$ 歲時開始年金給付期,每年給付 $m$ 次,每次給付$\frac{1}{m}$的期初付終身生存年金的基礎上,按比例扣除死亡所在分年度尚未生存但已領取的年金現值 $\beta$ 而得到的精算現值。

$$\ddot{a}_x^{\{m\}} = \ddot{a}_x^{(m)} - \beta \qquad (4.5.9)$$

其中

$$\beta = \sum_{t=0}^{+\infty}\int_0^{\frac{1}{m}}\left(\frac{1}{m}-s\right)v^{\frac{t}{m}+s}{}_{\frac{t}{m}+s}p_x\,\mu_{x+\frac{t}{m}+s}\,\mathrm{d}s = \frac{1}{m}\bar{A}_x - \alpha \qquad (4.5.10)$$

$$\approx \frac{1}{2m}\bar{A}_x + \frac{1}{12m^2}\mu_x \qquad (4.5.11)$$

可以證明

$$\ddot{a}_x^{\{m\}} = \frac{\delta}{d^{(m)}}\bar{a}_x \qquad (4.5.12)$$

事實上,設每$\frac{1}{m}$年初給付$\frac{1}{m}$,相當於每年連續給付 $S$、給付$\frac{1}{m}$年,於是

$$S\bar{a}_{\overline{\frac{1}{m}}|} = \frac{1}{m}$$

---

① 二見隆. 生命保險數學[M]. 東京:日本生命文化研究所,1992.

或

$$S\frac{1-v^{\frac{1}{m}}}{\delta}=\frac{1}{m} \tag{4.5.13}$$

$$\therefore S=\frac{\delta}{d^{(m)}}$$

由此可得

$$\begin{aligned}\ddot{a}_x^{\{m\}}&=\mathrm{E}(S\bar{a}_{\overline{T}|})\\&=S\mathrm{E}(\bar{a}_{\overline{T}|})=\frac{\delta}{d^{(m)}}\bar{a}_x\end{aligned} \tag{4.5.14}$$

比例期初付生存年金,也可以看成是某一隨機變量 $\ddot{Y}_x^{\{m\}}$ 的期望。先考慮 $m=1$,然后再考慮其他情形。

當 $m=1$ 時,

$$\ddot{Y}_x^{\{1\}}=\ddot{a}_{\overline{K+1}|}-v^T\frac{\bar{a}_{\overline{K+1-T}|}}{\bar{a}_{\overline{1}|}}=\frac{\delta}{d}\bar{a}_{\overline{T}|} \tag{4.5.15}$$

$$\therefore \ddot{a}_x^{\{1\}}=\mathrm{E}(\ddot{Y}_x^{\{1\}})=\frac{\delta}{d}\bar{a}_x$$

一般情形下,

$$\ddot{Y}_x^{\{m\}}=\ddot{a}^{(m)}_{\overline{K+J_m}|}-v^T\frac{\bar{a}_{\overline{K+J_m-T}|}}{m\bar{a}_{\overline{\frac{1}{m}}|}}=\frac{\delta}{d^{(m)}}\bar{a}_{\overline{T}|} \tag{4.5.16}$$

其中

$$J_m=\frac{J+1}{m}=\frac{[m(T-K)]+1}{m},$$

$$J=0,1,2,\cdots,m$$

$$\therefore \ddot{a}_x^{\{m\}}=\mathrm{E}(\ddot{Y}_x^{\{m\}})=\frac{\delta}{d^{(m)}}\bar{a}_x$$

**(二) 定期生存年金**

$\ddot{a}_{x:\overline{n}|}^{\{m\}}$ 表示在 $n$ 年定期期末付生存年金的基礎上按比例扣除死亡所在分年度並未生存但已領取的年金而得到的精算現值。容易證明:

$$\ddot{a}_{x:\overline{n}|}^{\{m\}}=\frac{\delta}{d^{(m)}}\bar{a}_{x:\overline{n}|} \tag{4.5.17}$$

**例 4.5.1** 以 CL1(2000—2003)2.5% 為例,計算 $\mathring{a}_{40}^{(12)}$、$\alpha$、$\frac{\alpha}{a_{40}^{(12)}}$;$\ddot{a}_{40}^{\{12\}}$、$\beta$、$\frac{\beta}{\ddot{a}_{40}^{(12)}}$。

**解:** $\mathring{a}_{40}^{(12)}=\frac{\delta}{i^{(12)}}\bar{a}_{40}=\frac{\delta}{i^{(12)}}(\ddot{a}_{40}-\frac{1}{2})$

$$= \frac{\ln(1.025)}{12(1.025^{\frac{1}{12}}-1)}\left(\frac{N_{40}}{D_{40}}-\frac{1}{2}\right)\approx 24.008,540$$

$$a_{40}^{(12)} = a_{40}+\frac{11}{24}=\frac{N_{41}}{D_{40}}+\frac{11}{24}\approx 23.991,592$$

$$\alpha = \mathring{a}_{40}^{(12)} - a_{40}^{(12)} \approx 0.016,948$$

$$\frac{\alpha}{a_{40}^{(12)}} \approx 0.000,706 = 7.06‱$$

$$\ddot{a}_{40}^{\{12\}} = \frac{\delta}{d^{(12)}}\bar{a}_{40} = \frac{\delta}{d^{(12)}}(\ddot{a}_{40}-\frac{1}{2})$$

$$= \frac{\ln(1.025)}{12(1-1.025^{-\frac{1}{12}})}\left(\frac{N_{40}}{D_{40}}-\frac{1}{2}\right)\approx 24.057,994$$

$$\ddot{a}_{40}^{(12)} = \ddot{a}_{40}-\frac{11}{24}=\frac{N_{41}}{D_{40}}-\frac{11}{24}\approx 24.074,925$$

$$\beta = \ddot{a}_{40}^{(12)} - \ddot{a}_{40}^{\{12\}} \approx 0.016,931$$

$$\frac{\beta}{\ddot{a}_{40}^{(12)}} \approx 0.000,703 = 7.03‱$$

**例 4.5.2**　已知 $\ddot{a}_{x:\overline{n}|}^{\{2\}} = 15.481,1$，$\delta = 0.024,7$，求 $\mathring{a}_{x:\overline{n}|}^{(2)}$。

**解：**$\mathring{a}_{x:\overline{n}|}^{(2)} = \frac{\delta}{i^{(2)}}\bar{a}_{x:\overline{n}|} = \frac{d^{(2)}}{i^{(2)}}\cdot\frac{\delta\bar{a}_{x:\overline{n}|}}{d^{(2)}} = \frac{d^{(2)}}{i^{(2)}}\ddot{a}_{x:\overline{n}|}^{\{2\}}$

$$= \frac{1-e^{-\delta/2}}{e^{\delta/2}-1}\times 15.481,1 = \frac{1-e^{-0.012,35}}{e^{0.012,35}-1}\times 15.481,1 \approx 15.291,1$$

## 本章小結

本章主要研究生存年金的精算現值與精算終值，並以精算現值為重點。精算現值就是各次給付的精算現值之和，精算終值就是各次給付的精算終值之和，因此，單獨一次給付的精算現值或精算終值成為最關鍵的內容。精算現值可視為購買該生存年金所花的代價，當然這裡沒有考慮附加費用；精算終值可理解為按生存年金方式繳納保費（或存款），期滿生存時所獲得的給付。精算現值的計算主要有現時給付法、總量給付法和團體法。

本章結構可概括為：多年給付一次的生存年金、每年給付一次的生存年金、每年給付多次的生存年金、每年連續給付的生存年金，即按給付頻率來劃分，並進一步按各次給付數額是否相等、是否期初期末給付來細分。連續型年金將連續地給付至年金受領人死亡為止，不涉及調整問題，而期初付生存年金或期末付生存年金都涉及調整問題,因而有比例期初付生存年金和完全期末付生存年金,這樣也可達到給付與生存時間長短相適應的目的。

本章最重要的公式反應了人壽保險躉繳純保費與生存年金精算現值之間的關係。

## 習題 4

4－1　計算:(1) $\frac{\partial}{\partial n}({}_nE_x)$;(2) $\frac{\partial}{\partial x}({}_nE_x)$。

4－2　假設一個 25 歲的人,每活過整 10 年齡時,向某保險公司存入 10,000 元,直到 60 歲,最多存入 4 次。以 CL1(2000—2003)2.5% 為基礎,計算活過 60 歲時可領取多少生存金。

4－3　試用團體法計算 40 歲的男子參加保額為 10,000 元、每年給付一次的 20 年定期期末付年金保險的躉繳純保費,以 CL1(2000—2003)2.5% 為基礎。

4－4　已知條件如表 4－習題－1 所示,計算 $\ddot{a}_{x:\overline{4}|}$。

**表 4－習題－1　　$\ddot{a}_{x:\overline{4}|}$ 的計算表**

| $k$ | $\ddot{a}_{\overline{k}|}$ | ${}_{k-1|}q_x$ |
|---|---|---|
| 1 | 1.00 | 0.33 |
| 2 | 1.93 | 0.24 |
| 3 | 2.80 | 0.16 |
| 4 | 3.60 | 0.11 |

4－5　已知 $\ddot{a}_x = 10$, ${}^2A_x = \frac{331}{625}$, $i = \frac{1}{24}$,計算 $\mathrm{var}(\ddot{Y}_x)$。

4－6　已知 $\ddot{a}_{x:\overline{5}|0.05} = 4.130,38$, $\ddot{a}_{x:\overline{5}|0.1025} = 3.792,09$,試計算 $\mathrm{var}(\ddot{Y}_{x:\overline{5}|})$,其中 $i = 0.05$。

4－7　某 40 歲的人中了 10,000 元的彩票,他可以購買每年初領取 $R$ 元,有 10 年保證期的終身生存年金保險。已知 $A_{40} = 0.30$, $A_{50} = 0.35$, $A^{\ 1}_{40:\overline{10}|} = 0.09$, $i = 0.04$,計算 $R$。

4－8　已知 $q_x = 0.01$, $q_{x+1} = 0.05$, $i = 0.05$, $\ddot{a}_{x+1} = 6.951$。若 $p_{x+1}$ 增加 0.03,則每年給付 1 的期初付終身生存年金的精算現值將增加多少?

4－9　假設死亡服從 $\omega = 90$ 的 De Moivre 分佈,已知 $i = 0.05$,計算 $a_{50:\overline{10}|}$。

4－10　已知年齡為 $x$ 歲的人參加了某一項變額生存年金,第 1 年末開始給付

10,000 元,以后每一年比上一年增加 5,000 元,當給付額達到 50,000 元時,以后每一年比上一年減少 *10,000* 元,直到給付額為 10,000 元,保持這一給付水平直到年金受領人死亡為止。(1) 寫出該年金精算現值的替換函數表達式;(2) 若 $x = 30$、40、50,並以 CL1(2000—2003)2.5% 為基礎,求該年金的精算現值。

4 - 11　某 40 歲的人購買了一個延期 20 年的終身年金保險,保單保證他從 60 歲起每年得到 20,000 元的退休金,直到死亡為止。假設:(1) 每年初給付一次;(2) 每季初給付一次;(3) 每月初給付一次;(4) 每年連續給付。以 CL1(2000—2003)2.5% 為例,分別用年金簡單近似公式、年金重複近似公式求該年金的精算現值。

4 - 12　條件同 4 - 11 題,只是期末給付,求該年金的精算現值?

4 - 13　條件同 4 - 11 題,只是年金保險為 20 年定期年金保險,求其精算現值。

4 - 14　已知 $\mu = 0.06$,$\delta = 0.04$,計算 $\bar{a}_x$。

4 - 15　已知 $\mu_x(t) = 0.01(0 \leqslant t < 5)$,$\mu_x(t) = 0.02(t \geqslant 5)$,$\delta = 0.06$,計算 $\bar{a}_x$。

4 - 16　已知 $\bar{Y}_x = \bar{a}_{\overline{T(x)}|}$,其中余命 $T(x)$ 服從參數為 $\lambda = 0.06$ 的指數分佈,$\delta = 0.04$,計算 $P(\bar{Y}_x > E(\bar{Y}_x))$。

4 - 17　已知 $\bar{a}_x = 10$,${}^2\bar{a}_x = 7.375$,$\mathrm{var}(\bar{a}_{\overline{T}|}) = 50$,計算 $\bar{A}_x$。

4 - 18　(1) 已知 $\mathrm{var}(\bar{a}_{\overline{T}|}) = \dfrac{100}{9}$,$\delta = 4k$,$\mu_{x+t} = k\ (t \geqslant 0)$,求 $k$。

(2) 已知 $\delta = 0.03$,$\mu_{x+t} = 0.025$,$\bar{Y}_x = \bar{a}_{\overline{T}|}$,計算 $P(\bar{Y}_x > 20)$。

4 - 19　已知 $l_x = 100 - x(0 \leqslant x \leqslant 100)$,且 $i = 5\%$,求 $\ddot{a}_{30:\overline{20}|}$、$\ddot{a}^{(12)}_{30:\overline{20}|}$、$\bar{a}_{30:\overline{20}|}$。

4 - 20　已知 $\bar{a}_{x:\overline{n}|} = 12$,$\delta = 0.10$,計算 $\ddot{a}^{\{2\}}_{x:\overline{n}|}$、$\mathring{a}^{(2)}_{x:\overline{n}|}$。

4 - 21　運用阿貝爾變換證明:$E(\ddot{a}_{\overline{K+1}|}) = \ddot{a}_x$。

4 - 22　證明:(1) $\ddot{a}_{\overline{n}|} - \ddot{a}_{x:\overline{n}|} = \dfrac{1}{D_x}\sum_{t=1}^{n} C_{x+t-1}\ddot{a}_{\overline{n-t}|}$;

(2) $\dfrac{1}{D_x\ddot{s}_{\overline{n}|}}(C_x\ddot{s}_{\overline{1}|} + C_{x+1}\ddot{s}_{\overline{2}|} + \cdots + C_{x+n-1}\ddot{s}_{\overline{n}|}) = \dfrac{\ddot{a}_{x:\overline{n}|}}{\ddot{s}_{\overline{n}|}} - \dfrac{D_{x+n}}{D_x}$。

4 - 23　已知 $q_x < q_{x+1} < q_{x+2} < \cdots$,證明:$(I\ddot{a})_{x:\overline{n}|} < (\ddot{a}_{x:\overline{n}|})^2$。

4 - 24　$\ddot{s}^{(m)}_{x:\overline{n}|}$、$s^{(m)}_{x:\overline{n}|}$ 分別表示每年給付 $m$ 次,每次給付 $\dfrac{1}{m}$ 的 $n$ 年定期期初付、期末付生存年金的精算終值,證明:

(1) $\ddot{s}^{(m)}_{x:\overline{n}|} \approx \alpha(m)\ddot{s}_{x:\overline{n}|} - \beta(m)\left(\dfrac{1}{{}_nE_x} - 1\right)$;

(2) $s_{x:\overline{n}|}^{(m)} \approx \alpha(m) s_{x:\overline{n}|} + \gamma(m)\left(\frac{1}{{}_{n}E_{x}} - 1\right)$。

4 - 25　證明：(1) $\frac{\mathrm{d}}{\mathrm{d}x}\bar{a}_{x:\overline{n}|} = \mu_{x}\bar{a}_{x:\overline{n}|} - \bar{A}_{x:\overline{n}|}^{\ \ 1}$；

(2) $\frac{\mathrm{d}}{\mathrm{d}i}\bar{a}_{x:\overline{n}|} = -v(\bar{I}\bar{a})_{x:\overline{n}|}$。

# 第五章　均衡純保費



本章研究的主要內容是均衡純保費，又稱均衡淨保費。在前面所學的人壽保險、生存年金的精算現值，可視為投保相應保險所繳納的躉繳純保費。而躉繳純保費往往數額巨大，使投保人望而却步；而採用自然保費繳費方式，則會在一定年齡后負擔逐漸加重，甚至令投保人不堪重負，因而通常要求投保人在一定期限內分期繳納純保費，從而形成均衡純保費。如果繳費期限短於保險期限，那麼將此保險稱為限期繳費保險，否則就稱為全期繳費保險。今后不特別說明是限期繳費的保險時，均指全期繳費的保險。

分期繳納的純保費，由於以被保險人生存為條件，因而形成一種從保單簽單之日開始的生存年金。這種生存年金的精算現值應等於保險金給付的精算現值（即躉繳純保費），即遵從收支平衡原則。

本章的結構體系（以繳納保費的頻率快慢來劃分）如下：

- 均衡純保費
  - 年繳一次的均衡純保費
  - 年繳 $m$ 次的均衡純保費
    - 真實純保費
    - 比例純保費
    - 年賦純保費
  - 每年連續繳費的均衡純保費

本章將按保費繳納頻率來劃分為三節加以研究。就保險而言，可以分為人壽保險、年金保險；就人壽保險而言，可以按保險金給付及時程度、給付數額是否均衡、給付險種進一步細分；就年金保險而言，還可按每年給付頻率、是否期初期末支付、是否定期、是否等額進一步細分。本章將以年繳一次均衡純保費為例研究兩個重要運用：一是對保費返還保單的分析；二是對兩全保險的再認識。

重點研究三種模型：一是全離散式，即保險金在死亡年末給付，保費在各年初生存時繳納；二是半離散式，即保險金在死亡時刻給付，保費在各年初生存時繳納；三是全連續式，即保險金在死亡時刻給付，保費以連續生存年金方式繳納。

儘管本章是均衡純保費，實際上也存在變額保費方式，原理也是一樣的，本章只簡單提及一下，有興趣的讀者可進一步探討。

## 第一節　年繳一次的均衡純保費

本節將保險分為人壽保險與年金保險。就人壽保險而言，將先按給付保險金及時程度來分類，然后再按期限長短來細分。對於年金保險，主要按每年給付生存金次數進行分類，當然也可考慮按給付期限、是否期初期末給付、是否水平給付來進行細分。

### 一、人壽保險的均衡純保費

#### (一) 死亡年末給付保險金的人壽保險

1. 終身壽險

(1) 終身繳費

設$(x)$參加的、於死亡年末給付保險金1、終身繳費、年繳保費一次的終身壽險的年繳均衡純保費為$P_x$。設保險人的損失變量(或稱為虧損變量)為${}_0L_x$，則

$$ {}_0L_x = v^{K+1} - P_x \ddot{a}_{\overline{K+1|}} \tag{5.1.1}$$

從純保費的角度以及收支平衡原則有$E({}_0L_x) = 0$，即

$$ E(v^{K+1}) - P_x E(\ddot{a}_{\overline{K+1|}}) = 0 \tag{5.1.2}$$

亦即

$$ P_x \ddot{a}_x = A_x \tag{5.1.3}$$

公式(5.1.3)體現了收支平衡原則，即保險費收入的精算現值等於保險金給付的精算現值，並由此可求得

$$ P_x = \frac{A_x}{\ddot{a}_x} = \frac{M_x}{N_x}。 \tag{5.1.4}$$

下面考慮$\mathrm{var}({}_0L_x)$，為此，先對${}_0L_x$進行變形可得

$$ {}_0L_x = v^{K+1} - P_x \frac{1 - v^{K+1}}{d} = (1 + \frac{P_x}{d}) v^{K+1} - \frac{P_x}{d} \tag{5.1.5}$$

$$ \therefore \mathrm{var}({}_0L_x) = \left(1 + \frac{P_x}{d}\right)^2 \mathrm{var}(v^{K+1}) = \left(1 + \frac{P_x}{d}\right)^2 ({}^2A_x - A_x^2)$$

$$ = \frac{{}^2A_x - A_x^2}{(d\ddot{a}_x)^2} = \frac{{}^2A_x - A_x^2}{(1 - A_x)^2} \tag{5.1.6}$$

在 $A_x = 1 - d\ddot{a}_x$ 兩邊同除以 $\ddot{a}_x$,可得

$$P_x = \frac{1}{\ddot{a}_x} - d \tag{5.1.7}$$

或

$$\frac{1}{\ddot{a}_x} = d + P_x \tag{5.1.8}$$

公式(5.1.7) 反應了年繳純保費與生存年金精算現值間的關係,是聯繫年繳純保費與生存年金兩大部分的重要公式,在證明、計算等方面有重要用途。今后還將出現這樣類似的公式,請讀者留心觀察。

對公式(5.1.8) 的解釋:$(x)$ 立即投資本金1,那麼每年初生存時可均勻地回收 $\frac{1}{\ddot{a}_x}$;也可以這樣回收:在每年初生存時預收當年利息 $d$,並於死亡年末回收本金 1,這等價於每年初生存時回收本金 $P_x$。因此,$\frac{1}{\ddot{a}_x} = d + P_x$ 成立。請讀者對照解釋等式 $\frac{1}{\ddot{a}_{\overline{n}|}} = d + \frac{1}{\ddot{s}_{\overline{n}|}}$ 的含義。

在公式(5.1.4) 的右邊的分子分母同乘以 $d$,整理可得

$$P_x = \frac{dA_x}{1 - A_x} \tag{5.1.9}$$

或

$$P_x = dA_x + P_xA_x \tag{5.1.10}$$

對公式(5.1.9)、公式(5.1.10) 的解釋:貸款 $A_x$ 購買保額為1 並於死亡年末給付保險金 1 的終身壽險,那麼每年初生存時需預先償還當年利息 $dA_x$,並在死亡年末償還本金 $A_x$,償還本金 $A_x$ 相當於每年初生存時償還 $A_xP_x$,貸款 $A_x$ 等價於每年初生存時償還 $P_x$,故公式(5.1.10) 成立。上述過程也可簡化為:如果每年初生存時給付 $dA_x$,那麼於死亡年末實際獲得保險金 $1 - A_x$;按比例,如果每年初生存時給付 $\frac{dA_x}{1 - A_x}$,那麼於死亡年末獲得保險金 1,從而公式(5.1.9) 成立。

(2) 限期繳費

設保額為 1,限期 $h$ 年繳費的終身壽險的年繳均衡純保費為 ${}_hP_x$,保險人的虧損變量為 ${}^h_0L_x$,那麼

$${}^h_0L_x = \begin{cases} v^{K+1} - {}_hP_x\ddot{a}_{\overline{K+1}|} & (K = 0,1,2,\cdots,h-1) \\ v^{K+1} - {}_hP_x\ddot{a}_{\overline{h}|} & (K \geqslant h) \end{cases} \tag{5.1.11}$$

由 $\mathrm{E}({}^h_0L_x) = 0$ 可得

$$ {}_hP_x = \frac{A_x}{\ddot{a}_{x:\overline{h}|}} = \frac{M_x}{N_x - N_{x+h}} \tag{5.1.12} $$

2. 定期壽險

設 $P^1_{x:\overline{n}|}$ 為保額為 1 的 $n$ 年定期壽險的年繳純保費,由收支平衡原則可得

$$ P^1_{x:\overline{n}|}\ddot{a}_{x:\overline{n}|} = A^1_{x:\overline{n}|} \tag{5.1.13} $$

$$ \therefore P^1_{x:\overline{n}|} = \frac{A^1_{x:\overline{n}|}}{\ddot{a}_{x:\overline{n}|}} = \frac{M_x - M_{x+n}}{N_x - N_{x+n}} \tag{5.1.14} $$

同理可得,限期 $h$ 年繳費的 $n$ 年定期壽險的年繳純保費為

$$ {}_hP^1_{x:\overline{n}|} = \frac{A^1_{x:\overline{n}|}}{\ddot{a}_{x:\overline{h}|}} = \frac{M_x - M_{x+n}}{N_x - N_{x+h}} \tag{5.1.15} $$

3. 兩全保險

設 $P_{x:\overline{n}|}$為保額為 1 的 $n$ 年期兩全保險的年繳純保費, ${}_hP_{x:\overline{n}|}$為限期 $h$ 年繳費的保額為 1 的 $n$ 年期兩全保險的年繳純保費, $P_{x:\overline{n}|}^{\ \ 1}$ 為保額為 1 的 $n$ 年期純生存保險的年繳純保費,於是

$$ P_{x:\overline{n}|} = \frac{A_{x:\overline{n}|}}{\ddot{a}_{x:\overline{n}|}} = \frac{M_x - M_{x+n} + D_{x+n}}{N_x - N_{x+n}} \tag{5.1.16} $$

$$ = \frac{1}{\ddot{a}_{x:\overline{n}|}} - d \tag{5.1.17} $$

$$ = P^1_{x:\overline{n}|} + P_{x:\overline{n}|}^{\ \ 1} \tag{5.1.18} $$

或

$$ \frac{1}{\ddot{a}_{x:\overline{n}|}} = d + P_{x:\overline{n}|} \tag{5.1.19} $$

$$ {}_hP_{x:\overline{n}|} = \frac{A_{x:\overline{n}|}}{\ddot{a}_{x:\overline{h}|}} = \frac{M_x - M_{x+n} + D_{x+n}}{N_x - N_{x+h}} \tag{5.1.20} $$

**例 5.1.1**　試寫出兩全保險虧損變量的方差。

**解:** 記 ${}_0L_{x:\overline{n}|}$ 表示兩全保險虧損變量,則

$$ {}_0L_{x:\overline{n}|} = \begin{cases} v^{K+1} - P_{x:\overline{n}|}\ddot{a}_{\overline{K+1}|} & (K = 0,1,2,\cdots,n-1) \\ v^n - P_{x:\overline{n}|}\ddot{a}_{\overline{n}|} & (K \geqslant n) \end{cases} $$

$$ = Z_{x:\overline{n}|} - P_{x:\overline{n}|}\frac{1 - Z_{x:\overline{n}|}}{d} = (1 + \frac{P_{x:\overline{n}|}}{d})Z_{x:\overline{n}|} - \frac{P_{x:\overline{n}|}}{d} $$

$$ \therefore \operatorname{var}({}_0L_{x:\overline{n}|}) = \frac{{}^2A_{x:\overline{n}|} - (A_{x:\overline{n}|})^2}{(d\ddot{a}_{x:\overline{n}|})^2} = \frac{{}^2A_{x:\overline{n}|} - (A_{x:\overline{n}|})^2}{(1 - A_{x:\overline{n}|})^2} \tag{5.1.21} $$

**例 5.1.2**　證明並解釋: $P_{x:\overline{n}|} = {}_nP_x + (1 - A_{x+n})P_{x:\overline{n}|}^{\ \ 1}$。　(5.1.22)

**證明:** $\because$ $P_{x:\overline{n}|}\ddot{a}_{x:\overline{n}|} = A_{x:\overline{n}|} = A^1_{x:\overline{n}|} + A_{x:\overline{n}|}^{\ \ 1}$

$$\therefore {}_nP_x\ddot{a}_{x:\overline{n}|} = A_x = A^{\,1}_{x:\overline{n}|} + {}_nE_xA_{x+n}$$

上述兩式相減得

$$(P_{x:\overline{n}|} - {}_nP_x)\ddot{a}_{x:\overline{n}|} = A_{x:\overline{n}|}^{\ \ 1}(1 - A_{x+n})$$

$$\therefore P_{x:\overline{n}|} - {}_nP_x = P_{x:\overline{n}|}^{\ \ 1}(1 - A_{x+n})$$

$$P_{x:\overline{n}|} = {}_nP_x + P_{x:\overline{n}|}^{\ \ 1}(1 - A_{x+n})$$

解釋:考慮兩種保險,即保險 1 與保險 2。

保險1:$(x)$ 每年初生存時繳納純保費$P_{x:\overline{n}|}$,繳費期為$n$年,可獲得$n$年內死亡年末給付保險金 1,或者活過 $n$ 年時獲得滿期生存金 1。

保險 2:$(x)$ 每年初生存時繳納保費${}_nP_x$,繳費期為 $n$ 年,可獲得 $n$ 年內死亡年末給付保險金 1,或者 $n$ 年之外死亡年末給付保險金 1,后者意味著活過 $n$ 年時可獲得滿期生存金 $A_{x+n}$。

保險1 比保險2 多獲得$n$ 年滿期生存時的生存金$1 - A_{x+n}$,這要求保險1 比保險 2 每年初生存時多繳納保費 $P_{x:\overline{n}|}^{\ \ 1}(1 - A_{x+n})$,即 $P_{x:\overline{n}|} - {}_nP_x = (1 - A_{x+n})P_{x:\overline{n}|}^{\ \ 1}$,從而公式(5. 1. 22) 成立。

**例** 5. 1. 3　證明:$P_x = \dfrac{vq_x}{\ddot{a}_x} + \dfrac{a_x}{\ddot{a}_x}P_{x+1}$。　　(5. 1. 23)

**證明:** $\because P_x = \dfrac{A_x}{\ddot{a}_x} = \dfrac{vq_x + vp_xA_{x+1}}{\ddot{a}_x}$

$$= \frac{vq_x + vp_x\ddot{a}_{x+1}P_{x+1}}{\ddot{a}_x} = \frac{vq_x}{\ddot{a}_x} + \frac{a_x}{\ddot{a}_x}P_{x+1}$$

$\therefore$ 公式(5. 1. 23) 得證。

公式(5. 1. 23) 實際上可以看成是終身壽險年繳純保費的遞推公式,顯然,$P_{\omega-1} = v$,由此可求出各年齡投保時的年繳純保費,這又是一種求年繳純保費的方法。

**例** 5. 1. 4　已知 $P_x = 0.016,62$,$a_x = 17.155$,$p_x = 0.992,29$,求 $A_{x+1}$。

**解:** $\because \ddot{a}_{x+1} = \dfrac{a_x}{vp_x}$

$$\therefore A_{x+1} = 1 - d\ddot{a}_{x+1} = 1 - \frac{da_x}{(1-d)p_x}$$

由公式(5. 1. 8) 可得

$$d = \frac{1}{\ddot{a}_x} - P_x = \frac{1}{1 + a_x} - P_x$$

$$\therefore A_{x+1} = 1 - \frac{a_x(\dfrac{1}{1+a_x} - P_x)}{(1 - \dfrac{1}{1+a_x} + P_x)p_x} \approx 0.308,47$$

**例**5.1.5　已知 $P^{\ 1}_{x:\overline{2}|}=\dfrac{A^{\ 1}_{x:\overline{1}|}+A^{\ 1}_{x+1:\overline{1}|}}{2}$,求 $q_x$ 與 $q_{x+1}$ 的關係。

**解**:由題意知

$$\frac{vq_x+v^2p_xq_{x+1}}{1+vp_x}=\frac{vq_x+vq_{x+1}}{2}$$

$\therefore (q_x-q_{x+1})(1-vp_x)=0$

$\because 1-vp_x\neq 0$

$\therefore q_x-q_{x+1}=0$, 即 $q_x=q_{x+1}$

**例**5.1.6　以 CL1(2000—2003)2.5% 為例,某30歲的人投保了於死亡年末給付保險金100,000元的20年期保險,求其年繳均衡純保費。如果這個保險是:(1)定期壽險;(2)純生存保險;(3)兩全保險。

**解**:(1) $\tilde{P}^{\ 1}_{30:\overline{20}|}=100,000P^{\ 1}_{30:\overline{20}|}=100,000\dfrac{M_{30}-M_{50}}{N_{30}-N_{50}}\approx 165.02$(元)

$$(2)\ \tilde{P}_{30:\overset{\ \ 1}{\overline{20}|}}=100,000P_{30:\overset{\ \ 1}{\overline{20}|}}=\frac{100,000D_{50}}{N_{30}-N_{50}}\approx 3,727.29\text{(元)}$$

$$(3)\ \tilde{P}_{30:\overline{20}|}=100,000P_{30:\overline{20}|}=100,000\frac{M_{30}-M_{50}+D_{50}}{N_{30}-N_{50}}\approx 3,892.31\text{(元)}$$

**例**5.1.7　某35歲的人投保了保額為10,000元的全離散型終身壽險,$\pi$ 表示該保單的年繳均衡純保費,$L(\pi)$ 表示這種保單在簽發時的虧損隨機變量。以CL1(2000—2003)2.5% 為基礎,已知 ${}^2A_{35}=0.143,620,226$。

(1) 決定保費 $\pi_0$,使 $E[L(\pi_0)]=0$,並求 $\mathrm{var}[L(\pi_0)]$;

(2) 求使虧損 $L(\pi_1)$ 為正的概率小於0.5的最小年繳保費 $\pi_1$;

(3) 求年繳保費 $\pi_2$,使相互獨立的100張這樣的保單總虧損大於0的概率為0.05。

**解**:(1) 使 $E(L(\pi_0))=0$ 的保費 $\pi_0$ 就是按收支平衡原則決定的保費,即

$$\pi_0=10,000P_{35}=10,000\frac{M_{35}}{N_{35}}\approx 136.55\text{(元)}$$

$$\because A_{35}=\frac{M_{35}}{D_{35}}\approx 0.358,907,578,\ {}^2A_{35}\approx 0.143,620,226$$

由公式(5.1.6)可得

$$\therefore \mathrm{var}(L(\pi_0))=(10,000)^2\frac{{}^2A_{35}-A_{35}^2}{(1-A_{35})^2}\approx 3,602,334\text{(元)}。$$

(2) 顯然,$\pi_1$ 滿足 $P(L(\pi_1)>0)<0.5$,即

$P(10,000v^{K+1}-\pi_1\ddot{a}_{\overline{K+1}|}>0)<0.5$

$$P((10,000+\frac{\pi_1}{d})v^{K+1}-\frac{\pi_1}{d}>0)<0.5$$

$$\therefore\ P(K<[\ln(10,000d+\pi_1)-\ln\pi_1]/\delta-1)<0.5$$

根據生命表，${}_{44}p_{35}\approx 0.527,0$，${}_{45}p_{35}\approx 0.490,7$

$$\therefore [\ln(10,000d+\pi_1)-\ln\pi_1]/\delta-1=44$$

$$\therefore \pi_1=\frac{10,000d}{(1+i)^{45}-1}=\frac{10,000}{\ddot{s}_{\overline{45}|}}$$

$$=\frac{10,000}{(1.025)^{45}-1}\cdot\frac{0.025}{1.025}\approx 119.68(\text{元})$$

(3) 設第 $i$ 張保單的虧損為 $L_i(\pi_2)(i=1,2,\cdots,100)$，$L_i(\pi_2)$ 相互獨立，且與 $L(\pi_2)$ 同分佈，於是總虧損為 $S$，則

$$S=\sum_{i=1}^{100}L_i(\pi_2)$$

$$E(S)=\sum_{i=1}^{100}E(L_i(\pi_2))=100E[L(\pi_2)]$$

$$\text{var}(S)=\sum_{i=1}^{100}\text{var}(L_i(\pi_2))=100\text{var}[L(\pi_2)]$$

$$\because L(\pi_2)=10,000v^{K+1}-\pi_2\ddot{a}_{\overline{K+1}|}=(10,000+\frac{\pi_2}{d})v^{K+1}-\frac{\pi_2}{d}$$

$$\therefore E(L(\pi_2))=(10,000+\frac{\pi_2}{d})A_{35}-\frac{\pi_2}{d}$$

$$\text{var}(L(\pi_2))=(10,000+\frac{\pi_2}{d})^2({}^2A_{35}-[A_{35})^2]$$

由題意可知 $P(S>0)=0.05$，因此

$$\frac{0-E(S)}{\sqrt{\text{var}(S)}}\approx 1.645$$

$$\therefore \frac{-100\left[(10,000+\frac{\pi_2}{d})A_{35}-\frac{\pi_2}{d}\right]}{\sqrt{100(10,000+\frac{\pi_2}{d})^2[{}^2A_{35}-(A_{35})^2]}}\approx 1.645$$

$$\therefore \pi_2=10,000d\,\frac{0.164,5\sqrt{{}^2A_{35}-(A_{35})^2}+A_{35}}{1-A_{35}-0.164,5\sqrt{{}^2A_{35}-(A_{35})^2}}\approx 148.81(\text{元})$$

### (二) 死亡所在$\frac{1}{m}$年末給付保險金的人壽保險

鑒於該研究方法與保險金於死亡所在年末給付類似，因此，這裡僅舉一例，其

余由讀者自行思考。對於保險金於死亡所在時刻給付的人壽保險，可以同樣地處理。

${}_hP(A^{1(m)}_{x:\overline{n}|})$ 表示 $(x)$ 參加的於死亡所在 $\frac{1}{m}$ 年末給付保險金 1、限期 $h$ 年繳費的 $n$ 年定期壽險的年繳純保險費，那麼

$${}_hP(A^{1(m)}_{x:\overline{n}|}) = \frac{A^{1(m)}_{x:\overline{n}|}}{\ddot{a}_{x:\overline{h}|}} \approx \frac{i}{i^{(m)}} \cdot \frac{A^{1}_{x:\overline{n}|}}{\ddot{a}_{x:\overline{h}|}} = \frac{i}{i^{(m)}} \cdot \frac{M_x - M_{x+n}}{N_x - N_{x+h}} \tag{5.1.24}$$

### （三）死亡所在時刻給付保險金的人壽保險

$P(\bar{A}_{x:\overline{n}|})$ 表示 $(x)$ 參加的於死亡所在時刻給付保險金 1 的 $n$ 年期兩全保險的年繳純保險費，那麼

$$P(\bar{A}_{x:\overline{n}|}) = \frac{\bar{A}_{x:\overline{n}|}}{\ddot{a}_{x:\overline{n}|}} = \frac{\bar{M}_x - \bar{M}_{x+n} + D_{x+n}}{N_x - N_{x+n}} \tag{5.1.25}$$

## 二、年金保險的均衡純保費

就年金保險而言，儘管可以按各次給付額是否均等、是否期初期末給付、每年給付的頻率快慢、給付期是否定期進行分類，但均依據收支平衡原則來處理。這裡僅舉例示範，請讀者自行考慮保險人虧損變量的期望與方差。

### （一）每年給付一次的生存年金保險

設 ${}_rP({}_{r|}\ddot{a}_x)$ 表示 $(x)$ 參加的延期 $r$ 年，每年初生存時給付 1，每年繳費 1 次，限期 $r$ 年繳費的終身生存年金保險的年繳純保費，依收支平衡原則有

$${}_rP({}_{r|}\ddot{a}_x)\ddot{a}_{x:\overline{r}|} = {}_{r|}\ddot{a}_x$$

$$\therefore {}_rP({}_{r|}\ddot{a}_x) = \frac{{}_{r|}\ddot{a}_x}{\ddot{a}_{x:\overline{r}|}} = \frac{N_{x+r}}{N_x - N_{x+r}} \text{。} \tag{5.1.26}$$

### （二）每年給付 $m$ 次的生存年金保險

設 ${}_rP({}_{r|}\ddot{a}^{(m)}_x)$ 表示 $(x)$ 參加的延期 $r$ 年，每 $\frac{1}{m}$ 年初生存時給付 $\frac{1}{m}$，年繳保費 1 次，限期 $r$ 年繳費的終身生存年金保險的年繳純保費，依收支平衡原則有

$${}_rP({}_{r|}\ddot{a}^{(m)}_x)\ddot{a}_{x:\overline{n}|} = {}_{r|}\ddot{a}^{(m)}_x$$

$$\therefore {}_rP({}_{r|}\ddot{a}^{(m)}_x) = \frac{{}_{r|}\ddot{a}^{(m)}_x}{\ddot{a}_{x:\overline{r}|}} \approx \frac{{}_{r|}\ddot{a}_x - \frac{m-1}{2m}v^r {}_rp_x}{\ddot{a}_{x:\overline{r}|}} = \frac{N_{x+r} - \frac{m-1}{2m}D_{x+r}}{N_x - N_{x+r}} \tag{5.1.27}$$

### （三）每年連續給付的生存年金保險

${}_rP({}_{r|}\bar{a}_{x:\overline{n}|})$ 表示 $(x)$ 參加的延期 $r$ 年，每年連續給付 1，年繳保費 1 次，限期 $r$ 年繳費的 $n$ 年定期生存年金保險的年繳純保費，依收支平衡原則有

$$ {}_{r}P({}_{r|}\bar{a}_{x:\overline{n}|})\ddot{a}_{x:\overline{r}|} = {}_{r|}\bar{a}_{x:\overline{n}|} $$

$$ \therefore {}_{r}P({}_{r|}\bar{a}_{x:\overline{n}|}) = \frac{{}_{r|}\bar{a}_{x:\overline{n}|}}{\ddot{a}_{x:\overline{r}|}} $$

## 三、年繳純保費的應用

年繳純保費的應用可以分為兩個部分:一是對兩全保險保費的再認識;二是對保險費返回保單的分析。

### (一) 對兩全保險保費的再認識

通常認為兩全保險就是定期壽險與純生存保險的結合,因而,兩全保險的躉繳純保費、年繳純保費就為這兩種保險相應保費之和,即 $A_{x:\overline{n}|} = A^{1}_{x:\overline{n}|} + A_{x:\overline{n}|}^{\ \ 1}$、$P_{x:\overline{n}|} = P^{1}_{x:\overline{n}|} + P_{x:\overline{n}|}^{\ \ 1}$。現在換一個角度來分析兩全保險:將兩全保險分為儲金保險與保額遞減的定期壽險。為了簡便起見,假設投保人給自己投保。

1. 儲金保險

儲金保險就是在約定的 $n$ 年保險期內,由投保人於每年初存入一筆儲金,計劃存入 $n$ 年,使 $n$ 年期滿時終值達到 1。設 $P_{\overline{n}|}$ 表示這種儲金保險的年繳純保險費,則 $P_{\overline{n}|}\ddot{s}_{\overline{n}|} = 1$,即 $P_{\overline{n}|} = 1/\ddot{s}_{\overline{n}|}$。

儲金保險繳費的目的是:在 $n$ 年保險期內若投保人沒有死亡,則繳費形成的終值剛好為 1,剛好滿足期滿生存時一個單位生存金給付的需要。

如果投保人在 $n$ 年期內死亡,那麼儲金保險中積存的金額顯然不能達到 1,不能滿足死亡所在年末給付保險金 1(第 $n$ 年內死亡除外) 的需要,在此情形下應如何來實現兩全保險的目標呢?解決的方法就是由另一種類型的保險來提供不足部分的資金,即死亡所在年末提供一筆保險金來彌補缺口。顯然,這是一種保額遞減的定期壽險(為敘述方便,下面將其簡稱為新定期壽險)。

2. 新定期壽險

假設投保人在第 $K+1$ 年內死亡,那麼在該年末儲金保險的余額為 $P_{\overline{n}|}\ddot{s}_{\overline{K+1}|}$,即為 $\frac{\ddot{s}_{\overline{K+1}|}}{\ddot{s}_{\overline{n}|}}$,於是新定期壽險應提供的保額為 $(1-\frac{\ddot{s}_{\overline{K+1}|}}{\ddot{s}_{\overline{n}|}})$,其現值記為 $Z_{K+1}$,則

$$ Z_{K+1} = \begin{cases} (1-\dfrac{\ddot{s}_{\overline{K+1}|}}{\ddot{s}_{\overline{n}|}})v^{K+1} & (K=0,1,\cdots,n-1) \\ 0 & (K \geqslant n) \end{cases} $$

或

$$ Z_{K+1} = \begin{cases} v^{K+1} - \dfrac{\ddot{a}_{\overline{K+1}|}}{\ddot{s}_{\overline{n}|}} & (K=0,1,\cdots,n-1) \\ 0 & (K \geqslant n) \end{cases} $$

$$\therefore \mathrm{E}(Z_{K+1}) = A^{1}_{x:\overline{n}|} - \frac{1}{\ddot{s}_{\overline{n}|}}(\ddot{a}_{x:\overline{n}|} - \ddot{a}_{\overline{n}|}\,{}_{n}p_{x})$$

$$= A^{1}_{x:\overline{n}|} + A_{x:\overline{n}|}^{\ \ \ 1} - \frac{1}{\ddot{s}_{\overline{n}|}}\ddot{a}_{x:\overline{n}|} = A_{x:\overline{n}|} - \frac{1}{\ddot{s}_{\overline{n}|}}\ddot{a}_{x:\overline{n}|}$$

因此,新定期壽險的年繳保費為:

$$P = \frac{\mathrm{E}(Z_{K+1})}{\ddot{a}_{x:\overline{n}|}} = P_{x:\overline{n}|} - P_{\overline{n}|}$$

$$\therefore P + P_{\overline{n}|} = P_{x:\overline{n}|} \qquad (5.1.28)$$

上式表明,儲金保險與新定期壽險的結合同樣實現了兩全保險的保障目標,並且保費負擔也保持不變。

**例** 5.1.8　某 30 歲的人參加了保額為 100,000 元的 20 年期兩全保險,保險金於死亡年末或期滿生存時給付,以 CL1(2000—2003)2.5% 為基礎,試求新定期壽險的年繳純保費。

**解**:依據題意,兩全保險的年繳保費為:

$$\tilde{P}_{30:\overline{20}|} = 100,000P_{30:\overline{20}|} = 100,000\frac{M_{30} - M_{50} + D_{50}}{N_{30} - N_{50}} \approx 3,892.31(\text{元})$$

$$\tilde{P}_{\overline{20}|} = 100,000P_{\overline{20}|} = \frac{100,000}{\ddot{s}_{\overline{20}|}} \approx 3,819.23(\text{元})$$

$$\therefore \tilde{P} = \tilde{P}_{30:\overline{20}|} - \tilde{P}_{\overline{20}|} \approx 73.08(\text{元})$$

這裡新定期壽險的年繳純保費是利用公式(5.1.28)獲得的,至於要直接依本身的含義來求,可借鑑第十二章壽險精算實驗的方法。

對照例 5.1.6 的結論,傳統認識將兩全保險年繳純保費分解為定期壽險年繳純保費與純生存保險年繳純保費之和,即3,892.31 = 165.02 + 3,727.29。再認識則將兩全保險年繳純保費分解為新定期壽險年繳純保費與儲金保險年繳純保費之和,即有3,892.31 = 73.08 + 3,819.23。

### (二)死亡時返還保費的保單分析

有些人壽保單規定,被保險人死亡時可返還已繳保險費,甚至還按一定的利率返還已繳保險費的利息,以增強保單的吸引力。

1. 返還的保費計算利息

假設預定利率為 $i$,返還的保費按利率 $j$ 計息,以 $n$ 年期純生存保險為例,設年繳純保費為 $P$,保險費返還的現值為 $W$,則

$$W = \begin{cases} P\ddot{s}_{\overline{K+1}|j}v^{K+1} & (K = 0,1,\cdots,n-1) \\ 0 & (K \geq n) \end{cases}$$

$$= \begin{cases} P\dfrac{\tilde{v}^{K+1} - v^{K+1}}{d_j} & (K = 0,1,\cdots,n-1) \\ 0 & (K \geqslant n) \end{cases}$$

其中,

$$\tilde{v} = \frac{1+j}{1+i} = \frac{1}{1+\tilde{i}}, \tilde{i} = \frac{i-j}{1+j}, d_j = \frac{j}{1+j}$$

$$\mathrm{E}(W) = \frac{P}{d_j}(\tilde{A}^{\ 1}_{x:\overline{n}|} - A^{\ 1}_{x:\overline{n}|}) \tag{5.1.29}$$

於是,在一般情形下有

$$P\ddot{a}_{x:\overline{n}|} = A_{x:\ \overline{n}|}^{\ \ \ 1} + \mathrm{E}(W) \tag{5.1.30}$$

將公式(5.1.29)代入公式(5.1.30)可求解出 $P$。

特例:當 $j = i$ 時,$\tilde{i} = 0$,此時

$$\mathrm{E}(W) = \frac{P}{d}({}_nq_x - A^{\ 1}_{x:\overline{n}|}) = \frac{P}{d}(1 - {}_np_x - A_{x:\overline{n}|} + v^n\,{}_np_x)$$

$$= \frac{P}{d}[d\ddot{a}_{x:\overline{n}|} - (1 - v^n)\,{}_np_x]$$

$$= P(\ddot{a}_{x:\overline{n}|} - {}_nE_x\ddot{s}_{\overline{n}|}) \tag{5.1.31}$$

將公式(5.1.31)代入公式(5.1.30),得

$$P\ddot{a}_{x:\overline{n}|} = A_{x:\ \overline{n}|}^{\ \ \ 1} + P\ddot{a}_{x:\overline{n}|} - P\,{}_nE_x\ddot{s}_{\overline{n}|}$$

$$\therefore P = \frac{A_{x:\ \overline{n}|}^{\ \ \ 1}}{\ddot{s}_{\overline{n}|}\,{}_nE_x} = \frac{1}{\ddot{s}_{\overline{n}|}} \tag{5.1.32}$$

顯然,對於定期壽險有

$$P = \frac{A^{\ 1}_{x:\overline{n}|}}{{}_nE_x\ddot{s}_{\overline{n}|}} \tag{5.1.33}$$

對於兩全保險有

$$P = \frac{A_{x:\overline{n}|}}{{}_nE_x\ddot{s}_{\overline{n}|}} \tag{5.1.34}$$

2. 返還保費不計利息

返還保費不計利息,即 $j = 0$。那麼

$$W = \begin{cases} P(K+1)v^{K+1} & (K = 0,1,\cdots,n-1) \\ 0 & (K \geqslant n) \end{cases}$$

$$\mathrm{E}(W) = P(IA)^{\ 1}_{x:\overline{n}|}$$

仍然以純生存保險為例,那麼

$$P\ddot{a}_{x:\overline{n}|} = A_{x:\ \overline{n}|}^{\ \ \ 1} + P(IA)^{\ 1}_{x:\overline{n}|} \tag{5.1.35}$$

$$\therefore P=\frac{A_{x:\overset{1}{\overline{n|}}}}{\ddot{a}_{x:\overline{n|}}-(IA)^{1}_{x:\overline{n|}}} \tag{5.1.36}$$

對於定期壽險、兩全保險、延期壽險甚至年金保險,只需將公式(5.1.36)的分子變為相應保險的躉繳純保費即可。

**例** 5.1.9 以 CL1(2000—2003)2.5% 為基礎,計算下列條件下的年繳純保費:(1)一個現年30歲的人,限期20年繳費,購買年額為10,000元的30年延期的期末付的終身年金保險;(2)在問題(1)中,若在30年延期內死亡,返回的保費不計利息;(3)在問題(2)中,將繳費期延長到30年,且返還的保費按預定利率計息;(4)在問題(2)中,將繳費期延長至30年;(5)在問題(1)中,將繳費期延長至30年。

**解**:(1)設年繳純保費為 $P_1$ 元,則

$$P_1\ddot{a}_{30:\overline{20|}}=10,000\,{}_{30|}a_{30}$$

$$\therefore P_1=10,000\frac{{}_{30|}a_{30}}{\ddot{a}_{30:\overline{20|}}}=10,000\frac{N_{61}}{N_{30}-N_{50}}\approx 4,088.48(\text{元})$$

(2)設年繳純保費為 $P_2$ 元,則

$$P_2\ddot{a}_{30:\overline{20|}}=10,000\,{}_{30|}a_{30}+P_2(IA)^{1}_{30:\overline{20|}}+20P_2\,{}_{20|}A^{1}_{30:\overline{10|}}$$

$$\therefore P_2=\frac{10,000\,{}_{30|}a_{30}}{\ddot{a}_{30:\overline{20|}}-(IA)^{1}_{30:\overline{20|}}-20\,{}_{20|}A^{1}_{30:\overline{10|}}}$$

$$=\frac{10,000N_{61}}{(N_{30}-N_{50})-(R_{30}-R_{50}-20M_{50})-20(M_{50}-M_{60})}$$

$$=\frac{10,000N_{61}}{(N_{30}-N_{50})-(R_{30}-R_{50})+20M_{60}}\approx 4,318.45(\text{元})$$

(3)設年繳純保費為 $P_3$ 元,則

$$P_3\ddot{a}_{30:\overline{30|}}=10,000\,{}_{30|}a_{30}+P_3(\ddot{a}_{30:\overline{30|}}-{}_{30}E_{30}\ddot{s}_{\overline{30|}})$$

$$\therefore P_3=\frac{10,000\,{}_{30|}a_{30}}{{}_{30}E_{30}\ddot{s}_{\overline{30|}}}=\frac{10,000}{\ddot{s}_{\overline{30|}}}\cdot\frac{N_{61}}{D_{60}}\approx 3,292.67(\text{元})$$

(4)設年繳純保費為 $P_4$ 元,則

$$P_4\ddot{a}_{30:\overline{30|}}=10,000\,{}_{30|}a_{30}+P_4(IA)^{1}_{30:\overline{30|}}$$

$$\therefore P_4=\frac{10,000\,{}_{30|}a_{30}}{\ddot{a}_{30:\overline{30|}}-(IA)^{1}_{30:\overline{30|}}}$$

$$=\frac{10,000N_{61}}{(N_{30}-N_{60})-(R_{30}-R_{60}-30M_{60})}\approx 3,232.68(\text{元})$$

(5)設年繳純保費為 $P_5$ 元,則

$$P_5\ddot{a}_{30:\overline{30|}}=10,000\,{}_{30|}a_{30}$$

$$\therefore P_5=\frac{10,000N_{61}}{N_{30}-N_{60}}\approx 3,078.48(\text{元})。$$

## 第二節　年繳 m 次的均衡純保費

本節主要討論真實純保費、年賦純保費、比例純保費,要注意它們之間的區別,以及它們與年繳 *1* 次保費的年繳純保費的區別。儘管就保險而言,既可考慮人壽保險,又可考慮年金保險,但為了簡明起見,只考慮人壽保險,並且重點研究死亡年末給付保險金的終身壽險,而其他情形則以舉例方式進行類似研究。

### 一、真實純保費

年繳 $m$ 次($m > 1$)的真實純保費指的是每 $\frac{1}{m}$ 年初生存時就繳納該 $\frac{1}{m}$ 年分期保費的一種均衡年繳純保費。

#### (一)死亡年末給付保險金的人壽保險

1. 終身壽險

設 $P_x^{(m)}$ 表示($x$)參加的於死亡年末給付保險金 1,每 $\frac{1}{m}$ 年初生存時就繳納該分期保費 $\frac{1}{m}P_x^{(m)}$,終身繳費終身壽險的年繳真實純保險費。由收支平衡原則有

$$P_x^{(m)}\ddot{a}_x^{(m)} = A_x \tag{5.2.1}$$

$$\therefore P_x^{(m)} = \frac{A_x}{\ddot{a}_x^{(m)}} \tag{5.2.2}$$

$$\approx \frac{A_x}{\ddot{a}_x - \frac{m-1}{2m}} \tag{5.2.3}$$

下面進一步分析年繳保費 $m$ 次的終身壽險的年繳純保費 $P_x^{(m)}$ 與 $P_x$ 的關係。公式(5.2.3)右邊的分子、分母同除以 $\ddot{a}_x$,並運用公式(5.1.8)可得

$$P_x^{(m)} \approx \frac{P_x}{1 - \frac{m-1}{2m}(P_x + d)} \tag{5.2.4}$$

或

$$P_x^{(m)} \approx P_x + \frac{m-1}{2m}P_x^{(m)}P_x + \frac{m-1}{2m}P_x^{(m)}d \tag{5.2.5}$$

對公式(5.2.5)的解釋:

首先,計算投保人在死亡發生年度未繳納保費所導致的損失。

若投保人在第 1 個 $\frac{1}{m}$ 年內死亡,則未繳納的保費為 $\frac{m-1}{m}P_x^{(m)}$;若投保人在第 2

個$\frac{1}{m}$年內死亡，則未繳納的保費為$\frac{m-2}{m}P_x^{(m)}$…… 若投保人在第$m-1$個$\frac{1}{m}$年內死亡，則未繳納的保費為$\frac{1}{m}P_x^{(m)}$；若投保人在第$m$個$\frac{1}{m}$年內死亡，則未繳納的保費為$\frac{0}{m}P_x^{(m)}$。由於可以近似地認為投保人在死亡年度內死在各$\frac{1}{m}$年是等可能的，即死亡發生在各$\frac{1}{m}$年的概率均為$\frac{1}{m}$，因此死亡年度內平均保費損失為：

$$\frac{1}{m}\left(\frac{m-1}{m}P_x^{(m)}+\frac{m-2}{m}P_x^{(m)}+\cdots+\frac{1}{m}P_x^{(m)}+\frac{0}{m}P_x^{(m)}\right)=\frac{m-1}{2m}P_x^{(m)}$$

這個未繳納保費的損失既可能發生在第1年，也可能發生在第2年…… 於是，死亡所在年末大約應補償$\frac{m-1}{2m}P_x^{(m)}$，從而在終身繳費終身壽險條件下，要求每年補繳的保費為$\frac{m-1}{2m}P_x^{(m)}P_x$。當將可能的保費損失補償后，那就意味著每年初生存時，就一定有該年度的$m$次完整繳費，即不存在未繳納保費的損失。但這與年繳一次保費情形相比，還存在遲繳保費所導致的利息損失。

其次，計算投保人遲繳保費所導致的利息損失。

在任何繳費年度內，對於第1次繳納的保費$\frac{P_x^{(m)}}{m}$，其利息損失為0；第2次繳納的保費$\frac{P_x^{(m)}}{m}$，其利息損失為$\frac{P_x^{(m)}}{m}\cdot\frac{d}{m}$；第3次繳納的保費$\frac{P_x^{(m)}}{m}$，其利息損失為$\frac{P_x^{(m)}}{m}\cdot\frac{2d}{m}$…… 第$m$次繳納的保費$\frac{P_x^{(m)}}{m}$，其利息損失為$\frac{P_x^{(m)}}{m}\cdot\frac{(m-1)d}{m}$。因此，投保人遲繳保費所導致利息總損失為：

$$\frac{P_x^{(m)}}{m}\left(\frac{d}{m}+\frac{2d}{m}+\cdots+\frac{(m-1)d}{m}\right)=\frac{m-1}{2m}P_x^{(m)}d$$

綜上所述，我們有

$$P_x^{(m)}\approx P_x+\frac{m-1}{2m}P_x^{(m)}P_x+\frac{m-1}{2m}P_x^{(m)}d$$

以CL1(2000—2003)2.5% 為例，考慮(40)投保、保額10,000元，於死亡年末給付，終身繳費終身壽險，$m=12$，可以得出對應於公式(5.2.5)的等式：

$$166.82=163.71+1.25+1.86$$

2. 定期壽險

設$P_{\overset{1}{x}:\overline{n|}}^{(m)}$為$n$年定期壽險的年繳真實純保費，則

$$P^{(m)}_{\substack{1\\x:\overline{n}|}} = \frac{A^{\ 1}_{x:\overline{n}|}}{\ddot{a}^{(m)}_{x:\overline{n}|}} \tag{5.2.6}$$

$$\approx \frac{A^{\ 1}_{x:\overline{n}|}}{\ddot{a}_{x:\overline{n}|} - \frac{m-1}{2m}(1 - A_{x:\ \overline{n}|}^{\ 1})} = \frac{P^{\ 1}_{x:\overline{n}|}}{1 - \frac{m-1}{2m}(d + P^{\ 1}_{x:\overline{n}|})} \tag{5.2.7}$$

$$\therefore P^{(m)}_{\substack{1\\x:\overline{n}|}} \approx P^{\ 1}_{x:\overline{n}|} + \frac{m-1}{2m}P^{(m)}_{\substack{1\\x:\overline{n}|}}P^{\ 1}_{x:\overline{n}|} + \frac{m-1}{2m}P^{(m)}_{\substack{1\\x:\overline{n}|}}d \tag{5.2.8}$$

3. 兩全保險

設 $P^{(m)}_{x:\overline{n}|}$ 為 $n$ 年兩全保險的年繳真實純保費,則

$$P^{(m)}_{x:\overline{n}|} = \frac{A_{x:\overline{n}|}}{\ddot{a}^{(m)}_{x:\overline{n}|}} \tag{5.2.9}$$

或

$$P^{(m)}_{x:\overline{n}|} \approx P_{x:\overline{n}|} + \frac{m-1}{2m}P^{(m)}_{x:\overline{n}|}P^{\ 1}_{x:\overline{n}|} + \frac{m-1}{2m}P^{(m)}_{x:\overline{n}|}d \tag{5.2.10}$$

4. 限期 $h$ 年繳費的人壽保險

$${}_hP^{(m)}_x = \frac{A_x}{\ddot{a}^{(m)}_{x:\overline{h}|}} \tag{5.2.11}$$

$${}_hP^{(m)}_{\substack{1\\x:\overline{n}|}} = \frac{A^{\ 1}_{x:\overline{n}|}}{\ddot{a}^{(m)}_{x:\overline{h}|}} \tag{5.2.12}$$

$${}_hP^{(m)}_{x:\overline{n}|} = \frac{A_{x:\overline{n}|}}{\ddot{a}^{(m)}_{x:\overline{h}|}}。 \tag{5.2.13}$$



### (二) 死亡所在$\frac{1}{m}$年末給付保險金的人壽保險

1. 終身壽險

令 $P^{(m)}(A^{(m)}_x)$ 表示於死亡所在$\frac{1}{m}$年末給付保險金 1 且每年繳費 $m$ 次的終身繳費終身壽險的年繳純保費,則

$$P^{(m)}(A^{(m)}_x) = \frac{A^{(m)}_x}{\ddot{a}^{(m)}_x} \tag{5.2.14}$$

容易得到

$$\frac{1}{\ddot{a}^{(m)}_x} = d^{(m)} + P^{(m)}(A^{(m)}_x) \tag{5.2.15}$$

2. 定期壽險

$$P^{(m)}(A^{(m)}_{\substack{1\\x:\overline{n}|}}) = \frac{A^{(m)}_{\substack{1\\x:\overline{n}|}}}{\ddot{a}^{(m)}_{x:\overline{n}|}} \tag{5.2.16}$$

3. 兩全保險

$$P^{(m)}(A_{x:\overline{n}|}^{(m)}) = \frac{A_{x:\overline{n}|}^{(m)}}{\ddot{a}_{x:\overline{n}|}^{(m)}} \tag{5.2.17}$$

容易得到

$$\frac{1}{\ddot{a}_{x:\overline{n}|}^{(m)}} = d^{(m)} + P^{(m)}(A_{x:\overline{n}|}^{(m)}) \tag{5.2.18}$$

4. 限期繳費的人壽保險

$$_hP^{(m)}(A_x^{(m)}) = \frac{A_x^{(m)}}{\ddot{a}_{x:\overline{h}|}^{(m)}} \tag{5.2.19}$$

$$_hP^{(m)}(A_{x:\overline{n}|}^{1\,(m)}) = \frac{A_{x:\overline{n}|}^{1\,(m)}}{\ddot{a}_{x:\overline{h}|}^{(m)}} \tag{5.2.20}$$

$$_hP^{(m)}(A_{x:\overline{n}|}^{(m)}) = \frac{A_{x:\overline{n}|}^{(m)}}{\ddot{a}_{x:\overline{h}|}^{(m)}} \tag{5.2.21}$$

**(三) 死亡所在時刻給付保險金的人壽保險**

這裡只列舉即期壽險情形下的年繳真實純保費的計算公式:

$$P^{(m)}(\bar{A}_x) = \frac{\bar{A}_x}{\ddot{a}_x^{(m)}} \tag{5.2.22}$$

$$P^{(m)}(\bar{A}_{x:\overline{n}|}^{1}) = \frac{\bar{A}_{x:\overline{n}|}^{1}}{\ddot{a}_{x:\overline{n}|}^{(m)}} \tag{5.2.23}$$

$$P^{(m)}(\bar{A}_{x:\overline{n}|}) = \frac{\bar{A}_{x:\overline{n}|}}{\ddot{a}_{x:\overline{n}|}^{(m)}} \tag{5.2.24}$$

**例 5.2.1** 已知 $\dfrac{P_{20:\overline{20}|}^{1\,(6)}}{P_{20:\overline{20}|}^{1}} = 1.03$, $P_{20:\overline{20}|} = 0.05$, 求 $P_{20:\overline{20}|}^{(6)}$。

**解:** $\because \dfrac{P_{20:\overline{20}|}^{1\,(6)}}{P_{20:\overline{20}|}^{1}} = 1.03$

$$\therefore \frac{A_{20:\overline{20}|}^{1}}{\ddot{a}_{20:\overline{20}|}^{(6)}} \div \frac{A_{20:\overline{20}|}^{1}}{\ddot{a}_{20:\overline{20}|}} = 1.03$$

$$\therefore \frac{\ddot{a}_{20:\overline{20}|}}{\ddot{a}_{20:\overline{20}|}^{(6)}} = 1.03$$

$$\therefore P_{20:\overline{20}|}^{(6)} = \frac{A_{20:\overline{20}|}}{\ddot{a}_{20:\overline{20}|}^{(6)}} = P_{20:\overline{20}|}\frac{\ddot{a}_{20:\overline{20}|}}{\ddot{a}_{20:\overline{20}|}^{(6)}} = 0.05 \times 1.03 = 0.051,5$$

**例 5.2.2** 對於年繳 $m$ 次真實純保費,於死亡時刻給付保險金 1 的 $n$ 年定期壽險,寫出保險人的虧損變量,並求其年繳純保費。

**解:** 設保險人的虧損變量為 $_0L^{(m)}$,年繳純保費為 $P^{(m)}(\bar{A}_{x:\overline{n}|}^{1})$,則

$$
{}_0L^{(m)} = \begin{cases} v^T - P^{(m)}(\bar{A}^1_{x:\overline{n}|})\ddot{a}^{(m)}_{\overline{K+\frac{J+1}{m}}|} & (0 < T \leqslant n; K = [T]; J = 0,1,\cdots,m-1) \\ -P^{(m)}(\bar{A}^1_{x:\overline{n}|})\ddot{a}^{(m)}_{\overline{n}|} & (T > n) \end{cases}
$$

顯然,在公平原則下,$E({}_0L^{(m)}) = 0$,從而可得

$$
P^{(m)}(\bar{A}^1_{x:\overline{n}|}) = \frac{\bar{A}^1_{x:\overline{n}|}}{\ddot{a}^{(m)}_{x:\overline{n}|}}
$$

## 二、年賦純保費

年繳 $m$ 次的年賦純保費指的是在被保險人死亡時仍繳納所在年度其余分期保費的一種年繳 $m$ 次保費的年繳純保險費。實際操作時,往往將死亡所在年度死亡后未繳的殘余保費從所給付的保險金中扣除。換言之,被保險人年初生存時就繳納該年度的所有分期保費,也就是說,只要被保險人在每個保險年度初生存,就必須完整繳納各個分期保費。

### (一)死亡所在年末給付保險金的人壽保險

1. 終身壽險

年賦純保費 $P_x^{[m]}$ 指的是$(x)$參加的,死亡所在年末給付保險金 1,年繳 $m$ 次保費,每次繳納$\frac{P_x^{[m]}}{m}$,每年初生存時就繳納該年度所有分期保費,終身繳費終身壽險的年繳純保費。

如何計算 $P_x^{[m]}$?有兩種方法。

方法一:一一對應法。其要點是對於同樣的保障待遇,終身繳費終身壽險在年繳保費 1 次且應該繳納 $P_x$ 時,就一定有 $m$ 個每$\frac{1}{m}$年初繳納$\frac{P_x^{[m]}}{m}$與之對應,反之亦然。因此

$$
P_x = P_x^{[m]}\ddot{a}^{(m)}_{\overline{1}|} \tag{5.2.25}
$$

即

$$
P_x^{[m]} = \frac{P_x}{\ddot{a}^{(m)}_{\overline{1}|}} \tag{5.2.26}
$$

$$
\because \ddot{a}^{(m)}_{\overline{1}|} = \sum_{t=0}^{m-1}\frac{1}{m}v^{\frac{t}{m}} = \sum_{t=0}^{m-1}\frac{1}{m}(1-d)^{\frac{t}{m}} \approx 1 - \frac{m-1}{2m}d
$$

$$
\therefore P_x^{[m]} \approx \frac{P_x}{1 - \frac{m-1}{2m}d} \tag{5.2.27}
$$

或

$$P_x^{[m]} \approx P_x + \frac{m-1}{2m} P_x^{[m]} d \tag{5.2.28}$$

對公式(5.2.28)的解釋:該公式反應了 $P_x^{[m]}$ 與 $P_x$ 相比,只存在遲繳保費導致的利息損失,其利息損失總額為:

$$\frac{P_x^{[m]}}{m}\left(0 + \frac{d}{m} + \frac{2d}{m} + \cdots + \frac{m-1}{m} d\right) = \frac{m-1}{2m} P_x^{[m]} d$$

以 CL1(2000—2003)2.5% 為例,考慮(40)投保、保額 10,000 元,於死亡年末給付,終身繳費終身壽險,$m = 12$,可以得出對應於公式(5.2.28)的等式:

$$165.57 \approx 163.71 + 1.85$$

方法二:保險金調整法。其要點是:按年賦純保費方式,那就應補交死亡所在年度尚未繳納的保費,實際上是從給付的保險金中扣除。與真實純保費方式類似,死亡年度平均尚未繳納的保費為$\frac{m-1}{2m} P_x^{[m]}$,將其從給付的保險金 1 中扣除,因而給付的保險金為 $1 - \frac{m-1}{2m} P_x^{[m]}$。因此

$$P_x^{[m]} \ddot{a}_x^{(m)} \approx \left(1 - \frac{m-1}{2m} P_x^{[m]}\right) A_x \tag{5.2.29}$$

即

$$P_x^{[m]} = \frac{A_x}{\ddot{a}_x^{(m)} + \frac{m-1}{2m} A_x} \tag{5.2.30}$$

$$\because \ddot{a}_x^{(m)} + \frac{m-1}{2m} A_x \approx \ddot{a}_x - \frac{m-1}{2m} + \frac{m-1}{2m} A_x = \left(1 - \frac{m-1}{2m} d\right) \ddot{a}_x$$

$$\therefore P_x^{[m]} \approx \frac{P_x}{1 - \frac{m-1}{2m} d}$$

2. 定期壽險

$$P_{\stackrel{1}{x}:\overline{n}|}^{[m]} = \frac{P^{1}_{x:\overline{n}|}}{\ddot{a}_{\overline{1}|}^{(m)}} \approx \frac{P^{1}_{x:\overline{n}|}}{1 - \frac{m-1}{2m} d} \tag{5.2.31}$$

3. 兩全保險

$$P_{x:\overline{n}|}^{[m]} = \frac{P_{x:\overline{n}|}}{\ddot{a}_{\overline{1}|}^{(m)}} \approx \frac{P_{x:\overline{n}|}}{1 - \frac{m-1}{2m} d} \tag{5.2.32}$$

4. 限期繳費的兩全保險

$$ {}_hP^{[m]}_{x:\overline{n}|} = \frac{{}_hP_{x:\overline{n}|}}{\ddot{a}^{(m)}_{\overline{h}|}} \approx \frac{{}_hP_{x:\overline{n}|}}{1-\dfrac{m-1}{2m}d} \tag{5.2.33} $$

至於其他類型的保險，可以按上述公式類似處理，只是分子要發生變化，變為年繳 1 次保費情形下的年繳純保費。

### (二) 死亡所在時刻或分年度末給付保險金的人壽保險

$$ P^{[m]}(\bar{A}_x) = \frac{P(\bar{A}_x)}{\ddot{a}^{(m)}_{\overline{h}|}} \tag{5.2.34} $$

$$ P^{[m]}(A^{(m)}_{x:\overline{n}|}) = \frac{P(A^{(m)}_{x:\overline{n}|})}{\ddot{a}^{(m)}_{\overline{h}|}} \tag{5.2.35} $$

## 三、比例純保費

比例純保費就是以比例期初付生存年金的方式每年繳納的純保費，保費繳納完全依賴於被保險人生存時間的長短，繳費直至被保險人死亡為止。

用符號 $P^{\{m\}}$ 表示在年繳 $m$ 次保費的保險中，每$\frac{1}{m}$年初生存就繳納該分期的保費；若在某個$\frac{1}{m}$年內死亡，則該分期未經過的保費（實際上已收取）應該退還，即按被保險人生存時間長短成比例收取保險費，這樣更顯公平。實際上這涉及比例期初付生存年金的問題。這裡 $m$ 可以取 1。

### (一) 死亡所在年末給付保險金的人壽保險

1. 終身壽險

設死亡所在年末提供保險金 1 的終身繳費終身壽險的年繳 $m$ 次的比例純保費為 $P^{\{m\}}_x$，於是由收支平衡原則有

$$ P^{\{m\}}_x \ddot{a}^{\{m\}}_x = A_x \tag{5.2.36} $$

解之得

$$ P^{\{m\}}_x = \frac{A_x}{\ddot{a}^{\{m\}}_x} = \frac{d^{(m)}A_x}{\delta\bar{a}_x} \approx \frac{d^{(m)}A_x}{\delta(\ddot{a}_x-\dfrac{1}{2})} \tag{5.2.37} $$

也可以採用保險金調整法。首先，計算出投資人即被保險人死亡所在$\frac{1}{m}$年末應返還多繳的保費近似值為$\frac{1}{2m}P^{\{m\}}_x$；其次，將其以終身壽險的死亡保險金形式一同給付被保險人，因此

$$P_x^{\{m\}}\ddot{a}_x^{(m)} \approx \left(1+\frac{1}{2m}P_x^{\{m\}}\right)A_x \tag{5.2.38}$$

$$\therefore P_x^{\{m\}} \approx \frac{A_x}{\ddot{a}_x^{(m)}-\frac{1}{2m}A_x} = \frac{A_x}{\ddot{a}_x-\frac{m-1}{2m}-\frac{1}{2m}(1-d\ddot{a}_x)}$$

$$= \frac{A_x}{\left(1+\frac{1}{2m}d\right)\ddot{a}_x-\frac{1}{2}} \tag{5.2.39}$$

$$= \frac{P_x}{1-\frac{m-1}{2m}d-\frac{1}{2}P_x} \tag{5.2.40}$$

通過級數展開,容易證明$\frac{\delta}{d^{(m)}} \approx 1+\frac{1}{2m}d$,進而可以證明

$$\ddot{a}_x^{\{m\}} = \frac{\delta}{d^{(m)}}\bar{a}_x \approx \left(1+\frac{1}{2m}d\right)\ddot{a}_x-\frac{1}{2} \tag{5.2.41}$$

由此表明,公式(5.2.39)成立。

由公式(5.2.40)可以得到如下近似公式:

$$P_x^{\{m\}} \approx P_x+\frac{1}{2}P_x^{\{m\}}P_x+\frac{m-1}{2m}P_x^{\{m\}}d \tag{5.2.42}$$

對公式(5.2.42)的解釋:被保險人死亡所在年度未繳納的保費平均為$\frac{1}{2}P_x^{\{m\}}$,因而每年初應補收$\frac{1}{2}P_x^{\{m\}}P_x$;同時,與每年初繳費$P_x$相比,由於被保險人遲繳保費每年帶來的利息損失為$\frac{m-1}{2m}P_x^{\{m\}}d$,因此在$P_x$的基礎上補充上面兩項損失后就可得到$P_x^{\{m\}}$。

以CL1(2000—2003)2.5%為例,考慮(40)投保、保額10,000元,於死亡年末給付,終身繳費終身壽險,$m=12$,可以得出對應於公式(5.2.42)的等式:

$$166.94 \approx 163.71+1.37+1.87$$

2. 定期壽險

依據比例純保費的定義可得

$$P_{x:\overline{n}|}^{1\ \{m\}}\ddot{a}_{x:\overline{n}|}^{\{m\}} = A_{x:\overline{n}|}^{1} \tag{5.2.43}$$

$$\therefore P_{x:\overline{n}|}^{1\ \{m\}} = \frac{A_{x:\overline{n}|}^{1}}{\ddot{a}_{x:\overline{n}|}^{\{m\}}} = \frac{d^{(m)}A_{x:\overline{n}|}^{1}}{\delta\bar{a}_{x:\overline{n}|}} \tag{5.2.44}$$

也可通過保險金調整法建立方程

$$P_{x:\overline{n}|}^{1\ \{m\}}\ddot{a}_{x:\overline{n}|}^{(m)} = \left(1+\frac{1}{2m}P_{x:\overline{n}|}^{1\ \{m\}}\right)A_{x:\overline{n}|}^{1} \tag{5.2.45}$$

$$\therefore P^{\{m\}}_{\substack{1\\x:\overline{n}|}} = \frac{A^{1}_{x:\overline{n}|}}{\ddot{a}^{(m)}_{x:\overline{n}|} - \frac{1}{2m}A^{1}_{x:\overline{n}|}} \tag{5.2.46}$$

對於限期繳費情形,有

$${}_hP^{\{m\}}_{\substack{1\\x:\overline{n}|}} = \frac{A^{1}_{x:\overline{n}|}}{\ddot{a}^{\{m\}}_{x:\overline{h}|}}。 \tag{5.2.47}$$

3. 兩全保險

$$P^{\{m\}}_{x:\overline{n}|} = \frac{A_{x:\overline{n}|}}{\ddot{a}^{\{m\}}_{x:\overline{n}|}} = \frac{d^{(m)}A_{x:\overline{n}|}}{\delta\bar{a}_{x:\overline{n}|}} \tag{5.2.48}$$

$${}_hP^{\{m\}}_{x:\overline{n}|} = \frac{A_{x:\overline{n}|}}{\ddot{a}^{\{m\}}_{x:\overline{h}|}} = \frac{d^{(m)}A_{x:\overline{n}|}}{\delta\bar{a}_{x:\overline{h}|}} \tag{5.2.49}$$

對於死亡所在$\frac{1}{m}$年末、所在時刻給付保險金的人壽保險,僅各舉一例。如下所示。有興趣的讀者可以進行類似的思考。

## (二) 死亡所在$\frac{1}{m}$年末給付保險金的人壽保險

$$P^{\{m\}}(A^{(m)}_{\substack{1\\x:\overline{n}|}}) = \frac{A^{(m)}_{\substack{1\\x:\overline{n}|}}}{\ddot{a}^{\{m\}}_{x:\overline{n}|}} \tag{5.2.50}$$

## (三) 死亡所在時刻給付保險金的人壽保險

$$P^{\{m\}}(\bar{A}_x) = \frac{\bar{A}_x}{\ddot{a}^{\{m\}}_x} \tag{5.2.51}$$

通過比較公式(5.2.1)、公式(5.2.29)與公式(5.2.38)的右端大小,不難發現下列不等式成立:

$$P^{[m]}_x < P^{(m)}_x < P^{\{m\}}_x$$

**例 5.2.3** 某 30 歲的人投保了保額為 100,000 元的 20 年定期壽險,保險金於死亡年末給付,假設年繳保費 12 次,以 CL1(2000—2003)2.5% 為基礎,計算:(1) 每月真實純保費;(2) 每月年賦純保費;(3) 每月比例純保費。

**解**:(1) 每年真實純保費為

$$100,000P^{(12)}_{\substack{1\\30:\overline{20}|}} = 100,000\frac{A^{1}_{30:\overline{20}|}}{\ddot{a}^{(12)}_{30:\overline{20}|}} = 100,000\frac{A^{1}_{30:\overline{20}|}}{\ddot{a}_{30:\overline{20}|} - \frac{11}{24}(1 - v^{20}{}_{20}p_{30})}$$

$$= \frac{100,000(M_{30} - M_{50})}{(N_{30} - N_{50}) - \frac{11}{24}(D_{30} - D_{50})} \approx 167.01$$

∴ 每月真實純保費為 13.92 元。

(2) 每年的年賦純保費為

$$100,000P_{30:\overline{20}|}^{1\,[12]} = \frac{100,000P_{30:\overline{20}|}^{1}}{\ddot{a}_{\overline{1}|}^{(12)}} = \frac{100,000(M_{30} - M_{50})}{(d/d^{(12)})(N_{30} - N_{50})} \approx 166.90$$

∴ 每月年賦純保費為 13.91 元。

(3) 每年比例純保費為

$$100,000P_{30:\overline{20}|}^{1\,\{12\}} = 100,000\frac{A_{30:\overline{20}|}^{1}}{\ddot{a}_{30:\overline{20}|}^{\{12\}}} \approx 100,000\frac{d^{(12)}A_{30:\overline{20}|}^{1}}{\delta[\ddot{a}_{30:\overline{20}|} - \frac{1}{2}(1 - v^{20}{}_{20}p_{30})]}$$

$$= \frac{100,000\frac{d^{(12)}}{\delta}(M_{30} - M_{50})}{(N_{30} - N_{50}) - \frac{1}{2}(D_{30} - D_{50})} \approx 167.03$$

∴ 每月比例純保費為 13.92 元。

從本例的結論來看:比例純保費 > 真實純保費 > 年賦純保費。請讀者思考:其他保險也有這樣的結論嗎?為什麼?

## 第三節 每年連續繳費的均衡純保費

本節將討論每年以連續生存年金方式繳納純保險費,這種繳費方式可以看成是年繳 $m$ 次的年繳純保費的極限情形。就保險而言,既可以考慮年金保險,又可以考慮人壽保險。為簡明起見,本節僅研究人壽保險。就人壽保險而言,按保險金給付及時程度可以細分為死亡年末給付保險金的人壽保險、死亡所在$\frac{1}{m}$年末給付保險金的人壽保險、死亡所在時刻給付保險金的人壽保險,但重點考慮死亡時刻立即給付保險金的情形。就繳費方式而言,可以分為全期繳費和限期繳費兩種形式,這裡將主要考慮全期繳費情形。

本節將對有關問題進行典型研究,而不一一羅列。

### 一、死亡所在時刻給付保險金的壽險

#### (一) 終身壽險

考慮連續繳費至死為止並於死亡之時給付保險金 1 的終身繳費終身壽險,設其年繳純保費為 $\bar{P}(\bar{A}_x)$,設保險人的虧損變量為 ${}_0\bar{L}_x$,則

$${}_0\bar{L}_x = v^T - \bar{P}(\bar{A}_x)\bar{a}_{\overline{T}|} \tag{5.3.1}$$

由 $E({}_0\bar{L}_x) = 0$ 可得

$$\bar{A}_x - \bar{P}(\bar{A}_x)\bar{a}_x = 0$$

$$\therefore \bar{P}(\bar{A}_x) = \frac{\bar{A}_x}{\bar{a}_x} = \frac{\bar{M}_x}{\bar{N}_x} \tag{5.3.2}$$

在 $\bar{A}_x = 1 - \delta\bar{a}_x$ 的兩邊同除以 $\bar{a}_x$,得

$$\bar{P}(\bar{A}_x) = \frac{1}{\bar{a}_x} - \delta \tag{5.3.3}$$

或

$$\frac{1}{\bar{a}_x} = \delta + \bar{P}(\bar{A}_x) \tag{5.3.4}$$

下面計算 $\mathrm{var}({}_0\bar{L}_x)$。由公式(5.3.1) 可得

$${}_0\bar{L}_x = \left(1 + \frac{\bar{P}(\bar{A}_x)}{\delta}\right)v^T - \frac{1}{\delta}\bar{P}(\bar{A}_x) \tag{5.3.5}$$

$$\therefore \mathrm{var}({}_0\bar{L}_x) = \left(1 + \frac{\bar{P}(\bar{A}_x)}{\delta}\right)^2 \mathrm{var}(v^T) = \left(1 + \frac{\bar{P}(\bar{A}_x)}{\delta}\right)^2 ({}^2\bar{A}_x - \bar{A}_x^2)$$

$$= \frac{{}^2\bar{A}_x - \bar{A}_x^2}{(\delta\bar{a}_x)^2} = \frac{{}^2\bar{A}_x - \bar{A}_x^2}{(1 - \bar{A}_x)^2} \tag{5.3.6}$$

**例 5.3.1**　已知 $\mu = 0.04, \delta = 0.06$,求 $\bar{P}(\bar{A}_x)$,$\mathrm{var}({}_0\bar{L}_x)$。

**解**:$\bar{A}_x = \frac{\mu}{\mu + \delta} = \frac{0.04}{0.04 + 0.06} = 0.4$

$${}^2\bar{A}_x = \frac{\mu}{\mu + 2\delta} = \frac{0.04}{0.04 + 2 \times 0.06} = 0.25$$

$$\therefore \quad \bar{P}(\bar{A}_x) = \frac{\delta\bar{A}_x}{1 - \bar{A}_x} = 0.04$$

$$\mathrm{var}({}_0\bar{L}_x) = \frac{{}^2\bar{A}_x - \bar{A}_x^2}{(1 - \bar{A}_x)^2} = 0.25$$

### (二) 定期壽險

設年繳純保費為 $\bar{P}(\bar{A}^1_{x:\overline{n}|})$,則

$$\bar{P}(\bar{A}^1_{x:\overline{n}|}) = \frac{\bar{A}^1_{x:\overline{n}|}}{\bar{a}_{x:\overline{n}|}} \tag{5.3.7}$$

### (三) 兩全保險

設 $\bar{P}(\bar{A}_{x:\overline{n}|})$ 表示$(x)$ 參加的死亡時立即給付保險金 1,每年以生存為條件連續繳費的 $n$ 年期兩全保險的年繳純保費。設 ${}_0\bar{L}_{x:\overline{n}|}$ 為保險人的虧損變量,則

$${}_0\bar{L}_{x:\overline{n}|} = \begin{cases} v^T - \bar{P}(\bar{A}_{x:\overline{n}|})\bar{a}_{\overline{T}|} & (0 < T \leqslant n) \\ v^n - \bar{P}(\bar{A}_{x:\overline{n}|})\bar{a}_{\overline{n}|} & (T > n) \end{cases}$$

由 $\mathrm{E}({}_0\bar{L}_{x:\overline{n}|}) = 0$ 可得

$$\bar{P}(\bar{A}_{x:\overline{n}|}) = \frac{\bar{A}_{x:\overline{n}|}}{\bar{a}_{x:\overline{n}|}} = \frac{1}{\bar{a}_{x:\overline{n}|}} - \delta \tag{5.3.8}$$

或

$$\frac{1}{\bar{a}_{x:\overline{n}|}} = \delta + \bar{P}(\bar{A}_{x:\overline{n}|}) \tag{5.3.9}$$

$$\because {}_0\bar{L}_{x:\overline{n}|} = \bar{Z}_{x:\overline{n}|} - \bar{P}(\bar{A}_{x:\overline{n}|})\bar{Y}_{x:\overline{n}|} = (1 + \frac{\bar{P}(\bar{A}_{x:\overline{n}|})}{\delta})\bar{Z}_{x:\overline{n}|} - \frac{1}{\delta}\bar{P}(\bar{A}_{x:\overline{n}|})$$

$$\therefore \mathrm{var}({}_0\bar{L}_{x:\overline{n}|}) = \frac{{}^2\bar{A}_{x:\overline{n}|} - (\bar{A}_{x:\overline{n}|})^2}{(1 - \bar{A}_{x:\overline{n}|})^2} \tag{5.3.10}$$

## 二、死亡所在$\frac{1}{m}$年末給付保險金的人壽保險

### (一) 終身壽險

設年繳純保費為 $\bar{P}(A_x^{(m)})$,則

$$\bar{P}(A_x^{(m)}) = \frac{A_x^{(m)}}{\bar{a}_x} \tag{5.3.11}$$

### (二) 定期壽險

設年繳純保費為 $\bar{P}(A^{1\,(m)}_{x:\overline{n}|})$,則

$$\bar{P}(A^{1\,(m)}_{x:\overline{n}|}) = \frac{A^{1\,(m)}_{x:\overline{n}|}}{\bar{a}_{x:\overline{n}|}} \tag{5.3.12}$$

### (三) 兩全保險

設年繳純保費為 $\bar{P}(A^{(m)}_{x:\overline{n}|})$,則

$$\bar{P}(A^{(m)}_{x:\overline{n}|}) = \frac{A^{(m)}_{x:\overline{n}|}}{\bar{a}_{x:\overline{n}|}} \tag{5.3.13}$$

## 三、死亡所在年末給付保險金的人壽保險

### (一) 終身壽險

設年繳純保費為 $\bar{P}_x$,則

$$\bar{P}_x = \frac{A_x}{\bar{a}_x} \tag{5.3.14}$$

### (二) 定期壽險

設年繳純保費為 $\bar{P}^1_{x:\overline{n}|}$,則

$$\bar{P}^1_{x:\overline{n}|} = \frac{A^1_{x:\overline{n}|}}{\bar{a}_{x:\overline{n}|}} \tag{5.3.15}$$

### (三) 兩全保險

設年繳純保費為 $\bar{P}_{x:\overline{n}|}$,則

$$\bar{P}_{x:\overline{n}|} = \frac{\bar{A}_{x:\overline{n}|}}{\bar{a}_{x:\overline{n}|}} \tag{5.3.16}$$

**例 5.3.2** 某 30 歲的人投保了保額為 100,000 元的 20 年定期壽險,保險金於死亡年末給付,每年連續繳費,以 CL1(2000—2003)2.5% 為基礎,計算年繳純保費。

**解:** 所求年繳純保費為

$$100,000\bar{P}^{1}_{30:\overline{20}|} = 100,000\frac{A^{1}_{30:\overline{20}|}}{\bar{a}_{30:\overline{20}|}}$$

$$= \frac{100,000(M_{30} - M_{50})}{(N_{30} - N_{50}) - \frac{1}{2}(D_{30} - D_{50})} \approx 167.20(元)$$

**例 5.3.3** 對於保額為 1、於死亡年末給付保險金 1 的終身壽險、年繳 1 次比例純保費 $P^{\{1\}}(\bar{A}_x)$,試分析其與連續繳費方式下的年繳保費 $\bar{P}(\bar{A}_x)$ 的關係。

**解:** $P^{\{1\}}(\bar{A}_x) = \dfrac{\bar{A}_x}{\ddot{a}_x^{\{1\}}} = \dfrac{\bar{A}_x}{\dfrac{\delta\bar{a}_x}{d}} = \dfrac{d}{\delta}\bar{P}(\bar{A}_x) = \bar{P}(\bar{A}_x)\bar{a}_{\overline{1}|}$

年繳 1 次的比例純保費實際上就是以 $\bar{P}(\bar{A}_x)$ 為年金年額連續地給付 1 年的現值。$\bar{P}(\bar{A}_x)$ 就是以每年連續地繳費直到死亡為止的年繳純保費,$P(\bar{A}_x)$ 表示每年初生存時繳納保險費,而 $P^{\{1\}}(\bar{A}_x)$ 意味著每年初生存時繳納保費的同時在死亡時要按比例退還所在年度未經過的保費,由於它們都具有同等保障,因而 $P^{\{1\}}(\bar{A}_x)$ 應大於 $P(\bar{A}_x)$。下面來計算 $P^{\{1\}}(\bar{A}_x) - P(\bar{A}_x)$,它應當反應按比例退還的保險費。設保費退還的現值為 $\bar{Y}$,其數學期望記為 $\bar{A}_x^{PR}$,以生存為條件平均每年退還的保費記為 $P(\bar{A}_x^{PR})$,則

$$\bar{Y} = \frac{P^{\{1\}}(\bar{A}_x)v^T\bar{a}_{\overline{K+1-T}|}}{\bar{a}_{\overline{1}|}} = \bar{P}(\bar{A}_x)v^T\bar{a}_{\overline{K+1-T}|} = \bar{P}(\bar{A}_x)\frac{v^T - v^{K+1}}{\delta}$$

$$\bar{A}_x^{PR} = \mathrm{E}(\bar{Y}) = \bar{P}(\bar{A}_x)\frac{\bar{A}_x - A_x}{\delta}$$

$$P(\bar{A}_x^{PR}) = \frac{\bar{A}_x^{PR}}{\ddot{a}_x} = \bar{P}(\bar{A}_x)\frac{\bar{A}_x - A_x}{\delta\ddot{a}_x}$$

$$= \bar{P}(\bar{A}_x)(\frac{d}{\delta} - \frac{\bar{a}_x}{\ddot{a}_x}) = P(\bar{A}_x)(\frac{d}{\delta}\cdot\frac{\ddot{a}_x}{\bar{a}_x} - 1)$$

$$\because P^{\{1\}}(\bar{A}_x) - P(\bar{A}_x) = P(\bar{A}_x^{PR})$$

$$\therefore P^{\{1\}}(\bar{A}_x) = P(\bar{A}_x) + P(\bar{A}_x^{PR}) = P(\bar{A}_x)\left(\frac{d}{\delta}\cdot\frac{\ddot{a}_x}{\bar{a}_x}\right) = \frac{d}{\delta}\bar{P}(\bar{A}_x)$$

**例 5.3.4** 某35歲的人參加了延期30年的期初付終身生存年金保險,年給付額為1,躉繳保費。保單規定:如果被保險人在30年延期內死亡,那麼將退還既繳的不計利息的保費。已知 $\ddot{a}_{65} = 9.92$,$A_{35:\overline{30|}} = 0.22$,$A^1_{35:\overline{30|}} = 0.07$,求此年金保險的躉繳純保費。

**解**:設躉繳純保費為 $G$,於是由題意可得

$$G = GA^1_{35:\overline{30|}} + {}_{30|}\ddot{a}_{35}$$

$$\therefore G = \frac{{}_{30|}\ddot{a}_{35}}{1 - A^1_{35:\overline{30|}}} = \frac{A_{35:\overline{30|}}^{\ \ 1}\ddot{a}_{65}}{1 - A^1_{35:\overline{30|}}}$$

$$= \frac{(A_{35:\overline{30|}} - A^1_{35:\overline{30|}})\ddot{a}_{65}}{1 - A^1_{35:\overline{30|}}} = \frac{(0.22 - 0.07)\times 9.92}{1 - 0.07} = 1.6$$

**例 5.3.5** 已知 $i = 0.05$,$\bar{a}_x = 15$,$(x)$ 參加了保額為10,000元的終身壽險,採用比例純保費方式,每年初繳納一次,保險金於死亡時刻給付。$(x)$ 經過9.7年后死亡,求在死亡時刻應退還的保險費。

**解**:首先,考慮保額為1的情形。設年繳純保費為 $P^{\{1\}}(\bar{A}_x)$,於是

$$P^{\{1\}}(\bar{A}_x) = \frac{\bar{A}_x}{\ddot{a}_x^{\{1\}}} = \frac{\bar{A}_x}{\frac{\delta}{d}\bar{a}_x} = \frac{d}{\delta}\bar{P}(\bar{A}_x)$$

$$= \frac{d}{\delta}\left(\frac{1}{\bar{a}_x} - \delta\right) = \frac{d}{\delta}\left(\frac{1}{15} - \delta\right)$$

其次,在死亡時刻應退還的保費為

$$Q = P^{\{1\}}(\bar{A}_x)\cdot\frac{\bar{a}_{\overline{0.3|}}}{\bar{a}_{\overline{1|}}} = \frac{d}{\delta}\left(\frac{1}{15} - \delta\right)\cdot\frac{1 - v^{0.3}}{d}$$

$$= \left(\frac{1}{15\delta} - 1\right)(1 - v^{0.3}) = \left(\frac{1}{15\ln(1.05)} - 1\right)(1 - 1.05^{-0.3})$$

$$\approx 0.005,323,89$$

最后,求出保額為10,000元時,應退還的保險費為

$$10,000Q \approx 53.24(\text{元})$$

## 本章小結

本章的主要內容是每年均衡繳納純保費,又稱為年繳純保費或期繳保費。

本章結構按每年繳費次數來劃分:年繳一次的均衡純保費、年繳 $m$ 次的均衡純保費和每年連續繳費的均衡純保費;它們均遵循收支平衡原則。以年繳一次的均衡

純保費為核心,重點研究全離散、全連續兩種類型。就保險而言,可分為人壽保險與年金保險,基本上都以人壽保險中的終身壽險、定期壽險、兩全保險為主要研究對象。

真實純保費、年賦純保費、比例純保費既有聯繫又有區別。真實純保費是指以 $\frac{1}{m}$ 年初生存作為繳納該 $\frac{1}{m}$ 年分期保費的條件的一種均衡年繳純保費。年繳 $m$ 次的年賦純保費指的是 $\frac{1}{m}$ 年初生存作為繳納該 $\frac{1}{m}$ 年的分期保費的條件,同時還要繳納死亡所在年度其余分期尚未繳納的分期保費的一種年繳保險費;換言之,只要投保人年初生存,就必須繳納該年所有分期純保費。年繳 $m$ 次的比例純保費指的是每年繳費 $m$ 次,每 $\frac{1}{m}$ 年初生存時繳納該分期保費,並按比例扣減死亡所在 $\frac{1}{m}$ 年末生存這段時間所對應的保費,實際上就是按生存時間的長短來繳納的純保費。有關係式:比例純保費 > 真實純保費 > 年賦純保費。

年繳純保費主要應用於如下兩個方面:一是對兩全保險年繳保費構成上進行了再認識,體現了兩全保險與自我儲蓄以便期滿生存時能提供生存金的關係,換言之,需輔之以新定期壽險才能解決在期滿之前死亡時儲蓄額不夠給付保險金時的資金缺口;二是分析了死亡時返還已繳納的純保費,甚至還可以給付一定的利息,以增加保單的吸引力。

本章最重要的公式是年繳純保費與生存年金精算現值的關係式。



## 習題5

5-1　某40歲的人投保了20年期兩全保險,保險金額為20萬元,於死亡年末給付,每年初均衡繳費一次,限期10年繳清保費,以CL1(2000—2003)2.5%為例,求年繳純保費。

5-2　某40歲的人購買了20年延期,年額為12,000元的期末付終身年金保險,若限期20年繳清保費,年繳一次,以CL1(2000—2003)2.5%為例,求年繳純保費。

5-3　已知:(1) $a_x = 13.257$, $A_x = 0.193,04$;(2) $a_x = 13.164$, $P_x = 0.041,7$;(3) $A_x = 0.194,14$, $P_x = 0.009,64$。分別在上述三種情況下求預定利率 $i$。

5-4　已知 $A_x = 0.190$, ${}^2A_x = 0.064$,求保額為1的全離散式終身壽險的虧損變量的標準差。

5-5　已知 $P_{x:\overline{n|}} = 0.072,68$, $P_x = 0.009,29$, ${}_nP_x = 0.018,22$,求 $i$。

5－6　已知 $P_{20:\overline{40|}} = 0.07, \ddot{a}_{20} = 18.72, \ddot{a}_{20:\overline{40|}} = 14.28$，求 $P_{20}$。

5－7　已知 ${}_{20}P_{40} = 0.041, P_{40:\overline{20|}} = 0.059, A_{60} = 0.64$，計算 $P^{1}_{40:\overline{20|}}$ 與 $P_{40:\overset{1}{\overline{20|}}}$。

5－8　已知 $P(\bar{A}_{40:\overline{20|}}) = 0.05, {}_{20}P(\bar{A}_{40}) = 0.04, \bar{A}_{60} = 0.68$，計算 $P(\bar{A}^{1}_{40:\overline{20|}})$。

5－9　某40歲的人參加了一個全離散式終身壽險，前10年每年繳納保費 $\pi_0$，以后每年繳納保費 $2\pi_0$，死亡給付均為10,000元。已知 $A_{40} = 0.15, A_{50} = 0.24, i = 0.07, {}_{10}p_{40} = 0.96$，求 $\pi_0$。

5－10　對某25歲的人簽發了一張終身壽險保單，保單規定：(1) 若被保險人在前10年死亡僅給付保險金10,000元，以后死亡則給付20,000元；(2) 前10年繳保費是以后年份的一半；(3) 保費於被保險人65歲前繳清；(4) 保險金於被保險人死亡年末給付。以CL1(2000—2003)2.5% 為基礎，求年繳純保費。

5－11　設 ${}_0L_x$ 表示 $(x)$ 參加的終身壽險時的虧損變量，保額為1，於死亡年末給付。當按等價原則收費時，$E({}_0L_x) = 0$。已知 $A_{49} = 0.292,24, var({}_0L_{49}) = 0.1, {}^2A_{49} = 0.117,23, i = 0.05$，求 $E({}_0L_{49})$。

5－12　某30歲的人參加了如下一種特殊的限期10年繳費，保險金額為1,000元，全離散型終身壽險，於死亡年末將返還既繳的不計利息的純保費。已知 $A_{30} = 0.102, {}_{10|}A_{30} = 0.088, (IA)^{1}_{30:\overline{10|}} = 0.078, \ddot{a}_{30:\overline{10|}} = 7.747$，求年繳均衡純保費。

5－13　某40歲的男子投保了20年繳費20年期、保險金額為20,000元的純生存保險，並約定在保險期內死亡，返還已繳的純保險費；若返還的保費：(1) 不計利息；(2) 按年利率2.5% 計算利息。試以CL1(2000—2003)2.5% 為例，分別計算該男子每年應繳納的純保險費。

5－14　考慮 $(x)$ 參加了延期3年的終身期初付生存年金保險，已知 $i = 0.04$，該年金保險第一次給付額為1,000元，以后按4% 逐年遞增，均衡繳費，繳費期為3年，$e_x = 11.05, p_x = 0.99, {}_2p_x = 0.98$，求年繳均衡純保費。

5－15　已知 $A_{50:\overline{20|}} = 0.351,29, {}_{20}E_{50} = 0.242,211, \alpha(2) = 1.000,212,18, \beta(2) = 0.257,390,80, i = 0.06$，計算 $1,000P^{(2)}_{50:\overline{20|}}$。

5－16　某30歲的人投保了保額為50,000元的20年兩全保險，保險金於死亡所在季末給付，假設年繳保費4次，以CL1(2000—2003)2.5% 為基礎，計算：(1) 每年的真實純保費；(2) 每年的年賦純保費；(3) 每年的比例純保費。

5－17　已知 $i = 0.04, \bar{a}_x = 16$，$(x)$ 參加了保額為10,000元的終身壽險，採用比例純保費，每年初繳納一次，保險金於死亡時刻給付。$(x)$ 經過6.4年后死亡，求在死亡時刻應退還的保險費。

5－18　對於一個全連續型、單位保額的終身壽險保單，$\mu = 0.08, i = 0.07$，

求 $\bar{P}(\bar{A}_x)$ 以及在時刻 25 時虧損變量的方差。

5－19　Jim 的余命 $T$ 的分佈有兩種可能:(1) 以 30% 的概率保證 $T$ 有常數死力 $\mu = 0.03$;(2) 以 70% 的概率保證 $T$ 的概率密度函數為 $f(t) = 0.02(0 \leqslant t \leqslant 50)$, $i = 0.05$,對 Jim 在 45 歲時簽發了一個全連續型終身壽險保單,保額為1,000 元,求該保險的年繳純保費。

5－20　$\bar{Z}_x$ 表示死亡時立即給付保險金 1 的終身壽險所給付的現值,而 $L$ 表示按等價原則確定保費,並連續繳納,死亡時立即給付保險金 1 的終身壽險在簽單時的虧損量。已知 $\dfrac{\mathrm{var}(\bar{Z}_x)}{\mathrm{var}(L)} = 0.36$, $\bar{a}_x = 10$,求 $\bar{P}(\bar{A}_x)$。

5－21　證明:${}_tP^{1}_{x:\overline{n}|} = P^{1}_{x:\overline{t}|} + P_{x:\overline{t}|}^{\ \ 1} A^{1}_{x+t:\overline{n-t}|}$。

5－22　證明:$P^{\{m\}}(\bar{A}_{x:\overline{n}|}) - P^{(m)}(\bar{A}_{x:\overline{n}|}) = \bar{P}(\bar{A}_{x:\overline{n}|}) \dfrac{\bar{A}_{x:\overline{n}|} - A^{(m)}_{x:\overline{n}|}}{\delta \ddot{a}^{(m)}_{x:\overline{n}|}}$。

5－23　證明:當 $\delta = 0$ 時, $\bar{P}(\bar{A}_x) = \dfrac{1}{\mathring{e}_x}$。

5－24　證明:$(1 + \dfrac{\mathrm{d}}{\mathrm{d}x}\bar{a}_x)\bar{P}(\bar{A}_x) - \dfrac{\mathrm{d}}{\mathrm{d}x}\bar{A}_x = \mu_x$。

5－25　已知 $\mu_{x+t} > \mu_x (t > 0)$,證明:$\bar{P}(\bar{A}_x) > \mu_x$。

# 第六章　均衡純保費責任準備金



在賦課式保險、自然保費保險條件下,不會產生每年保費收入不夠保險金給付問題,也不會產生保費收入使用不完的問題,就是說不存在為履行未來給付責任而進行資金準備的問題。

由於賦課式保險、自然保費保險的局限性,代之而起的是均衡純保費。每年保費收入未必就等於保險金給付;就一定年齡后參加終身壽險而言,自然保費隨年齡的增加而增加,而均衡純保費只不過是將自然保費均衡化,因此會出現前期保費收入用不完,而后期保費收入不夠用的問題。主要原因是保費收入已均衡化,而保險金的給付尚未均衡化,於是需要將前期未使用完的保費以複利形式儲存起來,以彌補后期保險金給付的缺口。這種以保險契約為依據,為應付將來發生的賠付而提取的資金準備,稱為責任準備金。換言之,責任準備金就是保險人為履行未來的賠付責任而從收取的保費中提取的資金準備。

責任準備金是保險人對被保險人的負債,而非保險人的資產。責任準備金的提存,關係到保險人履行賠付的能力大小,也關係到保險人盈余的多少,因此,深刻理解責任準備金概念,正確計算責任準備金,具有十分重要的意義。各國保險監管機構對責任準備金都有一個最低要求,或「法定責任準備金」的要求。中國在 2005 年 12 月頒布第二套生命表時,要求各保險公司定價生命表可以自行選擇,而責任準備金的評估必須用該套生命表。

責任準備金實際上是保險人對均衡純保費依生死概率大小所進行的一種合理分配。在均衡純保費方式下產生的責任準備金,稱為均衡純保費責任準備金。躉繳純保費方式下是否存在責任準備金問題?回答是肯定的。由於其研究方法與均衡純保費責任準備金一樣,因此本章只研究前者。

責任準備金有兩種最基本的計算方法:一是未來法(Prospective Method),也叫將來法、預期法,其原理是:某保險年度末責任準備金 = 未來保險金給付的精算現值 - 未來保險費收入的精算現值;二是過去法(Retrospective Method),亦稱為追溯法,其原理是:某保險年度末責任準備金 = 過去保險費收入的精算終值 - 過去保險金給付的精算終值。無論是用未來法還是用過去法,所計算出的責任準備金都體現出了其實質,量度了保險人未來給付責任的大小。

責任準備金計算的前提條件:一是以預定利率、預定死亡率的實現作為基礎;二是在計算時點或觀察點,保費收入與生存金尚未收進,而死亡保險金已經付出,即前者算在將來,而后者算在過去。

本章按每年保險費繳納的次數來劃分為三節,即年繳保費一次的均衡純保費責任準備金、年繳保費 $m$ 次的均衡純保費責任準備金、每年連續繳費的均衡純保費責任準備金。首先就保險而言,每一節可分為人壽保險與年金保險,還可就保險金給付條件進一步細分;其次是研究責任準備金的不同表達式;最后在離散型繳費方式條件下進一步探討責任準備金遞推公式及其非整數年(或會計年)末的責任準備金,並探討完全連續型人壽保險責任準備金的微分方程。

## 第一節　年繳保費一次的均衡純保費責任準備金

### 一、基本計算

#### (一) 人壽保險

1. 死亡所在年末給付保險金的人壽保險

(1) 終身壽險

${}_kV_x$ 表示$(x)$ 參加的,於死亡所在年末給付保險金 1,終身繳費,年繳一次均衡純保費的終身壽險在第 $k$ 年末的責任準備金;設被保險人在 $x+k$ 歲時的取整余命為 $J(J=0,1,2,\cdots)$,並設保險人在時刻 $k$ 的虧損隨機變量為 ${}_kL_x$,則

$$P(J=j)={}_{j|}q_{x+k} \tag{6.1.1}$$

$${}_kL_x=v^{J+1}-P_x\ddot{a}_{\overline{J+1|}} \tag{6.1.2}$$

$$E({}_kL_x)=E(v^{J+1})-P_xE(\ddot{a}_{\overline{J+1|}})$$

$$=A_{x+k}-P_x\ddot{a}_{x+k}=\frac{M_{x+k}}{D_{x+k}}-P_x\frac{N_{x+k}}{D_{x+k}}={}_kV_x \tag{6.1.3}$$

由此可將責任準備金理解為未來保險金給付的平均缺口,公式(6.1.3) 體現了未來法計算責任準備金的原理。使用未來法時,有時為了區別起見,在主體字母「$V$」的右上角加上上標「$p$」,而使用過去法時,在「$V$」的右上角加上上標「$r$」。

下面計算 var( $_kL_x$ )。

$$\because\ _kL_x = (1 + \frac{P_x}{d})v^{J+1} - \frac{P_x}{d}$$

$$\therefore \text{var}(_kL_x) = (1 + \frac{P_x}{d})^2[\,^2A_{x+k} - (A_{x+k})^2]$$

$$= \frac{^2A_{x+k} - (A_{x+k})^2}{(1 - A_x)^2} \tag{6.1.4}$$

$$_kV_x^r = P_x\ddot{s}_{x:\overline{k}|} - \frac{A^{\ 1}_{x:\overline{k}|}}{_kE_x} \tag{6.1.5}$$

$$= P_x\frac{N_x - N_{x+k}}{D_{x+k}} - \frac{M_x - M_{x+k}}{D_{x+k}} \tag{6.1.6}$$

可以證明:由未來法與過去法計算出的責任準備金應相等,即 $_kV_x^r = {}_kV_x^p$。事實上,可有三種證明方法。

方法一:從責任準備金的未來法和過去法的計算表達式中,不難發現,保費收入、保險金支出在 $x + k$ 歲時被分成了兩段,以 $x$ 歲為觀察點,其價值等式為

$$P_x(\ddot{a}_{x:\overline{k}|} + {}_kE_x\ddot{a}_{x+k}) = A^{\ 1}_{x:\overline{k}|} + {}_kE_xA_{x+k}$$

移項,得

$$P_x\ddot{a}_{x:\overline{k}|} - A^{\ 1}_{x:\overline{k}|} = {}_kE_x(A_{x+k} - P_x\ddot{a}_{x+k})$$

兩邊同除以 $_kE_x$,得

$$P_x\ddot{s}_{x:\overline{k}|} - \frac{A^{\ 1}_{x:\overline{k}|}}{_kE_x} = A_{x+k} - P_x\ddot{a}_{x+k}$$

$$\therefore\ _kV_x^r = {}_kV_x^p$$

方法二:以 $x + k$ 歲為觀察點,依收支平衡原則,有

$$P_x\ddot{s}_{x:\overline{k}|} + P_x\ddot{a}_{x+k} = \frac{A^{\ 1}_{x:\overline{k}|}}{_kE_x} + A_{x+k}$$

$$\therefore P_x\ddot{s}_{x:\overline{k}|} - \frac{A^{\ 1}_{x:\overline{k}|}}{_kE_x} = A_{x+k} - P_x\ddot{a}_{x+k}$$

$$\therefore\ _kV_x^r = {}_kV_x^p$$

方法三:用替換函數證明

$$_kV_x^p = A_{x+k} - P_x\ddot{a}_{x+k} = \frac{M_{x+k}}{D_{x+k}} - P_x\frac{N_{x+k}}{D_{x+k}}$$

$$= \frac{M_x - P_xN_x}{D_{x+k}} + \frac{P_x(N_x - N_{x+k})}{D_{x+k}} - \frac{M_x - M_{x+k}}{D_{x+k}}$$

$$= P_x\ddot{s}_{x:\overline{k}|} - \frac{A^{\ 1}_{x:\overline{k}|}}{_kE_x} = {}_kV_x^r$$

下面對於每一種保險,先用未來法寫出責任準備金的表達式,然后寫出過去法的結果,請讀者觀察在什麼條件下使用未來法或過去法更簡便一些。

**例 6.1.1** 某 30 歲的人參加了保額為 20,000 元的終身壽險,年繳一次均衡純保費,全期繳費,保險金於死亡年末給付,以 CL1(2000—2003)2.5% 為基礎,試分別用過去法與未來法計算該保險在第十年末的責任準備金。

**解:** $\because P_{30} = \dfrac{A_{30}}{\ddot{a}_{30}} = \dfrac{M_{30}}{N_{30}} \approx 0.011,91,04$

過去法: $_{10}\tilde{V}^r_{30} = 20,000\,{}_{10}V^r_{30} = 20,000\left(P_{30}\ddot{s}_{30:\overline{10|}} - A^{\ 1}_{30:\overline{10|}} \cdot \dfrac{1}{_{10}E_{30}}\right)$

$$= 20,000\left(P_{30}\frac{N_{30} - N_{40}}{D_{40}} - \frac{M_{30} - M_{40}}{D_{40}}\right) \approx 2,394.30(\text{元})$$

未來法: $_{10}\tilde{V}^p_{30} = 20,000\,{}_{10}V^p_{30} = 20,000(A_{40} - P_{30}\ddot{a}_{40})$

$$= 20,000\left(\frac{M_{40}}{D_{40}} - P_{30}\frac{N_{40}}{D_{40}}\right) \approx 2,394.30(\text{元})$$

亦可先算出本例題的年繳純保費,然后計算責任準備金。下面以未來法為例。

$$\because \tilde{P}_{30} = 20,000P_{30} = 20,000\frac{M_{30}}{N_{30}} \approx 229.820,820$$

$$\therefore {}_{10}\tilde{V}^p_{30} = 20,000A_{40} - \tilde{P}_{30}\ddot{a}_{40} = 20,000\frac{M_{40}}{D_{40}} - \tilde{P}_{30}\frac{N_{40}}{D_{40}} \approx 2,394.30(\text{元})$$

說明:由於年繳保費 $P_{30}$ 或 $\tilde{P}_{30}$ 的結果僅僅是中間數據,所以應盡可能保留比較多的小數位,以確保用未來法與過去法計算的責任準備金的最終結果相等。

(2) 定期壽險

設 $n$ 年定期壽險在第 $k$ 年末的責任準備金 $_kV^{\ 1}_{x:\overline{n|}}$,則

$$_kV^{p\ 1}_{x:\overline{n|}} = \begin{cases} A^{\ 1}_{x+k:\overline{n-k|}} - P^{\ 1}_{x:\overline{n|}}\ddot{a}_{x+k:\overline{n-k|}} & (0 \leqslant k < n) \\ 0 & (k = n) \end{cases} \tag{6.1.7}$$

$$_kV^{r\ 1}_{x:\overline{n|}} = \begin{cases} 0 & (k = 0) \\ P^{\ 1}_{x:\overline{n|}}\ddot{s}_{x:\overline{k|}} - A^{\ 1}_{x:\overline{k|}}\dfrac{1}{_kE_x} & (0 < k \leqslant n) \end{cases} \tag{6.1.8}$$

易證: $_kV^{p\ 1}_{x:\overline{n|}} = {}_kV^{r\ 1}_{x:\overline{n|}}$,既然兩者相等,那麼都用 $_kV^{\ 1}_{x:\overline{n|}}$ 表示。

事實上,當 $k = n$ 時,

$$P^{\ 1}_{x:\overline{n|}}\ddot{s}_{x:\overline{n|}} - A^{\ 1}_{x:\overline{n|}}\frac{1}{_nE_x} = \frac{1}{_nE_x}(P^{\ 1}_{x:\overline{n|}}\ddot{a}_{x:\overline{n|}} - A^{\ 1}_{x:\overline{n|}}) = 0\text{,所證等式成立;}$$

當 $0 < k < n$ 時,

$$_kV^{p\ 1}_{x:\overline{n|}} = A^{\ 1}_{x+k:\overline{n-k|}} - P^{\ 1}_{x:\overline{n|}}\ddot{a}_{x+k:\overline{n-k|}} = \frac{M_{x+k} - M_{x+n}}{D_{x+k}} - P^{\ 1}_{x:\overline{n|}}\frac{N_{x+k} - N_{x+n}}{D_{x+k}}$$

$$= \frac{(M_x - M_{x+n}) - (M_x - M_{x+k})}{D_{x+k}} - P^{1}_{x:\overline{n}|} \frac{(N_x - N_{x+n}) - (N_x - N_{x+k})}{D_{x+k}}$$

$$= P^{1}_{x:\overline{n}|}\ddot{s}_{x:\overline{k}|} - A^{1}_{x:\overline{k}|}\frac{1}{{}_kE_x} = {}_kV^{r}{}^{1}_{x:\overline{n}|};$$

當 $k = 0$ 時，所證等式顯然成立。

(3) 兩全保險

設其在第 $k$ 年末的責任準備金為 ${}_kV_{x:\overline{n}|}$，於是

$${}_kV^{p}_{x:\overline{n}|} = \begin{cases} A_{x+k:\overline{n-k}|} - P_{x:\overline{n}|}\ddot{a}_{x+k:\overline{n-k}|} & (0 \leqslant k < n) \\ 1 & (k = n) \end{cases} \tag{6.1.9}$$

$${}_kV^{r}_{x:\overline{n}|} = \begin{cases} 0 & (k = 0) \\ P_{x:\overline{n}|}\ddot{s}_{x:\overline{k}|} - A^{1}_{x:\overline{k}|}\dfrac{1}{{}_kE_x} & (0 < k \leqslant n) \end{cases} \tag{6.1.10}$$

請讀者證明用過去法與用未來法計算的責任準備金相等。

(4) 限期繳費的兩全保險

設限期 $h$ 年繳費的 $n$ 年兩全保險在第 $k$ 年末的責任準備金為 ${}^{h}_{k}V_{x:\overline{n}|}$，於是

$${}^{h}_{k}V^{p}_{x:\overline{n}|} = \begin{cases} A_{x+k:\overline{n-k}|} - {}_hP_{x:\overline{n}|}\ddot{a}_{x+k:\overline{h-k}|} & (0 \leqslant k < h) \\ A_{x+k:\overline{n-k}|} & (h \leqslant k < n) \\ 1 & (k = n) \end{cases} \tag{6.1.11}$$

$${}^{h}_{k}V^{r}_{x:\overline{n}|} = \begin{cases} 0 & (k = 0) \\ {}_hP_{x:\overline{n}|}\ddot{s}_{x:\overline{k}|} - A^{1}_{x:\overline{k}|}\dfrac{1}{{}_kE_x} & (0 < k \leqslant h) \\ {}_hP_{x:\overline{n}|}\ddot{s}_{x:\overline{h}|}\dfrac{1}{{}_{k-h}E_{x+h}} - A^{1}_{x:\overline{k}|}\dfrac{1}{{}_kE_x} & (h < k \leqslant n) \end{cases} \tag{6.1.12}$$

2. 死亡所在$\frac{1}{m}$年末給付保險金的人壽保險

死亡所在時刻給付保險金、所在$\frac{1}{m}$年末給付保險金的人壽保險的責任準備金，均可借鑑關於死亡所在年末給付保險金的人壽保險的責任準備金的研究方法。為了簡明起見，僅舉一些例子，其余則請讀者自行完成。

設死亡所在$\frac{1}{m}$年末給付保險金 1，年繳一次均衡純保費的 $n$ 年定期壽險在第 $k$ 年末的責任準備金為

$${}_kV^{p}(A^{(m)1}_{x:\overline{n}|}) = \begin{cases} A^{(m)1}_{x+k:\overline{n-k}|} - P(A^{(m)1}_{x:\overline{n}|})\ddot{a}_{x+k:\overline{n-k}|} & (0 \leqslant k < n) \\ 0 & (k = n) \end{cases} \tag{6.1.13}$$

$$ {}_{k}V^{r}(A^{(m)\,1}_{x:\overline{n}|}) = \begin{cases} 0 & (k=0) \\ P(A^{(m)\,1}_{x:\overline{n}|})\ddot{s}_{x:\overline{k}|} - A^{(m)\,1}_{x:\overline{k}|}\dfrac{1}{{}_{k}E_{x}} & (0<k\leqslant n) \end{cases} \tag{6.1.14} $$

3. 死亡所在時刻給付保險金的人壽壽險

設限期 $h$ 年繳費,死亡所在時刻提供保險金 1 的終身壽險在第 $k$ 年末的責任準備金為 ${}^{h}_{k}V(\bar{A}_{x})$,則

$$ {}^{h}_{k}V^{p}(\bar{A}_{x}) = \begin{cases} \bar{A}_{x+k} - {}_{h}P(\bar{A}_{x})\ddot{a}_{x+k:\overline{h-k}|} & (0\leqslant k<h) \\ \bar{A}_{x+k} & (k\geqslant h) \end{cases} \tag{6.1.15} $$

$$ {}^{h}_{k}V^{r}(\bar{A}_{x}) = \begin{cases} 0 & (k=0) \\ {}_{h}P(\bar{A}_{x})\ddot{s}_{x:\overline{k}|} - \dfrac{\bar{A}^{1}_{x:\overline{k}|}}{{}_{k}E_{x}} & (k<h) \\ {}_{h}P(\bar{A}_{x})\ddot{s}_{x:\overline{h}|}\dfrac{1}{{}_{k-h}E_{x+h}} - \dfrac{\bar{A}^{1}_{x:\overline{k}|}}{{}_{k}E_{x}} & (k\geqslant h) \end{cases} \tag{6.1.16} $$

**(二) 年金保險**

以 $n$ 年延期終身年金保險為例,在年金給付期內,每年初生存時給付 1,而在未來 $n$ 年內每年初生存時均衡繳納保險費。設該年金保險在第 $k$ 年末的責任準備金為 ${}^{n}_{k}V({}_{n|}\ddot{a}_{x})$,同樣可運用未來法與過去法,計算結果如下:

$$ {}^{n}_{k}V^{p}({}_{n|}\ddot{a}_{x}) = \begin{cases} {}_{n-k|}\ddot{a}_{x+k} - {}_{n}P({}_{n|}\ddot{a}_{x})\ddot{a}_{x+k:\overline{n-k}|} & (0\leqslant k<n) \\ \ddot{a}_{x+k} & (k\geqslant n) \end{cases} \tag{6.1.17} $$

$$ {}^{n}_{k}V^{r}({}_{n|}\ddot{a}_{x}) = \begin{cases} 0 & (k=0) \\ {}_{n}P({}_{n|}\ddot{a}_{x})\ddot{s}_{x:\overline{k}|} & (0<k\leqslant n) \\ {}_{n}P({}_{n|}\ddot{a}_{x})\ddot{s}_{x:\overline{n}|}\cdot\dfrac{1}{{}_{k-n}E_{x+n}} - \ddot{s}_{x+n:\overline{k-n}|} & (k>n) \end{cases} \tag{6.1.18} $$

當然,讀者可以考慮期末付生存年金、每年給付多次或每年連續給付的終身生存年金、定期生存年金或延期生存年金等情形,其基本方法仍然是未來法或過去法。

綜上所述,既然用未來法與用過去法所計算出的責任準備金結果是一樣的,因而以后主體字母「$V$」的右上角的上標「$r$」或「$p$」一般都取消掉,除非是為了區別。但在不同條件下採用不同的方法,其繁簡程度是不一樣的。① 在保險費繳納期結束后的某時刻 $k$ 的責任準備金的計算宜用未來法。因為未來沒有保費收入,僅有保險金支出。② 在無須提供保險金的期間內某時刻 $k$ 的責任準備金的計算宜用過去法。因為,其結果就是保險費收入的精算終值。

## 二、責任準備金的不同表達式

責任準備金有不同表達式的結論適用於保險金於死亡年末給付、保險費年繳

一次的終身壽險與兩全保險兩種情形。我們均從未來法表達式出發,運用人壽保險躉繳(或年繳)保費與生存年金精算現值的關係進行推導,以后兩節將有類似的結論。

### (一)終身壽險

$$ {}_kV_x = A_{x+k} - P_x\ddot{a}_{x+k} \quad \text{(未來法表達式)} $$

$$ = 1 - \frac{\ddot{a}_{x+k}}{\ddot{a}_x} \quad \text{(年金現值表達式)} \quad (6.1.19) $$

$$ = \frac{A_{x+k} - A_x}{1 - A_x} \quad \text{(躉繳純保費表達式)} \quad (6.1.20) $$

$$ = \frac{P_{x+k} - P_x}{P_{x+k} + d} \quad \text{(年繳純保費表達式)} \quad (6.1.21) $$

### (二)兩全保險

$$ {}_kV_{x:\overline{n}|} = A_{x+k:\overline{n-k}|} - P_{x:\overline{n}|}\ddot{a}_{x+k:\overline{n-k}|} \quad \text{(未來法表達式)} $$

$$ = 1 - \frac{\ddot{a}_{x+k:\overline{n-k}|}}{\ddot{a}_{x:\overline{n}|}} \quad \text{(年金現值表達式)} \quad (6.1.22) $$

$$ = \frac{A_{x+k:\overline{n-k}|} - A_{x:\overline{n}|}}{1 - A_{x:\overline{n}|}} \quad \text{(躉繳純保費表達式)} \quad (6.1.23) $$

$$ = \frac{P_{x+k:\overline{n-k}|} - P_{x:\overline{n}|}}{P_{x+k:\overline{n-k}|} + d} \quad \text{(年繳純保費表達式)} \quad (6.1.24) $$

**例 6.1.2** 已知 $i = 0.06$,$q_x = 0.65$,$q_{x+1} = 0.85$,$q_{x+2} = 1$,求 ${}_1V_x$。

**解 1:** $\because p_{x+2} = 1 - q_{x+2} = 0$

$$ \therefore \ddot{a}_{x+1} = 1 + vp_{x+1} $$

$$ \ddot{a}_x = 1 + vp_x + v^2{}_2p_x $$

$$ \therefore {}_1V_x = 1 - \frac{\ddot{a}_{x+1}}{\ddot{a}_x} = 1 - \frac{1 + vp_{x+1}}{1 + vp_x + v^2p_xp_{x+1}} \approx 0.17 $$

**解 2:** 
$$ A_x = vq_x + v^2{}_{1|}q_x + v^3{}_{2|}q_x $$

$$ = vq_x + v^2p_xq_{x+1} + v^3p_xp_{x+1}q_{x+2} $$

$$ = v \cdot 0.65 + v^2 \cdot 0.35 \times 0.85 + v^3 \cdot 0.35 \times 0.15 \times 1 \approx 0.920,62 $$

$$ A_{x+1} = vq_{x+1} + v^2{}_{1|}q_{x+1} = vq_{x+1} + v^2p_{x+1}q_{x+2} $$

$$ = v \times 0.85 + 0.15 \cdot v^2 \approx 0.935,386 $$

$$ \therefore {}_1V_x = \frac{A_{x+1} - A_x}{1 - A_x} \approx 0.17 $$

**例 6.1.3** 已知 ${}_{10}V_{25} = 0.1$,${}_{10}V_{35} = 0.2$,求 ${}_{20}V_{25}$。

**解**：$\because {}_tV_x = 1 - \frac{\ddot{a}_{x+t}}{\ddot{a}_x} \quad \therefore 1 - \frac{\ddot{a}_{35}}{\ddot{a}_{25}} = 0.1, 1 - \frac{\ddot{a}_{45}}{\ddot{a}_{35}} = 0.2$

$$\therefore \frac{\ddot{a}_{35}}{\ddot{a}_{25}} = 1 - 0.1 = 0.9, \frac{\ddot{a}_{45}}{\ddot{a}_{35}} = 1 - 0.2 = 0.8$$

$$\therefore {}_{20}V_{25} = 1 - \frac{\ddot{a}_{45}}{\ddot{a}_{25}} = 1 - 0.9 \times 0.8 = 0.28$$

## 三、責任準備金遞推公式

責任準備金遞推公式反應相鄰保險年度末責任準備金之間的關係，即反應${}_kV$與${}_{k+1}V$之間的關係。

### (一) 特殊情形

下面以終身繳費且於死亡所在年度末給付保險金 1 的終身壽險為例，研究相鄰年度末責任準備金之間的關係，需要運用遞推公式(3.1.31)、公式(4.2.25)。

$$\because {}_kV_x = A_{x+k} - P_x\ddot{a}_{x+k} = vq_{x+k} + vp_{x+k}A_{x+k+1} - P_x(1 + vp_{x+k}\ddot{a}_{x+k+1})$$

$$= -P_x + vq_{x+k} + vp_{x+k}(A_{x+k+1} - P_x\ddot{a}_{x+k+1})$$

$$= -P_x + vq_{x+k} + vp_{x+k}\,{}_{k+1}V_x \tag{6.1.25}$$

$$\therefore {}_kV_x + P_x = vq_{x+k} + vp_{x+k}\,{}_{k+1}V_x \tag{6.1.26}$$

由公式(6.1.25)及${}_{\omega-x}V_x = 0$可計算各年末責任準備金，不妨稱此方法為倒遞推法。

$$\because {}_{\omega-x}V_x = 0$$

$$\therefore {}_{\omega-x-1}V_x = vq_{\omega-1} - P_x = A_{\omega-1} - P_x\ddot{a}_{\omega-1}$$

$${}_{\omega-x-2}V_x = -P_x + vq_{\omega-2} + vp_{\omega-2}\,{}_{\omega-x-1}V_x$$

$$= vq_{\omega-2} + v^2p_{\omega-2}q_{\omega-1} - P_xvp_{\omega-2} - P_x$$

$$= A_{\omega-2} - P_x\ddot{a}_{\omega-2}$$

$${}_{\omega-x-3}V_x = vq_{\omega-3} + vp_{\omega-3}\,{}_{\omega-x-2}V_x - P_x$$

$$= vq_{\omega-3} + vp_{\omega-3}A_{\omega-2} - P_x(1 + vp_{\omega-3}\ddot{a}_{\omega-2})$$

$$= A_{\omega-3} - P_x\ddot{a}_{\omega-3}$$

……

$${}_kV_x = A_{x+k} - P_x\ddot{a}_{x+k}$$

對公式(6.1.26)的解釋：第 $k$ 年末的責任準備金${}_kV_x$加上第 $k+1$ 年初所收取的保費 $P_x$，即第 $x+1$ 年初責任準備金${}_kV_x + P_x$滿足兩個方面的用途：一是滿足年內死亡情形於年末給付保險金 1 的需要，平均需開支 $vq_{x+k}$；二是滿足年末仍生存時所需責任準備金${}_{k+1}V_x$的要求，平均需開支 $vp_{x+k}\,{}_{k+1}V_x$。

由公式(6.1.26)可得

$$ {}_{k+1}V_x = \frac{D_{x+k}}{D_{x+k+1}}({}_kV_x + P_x) - \frac{C_{x+k}}{D_{x+k+1}} \tag{6.1.27} $$

公式(6.1.27)被稱為法克勒(Fackler)遞推公式,$\frac{D_{x+k}}{D_{x+k+1}}$、$\frac{C_{x+k}}{D_{x+k+1}}$稱為法克勒系數。由${}_0V_x = 0$及公式(6.1.27)可求出其他年度末的責任準備金,此方法稱為順遞推法。

對公式(6.1.27)的解釋:第$k+1$年末責任準備金為第$k+1$年初的責任準備金在年末的精算終值減去第$k+1$年內死亡而在年末給付死亡保險金形成的精算終值。

公式(6.1.26)$\times(1+i)l_{x+k}$,則變為

$$ ({}_kV_x + P_x)l_{x+k}(1+i) = d_{x+k} + {}_{k+1}V_x l_{x+k+1} \tag{6.1.28} $$

對公式(6.1.28)的解釋:在第$k$年末$l_{x+k}$人所積存的責任準備金以及第$k+1$年初所收取的保險費在利率$i$的作用下形成的累積值將為在第$k+1$年內死亡的$d_{x+k}$人在年末每人提供保險金1的給付,同時為年末(或下一年初)生存的$l_{x+k+1}$人每人留下${}_{k+1}V_x$的責任準備金。

由公式(6.1.26)可得

$$ P_x = (v\,{}_{k+1}V_x - {}_kV_x) + (1 - {}_{k+1}V_x)vq_{x+k} \tag{6.1.29} $$

對公式(6.1.29)的解釋:第$k+1$年初所收取的保費$P_x$有兩個作用:一是使責任準備金由${}_kV_x$「增加」到${}_{k+1}V_x$(即儲蓄作用),需要開支$v\,{}_{k+1}V_x - {}_kV_x$,因而稱$v\,{}_{k+1}V_x - {}_kV_x$為儲蓄保險費;二是對於年內死亡情形在年末應當給付死亡保險金1,然而由於每人已有${}_{k+1}V_x$的責任準備金,故還需$1 - {}_{k+1}V_x$(稱為危險保額)的資金準備,其平均給付現值或自然純保費為$(1 - {}_{k+1}V_x)vq_{x+k}$,又稱為危險保險費。因此,該公式表明年繳純保費可分解為儲蓄保費與危險保費之和。

公式(6.1.29)$\times l_{x+k}$,得

$$ l_{x+k}P_x = (v\,{}_{k+1}V_x - {}_kV_x)l_{x+k} + (1 - {}_{k+1}V_x)vd_{x+k} \tag{6.1.30} $$

對公式(6.1.30)的解釋:在第$k+1$年初$l_{x+k}$人每人繳納保費$P_x$,總共$l_{x+k}P_x$,首先使$l_{x+k}$人中的每個人(無論年內是否死亡)的責任準備金由${}_kV_x$「增加」到${}_{k+1}V_x$,共花去保險費$(v\,{}_{k+1}V_x - {}_kV_x)l_{x+k}$;對於年末仍生存的$l_{x+k+1}$人已符合要求,因為已為他們準備了責任準備金${}_{k+1}V_x$;對於年內死亡的$d_{x+k}$人,由於在年末的責任準備金已積存到${}_{k+1}V_x$,故每人只需補上$1 - {}_{k+1}V_x$,即填補死亡保險金給付的缺口,共花費$(1 - {}_{k+1}V_x)vd_{x+k}$,故公式(6.1.30)成立。

### (二) 一般情形

設$_{k}V$與$_{k+1}V$分別為第$k$年末、第$k+1$年末的責任準備金,如果被保險人在第$k+1$年內死亡,那麼於所在年末給付保險金$b_{k+1}$,第$k+1$年初即在時刻$k$繳納的保費為$\pi_k$,則

$$_{k}V + \pi_k = b_{k+1}vq_{x+k} + vp_{x+k}\,{}_{k+1}V \quad (6.1.31)$$

或

$$\pi_k = (v\,{}_{k+1}V - {}_{k}V) + (b_{k+1} - {}_{k+1}V)vq_{x+k} \quad (6.1.32)$$

假如被保險人活過第$k$年即活過時刻$k$還可獲得生存金$E_k$,那麼有如下更一般的遞推公式:

$$_{k}V + \pi_k - E_k = b_{k+1}vq_{x+k} + vp_{x+k}\,{}_{k+1}V \quad (6.1.33)$$

或

$$\pi_k = [E_k + (v\,{}_{k+1}V - {}_{k}V)] + (b_{k+1} - {}_{k+1}V)vq_{x+k}。 \quad (6.1.34)$$

**例 6.1.4**　某壽險保單規定,$(x)$的被保險人在$n$年內死亡時,死亡年末給付保險金 1 加上其責任準備金,若滿期生存時,則給付生存金 1,求其年繳均衡純保費$\pi$及其責任準備金。

**解**:設第$k$年末責任準備金為$_{k}V$,於是死亡保險金為$b_k(k = 1,2,\cdots,n)$。並設年繳均衡純保費為$\pi$,於是由題意知:

$$_{n}V = 1, {}_{0}V = 0, b_k = 1 + {}_{k}V \quad (k = 1,2,\cdots,n)$$

$$\therefore \pi = (v\,{}_{k+1}V - {}_{k}V) + (b_{k+1} - {}_{k+1}V)vq_{x+k}$$

即

$$\pi = v\,{}_{k+1}V - {}_{k}V + vq_{x+k} \quad (a)$$

$(a)$ 兩邊同乘以$v^k$,得

$$v^k\pi = v^{k+1}\,{}_{k+1}V - v^k\,{}_{k}V + v^{k+1}q_{x+k} \quad (b)$$

$(b)$ 兩邊對$k = 0,1,2,\cdots,n-1$求和,得

$$\pi = \frac{v^n + \sum_{k=0}^{n-1} v^{k+1}q_{x+k}}{\ddot{a}_{\overline{n}|}}$$

$(b)$ 兩邊對$k = 0,1,2,\cdots,t-1$求和,得

$$\pi\ddot{a}_{\overline{t}|} = v^t\,{}_{t}V + \sum_{k=0}^{t-1} v^{k+1}q_{x+k}$$

$$\therefore {}_{t}V = \pi\ddot{s}_{\overline{t}|} - \sum_{k=0}^{t-1}(1+i)^{t-(k+1)}q_{x+k}$$

具體而言,假設$x = 40, n = 20$,以 CL1(2000—2003)2.5% 為例,運用第十二章

的 Excel 方法，可以計算出：$\pi \approx 0.041,743$，${}_{10}V \approx 0.452,787$。提示：$vq_{x+k} = \dfrac{C_{x+k}}{D_{x+k}}$。

**例 6.1.5** 已知某保險的責任準備金遞推公式為：

$${}_{k+1}V = \frac{D_{x+k}}{D_{x+k+1}}({}_kV + P) - \frac{C_{x+k}}{D_{x+k+1}}, \text{且 } {}_0V = 0, {}_nV = 1\text{。求 } P \text{ 及 } {}_kV\text{。}$$

**解**：由已知條件可得

$$D_{x+t+1}\,{}_{t+1}V - D_{x+t}\,{}_tV = D_{x+t}P - C_{x+t}$$

令 $t = 0,1,2,\cdots,n-1$，相加可得

$$D_{x+n}\,{}_nV - D_x\,{}_0V = P\sum_{t=0}^{n-1} D_{x+t} - \sum_{t=0}^{n-1} C_{x+t}$$

$$\therefore P(N_x - N_{x+n}) = M_x - M_{x+n} + D_{x+n}$$

$$P = \frac{M_x - M_{x+n} + D_{x+n}}{N_x - N_{x+n}} = P_{x:\overline{n|}}$$

令 $t = 0,1,2,\cdots,k-1$，相加可得

$$D_{x+k}\,{}_kV - D_x\,{}_0V = P\sum_{t=0}^{k-1} D_{x+t} - \sum_{t=0}^{k-1} C_{x+t}$$

$$D_{x+k}\,{}_kV = P_{x:\overline{n|}}(N_x - N_{x+k}) - (M_x - M_{x+k})$$

$${}_kV = P_{x:\overline{n|}}\left(\frac{N_x - N_{x+k}}{D_{x+k}}\right) - \frac{M_x - M_{x+k}}{D_{x+k}} = {}_kV_{x:\overline{n|}}$$

顯然，此保險就是兩全保險。

**例 6.1.6** 證明：

$$P_x = P^1_{x:\overline{t|}} + P_{x:\overline{t|}}^{\ \ 1}\,{}_tV_x \tag{6.1.35}$$

**證明 1**：由過去法得

$${}_tV_x = P_x\ddot{s}_{x:\overline{t|}} - \frac{A^1_{x:\overline{t|}}}{{}_tE_x} = P_x \div \frac{A_{x:\overline{t|}}^{\ \ 1}}{\ddot{a}_{x:\overline{t|}}} - \frac{A^1_{x:\overline{t|}} \div \ddot{a}_{x:\overline{t|}}}{A_{x:\overline{t|}}^{\ \ 1} \div \ddot{a}_{x:\overline{t|}}}$$

$$= \frac{P_x}{P_{x:\overline{t|}}^{\ \ 1}} - \frac{P^1_{x:\overline{t|}}}{P_{x:\overline{t|}}^{\ \ 1}} = \frac{P_x - P^1_{x:\overline{t|}}}{P_{x:\overline{t|}}^{\ \ 1}}$$

$$\therefore P_x = P^1_{x:\overline{t|}} + P_{x:\overline{t|}}^{\ \ 1}\,{}_tV_x\text{。}$$

**證明 2**：$\because P^1_{x:\overline{t|}} + P_{x:\overline{t|}}^{\ \ 1}\,{}_tV_x = P^1_{x:\overline{t|}} + P_{x:\overline{t|}}^{\ \ 1}(A_{x+t} - P_x\ddot{a}_{x+t})$

$$= \left(\frac{M_{x+t}}{D_{x+t}} - \frac{M_x}{N_x}\cdot\frac{N_{x+t}}{D_{x+t}}\right)\cdot\frac{D_{x+t}}{N_x - N_{x+t}} + \frac{M_x - M_{x+t}}{N_x - N_{x+t}}$$

$$= \frac{M_{x+t}}{N_x - N_{x+t}} - \frac{M_x}{N_x}\cdot\frac{(N_{x+t} - N_x) + N_x}{N_x - N_{x+t}} + \frac{M_x}{N_x - N_{x+t}} - \frac{M_{x+t}}{N_x - N_{x+t}}$$

$$= \frac{M_x}{N_x} - \frac{M_x}{N_x - N_{x+t}} + \frac{M_x}{N_x - N_{x+t}} = \frac{M_x}{N_x} = P_x$$

∴ 所證等式成立。

**例6.1.7** 已知$0 \leqslant k \leqslant m$,證明:${}_kV_{x:\overline{m+n}|} = {}_kV^1_{x:\overline{m}|} + {}_kV_{x:\overline{m}|}^{\ \ 1}\ {}_mV_{x:\overline{m+n}|}$。

**證明**:依據過去法

$${}_mV_{x:\overline{m+n}|} = P_{x:\overline{m+n}|}\ddot{s}_{x:\overline{m}|} - \frac{A^1_{x:\overline{m}|}}{A_{x:\overline{m}|}^{\ \ 1}} = \frac{P_{x:\overline{m+n}|}}{P_{x:\overline{m}|}^{\ \ 1}} - \frac{P^1_{x:\overline{m}|}}{P_{x:\overline{m}|}^{\ \ 1}}$$

$$\therefore P_{x:\overline{m+n}|} = P^1_{x:\overline{m}|} + P_{x:\overline{m}|}^{\ \ 1}\ {}_mV_{x:\overline{m+n}|}$$

當$0 \leqslant k \leqslant m$時,

$$\begin{aligned}
{}_kV_{x:\overline{m+n}|} &= A^1_{x+k:\overline{m-k}|} + A_{x+k:\overline{m-k}|}^{\ \ \ \ \ 1}A_{x+m:\overline{n}|} - P_{x:\overline{m+n}|}(\ddot{a}_{x+k:\overline{m-k}|} + A_{x+k:\overline{m-k}|}^{\ \ \ \ \ 1}\ddot{a}_{x+m:\overline{n}|}) \\
&= A^1_{x+k:\overline{m-k}|} - P_{x:\overline{m+n}|}\ddot{a}_{x+k:\overline{m-k}|} + A_{x+k:\overline{m-k}|}^{\ \ \ \ \ 1}(A_{x+m:\overline{n}|} - P_{x:\overline{m+n}|}\ddot{a}_{x+m:\overline{n}|}) \\
&= A^1_{x+k:\overline{m-k}|} - (P^1_{x:\overline{m}|} + P_{x:\overline{m}|}^{\ \ 1}\ {}_mV_{x:\overline{m+n}|})\ddot{a}_{x+k:\overline{m-k}|} + A_{x+k:\overline{m-k}|}^{\ \ \ \ \ 1}\ {}_mV_{x:\overline{m+n}|} \\
&= (A^1_{x+k:\overline{m-k}|} - P^1_{x:\overline{m}|}\ddot{a}_{x+k:\overline{m-k}|}) + {}_mV_{x:\overline{m+n}|}(A_{x+k:\overline{m-k}|}^{\ \ \ \ \ 1} - P_{x:\overline{m}|}^{\ \ 1}\ddot{a}_{x+k:\overline{m-k}|}) \\
&= {}_kV^1_{x:\overline{m}|} + {}_kV_{x:\overline{m}|}^{\ \ 1}\ {}_mV_{x:\overline{m+n}|}
\end{aligned}$$

∴ 等式得證。

**例6.1.8** 對於保額為1的3年期全離散型兩全保險,均衡地繳費,已知$q_{20} = \frac{1}{3}$,${}_1V_{20:\overline{3}|} = \frac{1}{4}$,${}_2V_{20:\overline{3}|} = \frac{1}{2}$。求$\mathrm{var}({}_0L)$,其中${}_0L$為簽單時保險人的損失。

**解**:由${}_2V_{20:\overline{3}|} + P_{20:\overline{3}|} = vq_{22} + vp_{22} \cdot {}_3V_{20:\overline{3}|}$,${}_3V_{20:\overline{3}|} = 1$,${}_2V_{20:\overline{3}|} = \frac{1}{2}$得

$$\frac{1}{2} + P_{20:\overline{3}|} = v$$

$$\therefore P_{20:\overline{3}|} = v - \frac{1}{2} \tag{c}$$

又由${}_0V_{20:\overline{3}|} + P_{20:\overline{3}|} = vq_{20} + vp_{20} \cdot {}_1V_{20:\overline{3}|}$,${}_0V_{20:\overline{3}|} = 0$,${}_1V_{20:\overline{3}|} = \frac{1}{4}$得

$$P_{20:\overline{3}|} = \frac{1}{3}v + v(1 - \frac{1}{3}) \cdot \frac{1}{4} = \frac{1}{2}v \tag{d}$$

由$(c)$、$(d)$聯合求解可得

$$i = 0, P_{20:\overline{3}|} = \frac{1}{2}$$

由${}_1V_{20:\overline{3}|} + P_{20:\overline{3}|} = vq_{21} + vp_{21} \cdot {}_2V_{20:\overline{3}|}$,且${}_1V_{20:\overline{3}|} = \frac{1}{4}$,${}_2V_{20:\overline{3}|} = \frac{1}{2}$得

$$\frac{1}{4} + \frac{1}{2} = q_{21} + p_{21} \cdot \frac{1}{2}$$

$\therefore q_{21} = \dfrac{1}{2}$

$$\because {}_0L = \begin{cases} v^{K+1} - P_{20:\overline{3}|}\ddot{a}_{\overline{K+1}|} & (K = 0,1,2) \\ v^3 - P_{20:\overline{3}|}\ddot{a}_{\overline{3}|} & (K \geqslant 3) \end{cases} = \begin{cases} \dfrac{1-K}{2} & (K = 0,1,2) \\ -\dfrac{1}{2} & (K \geqslant 3) \end{cases}$$

$$\mathrm{P}({}_0L = \frac{1}{2}) = \frac{1}{3}, \mathrm{P}({}_0L = 0) = \frac{1}{3}, \mathrm{P}({}_0L = -\frac{1}{2}) = \frac{1}{3},$$

$$\therefore \mathrm{E}({}_0L) = 0, \mathrm{E}({}_0L^2) = \frac{1}{6}, \mathrm{var}({}_0L) = \frac{1}{6}$$

**例** 6.1.9 （虧損在各年度的分攤）已知 $\pi_k$ 為第 $k+1$ 年初繳納的保險費，$b_{k+1}$ 為被保險人在第 $k+1$ 年內死亡時於年末給付的保險金，在保險簽單時虧損變量為 ${}_0L$，$\Lambda_h$ 為在第 $h+1$ 年裡形成的虧損，證明：

$$\mathrm{var}({}_0L) = \sum_{h=0}^{\infty} v^{2h}\mathrm{var}(\Lambda_h) \tag{6.1.36}$$

**證明：**由題意知

$${}_0L = b_{K+1}v^{K+1} - \sum_{h=0}^{K} \pi_h v^h$$

$$\Lambda_h = \begin{cases} 0 & (K = 0,1,\cdots,h-1) \\ vb_{h+1} - ({}_hV + \pi_h) & (K = h) \\ v\,{}_{h+1}V - ({}_hV + \pi_h) & (K = h+1, h+2, \cdots) \end{cases}$$

顯然，$\Lambda_h$ 是依賴於 $K$ 的隨機變量，$K$ 取不同的值，$\Lambda_h$ 的值也不相同。根據遞推公式(6.1.31)，$\Lambda_h$ 變為

$$\Lambda_h = \begin{cases} 0 & (K = 0,1,\cdots,h-1) \\ (b_{h+1} - {}_{h+1}V)vp_{x+h} & (K = h) \\ -(b_{h+1} - {}_{h+1}V)vq_{x+h} & (K = h+1, h+2, \cdots) \end{cases}$$

$$\therefore \mathrm{E}(\Lambda_h) = v(b_{h+1} - {}_{h+1}V)p_{x+h}\,{}_{h|}q_x - (b_{h+1} - {}_{h+1}V)vq_{x+h}\,{}_{h+1}p_x = 0$$

$$\begin{aligned} \therefore \mathrm{var}(\Lambda_h) &= \mathrm{E}((\Lambda_h)^2) - (\mathrm{E}(\Lambda_h))^2 \\ &= v^2(b_{h+1} - {}_{h+1}V)^2(p_{x+h})^2\,{}_{h|}q_x + (b_{h+1} - {}_{h+1}V)^2v^2(q_{x+h})^2\,{}_{h+1}p_x \\ &= v^2(b_{h+1} - {}_{h+1}V)^2\,{}_{h+1}p_x(p_{x+h}q_{x+h} + (q_{x+h})^2) \\ &= v^2(b_{h+1} - {}_{h+1}V)^2\,{}_{h+1}p_x q_{x+h} \end{aligned} \tag{6.1.37}$$

可以證明

$$\mathrm{cov}(\Lambda_h, \Lambda_j) = 0 \tag{6.1.38}$$

事實上，不妨假設 $h > j$，且 $\Lambda_h \neq 0$，這意味著 $K \geqslant h \geqslant j+1$，從而

$$\Lambda_j = v_{j+1}V - ({}_jV + \pi_j)\text{（即 }\Lambda_j\text{ 取常數值，與 }K\text{ 無關）}$$

$$\therefore \mathrm{E}(\Lambda_h\Lambda_j) = [v_{j+1}V - ({}_jV + \pi_j)]\mathrm{E}(\Lambda_h) = 0,$$

$$\therefore \mathrm{cov}(\Lambda_h,\Lambda_j) = \mathrm{E}(\Lambda_h\Lambda_j) = 0$$

由於總虧損${}_0L$應等於各年度虧損現值之和，因此

$$_0L = \sum_{h=0}^{\infty} v^h \Lambda_h \qquad (6.1.39)$$

$$\therefore \mathrm{var}({}_0L) = \sum_{h=0}^{\infty} v^{2h}\mathrm{var}(\Lambda_h)$$

公式（6.1.36）體現了簽單時的總虧損${}_0L$的方差是各保險年度虧損變量方差的函數關係。當保險經歷了 $k$ 年后，此時的總虧損為${}_kL$，其方差仍可用公式（6.1.36），只是 $\Lambda_h$ 中的 $h$ 計算的起點是 $x+k$ 歲，將其記為 $\Lambda'_h$。即是說：公式（6.1.36）中的年齡 $x$ 增加到$x+k$，$\pi'_0 = {}_kV + \pi_k$，$\pi'_h = \pi_{h+k}$，$b'_h = b_{h+k}$，${}_hV' = {}_{h+k}V$，$h = 1,2,\cdots$。

## 四、非整數年末責任準備金

非整數年末責任準備金，又稱為會計年末責任準備金。在實際工作中，壽險公司需要依照法律在每一個會計年度終了之時做出決算，評估資產和負債，計算在一年內的收支損益，計算出當年盈余（或紅利），等等。由於會計年度與保險年度往往不一致，因而需要根據保險年末責任準備金計算出會計年末責任準備金，即計算出非整數年末責任準備金，因為會計年末一定會落在某一保險年度之內。因而，本問題的實質就變為由相鄰保險年末的責任準備金去近似估計會計年末責任準備金。換言之，由相鄰整數年末責任準備金去估計非整數年末責任準備金。

設某會計年度末剛好是該保單經過 $k+h$ 年（$0<h<1$），設該保單在第 $k$ 年末的責任準備金為${}_kV$，於是問題就演變為：如何由${}_kV$、${}_{k+1}V$去近似估計${}_{k+h}V$？下面用兩種方法進行討論。

### （一）線性插值法

假設在一年內死亡人數服從均勻分佈，即責任準備金是均勻變化的，則

$$_{k+h}V = (1-h)({}_kV + P) + h\,{}_{k+1}V \qquad (6.1.40)$$

其中${}_kV+P$、${}_{k+1}V$分別為第 $k+1$ 年的年初與年末的責任準備金，因而該公式表明：${}_{k+h}V$為這兩個責任準備金的線性插值或加權平均值，或為年初年末付責任準備金的線性插值。

公式（6.1.40）可變為

$$_{k+h}V = [(1-h)\,{}_kV + h\,{}_{k+1}V] + P(1-h) \qquad (6.1.41)$$

其中，$P(1-h)$ 為第 $k+1$ 年未經過保費或未賺得保費，$(1-h)_kV+h_{k+1}V$ 為第 $k$ 年末與第 $k+1$ 年末責任準備金的線性插值，因而該公式表明 $_{k+h}V$ 為期末付責任準備金的線性插值與未經過保費之和。

### （二）未來法

下面僅以終身壽險為例探討非整數年末責任準備金的計算。

$$_{k+h}V_x = v^{1-h}{}_{1-h}q_{x+k+h} + v^{1-h}{}_{1-h}p_{x+k+h}A_{x+k+1} - P_x{}_{1-h|}\ddot{a}_{x+k+h} \tag{6.1.42}$$

$$= v^{1-h}{}_{1-h}q_{x+k+h} + v^{1-h}{}_{1-h}p_{x+k+h}(A_{x+k+1} - P_x\ddot{a}_{x+k+1})$$

$$= v^{1-h}{}_{1-h}q_{x+k+h} + v^{1-h}{}_{1-h}p_{x+k+h}{}_{k+1}V_x \tag{6.1.43}$$

$\because$ 在 UDD 假設下，$_{1-h}q_{x+k+h} \approx \dfrac{(1-h)q_{x+k}}{1-hq_{x+k}}$

$\therefore {}_{1-h}p_{x+k+h} \approx 1 - {}_{1-h}q_{x+k+h} = \dfrac{p_{x+k}}{1-hq_{x+k}}$

$$\therefore {}_{k+h}V_x \approx \frac{v^{1-h}(1-h)q_{x+k}}{1-hq_{x+k}} + \frac{v^{1-h}p_{x+k}}{1-hq_{x+k}}{}_{k+1}V_x \tag{6.1.44}$$

考慮到 $\dfrac{v^{-h}}{1-hq_{x+k}} \approx 1$，那麼公式（6.1.44）可化為

$$_{k+h}V_x = (1-h)vq_{x+k} + vp_{x+k}{}_{k+1}V_x \tag{6.1.45}$$

由公式（6.1.26）可得

$$vq_{x+k} = (_kV_x + P_x) - vp_{x+k}{}_{k+1}V_x \tag{6.1.46}$$

將公式（6.1.46）代入公式（6.1.45），得

$$_{k+h}V_x = (_kV_x + P_x)(1-h) - vp_{x+k}{}_{k+1}V_x(1-h) + vp_{x+k}{}_{k+1}V_x$$

$$= (_kV_x + P_x)(1-h) + hvp_{x+k}{}_{k+1}V_x \tag{6.1.47}$$

$\because vp_{x+k} \approx 1$

$$\therefore {}_{k+h}V_x = (1-h)(_kV_x + P_x) + h_{k+1}V_x \tag{6.1.48}$$

顯然，公式（6.1.48）是公式（6.1.40）的特例。

**例 6.1.10** 某生日為 4 月 1 日的 40 歲的人投保了保額為 10,000 元、於死亡年末給付、年繳保費一次的終身繳費終身壽險，今年屬於第 10 個保險年度，試計算今年 12 月 31 日的責任準備金，以 CL1(2000—2003)2.5% 為例。

**解：**所求的責任準備金為會計年末的責任準備金，或第 9.75 保險年末責任準備金。下面先計算其保額為 1 時的責任準備金，然后再計算所求的責任準備金。

$$_9V_{30} = 1 - \frac{\ddot{a}_{39}}{\ddot{a}_{30}} \approx 0.106,669$$

$$_{10}V_{30} = 1 - \frac{\ddot{a}_{40}}{\ddot{a}_{30}} \approx 0.119,715$$

$$P_{30} = \frac{M_{30}}{N_{30}} \approx 0.011,91$$

$$_{9.75}V_{30} \approx 0.25(_{9}V_{30} + P_{30}) + 0.75 \cdot {_{10}V_{30}} \approx 0.119,326$$

因此,所求的責任準備金為 1,193.26 元。順便通過本例容易驗證公式(6.1.29),即有等式:114.91 = 101.26 + 13.65。

## 第二節　年繳保費 m 次的均衡純保費責任準備金

儘管年繳 $m$ 次保費可以分為真實純保費、年賦純保費與比例純保費三種類型,但最基本的是真實純保費,因為后兩者可以按真實純保費方式處理。因此,本節將重點探討真實純保費條件下的責任準備金,並以終身壽險、兩全保險作為主要研究的險種;然后從未來法出發,探討其與均衡年繳保費一次的責任準備金之間的關係。

### 一、基本計算

#### (一) 真實純保費責任準備金

1. 死亡所在年末給付保險金的人壽保險

(1) 終身壽險

設 ${}_kV_x^{(m)}$ 表示($x$) 參加的於死亡年末給付保險金 1,年繳真實純保費 $m$ 次,終身繳費終身壽險在第 $k$ 年末的責任準備金,則依據未來法可得

$$ {}_kV_x^{(m)} = A_{x+k} - P_x^{(m)}\ddot{a}_{x+k}^{(m)} \tag{6.2.1}$$

運用公式(4.3.4) 及公式(5.2.5),公式(6.2.1) 變為

$$\begin{aligned}
{}_kV_x^{(m)} &\approx A_{x+k} - (P_x + \frac{m-1}{2m}P_x^{(m)}P_x + \frac{m-1}{2m}P_x^{(m)}d)(\ddot{a}_{x+k} - \frac{m-1}{2m}) \\
&= A_{x+k} - P_x\ddot{a}_{x+k} - \frac{m-1}{2m}P_x^{(m)}\frac{\ddot{a}_{x+k}}{\ddot{a}_x} + \frac{m-1}{2m}P_x^{(m)} \\
&= {}_kV_x + \frac{m-1}{2m}P_x^{(m)}(1 - \frac{\ddot{a}_{x+k}}{\ddot{a}_x}) \\
&= {}_kV_x + \frac{m-1}{2m}P_x^{(m)}\,{}_kV_x \qquad (6.2.2) \\
&= (1 + \frac{m-1}{2m}P_x^{(m)})\,{}_kV_x \qquad (6.2.3)
\end{aligned}$$

由於年繳 $m$ 次保費與年繳 1 次保費的區別在於死亡所在年度保費損失大約為 $\frac{m-1}{2m}P_x^{(m)}$,這相當於死亡所在年末需要給付的保險金為 $1 + \frac{m-1}{2m}P_x^{(m)}$,因而責任

準備金為$(1+\frac{m-1}{2m}P_x^{(m)})\,_kV_x$,故公式(6. 2. 3) 成立。

(2) 兩全保險

$_kV_{x:\overline{n}|}^{(m)}$ 表示在真實純保費條件下 $n$ 年期兩全保險在第 $k$ 年末的責任準備金。根據公式(4. 3. 10)、公式(5. 2. 10) 可得

$$_kV_{x:\overline{n}|}^{(m)}=A_{x+k:\overline{n-k}|}-P_{x:\overline{n}|}^{(m)}\ddot{a}_{x+k:\overline{n-k}|}^{(m)} \quad (6.2.4)$$

$$\approx(A_{x+k:\overline{n-k}|}-P_{x:\overline{n}|}\ddot{a}_{x+k:\overline{n-k}|})-\frac{m-1}{2m}P_{x:\overline{n}|}^{(m)}(P_{x:\overline{n}|}^{1}+d)\ddot{a}_{x+k:\overline{n-k}|}$$

$$+\frac{m-1}{2m}P_{x:\overline{n}|}^{(m)}(1-{}_{n-k}E_{x+k})$$

$$={}_kV_{x:\overline{n}|}+\frac{m-1}{2m}P_{x:\overline{n}|}^{(m)}(A_{x+k:\overline{n-k}|}^{1}-P_{x:\overline{n}|}^{1}\ddot{a}_{x+k:\overline{n-k}|})$$

$$={}_kV_{x:\overline{n}|}+\frac{m-1}{2m}P_{x:\overline{n}|}^{(m)}\,{}_kV_{x:\overline{n}|}^{1} \quad (6.2.5)$$

(3) 限期繳費的兩全保險

${}_k^hV_{x:\overline{n}|}^{(m)}$ 表示於死亡年末給付保險金 1,限期 $h$ 年繳費且年繳 $m$ 次真實純保費條件下 $n$ 年期兩全保險在第 $k$ 年末的責任準備金。

當 $k<h$ 時

$${}_k^hV_{x:\overline{n}|}^{(m)}=A_{x+k:\overline{n-k}|}-{}_hP_{x:\overline{n}|}^{(m)}\ddot{a}_{x+k:\overline{h-k}|}^{(m)} \quad (6.2.6)$$

$${}_k^hV_{x:\overline{n}|}=A_{x+k:\overline{n-k}|}-{}_hP_{x:\overline{n}|}\ddot{a}_{x+k:\overline{n-k}|}$$

兩式相減,得

$${}_k^hV_{x:\overline{n}|}^{(m)}-{}_k^hV_{x:\overline{n}|}=-{}_hP_{x:\overline{n}|}^{(m)}\ddot{a}_{x+k:\overline{h-k}|}^{(m)}+{}_hP_{x:\overline{n}|}\ddot{a}_{x+k:\overline{h-k}|}$$

$$={}_hP_{x:\overline{n}|}^{(m)}(\ddot{a}_{x+k:\overline{h-k}|}\cdot\frac{\ddot{a}_{x:\overline{h}|}^{(m)}}{\ddot{a}_{x:\overline{h}|}}-\ddot{a}_{x+k:\overline{h-k}|}^{(m)})$$

在 UDD 假設下

$$\because\ \ddot{a}_{x:\overline{h}|}^{(m)}=\alpha(m)\ddot{a}_{x:\overline{h}|}-\beta(m)(1-{}_hE_x)$$

$$\frac{\ddot{a}_{x:\overline{h}|}^{(m)}}{\ddot{a}_{x:\overline{h}|}}=\alpha(m)-\beta(m)\frac{1-{}_hE_x}{\ddot{a}_{x:\overline{h}|}}$$

$$\therefore\ {}_k^hV_{x:\overline{n}|}^{(m)}-{}_k^hV_{x:\overline{n}|}\approx{}_hP_{x:\overline{n}|}^{(m)}\beta(m)\left[(1-{}_{h-k}E_{x+k})-\frac{1-{}_hE_x}{\ddot{a}_{x:\overline{h}|}}\ddot{a}_{x+k:\overline{h-k}|}\right]$$

$$\because\ 1-{}_{h-k}E_{x+k}-\frac{1-{}_hE_x}{\ddot{a}_{x:\overline{h}|}}\ddot{a}_{x+k:\overline{h-k}|}=1-{}_{h-k}E_{x+k}-(\frac{1}{\ddot{a}_{x:\overline{h}|}}-P_{x:\overline{h}|}^{\ 1})\ddot{a}_{x+k:\overline{h-k}|}$$

$$=1-{}_{h-k}E_{x+k}-P_{x:\overline{h}|}^{1}\ddot{a}_{x+k:\overline{h-k}|}-d\ddot{a}_{x+k:\overline{h-k}|}$$

$$=A_{x+k:\overline{h-k}|}^{1}-P_{x:\overline{h}|}^{1}\ddot{a}_{x+k:\overline{h-k}|}={}_kV_{x:\overline{h}|}^{1}$$

$$\therefore\ {}_{k}^{h}V_{x:\overline{n}|}^{(m)} \approx {}_{k}^{h}V_{x:\overline{n}|} + \beta(m)\ {}_{h}P_{x:\overline{n}|}^{(m)}\ {}_{k}V_{x:\overline{h}|}^{1} \tag{6.2.7}$$

顯然,當 $h \leqslant k \leqslant n$ 時,公式(6.2.7) 仍成立,只不過這時 ${}_{k}V_{x:\overline{h}|}^{1} = 0$。

2. 死亡所在$\frac{1}{m}$年末給付保險金的人壽保險

(1) 終身壽險

${}_{k}V^{(m)}(A_{x}^{(m)})$ 表示$(x)$ 參加的,死亡所在$\frac{1}{m}$年末給付保險金1,年繳 $m$ 次真實純保費,終身繳費終身壽險在第 $k$ 年末的責任準備金,則

$${}_{k}V^{(m)}(A_{x}^{(m)}) = A_{x+k}^{(m)} - P^{(m)}(A_{x}^{(m)})\ddot{a}_{x+k}^{(m)} \tag{6.2.8}$$

(2) 兩全保險

${}_{k}V^{(m)}(A_{x:\overline{n}|}^{(m)})$ 表示死亡所在$\frac{1}{m}$年末給付保險金 1,年繳 $m$ 次真實純保費的兩全保險在第 $k$ 年末的責任準備金,則

$${}_{k}V^{(m)}(A_{x:\overline{n}|}^{(m)}) = A_{x+k:\overline{n-k}|}^{(m)} - P^{(m)}(A_{x:\overline{n}|}^{(m)})\ddot{a}_{x+k:\overline{n-k}|}^{(m)} \tag{6.2.9}$$

3. 死亡所在時刻給付保險金的人壽保險

${}_{k}^{h}V^{(m)}(\bar{A}_{x:\overline{n}|})$ 表示死亡所在時刻給付保險金 1,限期 $h$ 年繳費,年繳 $m$ 次真實純保費的兩全保險在第 $k$ 年末的責任準備金,則

$${}_{k}^{h}V^{(m)}(\bar{A}_{x:\overline{n}|}) = \bar{A}_{x+k:\overline{n-k}|} - {}_{h}P^{(m)}(\bar{A}_{x:\overline{n}|})\ddot{a}_{x+k:\overline{n-k}|}^{(m)} \tag{6.2.10}$$

$$= {}_{k}^{h}V(\bar{A}_{x:\overline{n}|}) + \beta(m)\ {}_{h}P^{(m)}(\bar{A}_{x:\overline{n}|})\ {}_{k}V_{x:\overline{h}|}^{1} \tag{6.2.11}$$

### (二) 年賦純保費責任準備金

以死亡所在年末給付保險金 1 的終身壽險與兩全保險為例,研究年賦純保費責任準備金。

1. 終身壽險

令 ${}_{k}V_{x}^{[m]}$ 表示終身壽險在第 $k$ 年末的年賦純保費責任準備金。由於死亡年末收取本年度尚未繳納的保費,這相當於減少保險金的給付,即死亡年末實際給付保險金$(1 - \frac{m-1}{2m}P_{x}^{[m]})$,因此

$${}_{k}V_{x}^{[m]} \approx (1 - \frac{m-1}{2m}P_{x}^{[m]})A_{x+k} - P_{x}^{[m]}\ddot{a}_{x+k}^{(m)} \tag{6.2.12}$$

$$\approx A_{x+k} - \frac{m-1}{2m}P_{x}^{[m]}(1 - d\ddot{a}_{x+k}) - P_{x}^{[m]}(\ddot{a}_{x+k} - \frac{m-1}{2m})$$

$$= A_{x+k} - \ddot{a}_{x+k}P_{x}^{[m]}(1 - \frac{m-1}{2m}d) = A_{x+k} - P_{x}\ddot{a}_{x+k} = {}_{k}V_{x} \tag{6.2.13}$$

公式(6.2.13) 之所以成立,是因為在年賦純保費方式下死亡年末幾乎沒有純保費損失,從而不存在責任準備金調整的問題。

2. 兩全保險

令 ${}_kV^{[m]}_{x:\overline{n}|}$ 表示兩全保險在第 $k$ 年末的年賦純保費責任準備金,則

$$ {}_kV^{[m]}_{x:\overline{n}|} \approx \left(1-\frac{m-1}{2m}P^{[m]}_{x:\overline{n}|}\right)A_{x+k:\overline{n-k}|}-P^{[m]}_{x:\overline{n}|}\ddot{a}^{(m)}_{x+k:\overline{n-k}|} \tag{6.2.14} $$

$$ \approx {}_kV_{x:\overline{n}|}-\frac{m-1}{2m}P^{[m]}_{x:\overline{n}|}\,{}_{n-k}E_{x+k} \tag{6.2.15} $$

### (三) 比例純保費責任準備金

下面以死亡年末給付保險金 1 且年繳 $m$ 次比例純保費的終身繳費終身壽險為例,研究其在第 $k$ 年末的比例純保費責任準備金,設其為 ${}_kV^{\{m\}}_{x}$。相對於比例純保費方式而言,由於在真實純保費方式下在死亡年末多收取了保費 $\frac{1}{2m}P^{\{m\}}_{x}$,一般以保險金形式退還,這意味著實際給付保險金 $1+\frac{1}{2m}P^{\{m\}}_{x}$。因而

$$ {}_kV^{\{m\}}_{x} = A_{x+k}-P^{\{m\}}_{x}\ddot{a}^{\{m\}}_{x+k} \tag{6.2.16} $$

$$ \approx \left(1+\frac{1}{2m}P^{\{m\}}_{x}\right)A_{x+k}-P^{\{m\}}_{x}\ddot{a}^{(m)}_{x+k} \tag{6.2.17} $$

$$ \approx \left(1+\frac{1}{2}P^{\{m\}}_{x}\right)A_{x+k}-\frac{m-1}{2m}P^{\{m\}}_{x}A_{x+k}-P^{\{m\}}_{x}\left(\ddot{a}_{x+k}-\frac{m-1}{2m}\right) $$

$$ = \left(1+\frac{1}{2}P^{\{m\}}_{x}\right)A_{x+k}-P^{\{m\}}_{x}\left(\ddot{a}_{x+k}-\frac{m-1}{2m}(1-A_{x+k})\right) $$

$$ = \left(1+\frac{1}{2}P^{\{m\}}_{x}\right)A_{x+k}-P^{\{m\}}_{x}\left(1-\frac{m-1}{2m}d\right)\ddot{a}_{x+k} $$

$$ \approx \left(1+\frac{1}{2}P^{\{m\}}_{x}\right)A_{x+k}-\left(1+\frac{1}{2}P^{\{m\}}_{x}\right)P_x\ddot{a}_{x+k} $$

$$ = \left(1+\frac{1}{2}P^{\{m\}}_{x}\right){}_kV_x \tag{6.2.18} $$

對公式(6.2.18)的解釋:由於在比例純保費方式下死亡年末平均需退還多收取的保費 $\frac{1}{2}P^{\{m\}}_{x}$,即在死亡年末要給付保險金 $(1+\frac{1}{2}P^{\{m\}}_{x})$,故比例純保費責任準備金應近似為 $(1+\frac{1}{2}P^{\{m\}}_{x})\,{}_kV_x$。

說明:在公式(6.2.18)的推證過程中對公式(5.2.42)進行了變形使用。

## 二、責任準備金的不同表達式

責任準備金有不同表達式的結論適用於死亡所在 $\frac{1}{m}$ 年末給付保險金 1、年繳 $m$

次真實純保費條件下的終身壽險與兩全保險兩種情形,均有年金現值表達式、躉繳純保費表達式、年純保費表達式。

**(一) 終身壽險**

$$ {}_kV^{(m)}(A_x^{(m)}) = 1 - \frac{\ddot{a}_{x+k}^{(m)}}{\ddot{a}_x^{(m)}} \quad \text{(年金現值表達式)} \quad (6.2.19) $$

$$ = \frac{A_{x+k}^{(m)} - A_x^{(m)}}{1 - A_x^{(m)}} \quad \text{(躉繳純保費表達式)} \quad (6.2.20) $$

$$ = \frac{P^{(m)}(A_{x+k}^{(m)}) - P^{(m)}(A_x^{(m)})}{P^{(m)}(A_{x+k}^{(m)}) + d^{(m)}} \quad \text{(年繳純保費表達式)} \quad (6.2.21) $$

**(二) 兩全保險**

$$ {}_kV^{(m)}(A_{x:\overline{n}|}^{(m)}) = 1 - \frac{\ddot{a}_{x+k:\overline{n-k}|}^{(m)}}{\ddot{a}_{x:\overline{n}|}^{(m)}} \quad \text{(年金現值表達式)} \quad (6.2.22) $$

$$ = \frac{A_{x+k:\overline{n-k}|}^{(m)} - A_{x:\overline{n}|}^{(m)}}{1 - A_{x:\overline{n}|}^{(m)}} \quad \text{(躉繳純保費表達式)} \quad (6.2.23) $$

$$ = \frac{P^{(m)}(A_{x+k:\overline{n-k}|}^{(m)}) - P^{(m)}(A_{x:\overline{n}|}^{(m)})}{P^{(m)}(A_{x+k:\overline{n-k}|}^{(m)}) + d^{(m)}} $$

(年繳純保費表達式)(6.2.24)

## 三、責任準備金遞推公式

以年繳 $m$ 次真實純保費的終身繳費終身壽險為例,時間長度可以為$\frac{1}{m}$年或1年,死亡所在年末支付保險金。

**(一) 相鄰分年度末責任準備金遞推公式**

$$ {}_kV_x^{(m)} + \frac{P_x^{(m)}}{m} = v\,{}_{\frac{1}{m}}q_{x+k} + v^{\frac{1}{m}}\,{}_{\frac{1}{m}}p_{x+k} \cdot {}_{k+\frac{1}{m}}V_x^{(m)} \quad (6.2.25) $$

$$ {}_{k+\frac{1}{m}}V_x^{(m)} + \frac{P_x^{(m)}}{m} = v^{1-\frac{1}{m}}\,{}_{\frac{1}{m}}q_{x+k+\frac{1}{m}} + v^{\frac{1}{m}}\,{}_{\frac{1}{m}}p_{x+k+\frac{1}{m}} \cdot {}_{k+\frac{2}{m}}V_x^{(m)} \quad (6.2.26) $$

……

$$ {}_{k+\frac{m-1}{m}}V_x^{(m)} + \frac{P_x^{(m)}}{m} = v^{\frac{1}{m}}\,{}_{\frac{1}{m}}q_{x+k+\frac{m-1}{m}} + v^{\frac{1}{m}}\,{}_{\frac{1}{m}}p_{x+k+\frac{m-1}{m}} \cdot {}_{k+1}V_x^{(m)} \quad (6.2.27) $$

**(二) 相鄰年度末責任準備金遞推公式**

$$ {}_kV_x^{(m)} + P_x^{(m)}\ddot{a}_{x+k:\overline{1}|}^{(m)} = vq_{x+k} + vp_{x+k}\,{}_{k+1}V_x^{(m)} \quad (6.2.28) $$

## 四、非整數年末責任準備金

### (一) 一般結論

下面考慮其在第 $k+t$ 年末的責任準備金($0<t<1, k=0,1,2,\cdots$)。

當 $t=\dfrac{j}{m}$($0<j<m$,且 $j$ 為整數) 時

$$_{k+\frac{j}{m}}V^{(m)} \approx (1-\frac{j}{m})\,_kV^{(m)}+\frac{j}{m}\,_{k+1}V^{(m)} \tag{6.2.29}$$

當 $t\neq\dfrac{1}{m}$ 的整數倍,即 $t=\dfrac{j}{m}+r$($0<r<\dfrac{1}{m}$) 時

$$_{k+\frac{j}{m}+r}V^{(m)} \approx (1-\frac{j}{m}-r)\,_kV^{(m)}+(\frac{j}{m}+r)\,_{k+1}V^{(m)}+(\frac{1}{m}-r)P^{(m)} \tag{6.2.30}$$

對公式(6.2.30) 的解釋:分數年末責任準備金為上年末與本年末責任準備金的線性插值並加上所在分年度末經過保費。

公式(6.2.29) 也可以理解為:上年末與本年末責任準備金的插值與所在分年度末經過保費之和。注意:這裡末經過保費為0,因為從過去角度來看,在 $x+k+\dfrac{j}{m}$ 時之前保費剛好經過完,新的保費尚未收進來。

### (二) 特例分析

下面以年繳兩次真實純保費為例進行說明。考慮($x$) 簽約在第 $j+1$ 年內死亡並於死亡所在年末給付的保險金為 $b_{j+1}$($j=0,1,2,\cdots$),$\pi_j^{(2)}$ 為第 $j+1$ 年分兩次繳費的年繳純保費,對於 $0<s<1$,計算 $_{k+s}V^{(2)}$。

當 $0<s\leqslant\dfrac{1}{2}$ 時,

$$_{k+s}V^{(2)}=b_{k+1}v^{1-s}\,_{1-s}q_{x+k+s}+v^{1-s}\,_{1-s}p_{x+k+s}\,_{k+1}V^{(2)}-\frac{\pi_k^{(2)}}{2}(v^{\frac{1}{2}-s})\,_{\frac{1}{2}-s}p_{x+k+s} \tag{6.2.31}$$

在 UDD 假設下,

$$_{1-s}q_{x+k+s}=\frac{(1-s)q_{x+k}}{1-sq_{x+k}},\ _{1-s}p_{x+k+s}=\frac{p_{x+k}}{1-sq_{x+k}}$$

$$_{\frac{1}{2}-s}p_{x+k+s}\approx1-\frac{(\frac{1}{2}-s)q_{x+k}}{1-sq_{x+k}}=\frac{1-\frac{1}{2}q_{x+k}}{1-sq_{x+k}}\approx1-\frac{1}{2}q_{x+k}=\,_{\frac{1}{2}}p_{x+k}$$

$$\therefore {}_{k+s}V^{(2)} \approx \frac{v^{-s}}{1-sq_{x+k}}\left[b_{k+1}(1-s)vq_{x+k}+vp_{x+k}\,{}_{k+1}V^{(2)}-\frac{\pi_k^{(2)}}{2}v^{\frac{1}{2}}{}_{\frac{1}{2}}p_{x+k}\right] \tag{6.2.32}$$

注意到遞推公式

$$ {}_kV^{(2)}+\frac{\pi_k^{(2)}}{2}(1+v^{\frac{1}{2}}{}_{\frac{1}{2}}p_{x+k}) = b_{k+1}vq_{x+k}+vp_{x+k}\,{}_{k+1}V^{(2)} \tag{6.2.33}$$

將公式(6.2.33)代入公式(6.2.32),並考慮到$\frac{v^{-s}}{1-sq_{x+k}}\approx 1$,於是有

$$\begin{aligned} {}_{k+s}V^{(2)} &\approx (1-s)\,{}_kV^{(2)}+svp_{x+k}\,{}_{k+1}V^{(2)}+\frac{\pi_k^{(2)}}{2}(1-s)(1+v^{\frac{1}{2}}{}_{\frac{1}{2}}p_{x+k}) \\ &\quad -\frac{\pi_k^{(2)}}{2}v^{\frac{1}{2}}{}_{\frac{1}{2}}p_{x+k} \\ &= (1-s)\,{}_kV^{(2)}+svp_{x+k}\,{}_{k+1}V^{(2)}+\frac{\pi_k^{(2)}}{2}(1-s-sv^{\frac{1}{2}}{}_{\frac{1}{2}}p_{x+k}) \end{aligned} \tag{6.2.34}$$

考慮到$vp_{x+k}\approx 1, v^{\frac{1}{2}}{}_{\frac{1}{2}}p_{x+k}\approx 1$,那麼公式(6.2.34)可化為

$$ {}_{k+s}V^{(2)} \approx (1-s)\,{}_kV^{(2)}+s\,{}_{k+1}V^{(2)}+(\frac{1}{2}-s)\pi_k^{(2)} \tag{6.2.35}$$

當$\frac{1}{2}<s\leqslant 1$時,同理可得

$$ {}_{k+s}V^{(2)} = b_{k+1}v^{1-s}{}_{1-s}q_{x+k+s}+v^{1-s}{}_{1-s}p_{x+k+s}\,{}_{k+1}V^{(2)} \tag{6.2.36}$$

$$\approx (1-s)\,{}_kV^{(2)}+svp_{x+k}\,{}_{k+1}V^{(2)}+\frac{\pi_k^{(2)}}{2}(1-s)(1+v^{\frac{1}{2}}{}_{\frac{1}{2}}p_{x+k}) \tag{6.2.37}$$

$$\approx (1-s)\,{}_kV^{(2)}+s\,{}_{k+1}V^{(2)}+(1-s)\pi_k^{(2)} \tag{6.2.38}$$

其中,$vp_{x+k}\approx 1, v^{\frac{1}{2}}{}_{\frac{1}{2}}p_{x+k}\approx 1$。

**例 6.2.1** 已知某40歲的人參加了保額為50,000元的20年兩全保險,年均衡繳納4次真實純保費,保險金於死亡年末給付,以CL1(2000—2003)2.5%為基礎,試計算:(1)該保險的年繳真實純保費;(2)該保險在第4年末、第5年末、第4.10年末、第4.25年末的責任準備金。

**解:**(1)該保險的年繳真實純保費為

$$\tilde{P}^{(4)}_{40:\overline{20}|} = 50,000\cdot\frac{A_{40:\overline{20}|}}{\ddot{a}^{(4)}_{40:\overline{20}|}} = 50,000\cdot\frac{M_{40}-M_{60}+D_{60}}{(N_{40}-N_{60})-\frac{3}{8}(D_{40}-D_{60})}$$

$$\approx 2,005.850,543\approx 2,005.85(元)$$

(2) 各責任準備金分別為

$$ {}_4\tilde{V}^{(4)}_{40:\overline{20}|} = 50,000A_{44:\overline{16}|} - \tilde{P}^{(4)}_{40:\overline{20}|}\ddot{a}^{(4)}_{44:\overline{16}|} $$

$$ = 50,000\frac{M_{44} - M_{60} + D_{60}}{D_{44}} - \tilde{P}^{(4)}_{40:\overline{20}|}\left(\frac{N_{44} - N_{60}}{D_{44}} - \frac{3}{8}(1 - \frac{D_{60}}{D_{44}})\right) $$

$$ \approx 8,097.765,590 \approx 8,097.77(\text{元}) $$

$$ {}_5\tilde{V}^{(4)}_{40:\overline{20}|} = 50,000A_{45:\overline{15}|} - \tilde{P}^{(4)}_{40:\overline{20}|}\ddot{a}^{(4)}_{45:\overline{15}|} $$

$$ = 50,000\frac{M_{45} - M_{60} + D_{60}}{D_{45}} - \tilde{P}^{(4)}_{40:\overline{20}|}\left(\frac{N_{45} - N_{60}}{D_{45}} - \frac{3}{8}(1 - \frac{D_{60}}{D_{45}})\right) $$

$$ \approx 10,246.068,680 \approx 10,246.07(\text{元}) $$

$$ {}_{4.10}\tilde{V}^{(4)}_{40:\overline{20}|} \approx (1 - 0.1)\,{}_4\tilde{V}^{(4)}_{40:\overline{20}|} + 0.1 \times {}_5\tilde{V}^{(4)}_{40:\overline{20}|} + \left(\frac{1}{4} - 0.1\right)\tilde{P}^{(4)}_{40:\overline{20}|} $$

$$ \approx 8,613.47(\text{元}) $$

$$ {}_{4.25}\tilde{V}^{(4)}_{40:\overline{20}|} \approx (1 - 0.25)\,{}_4\tilde{V}^{(4)}_{40:\overline{20}|} + 0.25 \times {}_5\tilde{V}^{(4)}_{40:\overline{20}|} \approx 8,634.84(\text{元}) $$

或者由類似於(6.2.25)的遞推公式可得

$$ {}_4\tilde{V}^{(4)}_{40:\overline{20}|} + \frac{1}{4}\tilde{P}^{(4)}_{40:\overline{20}|} = 50,000v\,{}_{0.25}q_{44} + v^{0.25}\,{}_{0.25}p_{44} \cdot {}_{4.25}\tilde{V}^{(4)}_{40:\overline{20}|} $$

由於

$$ v^{0.25}\,{}_{0.25}p_{44} = \frac{D_{44.25}}{D_{44}} = \frac{0.75D_{44} + 0.25D_{45}}{D_{44}} $$

$$ = 0.75 + 0.25 \cdot \frac{D_{45}}{D_{44}} \approx 0.993,352,37 $$

$$ v\,{}_{0.25}q_{44} = v - v^{0.75} \cdot v^{0.25}\,{}_{0.25}p_{44} $$

$$ = 1.025^{-1} - 1.025^{-0.75} \times 0.993,352,37 \approx 0.000,484,44 $$

因此

$$ {}_{4.25}\tilde{V}^{(4)}_{40:\overline{20}|} = \frac{{}_4\tilde{V}^{(4)}_{40:\overline{20}|} + 0.25\tilde{P}^{(4)}_{40:\overline{20}|} - 50,000v\,{}_{0.25}q_{44}}{v^{0.25}\,{}_{0.25}p_{44}} $$

$$ = \frac{8,097.765,590 + 0.25 \times 2,005.850,543 - 50,000 \times 0.000,484,44}{0.993,352,37} $$

$$ \approx 8,632.39(\text{元})。 $$

**例 6.2.2** 已知 $\ddot{a}_{40} = 15.266,031$, $\ddot{a}_{60} = 11.615,619$, $i = 6\%$, $\alpha(2) = 1.000,213$, $\beta(2) = 0.257,394$,在 UDD 假設下,計算 ${}_{20}V_{40}$、${}_{20}V^{(2)}_{40}$。

**解:** $\because\ {}_{20}V_{40} = 1 - \frac{\ddot{a}_{60}}{\ddot{a}_{40}} = 1 - \frac{11.615,619}{15.266,031} \approx 0.239,120$

$$ P^{(2)}_{40} = \frac{A_{40}}{\ddot{a}^{(2)}_{40}} = \frac{1 - d\ddot{a}_{40}}{\alpha(2)\ddot{a}_{40} - \beta(2)} \approx 0.009,052 $$

$$\therefore {}_{20}V_{40}^{(2)} = {}_{20}V_{40} + \beta(2)P_{40}^{(2)}\,{}_{20}V_{40}$$
$$= (1+\beta(2)P_{40}^{(2)})\,{}_{20}V_{40} \approx 0.239,677。$$

## 第三節　每年連續繳費的均衡純保費責任準備金

### 一、基本計算

#### (一) 死亡所在時刻給付保險金的人壽保險

1. 終身壽險

${}_t\bar{V}(\bar{A}_x)$ 表示$(x)$ 參加的於死亡所在時刻給付保險金 1,每年連續繳費,終身繳費終身壽險在第 $t$ 年末的均衡純保費責任準備金,${}_t\bar{L}(\bar{A}_x)$ 為保險人在時刻 $t$ 的虧損變量,設$x+t$ 歲的余命為 $U$,則 $U$ 的概率密度函數為${}_u p_{x+t}\,\mu_{x+t+u}(u \geq 0)$,於是

$${}_t\bar{L}(\bar{A}_x) = v^U - \bar{P}(\bar{A}_x)\bar{a}_{\overline{U|}} \tag{6.3.1}$$

$$\therefore {}_t\bar{V}(\bar{A}_x) = \mathrm{E}({}_t\bar{L}(\bar{A}_x)) = \mathrm{E}(v^U) - \bar{P}(\bar{A}_x)\mathrm{E}(\bar{a}_{\overline{U|}}) \tag{6.3.2}$$

$$= \bar{A}_{x+t} - \bar{P}(\bar{A}_x)\bar{a}_{x+t} \tag{6.3.3}$$

由公式(6.3.1) 可得

$${}_t\bar{L}(\bar{A}_x) = v^U\left(1+\frac{\bar{P}(\bar{A}_x)}{\delta}\right) - \frac{\bar{P}(\bar{A}_x)}{\delta}$$

$$\therefore \mathrm{var}({}_t\bar{L}(\bar{A}_x)) = \left(1+\frac{\bar{P}(\bar{A}_x)}{\delta}\right)^2[{}^2\bar{A}_{x+t} - (\bar{A}_{x+t})^2] \tag{6.3.4}$$

$$= \frac{{}^2\bar{A}_{x+t} - (\bar{A}_{x+t})^2}{(1-\bar{A}_x)^2} \tag{6.3.5}$$

公式(6.3.2) 表明責任準備金可理解為保險人在第 $t$ 年末的平均虧損,公式(6.3.3) 就是責任準備金未來法表達式。下面介紹其過去法表達式:

$${}_t\bar{V}(\bar{A}_x) = \bar{P}(\bar{A}_x)\bar{s}_{x:\overline{t|}} - \frac{\bar{A}^{\,1}_{x:\overline{t|}}}{{}_tE_x} \tag{6.3.6}$$

其中,$\bar{s}_{x:\overline{t|}} = \dfrac{\bar{a}_{x:\overline{t|}}}{{}_tE_x}$。

2. 兩全保險

${}_t\bar{V}(\bar{A}_{x:\overline{n|}})$ 表示全連續式兩全保險在第 $t$ 年末的均衡純保費責任準備金,則

$${}_t\bar{V}(\bar{A}_{x:\overline{n|}}) = \bar{A}_{x+t} - \bar{P}(\bar{A}_{x:\overline{n|}})\bar{a}_{x+t:\overline{n-t|}} \tag{6.3.7}$$

$$= \bar{P}(\bar{A}_{x:\overline{n|}})\bar{s}_{x:\overline{t|}} - \frac{\bar{A}^{\,1}_{x:\overline{t|}}}{{}_tE_x} \tag{6.3.8}$$

3. 一般形式

考慮$(x)$參加的完全連續型人壽保險,保單約定在時刻$t$死亡時立即給付保險金$b_t$,在時刻$t$生存時將以年率$\pi_t$繳納保險費,於是在時刻$t$的責任準備金${}_t\bar{V}$為

$$
{}_t\bar{V} = \int_0^\infty b_{t+s} v^s {}_sp_{x+t} \mu_{x+t+s} \mathrm{d}s - \int_0^\infty \pi_{t+s} v^s {}_sp_{x+t} \mathrm{d}s \tag{6.3.9}
$$

$$
= \int_t^\infty (b_u \mu_{x+u} - \pi_u) \mathrm{e}^{\delta(t-u)} {}_{u-t}p_{x+t} \mathrm{d}u \ (\text{其中 } u = t + s) \tag{6.3.10}
$$

**(二) 其他情形的責任準備金**

為了簡明起見,這裡僅舉一些例子,並用未來法演示其計算公式。

1. 死亡所在$\frac{1}{m}$年末給付保險金的終身壽險

$$
{}_t\bar{V}(A_x^{(m)}) = A_{x+t}^{(m)} - \bar{P}(A_x^{(m)})\bar{a}_{x+t} \tag{6.3.11}
$$

2. 死亡所在年末給付保險金的定期壽險

$$
{}_t^h\bar{V}_{x:\overline{n}|}^1 = \begin{cases} A_{x+t:\overline{n-t}|}^1 - {}_h\bar{P}_{x:\overline{n}|}^1 \bar{a}_{x+t:\overline{h-t}|} & (0 \leqslant t < h) \\ A_{x+t:\overline{n-t}|}^1 & (h \leqslant t < n) \\ 0 & (t = n) \end{cases} \tag{6.3.12}
$$

3. 延期年金保險

$$
{}_t^n\bar{V}({}_{n|}\ddot{a}_x^{(m)}) = \begin{cases} {}_{n-t|}\ddot{a}_{x+t}^{(m)} - {}_n\bar{P}({}_{n|}\ddot{a}_x^{(m)})\bar{a}_{x+t:\overline{n-t}|} & (0 \leqslant t < n) \\ \ddot{a}_{x+t}^{(m)} & (t \geqslant n) \end{cases} \tag{6.3.13}
$$

## 二、責任準備金的不同表達式

對於全連續型的終身壽險、兩全保險,其責任準備金均有年金現值表達式、躉繳純保費表達式、年繳純保費表達式。

**(一) 終身壽險**

$$
{}_t\bar{V}(\bar{A}_x) = 1 - \frac{\bar{a}_{x+t}}{\bar{a}_x} \quad (\text{年金現值表達式}) \tag{6.3.14}
$$

$$
= \frac{\bar{A}_{x+t} - \bar{A}_x}{1 - \bar{A}_x} \quad (\text{躉繳純保費表達式}) \tag{6.3.15}
$$

$$
= \frac{\bar{P}(\bar{A}_{x+t}) - \bar{P}(\bar{A}_x)}{\bar{P}(\bar{A}_{x+t}) + \delta} \quad (\text{年繳純保費表達式}) \tag{6.3.16}
$$

**(二) 兩全保險**

$$
{}_t\bar{V}(\bar{A}_{x:\overline{n}|}) = 1 - \frac{\bar{a}_{x+t:\overline{n-t}|}}{\bar{a}_{x:\overline{n}|}} \quad (\text{年金現值表達式}) \tag{6.3.17}
$$

$$= \frac{\bar{A}_{x+t:\overline{n-t}|} - \bar{A}_{x:\overline{n}|}}{1 - \bar{A}_{x:\overline{n}|}} \quad \text{（躉繳純保費表達式）} \quad (6.3.18)$$

$$= \frac{\bar{P}(\bar{A}_{x+t:\overline{n-t}|}) - \bar{P}(\bar{A}_{x:\overline{n}|})}{\bar{P}(\bar{A}_{x+t:\overline{n-t}|}) + \delta}。 \quad \text{（年繳純保費表達式）} \quad (6.3.19)$$

**例 6.3.1**　已知 $l_x = 100 - x(0 \leqslant x \leqslant 100), i = 5\%$，求：(1)$\bar{P}(\bar{A}_{40})$；(2)${}_t\bar{V}(\bar{A}_{40})$ 及 $\text{var}({}_t\bar{L}(\bar{A}_{40}))(t = 0,10,20)$。

**解**：(1)$\because l_x = 100 - x$

$$\therefore {}_tp_{40} = 1 - \frac{t}{60}, {}_tp_{40}\mu_{40+t} = \frac{1}{60} \ (0 \leqslant t \leqslant 60)$$

$$\therefore \bar{A}_{40} = \int_0^{60} v^t {}_tp_{40}\mu_{40+t}\mathrm{d}t = \frac{1}{60}\bar{a}_{\overline{60}|} \approx 0.323,311,23$$

$$\bar{a}_{40} = \frac{1 - \bar{A}_{40}}{\delta} = \frac{1 - \bar{A}_{40}}{\ln 1.05} \approx 13.869,368,60$$

$$\therefore \bar{P}(\bar{A}_{40}) = \frac{\bar{A}_{40}}{\bar{a}_{40}} \approx 0.023,311$$

(2) 在 40 歲時，$\bar{A}_{40+t} = \dfrac{\bar{a}_{\overline{60-t}|}}{60 - t}$

$${}_t\bar{V}(\bar{A}_{40}) = \bar{A}_{40+t} - \bar{P}(\bar{A}_{40})\bar{a}_{40+t} = \bar{A}_{40+t} - \bar{P}(\bar{A}_{40})\frac{1 - \bar{A}_{40+t}}{\ln 1.05}$$

$${}^2\bar{A}_{40+t} = \int_0^{60-t} v^{2u}\frac{1}{60 - t}\mathrm{d}u = \frac{1}{60 - t}{}^2\bar{a}_{\overline{60-t}|}$$

$$\therefore \text{var}({}_t\bar{L}(\bar{A}_{40})) = \left(1 + \frac{0.023,313}{\ln 1.05}\right)^2[{}^2\bar{A}_{40+t} - (\bar{A}_{40+t})^2]$$

當 $t = 0$ 時，

$$\bar{A}_{40} = \frac{\bar{a}_{\overline{60}|}}{60} \approx 0.323,311,23, {}^2\bar{A}_{40} = \frac{1}{60}{}^2\bar{a}_{\overline{60}|} \approx 0.170,309,93$$

$$\therefore {}_0\bar{V}(\bar{A}_{40}) = 0$$

$$\text{var}({}_0\bar{L}(\bar{A}_{40})) = \left(1 + \frac{0.023,313}{\ln 1.05}\right)^2 \cdot (0.170,309,93 - 0.323,311,23^2)$$

$$\approx 0.143,7$$

同理，當 $t = 10$ 時，

$${}_{10}\bar{V}(\bar{A}_{40}) \approx 0.075,2, \text{var}({}_{10}\bar{L}(\bar{A}_{40})) \approx 0.138,5$$

當 $t = 20$ 時，

$${}_{20}\bar{V}(\bar{A}_{40}) \approx 0.171,9, \text{var}({}_{20}\bar{L}(\bar{A}_{40})) \approx 0.126,2$$

**例 6.3.2**　設 $\bar{L}$ 為 25 歲的人購買完全連續型終身壽險時保險人的損失隨機變

量，且 $\text{var}(\bar{L}) = 0.20$，$\bar{A}_{45} = 0.7$，${}^2\bar{A}_{25} = 0.3$，計算 ${}_{20}\bar{V}(\bar{A}_{25})$。

**解**：$\because \text{var}(\bar{L}) = \dfrac{{}^2\bar{A}_{25} - \bar{A}_{25}^2}{(1 - \bar{A}_{25})^2} = 0.20$，${}^2\bar{A}_{25} = 0.3$

$\therefore \bar{A}_{25} = 0.5$

$\therefore {}_{20}\bar{V}(\bar{A}_{25}) = \dfrac{\bar{A}_{45} - \bar{A}_{25}}{1 - \bar{A}_{25}} = 0.4$

## 三、完全連續型責任準備金的微分方程

在公式(6.3.10)兩邊對 $t$ 求導可得

$$\frac{\mathrm{d}}{\mathrm{d}t}\,{}_t\bar{V} = -(b_t\mu_{x+t} - \pi_t) + \delta I + \mu_{x+t}I$$

即

$$\frac{\mathrm{d}}{\mathrm{d}t}\,{}_t\bar{V} = \pi_t + (\delta + \mu_{x+t})\,{}_t\bar{V} - b_t\mu_{x+t} \qquad (6.3.20)$$

其中，$\dfrac{\mathrm{d}}{\mathrm{d}t}\,{}_{u-t}p_{x+t} = \dfrac{\mathrm{d}}{\mathrm{d}t}\exp\left(-\int_{x+t}^{x+u}\mu_y\mathrm{d}y\right) = {}_{u-t}p_{x+t}\,\mu_{x+t}$，且 $I$ 代表公式(6.3.10)中右邊的積分。

對公式(6.3.20)的解釋：責任準備金對時間的變化率(或在時刻 $t$ 每年責任準備金的變動)由三項構成：①在時刻 $t$ 按年率 $\pi_t$ 收取的保費(增加項目)；②在時刻 $t$ 的責任準備金 ${}_t\bar{V}$ 按利息力 $\delta$ 在接下來的一年內產生的利息 $\delta\,{}_t\bar{V}$ 及在時刻 $t$ 因為死亡力 $\mu_{x+t}$ 而平均節省下來的責任準備金 $\mu_{x+t}\,{}_t\bar{V}$(增加項目)；③在時刻 $t$ 以年率 $b_t$ 賠付死亡保險金，在未來一年間平均支出 $b_t\mu_{x+t}$(減少項目)。

公式(6.3.20)可變成更易理解的一些形式：

$$\frac{\mathrm{d}\,{}_t\bar{V}}{\mathrm{d}t} = \pi_t + \delta\,{}_t\bar{V} - (b_t - {}_t\bar{V})\mu_{x+t} \qquad (6.3.21)$$

或

$$\pi_t + \delta\,{}_t\bar{V} = (b_t - {}_t\bar{V})\mu_{x+t} + \frac{\mathrm{d}\,{}_t\bar{V}}{\mathrm{d}t} \qquad (6.3.22)$$

**例 6.3.3**　證明：${}_k^hV^{\{m\}}(\bar{A}_{x:\overline{n}|}) = {}_k^h\bar{V}(\bar{A}_{x:\overline{n}|})$ (6.3.23)

**證明**：由於 ${}_hP^{\{m\}}(\bar{A}_{x:\overline{n}|}) = \dfrac{d^{(m)}}{\delta}\,{}_h\bar{P}(\bar{A}_{x:\overline{n}|})$ 以及 $\ddot{a}^{\{m\}}_{x+k:\overline{h-k}|} = \dfrac{\delta}{d^{(m)}}\bar{a}_{x+k:\overline{h-k}|}$，於是，當 $0 \leqslant k < h$ 時

$$\begin{aligned}{}_k^hV^{\{m\}}(\bar{A}_{x:\overline{n}|}) &= \bar{A}_{x+k:\overline{n-k}|} - {}_hP^{\{m\}}(\bar{A}_{x:\overline{n}|})\ddot{a}^{\{m\}}_{x+k:\overline{h-k}|}\\ &= \bar{A}_{x+k:\overline{n-k}|} - {}_h\bar{P}(\bar{A}_{x:\overline{n}|})\bar{a}_{x+k:\overline{h-k}|} = {}_k^h\bar{V}(\bar{A}_{x:\overline{n}|})\end{aligned}$$

當 $h \leqslant k \leqslant n$ 時,公式(6.3.23) 顯然是成立的。

公式(6.3.23) 意味著無論每年繳費多少次的比例純保費責任準備金就是連續繳費方式下的純保費責任準備金。公式(6.3.23) 中的保險金可以調整為在死亡所在年末或分年度末給付,這裡的保險也可以不局限於兩全保險。

## 本章小結

責任準備金就是保險人為履行未來的賠付責任而從收取的保險費中提取的資金準備。責任準備金的提存關係到保險人履行賠付能力的大小,也關係到保險人盈余的多少,因此,深刻理解責任準備金概念,正確計算責任準備金,就具有十分重要的意義。

均衡純保費、躉繳純保費方式下都存在責任準備金的問題,本章僅研究均衡純保費責任準備金。

本章按每年保險費繳納的次數來劃分為三節,即年繳保費一次的均衡純保費責任準備金、年繳保費 $m$ 次的均衡純保費責任準備金、每年連續繳費的均衡純保費責任準備金,其中第一節為核心內容,並重點研究人壽保險。

計算責任準備金最基本的方法就是未來法與過去法,計算的結果是相同的,但在保險費繳納期結束后某時刻的責任準備金的計算宜用未來法,而在無須提供保險金的期間內某時刻的責任準備金的計算則宜用過去法。對於全離散、全連續型、年繳保費 $m$ 次並於死亡所在 $\frac{1}{m}$ 年末給付保險金的終身壽險、兩全保險均有年金現值表達式、躉繳純保費表達式與年繳純保費表達式。

遞推公式反應相鄰年度末或分年度末責任準備金之間的關係,由此可以看出責任準備金的演變實質以及新收取的純保費對責任準備金的「增加」與保險金給付方面所發揮的作用,即年繳純保費可分解為儲蓄保費與危險保費之和。

鑒於保險年度與會計年度往往不一致,需要由保險年末責任準備金估計會計年末責任準備金,即由整數年末責任準備金估計非整數年末責任準備金。常用的方法主要有線性插值法與未來法。

## 習題 6

6-1　已知某30歲的人參加了保額為20,000元的終身壽險,年繳一次均衡純保費,全期繳費,保險金於死亡年末給付,以 CL1(2000—2003)2.5% 為基礎,試分別用過去法與未來法計算該保險在第20年末、第40年末的責任準備金。

6－2　已知某30歲的人參加了一個延期30年、保額為24,000元的終身生存年金保險，每月初領取一次，在前30年內每年均衡繳納一次純保費，以CL1(2000—2003)2.5%為基礎，計算：(1)年繳純保費；(2)在第20年末、第30年末、第40年末、第50年末的責任準備金。

6－3　已知條件如下表6－習題－1所示，求$_2V_{x:\overline{4}|}$。

表6－習題－1　　已知條件展示表

| $k$ | $\ddot{a}_{\overline{k}|}$ | $_{k-1|}q_x$ |
|---|---|---|
| 1 | 1.000 | 0.33 |
| 2 | 1.930 | 0.24 |
| 3 | 2.796 | 0.16 |
| 4 | 3.600 | 0.11 |

6－4　已知$P_x = 0.09$，$_nV_x = 0.563$，$P^{\ \ 1}_{x:\overline{n}|} = 0.008,64$，計算$P^1_{x:\overline{n}|}$。

6－5　已知$_tV_x = 0.19$，$P_x = 0.02$，$P^{\ \ 1}_{x:\overline{t}|} = 0.072$，求$P^1_{x:\overline{t}|}$及$P_{x:\overline{t}|}$。

6－6　已知$q_{31} = 0.002$，$i = 0.05$，$\ddot{a}_{32:\overline{13}|} = 9.00$，求$_1V_{31:\overline{14}|}$。

6－7　已知$\ddot{a}_x + \ddot{a}_{x+2t} = 2\ddot{a}_{x+t}$，試用$_tV_x$表示$_tV_{x+t}$、$_{2t}V_x$。

6－8　已知$A_{x:\overline{n}|} = 0.5$，且$i = 0.05$，求$_{n-1}V_{x:\overline{n}|}$。

6－9　已知保額為1,000元的3年期兩全保險，$i = 6\%$，$l_x = 1,000$，$l_{x+1} = 900$，$l_{x+2} = 810$，且$1,000P_{x:\overline{3}|} = 332.51$，求$1,000\,_1V_{x:\overline{3}|}$，$1,000\,_2V_{x:\overline{3}|}$。

6－10　已知$(x)$參加的保額為1,500元、於死亡年末支付保險金的終身壽險，保費為均衡的且全期繳納，$i = 5\%$，$_{h-1}V = 179$，$_hV = 205$，$\ddot{a}_x = 16.2$，求$q_{x+h-1}$。

6－11　某(50)參加了一個單位保額給付的全離散型保險，已知$_6V = 0.486$，$_7V = 0.750$，$l_{56} = 23,285$，$l_{57} = 23,000$，$i = 0.06$，求56歲時需要繳納的純保險費。

6－12　已知$_{k+1}V = \frac{D_{x+k}}{D_{x+k+1}}(_kV + P) - \frac{C_{x+k}}{D_{x+k+1}}(k = 0,1,2,\cdots)$，且$_0V = 0$，求$P$及$_kV$。

6－13　$(x)$參加了一個均衡繳費的終身壽險，已知第$t$年初的責任準備金為200，第$t$年的危險保額為1,295。已知$\ddot{a}_x = 16.20$，$q_{x+t-1} = 0.003,86$，$i = 0.05$，求第$t-1$年末的責任準備金。

6－14　已知某55歲的人參加了一個保額遞減的20年期兩全保險，在第$k$年死亡時所在年末給付保險金$b_k = 21 - k$，期滿生存時給付保險金1，均衡繳費。已

知 ${}_{10}V = 5.00$，${}_{19}V = 0.60$，$q_{65} = 0.10$，$i = 0.08$，求 ${}_{11}V$。

6－15　已知某30歲的人參加了保額為20,000元的20年定期壽險，年繳一次均衡純保費，全期繳費，保險金於死亡年末給付，以CL1(2000—2003)2.5%為基礎，試計算：(1) 該保險在第5年末、第10年末、第15年末的責任準備金；(2) 在第5.7年末、第5.8年末、第5.9年末的責任準備金。

6－16　對$(x)$簽發的全離散型保單，滿足如下條件：(1) 各年齡段死力為常數；(2) $i = 0.06$；(3) $p_{x+t} = (0.9)^t$，$t = 1,2,3,\cdots$；(4) ${}_6V = 0.4$，計算 ${}_{5.4}V$。

6－17　已知某30歲的人參加了保額為20,000元的20年兩全保險，年均衡繳納4次真實純保費，保險金於死亡年末給付，以CL1(2000—2003)2.5%為基礎，試計算：(1) 該保險的年繳真實純保費；(2) 該保險在第5年末、第5.25年末、第5.50年末、第5.75年末、第6年末的責任準備金；(3) 該保險在第5.10年末、第5.20年末、第5.30年末的責任準備金。

6－18　某(30)購買了保額為1的全連續型終身壽險保單，${}_0L_x$ 表示保險公司承保這一保險時的虧損隨機變量，已知 $\mathrm{var}({}_0L_x) = 0.24$，$\bar{A}_{50} = 0.55$，${}^2\bar{A}_{30} = 0.30$，試求責任準備金 ${}_{20}\bar{V}(\bar{A}_{30})$。

6－19　已知死亡遵從參數 $\omega = 100$ 的De Moivre定律，$i = 0.05$，求 ${}_{10}\bar{V}(\bar{A}_{40})$。

6－20　已知某30歲的人參加了保額為20,000元的20年兩全保險，每年均衡連續繳費，保險金於死亡時立即給付，以CL1(2000—2003)2.5%為基礎，試計算：(1) 年繳純保費；(2) 該保險在10年末、第10.42年末、第11年末的責任準備金。

6－21　證明：$P_{x:\overline{n}|} = {}_tV_{x:\overline{n}|}P_{x:\overline{t}|} + (1 - {}_tV_{x:\overline{n}|})P^{\,1}_{x:\overline{t}|}$。

6－22　證明：${}_nV_x = 1 - (1 - {}_1V_x)(1 - {}_1V_{x+1})\cdots(1 - {}_1V_{x+n-1})$。

6－23　已知 $k < m < n$，證明：${}^m_kV_{x:\overline{n}|} = A_{x:\overline{n}|\,k}V_{x:\overline{m}|} + (1 - A_{x:\overline{n}|})\,{}_kV_{x:\overline{n}|}$。

6－24　對於第$h$年內死亡時在其年末給付保險金 $b_h = \ddot{a}_{\overline{n-h}|}(h = 1,2,\cdots,n)$ 的$n$年期保險，${}_0V = {}_nV = 0$，設 $\pi$ 為年繳均衡純保費。證明：(1) $\pi = \dfrac{\ddot{a}_{\overline{n}|} - \ddot{a}_{x:\overline{n}|}}{\ddot{a}_{x:\overline{n}|}}$；(2) ${}_kV = \ddot{a}_{\overline{n-k}|} - \ddot{a}_{x+k:\overline{n-k}|} - \pi\ddot{a}_{x+k:\overline{n-k}|}$。

6－25　證明：$\dfrac{{}_kV^{(m)}_{x:\overline{n}|} - {}_kV_{x:\overline{n}|}}{{}^n_kV^{(m)}_x - {}^n_kV_x} = \dfrac{A_{x:\overline{n}|}}{A_x}$。

# 第七章　毛保費與修正責任準備金



本章主要研究毛保費及其責任準備金、修正責任準備金、現金價值及其處理方式。這些內容都緊密圍繞壽險公司經營過程中所發生的費用展開,而以前的研究均不考慮保險公司經營過程中所發生的費用。

## 第一節　毛保費及其責任準備金

### 一、毛保費

毛保費(或毛保險費),又稱為總保費,或營業保險費,是保險人向投保人或被保險人實際收取的保險費。

以前所講述的躉繳純保費、年繳純保費,是按預定利率、預定死亡率,依收支平衡原則計算出來的,旨在用於抵補保險人所承擔的賠付責任,即滿足保險人賠付的需要。

但是,保險公司作為一個經營實體、作為一個企業,在經營過程中要發生一定的費用,如新契約費、代理人佣金、稅金、行政管理費,也要獲得合理的利潤,還要考慮安全邊際,等等。因此,保險人需要在純保費的基礎上附加一定的保費后再向投保人收取。這種在純保費基礎上附加的保費,稱為附加保費。顯然,附加保費 = 毛保費 - 純保費(這裡的附加保費彌補了保險人的經營成本以及獲得適當的利潤)。

### 二、附加費用的分類與補償

研究附加費用的目的是為了獲得過去一段時期某公司或其某項業務發生的附加費用的類型及其費用率(單位保額或單位保費支付附加費用的數額或比例),由此推斷未來一段時期費用率的趨勢，從而作出合理的關於預定費用率的假設。這樣，在預定利率、預定死亡率、預定費用率的基礎上，可以計算毛保費及其責任準備金。

### (一) 附加費用的分類

1. 按經營環節發生的費用來劃分

按經營環節發生的費用可以分為：承保費用、維持費用、理賠費用、投資費用與一般費用。① 承保費用，包括內外勤人員薪金、代理人佣金、廣告費、驗體費。② 維持費用，包括保費收取費用、會計費用、保單管理費用、聯繫費用。③ 理賠費用，包括死亡調查費用、法律糾紛費、給付手續費。④ 投資費用，包括投資評估費、投資調查費等。⑤ 一般費用，包括稅金、營業執照稅、精算費用等。

2. 按附加費用發生的時點來劃分

按發生的時點，附加費用可分為初年附加費用與續年附加費用。這主要考慮到初年附加費用開支較大這一事實。當然，還可以細分，以便更能反應實際情況。

3. 依據費用計算的參照物來劃分

這個參照物就是毛保費、保險金額。① 與保費相關的費用，包括稅金、代理人佣金，通常將附加費用表示為毛保費的一定比例。② 與保額相關的費用，包括保單維持費、風險分類費等，通常表示為保險金額的一定比例。③ 既與保額又與保費相關的費用，將其表示為：固定費用（如保單設計費）加上隨保額、保費變化的費用。④ 與保額、保費關係不大或無關的費用，包括調查研究費、精算費用、辦公場所的租金與水電費、檔案記錄建立費。

4. 附加費用分為新契約費、維持費、集金費

① 新契約費包括廣告費、體檢費，假設單位保額收取 $\alpha$（如 $\alpha = 0.025$）。② 集金費（或收費費）包括收費期間發生的費用（如稅金、佣金），假設單位毛保費收取 $\beta$（如 $\beta = 0.03$）。③ 維持費：一是在繳費過程中發生的費用（如發繳費通知），假設每年初發生的費用為單位保額支付 $\gamma$（如 $\gamma = 0.003$）；二是在保費繳納完畢的保險期內發生的費用，假設每年初單位保額支付 $\gamma'$（如 $\gamma' = 0.002$）。

### (二) 附加費用的補償

壽險經營所發生的一切費用，必須採用一定的方式來進行補償。

投資費用由投資收益來補償。由於壽險資金的長期性，必須進行投資以彌補預定利息率假設下所要求支付的利息；同時投資所花的費用及投資風險應由投資收益去補償。

理賠費用應由純保費來補償。因為理賠費用的開支伴隨生死保險事故的發生而發生，無保險事故發生，就無理賠費用。這個隨機性特點決定了必須事先預估費

用,最終由投保人或被保險人繳納的純保費補償。

其他附加費用通常由附加保費來補償。

儘管上面的分析有其合理性,但實際上,純保費用於抵補保險金的賠付,而附加保費滿足附加費用開支的需要。

## 三、毛保費的計算

毛保費依據毛保費收入的精算現值等於保險金及費用支出的精算現值來計算,也可依據毛保費等於純保費與附加保費之和來計算,其中附加保費的計算仍依據收支平衡原則,即附加保費可通過如下等式之一來計算:

(1) 附加保費收入的精算現值 = 附加費用支出的精算現值;

(2) 毛保費收入的精算現值 = 保險金及附加費用支出的精算現值。

### (一) 附加費用分為新契約費、維持費、集金費(三元素法)

考慮限期 $m$ 年繳費 $n$ 年期兩全保險,於死亡年末或滿期生存時給付保額 1,附加費用分為新契約費、集金費與維持費,設年繳營業保費或毛保費為 ${}_mP^*_{x:\overline{n|}}$,於是

$$ {}_mP^*_{x:\overline{n|}}\ddot{a}_{x:\overline{m|}} = A_{x:\overline{n|}} + \alpha + \beta\,{}_mP^*_{x:\overline{n|}}\ddot{a}_{x:\overline{m|}} + \gamma\ddot{a}_{x:\overline{m|}} + \gamma'(\ddot{a}_{x:\overline{n|}} - \ddot{a}_{x:\overline{m|}}) \qquad (7.1.1) $$

解之得

$$ {}_mP^*_{x:\overline{n|}} = \frac{A_{x:\overline{n|}} + \alpha + \gamma\ddot{a}_{x:\overline{m|}} + \gamma'(\ddot{a}_{x:\overline{n|}} - \ddot{a}_{x:\overline{m|}})}{(1-\beta)\ddot{a}_{x:\overline{m|}}} \qquad (7.1.2) $$

$$ = \frac{1}{1-\beta}\left({}_mP_{x:\overline{n|}} + \frac{\alpha}{\ddot{a}_{x:\overline{m|}}} + \gamma + \gamma'\frac{\ddot{a}_{x:\overline{n|}} - \ddot{a}_{x:\overline{m|}}}{\ddot{a}_{x:\overline{m|}}}\right) \qquad (7.1.3) $$

顯然,當 $m = n$ 時,上述公式就沒有 $\gamma'$ 這項了。公式(7.1.3) 可簡化成

$$ {}_mP^*_{x:\overline{n|}} = (1+h)\,{}_mP_{x:\overline{n|}} + C \qquad (7.1.4) $$

或更一般地

$$ P^* = (1+h)P + C \qquad (7.1.5) $$

在公式(7.1.1) 或公式(7.1.2) 中的 $A_{x:\overline{n|}}$ 可替換成其他保險的躉繳純保費,或者在公式(7.1.3) 或公式(7.1.4) 中的年繳純保費替換成其他保險的年繳純保費,這樣就可求出相應保險的年繳毛保費。

**例** 7.1.1　某 30 歲的人參加了限期 10 年繳費、保額為 20,000 元的全離散型 20 年期兩全保險。已知 $\alpha = 0.025$, $\beta = 0.03$, $\gamma = 0.003$, $\gamma' = 0.002$,求年繳毛保費,並驗證公式(7.1.4)。以 CL1(2000—2003)2.5% 為基礎。

**解:** 年繳純保費為

$$ {}_{10}P_{30:\overline{20|}} = \frac{M_{30} - M_{50} + D_{50}}{N_{30} - N_{40}} \approx 0.068,836,88 $$

$$ {}_{10}P^{*}_{30:\overline{20}|} = \frac{1}{1-0.03}\left( {}_{10}P_{30:\overline{20}|} + \frac{0.025}{\ddot{a}_{30:\overline{10}|}} + 0.003 + 0.002\frac{\ddot{a}_{30:\overline{20}|}-\ddot{a}_{30:\overline{10}|}}{\ddot{a}_{30:\overline{10}|}} \right) $$

$$ \approx 0.078,529,12 $$

$$ \therefore\ {}_{10}\tilde{P}_{30:\overline{20}|} = 20,000\,{}_{10}P_{30:\overline{20}|} \approx 1,376.74(元) $$

$$ {}_{10}\tilde{P}^{*}_{30:\overline{20}|} = 20,000\,{}_{10}P^{*}_{30:\overline{20}|} \approx 1,570.58(元) $$

$$ {}_{10}\tilde{P}^{*}_{30:\overline{20}|} - {}_{10}\tilde{P}_{30:\overline{20}|} = 193.83(元) $$

本例題反應了毛保費就是在純保費的基礎上附加了保費 193.84 元。對於公式(7.1.4) 來說:$h \approx 0.030,927,84$,$C \approx 151.26$。

**(二) 附加費用分為初年附加費用和續年附加費用**

考慮一個 $n$ 年期全期繳費的全離散型兩全保險,保額為 1,發生在各年年初的附加費用分為兩部分:一部分與毛保費有關,第一年占的比例為 $\alpha_1$,續年占的比例為 $\alpha_2$;另一部分與保額有關,第一年每單位保額發生 $\beta_1$,續年每單位保額發生 $\beta_2$,設年繳毛保費 $P^{*}_{x:\overline{n}|}$,則

$$ P^{*}_{x:\overline{n}|}\ddot{a}_{x:\overline{n}|} = A_{x:\overline{n}|} + \alpha_1 P^{*}_{x:\overline{n}|} + \alpha_2 P^{*}_{x:\overline{n}|}(\ddot{a}_{x:\overline{n}|}-1) + \beta_1 + \beta_2(\ddot{a}_{x:\overline{n}|}-1) \tag{7.1.6} $$

解之得

$$ P^{*}_{x:\overline{n}|} = \frac{A_{x:\overline{n}|} + (\beta_1-\beta_2) + \beta_2\ddot{a}_{x:\overline{n}|}}{(1-\alpha_2)\ddot{a}_{x:\overline{n}|} - (\alpha_1-\alpha_2)} \tag{7.1.7} $$

在公式(7.1.6) 或公式(7.1.7) 中的 $A_{x:\overline{n}|}$ 可替換成其他保險的躉繳純保費,這樣就可求出相應保險的年繳毛保費。

**例**7.1.2　某20年期定期壽險,被保險人簽單年齡為40歲,保險金額為50,000元,於死亡年末給付。設按年均衡繳費一次的方式購買,其費用在每個保險年度之初發生,其大小如表 7-1-1 所示。以 CL1(2000—2003)2.5% 為計算基礎,試求該保單的年繳均衡純保費、年繳均衡毛保費、年繳均衡附加保費。

**表 7-1-1　　附加費用分配表**

| 費用類型 | 第一年 | | 續年 | |
|---|---|---|---|---|
| | 占保險費比例(%) | 常數(/千元) | 占保險費比例(%) | 常數(/千元) |
| 佣金 | 13 | — | 3 | — |
| 一般費用 | 3 | 1.5 | — | 0.7 |
| 保單維持費 | 2 | 0.5 | 1 | 0.3 |
| 其他費用 | 2 | — | 1 | — |
| 合計 | 20 | 2 | 5 | 1 |

**解**：設年繳均衡純保費、年繳均衡毛保費分別為 $P$ 元、$P^*$ 元，年繳均衡附加保費為 $e$ 元，於是由收支平衡原則有

$$P\ddot{a}_{40:\overline{20}|} = 50,000A^{1}_{40:\overline{20}|}$$

$$P^*\ddot{a}_{40:\overline{20}|} = 50,000A^{1}_{40:\overline{20}|} + 20\%P^* + 2\times 50 + 5\%P^*(\ddot{a}_{40:\overline{20}|} - 1) + 1\times 50(\ddot{a}_{40:\overline{20}|} - 1)$$

$$\therefore P = 50,000\frac{A^{1}_{40:\overline{20}|}}{\ddot{a}_{40:\overline{20}|}} = \frac{50,000(M_{40} - M_{60})}{N_{40} - N_{60}} \approx 175.82(\text{元})$$

$$\therefore P^* = \frac{50,000A^{1}_{40:\overline{20}|} + 50 + 50\ddot{a}_{40:\overline{20}|}}{95\%\ddot{a}_{40:\overline{20}|} - 15\%}$$

$$= \frac{50,000(M_{40} - M_{60}) + 50D_{40} + 50(N_{40} - N_{60})}{95\%(N_{40} - N_{60}) - 15\%D_{40}} \approx 243.55(\text{元})$$

$$e = P^* - P = 67.73(\text{元})$$

$e$ 也可以由下列方程求得：

$$e\ddot{a}_{40:\overline{20}|} = 20\%(P+e) + 2\times 50 + 5\%(P+e)(\ddot{a}_{40:\overline{20}|} - 1) + 1\times 50(\ddot{a}_{40:\overline{20}|} - 1)$$

### (三) 考慮安全邊際

由於預定利息率、預定死亡率、預定費用率與實際利息率、實際死亡率、實際費用率往往不一致，因而所收取的保險費可能滿足實際支付需要(即正偏差)，也可能不能滿足實際需要(即負偏差)，前者是保險公司所期望的，后者是保險公司所厭惡的。

令 $Z$ 表示保險金及其附加費用支付的現值，因而收取的躉繳保費為 $\mathrm{E}(Z)$，於是 $Z$ 圍繞 $\mathrm{E}(Z)$ 上下波動。儘管我們希望 $Z \leqslant \mathrm{E}(Z)$，但也可能出現 $Z > \mathrm{E}(Z)$，不過我們可以以相當大的概率 $\alpha$(比如 90% 或 95%)保證 $Z \leqslant (1+Q)\mathrm{E}(Z)$，即

$$\mathrm{P}(Z \leqslant (1+Q)\mathrm{E}(Z)) = \alpha \tag{7.1.8}$$

這裡，$Q$ 為安全邊際系數或因子，$Q\mathrm{E}(Z)$ 為安全邊際量。公式(7.1.8)可化為

$$\mathrm{P}\left(\frac{Z - \mathrm{E}(Z)}{\sqrt{\mathrm{var}(Z)}} \leqslant \frac{Q\mathrm{E}(Z)}{\sqrt{\mathrm{var}(Z)}}\right) = \alpha \tag{7.1.9}$$

查標準正態分佈表，可得

$$\frac{Q\mathrm{E}(Z)}{\sqrt{\mathrm{var}(Z)}} = u(\varepsilon)$$

$$\therefore Q = \frac{u(\varepsilon)\sqrt{\mathrm{var}(Z)}}{\mathrm{E}(Z)} \tag{7.1.10}$$

其中，$\varepsilon = 1 - \alpha$。

**例**7.1.3　某25歲的人投保了死亡時立即給付保險金100萬元的終身壽險，已

知$\mu = 0.04$,$\delta = 0.06$,$u(0.05) = 1.645$,以95% 的概率保證保險金的給付不超過初始基金,求安全邊際。

**解**:設$Z$、$Q$分別為死亡時保險金給付的現值與安全邊際系數,那麼,

$$100\bar{A}_{25} = 100\int_0^{\infty} e^{-\delta t} e^{-\mu t}\mu dt = \frac{100\mu}{\mu + \delta} = 40$$

$$E(Z^2) = 10,000\int_0^{\infty} e^{-2\delta t} e^{-\mu t}\mu dt = \frac{10,000\mu}{\mu + 2\delta} = 2,500$$

$$\therefore \text{var}(Z) = E(Z^2) - E^2(Z) = 900$$

$$u(\varepsilon) = u(0.05) = 1.645$$

$$Q \approx \frac{1.645 \times 30}{40} = 1.234$$

$$QE(Z) = 49.35$$

於是,實際應躉繳的保費為89.35 萬元。

**例**7.1.4　在例7.1.3 的基礎上,只是將投保人數增加到10,000 人,他們都25 歲,都服從$\mu = 0.04$的死亡規律,且$\delta = 0.06$,求安全邊際。

**解**:設$Z_i$為第$i$個人死亡時保險金給付的現值($i = 1,2,\cdots,10,000$),$\tilde{Z}$,$\tilde{Q}$分別為保險人總給付現值與安全邊際系數。那麼$\tilde{Z} = \sum_{i=1}^{10,000} Z_i$。

$$\because E(Z_i) = 40, \text{var}(Z_i) = 900$$

$$\therefore E(\tilde{Z}) = \sum_{i=1}^{10,000} E(Z_i) = 400,000$$

$$\text{var}(\tilde{Z}) = \sum_{i=1}^{10,000} \text{var}(Z_i) = 9,000,000$$

$$\tilde{Q} = \frac{1.645 \times 3,000}{400,000} = 0.012,337,5$$

$$\tilde{Q}E(Z_i) = 0.493,5$$

因此,每個投保人所繳的躉繳保費降為40.49 萬元。

**例**7.1.5　以 CL1(2000—2003)2.5% 為基礎,重新計算例 7.1.4。

**解**:$\because E(Z_i) = 100A_{25} \approx 28.562,513$

$$\text{var}(Z_i) = 100^2({}^2A_{25} - (A_{25})^2) \approx 120.426,002$$

其中,${}^2A_{25} \approx 0.093,624,312$,其計算可運用第十二章有關實驗方法完成。

$$\therefore E(\tilde{Z}) \approx 285,625.13$$

$$\text{var}(\tilde{Z}) \approx 1,204,260.02$$

$$\tilde{Q} = \frac{1.645\sqrt{\text{var}(\tilde{Z})}}{E(\tilde{Z})} \approx 0.006,320,183$$

$\tilde{Q}E(Z_i) \approx 0.180,5$

因此,就每個人來考慮,考慮安全邊際后的躉繳純保費為 28.74 萬元。

## 四、保險費率

單位保額收取的保險費即保險費率,通常表示為每千元保額收取的保險費。

設 $G(b)$ 表示保額為 $b$ 的毛保費,$R(b)$ 為當保額為 $b$ 時的毛保險費率,顯然

$$R(b) = \frac{G(b)}{b} \tag{7.1.11}$$

在毛保險費 $G(b)$ 中,用 $a$ 表示直接與保額有關的那些保險成本占保額的比例(包括作為主體的單位保額對應的純保費),$f$ 表示與保費有關的那部分費用占毛保費的比例,$c$ 為保單費用(即每份保單具有的,與保額、保費無關的費用),顯然 $a$、$c$、$f$ 非負,且 $f < 1$。於是

$$G(b) = ab + fG(b) + c \tag{7.1.12}$$

$$\therefore G(b) = \frac{ab + c}{1 - f} \tag{7.1.13}$$

$$R(b) = \frac{a + c/b}{1 - f} = \frac{a}{1 - f} + \frac{c/b}{1 - f} \tag{7.1.14}$$

$$= a' + \frac{c'}{b} \tag{7.1.15}$$

$$G(b) = ba' + c' \tag{7.1.16}$$

其中,$a' = \dfrac{a}{1 - f}$, $c' = \dfrac{c}{1 - f}$。$a'$ 為沒有考慮保單費用時的保險費率,即在公式(7.1.12)中略去 $c$ 后的費率 $R(b)$,它對不同保額均相同;$c'$ 為保單費(實際上為調整后的保單費用),當加進保單費用時,毛保費將增加,由此導致代理人佣金、保費稅等增加,從而 $c' > c$。於是公式(7.1.16)表明:在沒有考慮保單費用的條件下的保險費率乘以保險金額后再加上每張保單的保單費就可以計算出毛保費。

**例** 7.1.6　某 30 歲的人參加了保額為 20,000 元、於死亡年末給付保險金的終身壽險,附加費用如表 7-1-2 所示。以 CL1(2000—2003)2.5% 為基礎,試分別用收支平衡原則及保單費附加法計算該保險的年繳毛保費。

**表 7-1-2　　附加費用分配表**

| 年度 | 保費百分比(%) | 每千元保額(元) | 保單費用(元) |
| --- | --- | --- | --- |
| 初年度 | 30 | 3 | 10 |
| 續年度 | 5 | 0.5 | 2.5 |

**解**：(1) 運用收支平衡原則。設年繳毛保費為 $G(b)$ 元，這裡 $b = 20,000$，於是

$$G(b)\ddot{a}_{30} = 20,000A_{30} + 30\%G(b) + 5\%G(b)a_{30} + 3\times 20 + 0.5\times 20a_{30} + 10 + 2.5a_{30}$$

$$\therefore G(b) = \frac{20,000A_{30} + 70 + 12.5a_{30}}{\ddot{a}_{30} - 0.3 - 0.05a_{30}} \approx 259.70(\text{元})$$

(2) 保單費附加法。設在未考慮保單費用條件下的年繳保費為 $k(b)$，保單費為 $c'$，於是

$$k(b)\ddot{a}_{30} = 20,000A_{30} + 30\%k(b) + 5\%k(b)a_{30} + 3\times 20 + 0.5\times 20a_{30}$$

$$c'\ddot{a}_{30} = 30\%c' + 5\%c'a_{30} + 10 + 2.5a_{30}$$

$$\therefore k(b) = \frac{20,000A_{30} + 60 + 10a_{30}}{\ddot{a}_{30} - 0.3 - 0.05a_{30}} \approx 256.76 = 0.012,838\times 20,000$$

$$c' = \frac{10 + 2.5a_{30}}{\ddot{a}_{30} - 0.3 - 0.05a_{30}} \approx 2.94$$

$$G(b) = k(b) + c' = a'b + c' \approx 259.70(\text{元})$$

其中，$a' \approx 0.012,838$。

## 五、毛保費責任準備金

由於保費採取均衡方式收取，而保險金及附加費用的支出，並不是均衡的，因而將前期收取的保費滿足支付后的余款累積起來以應付后期支出大於收入的情形，這樣建立的準備金就是毛保費責任準備金。毛保費責任準備金的計算有兩種基本方法：

(1) 未來法：

某時點毛保費責任準備金 = 未來支付的精算現值 − 未來毛保費收入的精算現值。

(2) 過去法：

某時點毛保費責任準備金 = 過去毛保費收入的精算終值 − 過去支付的精算終值

這裡的支付包括保險金的給付以及附加費用的支付。

**例 7.1.7** 一份保額為10,000元的30歲簽訂的30年期兩全保險，限期20年繳費。設年繳保費為 $G$ 元，續年附加費用為 $e$ 元；求第10年年末毛保費責任準備金。假設保險金在死亡時立即支付。

**解**:(1) 未來法:第 10 年年末毛保費責任準備金為

$$10,000\bar{A}_{40:\overline{20|}} + e\ddot{a}_{40:\overline{20|}} - G\ddot{a}_{40:\overline{10|}}$$

(2) 虧損變量法:設包括費用的保險人虧損變量為 ${}_{10}L^*$,設 $U$ 為這個 30 歲的人在第 10 年年末的余命,$J = [U]$,於是,

$${}_{10}L^* = \begin{cases} 10,000v^U + e\ddot{a}_{\overline{J+1|}} - G\ddot{a}_{\overline{J+1|}} & (0 < U < 10) \\ 10,000v^U + e\ddot{a}_{\overline{J+1|}} - G\ddot{a}_{\overline{10|}} & (10 \leqslant U < 20) \\ 10,000v^{20} + e\ddot{a}_{\overline{20|}} - G\ddot{a}_{\overline{10|}} & (U \geqslant 20) \end{cases}$$

所求責任準備金為:

$$E({}_{10}L^*) = 10,000\bar{A}_{40:\overline{20|}} + e\ddot{a}_{40:\overline{20|}} - G\ddot{a}_{40:\overline{10|}}$$

**例**7.1.8　某20年期定期壽險,被保險人簽單年齡為40歲,保險金額為20,000元,於死亡年末給付。設按年均衡繳費一次的方式購買,其費用在每個保險年度初發生,大小如表 7-1-3 所示。以 CL1(2000—2003)2.5% 為計算基礎,試求該保單的均衡純保費、均衡毛保費,並求第 10 年年末均衡純保費責任準備金及均衡毛保費責任準備金。

**表** 7-1-3　　**附加費用分配表**

| 費用類型 | 第一年 | | 續年 | |
|---|---|---|---|---|
| | 占保險費比例(%) | 常數(/千元) | 占保險費比例(%) | 常數(/千元) |
| 佣金 | 16 | — | 6 | — |
| 一般費用 | 4 | 1 | — | 0.3 |
| 保單維持費 | 2 | 0.5 | 2 | 0.2 |
| 其他費用 | 3 | — | 2 | — |
| 合計 | 25 | 1.5 | 10 | 0.5 |

**解**:設均衡純保費、均衡毛保費分別為 $P$ 元、$P^*$ 元,在第 10 年年末責任準備金分別為 ${}_{10}V$ 元、${}_{10}V^*$ 元,於是由收支平衡原則有

$$P\ddot{a}_{40:\overline{20|}} = 20,000A^{1}_{40:\overline{20|}}$$

$$P^*\ddot{a}_{40:\overline{20|}} = 20,000A^{1}_{40:\overline{20|}} + 25\%P^* + 1.5 \times 20 + 10\%P^*(\ddot{a}_{40:\overline{20|}} - 1) + 0.5 \times 20(\ddot{a}_{40:\overline{20|}} - 1)$$

$$\therefore P = 20,000\frac{A^{1}_{40:\overline{20|}}}{\ddot{a}_{40:\overline{20|}}} = \frac{20,000(M_{40} - M_{60})}{N_{40} - N_{60}} \approx 70.33$$

$$P^* = \frac{20,000A^{1}_{40:\overline{20|}} + 20 + 10\ddot{a}_{40:\overline{20|}}}{90\%\ddot{a}_{40:\overline{20|}} - 15\%}$$

$$= \frac{20,000(M_{40} - M_{60}) + 20D_{40} + 10(N_{40} - N_{60})}{90\%(N_{40} - N_{60}) - 15\% D_{40}} \approx 91.66(\text{元})$$

$${}_{10}V = 20,000A^{\ 1}_{50:\overline{10}|} - P\ddot{a}_{50:\overline{10}|} \approx 281.28(\text{元})$$

$${}_{10}V^{*} = 20,000A^{\ 1}_{50:\overline{10}|} + 10\% P^{*}\ddot{a}_{50:\overline{10}|} + 0.5 \times 20\ddot{a}_{50:\overline{10}|} - P^{*}\ddot{a}_{50:\overline{10}|}$$

$$= 20,000A^{\ 1}_{50:\overline{10}|} + (10 - 0.9P^{*})\ddot{a}_{50:\overline{10}|} \approx 262.23(\text{元})$$

## 第二節　修正責任準備金

### 一、修正責任準備金及其計算

#### (一) 修正責任準備金的意義

首先,回顧前面所講的理論責任準備金或均衡純保費責任準備金,它是基於年繳均衡純保費計算而得的。若採用均衡方式收取營業保費,則意味著附加保費也是均衡的,但是在實際經營過程中,第一年附加費用開支較大,如需要支付新契約費、保單費用、代理人佣金,而以后各年開支的附加費用則相對較小。

其次,我們還發現:大多數情形下第一年的自然保費要低於年繳均衡純保費,或者說一般情形下初年需要的純保費較少,而續年所需的純保費較大。

最后,對於一個新開業不久或規模較小的壽險公司而言,因其可用盈余有限,試圖以此作為后盾來彌補初年度附加費用開支過大所導致的缺口,往往會遇到困難。

這實際上意味著前幾年應提取較少的純保費,而后幾年應提取較多的純保費。換言之,這為前幾年使用較多附加費用而后幾年使用較少的附加費用提供了必要性與可能性。

這種對均衡純保費繳納方式進行修正,從而引起責任準備金的變化,或者說,以修正純保費方式提取的責任準備金,稱為修正責任準備金,或稱為實際責任準備金,或實務上的責任準備金,它是一個與理論責任準備金相對的概念。

#### (二) 均衡純保費的修正

考慮限期 $m$ 年繳費於死亡年末支付保險金 1 的 $n$ 年期兩全保險;保費修正期為 $g$ 年($2 \leqslant g \leqslant m \leqslant n$)。

修正前:每年繳納純保費 ${}_{m}P_{x:\overline{n}|}$。

修正后:第 1 年繳費 $\alpha$;第 2 至第 $g$ 年每年繳納純保費 $\beta$;從 $g+1$ 年起年繳純保費又恢復到 ${}_{m}P_{x:\overline{n}|}$,參見圖 7-2-1。

一般假設 $\alpha < {}_{m}P_{x:\overline{n}|} < \beta$,於是,

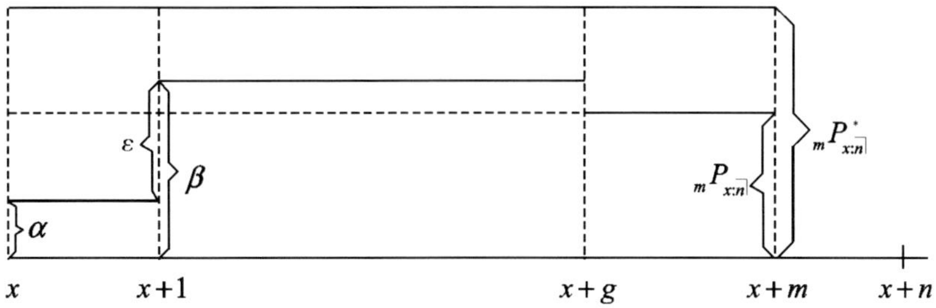


圖 7－2－1　修正后各年度年繳純保費

$$\alpha + \beta(\ddot{a}_{x:\overline{g}|} - 1) + {}_mP_{x:\overline{n}|}\,{}_{g|}\ddot{a}_{x:\overline{m-g}|} = A_{x:\overline{n}|} = {}_mP_{x:\overline{n}|}\ddot{a}_{x:\overline{m}|} \tag{7.2.1}$$

或

$$\alpha + \beta(\ddot{a}_{x:\overline{g}|} - 1) = {}_mP_{x:\overline{n}|}\ddot{a}_{x:\overline{g}|} \tag{7.2.2}$$

令

$$\beta - \alpha = \varepsilon \tag{7.2.3}$$

這裡的參數 $\varepsilon$ 可以根據需要用來控制純保費的調整幅度。顯然，$\varepsilon$ 越大調整就越猛烈；否則就越平緩。$g$ 也是一個控制純保費調整幅度的參數，$g$ 越小調整越猛烈；反之，則反是。

由公式(7.2.2)、公式(7.2.3)可求得

$$\alpha = {}_mP_{x:\overline{n}|} - \varepsilon\left(1 - \frac{1}{\ddot{a}_{x:\overline{g}|}}\right) \tag{7.2.4}$$

$$\beta = {}_mP_{x:\overline{n}|} + \frac{\varepsilon}{\ddot{a}_{x:\overline{g}|}} \tag{7.2.5}$$

或

$$\alpha + \beta a_{x:\overline{g-1}|} = P\ddot{a}_{x:\overline{g}|} = P(1 + a_{x:\overline{g-1}|}) \tag{7.2.6}$$

$$\therefore \beta = P + \frac{P - \alpha}{a_{x:\overline{g-1}|}} \tag{7.2.7}$$

這裡的 $P - \alpha$ 稱為初年度增加的費用補貼。

### (三) 實際責任準備金計算

設該保險在第 $k$ 年末的修正責任準備金為 ${}_k^mV^{\text{mod}}_{x:\overline{n}|}$，於是

(1) 當 $k = 0$ 時，${}_0^mV^{\text{mod}}_{x:\overline{n}|} = 0$　(7.2.8)

(2) 當 $1 \leqslant k < g$ 時

$$\begin{aligned}{}_k^mV^{\text{mod}}_{x:\overline{n}|} &= A_{x+k:\overline{n-k}|} - (\beta\ddot{a}_{x+k:\overline{g-k}|} + {}_mP_{x:\overline{n}|}(\ddot{a}_{x+k:\overline{m-k}|} - \ddot{a}_{x+k:\overline{g-k}|})) \quad (7.2.9)\\ &= A_{x+k:\overline{n-k}|} - {}_mP_{x:\overline{n}|}\ddot{a}_{x+k:\overline{m-k}|} - (\beta - {}_mP_{x:\overline{n}|})\ddot{a}_{x+k:\overline{g-k}|}\\ &= {}_k^mV_{x:\overline{n}|} - \frac{\ddot{a}_{x+k:\overline{g-k}|}}{\ddot{a}_{x:\overline{g}|}}\varepsilon \quad (7.2.10)\end{aligned}$$

(3) 當 $g \leqslant k \leqslant n$ 時, ${}_k^m V_{x:\overline{n}|}^{\text{mod}} = {}_k^m V_{x:\overline{n}|}$ (7.2.11)

顯然, $\varepsilon$ 越大, ${}_k^m V_{x:\overline{n}|}$ 與 ${}_k^m V_{x:\overline{n}|}^{\text{mod}}$ 相差也就越大,即調整幅度也越大。但隨著 $k$ 的增大, $\frac{\varepsilon}{\ddot{a}_{x:\overline{g}|}}\ddot{a}_{x+k:\overline{g-k}|}$ 越來越小,即兩種責任準備金相差越來越小,至修正期屆滿時,兩種責任準備金相等。

**例 7.2.1** 考慮全連續式終身壽險的一個由下式定義的責任準備金修正方法:

$$\bar{\alpha}(t) = \frac{t}{m}\bar{\beta} \quad (0 \leqslant t < m)$$

這裡 $\bar{\beta}$ 為當 $t \geqslant m$ 時的均衡純保費。(1) 寫出 $\bar{\beta}$ 的表達式;(2) 用未來法寫出 ${}_t\bar{V}(\bar{A}_x)^{\text{mod}}$ 的表達式,這裡 $t < m$。

**解:**(1) 由收支平衡原則可得

$$\int_0^m \bar{\alpha}(t) v^t {}_tp_x \mathrm{d}t + \bar{\beta}_{m|}\bar{a}_x = \bar{A}_x$$

即

$$\int_0^m \frac{t}{m}\bar{\beta} v^t {}_tp_x \mathrm{d}t + \bar{\beta}_{m|}\bar{a}_x = \bar{A}_x$$

$$\therefore \bar{\beta} = \frac{\bar{A}_x}{\frac{1}{m}(\bar{I}\bar{a})_{x:\overline{m}|} + {}_{m|}\bar{a}_x}$$

(2) 當 $t < m$ 時,在未來法下

$$\begin{aligned}{}_t\bar{V}(\bar{A}_x)^{\text{mod}} &= \bar{A}_{x+t} - \left(\int_0^{m-t} \bar{\alpha}(t+s) v^s {}_sp_{x+t}\mathrm{d}s + \bar{\beta}_{m-t|}\bar{a}_{x+t}\right) \\ &= \bar{A}_{x+t} - \bar{\beta}\left(\frac{t}{m}\bar{a}_{x+t:\overline{m-t}|} + \frac{1}{m}(\bar{I}\bar{a})_{x+t:\overline{m-t}|} + {}_{m-t|}\bar{a}_{x+t}\right)\end{aligned}$$

## 二、初年度定期式責任準備金

在公式(7.2.10)中,當 $\varepsilon$ 比較大、$g$ 比較小時,責任準備金 ${}_1^m V_{x:\overline{n}|}^{\text{mod}}$ 很可能為負,甚至當 $k = 2$ 或 3 時, ${}_k^m V_{x:\overline{n}|}^{\text{mod}}$ 也可能為負。為了避免 ${}_1^m V_{x:\overline{n}|}^{\text{mod}}$ 為負,而且責任準備金又要盡可能地小,就只有令 ${}_1^m V_{x:\overline{n}|}^{\text{mod}} = 0$,這顯然能保證以后的修正責任準備金大於 0;同時,要求 $g$ 應盡可能地大,即應要求 $g = m$,即修正期等於整個繳費期,以減輕修正所帶來的波動。

下面來求使 ${}_1^m V_{x:\overline{n}|}^{\text{mod}} = 0$ 的 $\alpha$ 和 $\beta$。由公式(7.2.10)可得

$${}_1^m V_{x:\overline{n}|}^{\text{mod}} = A_{x+1:\overline{n-1}|} - {}_mP_{x:\overline{n}|}\ddot{a}_{x+1:\overline{m-1}|} - \frac{\varepsilon}{\ddot{a}_{x:\overline{m}|}}\ddot{a}_{x+1:\overline{m-1}|} = 0$$

$$\therefore A_{x+1:\overline{n-1|}} = ({}_mP_{x:\overline{n|}} + \frac{\varepsilon}{\ddot{a}_{x:\overline{m|}}})\ddot{a}_{x+1:\overline{m-1|}}$$

即

$$\beta = {}_mP_{x:\overline{n|}} + \frac{\varepsilon}{\ddot{a}_{x:\overline{m|}}} = {}_{m-1}P_{x+1:\overline{n-1|}} \tag{7.2.12}$$

由過去法得

$$ {}^m_1V^{\text{mod}}_{x:\overline{n|}} = \frac{\alpha}{{}_1E_x} - \frac{A^{\ 1}_{x:\overline{1|}}}{{}_1E_x} = 0$$

即

$$\alpha = A^{\ 1}_{x:\overline{1|}} = vq_x \tag{7.2.13}$$

使第1年度末責任準備金為0的全期式修正法,稱為初年度定期式修正法。由此在所得到的修正后的初年與續年純保費 $\alpha$、$\beta$ 的右上角加上字母「F」以示區別,即有 $\alpha^{F} = vq_x$,$\beta^{F} = {}_{m-1}P_{x+1:\overline{n-1|}}$。我們稱初年度定期式修正法下的責任準備金為初年度定期式修正責任準備金,設其在第 $k$ 年末的值為 ${}^m_kV^{F}_{x:\overline{n|}}$,於是

$$\begin{aligned}
{}^m_kV^{F}_{x:\overline{n|}} &= {}^m_kV^{FPT}_{x:\overline{n|}} = A_{x+k:\overline{n-k|}} - \beta^{F}\ddot{a}_{x+k:\overline{m-k|}} \\
&= A_{x+k:\overline{n-k|}} - {}_{m-1}P_{x+1:\overline{n-1|}}\ddot{a}_{x+k:\overline{m-k|}} \\
&= A_{x+1+(k-1):\overline{n-1-(k-1)|}} - {}_{m-1}P_{x+1:\overline{n-1|}}\ddot{a}_{x+1+(k-1):\overline{m-1-(k-1)|}} \\
&= {}^{m-1}_{k-1}V_{x+1:\overline{n-1|}} (1 \leqslant k < m)
\end{aligned} \tag{7.2.14}$$

當 $m \leqslant k \leqslant n$ 時

$$ {}^m_kV^{F}_{x:\overline{n|}} = {}^m_kV_{x:\overline{n|}}$$

顯然,初年度定期式修正法可概括為「年齡增1法」。因為第一年所收純保費 $\alpha^{F}$ 完全用於年內死亡在年末死亡保險金的分攤,沒有儲蓄,因而責任準備金為0,相當於 $x+1$ 歲才開始投保;續年所收純保費 $\beta^{F}$ 相當於 $x+1$ 歲加入且原有繳費期與保險期終止日不變而剩下部分時間作為保險期的年繳純保費,而計算責任準備金時的參保年齡增加了一歲,相應地,計算責任準備金的時點向前移動了一年。

初年度定期式修正法影響預期盈余。下面以保額為1的全離散型終身壽險為例,假設採用均衡純保費方式,在初年度定期式修正法下有下列等式:

$$P_x + c = A^{\ 1}_{x:\overline{1|}} + c_0 = \beta + c_1 \tag{7.2.15}$$

其中,$c$ 為均衡附加保費,$c_0$ 為第一年的附加保費,$c_1$ 為續年的附加保費。顯然有:

$$c_0 = c + (P_x - A^{\ 1}_{x:\overline{1|}}) \tag{7.2.16}$$

公式(7.2.16)意味著初年度定期式修正法為初年度提供了一個費用補貼 $(P_x - A^{\ 1}_{x:\overline{1|}})$。

以 $u(k)$ 表示第 $k$ 年末每份殘存保單的目標盈余,假設 $u(0) = 0$。於是,

當 $k = 1$ 時

$$p_x u(1) = (A^{1}_{x:\overline{1|}} + c_0 - e_0)(1+i) - q_x$$
$$= (c_0 - e_0)(1+i) \qquad (7.2.17)$$

若 $c_0 < e_0$,則 $u(1)$ 為負。但在初年度定期式修正法下,$c_0 \geqslant e_0$,從而使 $u(1)$ 非負。若仍然有 $c_0 < e_0$,則保險人需要採取其他措施來解決資不抵債問題,比如設置初始基金,即讓 $u(0) > 0$。

當 $k = 2,3,4,\cdots$ 時

$$_{k-1}p_x[\,_{k-1}V^{F}_x + u(k-1) + (\beta + c_1) - e_{k-1}](1+i)$$
$$= \,_{k-1}p_x q_{x+k-1} + \,_kp_x[\,_kV^{F}_x + u(k)] \qquad (7.2.18)$$

考慮遞推公式

$$_{k-1}p_x(\,_{k-1}V^{F}_x + \beta)(1+i) = \,_{k-1}p_x q_{x+k-1} + \,_kp_x\,_kV^{F}_x \qquad (7.2.19)$$

公式(7.2.18) - 公式(7.2.19) 得

$$_kp_x u(k) = \sum_{t=1}^{k}(1+i)^{k-t+1}\,_{t-1}p_x(c'_{t-1} - e_{t-1}) \qquad (7.2.20)$$

其中,$c'_0 = c_0, c'_k = c_1, e_{k-1}$ 為實際附加費用支出,$k = 1,2,3,\cdots$。

**例 7.2.2** 已知 $i = 0.06, \ddot{a}_{52} = 12.887,85, A^{1}_{51:\overline{1|}} = 0.006,06$,計算 $_2V^{F}_{50}$。

**解:** $\because \ddot{a}_{52} = 12.887,85, vq_{51} = A^{1}_{51:\overline{1|}} = 0.006,06$

$$\therefore \ddot{a}_{51} = 1 + vp_{51}\ddot{a}_{52} = 1 + (v - vq_{51})\ddot{a}_{52} \approx 13.080,249$$

$$\therefore \,_2V^{F}_{50} = \,_1V_{51} = 1 - \frac{\ddot{a}_{52}}{\ddot{a}_{51}} \approx 0.014,71$$

**例 7.2.3** 對於($x$)簽發的保額為1的10年期兩全保險,已知 $_5V^{F}_{x:\overline{10|}} = 0.25, \beta^{F} = 0.05, d = 0.06, q_{x+4} = 0.01$,求 $_3V_{x+1:\overline{9|}}$。

**解:** $\because \,_5V^{F}_{x:\overline{10|}} = 0.25, \beta^{F} = 0.05$

$$\therefore \,_4V_{x+1:\overline{9|}} = 0.25, P_{x+1:\overline{9|}} = \beta^{F} = 0.05$$

$$\because \,_3V_{x+1:\overline{9|}} + P_{x+1:\overline{9|}} = vq_{x+4} + vp_{x+4}\,_4V_{x+1:\overline{9|}}$$

$$\therefore \,_3V_{x+1:\overline{9|}} = 0.192,05$$

**例 7.2.4** 對於($x$)參加的保額為1的全離散型終身壽險,考慮一個兩年定期式修正法,它要求:第一年純保費為 $A^{1}_{x:\overline{1|}}$,第二年純保費為 $A^{1}_{x+1:\overline{1|}}$,以后各年度純保費均為 $P_{x+2}$。證明:

(1) $_1V^{mod}_x = \,_2V^{mod}_x = 0$;

(2) $_kV^{mod}_x = \,_kV_x - (P_{x+2} - P_x)\ddot{a}_{x+k} = \,_{k-2}V_{x+2} (k = 3,4,5,\cdots)$。

**證明:** (1) 運用過去法可得

$$ {}_1V_x^{\text{mod}} = \frac{A_{x:\overline{1}|}^{1}}{{}_1E_x} - \frac{A_{x:\overline{1}|}^{1}}{{}_1E_x} = 0; $$

$$ {}_2V_x^{\text{mod}} = \frac{A_{x:\overline{1}|}^{1}}{{}_2E_x} + \frac{A_{x+1:\overline{1}|}^{1}}{{}_1E_{x+1}} - \frac{A_{x:\overline{2}|}^{1}}{{}_2E_x} = \frac{A_{x:\overline{1}|}^{1} + {}_1E_xA_{x+1:\overline{1}|}^{1} - A_{x:\overline{2}|}^{1}}{{}_2E_x} = \frac{A_{x:\overline{2}|}^{1} - A_{x:\overline{2}|}^{1}}{{}_2E_x} = 0 $$

（2）當 $k = 3,4,5,\cdots$ 時

$$ {}_kV_x^{\text{mod}} = A_{x+k} - P_{x+2}\ddot{a}_{x+k} = A_{x+k} - P_x\ddot{a}_{x+k} - (P_{x+2} - P_x)\ddot{a}_{x+k} $$

$$ = {}_kV_x - (P_{x+2} - P_x)\ddot{a}_{x+k} = A_{x+2+(k-2)} - P_{x+2}\ddot{a}_{x+2+(k-2)} = {}_{k-2}V_{x+2} $$

## 三、美國保險監督官修正責任準備金

如果保險期限較短，年繳保費就比較多，比如兩全保險，容易造成新契約費的濫用和浪費。為了杜絕這種現象的發生，有些國家規定對於高續年保費的保單需要對初年度定期式責任準備金做進一步的修正，即採用美國保險監督官準備金修正法和加拿大準備金修正法，其實質就是調低修正幅度參數 $\varepsilon$，而對於低續年保費保單則仍採用初年度定期式修正法。

美國保險監督官修正法要求續年保費與限期 20 年繳費且具有同等保障條件下的終身壽險在運用初年度定期式修正法所得到的續年保費 ${}_{19}P_{x+1}$ 進行對比。

當 $\beta^F \leqslant {}_{19}P_{x+1}$ 時，仍採用初年度定期式修正法。

當 $\beta^F > {}_{19}P_{x+1}$ 時，稱此保單為高續年保費保單，需要採用美國保險監督官準備金修正法，此時取 $\varepsilon = {}_{19}P_{x+1} - vq_x \triangleq \varepsilon^{\text{com}}$，即減少了修正幅度，因為 $\varepsilon^{\text{com}} < \varepsilon^F$。於是

$$ \beta^{\text{com}} = {}_mP_{x:\overline{n}|} + \frac{\varepsilon^{\text{com}}}{\ddot{a}_{x:\overline{m}|}} = {}_mP_{x:\overline{n}|} + \frac{{}_{19}P_{x+1} - vq_x}{\ddot{a}_{x:\overline{m}|}} \tag{7.2.21} $$

$$ \alpha^{\text{com}} = \beta^{\text{com}} - \varepsilon^{\text{com}} = {}_mP_{x:\overline{n}|} + \frac{{}_{19}P_{x+1} - vq_x}{\ddot{a}_{x:\overline{m}|}} - ({}_{19}P_{x+1} - vq_x) \tag{7.2.22} $$

$$ {}^m_kV^{\text{com}}_{x:\overline{n}|} = {}^m_kV_{x:\overline{n}|} - \frac{{}_{19}P_{x+1} - vq_x}{\ddot{a}_{x:\overline{m}|}}\ddot{a}_{x+k:\overline{m-k}|} \quad (1 \leqslant k < m) \tag{7.2.23} $$

當 $m \leqslant k \leqslant n$ 時，${}^m_kV^{\text{com}}_{x:\overline{n}|} = {}^m_kV_{x:\overline{n}|}$，此式對 $k = 0$ 亦成立。

## 四、加拿大修正責任準備金

若年繳均衡純保費 $P$ 大於相同投保年齡參加的終身壽險的年繳均衡純保費 $P_x$，則屬於加拿大準備金修正法規定的高續年保費保單，需採用加拿大修正法，否則仍採用初年度定期式修正法。

當 $P > P_x$ 時，$\alpha^{\text{can}}$ 的選擇應滿足：

$$ P - \alpha^{\text{can}} = P_x - vq_x \tag{7.2.24} $$

即

$$\alpha^{can} = P - (P_x - vq_x) \tag{7.2.25}$$

$$\beta^{can} = P + \frac{P - \alpha^{can}}{a_{x:\overline{m-1}|}} = P + \frac{P_x - vq_x}{a_{x:\overline{m-1}|}} \tag{7.2.26}$$

當 $P > P_x$ 時的保單為高續年保費保單，$P - \alpha^{can}$（即 $P_x - vq_x$）為調整后的額外補貼，它顯然低於調整前的額外補貼 $P - vq_x$，即降低了補貼幅度。這實際上是在調低續年保費，調高初年度純保費。

設調整后的修正幅度為 $\varepsilon^{can}$，則

$$\varepsilon^{can} = \beta^{can} - \alpha^{can} \tag{7.2.27}$$

$$= (P_x - vq_x)(1 + \frac{1}{a_{x:\overline{m-1}|}}) = \frac{\ddot{a}_{x:\overline{m}|}}{a_{x:\overline{m-1}|}}(P_x - vq_x) \tag{7.2.28}$$

而調整前的調整幅度為：

$$\tilde{\varepsilon}^{can} = \tilde{\beta}^{can} - vq_x = P + \frac{P - vq_x}{a_{x:\overline{m-1}|}} - vq_x = \frac{\ddot{a}_{x:\overline{m}|}}{a_{x:\overline{m-1}|}}(P - vq_x) \tag{7.2.29}$$

顯然，$\varepsilon^{can} < \tilde{\varepsilon}^{can}$。

對於兩全保險而言，

$$ {}^{m}_{k}V^{can}_{x:\overline{n}|} = {}^{m}_{k}V_{x:\overline{n}|} - \frac{P_x - vq_x}{\ddot{a}_{x:\overline{m-1}|}}\ddot{a}_{x+k:\overline{m-k}|} \tag{7.2.30}$$

當 $P < P_x$ 時，仍採用初年度定期式修正法。

**例**7.2.5　已知某種全期修正責任準備金方法規定：$\alpha \geqslant A^{\ 1}_{x:\overline{1}|}$，$\beta - \alpha \leqslant 0.05$。這一規定使得對某些保單和某些年齡可以使用初年度定期式修正法（FPT 法）。已知 $d = 0.03$，$\ddot{a}_x = 17$，$\ddot{a}_{x:\overline{12}|} = 9$，$A_{x:\overline{12}|}^{\ \ 1} = \frac{2}{3}$ 及 $A^{\ 1}_{x:\overline{1}|} = 0.01$。求解如下問題：

(1) 對於在 $x$ 歲時簽訂的壽險保單，計算 $\beta$；

(2) 在這種方法下計算 ${}_{12}V^{mod}_x$；

(3) 對在 $x$ 歲時簽訂的 12 年期兩全保險，說明 $\alpha$ 不能取 0.01；

(4) 根據(3) 的計算結果，對在 $x$ 歲時簽訂的 12 年期兩全保險，求最大的 $\beta$ 值和最小的 $\alpha$ 值；

(5) 求 ${}_1V^{mod}_{x:\overline{12}|}$ 的最小值。

**解**：(1) 假設按規定可以使用 FPT 法，於是，

$$\alpha = A^{\ 1}_{x:\overline{1}|} = 0.01$$

由收支平衡原則可得

$$\alpha + \beta(\ddot{a}_x - 1) = A_x$$

$$\therefore \beta = \frac{A_x - \alpha}{\ddot{a}_x - 1} = \frac{1 - d\ddot{a}_x - \alpha}{\ddot{a}_x - 1} = \frac{1 - 0.03 \times 17 - 0.01}{17 - 1} = 0.03$$

$\beta - \alpha = 0.02 \leqslant 0.05$。

(2) $\because v = 1 - d = 0.97$

$$\therefore vp_x = v - vq_x = 0.97 - 0.01 = 0.96$$

$$\because \ddot{a}_x = 1 + vp_x\ddot{a}_{x+1}$$

$$\therefore \ddot{a}_{x+1} = \frac{16}{0.96}$$

$$\because \ddot{a}_x = \ddot{a}_{x:\overline{12}|} + A_{x:\overline{12}|}^{\ \ 1}\ddot{a}_{x+12}$$

$$\therefore 17 = 9 + \frac{2}{3}\ddot{a}_{x+12}$$

解之得

$$\ddot{a}_{x+12} = 12$$

$$\therefore {}_{12}V_x^{\text{mod}} = {}_{11}V_{x+1} = 1 - \frac{\ddot{a}_{x+12}}{\ddot{a}_{x+1}} = 1 - 12 \times \frac{0.96}{16} = 0.28$$

(3) 假設 $\alpha = A_{x:\overline{1}|}^{1} = 0.01$,於是應用 FPT 法可得:

$$\beta = P_{x+1:\overline{11}|} = \frac{1}{\ddot{a}_{x+1:\overline{11}|}} - d$$

$$\because \ddot{a}_{x:\overline{12}|} = 1 + vp_x\ddot{a}_{x+1:\overline{11}|}$$

$$\therefore 9 = 1 + 0.96\ddot{a}_{x+1:\overline{11}|}$$

$$\ddot{a}_{x+1:\overline{11}|} = \frac{25}{3}$$

$$\therefore \beta = \frac{3}{25} - 0.03 = 0.09$$

$$\beta - \alpha = 0.08 > 0.05$$

這表明 $\alpha$ 不能取 0.01。

(4) 對於一般情形,令 $\beta - \alpha = \varepsilon$,於是,

$$\beta = P_{x:\overline{12}|} + \frac{\varepsilon}{\ddot{a}_{x:\overline{12}|}} = \frac{1}{\ddot{a}_{x:\overline{12}|}} - d + \frac{\varepsilon}{\ddot{a}_{x:\overline{12}|}} = \frac{1 + \varepsilon}{9} - 0.03$$

$\because \beta - \alpha \leqslant 0.05$,即 $\varepsilon \leqslant 0.05$

$$\therefore \beta \leqslant \frac{1 + 0.05}{9} - 0.03 = \frac{13}{150} \approx 0.086,667$$

$$\alpha = \beta - \varepsilon = \frac{1 + \varepsilon}{9} - 0.03 - \varepsilon$$

$$= \frac{0.73}{9} - \frac{8}{9}\varepsilon \geqslant \frac{0.73}{9} - \frac{8}{9} \times 0.05 = \frac{11}{300} \approx 0.036,667$$

(5) $\because \beta \leqslant 0.086,667$

$$\therefore {}_1V^{\text{mod}}_{x:\overline{12}|} = A_{x+1:\overline{11}|} - \beta\ddot{a}_{x+1:\overline{11}|} = 1 - (d+\beta)\ddot{a}_{x+1:\overline{11}|}$$

$$\therefore {}_1V^{\text{mod}}_{x:\overline{12}|} \geqslant 1 - (0.03 + 0.086,667) \cdot \frac{25}{3} \approx 0.027,8$$

## 第三節　現金價值與保單選擇權

### 一、現金價值及其計算

#### (一) 現金價值

現金價值,又稱解約退還金、退保價值、解約金等。它是指投保人在繳納了一定年數的保險費后終止合同時,保險人或保險公司應支付保單持有人的金額。保單持有人的這一權利受有關保險法律或法規的保護,在保單中一般由不喪失價值條款體現出來。換言之,不會因為投保人停止繳納保費就喪失現金價值這部分收益。

人壽保險的大部分險種具有儲蓄性,即當前繳費滿足當前支付分攤后尚存結余。當繳費若干期后,將會形成一定的責任準備金,責任準備金是保險人對投保人或被保險人的負債。因此,在解約退保時,保險人需要將這部分負債退還給保單持有人。但是,保險人並不是退還全部責任準備金,而是在此基礎上扣除一部分后才將余額(即現金價值)退還給保單持有人。這種扣除基於如下一些理由:一是死亡逆選擇的增加,因為對於死亡保險而言,弱體者一般不會解約退保,剩余群體死亡率很可能增加;二是如果解約頻繁出現,那麼保險公司必須準備更多的現金來應付,這會影響保險人的資金運用,從而減少保險公司的投資收益;三是附加費用尚未攤銷完畢,由於新簽合同花費很大,往往遠遠大於初年度的附加保費,常常使用后面年度的剩余來償還初年度的損失,但出現瞭解約,這部分尚未攤銷的損失理應由解約者負擔;四是辦理解約手續需要開支一定的費用,並且剩余群體變小,平均每一份合同的費用率可能變大;五是隨機波動性增大,由於退保增加,剩余群體變小,群體死亡率波動性增大,安全性減小,因此保險公司必須考慮再保險,增加危險準備金。

#### (二) 現金價值的計算

1. 調整保險費法

所謂調整保險費,系指在初年度的額外附加費用可由整個繳費期間的每年繳納的附加保險費中攤還的假設條件下計算出來的保險費。這種保險費是純保險費與每年攤還額之和。

在調整保險費法下,保單費用被分成兩類:一類是在整個繳費期限內每年發生的單位保額的均一量 $E$;另一類是第一年所需的額外附加量 $E_1$。這樣,第一年費用總額為$(E+E_1)$。進一步,假定毛保險費為 $P^*$,它由調整保險費 $P^a$ 與均衡年繳附加費 $E$ 之和構成,即

$$P^* = P^a + E \quad (7.3.1)$$

於是

$$P^*\ddot{a} = (P^a + E)\ddot{a} = A + E_1 + E\ddot{a} \quad (7.3.2)$$

從而保險費調整為:

$$P^a = \frac{A + E_1}{\ddot{a}} = \frac{A}{\ddot{a}} + \frac{E_1}{\ddot{a}} \quad (7.3.3)$$

由於 $A$ 代表簽單時保額所對應的躉繳純保險費,$\ddot{a}$ 代表以保險費繳付期為期限的定期生存年金在簽單時的精算現值,所以 $\frac{A}{\ddot{a}}$ 代表年繳純保險費,$\frac{E_1}{\ddot{a}}$ 代表每年的攤還額。

由於 $A = (P^a - E_1) + P^a a$,因此用調整保險費法決定的現金價值實質上是以 $P^a - E_1$ 為第一年純保險費,$P^a$ 為續年純保險費的修正責任準備金。即

$$_k(CV) = A(k) - P^a\ddot{a}(k) = {}_kV - (P^a - P)\cdot\ddot{a}(k) \quad (7.3.4)$$

其中,$_k(CV)$ 為第 $k$ 年末的現金價值或解約金;$P$ 為原保險的均衡純保險費;$\ddot{a}(k)$ 表示從 $x+k$ 歲開始時的生存年金。現金價值之所以重要,是因為它是保單貸款的基礎。

2. 費用扣除法

現金價值以責任準備金為限,並在責任準備金的基礎上做適當扣除,一般退保時間越晚,扣除就越少,甚至保單持有一定年限后就不做任何扣除了,其目的是鼓勵保單持有人持有保單更長的時間。其計算公式為:

$$_k(CV) = {}_kV - {}_kC \quad (7.3.5)$$

其中,$_k(CV)$ 表示保單發行后第 $k$ 年末的現金價值,也可稱為退保金或解約金,$_kV$ 表示第 $k$ 年末的責任準備金,$_kC$ 是第 $k$ 年末的解約費用,$k=1,2,3,\cdots$。當然,計算 $_kC$ 並非易事,必須力求公正合理。從保護保單持有人的角度來看,應盡可能使 $_k(CV)$ 最大;同時,為了限制保險人扣除的費用 $_kC$,有的國家規定扣除的最高額度不能超過當期責任準備金的 1/4,也有的國家規定必須控制在保險金額的 1% ~ 2%,等等。

日本通常採用調整純保費責任準備金的基準方式,其現金價值的計算公式為:

$$
{}_k(CV) = \begin{cases} {}_kV - \dfrac{10-k}{10}\sigma & (k < 10) \\ {}_kV & (k \geqslant 10) \end{cases} \tag{7.3.6}
$$

通常參考計算保險費時使用的預定新合同費 $\alpha$ 等因素來確定參數 $\sigma$。

## 二、保單選擇權

現金價值不僅可以用現金方式直接支付給保單持有人,也可以用精算現值相當的保險受益方式進行處理,主要用於購買繳清保險和展期保險。同時,現金價值的存在成為保單自動墊繳保費條款的基礎。

### (一) 繳清保險

把原保險單改為繳清保險,即原保險單的保險責任、保險終止日期均不改變,把原保單解約時的現金價值依據收支平衡原則去購買保險金額減少的保險。這種處理方法實際上是以保單現金價值作為躉繳保費,投保與原保險單責任相同的保險,保險終止日期與原保單相同,保險金額由現金價值的大小決定。

$$
b = \frac{{}_t(CV)}{A(t)} \tag{7.3.7}
$$

其中,$A(t)$ 表示在時刻 $t$ 的單位保額的躉繳純保險費,$b$ 為繳清保險的保額,${}_t(CV)$ 為第 $t$ 年末的現金價值。

### (二) 展期保險

展期保險就是將原保單改為與原保單保險金額相同的死亡保險,保險期限相應縮短。這種處理方法實際上是以保單現金價值作為躉繳保費,購買保險金額與原保單相同的死亡保險(不管原保單是何種類型),保險期限則依據保單現金價值的數額而定。

$$
{}_t(CV) = A^{1}_{x+t:\overline{n}|} \tag{7.3.8}
$$

這裡的 $n$ 可用線性插值法求解。

展期保險有兩種特殊情況需要注意:

(1) 對於兩全保單,在保險后期所具有的現金價值比較大,很可能能夠充分購買以從解約時刻到兩全保險期滿這段時間作為保險期限而保額不變的定期壽險。此時,現金價值超過購買此種定期壽險所需保險費的余額便可用於購買在原保單滿期時提供給付的純生存保險,這種純生存保險的保險金額 $b$ 取決於:

$$
b = \frac{{}_t(CV) - A^{1}_{x+t:\overline{n-t}|}}{A_{x+t:\overline{n-t}|}^{\ \ \ \ 1}} \tag{7.3.9}
$$

其中,$n$ 為原兩全保險的保險期限。

(2) 如果保單具有一筆余額為 $L$ 的負債或欠款,那麼這種保單通常提供的展期保險的保險金額將是 $1-L$,這裡 1 為原保單的保額。否則保單持有人由於選擇這種展期保險,可能增加保險人的風險。此時展期保險的 $n$ 值由下式決定:

$$(1-L)A^{\ 1}_{x+t:\overline{n}|}={}_t(CV)-L \qquad (7.3.10)$$

進一步,這種方法在較長時期內提供了較小的展期保額,它有助於保護保險人免遭被保險人逆向選擇運用此條款所造成的損失。

### (三)自動墊交保費或保單貸款

保單質押貸款或自動墊交的保費都需要按時收取利息,當貸款本息超過責任準備金或現金價值時,保險合同效力即行終止;當保單持有人領取解約金時,如有保單貸款,還需要先扣除貸款本息。

**例 7.3.1** 某人在 40 歲簽單,保額為 10,000 元,全期繳費的 10 年期全離散型兩全保險,在第 5 年末的現金價值為 4,500 元,試計算與此等價的繳清保險和展期保險的保險金額,以 CL1(2000—2003)2.5% 為基礎。

**解:**(1) 繳清保險的保險金額為

$$b=\frac{{}_5(\tilde{C}V)_{40:\overline{10}|}}{A_{45:\overline{5}|}}\approx\frac{4,500}{0.884,443,17}\approx 5,087.95(\text{元})$$

$$(2)\ 10,000A^{\ 1}_{45:\overline{5}|}=10,000\times 0.013,028,567=130.29(\text{元})$$

即現金價值 4,500 元可以充分購買 5 年定期壽險,然后將剩余的現金價值用於購買以原來的兩全保險期滿為限的 5 年期純生存保險,其保險金額為:

$$\frac{{}_5(\tilde{C}V)_{40:\overline{10}|}-10,000A^{\ 1}_{45:\overline{5}|}}{A_{45:\overline{5}|}^{\quad\ 1}}=\frac{4,500-130.29}{0.871,14,598}=5,014.50\ (\text{元})$$

**例 7.3.2** 某 40 歲的人投保了 20 年期兩全保險,保險金額為 20 萬元,於死亡年末支付,每年初均衡繳費一次,限期 10 年繳清保費,若在第 10 年年末退保,將扣除責任準備金的 10% 作為退保費用,求其現金價值。若用此現金價值購買保費繳清保險,求其保險金額。以 CL1(2000—2003)2.5% 為例。

**解:**所求保險在第 10 年年末的責任準備金為

$$20\,{}^{10}_{10}V_{40:\overline{20}|}=20A_{50:\overline{10}|}=20\times 0.785,312,63\approx 15.706,252,6$$

第 10 年年末的現金價值為

$$15.706,252,6\times(1-10\%)=14.135,627(\text{萬元})$$

設用此現金價值可以購買保險金額為 $b$ 萬元的保費繳清保險,於是

$$14.135,627=bA_{50:\overline{10}|}$$

解得

$$b=18(\text{萬元})$$

# 本章小結

本章主要研究毛保費及其責任準備金、修正責任準備金、現金價值與保單選擇權。這些內容都緊密圍繞費用而展開,而以前的研究均不考慮保險公司經營過程中所發生的費用。實際上,保險公司作為一個經營實體、作為一個企業,在經營過程中要發生一定的費用、要獲得適當的利潤、需要安全邊際,等等。

對壽險公司發生的費用進行合理的分類,合理地得出預定費用率,是進行壽險精算的前提條件。依據收支平衡原則可以得到毛保費、附加保費,並可運用未來法計算出毛保費責任準備金。

鑒於保單第一年附加費用開支較大、續年附加費用開支較少,對於一個新開業不久或規模較小的壽險公司而言,因其可運用的盈余有限,試圖以自己的盈余或資本來彌補附加費用缺口將面臨一定的困難,因而在均衡毛保費條件下,在一定期限內,調低初年純保費,調高續年純保費,從而為初年附加費用的較大開支留下足夠的空間。同時,一定年齡后投保,自然保費會隨著年齡的增加而遞增,這就為初年收取較少純保費提供了可能性。這種通過對均衡純保費進行修正所提取的責任準備金,稱為修正責任準備金或實際責任準備金,它比均衡純保費責任準備金要小。若修正幅度過大,修正期又比較短,就可能出現第一年末責任準備金為負數的情形。為了避免這種情形出現,同時又需要責任準備金盡可能地小,於是實行全期修正,且第一年末修正責任準備金為0。這種方法下的責任準備金稱為初年度定期式修正責任準備金,可用年齡加1法來計算。

對於保險期限較短、年繳保費比較多,尤其是兩全保險或年金保險,容易造成新契約費的濫用和浪費。為了杜絕這種現象的發生,有些國家規定對於高續年保費的保單需要對初年度定期式責任準備金做進一步的修正,即採用美國保險監督官準備金修正法和加拿大準備金修正法,其實質就是調低修正幅度,而對於低續年保費保單則仍採用初年度定期式修正法。

現金價值是投保人在繳納了一定年數的保險費后而終止合同時,保險人或保險公司應支付保單持有人的金額,其大小可以用調整保費法與費用扣除法來計算。現金價值是保單貸款的基礎。退保時,可以以現金形式領取現金價值或退保金,也可以以此作為躉繳純保費去購買繳清保險、展期保險,但不能超過原保險終止的日期。

## 習題7

7－1　已知某30歲的人參加的保額為1,000元、於死亡年末支付保險金的10年期兩全保險,均衡繳費。附加費用發生在年初,第一年初收取毛保費的21%,以后各年初均收取6.5%;並且在第一年初每千元保額還要收取6元,續年收取2.5元。已知 $\ddot{a}_{30:\overline{10|}}=8.930,813$,$i=0.025$,求年繳均衡毛保費。

7－2　對$(x)$簽發的保額為25,000元的半連續型20年期兩全保險,每年初的費用分佈如下表7－習題－1所示:

表7－習題－1　　附加費用分佈表

| 年度 | 毛保費的百分比(%) | 每千元保額(元) | 每份保單(元) |
|---|---|---|---|
| 初年 | 25 | 2.00 | 15.00 |
| 續年 | 5 | 0.50 | 3.00 |

已知 $\bar{A}_{x:\overline{20|}}=0.405,8$,$\ddot{a}_{x:\overline{20|}}=12.522$,$\bar{A}^{1}_{x:\overline{1|}}=0.024,52$。計算:(1)初年毛保費(滿足初年開支需要);(2)續年毛保費(滿足續年開支需要);(3)均衡年繳毛保費。

7－3　對於保額為1的全離散型終身壽險保單,附加費用為:(1)初始費用為$e_0$;(2)每年(包括第一年)的費用為$e_1+e_2P_x$;(3)與保險金同時支付的理賠成本為$e_3$。已知年繳毛保費為$G=aP_x+c$,求$a$與$c$。

7－4　(1)某25歲的人投保了死亡時立即給付保險金100萬元的終身壽險,已知$\mu=0.06$,$\delta=0.04$,$u(0.05)=1.645$,以95%的概率保證保險金的給付不超過初始基金,求安全邊際系數及安全邊際量。(2)若25歲的參保人數達到10,000人,其結果又如何?

7－5　保額可看成隨機變量,其概率密度函數為$f(b)=kb^{-3}(b>10)$,這裡$b$的單位為千元,$a=25$,$f=0.15$,$c=12$,將保單保額為三級:10,000～30,000元、30,000～70,000元、70,000元以上,求分級費率。

7－6　$(x)$投保了某終身壽險,保險金於死亡年末給付,躉繳保費,已知$A_x=0.25$,$v=0.95$,佣金為毛保費的18%,稅收為毛保費的2%,每份保單費用第一年為40元,以后每年降為5元,求該保險的保單費。若保額為20,000元,求其保險費率。

7－7　(1)某20年期兩全保險,被保險人簽單年齡為40歲,保險金額為10,000元,於死亡年末給付。假設按年均衡繳費一次的方式購買,其費用在每個保險年度初發生,其大小如表7－習題－2所示。以CL1(2000—2003)2.5%為計算基礎,試求該保單的均衡毛保費及在第10年末的均衡毛保費責任準備金。

表7－習題－2　　附加費用表

| 費用類型 | 第一年 | | 續年 | |
|---|---|---|---|---|
| | 占保險費比例(%) | 常數(/千元) | 占保險費比例(%) | 常數(/千元) |
| 佣金 | 20 | — | 6 | — |
| 一般費用 | 4 | 8 | — | 2 |
| 保單維持費 | 3 | 4 | 2 | 2 |
| 其他費用 | 3 | — | 2 | — |
| 合計 | 30 | 12 | 10 | 4 |

(2) 將第(1)題中的兩全保險改為定期壽險,試求該保單的均衡毛保費及其在第10年年末的均衡毛保費責任準備金。

7－8　某30歲的人投保了保額為20,000元的30年期全離散型兩全保險,繳費期為20年,修正期為10年,修正幅度為400元,以CL1(2000—2003)2.5%為基礎,求:(1)修正后第1年純保費及續年純保費;(2)第5年年末修正責任準備金;(3)第15年年末修正責任準備金。

7－9　當修正幅度調高到500元,重做第7－8題。當修正幅度超過哪一整數時,第1年年末修正責任準備金為負數?

7－10　已知$i=0.05$,$\ddot{a}_{32:\overline{13}|}=9.00$,$q_{31}=0.002$,求${}_2V^{F}_{30:\overline{15}|}$。

7－11　已知$i=0.06$,$\ddot{a}_{52}=12.767,9$,$A^{\,1}_{51:\overline{1}|}=0.006,06$,求${}_2V^{F}_{50}$。

7－12　已知$a_{80:\overline{19}|}=6.158$,$a_{70:\overline{30}|}=9.339$,$a_{71:\overline{29}|}=9.020$,$a_{70:\overline{29}|}=9.326$,求${}_{10}V^{F}_{70:\overline{30}|}$。

7－13　已知(50)參加了保額為1的全離散型終身壽險,${}_{10}V^{F}_{50}=0.183,9$,${}_{12}V^{F}_{50}=0.225,3$,$q_{60}=0.009,3$,$q_{61}=0.010,5$,$i=0.05$,求$P_{51}$。

7－14　對於某50歲的人投保的20年期全離散型兩全保險,已知$i=0.03$,$\alpha^{F}=0.030,83$,$\beta^{F}=0.073,27$,求$P_{50:\overline{20}|}$。

7－15　某30歲的人投保了保額為20,000元的30年期全離散型兩全保險,繳費期為10年,修正期為10年,以CL1(2000—2003)2.5%為基礎。求:(1)初年度定期式修正法下的初年純保費、續年純保費及第5年年末修正責任準備金;(2)若採用普通修正法,要達到初年度定期式修正法的效果,需要多大的修正幅度?

7－16　某30歲的人投保了保額為20,000元的30年期全離散型定期壽險,繳費期為10年,修正期為10年,以CL1(2000—2003)2.5%為基礎。求:(1)初年度定期式修正法下的初年純保費、續年純保費及第5年年末修正責任準備金;(2)若採用普通修正法,要達到初年度定期式修正法的效果,還需要多大的修正幅度?

7－17　第7－15題中的保單是否高續年保費保單?若是,則需要採用美國保險監督官責任準備金修正法,求其修正幅度、初年純保費、續年純保費,並求第5年年末責任準備金。若不是,則採用初年度定期式修正法即可。

7－18　第7－16題中的保單是否高續年保費保單?若是,則需要採用美國保險監督官責任準備金修正法,求其修正幅度、初年純保費、續年純保費,並求第5年年末責任準備金。若不是,則採用初年度定期式修正法即可。

7－19　某10年期兩全保險,被保險人簽單年齡為40歲,保險金額為200,000元於死亡年末支付。年繳一次均衡保費,其費用在每個保險年初發生,其大小如表7－習題－3所示,求該保單的調整保險費及第5年年末的現金價值,以CL1(2000—2003)2.5%為例。

**表7－習題－3　　附加費用表**

| 費用類型 | 時間 | | | |
|---|---|---|---|---|
| | 第一年 | | 續年 | |
| | 保險費百分比(%) | 常數(每千元保額) | 保險費百分比(%) | 常數(每千元保額) |
| 佣金 | 15 | － | 5 | － |
| 一般費用 | 3 | 2 | － | 1 |
| 保單維持費 | 2 | 1 | 1 | 0.5 |
| 其他費用 | 4 | － | 2 | － |
| 合計 | 24 | 3 | 8 | 1.5 |

7－20　某40歲的人購買了保額100,000元、全期繳費的20年期兩全保險。在第5個保單年度末,投保人解約保單,解約時該保單還有保單質押貸款本息10,000元尚未還清。如果解約費為500元,求該保單的現金價值。如果投保人選擇購買繳清保險,那麼保額為多少?如果選擇展期保險,那麼應如何處理?以CL1(2000—2003)2.5%為基礎。

7－21　對於全連續型終身壽險,包括費用的虧損變量為$L_e = L + Q$,其中,$L = v^T - \bar{P}(\bar{A}_x)\bar{a}_{\overline{T|}}$,$Q = c_0 + (g - e)\bar{a}_{\overline{T|}}$。這裡$L$為保險金部分的虧損變量,$Q$為費用部分的虧損變量,$c_0$為初始費用,$g$為每年以連續方式支付的費用,$e$為每年按

連續方式繳納的附加保費。證明：

(1) $Q = c_0 L$;

(2) $\mathrm{var}(L_e) = (1+c_0)^2 \mathrm{var}(L)$。

7－22　已知包含預期盈余的全連續型遞推公式為：

$$\frac{\mathrm{d}}{\mathrm{d}t}\{{}_tp_x[{}_t\bar{V}(\bar{A}_x)+\bar{u}(t)]\} = {}_tp_x[\bar{P}(\bar{A}_x)+\delta_t\bar{V}(\bar{A}_x)+\bar{c}-\bar{e}_t+\delta\bar{u}(t)-\mu_{x+t}],$$

證明：

$$ {}_tp_x\bar{u}(t) = \int_0^t \mathrm{e}^{\delta(t-s)}{}_sp_x(\bar{c}-\bar{e}_s)\mathrm{d}s, \text{其中 } \bar{u}(0)=0。$$

7－23　為了某種修正責任準備金的目的，將終身壽險年繳均衡純保費 $P_x$ 修正為前 $n$ 年的年繳純保費 $\alpha_x^{\mathrm{mod}}$ 及以后的年繳純保費 $\beta_x^{\mathrm{mod}}$，證明：

$$\frac{\beta_x^{\mathrm{mod}}-P_x}{P_x-\alpha_x^{\mathrm{mod}}} = \frac{\ddot{a}_x}{{}_{n|}\ddot{a}_x}-1。$$

7－24　考慮限期 $m$ 年繳費於死亡年末支付保險金 1 的終身壽險，保費修正期為 $g$ 年($g>0$)。證明：當 $1 \leqslant k < g$ 時，${}_k^mV_x^{\mathrm{mod}} = {}_k^mV_x - \frac{\ddot{a}_{x+k:\overline{g-k}|}}{\ddot{a}_{x:\overline{g}|}}\varepsilon$。

7－25　在採用加拿大責任準備金修正法之前，加拿大法律規定的標準是：滿足 $P > P_x$ 的保單定義為高續年保費保單，對於這種保單，修正期與繳費式相同，且 $P - \alpha = P_x - A_{x:\overline{1}|}^{1}$，對於其他保單允許使用 FPT 方法。證明：對於 $n$ 年期兩全保險，

$$\beta = P_{x:\overline{n}|} + \frac{P_x - A_{x:\overline{1}|}^{1}}{a_{x:\overline{n-1}|}}。$$

# 第八章　多生命精算理論



前面我們所研究的內容可以歸結為單生命精算理論，即以單個被保險人的生存、死亡作為保險事故，研究有關保險費、責任準備金等問題的計算。然而，現實生活中，多個被保險人生死組配條件下的保險是客觀存在的，比如保單約定：丈夫和妻子都生存時，繳納保險費，當有且僅有一人生存時領取保險金，這裡所繳納的保費與所領取的保險金就屬於多生命精算中的生存年金問題。

當 $n(n \geq 2)$ 個生命都生存時由它們所構成的狀態生存，當至少有一生命死亡時此狀態死亡，則稱這樣的狀態為聯合生存狀態，簡稱聯生狀態，記為 $(xy\cdots z)$。

當 $n(n \geq 2)$ 個生命至少有一個生存時由它們所構成的狀態生存，當全部死亡時此狀態死亡，稱這樣的狀態為最后生存狀態，簡稱為最后狀態，記為 $(\overline{xy\cdots z})$。

當然也存在複合狀態，即由聯合生存狀態、最后生存狀態複合構成，其生存與死亡的含義取決於具體的構成，如 $(\overline{wx}:\overline{yz})$ 表示由兩個最后生存狀態 $(\overline{wx})$ 與 $(\overline{yz})$ 構成的聯合生存狀態，其含義是 $(w)$ 和 $(x)$ 至少有一個生存，並且 $(y)$ 和 $(z)$ 至少有一個生存，滿足這些條件時稱該複合狀態生存，否則稱該複合狀態死亡。又如，$(\overline{wx:\overline{yz}})$ 表示由聯合生存狀態 $(wx)$ 與最后生存狀態 $(\overline{yz})$ 構成的最后生存狀態，其含義為：$(wx)$ 與 $(\overline{yz})$ 至少有一個生存時，該複合狀態生存；否則，當保單中 $(wx)$ 與 $(\overline{yz})$ 都死亡時，即 $(w)$ 和 $(x)$ 中至少有一個死亡並且 $(y)$ 和 $(z)$ 都死亡，該複合狀態死亡。

以上狀態的特徵就是沒有指定死亡的先后順序，稱這樣的狀態為非條件狀態。在現實生活中，存在考慮死亡先后次序的問題，符合規定的死亡順序時才支付保險金，比如遺屬年金。這種指定了死亡先后順序的狀態，稱為條件狀態。條件狀態可分為簡單條件狀態和複合條件狀態，前者中的每一個體都是自然生命，而后者的個體中至少有一個是聯合生存狀態、最后生存狀態或複合狀態。

本章研究非條件狀態、條件狀態下有關生命函數、人壽保險與年金保險的躉繳純保險費、年繳純保險費、責任準備金等計算問題。

為簡單起見,本章主要研究兩個生命的情形,當然也不排除順便研究其他多生命的情形。

## 第一節　非條件狀態下的生命函數

非條件狀態下的生命函數可分為連續型生命函數和離散型生命函數。連續型生命函數就是該狀態下完全余命的函數,而離散型生命函數則是該狀態下取整余命的函數。非條件狀態下的生命函數也可分為聯合生存狀態下的生命函數、最后生存狀態下的生命函數與複合生存狀態下的生命函數。

### 一、聯合生存狀態下的生命函數

記 $T(xy)$ 為狀態 $(xy)$ 的存續時間或完全余命,它是 $(x)$、$(y)$ 未來共存的最長時間,顯然,$T(xy) = \min(T(x), T(y))$。取整余命定義為 $K(xy) = [T(xy)]$。下面研究 $T(x,y)$、$K(xy)$ 的分佈函數、概率密度函數等反應聯合生存狀態生存死亡規律的生命函數。

#### (一) $T(xy)$ 的分佈函數與概率密度函數

記 $T(xy)$ 的分佈函數與概率密度函數分別為 $F_{T(xy)}(t)$、$f_{T(xy)}(t)$,這裡 $t>0$,則

$$F_{T(xy)}(t) = \mathrm{P}(T(xy) \leqslant t) = 1 - \mathrm{P}(T(xy) > t) \tag{8.1.1}$$

$$= 1 - \mathrm{P}(T(x) > t \text{ 且 } T(y) > t) \tag{8.1.2}$$

$$f_{T(xy)}(t) = \frac{\mathrm{d}}{\mathrm{d}t} F_{T(xy)}(t) \tag{8.1.3}$$

若 $T(x)$ 與 $T(y)$ 相互獨立,則

$$F_{T(xy)}(t) = 1 - \mathrm{P}(T(x) > t)\mathrm{P}(T(y) > t) = 1 - {}_tp_x\,{}_tp_y \tag{8.1.4}$$

$$f_{T(xy)}(t) = {}_tp_x\,{}_tp_y(\mu_{x+t} + \mu_{y+t}) \tag{8.1.5}$$

#### (二) ${}_tp_{xy}$

${}_tp_{xy}$ 表示聯合生存狀態 $(xy)$ 能生存 $t$ 年的概率,或 $(x)$ 與 $(y)$ 能共存 $t$ 年的概率。於是,

$${}_tp_{xy} = \mathrm{P}(T(xy) > t) \tag{8.1.6}$$

$$= {}_tp_x\,{}_tp_y \tag{8.1.7}$$

公式(8.1.7)是在 $T(x)$ 與 $T(y)$ 相互獨立的條件下得出的結論。類似情況今后不再特別指出,請讀者留心觀察。

特別地,當 $t = 1$ 時,(8.1.7) 可變為:

$$p_{xy} = p_x p_y = \frac{l_{x+1}}{l_x} \cdot \frac{l_{y+1}^*}{l_y^*} \tag{8.1.8}$$

說明:這裡$(x)$ 與$(y)$ 很可能遵從不同的生命表,比如$(x)$ 是男性、$(y)$ 是女性。依據各自的生命表,$x$ 歲時有 $l_x$ 人生存,$y$ 歲時有 $l_y^*$ 人生存,於是處於共生狀態的組合種數有 $l_x l_y^*$(簡記為 $l_{xy}$) 種,一年后這種組合種數有 $l_{x+1} l_{y+1}^*$(簡記為 $l_{x+1,y+1}$) 種,從而$(x)$ 與$(y)$ 能共存一年的概率為$\frac{l_{x+1} l_{y+1}^*}{l_x l_y^*}$ 或$\frac{l_{x+1,y+1}}{l_{xy}}$,記為 $p_{xy}$,即

$$p_{xy} = \frac{l_{x+1,y+1}}{l_{xy}} \tag{8.1.9}$$

為了簡便起見,通常省略「 * 」,但是讀者需明確$(x)$、$(y)$ 服從的生命表未必就相同。

$l_x l_y - l_{x+1} l_{y+1}$ 或 $l_{xy} - l_{x+1,y+1}$ 表示一年間共生狀態$(xy)$ 消失的種數,即至少有一個人死亡的種數,記為 $d_{xy}$。因而

$$d_{xy} = l_x d_y + d_x l_y - d_x d_y \tag{8.1.10}$$

事實上,

$$\begin{aligned} d_{xy} &= l_x l_y - l_x l_{y+1} + l_x l_{y+1} - l_{x+1} l_{y+1} = l_x d_y + d_x l_{y+1} \\ &= l_x d_y + d_x (l_y - d_y) = l_x d_y + d_x l_y - d_x d_y \end{aligned}$$

公式(8.1.6) 又可以寫成

$$_t p_{xy} = \frac{l_{x+t,y+t}}{l_{xy}} = \frac{l_{x+t}}{l_x} \cdot \frac{l_{y+t}}{l_y} \tag{8.1.11}$$

可以證明

$$_{s+t} p_{xy} = {}_s p_{xy}\, {}_t p_{x+s,y+s} \tag{8.1.12}$$

**(三)** $_t q_{xy}$

$_t q_{xy}$ 表示聯合生存狀態$(xy)$ 在未來 $t$ 年內死亡的概率,或$(x)$ 與$(y)$ 不能共存 $t$ 年的概率。即

$$_t q_{xy} = \mathrm{P}(T(xy) \leqslant t) = 1 - {}_t p_{xy} \tag{8.1.13}$$

$$= 1 - {}_t p_x\, {}_t p_y = {}_t q_x + {}_t q_y - {}_t q_x\, {}_t q_y \tag{8.1.14}$$

當 $t = 1$ 時,公式(8.1.14) 可以由公式(8.1.10) 兩邊同除以 $l_x l_y$ 證得。

顯然,對任何的 $t(t > 0)$ 有

$$_t p_{xy} + {}_t q_{xy} = 1 \tag{8.1.15}$$

**(四)** $_{k|} q_{xy}$

$_{k|} q_{xy}$ 表示聯合生存狀態$(xy)$ 在第 $k + 1$ 年內死亡的概率。於是

$$ {}_{k|}q_{xy} = \frac{l_{x+k,y+k} - l_{x+k+1,y+k+1}}{l_{xy}} = {}_{k}p_{xy} - {}_{k+1}p_{xy} \tag{8.1.16} $$

$$ = {}_{k+1}q_{xy} - {}_{k}q_{xy} \tag{8.1.17} $$

$$ \therefore {}_{n}q_{xy} = q_{xy} + {}_{1|}q_{xy} + {}_{2|}q_{xy} + \cdots + {}_{n-1|}q_{xy} \tag{8.1.18} $$

**(五)$\mu_{xy}(t)$**

$\mu_{xy}(t)$ 或 $\mu_{x+t,y+t}$ 定義為:

$$ \mu_{xy}(t) = \mu_{x+t,y+t} = -\frac{1}{l_{x+t,y+t}} \cdot \frac{\mathrm{d}}{\mathrm{d}t} l_{x+t,y+t} \tag{8.1.19} $$

它表示聯合生存狀態$(xy)$在時刻$t$的「死力」或中止力,反應在時刻$t$每千個聯合生存狀態在一年內死亡的個數。

由公式(8.1.1)、公式(8.1.15)可得

$$ F_{T(xy)}(t) = {}_{t}q_{xy} = 1 - {}_{t}p_{xy} \tag{8.1.20} $$

顯然,公式(8.1.19)可以寫成

$$ \mu_{xy}(t) = -\frac{1}{{}_{t}p_{xy}} \cdot \frac{\mathrm{d}}{\mathrm{d}t} {}_{t}p_{xy} \tag{8.1.21} $$

$$ = \frac{F'_{T(xy)}(t)}{1 - F_{T(xy)}(t)} = \frac{f_{T(xy)}(t)}{1 - F_{T(xy)}(t)} = \frac{f_{T(xy)}(t)}{{}_{t}p_{xy}} \tag{8.1.22} $$

由此可得

$$ \frac{\mathrm{d}}{\mathrm{d}t} {}_{t}p_{xy} = -{}_{t}p_{xy}\,\mu_{xy}(t) \tag{8.1.23} $$

$$ f_{T(xy)}(t) = {}_{t}p_{xy}\,\mu_{xy}(t) \tag{8.1.24} $$

$$ {}_{t|}q_{xy} = \mathrm{P}(t < T(xy) \leqslant t+1) = \int_{t}^{t+1} {}_{s}p_{xy}\,\mu_{x+s,y+s}\,\mathrm{d}s \tag{8.1.25} $$

$$ {}_{t}q_{xy} = \mathrm{P}(T(xy) \leqslant t) = \int_{0}^{t} {}_{s}p_{xy}\,\mu_{x+s,y+s}\,\mathrm{d}s \tag{8.1.26} $$

$$ {}_{t}p_{xy} = \mathrm{P}(T(xy) > t) = \int_{t}^{+\infty} {}_{s}p_{xy}\,\mu_{x+s,y+s}\,\mathrm{d}s \tag{8.1.27} $$

特別地,當$T(x)$、$T(y)$相互獨立時,

$$ \mu_{xy}(t) = \mu_{x+t} + \mu_{y+t} \tag{8.1.28} $$

由公式(8.1.21)可得

$$ {}_{t}p_{xy} = \exp\left(-\int_{0}^{t} \mu_{xy}(s)\,\mathrm{d}s\right) \tag{8.1.29} $$

**(六)$\mathring{e}_{xy}$**

$\mathring{e}_{xy}$ 表示聯合生存狀態$(xy)$的完全平均余命,或平均能存續的時間。即

$$ \mathring{e}_{xy} = \mathrm{E}(T(xy)) = \int_{0}^{+\infty} t\,{}_{t}p_{xy}\,\mu_{xy}(t)\,\mathrm{d}t \tag{8.1.30} $$

$$= \int_0^{+\infty} {}_tp_{xy}\,dt \tag{8.1.31}$$

$$\therefore \mathrm{var}(T(xy)) = 2\int_0^{+\infty} t\,{}_tp_{xy}\,dt - (\mathring{e}_{xy})^2 \tag{8.1.32}$$

**(七)** $e_{xy}$

$e_{xy}$ 表示聯合生存狀態$(xy)$的簡約平均余命,即聯合生存狀態$(xy)$各種取整余命的平均值。由於取整余命 $K(xy)$ 的分佈律為:

$$P(K(xy) = k) = P(k \leqslant T(xy) < k+1) = {}_{k|}q_{xy} \tag{8.1.33}$$

$$= {}_kp_{xy}q_{x+k,y+k} \tag{8.1.34}$$

特別地,當 $T(x)$ 與 $T(y)$ 相互獨立時,

$$P(K(xy) = k) = {}_kp_x\,{}_kp_y(q_{x+k} + q_{y+k} - q_{x+k}q_{y+k})$$

$$= {}_kp_y\,{}_{k|}q_x + {}_kp_x\,{}_{k|}q_y - {}_{k|}q_x\,{}_{k|}q_y$$

$$\therefore e_{xy} = E(K(xy)) = \sum_{k=0}^{+\infty} k\,{}_{k|}q_{xy} = \sum_{k=1}^{+\infty} {}_kp_{xy} \tag{8.1.35}$$

$$\mathring{e}_{xy} \approx e_{xy} + \frac{1}{2} \tag{8.1.36}$$

**(八) 其他情形**

前面考慮的是兩個人構成的聯合生存狀態,下面考慮三個及以上的人所構成的聯合生存狀態,用$(xy\cdots(m))$表示 $m$ 個人構成的狀態。下面主要以舉例的方式探討三人情形。

$${}_tp_{xyz} = {}_tp_x\,{}_tp_y\,{}_tp_z \tag{8.1.37}$$

$${}_tq_{xyz} = 1 - {}_tp_{xyz} = 1 - {}_tp_x\,{}_tp_y\,{}_tp_z \tag{8.1.38}$$

$${}_{t|}q_{xyz} = {}_tp_{xyz} - {}_{t+1}p_{xyz} \tag{8.1.39}$$

**例 8.1.1** 已知 $q_x = 0.08, q_{x+1} = 0.09, q_{x+2} = 0.10, q_y = 0.10, q_{y+1} = 0.15, q_{y+2} = 0.20$,且 $T(x)$ 與 $T(y)$ 相互獨立,計算 ${}_{2|}q_{xy}$。

**解:** ${}_{2|}q_{xy} = P(K(xy) = 2) = {}_2p_{xy}q_{x+2,y+2}$

$= p_xp_{x+1}p_yp_{y+1}(1 - p_{x+2}p_{y+2})$

$= 0.92 \times 0.91 \times 0.90 \times 0.85 \times (1 - 0.9 \times 0.8) \approx 0.179,33$

**例 8.1.2** 假設每個生命的死亡都服從 Gompertz 死亡規律,即 $\mu_x = BC^x$, $\mu_y = BC^y$, $T(x)$ 與 $T(y)$ 相互獨立, $w$ 滿足 $C^x + C^y = C^w$,證明:

(1) ${}_tp_{xy} = {}_tp_w$;

(2) $\mathring{e}_{xy} = \mathring{e}_w$。

**證明:** (1) $\because \mu_{xy}(t) = \mu_{x+t} + \mu_{y+t} = B(C^x + C^y)C^t = BC^{w+t}$

$$\therefore {}_tp_{xy} = \exp\left(-\int_0^t \mu_{w+s}\mathrm{d}s\right) = {}_tp_w$$

$$(2)\ \mathring{e}_{xy} = \int_0^{+\infty} {}_tp_{xy}\mathrm{d}t = \int_0^{+\infty} {}_tp_w\mathrm{d}t = \mathring{e}_w$$

說明:在 Gompertz 死亡規律下,聯合生存狀態($xy$)可以用單生命($w$)來代替,從而有關聯合生存狀態($xy$)的多生命精算問題就被簡化為單生命精算問題,不過年齡 $w$ 很可能不為整數,需要運用插值法進行估計。

**例**8.1.3　假設每個生命($x$)與($y$)都服從Makeham死亡規律,即$\mu_x = A + BC^x$,$\mu_y = A + BC^y$,$T(x)$ 與 $T(y)$ 相互獨立,$w$ 滿足 $C^x + C^y = 2C^w$($w$ 稱為 $x$ 與 $y$ 的均等年齡),證明:

(1) ${}_tp_{xy} = {}_tp_{ww}$;

(2) $\mathring{e}_{xy} = \mathring{e}_{ww}$。

**證明**:(1)$\because \mu_{xy}(t) = \mu_{x+t} + \mu_{y+t} = 2A + B(C^x + C^y)C^t$

$$= 2(A + BC^{w+t}) = \mu_{ww}(t)$$

$$\therefore {}_tp_{xy} = \exp\left(-\int_0^t \mu_{ww}(s)\mathrm{d}s\right) = {}_tp_{ww}$$

$$(2)\ \mathring{e}_{xy} = \int_0^{+\infty} {}_tp_{xy}\mathrm{d}t = \int_0^{+\infty} {}_tp_{ww}\mathrm{d}t = \mathring{e}_{ww}$$

說明:在 Makeham 死亡規律下,聯合生存狀態($xy$)可以簡化為均等年齡的聯合生存狀態($ww$),儘管 $w$ 未必為整數,但可通過較少種類($kk$)的多生命精算問題的結果去估計($ww$)的精算問題的答案,這裡 $k = 0,1,2,\cdots$。

## 二、最后生存狀態下的生命函數

$T(\overline{xy})$ 表示最后生存狀態($\overline{xy}$)的未來存續時間或完全余命,其取整余命定義為 $K(\overline{xy}) = [T(\overline{xy})]$,顯然 $T(\overline{xy}) = \max(T(x), T(y))$。容易驗證下列等式左右兩邊的隨機事件是相等的:

$$\{K(xy) = k \text{ 或 } K(\overline{xy}) = k\} = \{K(x) = k \text{ 或 } K(y) = k\} \tag{8.1.40}$$

$$\{K(xy) = k \text{ 且 } K(\overline{xy}) = k\} = \{K(x) = k \text{ 且 } K(y) = k\} \tag{8.1.41}$$

$$\{T(xy) \leqslant t \text{ 或 } T(\overline{xy}) \leqslant t\} = \{T(x) \leqslant t \text{ 或 } T(y) \leqslant t\} \tag{8.1.42}$$

$$\{T(xy) \leqslant t \text{ 且 } T(\overline{xy}) \leqslant t\} = \{T(x) \leqslant t \text{ 且 } T(y) \leqslant t\} \tag{8.1.43}$$

### (一)$T(\overline{xy})$ 的分佈函數與概率密度函數

設 $T(\overline{xy})$ 的分佈函數與概率密度函數分別為 $F_{T(\overline{xy})}(t)$ 與 $f_{T(\overline{xy})}(t)$,則

$$F_{T(\overline{xy})}(t) = \mathrm{P}(T(\overline{xy}) \leqslant t) = \mathrm{P}(T(x) \leqslant t \text{ 且 } T(y) \leqslant t) \tag{8.1.44}$$

當 $T(x)$、$T(y)$ 相互獨立時

$$F_{T(\overline{xy})}(t) = {}_tq_x\,{}_tq_y = 1 - {}_tp_x - {}_tp_y + {}_tp_x\,{}_tp_y \quad (8.1.45)$$

$$\therefore f_{T(\overline{xy})}(t) = \frac{\mathrm{d}}{\mathrm{d}t}F_{T(\overline{xy})}(t) \quad (8.1.46)$$

$$= {}_tp_x\,\mu_{x+t} + {}_tp_y\,\mu_{y+t} - {}_tp_x\,{}_tp_y(\mu_{x+t} + \mu_{y+t}) \quad (8.1.47)$$

在公式(8.1.42)與公式(8.1.43)兩邊取概率可得

$$F_{T(xy)}(t) + F_{T(\overline{xy})}(t) = F_{T(x)}(t) + F_{T(y)}(t) \quad (8.1.48)$$

在公式(8.1.48)兩邊取導數可得

$$f_{T(xy)}(t) + f_{T(\overline{xy})}(t) = f_{T(x)}(t) + f_{T(y)}(t) \quad (8.1.49)$$

**(二) ${}_tp_{\overline{xy}}$**

${}_tp_{\overline{xy}}$ 表示最后生存狀態($\overline{xy}$)能存活 $t$ 年的概率,即

$${}_tp_{\overline{xy}} = \mathrm{P}(T(\overline{xy}) > t) = 1 - F_{T(\overline{xy})}(t) = {}_tp_x + {}_tp_y - {}_tp_x\,{}_tp_y \quad (8.1.50)$$

由公式(8.1.49)可以得到

$${}_tp_{xy} + {}_tp_{\overline{xy}} = {}_tp_x + {}_tp_y \quad (8.1.51)$$

請讀者考慮 ${}_{s+t}p_{\overline{xy}} = {}_sp_{\overline{xy}}\,{}_tp_{\overline{x+s,t+s}}$ 是否成立。

**(三) ${}_tq_{\overline{xy}}$**

${}_tq_{\overline{xy}}$ 表示最后生存狀態($\overline{xy}$)在未來 $t$ 年內死亡的概率,即

$${}_tq_{\overline{xy}} = \mathrm{P}(T(\overline{xy}) \leqslant t) = {}_tq_x\,{}_tq_y \quad (8.1.52)$$

顯然,對任何的 $t(t > 0)$ 有

$${}_tp_{\overline{xy}} + {}_tq_{\overline{xy}} = 1 \quad (8.1.53)$$

由公式(8.1.49)或公式(8.1.51)可得

$${}_tq_{xy} + {}_tq_{\overline{xy}} = {}_tq_x + {}_tq_y \quad (8.1.54)$$

**(四) ${}_{k|}q_{\overline{xy}}$**

${}_{k|}q_{\overline{xy}}$ 表示最后生存狀態($\overline{xy}$)在第 $k+1$ 年內死亡的概率,即

$${}_{k|}q_{\overline{xy}} = {}_{k+1}q_{\overline{xy}} - {}_kq_{\overline{xy}} = {}_kp_{\overline{xy}} - {}_{k+1}p_{\overline{xy}} \quad (8.1.55)$$

$${}_nq_{\overline{xy}} = q_{\overline{xy}} + {}_{1|}q_{\overline{xy}} + \cdots + {}_{n-1|}q_{\overline{xy}} \quad (8.1.56)$$

由公式(8.1.40)、公式(8.1.41)兩邊取概率可得

$${}_{k|}q_{xy} + {}_{k|}q_{\overline{xy}} = {}_{k|}q_x + {}_{k|}q_y\text{。} \quad (8.1.57)$$

**(五) $\mu_{\overline{xy}}(t)$**

$\mu_{\overline{xy}}(t)$ 或 $\mu_{\overline{x+t,y+t}}$ 定義為

$$\mu_{\overline{xy}}(t) = \mu_{\overline{x+t,y+t}} = \frac{f_{T(\overline{xy})}(t)}{1 - F_{T(\overline{xy})}(t)} = \frac{f_{T(\overline{xy})}(t)}{{}_tp_{\overline{xy}}} \quad (8.1.58)$$

$$= -\frac{\frac{d}{dt}\,{}_tp_{\overline{xy}}}{{}_tp_{\overline{xy}}} \tag{8.1.59}$$

$$= \frac{{}_tp_x\,\mu_{x+t} + {}_tp_y\,\mu_{y+t} - {}_tp_x\,{}_tp_y(\mu_{x+t} + \mu_{y+t})}{{}_tp_x + {}_tp_y - {}_tp_x\,{}_tp_y} \tag{8.1.60}$$

公式(8.1.58) 表明：$\mu_{\overline{xy}}(t)$ 反應在時刻 $t$ 每年每千個最后生存狀態($\overline{xy}$) 消失的種數,或其每年死亡的概率。由公式(8.1.58)、公式(8.1.59) 可得

$$f_{T(\overline{xy})}(t) = {}_tp_{\overline{xy}}\,\mu_{\overline{xy}}(t) \tag{8.1.61}$$

$$\frac{d}{dt}\,{}_tp_{\overline{xy}} = -{}_tp_{\overline{xy}}\,\mu_{\overline{xy}}(t) \tag{8.1.62}$$

顯然,有如下等式成立：

$$ {}_tq_{\overline{xy}} = \int_0^t {}_sp_{\overline{xy}}\,\mu_{\overline{xy}}(s)\,ds \tag{8.1.63}$$

$$ {}_{k|}q_{\overline{xy}} = \int_k^{k+1} {}_sp_{\overline{xy}}\,\mu_{\overline{xy}}(s)\,ds \tag{8.1.64}$$

**(六)** $\mathring{e}_{\overline{xy}}$

$\mathring{e}_{\overline{xy}}$ 表示最后生存狀態($\overline{xy}$) 的完全平均余命,即

$$\mathring{e}_{\overline{xy}} = E(T(\overline{xy})) = \int_0^{+\infty} t\,{}_tp_{\overline{xy}}\,\mu_{\overline{xy}}(t)\,dt = \int_0^{+\infty} {}_tp_{\overline{xy}}\,dt \tag{8.1.65}$$

$$\therefore \mathrm{var}(T(\overline{xy})) = 2\int_0^{+\infty} t\,{}_tp_{\overline{xy}}\,dt - (\mathring{e}_{\overline{xy}})^2 \tag{8.1.66}$$

在公式(8.1.49) 兩邊同乘以 $t$,並從 0 到 $+\infty$ 取定積分可得

$$\mathring{e}_{xy} + \mathring{e}_{\overline{xy}} = \mathring{e}_x + \mathring{e}_y \tag{8.1.67}$$

**(七)** $e_{\overline{xy}}$

$e_{\overline{xy}}$ 表示最后生存狀態($\overline{xy}$) 的簡約平均余命,即各取整余命的平均值。

$$e_{\overline{xy}} = E(K(\overline{xy})) = \sum_{k=0}^{+\infty} k\,{}_{k|}q_{\overline{xy}} = \sum_{k=0}^{+\infty} {}_kp_{\overline{xy}} \tag{8.1.68}$$

在公式(8.1.57) 兩邊同乘以 $k$,再求和可得

$$e_{xy} + e_{\overline{xy}} = e_x + e_y \tag{8.1.69}$$

容易證明

$$\mathring{e}_{\overline{xy}} \approx e_{\overline{xy}} + \frac{1}{2} \tag{8.1.70}$$

下面考慮 $T(xy)$ 與 $T(\overline{xy})$ 之間的方差：

$$\because T(xy)T(\overline{xy}) = T(x)T(y)$$

$$\therefore \mathrm{cov}(T(xy),T(\overline{xy})) = E(T(xy)T(\overline{xy})) - E(T(xy))E(T(\overline{xy}))$$

$$= \mathrm{E}(T(x)T(y)) - \mathrm{E}(T(xy))\mathrm{E}(T(\overline{xy}))$$

當 $T(x)$ 與 $T(y)$ 相互獨立時，

$$\operatorname{cov}(T(xy),T(\overline{xy})) = \mathrm{E}(T(x))\mathrm{E}(T(y)) - \mathrm{E}(T(xy))\mathrm{E}(T(\overline{xy}))$$

$$= \mathring{e}_x\mathring{e}_y - \mathring{e}_{xy}\mathring{e}_{\overline{xy}} \tag{8.1.71}$$

$$= (\mathring{e}_x - \mathring{e}_{xy})(\mathring{e}_y - \mathring{e}_{xy}) \tag{8.1.72}$$

**(八) 其他情形**

這裡主要以舉例方式考察三個及以上的生命所構成的各種狀態。

$$_tq_{\overline{xyz}} = {}_tq_x\,{}_tq_y\,{}_tq_z \tag{8.1.73}$$

$$_tp_{\overline{xyz}} = 1 - {}_tq_{\overline{xyz}} = 1 - (1 - {}_tp_x)(1 - {}_tp_y)(1 - {}_tp_z) \tag{8.1.74}$$

$$_{t|}q_{\overline{xyz}} = {}_{t+1}q_{\overline{xyz}} - {}_tq_{\overline{xyz}} = {}_tp_{\overline{xyz}} - {}_{t+1}p_{\overline{xyz}} \tag{8.1.75}$$

$_tp_{\overline{xyz\cdots(m)}}^{[r]}$ 表示 $m$ 個人當中有 $r$ 人能生存滿 $t$ 年，而另外的 $m-r$ 人則在 $t$ 年內死亡的概率，即 $m$ 個人當中恰有 $r$ 人在未來 $t$ 年內生存期滿的概率。

$$_tp_{\overline{xyz\cdots(m)}}^{[r]} = \sum {}_tp_{xy\cdots(r)}\,{}_tq_{\overline{zw\cdots(m-r)}} \tag{8.1.76}$$

公式(8.1.76) 的右邊指的是所有從 $m$ 個人中取 $r$ 人生存而其余人死亡的概率之和。

$$_tp_{\overline{xyz}}^{[2]} = {}_tp_{xy}(1 - {}_tp_z) + {}_tp_{yz}(1 - {}_tp_x) + {}_tp_{xz}(1 - {}_tp_y)$$

$$= {}_tp_{xy} + {}_tp_{yz} + {}_tp_{zx} - 3\,{}_tp_{xyz} \tag{8.1.77}$$

$_tp_{\overline{xyz\cdots(m)}}^{r}$ 表示 $m$ 個人當中至少有 $r$ 人能生存 $t$ 年的概率，於是

$$_tp_{\overline{xyz\cdots(m)}}^{r} = \sum_{l=r}^{m} {}_tp_{\overline{xyz\cdots(m)}}^{[l]} \tag{8.1.78}$$

因此，$_tp_{\overline{xyz}}^{2} = {}_tp_{\overline{xyz}}^{[2]} + {}_tp_{xyz} = {}_tp_{xy} + {}_tp_{yz} + {}_tp_{zx} - 2\,{}_tp_{xyz}$。 (8.1.79)

**例 8.1.4** 已知 $_4p_x = 0.83$，$_5p_x = 0.74$，$_4p_y = 0.78$，$_5p_y = 0.66$，且 $T(x)$ 與 $T(y)$ 相互獨立，求 $(x)$、$(y)$ 中第 2 個死亡者在第 5 年死亡的概率。

**解：**∵ $T(x)$ 與 $T(y)$ 相互獨立

$$\therefore\ {}_4p_{\overline{xy}} = 0.83 + 0.78 - 0.83 \times 0.78 = 0.962,6$$

$$_5p_{\overline{xy}} = 0.74 + 0.66 - 0.74 \times 0.66 = 0.911,6$$

$$\therefore\ {}_{4|}q_{\overline{xy}} = {}_4p_{\overline{xy}} - {}_5p_{\overline{xy}} = 0.962,6 - 0.911,6 = 0.051$$

**例 8.1.5** 已知(40)、(50) 均服從 $\mu_x = \dfrac{1}{100 - x}$ $(0 \leqslant x < 100)$，且 $T(40)$ 與 $T(50)$ 相互獨立，計算：

(1) $_{10}p_{40:50}$，$_{10}p_{\overline{40:50}}$；

(2) $\mathring{e}_{40:50}$，$\mathring{e}_{\overline{40:50}}$；

(3) $\mathrm{var}((T(\overline{40:50}))$;

(4) $\mathrm{cov}((T(40:50), T(\overline{40:50}))$。

**解**：$\because \mu_x = \dfrac{1}{100-x}\ (0 \leqslant x < 100)$，且 $T(40)$ 與 $T(50)$ 相互獨立

$$\therefore \mu_{40:50}(t) = \mu_{40+t} + \mu_{50+t} = \frac{1}{60-t} + \frac{1}{50-t}(0 \leqslant t < 50)$$

$${}_tp_{40} = \exp(-\int_0^t \frac{1}{60-s}\mathrm{d}t) = \frac{60-t}{60}$$

$${}_tp_{50} = \exp(-\int_0^t \frac{1}{50-s}\mathrm{d}t) = \frac{50-t}{50}$$

$${}_tp_{40:50} = \exp[-\int_0^t \left(\frac{1}{60-s} + \frac{1}{50-s}\right)\mathrm{d}t] = \frac{60-t}{60} \cdot \frac{50-t}{50}$$

當 $0 \leqslant t \leqslant 50$ 時，

$$\begin{aligned}{}_tp_{\overline{40:50}} &= {}_tp_{40} + {}_tp_{50} - {}_tp_{40:50} \\ &= \frac{60-t}{60} + \frac{50-t}{50} - \frac{60-t}{60} \cdot \frac{50-t}{50} = 1 - \frac{t^2}{3,000}\end{aligned}$$

當 $50 < t \leqslant 60$ 時，

$${}_tp_{\overline{40:50}} = {}_tp_{40} = \frac{60-t}{60}$$

(1) $${}_{10}p_{40:50} = \frac{60-10}{60} \cdot \frac{50-10}{50} = \frac{2}{3}$$

$${}_{10}p_{\overline{40:50}} = 1 - \frac{10^2}{3,000} = \frac{29}{30}$$

(2) $$\begin{aligned}\mathring{e}_{40:50} &= \int_0^{50} {}_tp_{40:50}\mathrm{d}t = \int_0^{50} \left(\frac{60-t}{60} \cdot \frac{50-t}{50}\right)\mathrm{d}t \\ &= \frac{3,000t - 55t^2 + t^3/3}{3,000}\bigg|_0^{50} \approx 18.06\end{aligned}$$

$$\mathring{e}_{40} = \int_0^{60} {}_tp_{40}\mathrm{d}t = \int_0^{60} \frac{60-t}{60}\mathrm{d}t = 30$$

$$\mathring{e}_{50} = \int_0^{50} {}_tp_{40}\mathrm{d}t = \int_0^{50} \frac{50-t}{50}\mathrm{d}t = 25$$

$$\begin{aligned}\therefore \mathring{e}_{\overline{40:50}} &= \mathring{e}_{40} + \mathring{e}_{50} - \mathring{e}_{40:50} \\ &\approx 30 + 25 - 18.06 = 36.94\end{aligned}$$

或

$$\mathring{e}_{\overline{40:50}} = \int_0^{+\infty} {}_tp_{\overline{40:50}}\mathrm{d}t$$

$$= \int_0^{50}\left(1-\frac{t^2}{3,000}\right)\mathrm{d}t + \int_{50}^{60}\left(1-\frac{t}{60}\right)\mathrm{d}t$$

$$= 50 - \frac{50^3}{9,000} + 10 - \frac{60^2-50^2}{120} \approx 36.94$$

(3) $\mathrm{var}(T(\overline{40:50})) = 2\int_0^{+\infty} t\,{}_tp_{\overline{40:50}}\mathrm{d}t - (\mathring{e}_{\overline{40:50}})^2$

$$= 2\int_0^{60} t\frac{60-t}{60}\mathrm{d}t + 2\int_0^{50} t\frac{50-t}{50}\mathrm{d}t - 2\int_0^{50} t\cdot\frac{60-t}{60}\cdot\frac{50-t}{50}\mathrm{d}t - (36.94)^2$$

$$\approx 1,200 + 833.333,3 - 486.111,1 - 1,364.563,6 \approx 182.66$$

(4) $\mathrm{cov}(T(40:50), T(\overline{40:50})) = (\mathring{e}_{40} - \mathring{e}_{40:50})(\mathring{e}_{50} - \mathring{e}_{40:50})$

$$= (30-18.06)(25-18.06) \approx 82.86$$

## 三、複合狀態下的生命函數

這裡以舉例的方式探討複合狀態下的生命函數:

$${}_tp_{x,\overline{yz}} = {}_tp_x\,{}_tp_{\overline{yz}} = {}_tp_x({}_tp_y + {}_tp_z - {}_tp_{yz}) = {}_tp_{xy} + {}_tp_{xz} - {}_tp_{xyz} \tag{8.1.80}$$

$${}_tq_{x,\overline{yz}} = 1 - {}_tp_{x,\overline{yz}} = 1 - {}_tp_{xy} - {}_tp_{xz} + {}_tp_{xyz} \tag{8.1.81}$$

$${}_{k|}q_{x,\overline{yz}} = {}_kp_{x,\overline{yz}} - {}_{k+1}p_{x,\overline{yz}} = {}_{k+1}q_{x,\overline{yz}} - {}_kq_{x,\overline{yz}} = {}_{k|}q_{xy} + {}_{k|}q_{xz} - {}_{k|}q_{xyz} \tag{8.1.82}$$

## 四、共同災難模型

前面我們所考慮的模型,大多數情形都假設 $T(x)$ 與 $T(y)$ 相互獨立。其實,不獨立的情形也是存在的,比如夫妻死亡具有極大的相關性,又如遭遇如地震那樣的共同災難,${}_tp_{xy} = {}_tp_x\,{}_tp_y$,${}_tq_{\overline{xy}} = {}_tq_x\,{}_tq_y$,$\mu_{xy}(t) = \mu_{x+t} + \mu_{y+t}$ 就不成立,但是 ${}_tp_{xy} = {}_tp_x + {}_tp_y - {}_tp_{\overline{xy}}$ 是成立的。

對於非獨立的情形,下面考察共同災難模型(Common Shock 模型)。

設 $T^*(x)$、$T^*(y)$ 表示 $(x)$、$(y)$ 在沒有共同災難風險條件下的完全余命,且相互獨立。那麼

$$S_{T^*(x),T^*(y)}(s,t) = \mathrm{P}(T^*(x) > s \text{ 且 } T^*(y) > t)$$

$$= S_{T^*(x)}(s)S_{T^*(y)}(t) \tag{8.1.83}$$

令 $Z$ 表示共同災難隨機變量,即與如地震、空難這樣的某一災難相聯繫,它能影響 $(x)$、$(y)$ 在未來直至死亡這段時間的分佈,$Z$ 與 $(T^*(x), T^*(y))$ 相互獨立。不難理解,$Z$ 就是人現在算起直至共同災難發生的這段時間,並認為災難發生時無人幸免。假設 $Z$ 服從參數為 $\lambda$ 的指數分佈,即

$$S_Z(z) = \mathrm{e}^{-\lambda z} (z > 0, \lambda \geqslant 0)$$

在面臨共同災難風險條件下,$(x)$、$(y)$ 的完全余命會縮短,設分別變為:

$$T(x) = \min(T^*(x), z)$$

$$T(y) = \min(T^*(y), z)$$

二維隨機變量$(T(x), T(y))$的聯合尚存概率函數為:

$$\begin{aligned} S_{T(x),T(y)}(s,t) &= \mathrm{P}(T(x) > s \text{ 且 } T(y) > t) \\ &= \mathrm{P}((T^*(x) > s \text{ 且 } Z > s) \text{ 且 } (T^*(y) > t \text{ 且 } Z > t)) \\ &= \mathrm{P}(T^*(x) > s \text{ 且 } T^*(y) > t \text{ 且 } Z > \max(s,t)) \\ &= S_{T^*(x)}(s) S_{T^*(y)}(t) \mathrm{e}^{-\lambda \max(s,t)} \end{aligned} \quad (8.1.84)$$

二維隨機變量$(T(x), T(y))$的聯合概率密度函數為:

$$f_{T(x),T(y)}(s,t) = \frac{\partial^2}{\partial s \partial t} S_{T(x),T(y)}(s,t) = \frac{\partial^2}{\partial s \partial t} S_{T^*(x)}(s) S_{T^*(y)}(t) \mathrm{e}^{-\lambda \max(s,t)}$$

$$= \begin{cases} [S'_{T^*(x)}(s) S'_{T^*(y)}(t) - \lambda S_{T^*(x)}(s) S'_{T^*(y)}(t)] \mathrm{e}^{-\lambda s}, & 0 < t < s \\ [S'_{T^*(x)}(s) S'_{T^*(y)}(t) - \lambda S'_{T^*(x)}(s) S_{T^*(y)}(t)] \mathrm{e}^{-\lambda t}, & 0 < s < t \end{cases} \quad (8.1.85)$$

及

$$f_{T(x),T(y)}(t,t) = \lambda \mathrm{e}^{-\lambda t} S_{T^*(x)}(t) S_{T^*(y)}(t) \quad (8.1.86)$$

$(T(x), T(y))$邊緣尚存概率為

$$S_{T(x)}(s) = {}_sp_x = \mathrm{P}(T(x) > s \text{ 且 } T(y) > 0) = S_{T^*(x)}(s) \mathrm{e}^{-\lambda s} \quad (8.1.87)$$

$$S_{T(y)}(t) = {}_tp_y = \mathrm{P}(T(x) > 0 \text{ 且 } T(y) > t) = S_{T^*(y)}(t) \mathrm{e}^{-\lambda t} \quad (8.1.88)$$

下面探討$(x)$、$(y)$構成的聯合生存狀態$(xy)$與最后生存狀態$(\overline{xy})$的分佈。

$$S_{T(xy)}(t) = {}_tp_{xy} = S_{T^*(x)}(t) S_{T^*(y)}(t) \mathrm{e}^{-\lambda t} \quad (t > 0) \quad (8.1.89)$$

$$\begin{aligned} S_{T(\overline{xy})}(t) &= {}_tp_{\overline{xy}} = S_{T(x)}(t) + S_{T(y)}(t) - S_{T(xy)}(t) \\ &= [S_{T^*(x)}(t) + S_{T^*(y)}(t) - S_{T^*(x)T^*(y)}(t,t)] \mathrm{e}^{-\lambda t} \quad (t > 0) \end{aligned} \quad (8.1.90)$$

顯然,當$\lambda = 0$時,$T(x)$與$T(y))$相互獨立。

容易證明:

$$\mu_{xy}(t) = \mu^*_{x+t} + \mu^*_{y+t} + \lambda \quad (8.1.91)$$

$$\mu_{x+t} = \mu^*_{x+t} + \lambda \quad (8.1.92)$$

$$\mu_{y+t} = \mu^*_{y+t} + \lambda \quad (8.1.93)$$

**例 8.1.6** 已知$T^*(x)$、$T^*(y)$和$Z$是共同災難模型中的相互獨立的隨機變量,$T^*(x)$服從參數為$\mu_x = 0.1$的指數分佈,$T^*(y)$服從參數為$\mu_y = 0.08$的指數分佈,$Z$服從參數為$\mu_Z = 0.02\ (t \geqslant 0)$的指數分佈,$T(x)$、$T(t)$分別代表共同災難模型中生命$(x)$、$(y)$的余命。求$T(x) = T(y)$的概率。

**解**：$\because f_{T(x),T(y)}(t,t)=\lambda e^{-\lambda t}S_{T^*(x)}(t)S_{T^*(y)}(t)$

$$=\lambda e^{-\lambda t}e^{-\mu_x t}e^{-\mu_y t}=\lambda e^{-(\lambda+\mu_x+\mu_y)t}$$

$$\therefore P(T(x)=T(y))=\int_0^{+\infty}f_{T(x),T(y)}(t,t)\mathrm{d}t$$

$$=\frac{\lambda}{\lambda+\mu_x+\mu_y}=\frac{0.02}{0.02+0.1+0.08}=0.1$$

**例 8.1.7**　設$(x)$、$(y)$受共同災難模型的衝擊。已知：(1)$T^*(x)$、$T^*(y)$和$Z$相互獨立，分別服從參數為$\mu_1$、$\mu_2$和$\lambda$的指數分佈；(2)$(x)$在1年后仍生存的概率為0.995；(3)$(y)$在1年后仍生存的概率為0.998；(4)$\lambda=0.01$。求$(x)$與$(y)$共同存活5年的概率。

**解**：由條件(2)、(3)可得

$$e^{-\mu_1}=0.995, e^{-\mu_2}=0.998$$

$$\therefore S_{T(xy)}(5)=S_{T^*(x)}(5)S_{T^*(y)}(5)e^{-5\lambda}$$

$$=e^{-5\mu_1}e^{-5\mu_2}e^{-0.05}=(0.995\times0.998)^5e^{-0.05}\approx0.918$$

## 第二節　條件狀態下的生命函數

本節主要探討滿足按一定順序死亡的條件狀態下的死亡概率。先考慮兩個生命的情形，然后再考慮三個及以上的多生命情形。也可分為簡單條件狀態與複合條件狀態，只不過后者中某些生命本身就以聯合生存狀態或最后生存狀態形式存在。

### 一、簡單條件狀態下的生命函數

#### (一) 兩人情形

1. ${}_nq^{\,1}_{xy}$

${}_nq^{\,1}_{xy}$表示$(x)$在$n$年內死亡，且在其死亡時$(y)$仍生存的概率。這裡強調$(x)$應死在$n$年之內，以右上標表示死亡順序的數字為基準，這裡的數字「1」放在「$x$」的上方表示$(x)$第1個死亡，下同。

${}_nq^{\,1}_{xy}$可以看成是$(T(x),T(y))$的聯合概率密度函數${}_sp_x\,\mu_{x+s}\,{}_tp_y\,\mu_{y+t}$(這裡假設$T(x)$、$T(y)$相互獨立)在區域$D=\{T(x)<T(y)$，其中$0\leqslant T(x)\leqslant n\}$上的二重積分。因此

$$ {}_nq^{\,1}_{xy}=\int_0^n\mathrm{d}s\int_s^{+\infty}{}_sp_x\,\mu_{x+s}\,{}_tp_y\,\mu_{y+t}\mathrm{d}t \qquad (8.2.1)$$

$$=\int_0^n{}_sp_x\,\mu_{x+s}\left(\int_s^{+\infty}{}_tp_y\,\mu_{y+t}\mathrm{d}t\right)\mathrm{d}s$$

$$= \int_0^n {}_sp_x\,{}_sp_y\,\mu_{x+s}\mathrm{d}s = \int_0^n {}_sp_{xy}\,\mu_{x+s}\mathrm{d}s \tag{8.2.2}$$

同理可得

$${}_nq_{x\overset{1}{y}} = \int_0^n {}_tp_{xy}\,\mu_{y+t}\mathrm{d}t \tag{8.2.3}$$

顯然

$${}_nq_{xy} = {}_nq_{\overset{1}{x}y} + {}_nq_{x\overset{1}{y}} \tag{8.2.4}$$

2. ${}_{k|}q_{\overset{1}{x}y}$

${}_{k|}q_{\overset{1}{x}y}$ 表示$(x)$ 第一個死亡且在第 $k+1$ 年內死亡的概率,於是

$${}_{k|}q_{\overset{1}{x}y} = \int_k^{k+1} {}_sp_{xy}\,\mu_{x+s}\mathrm{d}s \tag{8.2.5}$$

$$\approx {}_{k+\frac{1}{2}}p_y\int_k^{k+1} {}_sp_x\,\mu_{x+s}\mathrm{d}s = {}_{k+\frac{1}{2}}p_y\,{}_{k|}q_x \tag{8.2.6}$$

同理可得

$${}_{k|}q_{x\overset{1}{y}} = \int_k^{k+1} {}_sp_{xy}\,\mu_{y+s}\mathrm{d}s \tag{8.2.7}$$

可以證明

$${}_{k|}q_{xy} = {}_{k|}q_{\overset{1}{x}y} + {}_{k|}q_{x\overset{1}{y}} \tag{8.2.8}$$

$${}_nq_{\overset{1}{x}y} = \sum_{k=0}^{n-1} {}_{k|}q_{\overset{1}{x}y} \tag{8.2.9}$$

在公式(8.2.2)、公式(8.2.4) 兩邊取 $n\to\infty$ 時,$(x)$ 比$(y)$ 先死亡的概率為:

$${}_\infty q_{\overset{1}{x}y} = \int_0^{+\infty} {}_sp_{xy}\,\mu_{x+s}\mathrm{d}s \tag{8.2.10}$$

$${}_\infty q_{\overset{1}{x}y} + {}_\infty q_{x\overset{1}{y}} = 1 \tag{8.2.11}$$

公式(8.2.11) 表明未來要麼$(x)$ 比$(y)$ 先死亡,要麼$(y)$ 比$(x)$ 先死亡。

3. ${}_nq_{x\overset{2}{y}}$

${}_nq_{x\overset{2}{y}}$ 表示$(y)$ 在 $n$ 年內死亡且在其死亡之時$(x)$ 已經死亡的概率;換言之,表示$(y)$ 第二個死亡且在 $n$ 年內死亡的概率。它是$(T(x)$、$T(y))$ 的聯合概率密度函數在區域 $D = \{0 \leqslant T(x) \leqslant T(y) \leqslant n\}$ 上的積分,於是

$${}_nq_{x\overset{2}{y}} = \int_0^n \mathrm{d}t\int_0^t {}_sp_x\,{}_tp_y\,\mu_{x+s}\,\mu_{y+t}\mathrm{d}s = \int_0^n {}_tp_y\,\mu_{y+t}\left(\int_0^t {}_sp_x\,\mu_{x+s}\mathrm{d}s\right)\mathrm{d}t$$

$$= \int_0^n {}_tq_x\,{}_tp_y\,\mu_{y+t}\mathrm{d}t = \int_0^n (1-{}_tp_x)\,{}_tp_y\,\mu_{y+t}\mathrm{d}t = {}_nq_y - {}_nq_{x\overset{1}{y}} \tag{8.2.12}$$

同理可得

$${}_nq_{\overset{2}{x}y} = {}_nq_x - {}_nq_{x\overset{1}{y}} \tag{8.2.13}$$

4. ${}_{k|}q_{x\overset{2}{y}}$

${}_{k|}q_{x\overset{2}{y}}$ 表示$(y)$第二個死亡且在第 $k+1$ 年內死亡的概率。

$$ {}_{k|}q_{x\overset{2}{y}} = \int_{k}^{k+1} {}_{t}q_{x}\,{}_{t}p_{y}\,\mu_{y+t}\,\mathrm{d}t = \int_{k}^{k+1} (1-{}_{t}p_{x})\,{}_{t}p_{y}\,\mu_{y+t}\,\mathrm{d}t = {}_{k|}q_{y} - {}_{k|}q_{x\overset{1}{y}} \quad (8.2.14) $$

$$ {}_{t}q_{x\overset{2}{y}} = \sum_{k=0}^{t-1} {}_{k|}q_{x\overset{2}{y}} \quad (8.2.15) $$

同理可得

$$ {}_{k|}q_{\overset{2}{x}y} = \int_{k}^{k+1} {}_{s}q_{y}\,{}_{s}p_{x}\,\mu_{x+s}\,\mathrm{d}s = {}_{k|}q_{x} - {}_{k|}q_{\overset{1}{x}y} \quad (8.2.16) $$

$$ {}_{t}q_{\overset{2}{x}y} = \sum_{k=0}^{t-1} {}_{k|}q_{\overset{2}{x}y} \quad (8.2.17) $$

### (二) 三人及以上情形

1. ${}_{n}q_{\overset{1}{x}yz}$

${}_{n}q_{\overset{1}{x}yz}$ 表示$(x)$第一個死亡且在 $n$ 年內死亡的概率,於是

$$ {}_{n}q_{\overset{1}{x}yz} = \int_{0}^{n} {}_{s}p_{xyz}\,\mu_{x+s}\,\mathrm{d}s \quad (8.2.18) $$

$$ {}_{n}q_{xyz} = {}_{n}q_{\overset{1}{x}yz} + {}_{n}q_{x\overset{1}{y}z} + {}_{n}q_{xy\overset{1}{z}} \quad (8.2.19) $$

2. ${}_{k|}q_{\overset{1}{x}yz}$

${}_{k|}q_{\overset{1}{x}yz}$ 表示$(x)$第一個死亡且在第 $k+1$ 年內死亡的概率,於是

$$ {}_{k|}q_{\overset{1}{x}yz} = \int_{k}^{k+1} {}_{s}p_{xyz}\,\mu_{x+s}\,\mathrm{d}s \quad (8.2.20) $$

$$ {}_{k|}q_{xyz} = {}_{k|}q_{\overset{1}{x}yz} + {}_{k|}q_{x\overset{1}{y}z} + {}_{k|}q_{xy\overset{1}{z}} \quad (8.2.21) $$

3. ${}_{k|}q_{\underset{1}{x}\overset{2}{y}z}$

${}_{k|}q_{\underset{1}{x}\overset{2}{y}z}$ 表示$(y)$在第 $k+1$ 年內死亡,且在其死亡前$(x)$已經死亡,$(z)$在$(y)$死亡的那個時點仍然生存的概率。即

$$ {}_{k|}q_{\underset{1}{x}\overset{2}{y}z} = \int_{k}^{k+1} {}_{t}q_{x}\,{}_{t}p_{y}\,\mu_{y+t}\,{}_{t}p_{z}\,\mathrm{d}t \quad (8.2.22) $$

$$ = {}_{k|}q_{\overset{1}{y}z} - {}_{k|}q_{x\overset{1}{y}z} \quad (8.2.23) $$

4. ${}_{k|}q_{\underset{1}{x}\underset{2}{y}\overset{3}{z}}$

${}_{k|}q_{\underset{1}{x}\underset{2}{y}\overset{3}{z}}$ 表示$(x)$、$(y)$、$(z)$依次死亡,且$(z)$在第 $k+1$ 年內死亡的概率。即

$$ {}_{k|}q_{\underset{1}{x}\underset{2}{y}\overset{3}{z}} = \int_{k}^{k+1} {}_{s}q_{x\overset{2}{y}}\,{}_{s}p_{z}\,\mu_{z+s}\,\mathrm{d}s \quad (8.2.24) $$

5. ${}_{n}q_{\underset{1}{x}\underset{2}{y}\overset{3}{z}}$

${}_{n}q_{\underset{1}{x}\underset{2}{y}\overset{3}{z}}$ 表示$(x)$、$(y)$、$(z)$依次死亡,且$(z)$在未來 $n$ 年內死亡的概率。即

$$ {}_{n}q_{\underset{1}{x}\underset{2}{y}\overset{3}{z}} = \int_{0}^{n} {}_{s}q_{x}\,{}_{s}p_{yz}\,\mu_{y+s}\,{}_{n-s}q_{z+s}\,\mathrm{d}s \quad (8.2.25) $$

$$= {}_nq_{\overset{1}{y}z} - {}_nq_{\overset{1}{x}yz} - ({}_nq_y - {}_nq_{\overset{1}{x}y})\,{}_np_z \tag{8.2.26}$$

6. ${}_nq_{\underset{1,2,3}{xyz\overset{4}{w}}}$

${}_nq_{\underset{1,2,3}{xyz\overset{4}{w}}}$ 表示$(x)$、$(y)$、$(z)$、$(w)$ 依次死亡,且$(w)$ 在未來 $n$ 年內死亡的概率。即

$$
\begin{aligned}
{}_nq_{\underset{1,2,3}{xyz\overset{4}{w}}} &= \int_0^n {}_tq_{x\overset{2}{y}}\,{}_tp_{zw}\,\mu_{z+t}\,{}_{n-t}q_{w+t}\,\mathrm{d}t \\
&= \int_0^n {}_tq_{x\overset{2}{y}}\,{}_tp_{zw}\,\mu_{z+t}(1 - {}_{n-t}p_{w+t})\,\mathrm{d}t \\
&= {}_nq_{\underset{1,2}{xy\overset{3}{z}w}} - {}_np_w\,{}_nq_{\underset{1,2}{xy\overset{3}{z}}}
\end{aligned}
\tag{8.2.27}
$$

**例 8.2.1**　已知 $q_{70} = 0.254,3$,$q_{71} = 0.265,6$,在 UDD 假設下,$T(70)$、$T(71)$ 相互獨立,求(1)$q_{\overset{1}{70}:71}$;(2)$q_{70:\overset{2}{71}}$。

**解:**(1)$q_{\overset{1}{70}:71} = \int_0^1 {}_tp_{70}\,\mu_{70+t}\,{}_tp_{71}\,\mathrm{d}t = \int_0^1 q_{70}(1 - {}_tq_{71})\,\mathrm{d}t$

$$= q_{70}\left(1 - \frac{1}{2}q_{71}\right) \approx 0.220,5$$

(2)$q_{70:\overset{2}{71}} = \int_0^1 {}_tp_{71}\,\mu_{71+t}\,{}_tq_{70}\,\mathrm{d}t = \int_0^1 q_{71}tq_{70}\,\mathrm{d}t$

$$= \frac{1}{2}q_{70}q_{71} \approx 0.033,8。$$

**例 8.2.2**　已知(25)、(50)的死力均為$\mu_x = \dfrac{1}{100 - x}$ $(0 \leqslant x < 100)$,$T(25)$ 與 $T(50)$ 相互獨立,求 ${}_{25}q_{25:\overset{2}{50}}$。

**解:**$\because$ (25)、(50) 的死力均為$\mu_x = \dfrac{1}{100 - x}$ $(0 \leqslant x < 100)$

$$\therefore\ {}_tp_x = \exp\left(-\int_0^t \mu_{x+s}\,\mathrm{d}s\right) = 1 - \frac{t}{100 - x}$$

$${}_tq_x = \frac{t}{100 - x}$$

$\because$ $T(25)$ 與 $T(50)$ 相互獨立

$$\therefore\ {}_{25}q_{25:\overset{2}{50}} = \int_0^{25} {}_tp_{50}\,\mu_{50+t}\,{}_tq_{25}\,\mathrm{d}t$$

$$= \int_0^{25}\left(1 - \frac{t}{50}\right)\left(\frac{1}{50 - t}\right)\left(\frac{t}{75}\right)\mathrm{d}t = \frac{1}{12}$$

## 二、複合條件狀態下的生命函數

### (一) ${}_tq^{1}_{x,\overline{yz}}$

${}_tq^{1}_{x,\overline{yz}}$ 表示在未來 $t$ 年內$(x)$ 死亡且在其死亡之時最后生存狀態$(\overline{yz})$ 仍然生存

的概率。於是，

$$ {}_{t}q^{\,1}_{x,\overline{yz}} = \int_{t}^{t+1} {}_{s}p_{x}\,{}_{s}p_{\overline{yz}}\,\mu_{x+s}\,\mathrm{d}s = {}_{t}q^{\,1}_{xy} + {}_{t}q^{\,1}_{xz} - {}_{t}q^{\,1}_{xyz} \tag{8.2.28} $$

**（二）** ${}_{k|}q^{2}_{x,\overline{yz}}$

${}_{k|}q^{2}_{x,\overline{yz}}$ 表示在$(x)$ 與$(\overline{yz})$ 中$(x)$ 第二個死亡且死在第 $k+1$ 年內的概率。於是，

$$ {}_{k|}q^{2}_{x,\overline{yz}} = \int_{k}^{k+1} (1 - {}_{s}p_{\overline{yz}})\,{}_{s}p_{x}\,\mu_{x+s}\,\mathrm{d}s = {}_{k|}q_{x} - {}_{k|}q^{\,1}_{x,\overline{yz}} \tag{8.2.29} $$

**（三）** ${}_{k|}q^{\,1}_{\overline{xy},z}$

${}_{k|}q^{\,1}_{\overline{xy},z}$ 表示$(\overline{xy})$ 第一個死亡且死在第 $k+1$ 年內的概率。於是

$$ {}_{k|}q^{\,1}_{\overline{xy},z} = \int_{k}^{k+1} {}_{s}p_{\overline{xy}}\,{}_{s}p_{z}\,\mu_{\overline{x+s,y+s}}\,\mathrm{d}s = {}_{k|}q_{\overset{2}{x}\underset{1}{y}z} + {}_{k|}q_{\underset{1}{x}\overset{2}{y}z} \tag{8.2.30} $$

**（四）** ${}_{k|}q^{\,1}_{\overset{\sqcap}{xy},z}$

${}_{k|}q^{\,1}_{\overset{\sqcap}{xy},z}$ 表示在聯合生存狀態$(xy)$ 與$(z)$ 中狀態$(xy)$ 第一個死亡，且在第 $k+1$ 年內死亡的概率。因此，

$$ {}_{k|}q^{\,1}_{\overset{\sqcap}{xy},z} = \int_{k}^{k+1} {}_{s}p_{xy}\,{}_{s}p_{z}\,\mu_{x+s,y+s}\,\mathrm{d}s = {}_{k|}q^{\,1}_{xy} + {}_{k|}q^{\;\;1}_{xy} \tag{8.2.31} $$

## 第三節　非條件狀態下的多生命精算理論

非條件狀態下的多生命精算理論主要探討聯合生存狀態、最后生存狀態下有關人壽保險、年金保險的保險費與責任準備金的計算。

### 一、一般情形

本節中的狀態$(u)$ 指的是聯合生存狀態或最后生存狀態，請讀者注意其在形式上與單生命精算理論的異同。令 $T$ 表示狀態$(u)$ 的完全余命，$K$ 表示其取整余命。

**（一）離散型**

對於死亡保險，假設保險金於狀態死亡所在年末或 $\frac{1}{m}$ 年末給付，對於年金保險則主要考慮每年或每 $\frac{1}{m}$ 年給付一次的生存年金，於是關於躉繳純保費或精算現值有如下公式：

$$ A_{u} = \mathrm{E}(v^{K+1}) = \sum_{k=0}^{+\infty} v^{k+1}\,{}_{k|}q_{u} \tag{8.3.1} $$

$$ \mathrm{var}(v^{K+1}) = {}^{2}A_{u} - (A_{u})^{2} \tag{8.3.2} $$

$$ A_{u:\overline{n}|} = A^{\,1}_{u:\overline{n}|} + v^{n}\,{}_{n}p_{u} = \sum_{k=0}^{n-1} v^{k+1}\,{}_{k|}q_{u} + v^{n}\,{}_{n}p_{u} \tag{8.3.3} $$

$$A_u^{(m)} = \sum_{l=0}^{+\infty} v^{\frac{l+1}{m}} {}_{\frac{l}{m}|\frac{1}{m}}q_u \tag{8.3.4}$$

$$A_{u:\overline{n}|}^{(m)} = \sum_{l=0}^{mn-1} v^{\frac{l+1}{m}} {}_{\frac{l}{m}|\frac{1}{m}}q_u + v^n {}_np_u \tag{8.3.5}$$

$$\ddot{a}_u = \mathrm{E}(\ddot{a}_{\overline{K+1}|}) = \sum_{k=0}^{+\infty} \ddot{a}_{\overline{k+1}|} {}_{k|}q_u = \sum_{k=0}^{+\infty} v^k {}_kp_u \tag{8.3.6}$$

$$a_u = \sum_{k=1}^{+\infty} v^k {}_kp_u \tag{8.3.7}$$

$$\ddot{a}_{u:\overline{n}|} = \sum_{k=0}^{n-1} v^k {}_kp_u \tag{8.3.8}$$

$$a_{u:\overline{n}|} = \sum_{k=1}^{n} v^k {}_kp_u \tag{8.3.9}$$

$$\mathrm{var}(\ddot{a}_{\overline{K+1}|}) = \frac{1}{d^2}({}^2A_u - (A_u)^2) \tag{8.3.10}$$

$$\ddot{a}_u^{(m)} = \frac{1}{m}\sum_{k=0}^{+\infty} v^{\frac{k}{m}} {}_{\frac{k}{m}}p_u \tag{8.3.11}$$

$$\ddot{a}_{u:\overline{n}|}^{(m)} = \frac{1}{m}\sum_{k=0}^{mn-1} v^{\frac{k}{m}} {}_{\frac{k}{m}}p_u \tag{8.3.12}$$

$$a_u^{(m)} = \frac{1}{m}\sum_{k=1}^{+\infty} v^{\frac{k}{m}} {}_{\frac{k}{m}}p_u \tag{8.3.13}$$

$$a_{u:\overline{n}|}^{(m)} = \frac{1}{m}\sum_{k=1}^{mn} v^{\frac{k}{m}} {}_{\frac{k}{m}}p_u \tag{8.3.14}$$

$$A_u = 1 - d\ddot{a}_u \tag{8.3.15}$$

$$A_{u:\overline{n}|} = 1 - d\ddot{a}_{u:\overline{n}|} \tag{8.3.16}$$

說明:公式(8.3.1) 表明狀態($u$) 投保保額為1於其死亡年末給付保險金1的終身壽險的躉繳純保費 $A_u$ 就是保險人給付保險金現值的數學期望。$A_u^{(m)}$ 表示於狀態($u$) 死亡所在$\frac{1}{m}$年末給付保險金1的終身壽險的躉繳純保費,$\ddot{a}_u$ 表示狀態($u$) 每年初生存時給付生存金1的終身生存年金的精算現值,$\ddot{a}_u^{(m)}$ 表示狀態($u$) 每$\frac{1}{m}$年初生存時給付生存金$\frac{1}{m}$的終身生存年金的精算現值。

### (二) 連續型

對於人壽保險而言,連續型的含義是指保險金於狀態($u$) 死亡時立即給付;對於生存年金而言,連續型的含義是指每時每刻連續不斷地給付直至死亡或期滿。於是,

$$\bar{A}_u = \int_0^{+\infty} v^t {}_tp_u \mu_{u+t} \mathrm{d}t \tag{8.3.17}$$

$$\bar{A}_{u:\overline{n}|} = \int_0^n v^t {}_tp_u \mu_{u+t} \mathrm{d}t + v^n {}_np_u \tag{8.3.18}$$

$$\bar{a}_u = \int_0^{+\infty} \bar{a}_{\overline{t}|} {}_tp_u \mu_{u+t} \mathrm{d}t = \int_0^{+\infty} v^t {}_tp_u \mathrm{d}t \tag{8.3.19}$$

$$\mathrm{var}(v^T) = {}^2\bar{A}_u - (\bar{A}_u)^2 \tag{8.3.20}$$

$$\mathrm{var}(\bar{a}_{\overline{T}|}) = \frac{1}{\delta^2}({}^2\bar{A}_u - (\bar{A}_u)^2) \tag{8.3.21}$$

$$\bar{a}_{u:\overline{n}|} = \int_0^n \bar{a}_{\overline{t}|} {}_tp_u \mu_{u+t} \mathrm{d}t + \bar{a}_{\overline{n}|} {}_np_u = \int_0^n v^t {}_tp_u \mathrm{d}t \tag{8.3.22}$$

$$\bar{A}_u = 1 - \delta \bar{a}_u \tag{8.3.23}$$

$$\bar{A}_{u:\overline{n}|} = 1 - \delta \bar{a}_{u:\overline{n}|} \tag{8.3.24}$$

說明：$\bar{A}_{u:\overline{n}|}$ 表示狀態($u$)在 $n$ 年內死亡時立即給付保險金 1 或期滿生存時給付生存金 1 的 $n$ 年期兩全保險的躉繳純保費，$\bar{a}_{u:\overline{n}|}$ 表示狀態($u$)在 $n$ 年內生存時每年連續地給付生存金 1 直至死亡或期滿為止的 $n$ 年定期生存年金精算現值。

## 二、聯合生存狀態下的多生命精算理論

### (一) 躉繳純保費

$$A_{xy} = \sum_{k=0}^{+\infty} v^{k+1} {}_{k|}q_{xy} \tag{8.3.25}$$

$$A^{1}_{\overline{xy}:\overline{n}|} = \sum_{k=0}^{n-1} v^{k+1} {}_{k|}q_{xy} \tag{8.3.26}$$

$$A_{xy:\overline{n}|} = A^{1}_{\overline{xy}:\overline{n}|} + A_{xy:\overline{n}|}^{\ \ \ 1} = \sum_{k=0}^{n-1} v^{k+1} {}_{k|}q_{xy} + v^n {}_np_{xy} \tag{8.3.27}$$

$$A^{(m)1}_{\overline{xy}:\overline{n}|} = \sum_{t=0}^{nm-1} v^{\frac{t+1}{m}} {}_{\frac{t}{m}|\frac{1}{m}}q_{xy} \approx \frac{i}{i^{(m)}} A^{1}_{\overline{xy}:\overline{n}|} \tag{8.3.28}$$

$$A^{(m)}_{\overline{xy}:\overline{n}|} = A^{(m)1}_{\overline{xy}:\overline{n}|} + A_{xy:\overline{n}|}^{\ \ \ 1} \tag{8.3.29}$$

$$\bar{A}^{1}_{\overline{xy}:\overline{n}|} = \int_0^n v^t {}_tp_{xy} \mu_{x+t,y+t} \mathrm{d}t \tag{8.3.30}$$

$$\bar{A}_{xy:\overline{n}|} = 1 - \delta \bar{a}_{xy:\overline{n}|} \tag{8.3.31}$$

$$\ddot{a}_{xy:\overline{n}|} = \sum_{t=0}^{n-1} v^t {}_tp_{xy} \tag{8.3.32}$$

$$a_{xy:\overline{n}|} = \sum_{t=1}^{n} v^t {}_tp_{xy} \tag{8.3.33}$$

$$\ddot{a}^{(m)}_{xy:\overline{n|}} = \frac{1}{m}\sum_{t=0}^{mn-1} v^{\frac{t}{m}}{}_{\frac{t}{m}}p_{xy} \approx \ddot{a}_{xy:\overline{n|}} - \frac{m-1}{2m}(1 - v^n{}_np_{xy}) \tag{8.3.34}$$

$$\bar{a}_{xy:\overline{n|}} = \int_0^n v^t{}_tp_{xy}\mathrm{d}t \approx \ddot{a}_{xy:\overline{n|}} - \frac{1}{2}(1 - v^n{}_np_{xy}) \tag{8.3.35}$$

## (二) 年繳均衡純保費

$$P_{xy:\overline{n|}} = \frac{A_{xy:\overline{n|}}}{\ddot{a}_{xy:\overline{n|}}} = \frac{1}{\ddot{a}_{xy:\overline{n|}}} - d \tag{8.3.36}$$

$$P(\bar{A}_{xy:\overline{n|}}) = \frac{\bar{A}_{xy:\overline{n|}}}{\ddot{a}_{xy:\overline{n|}}} \tag{8.3.37}$$

## (三) 責任準備金

$${}_tV_{xy:\overline{n|}} = A_{x+t,y+t:\overline{n-t|}} - P_{xy:\overline{n|}}\ddot{a}_{x+t,y+t:\overline{n-t|}} \tag{8.3.38}$$

$$= 1 - \frac{\ddot{a}_{x+t,y+t:\overline{n-t|}}}{\ddot{a}_{xy:\overline{n|}}} \tag{8.3.39}$$

$${}_tV(\bar{A}_{xy:\overline{n|}}) = \bar{A}_{x+t,y+t:\overline{n-t|}} - P(\bar{A}_{xy:\overline{n|}})\ddot{a}_{x+t,y+t:\overline{n-t|}} \tag{8.3.40}$$

為了計算簡便,引入如下替換函數。有關其具體應用,請讀者查閱本書關於壽險精算實驗部分的內容。

$$D_{xy} = v^{\frac{1}{2}(x+y)}l_{xy} \tag{8.3.41}$$

$$C_{xy} = v^{\frac{1}{2}(x+y)+1}d_{xy} \tag{8.3.42}$$

$$N_{xy} = D_{xy} + D_{x+1,y+1} + \cdots \tag{8.3.43}$$

$$M_{xy} = C_{xy} + C_{x+1,y+1} + \cdots \tag{8.3.44}$$

$$\ddot{a}_{xy:\overline{n|}} = \frac{N_{xy} - N_{x+n,y+n}}{D_{xy}} \tag{8.3.45}$$

$$A^{\ 1}_{\overset{\frown}{xy}:\overline{n|}} = \frac{M_{xy} - M_{x+n,y+n}}{D_{xy}} \tag{8.3.46}$$

# 三、最后生存狀態下的多生命精算理論

## (一) 躉繳純保費

$$A^{\ 1}_{\overline{xy}:\overline{n|}} = v^n{}_np_{\overline{xy}} \tag{8.3.47}$$

$$a_{\overline{xy}:\overline{n|}} = \sum_{t=1}^{n} v^t{}_tp_{\overline{xy}} = a_{x:\overline{n|}} + a_{y:\overline{n|}} - a_{xy:\overline{n|}} \tag{8.3.48}$$

$$\ddot{a}_{\overline{xy}:\overline{n|}} = \sum_{t=0}^{n-1} v^t{}_tp_{\overline{xy}} = \ddot{a}_{x:\overline{n|}} + \ddot{a}_{y:\overline{n|}} - \ddot{a}_{xy:\overline{n|}} \tag{8.3.49}$$

$$\ddot{a}^{(m)}_{\overline{xy}:\overline{n|}} = \frac{1}{m}\sum_{t=0}^{mn-1} v^{\frac{t}{m}}{}_{\frac{t}{m}}p_{\overline{xy}} = \ddot{a}^{(m)}_{x:\overline{n|}} + \ddot{a}^{(m)}_{y:\overline{n|}} - \ddot{a}^{(m)}_{xy:\overline{n|}} \tag{8.3.50}$$

$$A_{\overline{xy}:\overline{n|}}^{\;1} = \sum_{t=0}^{n-1} v^{t+1}{}_{t|}q_{\overline{xy}} = A_{x:\overline{n|}}^{\;1} + A_{y:\overline{n|}}^{\;1} - A_{xy:\overline{n|}}^{\;1} \tag{8.3.51}$$

$$A_{\overline{xy}:\overline{n|}}^{(m)\,1} = \sum_{t=0}^{nm-1} v^{\frac{t+1}{m}}{}_{\frac{t}{m}|\frac{1}{m}}q_{\overline{xy}} \approx \frac{i}{i^{(m)}}A_{\overline{xy}:\overline{n|}}^{\;1} \tag{8.3.52}$$

$$A_{\overline{xy}:\overline{n|}} = A_{\overline{xy}:\overline{n|}}^{\;1} + A_{\overline{xy}:\overline{n|}}^{\quad\;\;1} = 1 - d\ddot{a}_{\overline{xy}:\overline{n|}} \tag{8.3.53}$$

$$= A_{x:\overline{n|}} + A_{y:\overline{n|}} - A_{xy:\overline{n|}} \tag{8.3.54}$$

## (二) 年繳純保費

$$P_{\overline{xy}:\overline{n|}} = \frac{A_{\overline{xy}:\overline{n|}}}{\ddot{a}_{\overline{xy}:\overline{n|}}} = \frac{1}{\ddot{a}_{\overline{xy}:\overline{n|}}} - d \tag{8.3.55}$$

$$P(\bar{A}_{\overline{xy}:\overline{n|}}) = \frac{\bar{A}_{\overline{xy}:\overline{n|}}}{\ddot{a}_{\overline{xy}:\overline{n|}}} \tag{8.3.56}$$

## (三) 責任準備金

(1) 當$(x)$、$(y)$ 均生存時

$${}_tV_{\overline{xy}:\overline{n|}} = A_{\overline{x+t,y+t}:\overline{n|}} - P_{\overline{xy}:\overline{n|}}\ddot{a}_{x+t,y+t:\overline{n-t|}} \tag{8.3.57}$$

(2)$(y)$ 死亡后$(x)$ 生存時

$${}_tV_{\overline{xy}:\overline{n|}} = A_{x+t:\overline{n-t|}} - P_{\overline{xy}:\overline{n|}}\ddot{a}_{x+t:\overline{n-t|}} \tag{8.3.58}$$

(3)$(x)$ 死亡后$(y)$ 生存時

$${}_tV_{\overline{xy}:\overline{n|}} = A_{y+t:\overline{n-t|}} - P_{\overline{xy}:\overline{n|}}\ddot{a}_{y+t:\overline{n-t|}} \tag{8.3.59}$$

**例** 8.3.1　對於一個$(x)$、$(y)$ 構成的最后生存狀態,保險金為1的全連續型終身壽險,已知 $T(x)$ 與 $T(y)$ 相互獨立,$\mu_{x+t} = \mu_{y+t} = 0.06\ (t > 0)$,$\delta = 0.04$,保費支付到第一個死亡為止,求年繳均衡純保費。

**解:** $\because \mu_{xy}(t) = \mu_{x+t} + \mu_{y+t} = 0.12$

$$\therefore \bar{A}_x = \bar{A}_y = \frac{\mu}{\mu + \delta} = \frac{0.06}{0.06 + 0.04} = 0.6$$

$$\bar{A}_{xy} = \frac{\mu_{xy}}{\mu_{xy} + \delta} = \frac{0.12}{0.12 + 0.04} = 0.75$$

$$\bar{a}_{xy} = \frac{1}{\mu_{xy} + \delta} = \frac{1}{0.12 + 0.04} = 6.25$$

$\therefore$ 所求的年繳均衡純保費為

$$\bar{P}(\bar{A}_{\overline{xy}}) = \frac{\bar{A}_{\overline{xy}}}{\bar{a}_{xy}} = \frac{\bar{A}_x + \bar{A}_y - \bar{A}_{xy}}{\bar{a}_{xy}} = \frac{0.6 + 0.6 - 0.75}{6.25} = 0.072$$

**例** 8.3.2　已知兩生命$(x)$、$(y)$ 的余命獨立同分佈,$P_x = P_y = 0.10$,$P_{\overline{xy}} = 0.06$,$d = 0.06$,計算 $P_{xy}$。

**解:** $\because \dfrac{1}{\ddot{a}_x} = P_x + d = 0.1 + 0.06 = 0.16$

$$\therefore \ddot{a}_x = 6.25$$

同理可得

$$\ddot{a}_y = 6.25$$

$$\because \frac{1}{\ddot{a}_{\overline{xy}}} = P_{\overline{xy}} + d = 0.12$$

$$\therefore \ddot{a}_{\overline{xy}} = \frac{25}{3}$$

$$\because \ddot{a}_{xy} + \ddot{a}_{\overline{xy}} = \ddot{a}_x + \ddot{a}_y$$

$$\therefore \ddot{a}_{xy} = \frac{25}{6}$$

$$P_{xy} = \frac{1}{\ddot{a}_{xy}} - d = 0.18。$$

**例** 8.3.3　證明:(1)$A_{xy} + A_{\overline{xy}} = A_x + A_y$;(2)$\ddot{a}_{xy} + \ddot{a}_{\overline{xy}} = \ddot{a}_x + \ddot{a}_y$。

**證明:**顯然

$$v^{K(xy)+1} + v^{K(\overline{xy})+1} = v^{K(x)+1} + v^{K(y)+1}$$

$$\ddot{a}_{\overline{K(xy)+1}|} + \ddot{a}_{\overline{K(\overline{xy})+1}|} = \ddot{a}_{\overline{K(x)+1}|} + \ddot{a}_{\overline{K(y)+1}|}$$

兩邊取數學期望,可得

$$A_{xy} + A_{\overline{xy}} = A_x + A_y$$

$$\ddot{a}_{xy} + \ddot{a}_{\overline{xy}} = \ddot{a}_x + \ddot{a}_y$$

**例** 8.3.4　已知 $1,000\mu_x = 0.7 + 0.005(10^{0.04})^x (x \geqslant 20)$,$i = 0.06$,${}_{20}p_{50} = 0.739,168$,$\ddot{a}_{56:56} = 10.222,73$,$\ddot{a}_{57:57} = 9.969,64$,$\ddot{a}_{66:66} = 7.586,58$,$\ddot{a}_{67:67} = 7.318,67$,假設 $T(50)$ 與 $T(60)$、$T(60)$ 與 $T(70)$ 相互獨立,計算 $\ddot{a}_{(50:60):\overline{10}|}$。

**解:**設 50、60 的均等年齡為 $w_1$,60、70 的均等年齡為 $w_2$,那麼,

$$2(10^{0.04})^{w_1} = (10^{0.04})^{50} + (10^{0.04})^{60}$$

$$2(10^{0.04})^{w_2} = (10^{0.04})^{60} + (10^{0.04})^{70}$$

解之得

$$w_1 \approx 56.112,761,69, w_2 \approx 66.112,761,69$$

運用均等年齡法與線性插值法,可得

$$\begin{aligned}\ddot{a}_{50:60} &= \ddot{a}_{w_1 w_1} \approx 0.887,238,31\ddot{a}_{56:56} + 0.112,761,69\ddot{a}_{57:57}\\ &= 0.887,238,31 \times 10.222,73 + 0.112,761,69 \times 9.969,64\\ &\approx 10.194,191,1\end{aligned}$$

$$\begin{aligned}\ddot{a}_{60:70} &= \ddot{a}_{w_2 w_2} \approx 0.887,238,31\ddot{a}_{66:66} + 0.112,761,69\ddot{a}_{67:67}\\ &= 0.887,238,31 \times 7.586,58 + 0.112,761,69 \times 7.318,67\end{aligned}$$

$$\approx 7.556,370,0$$

因此，

$$\ddot{a}_{(50:60):\overline{10}|} = \ddot{a}_{50:60} - v^{10}{}_{10}p_{50:60}\ddot{a}_{60:70} = \ddot{a}_{50:60} - v^{10}{}_{20}p_{50}\ddot{a}_{60:70}$$
$$\approx 10.194,191,1 - (1.06)^{-10} \times 0.739,168 \times 7.556,370,0$$
$$\approx 7.075,32$$

## 第四節　條件狀態下的多生命精算理論

### 一、兩人情形

#### (一) 躉繳純保費

$$A^{\ 1}_{xy:\overline{n}|} = \sum_{t=0}^{n-1} v^{t+1}{}_{t|}q^{\ 1}_{xy} \tag{8.4.1}$$

$$\bar{A}^{\ 1}_{xy:\overline{n}|} = \int_0^n v^s{}_sp_{xy}\,\mu_{x+s}\,\mathrm{d}s \tag{8.4.2}$$

$$A^{1}_{\overset{\frown}{xy}:\overline{n}|} = A^{\ 1}_{xy:\overline{n}|} + A^{\quad 1}_{xy:\overline{n}|} \tag{8.4.3}$$

$$A^{\ 2}_{xy:\overline{n}|} = \sum_{t=0}^{n-1} v^{t+1}{}_{t|}q^{\ 2}_{xy} = \sum_{t=0}^{n-1} v^{t+1}({}_{t|}q_x - {}_{t|}q^{\ 1}_{xy}) = A^{\ 1}_{x:\overline{n}|} - A^{\ 1}_{xy:\overline{n}|} \tag{8.4.4}$$

$$\bar{A}^{\ 2}_{xy:\overline{n}|} = \bar{A}^{\ 1}_{x:\overline{n}|} - \bar{A}^{\ 1}_{xy:\overline{n}|} \tag{8.4.5}$$

$$A^{1}_{\overline{xy}:\overline{n}|} = A^{\ 2}_{xy:\overline{n}|} + A^{\quad 2}_{xy:\overline{n}|} \tag{8.4.6}$$

引入替換函數：

$$C^{\ 1}_{xy} = v^{\frac{x+y}{2}+1}d_x l_{y+1/2} \tag{8.4.7}$$

$$M^{\ 1}_{xy} = C^{\ 1}_{xy} + C^{\ 1}_{x+1,y+1} + \cdots \tag{8.4.8}$$

由公式(8.2.6)可得

$$A^{\ 1}_{xy:\overline{n}|} = \frac{M^{\ 1}_{xy} - M^{\ 1}_{x+n,y+n}}{D_{xy}} \tag{8.4.9}$$

說明：$A^{\ 1}_{xy:\overline{n}|}$表示$(x)$在$n$年內死亡且$(y)$仍生存，於$(x)$死亡所在年末給付保險金1的$n$年定期壽險的躉繳純保費；$A^{\ 2}_{xy:\overline{n}|}$表示$(x)$在$n$年內第二個死亡時，於其所在年末給付保險金1的$n$年定期壽險的躉繳純保費；$\bar{A}^{\ 1}_{xy:\overline{n}|}$表示$(x)$在$n$年內第一個死亡時，立即給付保險金1的$n$年定期壽險的躉繳純保費。

#### (二) 年繳純保費

$$P(\bar{A}^{\ 1}_{xy:\overline{n}|}) = \frac{\bar{A}^{\ 1}_{xy:\overline{n}|}}{\ddot{a}_{xy:\overline{n}|}} \tag{8.4.10}$$

$$P(A^{\ 2}_{xy:\overline{n}|}) = \frac{A^{\ 2}_{xy:\overline{n}|}}{\ddot{a}_{x:\overline{n}|}} \tag{8.4.11}$$

說明：$P(\bar{A}^{\ 1}_{xy:\overline{n|}})$ 表示$(x)$、$(y)$ 在$n$年內且每年初都生存時繳納保費1次，$(x)$ 在$n$年內第一個死亡時立即給付保險金 1 的 $n$ 年定期壽險的年繳均衡純保費。$P(A^{\ 2}_{xy:\overline{n|}})$ 表示$(x)$ 在 $n$ 年內且每年初生存時繳納保費 1 次，$(x)$ 在 $n$ 年內第二個死亡時，於其死亡所在年末給付保險金 1 的 $n$ 年定期壽險的年繳均衡純保費。

**（三）責任準備金**

$$ {}_tV(\bar{A}^{\ 1}_{xy:\overline{n|}}) = \bar{A}^{\ 1}_{x+t,y+t:\overline{n-t|}} - P(\bar{A}^{\ 1}_{xy:\overline{n|}})\ddot{a}_{x+t,y+t:\overline{n-t|}} \tag{8.4.12} $$

$$ {}_tV(A^{\ 2}_{xy:\overline{n|}}) = \begin{cases} A^{\ 2}_{x+t,y+t:\overline{n-t|}} - P(A^{\ 2}_{xy:\overline{n|}})\ddot{a}_{x+t:\overline{n-t|}}, & \text{當}(x)\text{、}(y)\text{ 均生存時；} \\ A^{\ 1}_{x+t:\overline{n-t|}} - P(A^{\ 2}_{xy:\overline{n|}})\ddot{a}_{x+t:\overline{n-t|}}, & \text{當}(y)\text{ 死亡后。} \end{cases} \tag{8.4.13} $$

## 二、三人情形

$$ \bar{A}^{\ 1}_{x,\overline{yz}:\overline{n|}} = \int_0^n v^t {}_tp_x {}_tp_{\overline{yz}} \mu_{x+t} \mathrm{d}t = A^{\ 1}_{xy:\overline{n|}} + A^{\ 1}_{xz:\overline{n|}} - A^{\ 1}_{xyz:\overline{n|}} \tag{8.4.14} $$

$$ A^{\ 3}_{\underset{21}{xyz}:\overline{n|}} = \sum_{t=0}^{n-1} v^{t+1} {}_{t|}q^{\ 3}_{\underset{21}{xyz}} \tag{8.4.15} $$

**例 8.4.1** 已知死力由 Gompertz 法則給出，且 $T(x)$、$T(y)$ 和 $T(z)$ 相互獨立，證明：$\bar{A}^{\ 1}_{xyz:\overline{n|}} = \dfrac{C^y}{C^x + C^y + C^z}\bar{A}^{\ 1}_{\overline{xyz}:\overline{n|}}$。

**證明：** 因為死力由 Gompertz 給出，所以

$$ \mu_{x+t} = \mu_{y+t} = \mu_{z+t} = BC^{x+t} $$

$$ \mu_{xyz}(t) = \mu_{x+t} + \mu_{y+t} + \mu_{z+t} = BC^t(C^x + C^y + C^z) $$

於是有

$$ \begin{aligned} \bar{A}^{\ \ 1}_{xyz:\overline{n|}} &= \int_0^n v^t {}_tp_{xyz} \mu_{y+t} \mathrm{d}t = \int_0^n v^t {}_tp_{xyz} BC^{y+t} \mathrm{d}t \\ &= \frac{C^y}{C^x + C^y + C^z}\int_0^n v^t {}_tp_{xyz} BC^t(C^x + C^y + C^z)\mathrm{d}t \\ &= \frac{C^y}{C^x + C^y + C^z}\int_0^n v^t {}_tp_{xyz} \mu_{xyz}(t)\mathrm{d}t = \frac{C^y}{C^x + C^y + C^z}\bar{A}^{\ 1}_{\overline{xyz}:\overline{n|}} \end{aligned} $$

因此，所證等式成立。

**例 8.4.2** 已知$\delta = 0.03$，$\mu_x(t) = 0.05\ (t > 0)$，$\mu_y(t) = 0.02(t > 0)$，求$\bar{A}^{\ 2}_{xy}$、$P(\bar{A}^{\ 2}_{xy})$。

**解：** 
$$ \begin{aligned} \because \bar{A}^{\ 2}_{xy} &= \int_0^{+\infty} v^t {}_tp_x \mu_{x+t}\, {}_tq_y \mathrm{d}t = \int_0^{+\infty} \mathrm{e}^{-0.03t}\mathrm{e}^{-0.05t}(0.05)(1 - \mathrm{e}^{-0.02t})\mathrm{d}t \\ &= 0.05\int_0^{+\infty} (\mathrm{e}^{-0.08t} - \mathrm{e}^{-0.1t})\mathrm{d}t = 0.05\left(\frac{1}{0.08} - \frac{1}{0.1}\right) = 0.125 \end{aligned} $$

$$\bar{a}_x = \frac{1}{\mu+\delta} = \frac{1}{0.05+0.03} = 12.5, \ddot{a}_x \approx \bar{a}_x + \frac{1}{2} = 13$$

$$\therefore P(\bar{A}^2_{xy}) = \frac{\bar{A}^2_{xy}}{\ddot{a}_x} = \frac{0.125}{13} \approx 0.01。$$

## 第五節　遺屬年金

遺屬年金是伴隨著死亡風險而對相關的生存者給予一段時間的定期給付的一種年金保險。通常是丈夫死亡后，在妻子仍然生存的一段時間內定期進行支付，這實際上就是寡婦年金；同樣，也可以反過來，妻子死亡后，在丈夫仍然生存的一段時間內定期支付，以保障遺屬一定的生活標準，實際上這就是鰥夫年金。此外，也可能丈夫和妻子死亡后，對其尚未成年的子女進行定期給付的孤兒年金。

由於丈夫的年齡通常大於妻子的年齡，妻子比丈夫有更長的平均預期余命，而且妻子通常(正規)就業比例比較低，退休又比較早，較少受到社會保障覆蓋，待遇也往往偏低，因而，遺屬年金更多地以寡婦年金的形式出現。本節將主要研究寡婦年金，顯然，獲得的結論也適合於鰥夫年金和孤兒年金。為方便起見，這裡統稱為遺屬年金。

### 一、每年支付一次的遺屬年金

$a_{x|y:\overline{n}|}$ 表示從 $x$ 歲的丈夫死亡所在的年末開始，$y$ 歲的妻子在生存期間每間隔一年可得到 1 單位的支付，並在 $n$ 年后終止支付的生存年金的精算現值。

$$a_{x|y:\overline{n}|} = \sum_{t=1}^{n} v^t {}_{t-1}q_x \, {}_tp_y \, \ddot{a}_{y+t:\overline{n-t+1}|} \tag{8.5.1}$$

$$= a_{y:\overline{n}|} - a_{xy:\overline{n}|} \tag{8.5.2}$$

下面對公式(8.5.2)進行證明。

方法一：

$$a_{x|y:\overline{n}|} = \sum_{t=1}^{n} v^t {}_{t-1|}q_x \, {}_tp_y \, \ddot{a}_{y+t:\overline{n-t+1}|} = \sum_{t=1}^{n} v^t {}_{t-1|}q_x \, {}_tp_y \sum_{k=0}^{n-t} v^k {}_kp_{y+t}$$

$$= \sum_{t=1}^{n} \sum_{k=0}^{n-t} v^{t+k} {}_{t-1|}q_x \, {}_{t+k}p_y = \sum_{t=1}^{n} \sum_{j=t}^{n} v^j {}_{t-1|}q_x \, {}_jp_y (令 j = t+k)$$

$$= \sum_{j=1}^{n} \sum_{t=1}^{j} v^j {}_{t-1|}q_x \, {}_jp_y = \sum_{j=1}^{n} v^j {}_jp_y (\sum_{t=1}^{j} {}_{t-1|}q_x)$$

$$= \sum_{j=1}^{n} v^j {}_jp_y \, {}_jq_x = \sum_{j=1}^{n} v^j {}_jp_y (1 - {}_jp_x)$$

$$= \sum_{j=1}^{n} v^j {}_jp_y - \sum_{j=1}^{n} v^j {}_jp_{xy} = a_{y:\overline{n}|} - a_{xy:\overline{n}|}$$

方法二：

$$a_{x|y:\overline{n}|} = \sum_{t=1}^{n} v^t {}_{t-1|}q_x {}_tp_y \ddot{a}_{y+t:\overline{n-t+1}|}$$

$$= vq_x p_y \ddot{a}_{y+1:\overline{n}|} + v^2 {}_{1|}q_x {}_2p_y \ddot{a}_{y+2:\overline{n-1}|} + v^3 {}_{2|}q_x {}_3p_y \ddot{a}_{y+3:\overline{n-2}|} + \cdots + v^n {}_{n-1|}q_x {}_np_y \ddot{a}_{y+n:\overline{1}|}$$

$$= q_x(vp_y)(1 + vp_{y+1} + v^2 {}_2p_{y+1} + \cdots + v^{n-1} {}_{n-1}p_{y+1}) + {}_{1|}q_x(v^2 {}_2p_y)(1 + vp_{y+2} + v^2 {}_2p_{y+2} + \cdots + v^{n-2} {}_{n-2}p_{y+2}) + {}_{2|}q_x(v^3 {}_3p_y)(1 + vp_{y+3} + v^2 {}_2p_{y+3} + \cdots + v^{n-3} {}_{n-3}p_{y+3}) + \cdots + {}_{n-1|}q_x(v^n {}_np_y)(1)$$

$$= q_x(vp_y + v^2 {}_2p_y + v^3 {}_3p_y + \cdots + v^n {}_np_y) + {}_{1|}q_x(v^2 {}_2p_y + v^3 {}_3p_y + \cdots + v^n {}_np_y) + {}_{2|}q_x(v^3 {}_3p_y + \cdots + v^n {}_np_y) + \cdots + {}_{n-1|}q_x(v^n {}_np_y)$$

$$= vp_y(q_x) + v^2 {}_2p_y(q_x + {}_{1|}q_x) + v^3 {}_3p_y(q_x + {}_{1|}q_x + {}_{2|}q_x) + \cdots + v^n {}_np_y(q_x + {}_{1|}q_x + {}_{2|}q + \cdots + {}_{n-1|}q_x)$$

$$= vp_y q_x + v^2 {}_2p_y {}_2q_x + v^3 {}_3p_y {}_3q_x + \cdots + v^n {}_np_y {}_nq_x$$

$$= \sum_{t=1}^{n} v^t {}_tp_y {}_tq_x = \sum_{t=1}^{n} v^t {}_tp_y - \sum_{t=1}^{n} v^t {}_tp_{xy} = a_{y:\overline{n}|} - a_{xy:\overline{n}|}$$

在公式(8.5.2)中令 $n \to +\infty$可得到終身遺屬年金的計算公式：

$$a_{x|y} = a_y - a_{xy} \tag{8.5.3}$$

## 二、每年支付 m 次的遺屬年金

$a^{(m)}_{x|y:\overline{n}|}$ 表示從 $x$ 歲的丈夫死亡所在的$\frac{1}{m}$年末開始，對 $y$ 歲的妻子在生存期間每隔$\frac{1}{m}$年給予$\frac{1}{m}$個單位的給付，並在 $n$ 年后終止支付的生存年金的精算現值。於是有

$$a^{(m)}_{x|y:\overline{n}|} = \sum_{t=1}^{nm} v^{\frac{t}{m}} {}_{\frac{t-1}{m}|\frac{1}{m}}q_x {}_{\frac{t}{m}}p_y \ddot{a}^{(m)}_{y+\frac{t}{m}:\overline{n-\frac{t-1}{m}}|} \tag{8.5.4}$$

$$= a^{(m)}_{y:\overline{n}|} - a^{(m)}_{xy:\overline{n}|} \tag{8.5.5}$$

現在對公式(8.5.5)進行證明。事實上

$$a^{(m)}_{x|y:\overline{n}|} = \sum_{t=1}^{nm} v^{\frac{t}{m}} {}_{\frac{t-1}{m}|\frac{1}{m}}q_x {}_{\frac{t}{m}}p_y \ddot{a}^{(m)}_{y+\frac{t}{m}:\overline{n-\frac{t-1}{m}}|}$$

$$= \sum_{t=1}^{nm} v^{\frac{t}{m}} {}_{\frac{t-1}{m}|\frac{1}{m}}q_x \, {}_{\frac{t}{m}}p_y \frac{1}{m} \sum_{k=0}^{nm-t} v^{\frac{k}{m}} {}_{\frac{k}{m}}p_{y+\frac{t}{m}}$$

$$= \frac{1}{m} \sum_{t=1}^{nm} \sum_{k=0}^{nm-t} v^{\frac{t+k}{m}} {}_{\frac{t-1}{m}|\frac{1}{m}}q_x \, {}_{\frac{t+k}{m}}p_y = \frac{1}{m} \sum_{t=1}^{nm} \sum_{j=t}^{nm} v^{\frac{j}{m}} {}_{\frac{t-1}{m}|\frac{1}{m}}q_x \, {}_{\frac{j}{m}}p_y \text{（這裡} j = t + k\text{）}$$

$$= \frac{1}{m} \sum_{j=1}^{nm} \sum_{t=1}^{j} v^{\frac{j}{m}} {}_{\frac{t-1}{m}|\frac{1}{m}}q_x \, {}_{\frac{j}{m}}p_y$$

$$= \frac{1}{m} \sum_{j=1}^{nm} v^{\frac{j}{m}} {}_{\frac{j}{m}}p_y \left( \sum_{t=1}^{j} {}_{\frac{t-1}{m}|\frac{1}{m}}q_x \right) = \frac{1}{m} \sum_{j=1}^{nm} v^{\frac{j}{m}} {}_{\frac{j}{m}}p_y \left(1 - {}_{\frac{j}{m}}p_x\right)$$

$$= \frac{1}{m} \sum_{j=1}^{nm} v^{\frac{j}{m}} {}_{\frac{j}{m}}p_y - \frac{1}{m} \sum_{j=1}^{nm} v^{\frac{j}{m}} {}_{\frac{j}{m}}p_{xy} = a_{y:\overline{n}|}^{(m)} - a_{xy:\overline{n}|}^{(m)}$$

在公式(8.5.5)中令 $n \to +\infty$可得到終身遺屬年金的計算公式

$$a_{x|y}^{(m)} = a_{y}^{(m)} - a_{xy}^{(m)} \tag{8.5.6}$$

## 三、每年連續支付的遺屬年金

在公式(8.5.5)中令 $m \to +\infty$可得：

$$\bar{a}_{x|y:\overline{n}|} = \bar{a}_{y:\overline{n}|} - \bar{a}_{xy:\overline{n}|} \tag{8.5.7}$$

顯然，$\bar{a}_{x|y:\overline{n}|}$ 表示從 $x$ 歲的丈夫死亡所在時刻起，對 $y$ 歲的妻子仍然生存期間每年連續支付 1，並在 $n$ 年后終止支付的生存年金的精算現值。

## 四、其他簡單的遺屬年金

### (一) $\hat{a}_{x|y:\overline{n}|}$

$\hat{a}_{x|y:\overline{n}|}$ 表示從 $x$ 歲的丈夫死亡時刻起立即開始給付期，$y$ 歲的妻子生存期間每間隔一年可獲得 1 個單位的給付，且在 $n$ 年后終止支付的生存年金的精算現值。本年金可視為在 $x$ 歲的人死亡所在年中開始支付，於是有

$$\hat{a}_{x|y:\overline{n}|} \approx \sum_{t=1}^{n} {}_{t-1|}q_{xy}^{\ 1} \cdot v^{t-\frac{1}{2}} \cdot \ddot{a}_{y+t-\frac{1}{2}:\overline{n-t+1}|} \tag{8.5.8}$$

$$= \sum_{t=1}^{n} {}_{t-1|}q_x \cdot {}_{t-\frac{1}{2}}p_y \cdot v^{t-\frac{1}{2}} \cdot \ddot{a}_{y+t-\frac{1}{2}:\overline{n-t+1}|} \tag{8.5.9}$$

其中，$\ddot{a}_{y+t-\frac{1}{2}:\overline{n-t+1}|} \approx \frac{1}{2}\left(\ddot{a}_{y+t-1:\overline{n-t+1}|} - \ddot{a}_{y+t:\overline{n-t+1}|}\right)$。

### (二) $\hat{a}_{x|y}^{(m)}$

$\hat{a}_{x|y}^{(m)}$ 表示從 $x$ 歲的丈夫死亡時刻起立即開始給付期，對 $y$ 歲的妻子生存期間每隔$\frac{1}{m}$年可給付$\frac{1}{m}$個單位的終身生存年金的精算現值，於是有

$$\hat{a}_{x|y}^{(m)} = \int_0^{+\infty} v^t \, {}_tp_{xy} \, \mu_{x+t} \ddot{a}_{y+t}^{(m)} \, dt = \int_0^{+\infty} v^t \, {}_tp_{xy} \, \mu_{x+t} \left(\bar{a}_{y+t} + \frac{1}{2m}\right) dt \tag{8.5.10}$$

$$= \bar{a}_{x|y} + \frac{1}{2m}\bar{A}^{\ 1}_{xy} \approx \bar{a}_{y} - \bar{a}_{xy} + \frac{1}{2m}\bar{A}^{\ 1}_{xy} \quad (8.5.11)$$

**(三)** $a_{x|yz:\overline{n|}}$

$a_{x|yz:\overline{n|}}$表示從$x$歲的人死亡所在的年末開始,在$y$歲與$z$歲的人都生存的期間每間隔一年可得到1單位的給付,並在$n$年后終止給付的生存年金的精算現值。

$$a_{x|yz:\overline{n|}} = \sum_{t=1}^{n} {}_{t-1|}q_x v^t {}_tp_{yz}\ddot{a}_{y+t,z+t:\overline{n-t+1|}} \quad (8.5.12)$$

$$= \sum_{t=1}^{n} v^t {}_tq_x {}_tp_{yz} = a_{yz:n} - a_{xyz:n} \quad (8.5.13)$$

**(四)** $a_{xy|z:\overline{n|}}$

$a_{xy|z:\overline{n|}}$表示從$x$歲的人與$y$歲的人中第一個死亡所在的年末開始,在$z$歲的人生存的期間每隔一年給付1單位,並在$n$年后終止給付的生存年金的精算現值。

$$a_{xy|z:n} = \sum_{t=1}^{n} {}_{t-1|}q_{xy} v^t {}_tp_z \ddot{a}_{z+t:\overline{n-t+1|}} = a_{z:\overline{n|}} - a_{xyz:\overline{n|}} \quad (8.5.14)$$

**(五)** $a_{x|\overline{yz}:\overline{n|}}$

$a_{x|\overline{yz}:\overline{n|}}$表示從$x$歲的人死亡所在的年末開始,在$y$歲的人與$z$歲的人中至少有一個人生存的期間每間隔一年可得到1單位的給付,並在$n$年后終止給付的生存年金的精算現值。

$$a_{x|\overline{yz}:\overline{n|}} = \sum_{t=1}^{n} {}_{t-1|}q_x v^t ( {}_tp_y {}_tq_z \ddot{a}_{y+t:\overline{n-t+1|}} + {}_tq_y {}_tp_z \ddot{a}_{z+t:\overline{n-t+1|}}$$

$$+ {}_tp_y {}_tp_z \ddot{a}_{\overline{y+t,z+t}:\overline{n-t+1|}}) \quad (8.5.15)$$

$$= a_{\overline{yz}:\overline{n|}} - a_{x,\overline{yz}:\overline{n|}} = a_{x|y:\overline{n|}} + a_{x|z:\overline{n|}} - a_{x|yz:\overline{n|}} \quad (8.5.16)$$

**(六)** $a_{\overline{xy}|z:\overline{n|}}$

$a_{\overline{xy}|z:\overline{n|}}$表示從$x$歲的人與$y$歲的人中第二個死亡所在的年末開始,在$z$歲的人生存的期間每間隔一年可得到1單位的給付,並在$n$年后終止給付的生存年金的精算現值。顯然,這是孤兒年金的例子。

$$a_{\overline{xy}|z:\overline{n|}} = \sum_{t=1}^{n} {}_{t-1|}q_{\overline{xy}} v^t {}_tp_z \ddot{a}_{z+t:\overline{n-t+1|}} = a_{z:\overline{n|}} - a_{\overline{xy},z:\overline{n|}} \quad (8.5.17)$$

## 五、重複的遺屬年金

假設寡婦再婚就停止遺屬年金的支付。這時,必須考慮同一年齡的一批寡婦受到死亡和再婚兩減因的作用而陸續減少的過程,即需要考慮由死亡和再婚所構成的兩減因表。

設$y$歲的寡婦生存者人數為$l_y^w$,在未來一年間死亡者與再婚者人數分別為$d_y^w$、

$h_y^w$,於是有

$$l_{y+1}^w = l_y^w - d_y^w - h_y^w \tag{8.5.18}$$

利用死亡再婚兩減因表,假設在 $n$ 年內,在死亡和再婚條件下每年初仍然「生存」(即仍處於寡婦狀態)時就支付金額為1的生存年金的精算現值為

$$\ddot{a}_{y:\overline{n}|}^w = \sum_{t=0}^{n-1} v^t {}_tp_y^w \tag{8.5.19}$$

其中

$${}_tp_y^w = \frac{l_{y+1}^w}{l_y^w} \tag{8.5.20}$$

若每年支付 $m$ 次,則其生存年金的精算現值為

$$\ddot{a}_{y:\overline{n}|}^{w(m)} = \frac{1}{m}\sum_{t=0}^{mn-1} v^{\frac{t}{m}} {}_{\frac{t}{m}}p_y^w \approx \ddot{a}_{y:\overline{n}|}^w - \frac{m-1}{2m}(1 - v^n {}_np_y^w) \tag{8.5.21}$$

假設寡婦再婚時就立即支付1單位的金額作為嫁資,那麼對應的躉繳純保費為

$$\bar{A}_{y:\overline{n}|}^{wh} \approx \sum_{t=0}^{n-1} v^{t+\frac{1}{2}} \frac{h_{y+t}^w}{l_y^w} \tag{8.5.22}$$

假設給予 $y$ 歲的寡婦立即開始的年額為1且 $n$ 年后終止給付的生存年金(實際支付 $n+1$ 次),並在 $n$ 年內再婚時,支付年金年額的 $\lambda$ 倍后終止契約,則其躉繳純保險費為

$$\ddot{a}_{y:\overline{n+1}|}^W = \ddot{a}_{y:\overline{n}|}^w + \lambda \bar{A}_{y:\overline{n}|}^{wh} \tag{8.5.23}$$

假設 $x$ 歲的丈夫死亡時,$y$ 歲的妻子從其丈夫死亡年末開始直到 $n$ 年后終止領取附再婚待遇的遺屬年金,其精算現值為

$$a_{x|y:\overline{n}|}^W = \sum_{t=1}^{n} v^t {}_{t-1|}q_x {}_tp_y \ddot{a}_{y+t:\overline{n-t+1}|}^W \tag{8.5.24}$$

## 六、遺屬年金的年繳純保費與責任準備金

下面考慮精算現值為 $a_{x|y}$ 的遺屬年金,保險費應在 $(x)$ 與 $(y)$ 共存期間分期繳納,為了簡便起見,這裡考慮年繳保費一次的情形。

### (一)年繳純保費

$$P(a_{x|y}) = \frac{a_{x|y}}{\ddot{a}_{xy}} = \frac{a_y - a_{xy}}{\ddot{a}_{xy}} = \frac{\ddot{a}_y - \ddot{a}_{xy}}{\ddot{a}_{xy}} = \frac{\ddot{a}_y}{\ddot{a}_{xy}} - 1 \tag{8.5.25}$$

### (二)均衡純保費責任準備金

1. $(x)$ 與 $(y)$ 均活著時

$${}_tV(a_{x|y}) = a_{x+t|y+t} - P(a_{x|y})\ddot{a}_{x+t,y+t} \tag{8.5.26}$$

$$= \ddot{a}_{y+t} - \ddot{a}_{x+t,y+t} - \frac{\ddot{a}_y}{\ddot{a}_{xy}}\ddot{a}_{x+t,y+t} + \ddot{a}_{x+t,y+t}$$

$$= \ddot{a}_{y+t} - \frac{\ddot{a}_y}{\ddot{a}_{xy}}\ddot{a}_{x+t,y+t} \tag{8.5.27}$$

2. 只有($y$) 活著時

$${}_tV(a_{x|y}) = a_{y+t} \tag{8.5.28}$$

說明:若只有($x$) 存活,意味著($y$) 已經死亡,這時權利與義務關係已經終止,也就沒有必要提取責任準備金了。

**例** 8.5.1　已知丈夫、妻子的生存死亡規律分別服從中國人壽保險業經驗生命表 CL3(2000—2003),CL4(2000—2003),且預定利率為 2.5%,假設共存期間繳納保險費。

(1)22 歲的丈夫與 20 歲的妻子投保了保險金額為 100,000 元的 20 年期聯生兩全保險,保險金於聯生狀態死亡所在年末或滿期時給付,求年繳純保費及第 10 年末的責任準備金。

(2)22 歲的丈夫與 20 歲的妻子投保了遺屬年金保險,該保險約定:丈夫死亡后,妻子仍然生存期間,從丈夫死亡年末起每年支付 36,000 元,最多支付 20 年,求該遺屬年金保險的躉繳純保費、年繳純保費及第 10 年年末的責任準備金。

**解**:(1) 所求的年繳純保費為

$$\tilde{P}_{22,20:\overline{20|}} = 100,000\frac{A_{22,20:\overline{20|}}}{\ddot{a}_{22,20:\overline{20|}}}$$

$$= 100,000\frac{M_{22,20} - M_{42,40} + D_{42,40}}{N_{22,20} - N_{42,40}} \approx 3,876.08(\text{元})$$

所求的責任準備金為

$${}_{10}\tilde{V}_{22,20:\overline{20|}} = 100,000A_{32,30:\overline{10|}} - \tilde{P}_{22,20:20}\ddot{a}_{32,30:\overline{10|}}$$

$$= 100000 \cdot \frac{M_{32,30} - M_{42.40} + D_{42,40}}{D_{32,30}} - \tilde{P}_{22,20:20}\frac{N_{32,30} - N_{42.40}}{D_{32,30}}$$

$$\approx 43,760.97(\text{元})$$

(2) 所求遺屬年金保險的躉繳純保費為

$$36,000a_{22|20:\overline{20|}} = 36,000(a^{\text{CL4}}_{20:\overline{20|}} - a_{22,20:\overline{20|}})$$

$$\approx 3,998.365,518 \approx 3,998.37(\text{元})$$

年繳純保費為

$$\tilde{P} = \frac{360,000a_{22|20:\overline{20|}}}{\ddot{a}_{22,20:\overline{20|}}} \approx \frac{3,998.365,518}{15.835,048,13} \approx 252.50(\text{元})$$

若丈夫和妻子都活著時,則所求的責任準備金為

$$
{}_{10}\tilde{V} = 36,000\left(\ddot{a}^{\text{CL4}}_{30:\overline{10}|} - \frac{\ddot{a}^{\text{CL4}}_{20:\overline{20}|}}{\ddot{a}_{22,20:\overline{20}|}}\ddot{a}_{32,30:\overline{10}|}\right)
$$

$$
\approx 36,000\left(8.955,544,31 - \frac{15.935,682,14}{15.835,048,13} \times 8.919,728,76\right)
$$

$$
\approx -751.34(\text{元})
$$

若只有妻子活著,則所求的責任準備金為

$$
{}_{10}\tilde{V} = 36,000\ddot{a}^{\text{CL4}}_{30:\overline{10}|} \approx 322,399.60(\text{元})
$$

說明:責任準備金為負,意味著前期保費收入不能滿足保險金給付的需要, 也意味著該保險業務處於風險之中,往往需要與其他保險配合,如本例可配合聯生兩全保險。

## 本章小結

本章主要研究了多個生命生死組配下有關生命函數、躉繳純保費、年繳純保費以及均衡純保費責任準備金等問題。

多生命生死組配的結果稱為狀態,它可以分為兩大類:非條件狀態與條件狀態,前者不指定死亡順序,而后者則指定了死亡順序。非條件狀態可以分為聯合生存狀態、最后生存狀態與複合狀態,而條件狀態可分為簡單條件狀態與複合條件狀態。複合狀態或複合條件狀態中至少有一個個體生命為聯合生存狀態或最后生存狀態。當且僅當聯合生存狀態中每個個體均生存時該狀態生存;當且僅當最后生存狀態中至少有一個個體生存時該狀態生存。

多生命函數是研究保險費與責任準備金的前提,應注意單生命精算理論與多生命精算理論的聯繫與區別。在Gompertz死亡規律下,多生命精算問題可以簡化為單生命精算問題。在 Makeham 死亡規律下,可用均等年齡法簡化有關計算,因而可事先計算出年齡相同的聯合生存狀態下生存年金的精算現值與人壽保險的躉繳純保費,然后查表並運用線性插值法完成有關計算。

## 習題8

8-1　A、B、C三人在20年內死亡的概率分別為0.18、0.15、0.02,求在20年內下列事件發生的概率:(1)3 人全部死亡;(2)3 人全部生存;(3) 至少有一人死亡;(4) 至少有一人生存。

8-2　已知$(x)$的尚存概率為

$$S(x)=\begin{cases}1-\dfrac{x}{110} & (0\leqslant x<110)\\ 0 & (x\geqslant 110)\end{cases}$$

且 $T(45)$ 與 $T(50)$ 相互獨立,求 ${}_{19}p_{45:50}$。

8-3　已知$\mu_{x+t}=\dfrac{1}{85-t}$,$\mu_{y+t}=\dfrac{2}{105-t}$,並且$T(x)$與$T(y)$相互獨立,求${}_{20}p_{xy}$。

8-4　已知$\mu_{x+t}=\dfrac{1}{90-t}$,$\mu_{y+t}=\dfrac{2}{100-t}$,$T(x)$與$T(y)$相互獨立,求${}_{10|10}q_{xy}$。

8-5　已知$(x)$、$(y)$的余命服從常數死力分佈,$T(x)$與$T(y)$相互獨立,且$\mathring{e}_x=20$,$\mathring{e}_y=30$,求$\mathring{e}_{xy}$。

8-6　已知(40)、(50)的死力均為$\mu_x=\dfrac{1}{100-x}$ $(0\leqslant x<100)$且$T(40)$與$T(50)$相互獨立,計算$\mathring{e}_{60:70}$、$\mathring{e}_{\overline{60:70}}$。

8-7　已知$P(T(x)>t)=1-0.02t$,$P(T(y)>t)=1-0.000,4t^2$,$T(x)$與$T(y)$相互獨立,其中$0\leqslant t\leqslant 50$,求:(1)$\mathring{e}_{xy}$;(2)$\mathrm{cov}(T(xy),T(\overline{xy}))$。

8-8　已知A地區人群的死力為$\mu_x(0\leqslant x<\omega)$,B地區人群的死力為$1.5\mu_x$ $(0\leqslant x<\omega)$,求A地區人群剩余壽命超過B地區人群剩余壽命的概率。

8-9　某人購買了A、B兩種類型的新工具,它們的余命相互獨立。每一種工具都具有De Moivre生存模型,工具A的最長壽命為10年,工具B的最長壽命為7年,求直至兩種工具均失效的平均時間。

8-10　已知(40)、(60)的死力均為$\mu_x=\dfrac{1}{100-x}$ $(0\leqslant x<100)$,它們的余命相互獨立,計算$\mathring{e}_{40:60}$、$\mathrm{var}(T(40:60))$。

8-11　(1)已知${}_{20}p_{30:50}=0.36$,${}_{10}p_{30}=0.9$,且$T(30)$與$T(50)$相互獨立,求(40)活過70歲的概率。

(2)已知${}_3p_{30}=0.99$,${}_6p_{30}=0.98$,${}_9p_{30}=0.965$,${}_{12}p_{30}=0.945$,${}_{15}p_{30}=0.920$,${}_{18}p_{30}=0.890$,對於兩個30歲的獨立個體,求第一個死亡發生在第7年到第12年間的概率。

8-12　已知(30)、(40)、(50)的死力均為$\mu_x=\dfrac{1}{100-x}$ $(0\leqslant x<100)$,它們的余命相互獨立,求${}_{20}q^{\;1}_{30:50}$、${}_{20}q^{\;2}_{30:50}$、${}_{20}q^{\;\;\;3}_{50:\underset{1}{40}:\underset{2}{30}}$。

8-13　在50歲以後,只要(25)和(30)中至少有一個活著,每年末可獲得1單位的年金給付,求該年金的精算現值。

8-14　(20)、(30)購買了一個保額為20,000元的30年期的聯合生存狀態下

的兩全保險,保險金於死亡年末支付,(20)、(30) 服從 $\mu_x = 0.000,2(1.06)^x (x \geq 20)$ 的 Gompertz 死亡規律,已知 $A_{37:\overline{30|}} = 0.208,54$,$A_{38:\overline{30|}} = 0.221,35$,求該兩全保險的躉繳純保費。

8 - 15　對於(25) 和(30),當至少有一個活著並在 50 歲以下時,可獲得年額為 1 的連續年金,求該年金的精算現值。

8 - 16　已知 $\bar{a}_{65} = 10.2$,$\bar{a}_{65:\overline{5|}} = 4.6$,$\bar{a}_{65:70} = 6.2$,${}_5E_{65} = 0.80$,求 $\bar{a}_{\overline{65:70}}$。

8 - 17　當(40) 和(55) 中至少有一個人生存並超過 60 歲時就可獲得年額為 1 的連續年金,但(40) 活著並在 55 歲以前時不給付,求該年金的精算現值。

8 - 18　已知 $T^*(x)$、$T^*(y)$ 和 $Z$ 是共同災難模型中的相互獨立的隨機變量,$T^*(x)$ 服從參數為 $\mu_x = 0.06$ 的指數分佈,$T^*(y)$ 服從參數為 $\mu_y = 0.05$ 的指數分佈,$Z$ 服從參數為 $\mu_Z = 0.02\ (t \geq 0)$ 的指數分佈。$\delta = 0.03$,$T(t)$ 代表共同災難模型中生命$(t)$ 的余命,關於$(x)$、$(y)$ 構成的聯合生存狀態下的終身壽險,保險金 10,000 元於死亡之時給付,求該壽險的躉繳純保費。

8 - 19　(1) 對於一個$(x)$、$(y)$ 構成的聯合生存狀態下的保險金為 1 的全連續型終身壽險,已知它們的余命 $T(x)$ 與 $T(y)$ 相互獨立,$\mu_{x+t} = 0.03\ (t > 0)$,$\mu_{y+t} = 0.04\ (t > 0)$,$\delta = 0.05$,保費繳納到第一個死亡為止,求年繳均衡純保費。

(2) 已知 $\delta = 0.03$,$\mu_x(t) = 0.05\ (t > 0)$,$\mu_y(t) = 0.08\ (t > 0)$,求 $\bar{A}^2_{xy}$、$P(\bar{A}^2_{xy})$。

8 - 20　已知丈夫、妻子的生存死亡規律分別服從生命表 CL3(2000—2003),CL4(2000—2003),且預定利率為 2.5%,假設共存期間繳納保險費。

(1)22 歲的丈夫與 20 歲的妻子投保了聯合生存狀態死亡年末支付保險金 100,000 元的 20 年期定期壽險,求年繳純保費及第 10 年年末的責任準備金。

(2)22 歲的丈夫與 20 歲的妻子投保了如下遺屬年金保險,該保險約定:妻子死亡后,丈夫仍然生存期間,從妻子死亡年末起每年支付 36,000 元,最多支付 20 年,求該遺屬年金保險的躉繳純保費、年繳純保費及第 10 年年末的責任準備金。

8 - 21　證明:${}_{s+t}p_{\overline{xy}} = {}_sp_x\,{}_sq_y\,{}_tp_{x+s} + {}_sq_x\,{}_sp_y\,{}_tp_{y+s} + {}_sp_x\,{}_sp_y\,{}_tp_{\overline{x+s,t+s}}$,其中 $T(x)$ 與 $T(y)$ 相互獨立。

8 - 22　(1) 只要$(x)$ 在$(y)$ 活著時或在$(y)$ 死亡后 $n$ 年內仍生存就可獲得年額為 1 的期末付年金,但年金的最長給付期為 $m$ 年,且 $m > n$。證明:該年金的精算現值為 $a_{x:\overline{n|}} + {}_nE_x a_{x+n,y:\overline{m-n|}}$。

(2) 對於$(x)$ 死亡年末$(y)$ 還活著時給付保險金 1 的終身壽險,證明其躉繳純保費為 $vp_y\ddot{a}_{x,y+1} - a_{xy}$。

8 - 23　證明：(1)$a_{\overline{\overline{x:n}|}} = a_{\overline{n}|} + {}_{n|}a_x$；(2)$\bar{A}_{\overline{\overline{x:n}|}} = \bar{A}_x - \bar{A}_{x:\overline{n}|} + v^n$。

其中，$a_{\overline{\overline{x:n}|}}$就是$n$年保證期終身生存年金的精算現值，可理解為關於$(x)$與$(\overline{n})$構成的最后生存狀態下期末付終身生存年金的精算現值，這裡$(\overline{n})$表示該生命在剛剛活過$x+n$歲時就死亡；$\bar{A}_{\overline{\overline{x:n}|}}$可理解為關於在$(x)$與$(\overline{n})$構成的最后生存狀態下終身壽險的躉繳純保費，該終身壽險這樣給付待遇：若$(x)$在$n$年內死亡，則將在$n$年期滿時給付保險金1；若$(x)$在$n$年之外死亡，則將在死亡之時立即支付保險金1。

8 - 24　假設$T(x)$與$T(y)$相互獨立，證明：

$$\mathrm{cov}(v^{T(xy)}, v^{T(\overline{xy})}) = (\bar{A}_x - \bar{A}_{xy})(\bar{A}_y - \bar{A}_{xy})。$$

8 - 25　已知$(x)$、$(y)$的死亡服從參數相同的Makeham死亡規律，且$T(x)$與$T(y)$相互獨立，證明：

$$\bar{A}^{\,1}_{xy} = \frac{C^x}{C^x + C^y}\bar{A}_{xy} - \frac{A(C^x - C^y)}{C^x + C^y}\bar{a}_{xy}。$$

# 第九章　多減因模型



前面所研究的內容可以說都屬於單減因模型，研究的是同時出生的一批人受死亡這一減少因素作用而陸續減少的基本規律。從本章起，我們將研究多減因模型。多減因模型又稱為多元風險模型，研究的是同一年齡參加同一事件的一批人同時受多個減少因素作用而陸續減少的基本規律。具體來講，主要研究多減因生命表、多減因生命函數、多減因條件下人壽保險、年金保險的躉繳純保費、年繳純保費及其責任準備金的計算。

## 第一節　多減因生命函數

### 一、多減因生命表

多減因生命表與單減因生命表相對，指的是反應同一年齡參加同一事件的一批人受兩個及兩個以上因素影響而陸續減少的規律的一張統計表。比如研究在職職工人數受死亡、殘疾①、離職、退休等因素影響而逐漸減少的規律，它是編製養老金計劃的基礎；研究一批被保險人受死亡和傷殘兩個因素影響的規律，是進行傷殘保險的基礎。這種研究同批人受兩個或兩個以上減因影響而陸續減少規律的數學模型就是多減因模型。與通常的生命表一樣，多減因模型通常也可用表格形式來表示，所以又稱為多減因生命表，簡稱為多減因表。通常的生命表實際上就是只有死亡這一個減因的單減因表。

之所以稱為多減因表或多減因生命表，是因為其廣義的含義。我們把一批人屬

① 本書所說的殘疾，是指因殘疾程度嚴重而喪失勞動能力並退出工作崗位的殘疾。

於某個集合或具有某些特徵時稱為「生存」;而把其離開這一集合時稱為「死亡」。如某公司所有獨身者從業人員構成獨身者集合,其特徵是「獨身」與「在公司工作」,具備這兩個特徵就稱之為處於「生存」狀態,否則就稱之為處於「死亡」狀態。該集合中的人數會因為如下原因而減少,即廣義的「死亡」:① 已婚;② 離職;③ 失業;④ 死亡。當然,這裡狀態之間的轉換,有些是可逆的,即「死亡」后還可以「復活」,如失業者可以因為再就業而轉化為就業者,已婚者也可「復活」為獨身者。為了方便起見,我們假定所研究的多減因生命表中的「死亡」是不可「復活」的。

## 二、多減因生命函數

多減因生命表所反應的隨著年齡或存續時間變化而變化的函數關係,稱為多減因生命函數,簡稱為多減因函數或減因函數。與普通生命表一樣,多減因表也是建立在封閉人口模型的基礎之上的,只研究一批人受多減因作用而陸續減少的過程,不考慮不斷有新加入或重新加入的人群。表 9 - 1 - 1 就是一張三減因表的示例,隨后我們將介紹多減因生命函數。

表 9 - 1 - 1　　某三減因表的一部分

| $x$ | $q_x^{(1)}$ | $q_x^{(2)}$ | $q_x^{(3)}$ | $q_x^{(\tau)}$ | $l_x^{(\tau)}$ | $d_x^{(1)}$ | $d_x^{(2)}$ | $d_x^{(3)}$ | $d_x^{(\tau)}$ |
|---|---|---|---|---|---|---|---|---|---|
| 20 | 0.002,189 | 0.005,466 | 0.004,179 | 0.011,834 | 85,432 | 187 | 467 | 357 | 1,011 |
| 21 | 0.002,488 | 0.006,349 | 0.005,366 | 0.014,203 | 84,421 | 210 | 536 | 453 | 1,199 |
| 22 | 0.003,076 | 0.007,138 | 0.006,152 | 0.016,366 | 83,222 | 256 | 594 | 512 | 1,362 |
| 23 | 0.003,469 | 0.008,221 | 0.006,633 | 0.018,324 | 81,860 | 284 | 673 | 543 | 1,500 |
| 24 | 0.003,671 | 0.008,325 | 0.007,031 | 0.019,027 | 80,360 | 295 | 669 | 565 | 1,529 |
| 25 | 0.004,262 | 0.008,715 | 0.007,421 | 0.020,398 | 78,831 | 336 | 687 | 585 | 1,608 |

### (一) 基本減因函數

1. $l_x^{(\tau)}$

$l_x^{(\tau)}$ 表示 $a$ 歲時同時參加同一事件的一批 $l_a^{(\tau)}$ 人(例如100,000人)在暴露於多個減因(1)、(2)、…、($m$)的條件下在 $x$ 歲時仍然「存活」的平均人數。

2. $d_x^{(j)}$ 與 ${}_nd_x^{(j)}$、$d_x^{(\tau)}$ 與 ${}_nd_x^{(\tau)}$

$d_x^{(j)}(j = 1,2,\cdots,m)$ 表示 $a$ 歲時同時參加同一事件的一批 $l_a^{(\tau)}$ 人由於($j$)減因作用在 $x$ 與 $x+1$ 歲間減少或「死亡」的平均人數。${}_nd_x^{(j)}$ 表示由於($j$)減因作用在 $x$ 與 $x+n$ 歲間減少的平均人數。$d_x^{(\tau)}$ 表示在 $x$ 與 $x+1$ 歲間受全部減因作用而減少的平均總人數。顯然有:

$$d_x^{(\tau)} = \sum_{j=1}^{m} d_x^{(j)} \tag{9.1.1}$$

$$_n d_x^{(\tau)} = \sum_{j=1}^{m} {}_n d_x^{(j)} \tag{9.1.2}$$

$$l_x^{(\tau)} - d_x^{(\tau)} = l_{x+1}^{(\tau)} \tag{9.1.3}$$

$$l_x^{(\tau)} - {}_n d_x^{(\tau)} = l_{x+n}^{(\tau)} \tag{9.1.4}$$

$$l_x^{(\tau)} = \sum_{y=x}^{+\infty} d_y^{(\tau)} \tag{9.1.5}$$

嚴格地講,這裡的 $+\infty$ 是指 $\omega - x - 1$,其中 $\omega$ 為終極年齡,即 $l_\omega^{(\tau)} = 0$。

3. $q_x^{(j)}$ 與 $_n q_x^{(j)}$

$q_x^{(j)}$ 表示 $x$ 歲的人在未來一年間因為 $(j)$ 減因而減少或「死亡」的概率。$_n q_x^{(j)}$ 表示 $x$ 歲的人在未來 $n$ 年間因為 $(j)$ 減因而減少或「死亡」的概率。

$$q_x^{(j)} = \frac{d_x^{(j)}}{l_x^{(\tau)}} \tag{9.1.6}$$

$$_n q_x^{(j)} = \frac{_n d_x^{(j)}}{l_x^{(\tau)}}。 \tag{9.1.7}$$

4. $q_x^{(\tau)}$ 與 $_n q_x^{(\tau)}$

$q_x^{(\tau)}$ 表示 $x$ 歲的人在未來一年間因全部減因作用而減少或「死亡」的概率。$_n q_x^{(\tau)}$ 表示 $x$ 歲的人在未來 $n$ 年間因全部減因作用而減少或「死亡」的概率。

$$q_x^{(\tau)} = \frac{d_x^{(\tau)}}{l_x^{(\tau)}} = \sum_{j=1}^{m} q_x^{(j)} \tag{9.1.8}$$

$$_n q_x^{(\tau)} = \frac{_n d_x^{(\tau)}}{l_x^{(\tau)}} = \sum_{j=1}^{m} {}_n q_x^{(j)}。 \tag{9.1.9}$$

5. $p_x^{(\tau)}$ 與 $_n q_x^{(\tau)}$

$p_x^{(\tau)}$ 表示 $x$ 歲的人在未來一年間因全部減因作用仍然「存活」的概率。$_n p_x^{(\tau)}$ 表示 $x$ 歲的人在未來 $n$ 年間因全部減因作用仍然「存活」的概率。

$$p_x^{(\tau)} = \frac{l_{x+1}^{(\tau)}}{l_x^{(\tau)}} = 1 - q_x^{(\tau)} \tag{9.1.10}$$

$$_n p_x^{(\tau)} = \frac{l_{x+n}^{(\tau)}}{l_x^{(\tau)}} = 1 - {}_n q_x^{(\tau)} \tag{9.1.11}$$

利用表 9－1－1 的資料,還可以計算出如下概率:

$$_4 p_{20}^{(\tau)} = \frac{l_{24}^{(\tau)}}{l_{20}^{(\tau)}} \approx 0.940,631$$

$$_3 q_{22}^{(3)} = \frac{_3 d_{22}^{(3)}}{l_{22}^{(\tau)}} = \frac{d_{22}^{(3)} + d_{23}^{(3)} + d_{24}^{(3)}}{l_{22}^{(\tau)}} = \frac{1,620}{83,222} \approx 0.019,466$$

$$ {}_{2|}q_{22}^{(2)} = \frac{d_{24}^{(2)}}{l_{22}^{(\tau)}} = \frac{669}{83,222} \approx 0.008,039 $$

$$ {}_{2|2}q_{22}^{(2)} = {}_2p_{22}^{(\tau)}\ {}_2q_{24}^{(2)} = \frac{d_{24}^{(2)} + d_{25}^{(2)}}{l_{22}^{(\tau)}} = \frac{1,356}{83,222} \approx 0.016,294 $$

**(二) 隨機變量 $T$ 與 $J$ 的引入與應用**

隨機變量 $T(x)$ 或 $T$ 表示 $(x)$ 在全部減因作用下未來「存活」的時間或「余命」,其「死亡」的原因或減因用隨機變量 $J(x)$ 或 $J$ 表示,顯然,$J = 1,2,\cdots,m$。設 $T$ 與 $J$ 的聯合概率密度函數為 $f(t, j)$,於是

$$ {}_nq_x^{(j)} = \mathrm{P}(0 < T \leqslant n, J = j) = \int_0^n f(t, j)\,\mathrm{d}t \tag{9.1.12} $$

$$ {}_nq_x^{(\tau)} = \mathrm{P}(T \leqslant n) = \sum_{j=1}^{m} \mathrm{P}(T \leqslant n, J = j) = \sum_{j=1}^{m} \int_0^n f(t, j)\,\mathrm{d}t \tag{9.1.13} $$

$$ {}_np_x^{(\tau)} = \mathrm{P}(T > n) = \sum_{j=1}^{m} \int_n^{+\infty} f(t, j)\,\mathrm{d}t \tag{9.1.14} $$

$J$ 的邊緣概率密度函數為

$$ h(j) = {}_\infty q_x^{(j)} = \int_0^{+\infty} f(t, j)\,\mathrm{d}t \tag{9.1.15} $$

它表示因為 $(j)$ 減因作用而「死亡」的概率,且 $\sum_{j=1}^{m} h(j) = 1$。

$T$ 的邊緣概率密度函數為

$$ g(t) = \sum_{j=1}^{m} f(t, j) \tag{9.1.16} $$

顯然,$g(t)$ 滿足 $\int_0^{+\infty} g(t)\,\mathrm{d}t = 1$。

**(三) 其他減因函數**

1. 減損力

減損力相當於普通生命函數中的死力,它反應了同一批人由某個或全部減因導致的減損力度或「死亡」力度的大小,從而描述了某一時點減因作用水平的高低或力度的大小。減損力又可稱為減因力。

$x$ 歲時的總減損力定義為:

$$ \mu_x^{(\tau)} = -\frac{\frac{\mathrm{d}}{\mathrm{d}x} l_x^{(\tau)}}{l_x^{(\tau)}} \tag{9.1.17} $$

依 $\mu_x^{(\tau)}$ 的定義可得

$$ \mu_x^{(\tau)} = -\frac{\lim_{\Delta x \to 0} \frac{l_{x+\Delta x}^{(\tau)} - l_x^{(\tau)}}{\Delta x}}{l_x^{(\tau)}} = \lim_{\Delta x \to 0} \frac{l_x^{(\tau)} - l_{x+\Delta x}^{(\tau)}}{\Delta x\, l_x^{(\tau)}} = \lim_{\Delta x \to 0} \frac{{}_{\Delta x}q_x^{(\tau)}}{\Delta x} \tag{9.1.18} $$

若$\mu_x^{(\tau)}$以千分率表示，則它表示在$x$歲這一時刻每千人每年因全部減因作用而減少或「死亡」的人數。$\mu_x^{(\tau)}$也可以認為在$x$歲時因全部減因作用每年減損的概率。

依$\mu_x^{(\tau)}$的定義可得：

$$\mu_x^{(\tau)} = -\frac{d}{dx}\ln l_x^{(\tau)}$$

即

$$d\ln l_x^{(\tau)} = -\mu_x^{(\tau)}dx$$

兩邊取定積分，可得

$$\int_a^x d\ln l_s^{(\tau)} = -\int_a^x \mu_s^{(\tau)}ds$$

因此

$$l_x^{(\tau)} = l_a^{(\tau)}\exp\left(-\int_a^x \mu_s^{(\tau)}ds\right) \tag{9.1.19}$$

$${}_tp_x^{(\tau)} = \exp\left(-\int_x^{x+t} \mu_s^{(\tau)}ds\right) = \exp\left(-\int_0^t \mu_{x+s}^{(\tau)}ds\right) \tag{9.1.20}$$

下面定義在各減因作用下的減損力，為此，必須首先定義函數$l_x^{(j)}$：

$$l_x^{(j)} = \sum_{s=x}^{+\infty} d_s^{(j)} \tag{9.1.21}$$

其中$j = 1,2,\cdots,m$。這相當於把暴露於$m$個減因下的$l_x^{(\tau)}$分解為$m$個組：$l_x^{(1)}$，$l_x^{(2)}$，$\cdots$，$l_x^{(m)}$；每組人數只受相應減因的作用而減損的人數。由公式(9.1.1)和公式(9.1.5)可得

$$l_x^{(\tau)} = \sum_{j=1}^{m} l_x^{(j)} \tag{9.1.22}$$

$(j)$減損力定義為：

$$\mu_x^{(j)} = -\frac{1}{l_x^{(\tau)}}\frac{d}{dx}l_x^{(j)} = \lim_{\Delta x \to 0}\frac{l_x^{(j)} - l_{x+\Delta x}^{(j)}}{\Delta x\, l_x^{(\tau)}} \tag{9.1.23}$$

將公式(9.1.22)代入公式(9.1.17)，可得

$$\mu_x^{(\tau)} = \sum_{j=1}^{m}\mu_x^{(j)} \tag{9.1.24}$$

由公式(9.1.23)可得

$$-dl_x^{(j)} = l_x^{(\tau)}\mu_x^{(j)}dx$$

兩邊求定積分得

$$\int_x^{x+1}(-dl_s^{(j)}) = \int_x^{x+1} l_s^{(\tau)}\mu_s^{(j)}ds$$

於是，

$$d_x^{(j)} = \int_x^{x+1} l_s^{(\tau)} \mu_s^{(j)} \mathrm{d}s \tag{9.1.25}$$

兩邊同除以 $l_x^{(\tau)}$ 得

$$q_x^{(j)} = \int_x^{x+1} {}_{s-x}p_x^{(\tau)} \mu_s^{(j)} \mathrm{d}s = \int_0^1 {}_tp_x^{(\tau)} \mu_{x+t}^{(j)} \mathrm{d}t \tag{9.1.26}$$

由公式(9.1.25)可得

$$d_x^{(\tau)} = \sum_{j=1}^{m} d_x^{(j)} = \int_x^{x+1} l_s^{(\tau)} \sum_{j=1}^{m} \mu_s^{(j)} \mathrm{d}s$$

$$= \int_x^{x+1} l_s^{(\tau)} \mu_s^{(\tau)} \mathrm{d}s = \int_0^1 l_{x+t}^{(\tau)} \mu_{x+t}^{(\tau)} \mathrm{d}t \tag{9.1.27}$$

兩邊同除以 $l_x^{(\tau)}$ 得

$$q_x^{(\tau)} = \int_0^1 {}_tp_x^{(\tau)} \mu_{x+t}^{(\tau)} \mathrm{d}t \tag{9.1.28}$$

減損力和減因概率的一個重要區別在於各減損力之間相互獨立,而各減因概率之間卻相互依賴。一方面,因為減損力量度的是某時點的減少概率或「死亡」概率,它不依賴於某一特定區間,因此各減損力之間相互獨立;另一方面,某時間段上的減因概率就是該時段上各減因相互作用所導致的「存活」人數減少的概率,若某減因引起的減少人數越多,則其他減因所引起的減少人數就越少,因此各減因概率間相互依賴或者說各減因間具有競爭性,這也可從下面的式子得到證明。

事實上,

$$q_x^{(j)} = \int_0^1 {}_tp_x^{(\tau)} \mu_{x+t}^{(j)} \mathrm{d}t = \int_0^1 \exp\left(-\int_0^t \sum_{j=1}^{m} \mu_{x+s}^{(j)} \mathrm{d}s\right) \mu_{x+t}^{(j)} \mathrm{d}t \tag{9.1.29}$$

由此可見,$q_x^{(j)}$ 與所有減因有關。

容易發現 $T$ 與 $J$ 的聯合概率密度函數、邊緣概率密度函數分別為:

$$f(t,j) = {}_tp_x^{(\tau)} \mu_{x+t}^{(j)} \tag{9.1.30}$$

$$g(t) = {}_tp_x^{(\tau)} \mu_{x+t}^{(\tau)} \tag{9.1.31}$$

$$h(j) = \int_0^{+\infty} {}_tp_x^{(\tau)} \mu_{x+t}^{(j)} \mathrm{d}t \tag{9.1.32}$$

**例 9.1.1** 已知 $\mu_{x+t}^{(1)} = \frac{t}{100}$, $\mu_{x+t}^{(2)} = \frac{1}{100}$,其中 $t \geqslant 0$。求 $f(t,j)$、$g(t)$ 及 $h(j)$。

**解:** $\because \mu_{x+t}^{(\tau)} = \mu_{x+t}^{(1)} + \mu_{x+t}^{(2)} = \frac{t+1}{100}$

$$\therefore {}_tp_x^{(\tau)} = \exp\left(-\int_0^t \frac{s+1}{100}\mathrm{d}s\right) = \exp\left(-\frac{t^2+2t}{200}\right)$$

$$f(t,j) = \begin{cases} \dfrac{t}{100}\exp\left(-\dfrac{t^2+2t}{200}\right) & (t \geqslant 0, j = 1) \\ \dfrac{1}{100}\exp\left(-\dfrac{t^2+2t}{200}\right) & (t \geqslant 0, j = 2) \end{cases}$$

$$g(t) = f(t,1) + f(t,2) = \frac{t+1}{100}\exp\left(-\frac{t^2+2t}{200}\right)$$

$$h(2) = \int_0^{+\infty} \frac{1}{100}\exp\left(-\frac{t^2+2t}{200}\right)\mathrm{d}t = \frac{\sqrt{2\pi}}{10}\exp\left(\frac{1}{200}\right)[1-\Phi(0.1)]$$

$$\approx 0.115,9$$

$$h(1) = 1 - h(2) \approx 0.884,1$$

這裡 $\Phi(x)$ 為標準正態分佈的分佈函數值。

2. 平均預期「余命」

令 $L_x^{(\tau)}$ 表示 $x$ 歲的人在未來一年間受全部減因作用仍然「存活」的人年數,即

$$L_x^{(\tau)} = \int_0^1 l_{x+t}^{(\tau)}\mathrm{d}t \tag{9.1.33}$$

$$= \int_0^1 t l_{x+t}^{(\tau)}\mu_{x+t}^{(\tau)}\mathrm{d}t + l_{x+1}^{(\tau)} \tag{9.1.34}$$

顯然,也可以理解為有 $L_x^{(\tau)}$ 人,每人都「存活」了一年;或者說在 $x \sim x+1$ 歲間受全部減因作用平均「存活」的人數為 $L_x^{(\tau)}$。

令 $T_x^{(\tau)}$ 表示 $x$ 歲的人未來受全部減因作用仍然「存活」的人年數。顯然

$$T_x^{(\tau)} = L_x^{(\tau)} + L_{x+1}^{(\tau)} + L_{x+2}^{(\tau)} + \cdots = \int_0^{+\infty} l_{x+t}^{(\tau)}\mathrm{d}t = \int_0^{+\infty} t l_{x+t}^{(\tau)}\mu_{x+t}^{(\tau)}\mathrm{d}t \tag{9.1.35}$$

這裡的 $+\infty$ 代表 $\omega - x$,其中 $\omega$ 為終極年齡,即 $l_\omega^{(\tau)} = 0$。

由此可得 $x$ 歲的人的平均預期「余命」為 $\mathring{e}_x^{(\tau)}$:

$$\mathring{e}_x^{(\tau)} = \frac{T_x^{(\tau)}}{l_x^{(\tau)}} = \int_0^{+\infty} {}_tp_x^{(\tau)}\mathrm{d}t = \int_0^{+\infty} t\ {}_tp_x^{(\tau)}\mu_x^{(\tau)}\mathrm{d}t \tag{9.1.36}$$

它表示 $x$ 歲的人受全部減因作用平均還能「存活」的年數,即平均預期余命。

3. 中心減損率

中心減損率,又稱為中心「死亡」率,它是一年內減少的人數與平均「存活」人數之比,可以分為總中心減損率和 $(j)$ 減因中心減損率或稱為分中心減損率。前者記為 $m_x^{(\tau)}$,后者記為 $m_x^{(j)}$,於是

$$m_x^{(\tau)} = \frac{d_x^{(\tau)}}{L_x^{(\tau)}} \tag{9.1.37}$$

$$= \frac{\int_0^1 l_{x+t}^{(\tau)}\mu_{x+t}^{(\tau)}\mathrm{d}t}{\int_0^1 l_{x+t}^{(\tau)}\mathrm{d}t} = \frac{\int_0^1 {}_tp_x^{(\tau)}\mu_{x+t}^{(\tau)}\mathrm{d}t}{\int_0^1 {}_tp_x^{(\tau)}\mathrm{d}t} \tag{9.1.38}$$

$$m_x^{(j)} = \frac{d_x^{(j)}}{L_x^{(\tau)}} \tag{9.1.39}$$

$$= \frac{\int_0^1 l_{x+t}^{(\tau)} \mu_{x+t}^{(j)} dt}{\int_0^1 l_{x+t}^{(\tau)} dt} = \frac{\int_0^1 {}_tp_x^{(\tau)} \mu_{x+t}^{(j)} dt}{\int_0^1 {}_tp_x^{(\tau)} dt} \tag{9.1.40}$$

顯然

$$m_x^{(\tau)} = \sum_{j=1}^{m} m_x^{(j)} \tag{9.1.41}$$

在普通生命表的編製過程中,通常用由實際資料取得的年齡別死亡率去估計生命表中的中心死亡率,從而求出年齡別死亡概率,進而可編製出生命表。中心減損率也有同樣的作用,即可以編製出多減因生命表。

假設各年齡段總減少人數服從均勻分佈,於是有

$$l_{x+t}^{(\tau)} = l_x^{(\tau)} - td_x^{(\tau)} (0 \leqslant t \leqslant 1) \tag{9.1.42}$$

$$L_x^{(\tau)} = \int_0^1 l_{x+t}^{(\tau)} dt = \int_0^1 (l_x^{(\tau)} - td_x^{(\tau)}) dt = L_{x+\frac{1}{2}}^{(\tau)}$$

$$= l_x^{(\tau)} - \frac{1}{2} d_x^{(\tau)} \tag{9.1.43}$$

$$= \frac{l_x^{(\tau)} + l_{x+1}^{(\tau)}}{2} \tag{9.1.44}$$

$$m_x^{(\tau)} = \frac{d_x^{(\tau)}}{L_x^{(\tau)}} = \frac{d_x^{(\tau)}}{l_x^{(\tau)} - \frac{1}{2} d_x^{(\tau)}} = \frac{2q_x^{(\tau)}}{2 - q_x^{(\tau)}} \tag{9.1.45}$$

$$m_x^{(j)} = \frac{d_x^{(j)}}{L_x^{(\tau)}} = \frac{d_x^{(j)}}{l_x^{(\tau)} - \frac{1}{2} d_x^{(\tau)}} = \frac{2q_x^{(j)}}{2 - q_x^{(\tau)}} \tag{9.1.46}$$

由公式(9.1.45)、公式(9.1.46)可得:

$$q_x^{(\tau)} = \frac{2m_x^{(\tau)}}{2 + m_x^{(\tau)}} \tag{9.1.47}$$

$$q_x^{(j)} = \frac{2m_x^{(j)}}{2 + m_x^{(\tau)}} \tag{9.1.48}$$

運用公式(9.1.47)、公式(9.1.48)就可以計算出多減因概率,進而可編製出多減因表。

## 三、聯合單減因表

### (一)聯合單減因函數

構成多減因表的各個減因都可依其各自獨立的減損力構成單減因表,稱為聯合單減因表。單減因表所反應的函數稱為聯合單減因函數。比如,由失業與死亡兩

個減因可以構成兩減因表，由死亡力、失業力可分別構建死亡單減因表、失業單減因表。這裡研究的目的在於如何由各個單減因表合成一張多減因表。在聯合單減因表的函數的右上角加上「 * 」號或撇號「 ′ 」號，因此，

$$p_x^{*(j)} = \exp(-\int_0^1 \mu_{x+t}^{(j)} dt) \tag{9.1.49}$$

$$q_x^{*(j)} = 1 - p_x^{*(j)} \tag{9.1.50}$$

更一般的情形，對於任意正數 $t$，有：

$$_tp_x^{*(j)} = \exp(-\int_0^t \mu_{x+s}^{(j)} ds) \tag{9.1.51}$$

$$_tq_x^{*(j)} = 1 - {_tp_x^{*(j)}} \tag{9.1.52}$$

$_tq_x^{*(j)}$ 稱為$(j)$ 減因絕對減損率，它不同於$(j)$ 減因概率 $_tq_x^{(j)}$。前者僅與$(j)$ 減損力有關，而與其他減損力無關，即僅考慮在$(j)$ 減因作用下而減損的概率。后者則考慮在全部減因作用下$(j)$ 減因所導致的減損概率。

**(二) 聯合單減因函數與減因函數的關係**

下面討論 $q_x^{*(j)}$ 與 $q_x^{(j)}$ 之間的關係。

$$_tp_x^{(\tau)} = \exp(-\int_0^t \mu_{x+s}^{(\tau)} ds) = \exp[-\int_0^t (\mu_{x+s}^{(1)} + \mu_{x+s}^{(2)} + \cdots + \mu_{x+s}^{(m)}) ds]$$
$$= {_tp_x^{*(1)}}\, {_tp_x^{*(2)}} \cdots {_tp_x^{*(m)}} \tag{9.1.53}$$

由公式(9.1.53) 可知

$$_tp_x^{*(j)} \geqslant {_tp_x^{(\tau)}} \tag{9.1.54}$$

兩邊同乘以 $\mu_{x+t}^{(j)}$，並對 $t$ 在區間[0,1] 上積分，得：

$$q_x^{*(j)} = \int_0^1 {_tp_x^{*(j)}} \mu_{x+t}^{(j)} dt \geqslant \int_0^1 {_tp_x^{(\tau)}} \mu_{x+t}^{(j)} dt = q_x^{(j)} \tag{9.1.55}$$

$q_x^{*(j)}$ 與 $q_x^{(j)}$ 的確切關係很重複，一般只在某些假設下做出近似估計。一是假設在各年齡段上各減損力為常數；二是假設各年齡段上各減因所導致的減少人數服從均勻分佈；三是假設在各年齡段上各絕對減損率導致的減少人數服從均勻分佈。

**(三) 各年齡段上各減損力為常數**

各年齡段上各減損力為常數意味著

$$\mu_{x+t}^{(j)} = \mu_x^{(j)} (0 \leqslant t < 1, j = 1,2,\cdots,m) \tag{9.1.56}$$

從而可得

$$\mu_{x+t}^{(\tau)} = \mu_x^{(1)} + \mu_x^{(2)} + \cdots + \mu_x^{(m)} \triangleq \mu_x^{(\tau)}$$

於是，

$$q_x^{(j)} = \int_0^1 {_tp_x^{(\tau)}} \mu_{x+t}^{(j)} dt = \int_0^1 {_tp_x^{(\tau)}} \mu_x^{(j)} dt = \frac{\mu_x^{(j)}}{\mu_x^{(\tau)}} \int_0^1 {_tp_x^{(\tau)}} \mu_x^{(\tau)} dt$$

$$= \frac{\mu_x^{(j)}}{\mu_x^{(\tau)}} \int_0^1 {}_tp_x^{(\tau)} \mu_{x+t}^{(\tau)} \mathrm{d}t = \frac{\mu_x^{(j)}}{\mu_x^{(\tau)}} q_x^{(\tau)} \tag{9.1.57}$$

$$p_x^{(\tau)} = \exp(-\int_0^1 \mu_{x+t}^{(\tau)} \mathrm{d}t) = \exp(-\mu_x^{(\tau)})$$

$$\mu_x^{(\tau)} = -\ln p_x^{(\tau)}$$

同理可得

$$\mu_x^{(j)} = -\ln p_x^{*(j)}$$

公式(9.1.57)可化為

$$q_x^{(j)} = \frac{\ln p_x^{*(j)}}{\ln p_x^{(\tau)}} q_x^{(\tau)} \tag{9.1.58}$$

$$q_x^{*(j)} = 1 - [1 - q_x^{(\tau)}]^{(q_x^{(j)}/q_x^{(\tau)})} \tag{9.1.59}$$

由公式(9.1.58)、公式(9.1.59)可以實現各減因概率與絕對減損率之間的相互估計。

**(四)各年齡段上各減因所導致的減損人數服從均勻分佈**

由於各年齡段上各減因所導致的減損人數服從均勻分佈,從而有

$${}_tq_x^{(j)} = tq_x^{(j)} \quad (0 \leqslant t \leqslant 1, j = 1,2,\cdots,m) \tag{9.1.60}$$

$${}_tq_x^{(\tau)} = tq_x^{(\tau)} \quad (0 \leqslant t \leqslant 1)$$

$$l_{x+t}^{(j)} = l_x^{(j)} - td_x^{(j)}$$

$$l_{x+t}^{(\tau)} = l_x^{(\tau)} - td_x^{(\tau)}$$

由公式(9.1.23)可得

$$\mu_{x+t}^{(j)} = -\frac{1}{l_{x+t}^{(\tau)}} \cdot \frac{\mathrm{d}}{\mathrm{d}t} l_{x+t}^{(j)} = \frac{d_x^{(j)}}{l_{x+t}^{(\tau)}} = \frac{d_x^{(j)}}{l_x^{(\tau)} - td_x^{(\tau)}} = \frac{q_x^{(j)}}{1 - tq_x^{(\tau)}} \tag{9.1.61}$$

因此,由公式(9.1.50)、公式(9.1.61)可得

$$q_x^{*(j)} = 1 - \exp(-\int_0^1 \mu_{x+t}^{(j)} \mathrm{d}t) = 1 - \exp(-\int_0^1 \frac{q_x^{(j)}}{1 - tq_x^{(\tau)}} \mathrm{d}t)$$

$$= 1 - \exp[-\frac{q_x^{(j)}}{q_x^{(\tau)}} \ln(1 - q_x^{(\tau)})] = 1 - [1 - q_x^{(\tau)}]^{(q_x^{(j)}/q_x^{(\tau)})}$$

這與公式(9.1.59)完全相同,它表明在減損力為常數的假設與減損人數均勻分佈的假設下有相等的 $q_x^{*(j)}$ 或 $q_x^{(j)}$。

**(五)各年齡段上各絕對減損率導致的減損人數服從均勻分佈**

在此假設下

$${}_tq_x^{*(j)} = tq_x^{*(j)} \tag{9.1.62}$$

從而有

$${}_tp_x^{*(j)} = 1 - {}_tq_x^{*(j)} = 1 - tq_x^{*(j)} \quad (0 \leqslant t \leqslant 1, j = 1,2,\cdots,m)$$

$$\mu_{x+t}^{(j)} = -\frac{1}{{}_tp_x^{*(j)}} \cdot \frac{\mathrm{d}}{\mathrm{d}t}\, {}_tp_x^{*(j)} = \frac{q_x^{*(j)}}{1 - tq_x^{*(j)}} \tag{9.1.63}$$

$${}_tp_x^{*(j)}\mu_{x+t}^{(j)} = q_x^{*(j)}$$

$$q_x^{(j)} = \int_0^1 {}_tp_x^{(\tau)}\mu_{x+t}^{(j)}\mathrm{d}t = \int_0^1 {}_tp_x^{*(1)}\, {}_tp_x^{*(2)} \cdots {}_tp_x^{*(m)}\mu_{x+t}^{(j)}\mathrm{d}t \tag{9.1.64}$$

特別地,當 $m = 2$ 時,

$$q_x^{(1)} = \int_0^1 {}_tp_x^{*(1)}\, {}_tp_x^{*(2)}\mu_{x+t}^{(1)}\mathrm{d}t = q_x^{*(1)}\int_0^1 (1 - tq_x^{*(2)})\,\mathrm{d}t$$

$$= q_x^{*(1)}(1 - \frac{1}{2}q_x^{*(2)}) \tag{9.1.65}$$

同理可得

$$q_x^{(2)} = q_x^{*(2)}(1 - \frac{1}{2}q_x^{*(1)}) \tag{9.1.66}$$

當 $m = 3$ 時,

$$q_x^{(1)} = \int_0^1 {}_tp_x^{*(1)}\, {}_tp_x^{*(2)}\, {}_tp_x^{*(3)}\mu_{x+t}^{(1)}\mathrm{d}t = q_x^{*(1)}\int_0^1 (1 - tq_x^{*(2)})(1 - tq_x^{*(3)})\,\mathrm{d}t$$

$$= q_x^{*(1)}[1 - \frac{1}{2}(q_x^{*(2)} + q_x^{*(3)}) + \frac{1}{3}q_x^{*(2)}q_x^{*(3)}] \tag{9.1.67}$$

同理可得

$$q_x^{(2)} = q_x^{*(2)}[1 - \frac{1}{2}(q_x^{*(1)} + q_x^{*(3)}) + \frac{1}{3}q_x^{*(1)}q_x^{*(3)}] \tag{9.1.68}$$

$$q_x^{(3)} = q_x^{*(3)}[1 - \frac{1}{2}(q_x^{*(1)} + q_x^{*(2)}) + \frac{1}{3}q_x^{*(1)}q_x^{*(2)}] \tag{9.1.69}$$

請讀者歸納 $m = 4$、$m = 5$ 時的相應公式。

**例** 9.1.2　已知 $q_{40}^{*(1)} = 0.02$, $q_{40}^{*(2)} = 0.04$,在各年齡段減損力為常數或各減因導致的減損人數服從均勻分佈條件下,試計算 $q_{40}^{(\tau)}$、$q_{40}^{(1)}$、$q_{40}^{(2)}$。

**解:** $\because q_{40}^{*(1)} = 0.02, q_{40}^{*(2)} = 0.04$

$$\therefore q_{40}^{(\tau)} = 1 - p_{40}^{(\tau)} = 1 - p_{40}^{*(1)}p_{40}^{*(2)} = 1 - (1 - q_{40}^{*(1)})(1 - q_{40}^{*(2)})$$

$$= 1 - (1 - 0.02)(1 - 0.04) = 0.059,2。$$

由公式(9.1.58)可得:

$$q_{40}^{(1)} = \frac{\ln p_{40}^{*(1)}}{\ln p_{40}^{(\tau)}}q_{40}^{(\tau)}$$

$$= \frac{\ln(1 - 0.02)}{\ln(1 - 0.059,2)} \times 0.059,2$$

$$= 0.019,599$$

同理可得 $q_{40}^{(2)} = 0.039,601$。

**例** 9.1.3　假設 $m_{40}^{(\tau)} = 0.2$,$q_{40}^{*(1)} = 0.1$,在多減因模型中的各減因導致的減少人數服從均勻分佈,計算 $q_{40}^{*(2)}$。

**解**: $\because m_{40}^{(\tau)} = 0.2$

$$\therefore q_{40}^{(\tau)} = \frac{2m_{40}^{(\tau)}}{2+m_{40}^{(\tau)}} = \frac{2\times 0.2}{2+0.2} \approx 0.181,818$$

$$\therefore p_{40}^{(\tau)} = 1 - q_{40}^{(\tau)} \approx 0.818,182$$

$$\because p_{40}^{(\tau)} = p_{40}^{*(1)} p_{40}^{*(2)}$$

$$\therefore p_{40}^{*(2)} = \frac{p_{40}^{(\tau)}}{p_{40}^{*(1)}} \approx \frac{0.818,182}{1-0.1} \approx 0.909,091$$

$$q_{40}^{*(2)} = 1 - p_{40}^{*(2)} \approx 1 - 0.909,091 = 0.090,909$$

**例** 9.1.4　對於一個三元風險模型,已知 $\mu_x^{(j)} = 0.02j\ (j = 1,2,3)$,計算 $q_x^{(1)}$、$q_x^{(2)}$ 及 $q_x^{(3)}$。

**解**: $\because \mu_x^{(j)} = 0.02j(j = 1,2,3)$

$$\therefore \mu_x^{(\tau)} = \mu_x^{(1)} + \mu_x^{(2)} + \mu_x^{(3)} = 0.02(1+2+3) = 0.12$$

$${}_tp_x^{(\tau)} = \exp\left(-\int_0^t \mu_{x+s}^{(\tau)} ds\right) = \exp(-0.12t)$$

$$q_x^{(1)} = \int_0^1 {}_tp_x^{(\tau)} \mu_{x+t}^{(1)} dt = \int_0^1 0.02\exp(-0.12t)\,dt$$

$$= \frac{1}{6}(1 - \exp(-0.12)) \approx 0.018,847$$

同理可得

$$q_x^{(2)} \approx 0.037,693, q_x^{(3)} \approx 0.056,540。$$

**例** 9.1.5　已知 $l_{40}^{(\tau)} = 1,000$,$q_{40}^{*(1)} = 0.1$,$q_{40}^{*(2)} = 0.25$,${}_{1|}q_{40}^{(1)} = 0.075$,$l_{42}^{(\tau)} = 472$,求 $q_{41}^{(2)}$。

**解**: $\because q_{40}^{*(1)} = 0.1, q_{40}^{*(2)} = 0.25$

$$\therefore q_{40}^{(1)} = q_{40}^{*(1)}\left(1 - \frac{1}{2}q_{40}^{*(2)}\right) = 0.1\times\left(1-\frac{1}{2}\times 0.25\right) = 0.087,5$$

$$q_{40}^{(2)} = q_{40}^{*(2)}\left(1 - \frac{1}{2}q_{40}^{*(1)}\right) = 0.25\times\left(1-\frac{1}{2}\times 0.1\right) = 0.237,5$$

$$\therefore q_{40}^{(\tau)} = q_{40}^{(1)} + q_{40}^{(2)} = 0.087,5 + 0.237,5 = 0.325$$

$$l_{41}^{(\tau)} = l_{40}^{(\tau)}(1 - q_{40}^{(\tau)}) = 1,000\times(1-0.325) = 675$$

$$\because l_{42}^{(\tau)} = 472$$

$$\therefore d_{41}^{(\tau)} = l_{41}^{(\tau)} - l_{42}^{(\tau)} = 675 - 472 = 203$$

$$\because l_{40}^{(\tau)} = 1,000, {}_{1|}q_{40}^{(1)} = 0.075$$

$$\therefore d_{41}^{(1)} = l_{40}^{(\tau)} {}_{1|}q_{40}^{(1)} = 1,000 \times 0.075 = 75$$

$$d_{41}^{(2)} = d_{41}^{(\tau)} - d_{41}^{(1)} = 203 - 75 = 128$$

$$q_{41}^{(2)} = \frac{d_{41}^{(2)}}{l_{41}^{(\tau)}} = \frac{128}{675} = 0.189,6$$

**例** 9.1.6　已知在第一個原因的單風險模型中,$q_{60}^{*(1)} = 0.125$,且事件終止的發生在各整數年齡段內服從均勻分佈;在第二個原因的單風險模型中,$q_{60}^{*(2)} = 0.280$,而事件終止均發生在時刻0.6,計算 $q_{60}^{(2)}$。

**解:** $\because {}_tp_{60}^{*(1)} = 1 - tq_{60}^{*(1)}, \therefore {}_tp_{60}^{*(1)}\mu_{60+t}^{(1)} = q_{60}^{*(1)}$

$${}_tp_{60}^{*(2)} = \begin{cases} 1 & (0 < t < 0.6) \\ 1 - q_{60}^{*(2)} & (0.6 \leqslant t \leqslant 1) \end{cases}$$

$$\therefore q_{60}^{(1)} = \int_0^1 {}_tp_{60}^{(\tau)}\mu_{60+t}^{(1)}\mathrm{d}t = \int_0^{0.6} q_{60}^{*(1)}\mathrm{d}t + \int_{0.6}^1 q_{60}^{*(1)}(1 - q_{60}^{*(2)})\mathrm{d}t$$

$$= q_{60}^{*(1)}(1 - 0.4q_{60}^{*(2)}) = 0.111$$

$$\because q_{60}^{(\tau)} = 1 - p_{60}^{(\tau)} = 1 - p_{60}^{*(1)}p_{60}^{*(2)} = 0.37$$

$$\therefore q_{60}^{(2)} = 0.37 - 0.111 = 0.259$$

## 第二節　多減因表的編製

多減因表反應了同一年齡參加同一事件的一批人受多個減因作用而陸續減少的過程,往往經歷的時間太長,對現實的指導意義並不是很大。因而,在實際編製多減因表時,往往假定同一年齡參加同一事件的一批人按某一時期各年齡別減因概率依次經過而陸續減少,並以此編製出一張統計表。它更具有現實意義,因為它反應了該時期年齡別減因概率水平的高低。

多減因表通常有兩種編製方法:一是直接編製法;二是間接編製法。前者依據中心減損率與減因概率之間的關係來編製;后者則依據絕對減損率與減因概率間的關係來編製。

### 一、直接編製法

通過實際調查統計,可以獲得如下資料:某時期受全部減因作用在年齡別($x$ 歲時)「存活」的人數分別為 $\tilde{P}_x^{(\tau)}$,年齡別($x$ 歲時) 各減因的減少人數 $\tilde{D}_x^{(j)}$。於是可以按如下步驟編製生命表:

第一步,計算該時期各年齡段平均「存活」人數 $\bar{P}_x^{(\tau)}$:

$$\bar{P}_x^{(\tau)} = \frac{\tilde{P}_x^{(\tau)} + \tilde{P}_{x+1}^{(\tau)}}{2}$$

第二步,計算出年齡別實際中心減損率 $\tilde{M}_x^{(j)}$ 、$\tilde{M}_x^{(\tau)}$ :

$$\tilde{M}_x^{(j)} = \frac{\tilde{D}_x^{(j)}}{\bar{P}_x^{(\tau)}}, \tilde{M}_x^{(T)} = \frac{\tilde{D}_x^{(\tau)}}{\bar{P}_x^{(\tau)}}$$

第三步,以實際中心減損率 $\tilde{M}_x^{(j)}$ 、$\tilde{M}_x^{(\tau)}$ 去分別估計多減因表中的中心減損率 $m_x^{(j)}$ 、$m_x^{(\tau)}$ ,並計算出各減因概率 $q_x^{(j)}$ 、$q_x^{(\tau)}$ :

$$q_x^{(j)} = \frac{2m_x^{(j)}}{2 + m_x^{(\tau)}} = \frac{2\tilde{M}_x^{(j)}}{2 + \tilde{M}_x^{(\tau)}} \quad (9.2.1)$$

$$q_x^{(\tau)} = \frac{2m_x^{(\tau)}}{2 + m_x^{(\tau)}} = \frac{2\tilde{M}_x^{(\tau)}}{2 + \tilde{M}_x^{(\tau)}} \quad (9.2.2)$$

第四步,假設多減因表基數為 $l_a^{(\tau)} = 100,000$ ,由下列公式就可以編製出通常形式的多減因表:

$$d_x^{(\tau)} = l_x^{(\tau)} q_x^{(\tau)}$$

$$l_{x+1}^{(\tau)} = l_x^{(\tau)} - d_x^{(\tau)}$$

$$d_x^{(j)} = l_x^{(\tau)} q_x^{(j)}$$ 。

**例** 9.2.1　已知某三減因模型中的中心減損率如表 9-2-1 所示,第三個減因為退休,並以 60 歲為法定退休年齡。試編製出三減因表。

**表 9-2-1　　某三個減因的中心減損率**

| $x$ | $\tilde{M}_x^{(1)}$ | $\tilde{M}_x^{(2)}$ | $\tilde{M}_x^{(3)}$ |
|---|---|---|---|
| 54 | 0.001,1 | 0.003,2 | 0.002,5 |
| 55 | 0.001,2 | 0.004,1 | 0.003,2 |
| 56 | 0.001,7 | 0.005,3 | 0.003,3 |
| 57 | 0.001,9 | 0.005,6 | 0.005,5 |
| 58 | 0.002,5 | 0.007,7 | 0.004,8 |
| 59 | 0.002,8 | 0.007,9 | 0.005,2 |

**解**:由 $\tilde{M}_x^{(\tau)} = \tilde{M}_x^{(1)} + \tilde{M}_x^{(2)} + \tilde{M}_x^{(3)}$ 可得 $\tilde{M}_{54}^{(\tau)} = 0.006,8$ , $\tilde{M}_{55}^{(\tau)} = 0.008,5$ , $\tilde{M}_{56}^{(\tau)} = 0.010,3$ , $\tilde{M}_{57}^{(\tau)} = 0.013,0$ , $\tilde{M}_{58}^{(\tau)} = 0.015,0$ , $\tilde{M}_{59}^{(\tau)} = 0.015,9$ 。由公式(9.2.1)、公式(9.2.2)可得 $q_x^{(j)}$ 與 $q_x^{(\tau)}$ ,如表 9-2-2 所示。

表 9 - 2 - 2　　　　　　　　某三減因表

| $x$ | $q_x^{(1)}$ | $q_x^{(2)}$ | $q_x^{(3)}$ | $q_x^{(\tau)}$ | $l_x^{(\tau)}$ | $d_x^{(1)}$ | $d_x^{(2)}$ | $d_x^{(3)}$ | $d_x^{(\tau)}$ |
|---|---|---|---|---|---|---|---|---|---|
| 54 | 0.001,10 | 0.003,19 | 0.002,49 | 0.006,78 | 100,000 | 110 | 319 | 249 | 678 |
| 55 | 0.001,19 | 0.004,08 | 0.003,19 | 0.008,46 | 99,322 | 119 | 405 | 316 | 841 |
| 56 | 0.001,69 | 0.005,27 | 0.003,28 | 0.010,25 | 98,482 | 167 | 519 | 323 | 1,009 |
| 57 | 0.001,89 | 0.005,56 | 0.005,46 | 0.012,92 | 97,472 | 184 | 542 | 533 | 1,259 |
| 58 | 0.002,48 | 0.007,64 | 0.004,76 | 0.014,89 | 96,214 | 239 | 735 | 458 | 1,32 |
| 59 | 0.002,78 | 0.007,84 | 0.005,16 | 0.015,77 | 94,781 | 263 | 743 | 489 | 1,95 |
| 60 | 0.000,00 | 0.000,00 | 0.666,67 | 0.666,67 | 93,286 | 0 | 0 | 62,191 | 62,191 |

$$q_{54}^{(1)} = \frac{2\widetilde{M}_{54}^{(1)}}{2 + \widetilde{M}_{54}^{(\tau)}} = \frac{2 \times 0.001,1}{2 + 0.006,8} \approx 0.001,096,3$$

由於 60 歲為法定退休年齡，因此 $q_{60}^{(3)} = 1, q_{60}^{(1)} = q_{60}^{(2)} = 0$。設 $l_{54}^{(\tau)} = 100,000$，於是可編製出多減因表 9 - 2 - 2。該表是運用 Excel 計算而得的，若用計算器計算，則會有一些較小的誤差，下同。

## 二、間接編製法

下面在如下三種假設條件下，由絕對減損率估計出減因概率。

### (一) 常數減損力或減少人數均勻分佈

這裡討論的是各年齡段上各減損力為常數或各減因所導致的減少人數服從均勻分佈的情況。

首先，由下面公式計算 $q_x^{(\tau)}$：

$$q_x^{(\tau)} = 1 - \prod_{j=1}^{m} (1 - q_x^{*(j)})$$

其次，由公式(9.1.58) 計算 $q_x^{(j)}$。

最后，設 $l_a^{(\tau)} = 100,000$ 為多減因表基數，由此完成多減因表。

### (二) 各絕對減損率導致的減少人數服從均勻分佈

下面，以三減因表的編製為例。首先，由公式(9.1.67)、公式(9.1.68) 和公式(9.1.69) 計算出 $q_x^{(j)}$。其次，設 $l_a^{(\tau)} = 100,000$ 為多減因表基數，最后編製出多減因表。

**例** 9.2.2　假設年齡別聯合單減因概率如表 9 - 2 - 3 所示，設第三個減因為退休，法定退休年齡為 60 歲。試在各年齡段減損力為常數或多減因模型的每個減因所導致的減少人數服從均勻分佈假設下編製多減因表。

表 9 - 2 - 3　　年齡別聯合單減因概率

| $x$ | $q_x^{*(1)}$ | $q_x^{*(2)}$ | $q_x^{*(3)}$ |
|---|---|---|---|
| 55 | 0.021 | 0.031 | 0.101 |
| 56 | 0.022 | 0.034 | 0.108 |
| 57 | 0.028 | 0.042 | 0.123 |
| 58 | 0.034 | 0.048 | 0.146 |
| 59 | 0.041 | 0.059 | 0.367 |

**解**：由 $q_x^{(\tau)} = 1 - p_x^{*(1)} p_x^{*(2)} p_x^{*(3)} = 1 - (1 - q_x^{*(1)})(1 - q_x^{*(2)})(1 - q_x^{*(3)})$ 可得

$$q_{55}^{(\tau)} = 1 - (1 - q_{55}^{*(1)})(1 - q_{55}^{*(2)})(1 - q_{55}^{*(3)})$$
$$= 1 - (1 - 0.021)(1 - 0.031)(1 - 0.101) \approx 0.147,163$$

由公式(9.1.58)可得 $q_x^{(j)}$。例如：

$$q_{55}^{(1)} = \frac{\ln p_{55}^{*(1)}}{\ln p_{55}^{(\tau)}} q_{55}^{(\tau)} = \frac{\ln(1 - q_{55}^{*(1)})}{\ln(1 - q_{55}^{(\tau)})} q_{55}^{(\tau)}$$
$$= \frac{\ln(1 - 0.021)}{\ln(1 - 0.147,163)} \times 0.147,163 \approx 0.019,621$$

設 $l_{55}^{(\tau)} = 100,000$，於是可得出如表 9 - 2 - 4 所示的多減因表。

表 9 - 2 - 4　　多減因表

| $x$ | $q_x^{(\tau)}$ | $q_x^{(1)}$ | $q_x^{(2)}$ | $q_x^{(3)}$ | $l_x^{(\tau)}$ | $d_x^{(1)}$ | $d_x^{(2)}$ | $d_x^{(3)}$ | $d_x^{(\tau)}$ |
|---|---|---|---|---|---|---|---|---|---|
| 55 | 0.147,16 | 0.019,62 | 0.029,11 | 0.098,43 | 100,000 | 1,962 | 2,911 | 9,843 | 14,716 |
| 56 | 0.157,28 | 0.020,45 | 0.031,79 | 0.105,04 | 85,284 | 1,744 | 2,711 | 8,959 | 13,414 |
| 57 | 0.183,36 | 0.025,71 | 0.038,84 | 0.118,81 | 71,870 | 1,848 | 2,792 | 8,539 | 13,178 |
| 58 | 0.214,63 | 0.030,73 | 0.043,70 | 0.140,21 | 58,692 | 1,804 | 2,565 | 8,229 | 12,597 |
| 59 | 0.428,77 | 0.032,06 | 0.046,56 | 0.350,15 | 46,095 | 1,78 | 2,146 | 16,140 | 19,764 |
| 60 | 1 | 0 | 0 | 1 | 26,331 | 0 | 0 | 26,331 | 26,331 |

**例 9.2.3**　以例 9.2.2 中的資料為基礎，在聯合單減因模型中每個減因均勻分佈假設下編製多減因表。

**解**：設 $l_{55}^{(\tau)} = 100,000$，分別運用公式(9.1.67)、公式(9.1.68)和公式

(9.1.69) 可得 $q_x^{(1)}$、$q_x^{(2)}$ 和 $q_x^{(3)}$。例如：

$$q_{55}^{(1)} = q_{55}^{*(1)}[1 - \frac{1}{2}(q_{55}^{*(2)} + q_{55}^{*(3)}) + \frac{1}{3}q_{55}^{*(2)}q_{55}^{*(3)}]$$

$$= 0.021 \times [1 - \frac{1}{2} \times (0.031 + 0.101) + \frac{1}{3} \times 0.031 \times 0.101]$$

$$\approx 0.019,636$$

同理可計算其他各減因概率,進而可編製出如表 9－2－5 的多減因表。

表 9－2－5　　多減因表

| $x$ | $q_x^{(1)}$ | $q_x^{(2)}$ | $q_x^{(3)}$ | $q_x^{(\tau)}$ | $l_x^{(\tau)}$ | $d_x^{(1)}$ | $d_x^{(2)}$ | $d_x^{(3)}$ | $d_x^{(\tau)}$ |
|---|---|---|---|---|---|---|---|---|---|
| 55 | 0.019,64 | 0.029,13 | 0.098,40 | 0.147,16 | 100,000 | 1,964 | 2,913 | 9,840 | 14,716 |
| 56 | 0.020,47 | 0.031,82 | 0.105,00 | 0.157,28 | 85,284 | 1,745 | 2,713 | 8,955 | 13,414 |
| 57 | 0.025,74 | 0.038,88 | 0.118,74 | 0.183,36 | 71,870 | 1,850 | 2,794 | 8,534 | 13,178 |
| 58 | 0.030,78 | 0.043,76 | 0.140,09 | 0.214,63 | 58,692 | 1,807 | 2,568 | 8,222 | 12,597 |
| 59 | 0.032,56 | 0.047,26 | 0.348,95 | 0.428,77 | 46,095 | 1,501 | 2,178 | 16,085 | 19,764 |
| 60 | 0 | 0 | 1 | 1 | 26,331 | 0 | 0 | 26,331 | 26,331 |

## 第三節　多減因模型的簡單應用

多減因模型在現金價值處理、資產份額計算、利源分析、養老金計劃等方面有重要應用。當保險金的給付取決於兩個及兩個以上減因時,有關保險費、責任準備金的計算需以多減因表為基礎,或應考慮多重損失模型。比如,以殘疾、死亡作為保險事故時,保險費的計算則應以殘疾、死亡構成的兩減因表作為精算假設之一。顯然,另一個重要的精算假設就是預定利率,由此可計算出純保費及其責任準備金。如果再增加預定費用率假設就可計算毛保費及其責任準備金。本節主要探討躉繳純保費、年繳純保費及其責任準備金。

### 一、躉繳保險費

#### (一) 終身壽險

設 $(x)$ 參加的,受減因 $(j)$ 而於「死亡」所在年末給付保險金 1 的終身壽險(實際上是截止於 $\omega$ 歲的定期壽險),那麼 $(x)$ 獲得保險金給付的精算現值或應繳納的躉繳純保費為:

$$A_x^{1(j)} = vq_x^{(j)} + v^2{}_{1|}q_x^{(j)} + v^3{}_{2|}q_x^{(j)} + \cdots \tag{9.3.1}$$

$$= \frac{v^{x+1}d_x^{(j)}}{v^x l_x^{(\tau)}} + \frac{v^{x+2}d_{x+1}^{(j)}}{v^x l_x^{(\tau)}} + \frac{v^{x+3}d_{x+2}^{(j)}}{v^x l_x^{(\tau)}} + \cdots$$

$$= \frac{C_x^{(j)} + C_{x+1}^{(j)} + C_{x+2}^{(j)} + \cdots}{D_x^{(\tau)}} = \frac{M_x^{(j)}}{D_x^{(\tau)}} \tag{9.3.2}$$

其中,$C_x^{(j)}$、$D_x^{(\tau)}$、$M_x^{(j)}$、$N_x^{(\tau)}$、$R_x^{(j)}$、$S_x^{(\tau)}$ 為多減因替換函數,且由如下公式計算:

$$C_x^{(j)} = v^{x+1}d_x^{(j)}, M_x^{(j)} = \sum_{t=0}^{+\infty} C_{x+t}^{(j)}, R_x^{(j)} = \sum_{t=0}^{+\infty} M_{x+t}^{(j)}$$

$$D_x^{(\tau)} = v^x l_x^{(\tau)}, N_x^{(\tau)} = \sum_{t=0}^{+\infty} D_{x+t}^{(\tau)}, S_x^{(\tau)} = \sum_{t=0}^{+\infty} N_{x+t}^{(\tau)}$$

這裡 $+\infty$ 指的是 $\omega - x - 1$。引入替換函數的目的是為了簡化計算,對於常見的多減因表及預定利率,利用 Excel 可以作出替換函數表。例如,以附表 3A 為基礎,選擇 2.5% 的預定利率,可以作多減因替換函數表,見附表 3B。

假設受減因 $(j)$ 作用而「死亡」時給付保險金 $B_j(j = 1,2,\cdots,m)$,於是受全部減因作用應繳納的躉繳純保費為

$$\tilde{A}_x^{(\tau)} = \sum_{j=1}^{m} B_j A_x^{1(j)} \tag{9.3.3}$$

更一般地,設在 $x+t$ 歲時受減因 $(j)$ 而「死亡」時所給的保險金為 $B_{x+t}^{(j)}$,其中 $j = 1,2,\cdots,m$,則 $(x)$ 參加的僅因為減因 $(j)$ 而給付保險金的終身壽險所應繳納的躉繳純保費為:

$$\tilde{\bar{A}}_x^{1(j)} = \int_0^{+\infty} B_{x+t}^{(j)} v^t {}_tp_x^{(\tau)} \mu_{x+t}^{(j)} \mathrm{d}t \tag{9.3.4}$$

受全部減因作用而繳納的躉繳純保費為

$$\tilde{\bar{A}}_x^{(\tau)} = \sum_{j=1}^{m} \tilde{\bar{A}}_x^{1(j)} = \sum_{j=1}^{m} \int_0^{+\infty} B_{x+t}^{(j)} v^t {}_tp_x^{(\tau)} \mu_{x+t}^{(j)} \mathrm{d}t \tag{9.3.5}$$

當 $B_{x+t}^{(j)} = 1$ 時,上式可以用替換函數表示為

$$\bar{A}_x^{(\tau)} = \sum_{j=1}^{m} \frac{\bar{M}_x^{(j)}}{D_x^{(\tau)}} \tag{9.3.6}$$

上述的 $+\infty$ 指的是 $\omega - x$。

請讀者考慮 $(x)$ 參加「死亡」所在 $\frac{1}{l}$ 年末給付保險金的保險的躉繳純保費。

### (二) 定期壽險

設 $(x)$ 參加受減因 $(j)$ 而於「死亡」所在年末給付保險金 1 的 $n$ 年定期壽險,那麼 $(x)$ 應繳納的躉繳純保費為:

$$A_{x:\overline{n}|}^{1(j)} = vq_x^{(j)} + v^2{}_{1|}q_x^{(j)} + v^3{}_{2|}q_x^{(j)} + \cdots + v^n{}_{n-1|}q_x^{(j)} = \frac{M_x^{(j)} - M_{x+n}^{(j)}}{D_x^{(\tau)}} \quad (9.3.7)$$

假設受減因$(j)$ 作用而「死亡」時給付保險金 $B_j(j = 1,2,\cdots,m)$，於是受全部減因作用而獲得保險金時所應繳納的躉繳純保費為：

$$\tilde{A}_{x:\overline{n}|}^{1(\tau)} = \sum_{j=1}^{m} B_j A_{x:\overline{n}|}^{1(j)} \quad (9.3.8)$$

更一般地，設在 $x+t$ 歲時受減因$(j)$ 而「死亡」時所給的保險金為 $B_{x+t}^{(j)}$，其中 $j = 1,2,\cdots,m$，則$(x)$ 參加的僅因為$(j)$ 而給付保險金的 $n$ 年定期壽險所應繳納的躉繳純保費為：

$$\tilde{\bar{A}}_{x:\overline{n}|}^{1(j)} = \int_0^n B_{x+t}^{(j)} v^t {}_tp_x^{(\tau)} \mu_{x+t}^{(j)} \mathrm{d}t \quad (9.3.9)$$

受全部減因作用而給付保險金的躉繳純保費為：

$$\tilde{\bar{A}}_{x:\overline{n}|}^{1(\tau)} = \sum_{j=1}^{m} \tilde{\bar{A}}_{x:\overline{n}|}^{1(j)} = \sum_{j=1}^{m} \int_0^n B_{x+t}^{(j)} v^t {}_tp_x^{(\tau)} \mu_{x+t}^{(j)} \mathrm{d}t \quad (9.3.10)$$

當 $B_{x+t}^{(j)} = 1$ 時，上式可以用替換函數表示為：

$$\bar{A}_{x:\overline{n}|}^{1(\tau)} = \sum_{j=1}^{m} \frac{\bar{M}_x^{(j)} - \bar{M}_{x+n}^{(j)}}{D_x^{(\tau)}} \quad (9.3.11)$$

其中，$\bar{M}_x^{(j)} \approx \frac{i}{\delta} M_x^{(j)}$。

讀者也可以考慮$(x)$ 參加「死亡」所在$\frac{1}{l}$年末給付保險金的保險的躉繳純保費。

**(三) 兩全保險**

設$(x)$ 參加受全部減因作用而「死亡」時，於「死亡」所在年末給付保險金 1，$n$ 年期滿時仍生存則給付生存金 1 的 $n$ 年期兩全保險，那麼$(x)$ 應繳納的躉繳純保費為：

$$\begin{aligned} A_{x:\overline{n}|}^{(\tau)} &= vq_x^{(\tau)} + v^2{}_{1|}q_x^{(\tau)} + \cdots + v^n{}_{n-1|}q_x^{(\tau)} + v^n{}_np_x^{(\tau)} \\ &= \frac{M_x^{(\tau)} - M_{x+n}^{(\tau)} + D_{x+n}^{(\tau)}}{D_x^{(\tau)}} \end{aligned} \quad (9.3.12)$$

讀者也可以考慮$(x)$ 參加「死亡」所在$\frac{1}{l}$年末或立即給付保險金的兩全保險的躉繳純保費。

**(四) 年金保險**

設$(x)$ 參加的、每年初受全部減因作用仍然生存時給付保險金 1 的終身年金保險的精算現值或躉繳純保費記為 $\ddot{a}_x^{(\tau)}$，於是有：

$$\ddot{a}_x^{(\tau)} = \sum_{t=0}^{+\infty} v^t {}_t p_x^{(\tau)} = \frac{N_x^{(\tau)}}{D_x^{(\tau)}} \tag{9.3.13}$$

$n$ 年定期年金保險的躉繳純保費為：

$$\ddot{a}_{x:\overline{n}|}^{(\tau)} = \sum_{t=0}^{n-1} v^t {}_t p_x^{(\tau)} = \frac{N_x^{(\tau)} - N_{x+n}^{(\tau)}}{D_x^{(\tau)}} \tag{9.3.14}$$

期末付「終身」年金保險、$n$ 年定期年金保險的躉繳純保費分別為：

$$a_x^{(\tau)} = \sum_{t=1}^{+\infty} v^t {}_t p_x^{(\tau)} = \frac{N_{x+1}^{(\tau)}}{D_x^{(\tau)}} \tag{9.3.15}$$

$$a_{x:\overline{n}|}^{(\tau)} = \sum_{t=1}^{n} v^t {}_t p_x^{(\tau)} = \frac{N_{x+1}^{(\tau)} - N_{x+n+1}^{(\tau)}}{D_x^{(\tau)}} \tag{9.3.16}$$

讀者也可以考慮每年給付 $l$ 次或連續給付的年金保險的躉繳純保費或精算現值,甚至也可以考慮延期年金保險的躉繳純保費。

## 二、年繳純保費

### (一) 終身壽險

設($x$) 參加受減因($j$) 而於「死亡」所在年末給付保險金 1、終身繳費終身壽險的年繳純保費為 $P_x^{1(j)}$,那麼,

$$P_x^{1(j)} = \frac{A_x^{1(j)}}{\ddot{a}_x^{(\tau)}} = \frac{M_x^{(j)}}{N_x^{(\tau)}} \tag{9.3.17}$$

如果受全部減因作用而於「死亡」所在年末給付保險金 1 的終身繳費終身壽險的年繳純保費為 $P_x^{(\tau)}$,那麼,

$$P_x^{(\tau)} = \frac{A_x^{(\tau)}}{\ddot{a}_x^{(\tau)}} = \frac{M_x^{(\tau)}}{N_x^{(\tau)}} \tag{9.3.18}$$

對於限期 $h$ 年繳清保費的年繳保費分別為：

$$_hP_x^{1(j)} = \frac{A_x^{1(j)}}{\ddot{a}_{x:\overline{h}|}^{(\tau)}} = \frac{M_x^{(j)}}{N_x^{(\tau)} - N_{x+h}^{(\tau)}} \tag{9.3.19}$$

$$_hP_x^{(\tau)} = \frac{A_x^{(\tau)}}{\ddot{a}_{x:\overline{h}|}^{(\tau)}} = \frac{M_x^{(\tau)}}{N_x^{(\tau)} - N_{x+h}^{(\tau)}} \tag{9.3.20}$$

### (二) 定期壽險

設($x$) 參加受減因($j$) 而於「死亡」所在年末給付保險金 1 的 $n$ 年繳費 $n$ 年定期壽險,那麼($x$) 的年繳純保費為：

$$P_{x:\overline{n}|}^{1(j)} = \frac{A_{x:\overline{n}|}^{1(j)}}{\ddot{a}_{x:\overline{n}|}^{(\tau)}} = \frac{M_x^{(j)} - M_{x+n}^{(j)}}{N_x^{(\tau)} - N_{x+n}^{(\tau)}} \tag{9.3.21}$$

### (三) 兩全保險

設($x$) 參加受全部減因作用而於「死亡」所在年末給付保險金 1,$n$ 年期滿時仍

生存則給付生存金 1 的 $n$ 年繳費 $n$ 年兩全保險，那麼 $(x)$ 年繳純保費為：

$$P_{x:\overline{n}|}^{(\tau)} = \frac{A_{x:\overline{n}|}^{(\tau)}}{\ddot{a}_{x:\overline{n}|}^{(\tau)}} = \frac{M_x^{(\tau)} - M_{x+n}^{(\tau)} + D_{x+n}^{(\tau)}}{N_x^{(\tau)} - N_{x+n}^{(\tau)}} \tag{9.3.22}$$

**（四）延期年金保險**

$(x)$ 參加且退休年齡 $r$ 歲到達后每年初生存時可領取生存金 $B$ 的終身年金保險，並假設在退休前每年均衡繳納純保費 $P$，則：

$$P\ddot{a}_{x:\overline{r-x}|}^{(\tau)} = B\ddot{a}_r v^{r-x} {}_{r-x}p_x^{(\tau)} \tag{9.3.23}$$

即

$$P = \frac{Bv^{r-x} {}_{r-x}p_x^{(\tau)} \ddot{a}_r}{\ddot{a}_{x:\overline{r-x}|}^{(\tau)}} \tag{9.3.24}$$

其中，$x < r$，退休前採用多減因表，退休后採用普通生命表。

## 三、責任準備金

**（一）終身壽險**

設 $(x)$ 參加受減因 $(j)$ 而於「死亡」所在年末給付保險金 1 的終身繳費終身壽險在第 $t$ 年末的責任準備金為 ${}_tV_x^{1(j)}$，那麼，

$${}_tV_x^{1(j)} = A_{x+t}^{1(j)} - P_{x+t}^{1(j)} \ddot{a}_{x+t}^{(\tau)} \tag{9.3.25}$$

如果受全部減因作用而「死亡」，於所在年末給付保險金 1 的「終身」繳費「終身壽險」在第 $t$ 年末的責任準備金為 ${}_tV_x^{(\tau)}$，那麼，

$${}_tV_x^{(\tau)} = A_{x+t}^{(\tau)} - P_x^{(\tau)} \ddot{a}_{x+t}^{(\tau)}。 \tag{9.3.26}$$

**（二）定期壽險**

設 $(x)$ 參加受減因 $(j)$ 而於「死亡」所在年末給付保險金 1 的 $n$ 年繳費 $n$ 年定期壽險在第 $t$ 年末的責任準備金為 ${}_tV_{x:\overline{n}|}^{1(j)}$，那麼，

$${}_tV_{x:\overline{n}|}^{1(j)} = A_{x+t:\overline{n-t}|}^{1(j)} - P_{x:\overline{n}|}^{1(j)} \ddot{a}_{x+t:\overline{n-t}|}^{(\tau)} \tag{9.3.27}$$

**（三）兩全保險**

設 $(x)$ 參加受全部減因作用而於「死亡」所在年末給付保險金 1，$n$ 年期滿時仍生存則給付生存金 1 的 $n$ 年繳費 $n$ 年兩全保險在第 $t$ 年末的責任準備金為 ${}_tV_{x:\overline{n}|}^{(\tau)}$，那麼，

$${}_tV_{x:\overline{n}|}^{(\tau)} = A_{x+t:\overline{n-t}|}^{(\tau)} - P_{x:\overline{n}|}^{(\tau)} \ddot{a}_{x+t:\overline{n-t}|}^{(\tau)} \tag{9.3.28}$$

**（四）延期年金保險**

$(x)$ 參加退休且年齡 $r$ 歲到達后每年初生存時可領取生存金 $A$ 的終身壽險，並假設在退休前每年均衡繳納保費 $P$，在第 $t$ 年末的責任準備金為 ${}_tV$，那麼，

$${}_tV = A\ddot{a}_r v^{r-x-t} {}_{r-x-t}p_{x+t}^{(\tau)} - P\ddot{a}_{x+t:\overline{r-x-t}|}^{(\tau)} \tag{9.3.29}$$

其中,$t < r - x$,退休前採用多減因表,退休后採用普通生命表。

**例** 9.3.1　雙倍補償模型。將死亡分為意外死亡和其他死亡兩類,並構建出兩減因模型。假設意外死亡時立即給付保險金 2,其他死亡時立即給付保險金 1,求該 $n$ 年定期壽險所應繳納的躉繳純保費以及年繳純保費。

**解**:設(1) 表示意外死亡,(2) 表示其他死亡。

$$\bar{A} = 2\int_0^n v^t\,{}_tp_x^{(\tau)}\mu_{x+t}^{(1)}\mathrm{d}t + \int_0^n v^t\,{}_tp_x^{(\tau)}\mu_{x+t}^{(2)}\mathrm{d}t \tag{9.3.30}$$

考慮第一個積分,並將其分解為若干個一年期的積分的和,有

$$\int_0^n v^t\,{}_tp_x^{(\tau)}\mu_{x+t}^{(1)}\mathrm{d}t = \sum_{r=0}^{n-1} v^r\,{}_rp_x^{(\tau)}\int_0^1 v^s\,{}_sp_{x+r}^{(\tau)}\mu_{x+r+s}^{(1)}\mathrm{d}s$$

現在假定多減因模型中的各減因在每一年內服從均勻分佈,於是

$$\int_0^n v^t\,{}_tp_x^{(\tau)}\mu_{x+t}^{(1)}\mathrm{d}t = \sum_{r=0}^{n-1} v^{r+1}\,{}_rp_x^{(\tau)}q_{x+r}^{(1)}\int_0^1 (1+i)^{1-s}\mathrm{d}s \approx \frac{i}{\delta}\sum_{r=0}^{n-1} v^{r+1}\,{}_{r|}q_x^{(1)}$$

類似地,可得公式(9.3.30) 中的第二個積分,並與上面的結果相結合,可得

$$\bar{A} \approx \frac{i}{\delta}\Big[\sum_{r=0}^{n-1} v^{r+1}(2\,{}_{r|}q_x^{(1)} + {}_{r|}q_x^{(2)})\Big] = \frac{i}{\delta}\Big(\sum_{r=0}^{n-1} v^{r+1}\,{}_{r|}q_x^{(1)} + \sum_{r=0}^{n-1} v^{r+1}\,{}_{r|}q_x^{(\tau)}\Big)$$

$$= \frac{i}{\delta}(A_{x:\overline{n|}}^{1(1)} + A_{x:\overline{n|}}^{1(\tau)}) = \bar{A}_{x:\overline{n|}}^{1(1)} + \bar{A}_{x:\overline{n|}}^{1(\tau)} \tag{9.3.31}$$

因此,$(x)$ 參加雙倍補償模型,在就業期間所繳納的年繳純保險費為

$$P(\bar{A}) = \frac{\bar{A}}{\ddot{a}_{x:\overline{n|}}^{(\tau)}} = \frac{i[(2M_x^{(1)} + M_x^{(2)}) - (2M_{x+n}^{(1)} + M_{x+n}^{(2)})]}{\delta(N_x^{(\tau)} - N_{x+n}^{(\tau)})} \tag{9.3.32}$$

以附表 3B 為基礎,這裡 $i = 2.5\%$;若 $x = 30, n = 20$,則

$$\bar{A} \approx 0.065,310;\quad P(\bar{A}) \approx 0.004,203$$

**例** 9.3.2　某雇員在 20 歲參加了一項員工福利計劃,如果工作到強制退休年齡 60 歲,那麼將得到一筆年額為 500 元乘以工作年限的即期年金。如果在退休前的工作期間死亡,那麼將立即給付 30,000 元;如果在退休前工作期間因其他原因離職,那麼將得到一筆延期年金,即從 60 歲開始,每年將領取 500 元乘以工作年限的延期年金。用積分以及連續年金給出 20 歲的雇員參加的這項福利計劃的精算現值表達式。

**解**:設(1) 表示死亡,(2) 表示因別的原因退出。

若該雇員工作到 60 歲退休,那麼他每年將領取 20,000 元,該部分年金的精算現值為 $20,000v^{40}\,{}_{40}p_{20}^{(\tau)}\bar{a}_{60}$。

若在退休前的工作期間死亡,那麼將立即支付 30,000 元的死亡保險金,該部分的精算現值為 $30,000\int_0^{40} v^t\,{}_tp_{20}^{(\tau)}\mu_{20+t}^{(1)}\mathrm{d}t$。

若在退休前工作期間因其他原因離職，那麼將得到一筆延期年金，即從 60 歲開始，每年將領取 500 元乘以工作年限的延期年金，該部分的年金現值為 500 $\int_0^{40} t\ {}_{40-t|}\bar{a}_{20+t}\ v^t\ {}_tp_{20}^{(\tau)}\mu_{20+t}^{(2)}\mathrm{d}t$。

因此，所求的年金現值為

$$\begin{aligned}PV &= 20,000v^{40}\ {}_{40}p_{20}^{(\tau)}\bar{a}_{60} + 30,000\int_0^{40} v^t\ {}_tp_{20}^{(\tau)}\mu_{20+t}^{(1)}\mathrm{d}t \\ &\quad + 500\int_0^{40} t\ {}_{40-t|}\bar{a}_{20+t}\ v^t\ {}_tp_{20}^{(\tau)}\mu_{20+t}^{(2)}\mathrm{d}t \\ &= 20,000A + 30,000B + 500C\end{aligned}$$

下面先探討 $A$、$B$ 和 $C$ 的具體計算公式，然后再計算出 $PV$。

$$\begin{aligned}(1)A &= v^{40}\ {}_{40}p_{20}^{(\tau)}\bar{a}_{60} \\ &= \frac{D_{60}^{(\tau)}}{D_{20}^{(\tau)}}\left(\ddot{a}_{60} - \frac{1}{2}\right) = \frac{D_{60}^{(\tau)}}{D_{20}^{(\tau)}}\left(\frac{N_{60}}{D_{60}} - \frac{1}{2}\right);\end{aligned}$$

$$\begin{aligned}(2)B &= \int_0^{40} v^t\ {}_tp_{20}^{(\tau)}\mu_{20+t}^{(1)}\mathrm{d}t = \sum_{k=0}^{39}\int_k^{k+1} v^t\ {}_tp_{20}^{(\tau)}\mu_{20+t}^{(1)}\mathrm{d}t \\ &= \sum_{k=0}^{39}\int_0^1 v^{k+s}\ {}_{k+s}p_{20}^{(\tau)}\mu_{20+k+s}^{(1)}\mathrm{d}t\ (\text{令 } t = k + s) \\ &= \sum_{k=0}^{39} v^{k+1}\ {}_kp_{20}^{(\tau)}\int_0^1 v^{-1+s}\ {}_sp_{20+k}^{(\tau)}\mu_{20+k+s}^{(1)}\mathrm{d}s \\ &= \sum_{k=0}^{39} v^{k+1}\ {}_kp_{20}^{(\tau)}q_{20+k}^{(1)}\int_0^1 (1 + i)^{1-s}\mathrm{d}s \\ &= \frac{i}{\delta}\sum_{k=0}^{39} v^{k+1}\ {}_{k|}q_{20}^{(1)} = \frac{i}{\delta}\cdot\frac{M_{20}^{(1)} - M_{60}^{(1)}}{D_{20}^{(\tau)}}\end{aligned}$$

$$\begin{aligned}(3)C &= \int_0^{40} t\ {}_{40-t|}\bar{a}_{20+t}\ v^t\ {}_tp_{20}^{(\tau)}\mu_{20+t}^{(2)}\mathrm{d}t \\ &= \sum_{k=0}^{39}\int_k^{k+1} t\ {}_{40-t|}\bar{a}_{20+t}v^t\ {}_tp_{20}^{(\tau)}\mu_{20+t}^{(2)}\mathrm{d}t \\ &= \sum_{k=0}^{39}\int_0^1 (k + s)\ {}_{40-k-s|}\bar{a}_{20+k+s}\ v^{k+s}\ {}_{k+s}p_{20}^{(\tau)}\mu_{20+k+s}^{(2)}\mathrm{d}s \\ &= \sum_{k=0}^{39}\left(k + \frac{1}{2}\right){}_{40-k-\frac{1}{2}|}\bar{a}_{20+k+\frac{1}{2}}v^{k+1}\ {}_{k|}q_{20}^{(2)}\int_0^1 (1 + i)^{1-s}\mathrm{d}s \\ &= \frac{i}{\delta}\sum_{k=0}^{39}\left(k + \frac{1}{2}\right){}_{40-k-\frac{1}{2}|}\bar{a}_{20+k+\frac{1}{2}}v^{k+1}\ {}_{k|}q_{20}^{(2)} \\ &= \frac{i}{\delta}\sum_{k=0}^{39}\left(k + \frac{1}{2}\right)\frac{C_{20+k}^{(2)}}{D_{20}^{(\tau)}}\cdot\frac{1}{D_{20+k+\frac{1}{2}}}\left(N_{60} - \frac{1}{2}D_{60}\right)\end{aligned}$$

$$= \frac{i}{\delta} \cdot \frac{N_{60} - 0.5D_{60}}{D_{20}^{(\tau)}} \sum_{k=0}^{39} (k + 0.5) \frac{C_{20+k}^{(2)}}{D_{20+k+\frac{1}{2}}}$$

$$= \frac{i}{\delta} \cdot \frac{N_{60} - 0.5D_{60}}{D_{20}^{(\tau)}} \sum_{k=0}^{39} (2k + 1) \frac{C_{20+k}^{(2)}}{D_{20+k} + D_{20+k+1}}$$

其中，${}_{40-k-\frac{1}{2}|}\bar{a}_{20+k+\frac{1}{2}} = v^{40-k-\frac{1}{2}} {}_{40-k-\frac{1}{2}}p_{20+k+\frac{1}{2}} \bar{a}_{60}$

$$= \frac{D_{60}}{D_{20+k+\frac{1}{2}}} \left( \ddot{a}_{60} - \frac{1}{2} \right) = \frac{1}{D_{20+k+\frac{1}{2}}} \left( N_{60} - \frac{1}{2} D_{60} \right)$$

退休前利用附表 3B，退休后或離職后按經驗生命表 CL1(2000—2003)2.5% 計算出：

$A \approx 4.805,401,76$，$B \approx 0.059,329,52$，$C \approx 6.452,526,04$，$PV \approx 101,114.18$

注意：上面的推導過程中運用了結論：當各減因導致的減損人數在各年齡段上服從均勻分佈時，有 ${}_sp_{20+k}^{(\tau)} \mu_{20+k+s}^{(1)} = q_{20+k}^{(1)}$，${}_sp_{20+k}^{(\tau)} \mu_{20+k+s}^{(2)} = q_{20+k}^{(2)}$。

**例** 9.3.3　某20歲的人，參加了一項60歲開始的養老保險計劃，合同規定退休后每月可獲得4,000元的養老金權益。如果在60歲前死亡，那麼可以給付10年的確定遺屬年金，平均每月為1,500元；如果在60歲前失業，那麼他只能領取兩年的失業保險金，平均每月為2,000元。求該職工每年應繳納的保險費。如果採取躉繳方式，那麼該職工應繳納多少元保費？以附表3B為基礎，這裡年利率為2.5%，假設 $\ddot{a}_{60} = 15.817,09$，保險費在年初繳納，失業保險金、遺屬年金均從失業、死亡的次年開始每月初給付一次。

**解**：由題意可知，該職工退休后，每年可領取的養老金金額為：

$4,000 \times 12 = 48,000$(元)

所領取的養老金在60歲時的現值為

$$B_1 = 48,000\ddot{a}_{60}^{(12)} \approx 48,000\left(\ddot{a}_{60} - \frac{11}{24}\right) \approx 737,220.320(\text{元})$$

遺屬每年可領取的遺屬年金金額為

$1,500 \times 12 = 18,000$(元)

所領取的遺屬年金在給付期期初的現值為

$$B_2 = 18,000\ddot{a}_{\overline{10}|}^{(12)} \approx 159,662.419(\text{元})$$

失業期間每年可領取的失業保險金金額為

$2,000 \times 12 = 24,000$(元)

所領取的失業保險金在失業保險金給付期期初的現值為

$$B_3 = 24,000\ddot{a}_{\overline{2}|}^{(12)} \approx 46,882.229(\text{元})$$

設該職工每年初應繳納的保險費為 $P$ 元,於是由收支平衡原則可得

$$P\ddot{a}_{20:\overline{40}|}^{(\tau)} = v^{40}{}_{40}p_{20}^{(\tau)}B_1 + \sum_{t=0}^{39} v^{t+1}{}_{t|}q_{20}^{(1)}B_2 + \sum_{t=0}^{39} v^{t+1}{}_{t|}q_{20}^{(2)}B_3$$

$$P\ddot{a}_{20:\overline{40}|}^{(\tau)} = v^{40}{}_{40}p_{20}^{(\tau)}B_1 + B_2A_{20:\overline{40}|}^{1(1)} + B_3A_{20:\overline{40}|}^{1(2)}$$

因此

$$P = \frac{v^{40}{}_{40}p_{20}^{(\tau)}B_1 + B_2A_{20:\overline{40}|}^{1(1)} + B_3A_{20:\overline{40}|}^{1(2)}}{\ddot{a}_{20:\overline{40}|}^{(\tau)}}$$

$$= \frac{D_{60}^{(\tau)}B_1 + B_2(M_{20}^{(1)} - M_{60}^{(1)}) + B_3(M_{20}^{(2)} - M_{60}^{(2)})}{N_{20}^{(\tau)} - N_{60}^{(\tau)}} \approx 9,665.02(元)$$

如果該職工在 20 歲時採取躉繳保費的形式,那麼需繳納保費為

$$B_1v^{40}{}_{40}p_{20}^{(\tau)} + B_2A_{20:\overline{40}|}^{1(1)} + B_3A_{20:\overline{40}|}^{1(2)}$$

$$= \frac{B_1D_{60}^{(\tau)} + B_2(M_{20}^{(1)} - M_{60}^{(1)}) + B_3(M_{20}^{(2)} - M_{60}^{(2)})}{D_{20}^{(\tau)}} \approx 241,97.99(元)$$

## 本章小結

本章主要研究多減因生命表、多減因生命函數、多減因條件下人壽保險、年金保險的躉繳純保費、年繳純保費及其責任準備金的計算。

在多減因作用下,當某集合中個體仍保持該集合特徵時,稱之為「生存」,否則稱之為「死亡」。這樣,多減因表或多減因生命表就是反應同一年齡參加同一事件的一批人受兩個及兩個以上減因作用而陸續「死亡」的規律的一張統計表。多減因表實際上是以表格形式反應了隨著年齡或存續時間變化而變化的函數關係,這些函數稱為多減因生命函數。

多減因表是進行多元風險模型精算的前提條件,多減因表中最核心的函數就是各年齡別減因概率。多減因表通常有兩種編製方法:一是直接編製法;二是間接編製法。前者依據中心減損率與減因概率之間的關係來編製,中心減損率直接來源於實際的調查統計資料;后者則依據絕對減損率與減因概率間的關係來編製,實際上是由各單減因表合成多減因表。

絕對減損率只考慮當前指定的減因而導致的「死亡」概率,而減因概率則反應在全部減因綜合作用下當前指定減因而導致的「死亡」概率,由於各減因彼此具有競爭性,因而絕對減損率總是大於減因概率。具體關係只能在某些假設下得出:一是假設在各年齡段上各減損力為常數;二是假設各年齡段上各減因所導致的減少人數服從均勻分佈;三是假設在各年齡段上各絕對減損率導致的減少人數服從均勻分佈。

保險費、責任準備金的計算需以多減因表為基礎,或作為其精算假設代替單生命精算理論中的預定死亡率。在多減因模型中,將保險分為兩大類:一是「人壽保險」;二是「年金保險」。前者以「死亡」作為保險金的給付條件,而后者則以「生存」作為保險金的給付條件。保險費的計算依據收支平衡原則。投保人的躉繳純保費也是保險人給付保險金的現值的數學期望,年繳純保費只不過是將躉繳純保費在一定期間內以「生存」年金方式進行分攤而得到的結果。責任準備金的計算同樣可以採用未來法,即某時刻的責任準備金就是未來保險金給付的精算現值減去保險費收入的精算現值。無論是躉繳純保費、年繳純保費的計算,還是責任準備金的估算,都可用替換函數來簡化計算。

## 習題9

9-1　已知 $\mu_{x+t}^{(j)} = 0.02j \ (j = 1,2,3, t \geqslant 0)$,求 $E(T \mid J = 2)$。

9-2　一個三減因表,$\mu_x^{(1)}(t) = 0.03$, $\mu_x^{(2)}(t) = 0.05$, $\mu_x^{(3)}(t) = 0.07$,其中 $t > 0$,求 $q_x^{(1)}$、$q_x^{(2)}$、$q_x^{(3)}$、$q_x^{(\tau)}$。

9-3　一個多減因模型,若 ${}_tp_x^{(\tau)} = 1 - 0.03t$, $\mu_{x+t}^{(1)} = 0.02t$,其中 $0 \leqslant t \leqslant 1$,求 $m_x^{(1)}$。

9-4　已知 $m_{40}^{(\tau)} = 0.18$, $q_{40}^{*(2)} = 0.12$,各減因導致的減少人數在(40,41]上服從均勻分佈,求 $q_{40}^{*(1)}$。

9-5　一個三減因表,$\mu_x^{(1)}(t) = 0.03$, $\mu_x^{(2)}(t) = 0.05$, $\mu_x^{(3)}(t) = 0.07$,其中 $t > 0$,求 $q_x^{*(1)}$、$q_x^{*(2)}$、$q_x^{*(3)}$。

9-6　在死亡減因($d$)、殘疾減因($i$)、離職減因($w$)構成的三減因表中,所有減因導致的減少人數在$(x, x+1]$上服從均勻分佈,$l_x^{(\tau)} = 25,000$, $l_{x+1}^{(\tau)} = 23,000$, $d_x^{(i)} = 550$,求 ${}_{0.6}p_x^{*(i)}$。

9-7　考慮兩減因模型:減因(1)為死亡,減因(2)為退出。已知在死亡單減因表中各年齡段服從均勻分佈,退出只發生在年末,$l_x^{(\tau)} = 1,000$, $q_x^{(2)} = 0.40$, $d_x^{(1)} = 0.45d_x^{(2)}$,求 $p_x^{*(2)}$。

9-8　已知在第一個原因的單風險模型中,$q_{40}^{*(1)} = 0.119$,且事件終止的發生在各整數年齡內服從均勻分佈;在第二個原因的單風險模型中,$q_{40}^{*(2)} = 0.234$,而事件終止均發生在時刻0.7,求 $q_{40}^{(2)}$。

9-9　已知 $q_x^{(1)} = 0.2$, $q_x^{(2)} = 0.1$,在多減因環境下,各減因在區間$(x, x+1]$上導致的減少人數服從均勻分佈,求 $q_x^{*(2)}$。

9－10　已知 $q_x^{(1)}=0.2, q_x^{(2)}=0.1$,各單減因在區間$(x,x+1]$上導致的減少人數服從均勻分佈,求 $q_x^{*(2)}$。

9－11　在兩減因模型中,原因(1)為死亡,原因(2)為解約,並假設單減因條件下的原因(1)在年齡段 $n$ 與 $n+1$ 歲間的發生服從均勻分佈,而原因(2)在年齡段 $n$ 與 $n+1$ 歲只發生在剛超過年齡 $n$ 歲時,設 $q_{50}^{(2)}=0.2, q_{50}^{(1)}=0.06q_{50}^{(2)}$,求 $q_{50}^{*(1)}$。

9－12　在三減因模型中,假設死亡和殘疾在各自的單減因模型中的絕對減損率導致的減少人數在各年齡段上服從均勻分佈,其大小分別為 0.06 和 0.08,在下列假設下求 $q_x^{(3)}$。(1)假設解約只發生在年末,其絕對減損率為 0.1;(2)假設在解約這一單減因模型中,解約以均等概率 0.05 分別發生在年中與年末。

9－13　下表 9－習題－1 摘自某兩減因表,求 $l_{42}^{(\tau)}$。

**表 9－習題－1　　　　某兩減因表**

| $x$ | $l_x^{(\tau)}$ | $q_x^{(1)}$ | $q_x^{(2)}$ | $q_x^{*(1)}$ | $q_x^{*(2)}$ |
|---|---|---|---|---|---|
| 40 | 2,000 | 0.24 | 0.16 | 0.25 | $y$ |
| 41 | – | – | – | 0.10 | $2y$ |

9－14　關於$(x)$給付的保額為100,000元的終身壽險,已知 $\delta=0.05$,死亡時保險金立即給付。令(1)表示意外死亡;(2)表示其他死亡。若在 30 年內意外死亡,則死亡保險金將翻倍。$\mu_x^{(\tau)}=0.007(t\geqslant 0)$, $\mu_x^{(1)}=0.002(t\geqslant 0)$,求該終身壽險的躉繳純保費。

9－15　在某兩減因模型中,兩個減因分別是意外死亡和其他原因死亡,減因(1)表示意外死亡,對$(x)$因意外死亡給付保險金 2,其他原因死亡則給付保險金 1 的完全連續型終身壽險,已知 $\mu_{x+t}^{(1)}=\delta$,求該保險的躉繳純保費。

9－16　對$(x)$投保的終身壽險,保額為 100,000 元,若 $\delta=0.06$,死亡時立即給付保險金,前 30 年內因意外死亡即減因(1)則保險金將加倍,$\mu_{x+t}^{(\tau)}=0.008$, $\mu_{x+t}^{(1)}=0.001$,其中 $t\geqslant 0$,求該保險的躉繳純保費。

9－17　對$(x)$投保的終身壽險,第一年死亡時立即給付 10,000 元,以后給付 20,000 元,當死於意外時增加給付 20,000 元,意外死亡為減因(1),已知 $\mu_{x+t}^{(1)}=0.005$, $\mu_{x+t}^{(\tau)}=0.04$,其中 $t\geqslant 0$, $\delta=0.06$,求該保險的躉繳純保費。

9－18　某 30 歲的人投保了 20 年期兩全保險,當因減因(1)死亡時於所在年末給付保險金 10,000 元,當因減因(2)死亡時給付保險金 15,000 元,當期滿生存時給付 20,000 元,求躉繳純保費。若限期 10 年內繳清保費,求年繳均衡純保費。以附

表3B為基礎。

9－19　在第9－18題的基礎上，分別在躉繳純保費、年繳純保費的方式下求第5年年末、第10年年末、第20年年末的責任準備金。

9－20　某20歲的人參加了一項60歲開始的養老保險計劃，合同規定退休后每月可獲得5,000元的養老金權益。如果在60歲前死亡，那麼其遺屬可以領取10年的確定遺屬年金，平均每月為2,000元；如果在60歲前失業，那麼他只能領取兩年的失業保險金，平均每月為3,000元。求該職工每年應繳納的保險費。如果採取躉繳方式，那麼應繳納多少元保費？以附表3B為基礎，年利率為2.5%，假設 $\ddot{a}_{60} = 15.817,09$，保險費在每年初繳納，失業保險金、遺屬年金均從失業、死亡的次年開始每月初給付一次。

9－21　證明：$f_{J|T}(j|t) = \dfrac{\mu_{x+t}^{(j)}}{\mu_{x+t}^{(\tau)}}$。

9－22　證明：(1) $\dfrac{\mathrm{d}}{\mathrm{d}x}\,{}_tp_x^{(\tau)} = {}_tp_x^{(\tau)}(\mu_x^{(\tau)} - \mu_{x+t}^{(\tau)})$；

(2) $\dfrac{\mathrm{d}}{\mathrm{d}x}\,{}_tq_x^{(j)} = {}_tp_x^{(\tau)}\mu_{x+t}^{(j)} + {}_tq_x^{(j)}\mu_x^{(\tau)} - \mu_x^{(j)}$；

(3) $\dfrac{\mathrm{d}}{\mathrm{d}t}\,{}_tq_x^{(j)} = {}_tp_x^{(\tau)}\mu_{x+t}^{(j)}$。

9－23　在多元風險模型中，若 $\mu_{x+t}^{(j)} = \mu_x^{(j)}$ 或 ${}_tq_x^{(j)} = tq_x^{(j)}$，則 ${}_tq_x^{(j)} = K_j\,{}_tq_x^{(\tau)}$。其中，$K_j$ 為與 $t$ 無關的常數，$0 \leqslant t \leqslant 1$，$j = 1,2,\cdots,m$。

9－24　證明並解釋：$q_x^{(j)} = q_x^{*(j)} - \sum\limits_{k \neq j}\int_0^1 {}_tp_x^{(\tau)}\mu_{x+t}^{(k)}\,{}_{1-t}q_{x+t}^{*(j)}\mathrm{d}t$。

9－25　證明 $\mu_{x+t}^{(j)} = K_j\mu_{x+t}^{(\tau)}(t \geqslant 0,\ j = 1,2)$ 成立當且僅當隨機變量 $T$ 與 $J$ 相互獨立，這裡 $K_j = \int_0^{+\infty} {}_tp_x^{(\tau)}\mu_{x+t}^{(j)}\mathrm{d}t\ (j = 1,2)$。

# 第十章　養老金計劃



養老保險就是國家或社會根據一定的法律法規,為解決勞動者在達到國家規定的解除勞動義務的年齡界限或因年老喪失勞動能力退出勞動崗位后的基本生活需要而建立的一項社會保險制度。它是現代社會處置老年風險的行之有效的手段之一。養老保險可以分為由國家舉辦基本養老保險、企業提供補充養老保險、個人參加儲蓄性養老保險。補充養老保險又稱為企業年金或養老金計劃。

就繳費與待遇的關聯來看,養老金計劃可以分為待遇確定型與繳費確定型。待遇確定型主要依據的是由養老金水平的高低來確定繳費水平,通常採用現收現付模式,一般與公共帳戶相聯繫,由保險的供給者或舉辦者承擔制度範圍內收不抵支的風險;而繳費確定型則是依據繳費水平及其投資收益的多少來決定待遇水平的高低,通常採用完全累積模式,一般與個人帳戶相聯繫,由保險計劃的參加者或被保險人承擔保障不足的風險,值得注意的是繳費水平的確定,必須考慮未來待遇水平的高低。

## 第一節　養老金的精算假設

養老金精算也是在一定的假設條件下進行的。養老金精算的基礎或精算假設主要有預定在職人員多減因表、預定利率、預定工資增長率等,依據的原則仍是收支平衡原則。

### 一、在職人員多減因表

所謂在職人員多減因表指的是反應同一年齡同時參加工作的同一批人,受死亡、離職、殘疾和適齡退休四個減因影響而陸續減少這一過程的統計表。

$l_x^{(\tau)}$ 表示活過 $x$ 歲的在職者人數，$d_x^{(d)}$ 表示 $x$ 與 $x+1$ 歲間在職者死亡人數，$d_x^{(w)}$ 表示 $x$ 與 $x+1$ 歲間離職人數，$d_x^{(i)}$ 表示 $x$ 與 $x+1$ 歲間殘疾人數，$d_x^{(r)}$ 表示 $x$ 與$x+1$ 歲間適齡退休人數。假設從某一年齡(比如 55 歲) 起就可以選擇適齡退休，而到了另一年齡(比如 60 歲) 就必須強制退休即全員退休，並假設在適齡退休期間，沒有人會選擇離職，見附表 4A。設在 $x$ 歲時的死亡、離職、殘疾和適齡退休的減因力函數分別為$\mu_x^{(d)}$、$\mu_x^{(w)}$、$\mu_x^{(i)}$、$\mu_x^{(r)}$。

在 54 歲(包括 54 歲) 前，有關係式

$$l_{x+1}^{(\tau)} = l_x^{(\tau)} - d_x^{(d)} - d_x^{(w)} - d_x^{(i)} \tag{10.1.1}$$

兩邊同除以 $l_x^{(\tau)}$，可得

$$p_x^{(\tau)} = 1 - q_x^{(d)} - q_x^{(w)} - q_x^{(i)} \tag{10.1.2}$$

其中

$$q_x^{(d)} = \frac{d_x^{(d)}}{l_x^{(\tau)}}, q_x^{(w)} = \frac{d_x^{(w)}}{l_x^{(\tau)}}, q_x^{(i)} = \frac{d_x^{(i)}}{l_x^{(\tau)}} \tag{10.1.3}$$

在 55 歲及以后，在公式(10.1.1)、公式(10.1.2) 中只須用 $d_x^{(r)}$ 代替 $d_x^{(w)}$，用 $q_x^{(r)} = \dfrac{d_x^{(r)}}{l_x^{(\tau)}}$ 代替 $q_x^{(w)}$ 即可。

## 二、工資增長率

工資是養老金與保險費確定的重要參照物。因此，在分析過去工資變動規律的基礎上，必須考慮未來工資的變動趨勢。在基期確定后，假設在(剛滿)$x$ 歲時(剛好在日曆年的 1 月 1 日) 加入養老金計劃，以在第 1 年(即 $x$ 與 $x+1$ 歲間) 實際年工資 $s_x$ 作為基礎，如果能預計未來每年工資比上一年工資的增長率即工資(環比) 指數，那麼也就相當於預測出了以后各年的工資水平。因此預定的工資指數是養老金計劃的又一精算假設。假設 $w_{x+t}$ 是 $x$ 歲參加養老保險計劃在第 $t+1$ 年(即 $x+t$ 與 $x+t+1$ 歲間) 的環比工資指數，以 $x$ 與 $x+1$ 歲的工資作為基礎，因此取$w_x = 1$。例如，$w_{x+t} = (1.06)^t$ 表示預計每年工資比上一年增長 6%。

設$(es)_{x+h+t}$ 表示 $x$ 歲參加養老保險計劃，在第 $h+1$ 年的實際工資為 $s_{x+h}$，預計在第 $h+t+1$ 年的工資，那麼，

$$(es)_{x+h+t} = \frac{w_{x+h+t}}{w_{x+h}} s_{x+h} \tag{10.1.4}$$

此外，要進行養老金精算，還必須知道預定利率等其他因素或變量。

## 第二節　養老保險的躉繳保險費

### 一、與分期繳費等價的躉繳保險費

養老保險費用的繳納,有兩種形式,一種是每個參保人員以固定年率繳納,另一種是按年工資的固定比例繳納。已達到 $x+h$ 歲的養老金計劃參加者每年以年率 $C$(或固定數額) 連續繳納保險費,繳費至 $\beta$ 歲退休時終止,其保險費的精算現值或躉繳純保費可以寫成:

$$C\int_0^{\beta-x-h} v^t {}_tp_{x+h}^{(\tau)}\mathrm{d}t = C\sum_{k=0}^{\beta-x-h-1} v^k {}_kp_{x+h}^{(\tau)}\int_0^1 v^s {}_sp_{x+h+k}^{(\tau)}\mathrm{d}s \quad (10.2.1)$$

$$= C\sum_{k=0}^{\beta-x-h-1} v^k {}_kp_{x+h}^{(\tau)} v^{\frac{1}{2}} {}_{\frac{1}{2}}p_{x+h+k}^{(\tau)} = C\sum_{k=0}^{\beta-x-h-1} v^{k+\frac{1}{2}} {}_{k+\frac{1}{2}}p_{x+h}^{(\tau)} \quad (10.2.2)$$

即它可以把給付看成在年中進行。

如果保險費是年薪的比率 $c$,那麼假設當前的年實際工資為 $s_{x+h}$ 的參加者未來保險費的精算現值或躉繳保費可以寫成:

$$cs_{x+h}\int_0^{\beta-x-h} v^t {}_tp_{x+h}^{(\tau)}\frac{w_{x+h+t}}{w_{x+h}}\mathrm{d}t = c\frac{s_{x+h}}{w_{x+h}}\sum_{k=0}^{\beta-x-h-1} v^k {}_kp_{x+h}^{(\tau)}\int_0^1 v^s {}_sp_{x+h+k}^{(\tau)} w_{x+h+k+s}\mathrm{d}s \quad (10.2.3)$$

若 $w_{x+t}$ 在各年齡段為常數,則可從定積分符號中提出,由此可以得到躉繳保險費的近似值,即:

$$c\frac{s_{x+h}}{w_{x+h}}\sum_{k=0}^{\beta-x-h-1} v^{k+\frac{1}{2}} {}_{k+\frac{1}{2}}p_{x+h}^{(\tau)} w_{x+h+k}$$

**例** 10.2.1　現年 20 歲的人參加了如下三種繳費方式並在 60 歲退休的養老金計劃,試寫出在 20 歲應繳納的與之等價的躉繳純保費的計算公式:(1) 每年以年額 1,200 元連續繳費;(2) 第一年的繳費為 1,200 元,以后每年遞增 100 元,連續繳費;(3) 第一年實際工資為 6,000 元,且費率為 20%,工資增長指數函數為 $w_{20+t}=1.04^t$ $(0\leqslant t\leqslant 39)$,年利率為 5%。以附表 4A 為基礎,計算出具體的結果。

**解**:(1) 所求的躉繳純保險費為:

$$1,200\sum_{k=0}^{39} v^{k+\frac{1}{2}} {}_{k+\frac{1}{2}}p_{20}^{(\tau)} \approx 11,377.15(\text{元})$$

(2) 所求的躉繳保險費為:

$$100\sum_{k=0}^{39}(12+k)v^{k+\frac{1}{2}} {}_{k+\frac{1}{2}}p_{20}^{(\tau)} \approx 21,137.61(\text{元})$$

(3) 所求的躉繳保險費為:

$$20\% \times \frac{6,000}{1}\sum_{k=0}^{39} v^k {}_kp_{20}^{(\tau)}\int_0^1 v^s {}_sp_{20+k}^{(\tau)}(1.04)^{k+s}\mathrm{d}s$$

$$= 1,200\sum_{k=0}^{39} v^{k+\frac{1}{2}}{}_{k+\frac{1}{2}}p_{20}^{(\tau)}(1.04)^{k+\frac{1}{2}}$$

$$= 1,200\sum_{k=0}^{39} \tilde{v}^{k+\frac{1}{2}}{}_{k+\frac{1}{2}}p_{20}^{(\tau)} \approx 18,889.11(元)$$

這裡,$\tilde{v} = \dfrac{1.04}{1.05}$,即相當於年利率為 $\tilde{i} = \dfrac{1.05}{1.04} - 1 \approx 0.009,615$

**例 10.2.2** 某 25 歲的養老金計劃參加者,當年實際年工資為 6,000 元,假設 25 ~ 34 歲每年繳納工資的 6%,35 ~ 44 歲每年繳納工資的 5%,45 ~ 59 歲每年繳納工資的 4%,假設工資指數為 $w_{25+t} = 1.06^t$,年利率為 7%,試求與所繳保險費等價的躉繳純保險費。

**解:**各年所繳保險費構成以工資增長率為中心的一個變額年金。它相當於在 25 ~ 59 歲繳納工資的 4%,在 25 ~ 44 歲需追加工資的 1%,在 25 ~ 34 歲還需再追加工資的 1%。所繳的躉繳保險費實際上就是各次所繳保險費的精算現值,即:

$$4\% \times 6,000\int_0^{35} v^t{}_tp_{25}^{(\tau)}\frac{w_{25+t}}{w_{25}}dt + 1\% \times 6,000\int_0^{20} v^t{}_tp_{25}^{(\tau)}\frac{w_{25+t}}{w_{25}}dt$$

$$+ 1\% \times 6,000\int_0^{10} v^t{}_tp_{25}^{(\tau)}\frac{w_{25+t}}{w_{25}}dt$$

$$= 240\int_0^{35} v^t{}_tp_{25}^{(\tau)}(1.06)^t dt + 60\int_0^{20} v^t{}_tp_{25}^{(\tau)}(1.06)^t dt$$

$$+ 60\int_0^{10} v^t{}_tp_{25}^{(\tau)}(1.06)^t dt$$

$$= 240\int_0^{35} \tilde{v}^t{}_tp_{25}^{(\tau)} dt + 60\int_0^{20} \tilde{v}^t{}_tp_{25}^{(\tau)} dt + 60\int_0^{10} \tilde{v}^t{}_tp_{25}^{(\tau)} dt$$

$$\approx 240\sum_{k=0}^{34} \tilde{v}^{k+\frac{1}{2}}{}_{k+\frac{1}{2}}p_{25}^{(\tau)} + 60\sum_{k=0}^{19} \tilde{v}^{k+\frac{1}{2}}{}_{k+\frac{1}{2}}p_{25}^{(\tau)} + 60\sum_{k=0}^{9} \tilde{v}^{k+\frac{1}{2}}{}_{k+\frac{1}{2}}p_{25}^{(\tau)}$$

其中,$\tilde{v} = \dfrac{1.06}{1.07}$,$\tilde{i} = \dfrac{1.07}{1.06} - 1 \approx 0.009,434$

若以附表 4A 為基礎,則上述躉繳純保費的具體結果為 5,790.12 元。

## 二、適齡退休條件下的躉繳保險費

在待遇確定型養老金計劃中,保險費的高低取決於待遇水平的高低。養老金的給付可以分為兩種情形:一種是給付與工資水平無關,僅取決於工齡情況;另一種是給付與工資有關,取決於退休前若干年或工作期間平均工資情況。

設 $R(x,h,t)$ 表示 $x$ 歲加入養老金計劃,現在 $x+h$ 歲,$t$ 年后到 $x+h+t$ 歲退休時每年所獲得的養老金。通常情形是職工參加工作,同時就參加養老金計劃,因而加入計劃的年數與工齡相等;但在養老金計劃創建初期,工作了一段時期后才加入養老金計劃這種情形也比較多。假設符合退休條件的最低年齡為 $\alpha$ 歲,符合退休條件的最高年齡為 $\beta$ 歲,並假設退休后領取的養老金不變,那麼在退休時的養老金現值為 $R(x,h,t)\bar{a}^{r}_{x+h+t}$。其中,$\bar{a}^{r}_{x+h+t}$ 為適齡退休后每年 1 單位連續給付的終身年金在 $x+h+t$ 歲的精算現值,在達到適齡退休年齡后就可按適齡退休群體的死亡率作成的普通生命表進行計算而不是按多減因表來計算,因為只要生存就必須給付養老金。不過,$\bar{a}^{r}_{x+h+t}$ 可以用 $\ddot{a}^{r}_{x+h+t}$ 或 $\ddot{a}^{(12)r}_{x+h+t}$ 來代替,只不過前者是每年初給付一次養老金,后者為每月初給付一次養老金的情形,這裡採用連續型,僅僅是為了數學上處理的方便。

以積分表示在 $x+h$ 歲時養老金的精算現值或躉繳保險費為:

$$APV = \int_{\alpha-x-h}^{\beta-x-h} v^{t}\,{}_{t}p^{(\tau)}_{x+h}\mu^{(r)}_{x+h+t}R(x,h,t)\bar{a}^{r}_{x+h+t}\mathrm{d}t \qquad (10.2.4)$$

$$= \sum_{k=\alpha-x-h}^{\beta-x-h-1} v^{k}\,{}_{k}p^{(\tau)}_{x+h}\int_{0}^{1} v^{s}\,{}_{s}p^{(\tau)}_{x+h+k}\,\mu^{(r)}_{x+h+k+s}R(x,h,k+s)\bar{a}^{r}_{x+h+k+s}\mathrm{d}s$$

假設適齡退休在各年齡段上服從均勻分佈,並利用中點公式可將上式化簡為:

$$APV \approx \sum_{k=\alpha-x-h}^{\beta-x-h-1} v^{k}\,{}_{k}p^{(\tau)}_{x+h}q^{(r)}_{x+h+k}\int_{0}^{1} v^{s}R(x,h,k+s)\bar{a}^{r}_{x+h+k+s}\mathrm{d}s$$

$$\approx \sum_{k=\alpha-x-h}^{\beta-x-h-1} v^{k+\frac{1}{2}}\,{}_{k}p^{(\tau)}_{x+h}q^{(r)}_{x+h+k}R(x,h,k+\frac{1}{2})\bar{a}^{r}_{x+h+k+\frac{1}{2}}$$

$$= \sum_{k=\alpha-x-h}^{\beta-x-h-1} v^{k+\frac{1}{2}}\,{}_{k|}q^{(r)}_{x+h}R(x,h,k+\frac{1}{2})\bar{a}^{r}_{x+h+k+\frac{1}{2}} \qquad (10.2.5)$$

公式(10.2.5)是適齡退休養老保險的躉繳純保險費的一般計算公式。在預定多減因概率、預定利率條件下,它的大小取決於 $R(x,h,t)$ 的預定取值規律。

**(一)$R(x,h,t)$ 與工資無關**

$R(x,h,t)$ 與工資無關,可以考慮如下兩種情形:一種情形是 $R(x,h,t)$ 為工齡或服務年限的 $b$ 倍,即每工作一年或服務一年獲得固定數額 $b$ 的養老金給付,即有 $R(x,h,t)=b(h+t)$。當只計算整數工齡或服務年數時,$R(x,h,t)=b(h+k)$,其中 $k=[t]$。另一種情形是超過一定年限后,每年獲得另一數額的養老金權益。例如,當規定不超過 20 年時,每年按 $b_1$ 計算;超過 20 年時,超過部分每年按 $b_2$ 計算。即:

$$R(x,h,t) = \begin{cases} b_1(h+t) & (h+t \leqslant 20) \\ 20b_1 + b_2(h+t-20) & (h+t > 20) \end{cases}$$

當 $R(x,h,t)=b(h+t)$ 時,

$$APV \approx b\sum_{k=\alpha-x-h}^{\beta-x-h-1} v^{k+\frac{1}{2}}\,{}_{k|}q^{(r)}_{x+h}(h+k+\frac{1}{2})\bar{a}^{r}_{x+h+k+\frac{1}{2}}$$

**例** 10.2.3　某退休金計劃提供的基本年金年額為每個服務年按每月 300 元計算,並規定到 60 歲為止附加年金年額為每個服務年按每月 100 元計算。某人 30 歲參加、現年 40 歲,參加了該退休金計劃,假設 55 歲到 65 歲間均可以退休。求其躉繳純保險費。

**解:** 對於基本年金,年額為

$$R(30,10,t) = 300 \times 12 \times (10 + t) = 3,600(10 + t)$$

由公式(10.2.5)得基本年金部分的躉繳保險費為:

$$3,600\sum_{k=15}^{24}(10 + k + \frac{1}{2})\bar{a}^{r}_{40+k+\frac{1}{2}}v^{k+\frac{1}{2}}{}_{k|}q^{(r)}_{40}$$

對於附加年金,年額為

$$R(30,10,t) = 100 \times 12 \times (10 + t) = 1,200(10 + t), 10 + t \leqslant 30$$

由公式(10.2.5)得附加年金部分的躉繳保險費為

$$1,200\sum_{k=15}^{19}v^{k+\frac{1}{2}}{}_{k|}q^{(r)}_{40}(10 + k + \frac{1}{2})\bar{a}^{r}_{40+k+\frac{1}{2}:\overline{20-k-\frac{1}{2}|}}$$

若將兩者相加,就可得到參加該退休金計劃所應繳納的躉繳純保險費。

**(二)$R(x,h,t)$ 依賴於退休前若干年的平均工資**

設 $R(x,h,t)$ 為退休當年工資的固定比例 $g$,於是

$$R(x,h,t) = g(es)_{x+h+t} = gs_{x+h}\frac{w_{x+h+t}}{w_{x+h}}$$

更一般的情形,$R(x,h,t)$ 為最后 $m$ 年的平均工資的固定比例 $g$,於是,當 $t \geqslant m$ 時,

$$R(x,h,t) = \frac{g}{m}\int_{t-m}^{t}(es)_{x+h+s}\mathrm{d}s = g\frac{s_{x+h}}{m}\int_{t-m}^{t}\frac{w_{x+h+s}}{w_{x+h}}\mathrm{d}s \qquad (10.2.6)$$

當 $t < m$ 時,

$$R(x,h,t) = g\frac{1}{m}\left[\int_{t-m}^{0}s_{x+h+s}\mathrm{d}s + \int_{0}^{t}s_{x+h}\frac{w_{x+h+s}}{w_{x+h}}\mathrm{d}s\right]$$

為了計算公式(10.2.6),對於 $k \leqslant t < k+1$,可以用年中值去替代,並假設 $w_{x+t}$ 為每一年取常數值的階梯函數,於是

$$R(x,h,t) \approx R(x,h,k + \frac{1}{2}) = g\frac{s_{x+h}}{w_{x+h}}\frac{1}{m}\int_{k+\frac{1}{2}-m}^{k+\frac{1}{2}}w_{x+h+s}\mathrm{d}s$$

$$= g\frac{s_{x+h}}{w_{x+h}}\frac{1}{m}\left(\int_{k+\frac{1}{2}-m}^{k+1-m}w_{x+h+s}\mathrm{d}s + \int_{k+1-m}^{k+2-m}w_{x+h+s}\mathrm{d}s + \cdots + \int_{k-1}^{k}w_{x+h+s}\mathrm{d}s + \int_{k}^{k+\frac{1}{2}}w_{x+h+s}\mathrm{d}s\right)$$

$$= g\frac{s_{x+h}}{w_{x+h}}\frac{1}{m}\left(\frac{1}{2}w_{x+h+k-m} + w_{x+h+k-m+1} + \cdots + w_{x+h+k-1} + \frac{1}{2}w_{x+h+k}\right)$$

引入符號

$$ {}_{m}Z_{y} = \frac{1}{m}\left(\frac{1}{2}w_{y-m} + w_{y-m+1} + \cdots + w_{y-1} + \frac{1}{2}w_{y}\right) \tag{10.2.7}$$

公式(10.2.6)可以簡單地寫成:

$$R(x,h,t) \approx R(x,h,k+\frac{1}{2}) = g\frac{s_{x+h}}{w_{x+h}}\,{}_{m}Z_{x+h+k} \tag{10.2.8}$$

更普遍的情形是年金年額為最后 $m$ 年的平均工資與服務年限乘積的一定比例 $c$(如 $c = 0.03$)來計算,計算公式為:

$$R(x,h,t) = c(h+t)\frac{s_{x+h}}{m}\int_{t-m}^{t}\frac{w_{x+h+s}}{w_{x+h}}\mathrm{d}s$$

運用推導公式(10.2.8)的方法,可得:

$$R(x,h,t) \approx R(x,h,k+\frac{1}{2}) = c(h+k+\frac{1}{2})\frac{s_{x+h}}{w_{x+h}}\,{}_{m}Z_{x+h+k} \tag{10.2.9}$$

在某些場合下,只核算整數服務年限,那麼有:

$$R(x,h,t) \approx R(x,h,k+\frac{1}{2}) = c(h+k)\frac{s_{x+h}}{w_{x+h}}\,{}_{m}Z_{x+h+k} \tag{10.2.10}$$

**例** 10.2.4　假設某職工現年 40 歲,年工資 60,000 元,25 歲開始工作,60 歲退休,工資指數函數為 $w_{25+t} = 1.05^{t}$,養老金的年額等於退休前5年平均工資的2% 與服務年限的乘積,計算 $R(25,15,20\frac{1}{2})$。

**解**:由題意知,$c = 2\%$,$h+k = 35$,$s_{40} = 60,000$,$w_{40} = 1.05^{15}$

$${}_{5}Z_{60} = \frac{1}{5}\left(\frac{1}{2}w_{55} + w_{56} + w_{57} + w_{58} + w_{59} + \frac{1}{2}w_{60}\right)$$

$$= \frac{1}{5}\left(\frac{1}{2}\times 1.05^{30} + 1.05^{31} + 1.05^{32} + 1.05^{33} + 1.05^{34} + \frac{1}{2}\times 1.05^{35}\right)$$

$$\frac{{}_{5}Z_{60}}{w_{40}} = \frac{1}{5}\left(\frac{1}{2}\times 1.05^{15} + 1.05^{16} + 1.05^{17} + 1.05^{18} + 1.05^{19} + \frac{1}{2}\times 1.05^{20}\right)$$

$$\approx 2.354,915,06$$

運用公式(10.2.10)可得:

$$R(25,15,20\frac{1}{2}) = 2\% \times (35+0.5)s_{40}\frac{{}_{5}Z_{60}}{w_{40}}$$

$$\approx 2\% \times 35.5 \times 60,000 \times 2.354,915,06 \approx 100,319.38$$

**例** 10.2.5　某養老金計劃對每一年的工作提供最后 5 年平均工資 2% 的基本收入,在 60 歲前退休時,還附加支付到 60 歲為止的每工作一年提供最后 5 年平均工資 1% 的補充保障。假設最低退休年齡為 55 歲,強制退休年齡為 65 歲,並且有些參加者一直工作到 65 歲。該養老金計劃參加者 25 歲開始工作,現年 35 歲且年工資為 30,000 元,獲得這些受益應繳納的躉繳保險費;如果核算受益收入的服務時間以 30 年為限,那麼應躉繳多少保險費?

**解**:由已知條件可得 $q_{35+k}^{(r)} = 0, k = 0,1,2,\cdots,19$,且 ${}_{30}p_{35}^{(\tau)} \neq 0$

(1) 所求的躉繳保險費為:

$$APV = \sum_{k=20}^{29} v^{k+\frac{1}{2}} {}_kp_{35}^{(\tau)} q_{35+k}^{(r)} (10 + k + \frac{1}{2}) \frac{{}_5Z_{35+k}}{w_{35}} 600\bar{a}_{35+k+\frac{1}{2}}^{r}$$

$$+ v^{30} {}_{30}p_{35}^{(\tau)} (40) \frac{{}_5\tilde{Z}_{65}}{w_{35}} 600\bar{a}_{65}^{r}$$

$$+ \sum_{k=20}^{24} v^{k+\frac{1}{2}} {}_kp_{35}^{(\tau)} q_{35+k}^{(r)} (10 + k + \frac{1}{2}) \frac{{}_5Z_{35+k}}{w_{35}} 300\bar{a}_{35+k+\frac{1}{2}:\overline{25-k-\frac{1}{2}|}}^{r}$$

其中,${}_5\tilde{Z}_{65} = \dfrac{w_{60} + w_{61} + w_{62} + w_{63} + w_{64}}{5}$。

(2) 所求的躉繳保險費為

$$APV = 18,000 \sum_{k=20}^{29} v^{k+\frac{1}{2}} {}_kp_{35}^{(\tau)} q_{35+k}^{(r)} \frac{{}_5Z_{35+k}}{w_{35}} \bar{a}_{35+k+\frac{1}{2}}^{r} + 18,000 v^{30} {}_{30}p_{35}^{(\tau)} \frac{{}_5\tilde{Z}_{65}}{w_{35}} \bar{a}_{65}^{r}$$

$$+ 9,000 \sum_{k=20}^{24} v^{k+\frac{1}{2}} {}_kp_{35}^{(\tau)} q_{35+k}^{(r)} \frac{{}_5Z_{35+k}}{w_{35}} \bar{a}_{35+k+\frac{1}{2}:\overline{25-k-\frac{1}{2}|}}^{r}$$

### (三) $R(x,h,t)$ 取決於整個工作期間的平均工資

年金年額是整個工作期間收入的一定比例 $c$,它也可以看成是工作年限與整個工作期間平均工資乘積的 $c$ 倍。因此,工作期間平均退休受益的精算現值分成兩部分。一部分是針對工資已知的過去工作年限;另一部分是針對工資需估計的未來工作期間。

設參加年金計劃者當前年齡為 $x + h$ 歲,過去工資總額為 $(TSP)_{x+h}$,對應的年金年額為 $c(TSP)_{x+h}$,過去工作受益的精算現值為:

$$PPV = c(TSP)_{x+h} \sum_{k=\alpha-x-h}^{\beta-x-h-1} v^{k+\frac{1}{2}} {}_kp_{x+h}^{(\tau)} q_{x+h+k}^{(r)} \bar{a}_{x+h+k+\frac{1}{2}}^{r} \qquad (10.2.11)$$

基於未來工作期間的年金年額為:

$$R = c\int_0^t (es)_{x+h+s} \mathrm{d}s = \frac{cs_{x+h}}{w_{x+h}} \int_0^t w_{x+h+s} \mathrm{d}s$$

當 $w_{x+h+s}$ 是在各年齡段為常數的階梯函數時,上式可簡化為:

$$R \approx \frac{cs_{x+h}}{w_{x+h}} \left( \sum_{j=0}^{k-1} w_{x+h+j} + \frac{1}{2} w_{x+h+k} \right), \text{其中 } k = [t]$$

於是,未來工作受益的精算現值

$$FPV = c\frac{s_{x+h}}{w_{x+h}}\left[\sum_{k=\alpha-x-h}^{\beta-x-h-1} v^{k+\frac{1}{2}}{}_{k}p_{x+h}^{(\tau)} q_{x+h+k}^{(r)} \bar{a}^{r}_{x+h+k+\frac{1}{2}}\left(\sum_{j=0}^{k-1} w_{x+h+j} + \frac{1}{2}w_{x+h+k}\right)\right] \tag{10.2.12}$$

當 $k < \alpha - x - h$ 時，$q_{x+h+k}^{(r)} = 0$，公式(10.2.12)可化簡為：

$$FPV = c\frac{s_{x+h}}{w_{x+h}}\left[\sum_{k=0}^{\beta-x-h-1} v^{k+\frac{1}{2}}{}_{k}p_{x+h}^{(\tau)} q_{x+h+k}^{(r)} \bar{a}^{r}_{x+h+k+\frac{1}{2}}\left(\sum_{j=0}^{k-1} w_{x+h+j} + \frac{1}{2}w_{x+h+k}\right)\right] \tag{10.2.13}$$

因此，當 $R(x,h,t)$ 取決於整個工作期間的平均工資時的躉繳保險費為：

$$APV = FPV + PPV$$

## 三、殘疾條件下的躉繳保險費

殘疾金的年額與適齡退休金年額相類似，通常是殘疾前年工資與工作期限（或某一工作期最低值）以及某一比例值的乘積。一般的殘疾金給付至適齡退休年齡時，然后再轉化為適齡退休的養老金給付。殘疾金的給付有一定的要求，例如，①要求在本單位工作的最短期限為5年、10年等；只有在本單位工作時間超過這個最短期限的職工，殘疾后才能領取殘疾金。②殘疾必須發生在最低可適齡退休年齡之前，否則就直接轉為適齡退休養老金給付。③還可以另外設定計算殘疾金的最低工作年限，如最低為10年，低於10年服務年限的按10年計，大於10年的按實際年數計，這樣殘疾金可以有一個最低保障限度，以保障殘疾人員的適當生活。

設獲得殘疾金至少需要5年工齡，且55歲為最低適齡退休年齡，最低殘疾給付為 $10c(es)_{x+h+t}$，這裡 $c$ 為給付比例，於是殘疾金年額函數為：

$$R(x,h,t) = \begin{cases} 0 & (0 \leqslant h+t < 5) \\ 10c(es)_{x+h+t} & (5 \leqslant h+t < 10) \\ c(h+t)(es)_{x+h+t} & (10 \leqslant h+t < 55-x) \end{cases} \tag{10.2.14}$$

於是，殘疾金的精算現值或在 $x+h$ 歲時需繳納的躉繳保險費為：

$$APV = \int_{5-h}^{55-x-h} v^{t}{}_{t}p_{x+h}^{(\tau)} \mu_{x+h+t}^{(i)} R(x,h,t) \bar{a}^{i}_{x+h+t} \mathrm{d}t \tag{10.2.15}$$

當 $5-h \leqslant 0$，即 $h \geqslant 5$ 時，積分下限為0，並假設殘疾在各年齡段上服從均勻分佈，那麼公式(10.2.15)可以用如下近似公式表示：

$$APV = \sum_{k=5-h}^{54-x-h} v^{k+\frac{1}{2}}{}_{k}p_{x+h}^{(\tau)} q_{x+h+k}^{(i)} R\left(x,h,k+\frac{1}{2}\right) \bar{a}^{i}_{x+h+k+\frac{1}{2}}$$

公式(10.2.15)中假設殘疾后將給付終身，假設在55歲時就轉化為適齡退休給付，換言之，殘疾給付到適齡最低退休年齡為止，於是 $\bar{a}^{i}_{x+h+k+\frac{1}{2}}$ 可用

$\bar{a}^i_{x+h+k+\frac{1}{2}:\overline{55-(x+h+k+\frac{1}{2})}|}$ 來代替。這裡 $\bar{a}^i_{x+h+t}$ 表示每年連續支付 1 的終身年金精算現值,它是按殘廢退休群體的死亡率作成的普通生命表計算的。

**例** 10.2.6　某養老金計劃可以提供殘疾金保障,殘疾金為殘廢時年工資的 60%,且必須在本單位工作 5 年以上,且殘疾時年齡低於 55 歲,才有權領取殘疾金。某職工 20 歲在本單位工作,殘疾時年齡為 35 歲,年工資為 20,000 元,計算該職工的殘疾金年額及獲得此項保障所應繳納的躉繳純保險費。

**解**:$R(20,15,4) = 20,000 \times 60\% = 12,000$

所求的躉繳保險費為

$$APV = \sum_{k=0}^{19} v^{k+\frac{1}{2}}{}_kp_{x+h}q_{x+h+k}R(20,15,k+\frac{1}{2})\bar{a}^i_{35+k+\frac{1}{2}:\overline{55-(35+k+\frac{1}{2})}|}$$

$$= 12,000\sum_{k=0}^{19} v^{k+\frac{1}{2}}{}_kp^{(\tau)}_{x+h}q^{(i)}_{x+h+t}\bar{a}^i_{35.5+k:\overline{19.5-k}|}$$

## 四、離職條件下的躉繳保險費

對由於各種原因而中途退出養老金計劃的人,在滿足一定條件下,也可以給予養老金保障,即提供一定數額的年金給付。通常有最少工作年限的限制,比如 15 年。離職后,從達到退休年齡(比如 60 歲)開始,提供一定的養老金。養老金年額一般為退出養老金計劃時的年工資與工作年限及某一比例 $c$ 的乘積。如:

$$R(x,h,t) = \begin{cases} 0 & (h+t<15) \\ c(h+t)(es)_{x+h+t} & (15 \leqslant h+t < 60-x) \end{cases} \qquad (10.2.16)$$

離職受益的精算現值或在 $x+h$ 歲時的躉繳保險費或成本為:

$$APV = \int_{15-h}^{60-x-h} v^t\,{}_tp^{(\tau)}_{x+h}\mu^{(w)}_{x+h+t}R(x,h,t)\,{}_{60-x-h-t|}\bar{a}^w_{x+h+t}\mathrm{d}t \qquad (10.2.17)$$

其中,15 年為最低工作年限,當 $15-h<0$,即 $h>15$ 時,公式(10.2.17)中的積分下限為 0,即保證積分下限非負。公式(10.2.17)可以用如下近似表達式表示:

$$APV = \sum_{k=15-h}^{59-x-h} v^{k+\frac{1}{2}}{}_kp^{(\tau)}_{x+h}q^{(w)}_{x+h+k}R(x,h,k+\frac{1}{2})\,{}_{60-x-h-k-\frac{1}{2}|}\bar{a}^w_{x+h+k+\frac{1}{2}} \qquad (10.2.18)$$

這裡年金現值中的上標標有「$w$」,指的是這種年金精算現值是按離職者群體的死亡率作成的普通生命表進行計算的。

另一種離職受益的養老金計劃,就是在離職時退還按一定利率累積的部分或全部養老保險費的累積值。為了簡便起見,只考慮有關過去及當年繳納的保險費。當然,也可考慮未來的保險費,這需要預測。設 $(ATPC)_{x+h}$ 為某職工在過去 $h$ 年繳納的養老保險費在 $x+h$ 歲時的累積值;假設這部分累積值按年利率 $j$ 再進行累積,於是在該職工 $x+h+t$ 歲離職時受益總額為:

$$B(x,h,t) = (ATPC)_{x+h}(1+j)^t \tag{10.2.19}$$

設有資格獲得退休金的最低年齡為 $\alpha$,那麼 $x+h<\alpha$,並規定 $\alpha$ 歲以后不再離職。於是,在 $x+h$ 歲之前的繳費在 $x+h+t$ 歲離職時離職受益在 $x+h$ 歲時的精算現值或躉繳保險費為:

$$(ATPC)_{x+h}\int_0^{\alpha-x-h} v^t {}_tp_{x+h}^{(\tau)}\mu_{x+h+t}^{(w)}(1+j)^t \mathrm{d}t \tag{10.2.20}$$

用離散方法近似估計有:

$$(ATPC)_{x+h}\sum_{k=0}^{\alpha-x-h-1} v^{k+\frac{1}{2}} {}_kp_{x+h}^{(\tau)} q_{x+h+k}^{(w)}(1+j)^{k+\frac{1}{2}} \tag{10.2.21}$$

若職工在 $x+h$ 歲離職,具體時間可能發生在一年中的任何時候,假設在 $x+h$ 歲繳納的保險費為 $\frac{1}{2}cs_{x+h}$,而在以后各年離職時,可以計算 $cs_{x+h}(1+j)^k$ 在 $x+h+k$ 時退還的保險費,這些退還的保險費在 $x+h$ 歲時的精算現值或躉繳保險費為:

$$cs_{x+h}\left[\frac{1}{2}v^{\frac{1}{2}}q_{x+h}^{(w)} + \sum_{k=1}^{\alpha-x-h-1} v^{k+\frac{1}{2}} {}_kp_{x+h}^{(\tau)} q_{x+h+k}^{(w)}(1+j)^k\right]。 \tag{10.2.22}$$

## 第三節　養老保險年繳保險費

在養老保險或年金制度中,一般有如下三種情形可以考慮:一是工作期間,每工作一年或一月對應退休后一定數額的養老金;二是以整個工作期間的平均工資為基礎,根據工作年限長短確定一個比率(例如每年 2%),兩者之積作為年金年額;三是以工作期間的最后 $f$ 年的平均工資為基礎,根據工作年限長短確定一個比率,兩者之積作為年金年額,這種情形在離職時使用得比較多。

無論何種情形,在職人員離職、退休時的年金數額都是確定的,從而可以計算出年繳保險費。

### 一、均衡年繳保險費

#### (一) 年金年額與工資水平無關

假設 $x$ 歲(例如 20 歲) 參加了某項養老保險,$r$ 歲(例如 60 歲) 適齡退休,給予年額為 $A$ 的終身年金,並假設在適齡退休前年繳一次均衡保險費,其年額為 $P$,於是由收支平衡原則可得:

$$P\sum_{t=0}^{r-x-1} v^t l_{x+t}^{(\tau)} = A\ddot{a}_r v^{r-x} l_r^{(\tau)} \tag{10.3.1}$$

上式中,$\ddot{a}_r$ 是基於普通生命表所計算出的終身生存年金的精算現值,$A\ddot{a}_r$ 為年金開始時點或適齡退休時點的年金現值,又稱為年金原資。

兩邊同除以 $l_x^{(\tau)}$ 可得：

$$P\ddot{a}_{x:\overline{r-x}|}^{(\tau)} = A\ddot{a}_r v^{r-x} {}_{r-x}p_x^{(\tau)}$$

即

$$P = \frac{A\ddot{a}_r v^{r-x} {}_{r-x}p_x^{(\tau)}}{\ddot{a}_{x:\overline{r-x}|}^{(\tau)}} = \frac{A\ddot{a}_r D_r^{(\tau)}}{N_x^{(\tau)} - N_r^{(\tau)}} \tag{10.3.2}$$

### (二) 年金年額與整個就業期間平均工資相關

設 $s_{x+t}$ 為 $x+t$ 歲開始的在未來一年間，即在 $x+t$ 與 $x+t+1$ 歲間的工資金額，$S_{x+t}$ 為經過 $t$ 年后或截止於 $x+t$ 歲時的工資總額，即

$$S_{x+t} = \sum_{k=1}^{t} s_{x+k-1} \tag{10.3.3}$$

其中，$t = 1,2,\cdots,r-x$。

如果 $S_{x+t}$ 也可以是月度工資總額，那麼

$$S_{x+t+\frac{j}{12}} = \sum_{k=1}^{t} s_{x+k-1} + \frac{j}{12}s_{x+t} \tag{10.3.4}$$

假設年金年額為整個就業期間平均工資的 $\beta(r-x)$ 倍，即每參加養老保險計劃一年獲得養老金權益占平均工資的比率為 $\beta$，記 $B$ 為年金年額，於是

$$B = \frac{1}{r-x}\sum_{t=0}^{r-x-1} s_{x+t} \cdot \beta(r-x) = \beta S_r \tag{10.3.5}$$

在公式(10.3.2)中，只需將 $A$ 換成 $B$ 的值即可得年繳保險費。

### (三) 年金年額與最后若干年平均工資相關

假設年金年額為最后 $f$ 年間平均工資的 $\gamma(r-x)$ 倍，即每參加養老保險一年獲得養老金權益占平均工資的比率為 $\gamma$，記 $C$ 為年金年額，於是

$$C = \frac{1}{f}\sum_{t=r-x-f}^{r-x-1} s_{x+t} \cdot \gamma(r-x) = \gamma(r-x)\frac{S_r - S_{r-f}}{f} \tag{10.3.6}$$

在公式(10.3.2)中，只需將 $A$ 換成 $C$ 的值即可得年繳保險費。

在上述三種情形中有一個共同特點，就是 $A$、$B$、$C$ 為常數，即在整個退休期間所領取的待遇始終保持不變。但這不太符合實際情形，也不能實現保障基本生活需要的目標。因此，可考慮退休后第 $k$ 年初可以領取當年的待遇為 $B_k$，那麼公式(10.3.1)就變為：

$$P\sum_{t=0}^{r-x-1} v^t l_{x+t}^{(\tau)} = v^{r-x} l_r^{(\tau)} \sum_{k=0}^{+\infty} B_{k+1} v^k {}_kp_r$$

也可以考慮待遇平均在年中發放，則上式變為：

$$P\sum_{t=0}^{r-x-1} v^t l_{x+t}^{(\tau)} = v^{r-x} l_r^{(\tau)} \sum_{k=0}^{+\infty} B_{k+1} v^{k+\frac{1}{2}} {}_{k+\frac{1}{2}}p_r$$

## 二、按工資比例繳費的年繳保險費

為方便起見,設在 $x$ 歲時給付的年額為 1,並按實際工資變動指數來給付,給付 $n$ 年,在多減因條件下的精算現值記為:

$$^{s}\ddot{a}_{x:\overline{n}|}^{(\tau)} = \sum_{t=0}^{n-1} \frac{s_{x+t}}{s_x} v^t {}_tp_x^{(\tau)} \tag{10.3.7}$$

$$= \sum_{t=0}^{n-1} \left( \frac{s_{x+t}}{s_x} \cdot \frac{D_{x+t}^{(\tau)}}{D_x^{(\tau)}} \right) \tag{10.3.8}$$

### (一) 年金年額與整個就業期間平均工資相關

假設每年按工資的比率 $c$ 繳納保險費,那麼由收支平衡原則可得:

$$c s_x {}^{s}\ddot{a}_{x:\overline{r-x}|}^{(\tau)} = B\ddot{a}_r v^{r-x} {}_{r-x}p_x^{(\tau)} \tag{10.3.9}$$

解之得

$$c = \frac{B\ddot{a}_r v^{r-x} {}_{r-x}p_x^{(\tau)}}{s_x {}^{s}\ddot{a}_{x:\overline{r-x}|}^{(\tau)}} \tag{10.3.10}$$

這裡的 $B$ 由公式(10.3.5)給出。

### (二) 年金年額與最后若干年平均工資相關

設每年應繳納保險費為工資的比率 $c$,即

$$c = \frac{C\ddot{a}_r v^{r-x} {}_{r-x}p_x^{(\tau)}}{s_x {}^{s}\ddot{a}_{x:\overline{r-x}|}^{(\tau)}} \tag{10.3.11}$$

這裡的 $C$ 由公式(10.3.6)給出。

特別地,當每年工資比上一年增長一個固定百分比時,例如增長 5%,即 $s_{x+t} = s_x(1.05)^t$,運用公式(10.3.10)、公式(10.3.11)計算起來會簡便得多。當然,上述三種情形退休待遇也可以以年額年金的方式給付。年金也可以每月支付 1 次,只需將上述公式中的 $\ddot{a}_r$ 替換為 $\ddot{a}_r^{(12)}$;假設給付的不是終身生存年金,而是有 10 年確定年金保證期的終身年金,只需在上述公式中將 $\ddot{a}_r$ 替換為 $\ddot{a}_{\overline{10}|} + {}_{10|}\ddot{a}_r$。

## 本章小結

本章研究的是多減因模型在養老金計劃中的重要應用。這裡主要研究同時參加工作的一批人在死亡、離職、殘疾和適齡退休四個減因作用下的有關躉繳純保費、年繳純保費的計算。本章的精算假設主要有預定在職人員多減因表、預定利率、預定工資增長率等,依據的原則是收支平衡原則。在退休前使用多減因表,適齡退休后則使用普通生命表,離職后則使用離職者生命表、殘疾后則使用殘疾者生命表。

連續給付或連續繳費的連續年金可以近似地處理為年中給付,從而轉化為離散型年金以簡化計算。這裡可運用 Excel 對附表 4A 在一定利率假設下作出替換函數表,然后再進行計算。

年繳純保費可分為均衡年繳純保費和按工資的一定比例繳納的純保費。

## 習題 10

10－1　某養老金計劃的參加者現年 $x$ 歲,已知:(1) 繳費按年薪的 2.5% 操作;(2) 加入者現在年薪為 29,200 元;(3) 工資增長函數在任何一年內都為常數,且 $s_y = 10,000(1.035)^y$;(4) 假設 ${}_tp_x^{(\tau)} = (1.08)^{-t}$;(5) 所有支付均在年中進行;(6) $i = 0.08$。求參保者未來所繳保費的精算現值。

10－2　某雇員現年 35 歲,當年工資為 20,000 元,在 30 歲時加入了某養老金計劃,每年按年薪的 3% 繳費,退休時繳費所形成的累積值用於購買一個期初付的退休年金。該計劃如下:(1) $w_{35+k} = 1.05^k (k = 0,1,2,\cdots)$;(2) ${}_tp_{65} = 1.05^{-t}$;(3) 過去繳費形成的累積值為 5,000 元;(4) $i = 0.05$,用於計算所繳保費累積值與年金現值或終值。假設該雇員 65 歲退休,求每年的退休給付額。

10－3　現年 30 歲的人參加了如下三種繳費方式並在 60 歲退休的養老金計劃,試寫出在 30 歲時應繳納的與之等價的躉繳純保費的計算公式:(1) 每年以年額 2,400 元連續繳費;(2) 第 1 年的繳費額為 2,400 元,以后每年遞增 100 元,連續繳費;(3) 第1 年實際工資為 12,000 元,且費率為 20%,工資增長指數函數為 $w_{20+t} = 1.10^t (0 \leqslant t \leqslant 39)$,年利率為 5%。以附表 4A 為基礎,計算出具體的結果。

10－4　假設某職工現年 40 歲,當前年工資為 10,000 元。該職工 25 歲開始工作,60 歲退休,工資指數函數為 $w_{25+t} = 1.07^t$,養老金年額等於退休前 5 年平均工資的 2% 與服務年限的乘積,計算 $R(25,15,20\frac{1}{2})$。

10－5　假設對於年齡為30 歲的養老金計劃加入者,每年以5% 的比率增加工資,40 歲、50 歲、60 歲時在原有工資的基礎上再增加10%,若初始年薪為12,000元,每年按年薪的 10% 繳費,假設該職工 70 歲退休,求其躉繳純保費。

10－6　在一個扣除計劃中,退休年給付額為最后 3 年的平均年薪的 2% 乘以工作年數,減去一個等於最后 3 年平均年薪 25% 的金額作為社會保險給付額的 35%。假設年薪在每年年末增加,年薪增長函數為 $w_{40+k} = (1.05)^k$,求 30 歲加入該計劃、現年 40 歲、年薪 40,000 元的員工在 65 歲準點退休時的年給付額。

10－7　一種扣除計劃的扣除額為工作年數乘以社會保險收入的 2%,但不超過社會保險收入的 50%。在扣除之前,年給付額為工作年數乘以最后 3 年平均年薪的 2%。對年薪為 30,000 元的 40 歲的新加入者,試在下列情況下寫出其給付額公式:

(1) 恰好在 65 歲退休,預期的社會保險收入為 $I_{65}$;

(2) 在 68 歲至 69 歲之間退休,預期的社會保險收入為 $I_{68.5}$。

10-8　某養老金計劃的退休給付為每工作一年每月給付200元,某職工30歲參加養老金計劃,60 歲退休,退休金每月發放一次,已知 ${}_{20}p_{40} = 0.926$, $i = 6\%$, $\ddot{a}_{60}^{(12)} = 11.157,3$, 試計算這些給付在 40 歲時的精算現值。

10-9　某養老金計劃的資助者每年為每個計劃的加入者繳納其年薪超過一個扣除額部分的10%,已知第一年扣除額為10,000元,假設年扣除額每年按5%的速度增加,對於現年 35 歲、初始年薪 25,000 元的參加者,假設退休年齡為 65 歲,求資助者應繳納的躉繳純保費。

10-10　年初正好50歲且年薪為50,000元的某養老金計劃加入者,在其工作期間每年初繳納年薪的 8% 作為保險費,已知 $i = 0.06$, $w_{50+k} = (1.06)^k$, 其中 $k = 1,2,\cdots$。試根據附表4A,計算與這些繳費等價的躉繳純保費。

# 第十一章　資產份額與盈餘分析

盈余分析是保險經營過程中重要一環。本章主要研究預期盈余、資產份額、利源分析、紅利分配。通過利源分析可以達到改進保險經營管理的目的。

## 第一節　預期盈余分析

壽險精算中的計算,無論是均衡純保費,還是責任準備金,都是建立在一定的假設條件之上的,即建立在以過去數據為依據的預定死亡率、預定利息率以及預定費用率的基礎之上。然而實際的死亡率、實際的利息率、實際的費用率與預定的基礎存在著偏差,由此而形成保險公司盈余或虧損的主要源泉。

盈余的主要來源有:① 在對保費計算基礎進行假設時,一般都假設較低的利率、較高的費用率和保守的死亡率(對於人壽保險而言假設有較高的死亡率,對於生存保險而言則假設有較低的死亡率),這種保守的假設成為盈余的主要來源。② 當退保發生時,保單持有人不能獲得保單對應的所有責任準備金。③ 對於分紅保單來講,營業保費中包含了紅利系數,這部分的盈余是分紅保單的主要來源。本節僅考慮費用對預期盈余的影響。

會計中資產負債方程可表示為:

$$A(t) = L(t) + U(t)$$

這裡,$A(t)$、$L(t)$、$U(t)$ 分別為在時刻 $t$ 的資產額、負債額、所有者權益或盈余。於是盈余改變量可以表示為:

$$\Delta U(t) = \Delta A(t) - \Delta L(t)$$

下面以保額為1、死亡年末給付保險金的終身壽險為例分析預期盈余的形成過程。

## 一、沒有附加費用的盈余分析

由責任準備金的遞推公式有:

$$_{t-1}V_x + P_x = vq_{x+t-1} + vp_{x+t-1}\,{}_tV_x$$

兩邊同乘以 $_{t-1}p_x(1+i)$ 可得

$$_{t-1}p_x({}_{t-1}V_x + P_x)(1+i) = {}_{t-1}p_x q_{x+t-1} + {}_tp_x\,{}_tV_x \tag{11.1.1}$$

在第一個會計年度,資產的變化表現為:(1) 資產的增加源於保費及其利息收入 $P_x(1+i)$;(2) 資產的減少源於平均死亡給付 $q_x$。如果假設初始資產為 $A(0) = 0$,那麼

$$A(1) = A(0) + [A(1) - A(0)] = 0 + P_x(1+i) - q_x$$

$$L(1) = p_x \cdot {}_1V_x$$

在公式(11.1.1) 中取 $t = 1$ 得

$$P_x(1+i) - q_x = p_x \cdot {}_1V_x$$

$$\therefore A(1) = L(1)$$

$$U(1) = A(1) - L(1) = 0$$

假設 $A(t) = L(t) = {}_tp_x\,{}_tV_x$,由此可以計算出第 $t+1$ 年度的資產變化量為:保費收入為 $_tp_xP_x$(增加項目),利息收入為 $_tp_x({}_tV_x + P_x)i$(增加項目),死亡給付為 $_tp_xq_{x+t}$ 或 $_{t|}q_x$(減少項目)。

$$\therefore \Delta A(t) = {}_tp_x P_x + {}_tp_x({}_tV_x + P_x)i - {}_tp_xq_{x+t}$$

$$\therefore A(t+1) = A(t) + \Delta A(t) = {}_tp_x\,{}_tV_x + {}_tp_x[P_x + ({}_tV_x + P_x)i] - {}_tp_xq_{x+t}$$

$$= {}_tp_x[({}_tV_x + P_x)(1+i)] - {}_tp_xq_{x+t} = {}_{t+1}p_x\,{}_{t+1}V_x = L(t+1)$$

根據數學歸納法,對於所有的 $t$ 有

$$A(t) = L(t)$$

$$U(t) = A(t) - L(t) = 0(t = 1,2,\cdots) \tag{11.1.2}$$

## 二、含有附加費用的盈余分析

設營業保費是在純保費 $P_x$ 的基礎上,附加正的常數 $c$,在第 $t(t = 1,2,\cdots)$ 個保險年度初支付的費用為 $e_{t-1}$,用 $u(t)$ 表示第 $t$ 年末每個有效保單的目標盈余,於是可將公式(11.1.1) 擴展為:

$$_{t-1}p_x[{}_{t-1}V_x + u(t-1) + (P_x + c) - e_{t-1}](1+i) = {}_{t-1}p_xq_{x+t-1} + {}_tp_x[{}_tV_x + u(t)] \tag{11.1.3}$$

公式(11.1.3) - 公式(11.1.1) 得

$${}_{t-1}p_x[u(t-1)+(c-e_{t-1})](1+i)={}_tp_x u(t) \tag{11.1.4}$$

兩邊同乘以 $v^t$ 得

$$v^{t-1}{}_{t-1}p_x[u(t-1)+(c-e_{t-1})]=v^t{}_tp_x u(t)$$

$$\therefore v^t{}_tp_x u(t)-v^{t-1}{}_{t-1}p_x u(t-1)=v^{t-1}{}_{t-1}p_x(c-e_{t-1}) \tag{11.1.5}$$

令 $t=1,2,\cdots,k$,相加可得

$$v^k{}_kp_x u(k)=\sum_{t=1}^{k}v^{t-1}{}_{t-1}p_x(c-e_{t-1})$$

$$\therefore {}_kp_x u(k)=\sum_{t=1}^{k}(1+i)^{k-t+1}{}_{t-1}p_x(c-e_{t-1}) \tag{11.1.6}$$

其中,$u(0)=0$。否則,應在公式(11.1.6)的右邊加上一項:$u(0)(1+i)^k$。

公式(11.1.6)表明:第 $k$ 年末的預期盈余就是以前各年盈余貢獻(即費用的節省)而形成的累積值。

$$\therefore A(t)=L(t)+U(t)={}_tp_x{}_tV_x+{}_tp_x u(t)$$

$$={}_tp_x{}_tV_x+\sum_{k=1}^{t}(1+i)^{t-k+1}{}_{k-1}p_x(c-e_{k-1})$$

下面考慮相鄰年度末盈余的變化情況:

第 $t$ 年度的收入包括:

保費收入:${}_{t-1}p_x(P_x+c)$

投資收益:${}_{t-1}p_x[{}_{t-1}V_x+u(k-1)+P_x+(c-e_{t-1})]i$

第 $t$ 年度的支出包括:

死亡支付:${}_{t-1}p_x q_{x+t-1}$

費用:${}_{t-1}p_x e_{t-1}$

準備金變化:${}_tp_x{}_tV_x-{}_{t-1}p_x{}_{t-1}V_x$

因此,該年度盈余變化,即淨收益為:${}_{t-1}p_x[u(t-1)i+(c-e_{t-1})(1+i)]$

(這裡利用了等式 11.1.1)

於是,第 $t$ 年末的盈余 = 第 $t-1$ 年末的盈余 + 第 $t$ 年度的淨收益

$$={}_{t-1}p_x u(t-1)+{}_{t-1}p_x[u(t-1)i+(c-e_{t-1})(1+i)]$$

$$={}_{t-1}p_x[u(t-1)+(c-e_{t-1})](1+i)$$

由於費用分佈的特點,通常當 $t$ 較小時,盈余為負值,而當 $t$ 較大時,盈余為正值。為了克服這一局限性,附加保費可以不採用均衡保費的方式,而是滿足不等式 $c_{t-1}-e_{t-1}\geqslant 0$。

## 第二節　資產份額

### 一、資產份額的定義

資產份額是保險人對每單位有效保單預先估計的資產額，或者說是按單位保額所能分配的資產。它是分析壽險公司盈余狀況的非常有效的方法，或者說是利源分析的重要工具。

設$(x)$在第$t+1$年初有效保單持有人數為$l_{x+t}^{(\tau)}$，第$t+1$年內死亡人數、退保人數分別為$d_{x+t}^{(1)}$、$d_{x+t}^{(2)}$，於是

$$l_{x+t+1}^{(\tau)} = l_{x+t}^{(\tau)} - d_{x+t}^{(1)} - d_{x+t}^{(2)}$$

設$x+t$歲有效保單持有者「存活」1年的概率為$p_{x+t}^{(\tau)}$，在1年內死亡的概率為$q_{x+t}^{(1)}$，退保概率為$q_{x+t}^{(2)}$，顯然

$$p_{x+t}^{(\tau)} = \frac{l_{x+t+1}^{(\tau)}}{l_{x+t}^{(\tau)}},q_{x+t}^{(1)} = \frac{d_{x+t}^{(1)}}{l_{x+t}^{(T)}},q_{x+t}^{(2)} = \frac{d_{x+t}^{(2)}}{l_{x+t}^{(T)}}$$

$$\therefore p_{x+t}^{(\tau)} = 1 - q_{x+t}^{(1)} - q_{x+t}^{(2)}$$

設第$t$年的資產份額為${}_t(AS)$，則與公式(11.1.3)類似地有

$${}_{t+1}(AS)p_{x+t}^{(\tau)} = [{}_t(AS) + G(1-c_t) - e_t](1+i) - q_{x+t}^{(1)} - q_{x+t}^{(2)} \cdot {}_{t+1}(CV) \quad (11.2.1)$$

或者

$${}_{t+1}(AS) = \frac{1}{p_{x+t}^{(\tau)}}\{[{}_t(AS) + G(1-c_t) - e_t](1+i) - q_{x+t}^{(1)} - q_{x+t}^{(2)} \cdot {}_{t+1}(CV)\} \quad (11.2.2)$$

其中，$G$為總保費，$c_t$為第$t+1$年初(或時點$t$)用占總保費的比例表示的附加費用，$e_t$為以絕對額表示的附加費用。

公式(11.2.1)兩邊同乘以$v^{t+1}l_{x+t}^{(\tau)}$得

$$v^{t+1}l_{x+t+1}^{(\tau)} \cdot {}_{t+1}(AS) - v^t l_{x+t}^{(\tau)} \cdot {}_t(AS) = [G(1-c_t) - e_t]v^t l_{x+t}^{(\tau)} - [d_{x+t}^{(1)} + d_{x+t}^{(2)} \cdot {}_{t+1}(CV)]v^{t+1} \quad (11.2.3)$$

在公式(11.2.3)中令$t=0,1,2,\cdots,n-1$，並相加可得

$$v^n l_{x+n}^{(\tau)} \cdot {}_n(AS) - v^0 l_x^{(\tau)} \cdot {}_0(AS) = \sum_{t=0}^{n-1}\{[G(1-c_t) - e_t]v^t l_{x+t}^{(\tau)} - [d_{x+t}^{(1)} + d_{x+t}^{(2)} \cdot {}_{t+1}(CV)]v^{t+1}\} \quad (11.2.4)$$

若${}_0(AS)=0$，則公式(11.2.4)可化為

$$ {}_{n}(AS) = \sum_{t=0}^{n-1} \frac{[G(1-c_t)-e_t]l_{x+t}^{(\tau)}(1+i)^{n-t} - [d_{x+t}^{(1)} + d_{x+t}^{(2)} \cdot {}_{t+1}(CV)](1+i)^{n-t-1}}{l_{x+n}^{(\tau)}} \tag{11.2.5} $$

在公式(11.2.4)中令 $n = \omega - x$,注意到 ${}_{\omega-x}(AS) = 0$,並在兩邊同除以 $l_x^{(\tau)}$ 可得

$$ \sum_{t=0}^{\omega-x-1} \{[G(1-c_t)-e_t]v^t {}_tp_x^{(\tau)} - [q_{x+t}^{(1)} + q_{x+t}^{(2)} \cdot {}_{t+1}(CV)]v^{t+1} {}_tp_x^{(\tau)}\} = 0 $$

即得

$$ G\sum_{t=0}^{\omega-x-1} v^t {}_tp_x^{(\tau)} = \sum_{t=0}^{\omega-x-1} (Gc_t + e_t)]v^t {}_tp_x^{(\tau)} + \sum_{t=0}^{\omega-x-1} v^{t+1}[{}_{t|}q_x^{(1)} + {}_{t|}q_x^{(2)} \cdot {}_{t+1}(CV)] $$

即

$$ G\ddot{a}_x^{(\tau)} = A_x^{1(1)} + \sum_{t=0}^{\omega-x-1} (Gc_t + e_t)]v^t {}_tp_x^{(\tau)} + \sum_{t=0}^{\omega-x-1} v^{t+1} {}_{t|}q_x^{(2)} \cdot {}_{t+1}(CV) \tag{11.2.6} $$

## 二、資產份額的應用之一——檢驗費率的合理性

可以用資產份額法判斷總保費是否具有合理性,即是否滿足 ${}_t(AS) \geqslant {}_tV$。

毛保費為 $G$ 時,若滿足條件 ${}_{k+1}(AS)_G \geqslant {}_{k+1}V_T \geqslant {}_{k+1}(CV)_T$,則 $G$ 符合要求。

對於給定的毛保費 $H$,若滿足 ${}_{k+1}(AS)_H \geqslant {}_{k+1}V_T$ 則符號要求。否則,應作一些調整,直到給定的毛保費 $G$ 滿足 ${}_{k+1}(AS)_G \geqslant {}_{k+1}V_T$ 為止,其調整方法與標準不是絕對唯一的。這裡 ${}_{k+1}V_T$ 為法定責任準備金,${}_{k+1}(CV)_T$ 為最低現金價值。

調整目標:第 $n$ 年末資產份額 ≥ 第 $n$ 年末責任準備金;

調整前:毛保費 $H$ 滿足 ${}_n(AS)_H \leqslant {}_nV$;

調整后:毛保費 $G$ 滿足 ${}_n(AS)_G \geqslant {}_nV$。

由公式(11.2.5)可得

$$ {}_{n}(AS)_H = \sum_{t=0}^{n-1} \frac{[H(1-c_t)-e_t]l_{x+t}^{(\tau)}(1+i)^{n-t} - [d_{x+t}^{(1)} + d_{x+t}^{(2)} \cdot {}_{t+1}(CV)](1+i)^{n-t-1}}{l_{x+n}^{(\tau)}} $$

$$ {}_{n}(AS)_G = \sum_{t=0}^{n-1} \frac{[G(1-c_t)-e_t]l_{x+t}^{(\tau)}(1+i)^{n-t} - [d_{x+t}^{(1)} + d_{x+t}^{(2)} \cdot {}_{t+1}(CV)](1+i)^{n-t-1}}{l_{x+n}^{(\tau)}} $$

二者相減可得

$$ {}_n(AS)_G - {}_n(AS)_H = \sum_{t=0}^{n-1} \frac{(G-H)(1-c_t)l_{x+t}^{(\tau)}(1+i)^{n-t}}{l_{x+n}^{(\tau)}} $$

$$ \therefore G - H = \frac{[{}_n(AS)_G - {}_n(AS)_H]l_{x+n}^{(\tau)}}{\sum_{t=0}^{n-1}(1-c_t)l_{x+t}^{(\tau)}(1+i)^{n-t}} $$

$$\therefore G = H + \frac{[{}_n(AS)_G - {}_n(AS)_H]v^n {}_np_x^{(\tau)}}{\sum_{t=0}^{n-1}(1-c_t)v^t {}_tp_x^{(\tau)}} \tag{11.2.7}$$

**例** 11.2.1　下面將說明資產份額的計算方法和原理。求滿足以下條件的三年期兩全保險在各個保險年度末預估的資產份額。簽單年齡為 $x$ 歲,死亡年末給付保險金或滿期時給付生存金,每年年初繳費一次;保險金額為 1,000 元。已知 $q_x = 0.1, q_{x+1} = 0.111,1, q_{x+2} = 0.5$;實際年利率為 $i = 0.15$;費用及其大小:第一年年初費用占毛保費的比例為20%,每張保單費為8元;第二年與第三年年初費用占毛保險費的比例均為6%,每張保單費為2元。

**解**:(1) 費用分析及毛保費的計算

$$P_{x:\overline{3}|} = \frac{A_{x:\overline{3}|}}{\ddot{a}_{x:\overline{3}|}}$$

其中

$$A_{x:\overline{3}|} = A^{1}_{x:\overline{3}|} + A_{x:\overline{3}|}^{\ \ 1} = vq_x + v^2p_x q_{x+1} + v^3 {}_2p_x q_{x+2} + v^3 {}_3p_x \approx 0.688,58$$

$$\therefore \ddot{a}_{x:\overline{3}|} = \frac{1 - A_{x:\overline{3}|}}{d} \approx 2.387,5$$

因此,保額為 1,000 元時的年繳純保費為:

$$1,000P_{x:\overline{3}|} \approx 288.41(\text{元})$$

設年繳附加保費為 $e$ 元,則

$$e\ddot{a}_{x:\overline{3}|} = (0.2G + 8) + (0.06G + 2)a_{x:\overline{2}|}$$

$$e = 43.94(\text{元})$$

從而年繳毛保費為:

$$G = 1,000P_{x:\overline{3}|} + e \approx 332.35(\text{元})$$

(2) 決定解約價值 ${}_k(CV)$

假設 ${}_k(CV) = 1,000\,{}_kV_{x:\overline{3}|} - 10, k = 1,2, {}_3(CV) = 1,000$。運用責任準備金計算原理可以求得:

$$1,000\,{}_0V_{x:\overline{3}|} = 0, 1,000\,{}_1V_{x:\overline{3}|} \approx 257.41, 1,000\,{}_2V_{x:\overline{3}|} \approx 581.16$$

從而

$${}_1(CV) \approx 247.41, {}_2(CV) \approx 571.16, {}_3(CV) = 1,000$$

(3) 決定各年末預期的資產份額

假定當各年度同時考慮死亡和解約兩因素時,死亡概率和解約概率如表 11-2-1 所示。

表 11 - 2 - 1　　死亡、解約兩減因表

| $k$ | $p_{x+k}^{(\tau)}$ | $q_{x+k}^{(d)}$ | $q_{x+k}^{(w)}$ |
|---|---|---|---|
| 0 | 0.54 | 0.08 | 0.38 |
| 1 | 0.62 | 0.09 | 0.29 |
| 2 | 0.50 | 0.5 | 0 |

那麼,第 1 個保險年度末的資產份額為

$$_1(AS) = \frac{[{}_0(AS) + G(1 - c_0) - e_0](1 + i) - 1,000q_x^{(d)} - {}_1(CV)q_x^{(w)}}{p_x^{(\tau)}}$$

$$\approx 226.94$$

第 2 個保險年度末的資產份額為

$$_2(AS) = \frac{[{}_1(AS) + G(1 - c_1) - e_1](1 + i) - 1,000q_{x+1}^{(d)} - {}_2(CV)q_{x+1}^{(w)}}{p_{x+1}^{(\tau)}}$$

$$\approx 584.38$$

第 3 個保險年度末的資產份額為

$$_3(AS) = \frac{[{}_2(AS) + G(1 - c_2) - e_2](1 + i) - 1,000q_{x+2}^{(d)} - {}_3(CV)q_{x+2}^{(w)}}{p_{x+2}^{(\tau)}}$$

$$\approx 1,058.01$$

**例** 11.2.2　已知某3年期兩全保險,保險金額為1,000元,$G = 350$元,$i = 5\%$,另外給定條件如下表 11 - 2 - 2 所示。計算該保單各年末的資產份額。

表 11 - 2 - 2　　保單的有關假設條件

| $k$ | $p_{x+k}^{(\tau)}$ | $q_{x+k}^{(\tau)}$ | $q_{x+k}^{(1)}$ | $q_{x+k}^{(2)}$ | $c_k$ | $e_k$ | $_{k+1}(CV)$ |
|---|---|---|---|---|---|---|---|
| 0 | 0.5 | 0.5 | 0.10 | 0.40 | 0.20 | 8 | 230 |
| 1 | 0.6 | 0.4 | 0.15 | 0.25 | 0.06 | 2 | 560 |
| 2 | 0.5 | 0.5 | 0.5 | 0 | 0.06 | 2 | 1,000 |

**解**:由公式(11.2.2) 及 $_0(AS) = 0$ 可得

$$_1(AS) = \frac{1}{0.5}\{[0 + 350(1 - 0.2) - 8](1 + 0.05) - 1,000 \times 0.1 - 230 \times 0.4\}$$

$$= 187.200$$

$$_2(AS) = \frac{1}{0.6}\{[187.200 + 350(1 - 0.06) - 2](1 + 0.05)$$

$$- 1,000 \times 0.15 - 560 \times 0.25\}$$

$$\approx 461.517$$

$${}_3(AS) = \frac{1}{0.5}\{[416.517 + 350(1 - 0.06) - 2](1 + 0.05)$$

$$- 1,000 \times 0.5 - 1,000 \times 0\}$$

$$\approx 561.386$$

事實上,這樣的毛保費 $G = 350$ 元是不合理的,因為它使各年末的資產份額均小於現金價值,因而應該調整毛保費。設調整后的均衡毛保費應為 $\tilde{G}$ 元,於是

$$\tilde{G} = 350 + \frac{(1,000 - 561.386) \times 1.05^{-3} \times 0.5 \times 0.6 \times 0.5}{(1 - 0.2) + (1 - 0.06) \times 1.05^{-1} \times 0.5 + (1 - 0.06) \times 1.05^{-2} \times 0.5 \times 0.6}$$

$$\approx 387.803$$

由此可得調整后的資產份額為

$${}_1(\hat{AS}) = \frac{1}{0.5}\{[0 + 387.803(1 - 0.2) - 8](1 + 0.05) - 1,000 \times 0.1 - 230 \times 0.4\}$$

$$\approx 250.709$$

$${}_2(\hat{AS}) = \frac{1}{0.6}\{[250.709 + 387.803(1 - 0.06) - 2](1 + 0.05)$$

$$- 1,000 \times 0.15 - 560 \times 0.25\}$$

$$\approx 589.843$$

$${}_3(\hat{AS}) = \frac{1}{0.5}\{[589.843 + 387.803(1 - 0.06) - 2](1 + 0.05)$$

$$- 1,000 \times 0.5 - 1,000 \times 0\}$$

$$\approx 999.993$$

另外,若依據收支平衡原則得到的毛保費設為 $P^*$ 元,則

$$P^*(1 + 1.05^{-1} \times 0.5 + 1.05^{-2} \times 0.5 \times 0.6) = [(1,000 \times 0.1 + 230 \times 0.4)$$
$$\times 1.05^{-1} + 8 + 2P^* + (1,000 \times 0.5 \times 0.15 + 560 \times 0.5 \times 0.25)$$
$$\times 1.05^{-2} + (0.06P^* + 2) \times 1.05^{-1} \times 0.5$$
$$+ (1,000 \times 0.5 \times 0.6 \times 0.5 + 1,000 \times 0.5 \times 0.6 \times 0.5) \times 1.05^{-3}$$
$$+ (0.06P^* + 2) \times 1.05^{-2} \times 0.5 \times 0.6]$$

化簡得

$$1.503,401,36P^* \approx 583.024,295,43$$

即

$$P^* \approx 387.80$$

## 三、資產份額的應用之二——利源分析

由上節的公式(11.2.1)可知

$$_{t+1}(AS)p_{x+t}^{(\tau)} = [\,_t(AS) + G(1 - c_t) - e_t](1 + i) - q_{x+t}^{(1)} - q_{x+t}^{(2)} \cdot {}_{t+1}(CV)$$

並運用 $p_{x+t}^{(\tau)} = 1 - q_{x+t}^{(1)} - q_{x+t}^{(2)}$ 可得

$$_{t+1}(AS) = [\,_t(AS) + G(1 - c_t) - e_t](1 + i) - q_{x+t}^{(1)}(1 - {}_{t+1}(AS)) - q_{x+t}^{(2)} \cdot ({}_{t+1}(CV) - {}_{t+1}(AS)) \quad (11.2.8)$$

在公式(11.2.8)中相應參數的上方加上符號「^」,表示實際運行的數據,由此形成如下公式

$$_{t+1}(\hat{AS}) = [\,_t(AS) + G(1 - \hat{c}_t) - \hat{e}_t](1 + \hat{i}_{t+1}) - \hat{q}_{x+t}^{(1)}(1 - {}_{t+1}(\hat{AS})) - \hat{q}_{x+t}^{(2)} \cdot ({}_{t+1}(CV) - {}_{t+1}(\hat{AS})) \quad (11.2.9)$$

公式(11.2.9)-公式(11.2.8)得

$$\begin{aligned} {}_{t+1}(\hat{AS}) - {}_{t+1}(AS) = & [(\,_t(AS) + G)(\hat{i}_{t+1} - i)] \\ & + [(Gc_t + e_t)(1 + i) - (G\hat{c}_t + \hat{e}_t)(1 + \hat{i}_{t+1})] \\ & + [q_{x+t}^{(1)}(1 - {}_{t+1}(AS)) - \hat{q}_{x+t}^{(1)}(1 - {}_{t+1}(\hat{AS}))] \\ & + [q_{x+t}^{(2)} \cdot ({}_{t+1}(CV) - {}_{t+1}(AS)) \\ & - \hat{q}_{x+t}^{(2)} \cdot ({}_{t+1}(CV) - {}_{t+1}(\hat{AS}))] \end{aligned} \quad (11.2.10)$$

顯然,公式(11.2.10)是由以中括號為界的四項組成的,它們分別表示利差損益、費差損益、死差損益與解約損益(或退差損益)。由此可以得到如下結論:

(1)當 ${}_{t+1}(\hat{AS}) > {}_{t+1}(AS)$ 時,其差額為盈余。

(2)當 ${}_{t+1}(\hat{AS}) < {}_{t+1}(AS)$ 時,其差額為虧損。

(3)當 ${}_{t+1}(\hat{AS}) = {}_{t+1}(AS)$ 時,其差額為0,不盈不虧。

**例11.2.3** 在例11.2.2的基礎上,假設保費已調整至387.80元,並且實際運行結果如表11-2-3所示,試用資產份額法分析其盈余來源。

表11-2-3 **保單的實際運行基礎**

| $k$ | $\hat{p}_{x+k}^{(\tau)}$ | $\hat{q}_{x+k}^{(\tau)}$ | $\hat{q}_{x+k}^{(1)}$ | $\hat{q}_{x+k}^{(2)}$ | $\hat{c}_k$ | $\hat{e}_k$ | $\hat{i}_{k+1}$ |
|---|---|---|---|---|---|---|---|
| 0 | 0.45 | 0.55 | 0.12 | 0.43 | 0.18 | 9 | 6% |
| 1 | 0.65 | 0.35 | 0.11 | 0.24 | 0.05 | 2 | 5% |
| 2 | 0.52 | 0.48 | 0.48 | 0 | 0.05 | 2 | 4% |

**解:**第0年末、第1年末、第2年末、第3年末的實際資產份額分別為0元、

241.413 元、620.885 元、989.429 元。於是,可以得到如表 11－2－4 的盈余來源表。

表 11－2－4　　盈余來源表

| 盈余來源 | 第 1 年末 | 第 2 年末 | 第 3 年末 |
|---|---|---|---|
| 利差損益<br>$[{}_t(AS)+G](\hat{i}_{t+1}-i)$ | 3.88 | 0.00 | －9.78 |
| 費差損益<br>$(Gc_t+e_t)(1+i)$<br>$-(G\hat{c}_t+\hat{e}_t)(1+\hat{i}_{t+1})$ | 6.31 | 4.07 | 4.29 |
| 死差損益<br>$q_{x+t}^{(1)}[1-{}_{t+1}(AS)]$<br>$-\hat{q}_{x+t}^{(1)}[1-{}_{t+1}(\hat{A}S)]$ | －16.10 | 19.82 | －5.07 |
| 解約損益<br>$q_{x+t}^{(2)}\cdot[{}_{t+1}(CV)-{}_{t+1}(AS)]$<br>$-\hat{q}_{x+t}^{(2)}\cdot[{}_{t+1}(CV)-{}_{t+1}(\hat{A}S)]$ | －3.38 | 7.15 | 0.00 |
| 合計 | 9.29 | 31.04 | －10.56 |

因此,各年盈余形成的終值為

$$-9.29\times1.05\times1.04+31.04\times1.04-10.56\approx11.58(\text{元})$$

## 第三節　範例式利源分析

### 一、全離散型利源分析

假設有很多 $x$ 歲的人簽約,$n$ 年到期,保險金於死亡年末支付的兩全保險合同,並假設簽約是在保險期期初,於是有

$$l_{x+t-1}({}_{t-1}V+P)(1+i)-d_{x+t-1}-(l_{x+t-1}-d_{x+t-1})\,{}_tV=0 \qquad (11.3.1)$$

僅當群體的實際死亡數及責任準備金利率與預定的一樣時,這個公式才成立,否則就會產生盈虧。不過,大多數情況下會產生盈余,因為實際的死亡數 $d'_{x+t-1}$ 比預定的 $d_{x+t-1}$ 小,利率 $i'$ 比預定 $i$ 的大,因而公式(11.3.1) 右邊就不是 0,而是剩余金 G,即

$$l_{x+t-1}({}_{t-1}V+P)(1+i')-d'_{x+t-1}-(l_{x+t-1}-d'_{x+t-1})\,{}_tV=G \qquad (11.3.2)$$

公式(11.3.2)－公式(11.3.1) 得

$$G=l_{x+t-1}({}_{t-1}V+P)(i'-i)+(d_{x+t-1}-d'_{x+t-1})(1-{}_tV) \qquad (11.3.3)$$

假設 $P^e$ 為附加保費,如果事業費用只在年初使用總額 $E$,那麼年末費用方面的

剩余部分為

$$(l_{x+t-1}P^e - E)(1 + i')$$

如果在一年內均勻地使用事業費用,則剩余部分為

$$l_{x+t-1}P^e(1 + i') - E(1 + i')^{0.5}$$

假設對於解約者 $w_{x+t-1}$ 在年末返還 ${}_tW$,於是解約益為

$$w_{x+t-1}({}_tV - {}_tW)。$$

在考慮了費用支出、解約情況之后的剩余金為

$$\tilde{G} = l_{x+t-1}({}_{t-1}V + P)(i' - i) + (d_{x+t-1} - d'_{x+t-1})(1 - {}_tV)$$
$$+ (l_{x+t-1}P^e - E)(1 + i') + w_{x+t-1}({}_tV - {}_tW) \qquad (11.3.4)$$

其實這裡的剩余金也可分解為兩個部分:收入部分與支出部分之差。

收入部分:

| | |
|---|---|
| 上年末的責任準備金 | $l_{x+t-1}\,{}_{t-1}V$ |
| 保費收入 | $l_{x+t-1}(P + P^e)$ |
| 利息收入 | $I = l_{x+t-1}({}_{t-1}V + P)i' + (l_{x+t-1}P^e - E)i'$ |

(11.3.5)

支出部分:

| | |
|---|---|
| 保險金 | $d'_{x+t-1}$ |
| 退保金 | $w_{x+t-1}\,{}_tW$ |
| 事業費 | $E$ |
| 本年末責任準備金 | $(l_{x+t-1} - d'_{x+t-1} - w_{x+t-1})\,{}_tV$ |

由於公式(11.3.3) 表明剩余金可分解為利差益與死差益之和, 因此公式(11.3.2) 的左邊減去公式(11.3.3) 右邊的第一項得到的應是死差益,即死差益也可表示為

$$l_{x+t-1}({}_{t-1}V + P)(1 + i) - d'_{x+t-1} - (l_{x+t-1} - d'_{x+t-1})\,{}_tV \qquad (11.3.6)$$

公式(11.3.6) 表明年初責任準備金按預定利率增值后,支付按實際死亡人數計算的保險金,再減去為實際生存者留下的期末責任準備金后的余額就是死差益。

解約者預計按責任準備金支付,而實際是按退保金支付,由此形成解約益。因此,我們可將上面的剩余金或利潤作成如表 11 - 3 - 1 的利源分析表。

表 11－3－1　　　　利源分析表

| 序號 | 收入部分 | 支付部分 |
|---|---|---|
| 1 | 上年末的責任準備金　$l_{x+t-1}\ {}_{t-1}V$<br>純保費收入　$l_{x+t-1}P$<br>預定利息　$l_{x+t-1}({}_{t-1}V+P)i$ | 保險金　$d'_{x+t-1}$<br>解約合同責任準備金 $w_{x+t-1}\ {}_tV$<br>當年末責任準備金<br>$(l_{x+t-1}-d'_{x+t-1}-w_{x+t-1})\ {}_tV$ |
| 2 | 利息收入 $A$：$l_{x+t-1}({}_{t-1}V+P)i'$ | 預定利息 $l_{x+t-1}({}_{t-1}V+P)i$ |
| 3 | 收入附加保費　$l_{x+t-1}P^e$<br>利息收入 $B$：$(l_{x+t-1}P^e-E)i'$ | 事業費 $E$ |
| 4 | 解約合同責任準備金 $w_{x+t-1}\ {}_tV$ | 解約金 $w_{x+t-1}\ {}_tW$ |

上述表中的利息收入 $A$ 加上表中利息收入 $B$，正好是公式(11.3.5)中的利息收入 $I$。

(1) 在利源分析表中，第 1 欄中的「收入部分」減去「支出部分」就是由公式(11.3.6)表明的死差損益。

(2) 在第 2 欄中，「收入部分」減去「支出部分」就是由公式(11.3.6)表明的利差損益。

(3) 在第 3 欄中，「收入部分」減去「支出部分」就是由公式(11.3.6)表明的費差損益。

(4) 在第 4 欄中，「收入部分」減去「支出部分」就是由公式(11.3.6)表明的解約損益，或退差損益。

## 二、半連續型利源分析

上述利源分析是假設死亡保險金、解約金於死亡年末支付，而實際情況更可能是死亡保險金於死亡時立即支付，解約金於解約時立即退還，因此，可將死亡保險金與解約金處理為年中支付，於是有：

$$l_{x+t-1}({}_{t-1}\bar{V}+\bar{P})(1+i)-d_{x+t-1}(1+i)^{0.5}-(l_{x+t-1}-d_{x+t-1})\,{}_t\bar{V}=0 \tag{11.3.7}$$

於是，剩余金為

$$l_{x+t-1}({}_{t-1}\bar{V}+\bar{P})(1+i')-d'_{x+t-1}(1+i')^{0.5}-(l_{x+t-1}-d'_{x+t-1})\,{}_t\bar{V}=G \tag{11.3.8}$$

公式(11.3.8)－公式(11.3.7)得

$$G=[l_{x+t-1}({}_{t-1}\bar{V}+\bar{P})(i'-i)-(d'_{x+t-1}\cdot 0.5i'-d_{x+t-1}\cdot 0.5\,i)]$$

$$+ (d_{x+t-1} - d'_{x+t-1})(1 - {}_t\bar{V}) \tag{11.3.9}$$

此時右邊第 1 項表示利差損益,第 2 項表示死差損益。

死差損益還可表示為公式(11.3.8) 的左邊與公式(11.3.9) 的右邊第 1 項的差,即

$$l_{x+t-1}({}_{t-1}\bar{V} + \bar{P})(1 + i) - d_{x+t-1} \cdot 0.5i - d'_{x+t-1} - (l_{x+t-1} - d'_{x+t-1})\,{}_t\bar{V} \tag{11.3.10}$$

注意這裡運用了近似等式$(1 + i')^{0.5} \approx 1 + 0.5i'$。

這樣,損益可按如下方式計算:

收入部分:

上年末的責任準備金　$l_{x+t-1}\,{}_{t-1}\bar{V}$

保費收入　$l_{x+t-1}(\bar{P} + P^e)$

利息收入　$I = l_{x+t-1}({}_{t-1}\bar{V} + \bar{P})i' - d'_{x+t-1} \cdot 0.5i' - w_{x+t-1}\,{}_tW \cdot 0.5i + (l_{x+t-1}P^e - E)i' \quad (11.3.11)$

支出部分:

保險金　$d'_{x+t-1}$

退保金　$w_{x+t-1}\,{}_tW$

事業費　$E$

本年末責任準備金　$(l_{x+t-1} - d'_{x+t-1} - w_{x+t-1})\,{}_t\bar{V}$

因此,剩余金

$\tilde{G}$ = 收入合計 - 支出合計

= 公式(11.3.9) 第 1 項 + 公式(11.3.9) 第 2 項 + 費差益 + 解約益

這裡,費差益 $= (l_{x+t-1}P^e - E)(1 + i')$,解約益 $= w_{x+t-1}[\,{}_t\bar{V} - {}_tW(1 + 0.5i')]$

因此,將上述剩余金分解為 4 個部分,其利源分析表如下表 11 - 3 - 2 所示。

表 11 - 3 - 2　　利源分析表

| 序號 | 收入部分 | 支付部分 |
|---|---|---|
| 1 | 上年末的責任準備金　$l_{x+t-1}\,{}_{t-1}\bar{V}$<br>純保費收入　$l_{x+t-1}\bar{P}$<br>預定利息　$l_{x+t-1}({}_{t-1}\bar{V} + \bar{P})i - d_{x+t-1} \cdot 0.5\,i$ | 保險金　$d'_{x+t-1}$<br>解約合同責任準備金　$w_{x+t-1}\,{}_t\bar{V}$<br>當年末責任準備金<br>$(l_{x+t-1} - d'_{x+t-1} - w_{x+t-1})\,{}_t\bar{V}$ |
| 2 | 利息收入 $A$:<br>$l_{x+t-1}({}_{t-1}\bar{V} + P)i' - d'_{x+t-1} \cdot 0.5\,i'$ | 預定利息<br>$l_{x+t-1}({}_{t-1}\bar{V} + \bar{P})i - d_{x+t-1} \cdot 0.5\,i$ |

表 11－3－2(續)

| 序號 | 收入部分 | 支付部分 |
|---|---|---|
| 3 | 收入附加保費　$l_{x+t-1}P^e$<br>利息收入 $B$:$(l_{x+t-1}P^e - E)i'$ | 事業費　$E$ |
| 4 | 解約合同責任準備金 $w_{x+t-1\ t}\bar{V}$<br>利息收入 $C$:$- w_{x+t-1\ t}W \cdot 0.5i$ | 解約金　$w_{x+t-1\ t}W$ |

(11.3.11) 中的利息收入正好等於利源分析表中的利息收入 $A + B + C$。

在離散型利潤公式或剩余金中兩邊同除以 $l_{x+t-1}$ 可得

$$g = ({}_{t-1}V + P)(i' - i) + (q_{x+t-1} - q'_{x+t-1})(1 - {}_tV) + (P^e - e)(1 + i') \tag{11.3.12}$$

$$\tilde{g} = g + q^{(w)}_{x+t-1}({}_tV - {}_tW) \tag{11.3.13}$$

這裡 $q'_{x+t-1} = \dfrac{d'_{x+t-1}}{l_{x+t-1}}$ 為實際死亡率,$e = \dfrac{E}{l_{x+t-1}}$ 為人均事業費,$q^{(w)}_{x+t-1} = \dfrac{w_{x+t-1}}{l_{x+t-1}}$ 為退保率。$g$ 可以看成是不同利源分紅:利差益分紅、死差益分紅、費差益分紅。

**例** 11.3.1　考慮40歲簽約,25年到期,保險金1於死亡年末支付的兩全保險。已知 $\alpha = 25‰$, $\beta = 3\%$, $\gamma = 2.5‰$,當該保險公司的責任準備金按20‰的Zillmer比例在10年內修正時,以CL1(2000—2003)2.5% 為基礎計算:

(1) $P_1$ 和 $P_2$;(2) 第1、4年度的危險保費、儲蓄保費和附加保險費。

**解:** 由題意知 $\varepsilon = 20‰ = 0.02$,保額為1,於是:

(1) 計算年繳純保費

$$P = P_{40:\overline{25|}} = \frac{M_{40} - M_{65} + D_{65}}{N_{40} - N_{65}} \approx 0.030,441,76$$

$$\ddot{a}_{40:\overline{10|}} = \frac{N_{40} - N_{50}}{D_{40}} \approx 8.891,101,98$$

$$\therefore \quad P_1 = P - \varepsilon\left(1 - \frac{1}{\ddot{a}_{40:\overline{10|}}}\right) \approx 0.012,691,20$$

$$P_2 = P + \frac{\varepsilon}{\ddot{a}_{40:\overline{10|}}} \approx 0.032,691,20$$

(2) 計算危險保費、儲蓄保費和附加保險費

毛保險費為

$$P^* = \frac{1}{1-\beta}\left(P + \frac{\alpha}{\ddot{a}_{40:\overline{25|}}} + \gamma\right)$$

$$\approx \frac{1}{1-0.03}\left(0.030,441,76+\frac{0.025}{\ddot{a}_{40:\overline{25|}}}+0.002,5\right)\approx 0.035,373,77$$

其中，$\ddot{a}_{40:\overline{25|}}=\dfrac{N_{40}-N_{65}}{D_{40}}\approx 18.237,525,90$。

$$\because\ {}_0V=0$$

$${}_tV={}_tV_{40:\overline{25|}}-\frac{\varepsilon}{\ddot{a}_{40:\overline{10|}}}\ddot{a}_{40+t:\overline{10-t|}}\text{（當 } 0<t\leqslant 10 \text{ 時）}$$

$$\therefore\ {}_1V=\left(1-\frac{\ddot{a}_{41:\overline{24|}}}{\ddot{a}_{40:\overline{25|}}}\right)-\frac{0.02}{\ddot{a}_{40:\overline{10|}}}\ddot{a}_{41:\overline{9|}}\approx 0.011,312,93$$

同理可得

$${}_3V\approx 0.076,103,39\text{，}{}_4V\approx 0.109,633,25\text{，}$$

分別用 $P_t^r$、$P_t^s$、$P_t^e$ 表示第 $t$ 年度危險保費、儲蓄保費和附加保費，於是有

$$\begin{cases}P_1^r=(1-{}_1V)vq_{40}\approx 0.001,654,20\\ P_1^s=v\,{}_1V-{}_0V\approx 0.011,037,00\\ P_1^e=P^*-P_1\approx 0.022,682,57\end{cases}\quad P_1\approx 0.012,691,20$$

$$\begin{cases}P_4^r=(1-{}_4V)vq_{43}\approx 0.001,835,33\\ P_4^s=v\,{}_4V-{}_3V\approx 0.030,855,88\\ P_4^e=P^*-P_2\approx 0.002,682,57\end{cases}\quad P_2\approx 0.032,691,20$$

**例** 11.3.2　在例 11.3.1 的基礎之上，假設在同一天簽訂了多份這樣的兩全保險合同，保險金額為 10 萬元，這個合同的責任準備金採用 Zillmer 式責任準備金。假設在保險年度末支付保險金和解約金。這個保險群體各年經歷的實際情況如表 11－3－3 所示，試對各保險年度進行利源分析。

**表 11－3－3　　　　有關年度保單運行狀況**

| 項目 | 第 1 保險年度 | 第 4 保險年度 |
|---|---|---|
| 年初合同數（件） | 1,000,000 | 84,500 |
| 年死亡數（件） | 90 | 150 |
| 年解約數（件） | 9,500 | 1,250 |
| 年解約返金率 | 0 | ${}_4V^{[10z]}-6‰$ |
| 年利息收入（十萬元） | 90 | 530 |
| 年事業費（十萬元） | 2,000 | 195 |

**解**：利源分析時，設 $\tilde{P}$、${}_t\tilde{V}$ 是保額為 10 萬元時的保費與責任準備金，在計算利息

收入$A$與$B$時，應將利息收入總額按照權重$l_{x+t-1}({}_{t-1}\tilde{V}+\tilde{P})$和$(l_{x+t-1}\tilde{P}^{e}-E)$進行分配。各年利源分析如表 11－3－4 和表 11－3－5 所示。

**表 11－3－4　　第 1 保險年度盈余分析**　　單位：元

| 序號 | 收入部分 | 支付部分 |
|---|---|---|
| 1 | 上年末的責任準備金<br>$l_{40}\cdot{}_{0}V=0$<br>純保費收入<br>$l_{40}P_1\times 100,000$<br>$=100,000\times P_1\times 100,000$<br>$\approx 126,911,990$<br>預定利息<br>$l_{40}({}_{0}V+\tilde{P}_1)i\approx(0+126,911,990)\times 2.5\%$<br>$\approx 3,172,800$<br>小計：130,084,790 | 保險金<br>$100,000\times d'_{40}=9,000,000$<br>解約合同責任準備金<br>$w_{40}\cdot{}_{1}\tilde{V}=9,500\times 1,131.293$<br>$\approx 10,747,279$<br>當年末責任準備金<br>$(l_{40}-d'_{40}-w_{40})\,{}_{1}\tilde{V}$<br>$=(100,000-90-9,500)\times 1,131.293$<br>$\approx 102,280,157$<br>小計：122,027,436 |
| 2 | 利息收入$A$：<br>$l_{40}({}_{0}\tilde{V}+\tilde{P}_1)i'\approx 7,429,588$ | 預定利息<br>$l_{40}({}_{0}V+\tilde{P}_1)i$<br>$=(0+126,911,990)\times 2.5\%$<br>$\approx 3,172,800$ |
| 3 | 收入附加保費<br>$l_{40}\tilde{P}^{e}_{1}\approx 226,825,732$<br>利息收入$B$：<br>$(l_{40}\tilde{P}^{e}_{1}-E)i'\approx 1,570,412$<br>小計：228,396,144 | 事業費$E=200,000,000$ |
| 4 | 解約合同責任準備金<br>$w_{40}\cdot{}_{1}\tilde{V}=9,500\times 1,131.293$<br>$\approx 10,747,279$ | 解約金$w_{40}\cdot{}_{1}W=0$ |

因此，可得到：

死差益＝805.74（萬元）

利差益＝425.68（萬元）

費差益＝2,839.61（萬元）

解約益＝1,074.73（萬元）

∴　總盈余＝5,145.76（萬元）

表 11－3－5　　第 4 保險年度盈余分析　　單位：元

| 序號 | 收入部分 | 支付部分 |
|---|---|---|
| 1 | 上年末的責任準備金<br>$l_{43} \cdot {}_3V \approx 643,073,619$<br>純保費收入<br>$l_{43}P_2 \times 100,000 \approx 276,240,632$<br>預定利息<br>$l_{43}({}_3V + \tilde{P}_2)i \approx 22,982,856$<br>小計：942,297,107 | 保險金<br>$100,000 \times d'_{43} = 15,000,000$<br>解約合同責任準備金<br>$w_{43} \cdot {}_4\tilde{V} \approx 1,250 \times 10,963.325$<br>$\approx 13,704,156$<br>當年末責任準備金<br>$(l_{43} - d'_{43} - w_{43})\,{}_4\tilde{V} =$<br>$(84,500 - 150 - 12,500)$<br>$\times 10,963.325$<br>$\approx 911,052,315$<br>小計：939,756,471 |
| 2 | 利息收入 $A$：<br>$l_{43}({}_3\tilde{V} + \tilde{P}_2)i' \approx 52,818,001$ | 預定利息<br>$l_{43}({}_3V + \tilde{P}_2)i \approx 22,982,856$ |
| 3 | 收入附加保費<br>$l_{43}\tilde{P}_2^e \approx 22,667,743$<br>利息收入 $B$：<br>$(l_{43}\tilde{P}_2^e - E)i' \approx 181,999$<br>小計：22,849,742 | 事業費 $E = 19,500,000$ |
| 4 | 解約合同責任準備金<br>$w_{43} \cdot {}_4\tilde{V} = 13,704,156$ | 解約金 $w_{43} \cdot {}_4W \approx 12,954,156$ |

因此，可得到：

死差益 = 254.06（萬元）

利差益 = 2,983.51（萬元）

費差益 = 334.97（萬元）

解約益 = 75.00（萬元）

∴ 總盈余 = 3,647.55（萬元）

## 第四節　紅利分配

### 一、紅利的來源

人壽保險公司是基於以下原則運行的：對發行的一批保單按所承諾的收益進行支付，並負擔費用開銷，保費及其投資收益不足以抵補的概率是非常小的，並據此決定保費水平。按照這個原理（代替收支平衡原則），虧損變量的期望值應為負

(即為盈余),以便產生一個安全的保障額度以應付可能發生的不利偏差。

由於不確定性隨著時間的推移而消除,原價格 — 收益結構中為應付不利偏差而設置的保障額度可隨之釋放,並返還給保單持有人,因為后者通過繳納高額保費承受了風險。這些不再需要的超出應付未來風險部分的余額稱為紅利。

換言之,經驗資產份額超出了預定資產份額的部分是由於投保人實際繳付的保費高出預定保費水平而形成的,所以保險公司一般在一定時期內以紅利分配的方式把超額的資產份額返還給保單持有人,以調整過去已繳納的較高保險費。返還給投保人的金額稱為紅利。

在資產份額遞推公式中,用$_tF$代替$_t(AS)$,這裡假設$_tF$是事先確定的,是使未來保費及其利息收入足以提供死亡給付、解約退保金、營業費開支而形成的基金份額。

$$
\begin{aligned}
{}_{t+1}F = {} & [{}_tF + G(1 - c_t) - e_t](1 + i) - q_{x+t}^{(1)}(1 - {}_{t+1}F) \\
& - q_{x+t}^{(2)} \cdot [{}_{t+1}(CV) - {}_{t+1}F] \qquad (11.4.1)
\end{aligned}
$$

上式中的$c_t$、$e_t$、$q_{x+t}^{(1)}$、$q_{x+t}^{(2)}$比預期高,$i$比較小時,就保證了$_tF$足以提供剩余的資產份額,避免了實際資產份額小於預定的資產份額。

以$_{t+1}D$表示第$t+1$年的紅利,它是經驗資產份額與事先確定的$_{t+1}F$之差,即

$$
\begin{aligned}
{}_{t+1}\hat{F} = {} & {}_{t+1}F + {}_{t+1}D = [{}_tF + G(1 - \hat{c}_t) - \hat{e}_t](1 + \hat{i}_{t+1}) \\
& - \hat{q}_{x+t}^{(1)}(1 - {}_{t+1}F - {}_{t+1}D) - \hat{q}_{x+t}^{(2)} \cdot [{}_{t+1}(CV) - {}_{t+1}F - {}_{t+1}D] \qquad (11.4.2)
\end{aligned}
$$

公式(11.4.2) − 公式(11.4.1) 得

$$
\begin{aligned}
{}_{t+1}D = {} & ({}_tF + G)(\hat{i}_{t+1} - i) + [(Gc_t + e_t)(1 + i) - (G\hat{c}_t + \hat{e}_t)(1 + \hat{i}_{t+1})] \\
& + (1 - {}_{t+1}F)(q_{x+t}^{(1)} - \hat{q}_{x+t}^{(1)}) \\
& + [{}_{t+1}(CV) - {}_{t+1}F](q_{x+t}^{(2)} - \hat{q}_{x+t}^{(2)}) + {}_{t+1}D(\hat{q}_{x+t}^{(1)} + \hat{q}_{x+t}^{(2)}) \qquad (11.4.3)
\end{aligned}
$$

因此,紅利可以分解為受利率變動、費用率變動、死亡率變動、解約率變動而產生的盈余,並且這裡紅利僅分配給殘存者(即僅對有效保單分紅)。

當$_{t+1}(CV) = {}_{t+1}F$,並對死亡和退保也分紅時,以$E_t$表示$Gc_t + e_t$,$\hat{E}_t$表示$G\hat{c}_t + \hat{e}_t$,因此公式(11.4.3) 可變化為

$$
\begin{aligned}
{}_{t+1}D = {} & ({}_tF + G)(\hat{i}_{t+1} - i) + [E_t(1 + i) - \hat{E}_t(1 + \hat{i}_{t+1})] \\
& + (1 - {}_{t+1}F)(q_{x+t}^{(1)} - \hat{q}_{x+t}^{(1)}) \qquad (11.4.4)
\end{aligned}
$$

若對死亡者、解約者分配紅利,則第$k+1$年末的經驗資產份額為

$$
\begin{aligned}
{}_{t+1}\hat{F} = {} & [{}_tF + G(1 - \hat{c}_t) - \hat{e}_t](1 + \hat{i}_{t+1}) - \hat{q}_{x+t}^{(1)}(1 - {}_{t+1}F + {}_{t+1}D) \\
& - \hat{q}_{x+t}^{(2)} \cdot [{}_{t+1}(CV) - {}_{t+1}F + {}_{t+1}D] \qquad (11.4.5)
\end{aligned}
$$

$$
\begin{aligned}
\therefore {}_{t+1}D = {} & {}_{t+1}\hat{F} - {}_{t+1}F = ({}_tF + G)(\hat{i}_{t+1} - i) + [E_t(1 + i) - \hat{E}_t(1 + \hat{i}_{t+1})] \\
& + (1 - {}_{t+1}F)(q_{x+t}^{(1)} - \hat{q}_{x+t}^{(1)}) + [{}_{t+1}(CV) - {}_{t+1}F](q_{x+t}^{(2)} - \hat{q}_{x+t}^{(2)})
\end{aligned}
$$

$$+{}_{t+1}D(q_{x+t}^{(1)} - \hat{q}_{x+t}^{(1)}) + {}_{t+1}D(q_{x+t}^{(2)} - \hat{q}_{x+t}^{(2)}) \quad (11.4.6)$$

## 二、中國保險監督管理委員會關於分紅保單的精算規定

中國保險監督管理委員會《分紅保險精算規定》講到了計算紅利的兩種方式:現金紅利與增額紅利。

### (一) 現金紅利

現金紅利分配是指直接以現金的形式將盈余分配給保單持有人。領取方式有:現金、抵交保費、累積生息以及購買繳清保險,等等。

現金紅利的計算可以採用貢獻法。貢獻法是指在各個保單之間根據每張保單對所產生的盈余的貢獻作為份額按比例分配盈余的方法。按照利差、死差、費差三種利源項目表示的計算公式為:

$$C = (V_0 + P)(i' - i) + (q - q')(S - V_1) + (GP - P - e')(1 + i') \quad (11.4.7)$$

這裡,$C$ 為該保單對盈余的貢獻,$V_0$ 為按評估基礎計算的上一保單期末準備金,$V_1$ 為按評估基礎計算的保單期末準備金,$P$ 為按評估基礎計算的淨保費,$i'$ 為實際投資收益率,$i$ 為評估利息率,$q'$ 為實際經驗死亡率,$q$ 為評估死亡率,$S$ 為死亡保險金,$GP$ 為保險費,$e'$ 為實際經驗費用支出。

因此,保險公司應按照下列公式來計算每張保單實際分配的紅利:

$$\frac{C}{\sum_{\Omega} C} \times \text{可分配盈余} \times R \quad (11.4.8)$$

其中,$\Omega$ 表示所有分紅保單,$R$ 為保險公司確定的不低於 70% 的比例。

### (二) 增額紅利

增額紅利分配指的是在整個保險期限內每年以增加保額的方式分配紅利,已增加的保額一旦作為紅利公布,不得取消。可在合同終止時以現金方式給付終了紅利。採用增額紅利分配方式的保險公司應當根據下列要求計算增額紅利和終了紅利:

(1) 增額紅利成本應當按照評估基礎計算,每張保單增額紅利成本計算公式為:$RB_t \cdot A$。其中,$RB_t$ 為該保單在 $t$ 時刻分配到的增額紅利;$A$ 為按照評估基礎計算的在 $t$ 時刻購買原保單責任的躉繳純保費。

(2) 終了紅利的計算應當按照每張保單對分紅保險特別儲備的貢獻確定。

每組對應的分紅保險特別儲蓄份額 = 每組的資產份額 - 每組的責任準備金

**例** 11.4.1　在例 11.2.2 的基礎上,如果紅利也分配給死亡和退保的被保險人,計算各年紅利及其來源。假設 ${}_{k+1}F = {}_{k+1}(AS)$,;$\hat{i}_1 = 5\%$,$\hat{i}_2 = 6\%$,$\hat{i}_3 = 4\%$;$\hat{q}_x^{(1)}$

$= 0.09, \hat{q}_{x+1}^{(1)} = 0.1, \hat{q}_{x+2}^{(1)} = 0.4, \hat{q}_{x}^{(2)} = 0.5, \hat{q}_{x+1}^{(2)} = 0.2, \hat{q}_{x+2}^{(2)} = 0; \hat{c}_k = c_k, \hat{e}_0 = 10,$ $\hat{e}_1 = 1, \hat{e}_2 = 1, k = 0,1,2$。

**解**:各年的基金份額和資產份額為

$_0F = {}_0(AS) = 0, {}_1F = {}_1(AS) = 187.20, {}_2F = {}_2(AS) = 416.52,$ $_3F = {}_3(AS) = 561.39$,因此,各年紅利及來源如下表 11 - 4 - 1 所示。

**表 11 - 4 - 1** **紅利來源表** 單位:元

| 紅利來源 | 第 1 年 | 第 2 年 | 第 3 年 |
|---|---|---|---|
| (1) 利差損益 $({}_tF + G)(\hat{i}_{t+1} - i)$ | $(0 + 350)(0.05 - 0.05) = 0$ | $(187.2 + 350)(6\% - 5\%) \approx 5.37$ | $(416.52 + 350)(4\% - 5\%) \approx -7.67$ |
| (2) 費差損益 $E_t(1 + i) - \hat{E}_t(1 + \hat{i}_{t+1})$ | $(350 \times 0.2 + 8) \times 1.05 - (350 \times 0.2 + 10)(1.05) \approx -2.1$ | $(350 \times 0.06 + 2)(1.05) - (350 \times 0.06 + 1)(1.06) \approx 0.83$ | $(350 \times 0.06 + 2) \times 1.05 - (350 \times 0.06 + 1) \times 1.04 \approx 1.27$ |
| (3) 死差損益 $(1,000 - {}_{t+1}F)(q_{x+t}^{(1)} - \hat{q}_{x+t}^{(1)})$ | $(1,000 - 187.2) \times (0.1 - 0.09) \approx 8.13$ | $(1,000 - 416.52)(0.15 - 0.1) \approx 29.17$ | $(1,000 - 561.39) \times (0.5 - 0.4) \approx 43.86$ |
| (4) 退差損益 $[{}_{t+1}(CV) - {}_{t+1}F](q_{x+t}^{(2)} - \hat{q}_{x+t}^{(2)})$ | $(230 - 187.2)(0.4 - 0.5) \approx -4.28$ | $(560 - 416.52)(0.25 - 0.2) \approx 7.17$ | $(1,000 - 561.39) \times (0 - 0) = 0$ |
| 合計 | 1.75 | 42.55 | 37.47 |

因此,紅利的終值為

$$1.75 \times 1.06 \times 1.04 + 42.55 \times 1.04 + 37.47 \approx 83.65(\text{元})$$

## 本章小結

本章主要研究了預期盈余、資產份額、利源分析、紅利分配。

預期盈余主要考慮由於附加費用的節省而形成的盈余。資產份額是保險人對每單位有效保單預先估計的資產額度,或者說是按單位保額所能分配的資產。它是分析壽險公司盈余狀況的非常有效的方法,或者說是利源分析的重要工具。資產份額有兩個應用:一是檢驗毛保費的合理性;二是進行利源分析,即將利潤分解為利差損益、死差損益、費差損益和退差損益。本章還用範例式方法對利潤來源進行了分析。

把投保人實際繳付的保費高出預定保費水平而形成的經驗資產份額超過預定資產份額的部分返還給投保人就稱為紅利。紅利可以分解為受利率變動、費用率變動、死亡率變動、解約率變動而產生的盈余,並且紅利僅分配給殘存者,即僅對有效保單分紅。有兩種紅利分配方式:現金紅利與增額紅利。

## 習題 11

11 - 1　某 $x$ 歲的人簽訂了 3 年期定期壽險。死亡受益金為死亡年末給付 100,000 元。毛保費在每年年初均衡繳納。一旦退保,沒有現金價值。假定死亡為減因(1),退保為減因(2),已知信息如下表 11 - 習題 - 1 所示,並且初始時資產份額為 0 元,第 2 年末的資產份額等於 10,000 元,計算年繳毛保費。

**表 11 - 習題 - 1　　保單的有關假設條件**

| $k$ | $c_k$ | $e_k$ | $i_k$ | $q_{x+k}^{(1)}$ | $q_{x+k}^{(2)}$ |
|---|---|---|---|---|---|
| 0 | 0.2 | 0.016 | 0.1 | 0.1 | 0.1 |
| 1 | 0.05 | 0.002 | 0.1 | 0.2 | 0.05 |

11 - 2　某 30 歲的人參加了 10 年期保額為 50,000 元的全離散型兩全保險,附加費用開支為:第 1 年為毛保費的 15%,續年為毛保費的 6%;同時,第 1 年每千元保額還要開支 12 元,續年每千元保額還要開支 2 元,以 CL1(2000—2003)2.5% 為基礎求解如下問題:

(1) 假設附加費用開支變為現實,試計算第 3 年末的預期盈余,這裡假設初始盈余為 0。

(2) 為使各年預期盈余不為負數,至少應具備多少初始盈余?

(3) 當第 1 年的附加費用降為毛保費的 10%,每千元保額的開支降為 10 元,以后各年的附加費用降為毛保費的 4%,每千元保額的開支降為 1 元,那麼各年的預期盈余是否為負數?第 3 年末的預期盈余為多少?何時開始預期盈余為正數?第 10 年年末的預期盈余為多少元?這裡仍假設初始盈余為 0。

11 - 3　若在習題 11 - 2 中的 30 歲的人投保的是 10 年期全離散型定期壽險,則結果又如何?

11 - 4　若在習題 11 - 2 中,退保時按公式(7.3.6) 計算現金價值,這裡的 $\sigma = 0.05$,退保概率為 $q_{30+k}^{(w)} = \dfrac{7(9-k)}{100,000}$,以 CL1(2000—2003)2.5% 為基礎,假設 $p_{30+k}^{(\tau)} =$

$p_{30+k}$，這裡 $k=0,1,2,\cdots,9$，投保時資產份額為 0，求第 3 年年末的均衡純保費責任準備金、現金價值、資產份額、現金價值占均衡純保費責任準備金的比例。

11－5　已知 3 年期兩全保險，保險金額為 1,000 元，$G=370$ 元，$i=2.5\%$，另外給定條件如表 11－習題－2 所示。計算：該保單在各年末的資產份額？是否足夠支付退保時的現金價值？調整后該保單的均衡毛保費為多少元？調整后各年末的資產份額為多少元？

**表 11－習題－2　　保單的有關假設條件**

| $k$ | $p_{x+k}^{(\tau)}$ | $q_{x+k}^{(\tau)}$ | $q_{x+k}^{(1)}$ | $q_{x+k}^{(2)}$ | $c_k$ | $e_k$ | $_{k+1}(CV)$ |
|---|---|---|---|---|---|---|---|
| 0 | 0.7 | 0.3 | 0.1 | 0.2 | 0.2 | 8 | 240 |
| 1 | 0.6 | 0.4 | 0.15 | 0.25 | 0.06 | 2 | 550 |
| 2 | 0.5 | 0.5 | 0.5 | 0 | 0.06 | 2 | 1,000 |

11－6　在習題 11－5 的基礎上，假設保費已調整至 404.97 元，並且實際運行結果如表 11－習題－3 所示，試用資產份額法分析其盈余來源。

**表 11－習題－3　　保單的實際運行基礎**

| $k$ | $\hat{p}_{x+k}^{(\tau)}$ | $\hat{q}_{x+k}^{(\tau)}$ | $\hat{q}_{x+k}^{(1)}$ | $\hat{q}_{x+k}^{(2)}$ | $\hat{c}_k$ | $\hat{e}_k$ | $\hat{i}_{k+1}$ |
|---|---|---|---|---|---|---|---|
| 0 | 0.83 | 0.17 | 0.09 | 0.08 | 0.18 | 9 | 3% |
| 1 | 0.65 | 0.32 | 0.13 | 0.24 | 0.05 | 1 | 4% |
| 2 | 0.45 | 0.55 | 0.48 | 0 | 0.04 | 1 | 2% |

11－7　在例 11.3.1 的基礎上，計算第 12 年度的危險保費、儲蓄保費和附加保險費。

11－8　在例 11.3.2 的基礎上，並且該保單在第 12 個保險年度的實際運行狀況如下表 11－習題－4 所示，試分析該保險年度的利潤來源，以萬元為單位。

**表 11－習題－4　　有關年度保單運行狀況**

| 項目 | 第 12 保險年度 |
|---|---|
| 年初合同數(件) | 78,000 |
| 年死亡數(件) | 310 |
| 年解約數(件) | 390 |
| 年解約返金率 | $_{12}V^{[10z]}$ |
| 年利息收入(十萬元) | 2,034 |

| | |
|---|---|
| 年事業費(十萬元) | 180 |

11－9　已知年繳均衡毛保費為387.80元；假設:(1) 基金份額隨著保費增加而變動;(2) 基金份額不隨保費的增加而變動;重解例11.4.1,即分析各年末的紅利來源。

11－10　已知某30歲的人投保了保險金額為10,000元的全離散型終身壽險,年繳營業保費為200元,年繳純保費為120元,第14年末與第15年末的責任準備金分別為1,700元、1,800元;已知第15年的預定利率為5%,預定死亡率為0.005,而實際利率為7%,實際死亡率為0.003,第15年的附加費用為60元,求第15年的保單紅利。

# 第十二章　壽險精算實驗



隨著電子計算機的發展,壽險精算的面貌得到了巨大的改觀,精算工作的重心已不再是如何計算的問題,而是為什麼要這樣計算的問題。本章主要針對前面各章的內容,運用功能強大、容易獲得的Excel就能很輕松地完成所有的計算。每節對應前面相應各章,最后一節對應第九章、第十章。本章實驗強調在替換函數的基礎上進行操作。在實驗過程中,主要以操作為主,並介紹一些典型示例,以起到拋磚引玉的作用。關於基本理論,請讀者閱讀前面有關章節。

## 第一節　壽險精算概論實驗

### 一、瀏覽常見精算網站

本節將提供一些常見精算網站,並介紹這些網站的主要內容,通過網路連結,可以找到世界各主要國家精算師協會網址,並瞭解各國精算發展水平及其有關精算方面的規定。同時,通過上網瀏覽,可以瞭解精算的發展歷史、精算的發展動態、精算熱點問題、精算師的工作領域與作用,重點瞭解北美精算師、英國精算師、日本精算師及中國精算師的資格考試有關信息。從保監會網站可以獲取有關中國保險精算的基本規定,歸納總結中國精算的發展軌跡,展望未來發展的機遇與面臨的挑戰。這些網站主要有:

(1) 國際精算師協會:http://www. actuaries. org;

(2) 北美精算師協會:http://www. soa. org;

(3) 英國精算師協會:http://www. actuaries. org. uk;

(4) 日本精算學會:http://www. actuaries. jp;

(5) 中國精算師協會:http://www. e - caa. org. cn;

(6) 中國保險監督管理委員會:http://www. circ. gov. cn;

(7) 生命表網站:http://www. mortality. org。

## 二、實驗內容

將上述網站用超級連結在一個 Excel 工作簿中的一張工作表上,在需要時,可以登錄有關網站,並通過相關連結查找到其他精算師協會的網站。其內容一般有:

(1) 歸納精算的定義及其研究內容;

(2) 精算師的定義及其工作職責;

(3) 精算的發展歷史及其現狀;

(4) 壽險精算面臨的機遇與挑戰;

(5) 主要精算師資格考試體系介紹;

(6) 中國精算教育與精算師資格考試的總結;

(7) 中國保險監督管理委員會關於壽險精算方面的主要規定。

# 第二節　生命表及其替換函數表的製作原理實驗

生命表及其替換函數表是壽險精算完成計算的基礎,這些方法是在筆者所發表的兩篇論文的基礎上修改而成的,並且不難發現,第二篇論文的推出使壽險精算的計算變得輕而易舉,本章的實驗可以說是以此論文為基礎演變而成的。這兩篇論文是以 CL1(1990—1993) 為基礎的,讀者只需將死亡率換算成所需生命表中的死亡率,將利率換成所需要的利率即可。



## 一、文獻 1:論 Excel 在壽險精算中的應用①

### (一) 問題的提出:壽險精算中存在大量計算問題

壽險精算是運用數學、統計學、金融學、保險學、人口學等多學科的基本理論和方法去解決人壽保險等諸多領域中需要精確計算的問題,如生命表的構造、費率的厘定、責任準備金的計提、盈余的分配,以保證人壽保險經營穩定性的一門綜合性學科。壽險精算中的大量計算,往往要花費人們不少的時間和精力,在電子計算機產生之前或在計算機功能不夠強大之時,在壽險精算中引入了大量的替換函數以達到簡化計算的目的。實際操作中,首先依據某種生命表和某些利率,將替換函數

---

① 張運剛. Excel 在壽險精算中應用研究[J]. 計算機工程與應用,2004(18).

的函數值事先計算出來,做成替換函數表,然后在需要計算之時,再利用這些替換函數表來大大地簡化計算。不過,由於利率往往只有極少數的幾種情況,由此得出的替換函數表種類較少,難以應對重複多變的客觀現實。筆者在從事壽險精算的教學、科研和考試工作中,探索出了利用計算機上 Excel 強大的函數計算功能,而不必使用專門的精算軟件,就可以輕松解決精算中的重複計算問題,這為普通讀者在一般計算機上完成壽險精算的重複計算工作提供了極大的便利。

## (二) Excel 在生命表的編製過程中的應用

為簡便起見,假定編製某種生命表的分年齡死亡概率 $q_x$ 已經算出,那麼我們可以由此出發完成整個生命表(實際上已知 $q_x$ 就相當於已知了整個生命表),即可以計算出 $p_x$、$l_x$、$d_x$、$L_x$、$T_x$、$e_x$、$\mathring{e}_x$,其中選擇 $l_0 = 1,000,000$。

下面以中國人壽保險業經驗生命表非養老金業務男表 CL1(1990—1993) 為例進行演算實驗,詳見附表 5。

由 $x$、$q_x$ 及 $l_0$ 構成的生命表稱為最基本生命表,由最基本生命表可以完成整個生命表以及在一定利率水平下的替換函數表,各數據項在 Excel 中所處單元格位置,見圖 12 - 2 - 1。這也是下面引用單元格位置時的參照圖,將 $x$、$q_x$ 的數據分別放入工作表的 A 列、B 列之中。

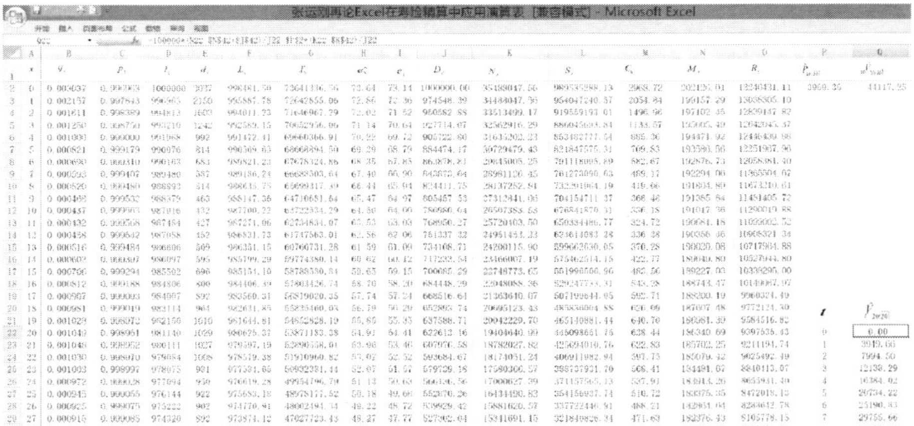


**圖 12 - 2 - 1　生命函數及替換函數的計算表**

(1) 由 $q_x$ 計算 $p_x$,依據 $p_x = 1 - q_x$。首先,將光標移至單元格 C2,在單元格裡輸入引號內的符號「 = 1 - B2 」,然后按 Enter 鍵,即可由 $q_0$ 得出 $p_0$;其次用鼠標點 C2 單元格右下角,鼠標指針變為實心十字形,向下拖動至需要填充的最后一個單元格

(以下簡稱為拖動填充),就得出了生命表中 $p_x$ 欄的所有數據。

(2) 由 $p_x$、$l_0$ 計算 $l_x$,依據 $l_{x+1} = p_x l_x$。首先,將光標移至單元格 D2,在 D2 中輸入「1,000,000」,在單元格 D3 裡輸入「= C2 * D2」,按 Enter 鍵,即可由 $p_0$、$l_0$ 得出 $l_1$;其次用鼠標點 D3 單元格右下角,拖動填充即可完成生命表中 $l_x$ 欄的所有數據的計算。

(3) 計算 $d_x$,依據 $d_x = l_x q_x$ 或 $d_x = l_x - l_{x+1}$。首先,將光標移至單元格 E2,在單元格裡輸入「= B2 * D2」或「= D2 - D3」,按 Enter 鍵,即可算出 $d_0$;其次用鼠標點 E2 單元格右下角,拖動填充即可完成生命表中 $d_x$ 欄的所有數據的計算。

(4) 由 $l_x$ 計算 $x$ 歲的人未來一年生存人年數 $L_x$,依據 $L_x = \frac{l_x + l_{x+1}}{2}$(這裡假設死亡人數在各年齡段上服從均勻分佈)。首先將光標移至單元格 F2,在單元格內輸入「= (D2 + D3) * 0.5」,按 Enter 鍵,即可算出 $L_0$;其次用鼠標點 F2 單元格右下角,拖動填充即可完成生命表中 $L_x$ 欄的所有數據的計算。

(5) 由 $L_x$ 計算 $x$ 歲的人未來累計生存的人年數 $T_x$,依據 $T_x = L_x + L_{x+1} + \cdots$。首先,將光標移至單元格 G2,在單元格裡輸入「= SUM(F2: $F$107)」(注意:F107 為 $L_x$ 最后一個數據所在的單元格);按 Enter 鍵,即可算出 $T_0$;其次用鼠標點 G2 單元格右下角,拖動填充即可完成生命表中 $T_x$ 欄的所有數據的計算。

(6) 由 $T_x$、$l_x$ 計算完全平均余命 $\mathring{e}_x$,依據 $\mathring{e}_x = \frac{T_x}{l_x}$。首先,將光標移至單元格 H2,在單元格裡輸入「= G2/D2」;按 Enter 鍵,即可算出 $\mathring{e}_0$;其次用鼠標點 H2 單元格右下角,拖動填充即可完成生命表中 $\mathring{e}_x$ 欄的所有數據的計算。

(7) 計算簡約平均余命 $e_x$,依據 $e_x = \mathring{e}_x - 0.5$ 或者 $e_x = \frac{l_{x+1} + l_{x+2} + l_{x+3} + \cdots}{l_x}$。首先將光標移至單元格 I2,在單元格裡輸入「= H2 - 0.5」或者「= SUM(D3: $D$107)/D2」;按 Enter 鍵,即可算出 $e_0$;其次用鼠標點 I2 單元格右下角,拖動填充即可完成生命表中 $e_x$ 欄的所有數據的計算。

經過以上七個方面的計算,可以完成整個生命表,結果見圖 12 - 2 - 1。

**(三) Excel 在替換函數表的計算過程中的應用**

依據生命表和利率就可以完成替換函數表,顯然,根據同樣的生命表但不同的利率可以計算不同的替換函數表。由利率 $i$、$l_x$、$d_x$ 可以計算替換函數 $D_x$、$N_x$、$S_x$、$C_x$、$M_x$、$R_x$ 等。

下面仍以中國人壽保險業經驗生命表非養老金業務男表 CL1(1990—1993) 為例,利率選為 $i = 2.3\%$,由此可以做出利率為 2.3% 的替換函數表。

(1) 由 $l_x$ 計算 $D_x$,依據 $D_x = v^x l_x$。首先將光標移至單元格 J2 處,在該單元格內輸入「 = (1 +0.023)^( - A2) * D2」,按 Enter 鍵就可得到 $D_0$;其次用鼠標點 J2 單元格右下角,拖動填充即可完成替換函數表中 $D_x$ 欄的所有數據的計算。

(2) 由 $D_x$ 計算 $N_x$,依據 $N_x = D_x + D_{x+1} + D_{x+2} + \cdots$。首先,將光標移至單元格 K2,在單元格裡輸入「 = SUM(J2: $J $107)」(注意:J107 為 $D_x$ 最后一個數據所在的單元格);按 Enter 鍵,即可算出 $N_0$;其次用鼠標點 K2 單元格右下角,拖動填充即可完成生命表中 $N_x$ 欄的所有數據的計算。類似地,由 $N_x$ 可以計算出所有 $S_x$ 的值,其中 $S_x = N_x + N_{x+1} + N_{x+2} + \cdots$,結果見工作表的 L 列。

(3) 由 $d_x$ 計算 $C_x$,依據 $C_x = v^{x+1} d_x$。首先將光標移至單元格 M2 處,在該單元格內輸入「 = (1 + 0.023)^( - A2 - 1) * E2」,按 Enter 鍵就可得到 $C_0$;其次用鼠標點 M2 單元格右下角,拖動填充即可完成替換函數表中 $C_x$ 欄的所有數據的計算。仿照上面由 $D_x$ 計算出 $N_x$ 的方法,可以由 $C_x$ 計算出 $M_x$,然后再由 $M_x$ 計算出 $R_x$,其中 $M_x = C_x + C_{x+1} + \cdots$,$R_x = M_x + M_{x+1} + \cdots$。

同理可計算其他替換函數 $\bar{C}_x$、$\bar{M}_x$、$\bar{R}_x$,這裡 $\bar{C}_x = v^{x+\frac{1}{2}} d_x$,$\bar{M}_x = \bar{C}_x + \bar{C}_{x+1} + \cdots$,$\bar{R}_x = \bar{M}_x + \bar{M}_{x+1} + \cdots$。

**(四) Excel 在保險費、責任準備金計算過程中的應用**

**例 12.2.1** 某 20 歲的男子,投保了 20 年均衡繳費 20 年期的兩全保險,死亡所在保險年度末給付保險金 100,000 元,生存至期滿給付生存金也為 100,000 元,求:(1) 該男子每年初應繳多少純保險費?(2) 第 10 個保險年度末的均衡純保費責任準備金(以下簡稱責任準備金)。(3) 第 $t$ 個保險年度末的責任準備金。按中國人壽保險業經驗生命表非養老金業務男表 CL1(1990—1993)、利率 $i = 2.3\%$ 進行計算。

**解:**(1) 該男子每年初應繳納的均衡純保險費為:

$$\tilde{P}_{20:\overline{20}|} = 100,000 P_{20:\overline{20}|} = 100,000 \frac{A_{20:\overline{20}|}}{\ddot{a}_{20:\overline{20}|}} = 100,000 \frac{M_{20} - M_{40} + D_{40}}{N_{20} - N_{40}}$$

首先將光標移到包括利率為 2.3% 的替換函數表在內的 Excel 工作表中空白單元格,如 P2 處,在該單元格中輸入「 = 100,000 * (N22 - N42 + J42)/(K22 - K42)」,然后按 Enter 鍵就可得到 3,959.35,即 $\tilde{P}_{20:\overline{20}|} = 3,959.35$ 元。注意:這裡引號中的符號 N22 在 Excel 中指的是替換函數值 $M_{20}$,其余以此類推。

(2) 第 10 個保險年度末的責任準備金為

$$\begin{aligned} {}_{10}\tilde{V}_{20:\overline{20}|} &= 100,000\, {}_{10}V_{20:\overline{20}|} = 100,000(A_{20:\overline{20}|} - P_{20:\overline{20}|}\ddot{a}_{20:\overline{20}|}) \\ &= 100,000 \frac{M_{30} - M_{40} + D_{40}}{D_{30}} - \tilde{P}_{20:\overline{20}|} \frac{N_{30} - N_{40}}{D_{30}} \end{aligned}$$

首先將光標移至空格單元格 Q2 處,並在此單元格內輸入「 = 100,000 * (N32 -

N42 + J42)/J32 - P2 * (K32 - K42)/J32」,然后按 Enter 鍵就可得到 44, 117. 25 元。

(3) 第 $t$ 個保險年度末的責任準備金為

$$
{}_{t}\tilde{V}_{20:\overline{20}|} = 100,000\,{}_{t}V_{20:\overline{20}|} = 100,000(A_{20+t:\overline{20-t}|} - P_{20:\overline{20}|}\ddot{a}_{20+t:\overline{20-t}|})
$$

$$
= 100,000\frac{M_{20+t} - M_{40} + D_{40}}{D_{20+t}} - \tilde{P}_{20:\overline{20}|}\frac{N_{20+t} - N_{40}}{D_{20+t}}
$$

其中,$t = 0,1,2,\cdots,20$。

首先,將光標移至 Excel 中 20 歲所在的行與 Q 列相交處的單元格 Q22(本題 Q 列存放責任準備金的數據,當然也可以選擇其他位置存放,但要易於區分,必要時可以用文字標明),在此單元格內存放 $t = 0$ 時的責任準備金,我們將使用單元格的絕對引用與單元格的相對引用技術。其次,在 Q22 中輸入「 = 100, 000 * (N22 - $N $42 + $J $42)/J22 - $P $2 * (K22 - $K $42)/J22」;按 Enter 鍵就可得到 $t = 0$ 時的責任準備金為0 元。最后,拖動填充至 Q42 單元格,就得到了我們所要求的所有責任準備金,結果見表 12 - 2 - 1。從表 12 - 2 - 1 可以看出,第 20 年年末的責任準備金為 100, 000 元,這是生存期屆滿時所支付的生存給付金;還可以看出第 10 年年末的責任準備金為 44, 117. 25 元,與本例 12. 2. 1 第(2) 小題的計算結果完全一致。

**表 12 - 2 - 1　　兩全保險在各保險年度末的責任準備金**

| $t$ | 0 | 1 | 2 | 3 | 4 | 5 | 6 |
|---|---|---|---|---|---|---|---|
| ${}_{t}\tilde{V}_{20:\overline{20}|}$ | 0 | 3, 949. 66 | 7, 994. 50 | 12, 138. 29 | 16, 384. 02 | 20, 734. 22 | 25, 190. 83 |
| $t$ | 7 | 8 | 9 | 10 | 11 | 12 | 13 |
| ${}_{t}\tilde{V}_{20:\overline{20}|}$ | 29, 755. 66 | 34, 430. 46 | 39, 216. 98 | 44, 117. 25 | 49, 133. 37 | 54, 267. 81 | 59, 523. 31 |
| $t$ | 14 | 15 | 16 | 17 | 18 | 19 | 20 |
| ${}_{t}\tilde{V}_{20:\overline{20}|}$ | 64, 902. 90 | 70, 409. 92 | 76, 048. 13 | 81, 821. 54 | 87, 734. 66 | 93, 792. 36 | 100, 000 |



### (五) 需要進一步思考的問題與注意事項

(1) 通過複製工作表的方法,當利率變動后,只需在 $D_0$、$C_0$ 所在的單元格將原有利率修改為現在利率(如變為 2. 7%),重新拖動填充即可完成 $D_x$、$C_x$ 的計算,這樣我們就可以更新所有的替換函數值;同時也更新了上面的所有的計算,如保險費和各年度末的責任準備金。由此,通過複製的工作表與原來的工作表進行對比,可以觀察出保險費與責任準備金的變化規律。比如,此時年繳純保費已由 3, 959. 35 元下降為 3, 791. 70 元,除了在 $t = 0$、20 時的責任準備金未發生變化外,其余各保險年度末的責任準備金均減少。

（2）通過複製工作表的方法，當死亡率變動后，只須更新 $q_x$ 數據即可，然后對生命函數和替換函數在 0 歲時的計算公式做一些變動，拖動填充就可以完成所有的更新。假若新生命表的終極年齡高於原生命表的終極年齡，則添加不足部分；否則就刪除多余部分，並對各求和符號中的上下限進行修改。

（3）單元格僅是存放數據的地址，具體選擇何種單元格存放何種數值，可以由自己決定。但必須注意各公式中各變量之間的內在關係，以及由此所應該對應的單元格，唯有如此才可以做出正確的計算。並可以迅速完成保險精算中的其他計算，甚至也可以將其運用於統計學、人口學等其他學科的計算之中。

（4）對於附加保險費、毛保險費、實際責任準備金、會計年度末責任準備金、現金價值、資產份額、利潤來源等事項的計算，同樣可以依據其公式，利用 Excel 輕松完成。

## 二、文獻 2：再論 Excel 在壽險精算中的應用①

### （一）Excel 在壽險精算中應用方法的局限性分析

筆者曾於 2004 年在《計算機工程與應用》（第 18 期）以《Excel 在壽險精算中應用研究》（以下簡稱文獻 1）為題，研究了在預定利率、預定死亡率等條件下，通過編製生命表、替換函數表，利用 Excel 的計算功能解決壽險精算中的大量而繁雜的計算問題，這無論是對理論研究還是對實際應用都具有重要的意義。但是筆者進一步思考后發現，該文所介紹的方法仍然有一定的局限性，給實際應用帶來了諸多不便，主要表現在：壽險精算中的替換函數值與引用的單元格列行號不一致，因而需要先經過轉換然后才能進行計算，比如 $M_{20}$ 用單元格 N22 表示，$N_{20}$ 用單元格 K22 表示，等等。本文試圖克服這一局限性，使替換函數符號與單元格列行號在形式上一致起來，如 $\mathrm{M}_{20}$ 用單元格 M20 表示，$\mathrm{N}_{20}$ 用單元格 *N*20 表示，等等，由此達到簡化計算的目的。

### （二）Excel 在壽險精算中的應用方法的改進研究

仍以中國人壽保險業經驗生命表非養老金業務男表 CL1（1990—1993）預定利率 $i = 2.3\%$ 為例，利用文獻 1 中所計算出的替換函數值表，重新作出替換函數表。為了敘述的方便，將原始的替換函數表簡稱為舊表，而新構建的表簡稱為新表。構建新表的目標就是：替換函數符號與單元格列行號一致起來，即 $C_x$、$D_x$、$M_x$、$N_x$、$R_x$、$S_x$ 分別由單元格 Cx、Dx、Mx、Nx、Rx、Sx 來代替，前者下標 $x$ 代表年齡，而后者右邊的 x 代表行號，這裡 $\mathrm{x} = x$。

---

① 張運剛．再論 Excel 在壽險精算中的應用[J]．計算機工程與應用，2005（35）．

構建新表的具體步驟是：

（1）打開一個新的工作簿，或在原有的工作簿中打開一張新的工作表，將舊表中 $C_x$ 所在列中從 1 ~ 105 歲的數據複製后粘貼在新工作表中的 C1 單元格，須注意採用「選擇性粘貼」中的「數值」，這樣單元格 C1、C2……C105 分別代表替換函數值 $C_1$、$C_2$……$C_{105}$；至於 0 歲對應的替換函數值 $C_0$ 如何處理，由於沒有 C0 單元格可對應①，因而需要特殊處理，可選擇放在接下來的空白單元格，如本文所涉及的新表的 C106 單元格，當然也可以放在該列的其他行，只要有利於讀者記憶便行，見圖 12 - 2 - 2，下同。凡是出現了 0 歲的替換函數值的地方，就用 106 或其他行號來代替；不過，在壽險精算中涉及 0 歲的情形相當少見，故可以將其作為一個例外來特別處理。

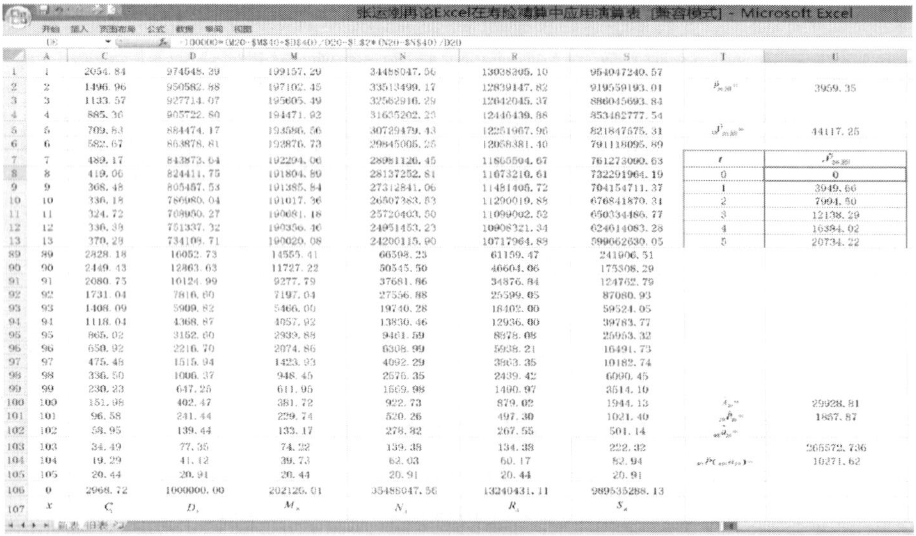
张运刚再论Excel在寿险精算中应用演算表 [兼容模式] - Microsoft Excel

| | A | C | D | M | N | R | S | T | U |
|---|---|---|---|---|---|---|---|---|---|
| 1 | 1 | 2054.84 | 974548.39 | 199157.29 | 34488047.56 | 13038305.10 | 954047240.57 | | |
| 2 | 2 | 1496.96 | 950582.88 | 197102.45 | 33513499.17 | 12839147.82 | 919559193.01 | [illegible] | 3959.35 |
| 3 | 3 | 1133.57 | 927714.07 | 195605.49 | 32562916.29 | 12642045.37 | 886045693.84 | | |
| 4 | 4 | 885.36 | 905722.60 | 194471.92 | 31635202.23 | 12446439.88 | 853482777.54 | | |
| 5 | 5 | 709.83 | 884474.17 | 193586.56 | 30729479.43 | 12251967.96 | 821847575.31 | [illegible] | 44117.25 |
| 6 | 6 | 582.67 | 863878.81 | 192876.73 | 29845005.25 | 12058381.40 | 791118095.89 | | |
| 7 | 7 | 489.17 | 843873.64 | 192294.06 | 28981126.45 | 11865504.67 | 761273090.63 | t | [illegible] |
| 8 | 8 | 419.06 | 824411.75 | 191804.89 | 28137252.81 | 11673210.61 | 732291964.19 | 0 | 0 |
| 9 | 9 | 368.48 | 805457.53 | 191385.84 | 27312841.06 | 11481405.72 | 704154711.37 | 1 | 3949.66 |
| 10 | 10 | 336.18 | 786980.04 | 191017.36 | 26507383.53 | 11290019.88 | 676841870.31 | 2 | 7994.50 |
| 11 | 11 | 324.72 | 768960.27 | 190681.18 | 25720403.50 | 11099002.52 | 650334486.77 | 3 | 12138.29 |
| 12 | 12 | 336.39 | 751337.32 | 190356.46 | 24951453.23 | 10908321.34 | 624614083.28 | 4 | 16384.02 |
| 13 | 13 | 370.29 | 734109.71 | 190020.08 | 24200115.90 | 10717964.89 | 599662630.05 | 5 | 20734.22 |
| 89 | 89 | 2828.18 | 16052.73 | 14555.41 | 66508.23 | 61159.47 | 241906.51 | | |
| 90 | 90 | 2449.43 | 12863.63 | 11727.22 | 50545.50 | 46604.06 | 175308.29 | | |
| 91 | 91 | 2080.75 | 10124.99 | 9277.79 | 37681.86 | 34876.84 | 124762.79 | | |
| 92 | 92 | 1731.04 | 7816.60 | 7197.04 | 27556.88 | 25599.05 | 87080.93 | | |
| 93 | 93 | 1408.09 | 5909.82 | 5466.00 | 19740.28 | 18402.00 | 59524.05 | | |
| 94 | 94 | 1118.04 | 4368.87 | 4057.92 | 13830.46 | 12936.00 | 39783.77 | | |
| 95 | 95 | 865.02 | 3152.60 | 2939.88 | 9461.59 | 8878.08 | 25953.32 | | |
| 96 | 96 | 650.92 | 2216.70 | 2074.86 | 6308.99 | 5938.21 | 16491.73 | | |
| 97 | 97 | 475.48 | 1515.94 | 1423.93 | 4092.29 | 3863.35 | 10182.74 | | |
| 98 | 98 | 336.50 | 1006.37 | 948.45 | 2576.35 | 2439.42 | 6090.45 | | |
| 99 | 99 | 230.23 | 647.25 | 611.95 | 1569.98 | 1490.97 | 3514.10 | | |
| 100 | 100 | 151.98 | 402.47 | 381.72 | 922.73 | 879.02 | 1944.13 | [illegible] | 29928.81 |
| 101 | 101 | 96.58 | 241.44 | 229.74 | 520.26 | 497.30 | 1021.40 | [illegible] | 1857.87 |
| 102 | 102 | 58.95 | 139.44 | 133.17 | 278.82 | 267.55 | 501.14 | [illegible] | |
| 103 | 103 | 34.49 | 77.35 | 74.22 | 139.38 | 134.38 | 222.32 | | 265572.736 |
| 104 | 104 | 19.29 | 41.12 | 39.73 | 62.03 | 60.17 | 82.94 | [illegible] | 10271.62 |
| 105 | 105 | 20.44 | 20.91 | 20.44 | 20.91 | 20.44 | 20.91 | | |
| 106 | 0 | 2968.72 | 1000000.00 | 202126.01 | 35488047.56 | 13240431.11 | 989535288.13 | | |
| 107 | $x$ | $C_x$ | $D_x$ | $M_x$ | $N_x$ | $R_x$ | $S_x$ | | |

圖 12 - 2 - 2　新替換函數表及有關演算表

（2）同理，在 D、M、N、R、S 列中 1 ~ 106 行分別粘貼舊表中 $D_x$、$M_x$、$N_x$、$R_x$、$S_x$ 的 1 ~ 105 歲與 0 歲的函數值。

（3）在 A 列中的 1 ~ 106 行分別輸入年齡值 1、2……105、0。

（4）在第 107 行的 A107、C107、D107、M107、N107、R107、S107 分別輸入 $x$、$C_x$、$D_x$、$M_x$、$N_x$、$R_x$、$S_x$。當然，該步驟並不是必需的，只是起一個提示作用。

（5）隱藏 B、E、F、G、H、I、J、K、L、O、P、Q 等空白列。只需先選中這些列，然後點

① 因為工作表中的行號是從序號 1 開始的；若要從 0 開始，也許要改變 Excel 的設計程序，這超過了本文的研究範圍。

擊鼠標右鍵,選擇「隱藏」即可。

通過以上步驟,就作出了符合要求的新替換函數表。下面的例題將表明,它將為壽險精算的計算帶來巨大的方便,從而顯著提高運算速度。

**(三) 新方法的應用舉例**

為便於對比起見,下面仍以文獻 1 中的例題作為本文的示例,以觀察何種替換函數表更能為計算帶來更多的方便。

**例 12.2.1　另解**:(1) 該男子每年初應繳納的均衡純保險費為:

$$\tilde{P}_{20:\overline{20|}} = 100,000\,\frac{M_{20} - M_{40} + D_{40}}{N_{20} - N_{40}}$$

首先將光標移到包含利率為 2.3% 的替換函數表在內的 Excel 工作表,即新表中的空白單元格,如 T2 處,輸入提示文字或符號「年繳純保費 =」或「$\tilde{P}_{20:\overline{20|}}$ =」(此步驟並非必需,為簡便起見,筆者採用國際通用精算符號),然后在同一行接下來的一個單元格 U2 中輸入計算「= 100,000 * (M20 - M40 + D40)/(N20 - N40)」,按 Enter 鍵就可得到 3,959.35,即 $\tilde{P}_{20:\overline{20|}} = 3,959.35$ 元。注意:這裡引號中的符號 M20 在 Excel 中指的是替換函數值 $M_{20}$,其余以此類推。

(2) 第 10 個保險年度末的責任準備金為:

$${}_{10}\tilde{V}_{20:\overline{20|}} = 100,000\,\frac{M_{30} - M_{40} + D_{40}}{D_{30}} - \tilde{P}_{20:\overline{20|}}\,\frac{N_{30} - N_{40}}{D_{30}}$$

首先將光標移至空白單元格 T5 處,輸入提示符號「${}_{10}\tilde{V}_{20:\overline{20|}}$ =」,其次在單元格 U5 內輸入「= 100,000 * (M30 - M40 + D40)/D30 - U2 * (N30 - N40)/D30」,最后按 Enter 鍵就可得到 ${}_{10}\tilde{V}_{20:\overline{20|}} = 44,117.25$ 元。

(3) 第 $t$ 個保險年度末的責任準備金為:

$${}_{t}\tilde{V}_{20:\overline{20|}} = 100,000\,\frac{M_{20+t} - M_{40} + D_{40}}{D_{20+t}} - \tilde{P}_{20:\overline{20|}}\,\frac{N_{20+t} - N_{40}}{D_{20+t}}$$

首先將光標移至 T7,輸入提示符號「$t$」,在 U7 中輸入提示符號「${}_{t}\tilde{V}_{20:\overline{20|}}$」;在 T8、T9……T28 中分別輸入 0、1、2……20。在單元格 U8、U9……U28 內分別存放 $t$ = 0、1、2……20 時的責任準備金,為此筆者將使用單元格的絕對引用與單元格的相對引用技術。其次在 U8 中輸入責任準備金的計算公式「= 100,000 * (M20 - $M $40 + $D $40)/D20 - $U $2 * (N20 - $N $40)/D20」;按 Enter 鍵就可得到 $t$ = 0 時的責任準備金 0 元。最后拖動該單元格填充至 U28 單元格,就得到了所要求的所有責任準備金。不難看出,第 20 年年末的責任準備金為 100,000 元,這是保險期屆滿時為生存情形所準備的生存給付金;還可以看出第 10 年年末的責任準備金為 44,117.25 元,與本例 12.2.1 第(2) 小題計算結果完全一致。

**例** 12.2.2　某 20 歲男子投保終身壽險,死亡所在保險年度末支付保險金 100,000 元,求其應繳納的躉繳純保險費;若限期 20 年繳納保險費,則每年應繳納多少保險費?按中國人壽保險業經驗生命表非養老金業務男表 CL1(1990—1993)、利率 $i = 2.3\%$ 進行計算。

**解**:(1) 所應繳納的躉繳純保險費為:

$$\tilde{A}_{20} = 100,000A_{20} = 100,000\frac{M_{20}}{D_{20}}$$

在單元格 T100 中輸入提示符號「$\tilde{A}_{20}$ =」,並在單元格 U100 中輸入計算公式「= 100,000 * M20/D20」, 按 Enter 鍵即得答案為 29,928.81 元。

(2) 在限期 20 年繳納保險費的條件下,每年應繳納保險費為

$${}_{20}\tilde{P}_{20} = 100,000\,{}_{20}P_{20} = 100,000\frac{M_{20}}{N_{20} - N_{40}}$$

在單元格 T101 中輸入提示符號「${}_{20}\tilde{P}_{20}$ =」,並在單元格中 U101 中輸入計算公式「= 100,000 * M20/(N20 - N40)」, 按 Enter 鍵即得答案為 1,857.87 元。

**例** 12.2.3　某 20 歲男子投保了 60 歲開始每年初領取 50,000 元的終身年金保險(或養老保險),求其應繳納的躉繳純保險費;若在 60 歲前每年初均衡繳納保險費,則每年應繳納多少元?按中國人壽保險業經驗生命表非養老金業務男表 CL1(1990—1993)、利率 $i = 2.3\%$ 進行計算。

**解**:(1) 所應繳納的躉繳純保險費為:

$${}_{40|}\tilde{\ddot{a}}_{20} = 50,000\,{}_{40|}\ddot{a}_{20} = 50,000\frac{N_{60}}{D_{20}}$$

在單元格 T103 中輸入提示符號「${}_{40|}\tilde{\ddot{a}}_{20}$ =」,並在單元格 U103 中輸入計算公式「= 50,000 * N60/D20」, 按 Enter 鍵即得答案為 265,572.74 元。

(2) 在限期 20 年繳納保險費的條件下,每年應繳納保險費為:

$${}_{40}\tilde{P}({}_{40|}\ddot{a}_{20}) = 50,000\frac{{}_{40|}\ddot{a}_{20}}{\ddot{a}_{20:\overline{40|}}} = 50,000\frac{N_{60}}{N_{20} - N_{60}}$$

在單元格 T104 中輸入提示符號「${}_{40}\tilde{P}({}_{40|}\ddot{a}_{20})$ =」,並在單元格中 U104 中輸入計算公式「= 50,000 * N60/(N20 - N60)」, 按 Enter 鍵即得答案為 10,271.62 元。

**(四) 幾點說明**

(1) 當涉及 0 歲的有關計算時,0 用 106 來代替,如替換函數值 $C_0$、$D_0$、$M_0$、$N_0$、$R_0$、$S_0$ 分別用單元格 C106、D106、M106、N106、R106、S106 來表示。當生命表(如從業人員生命表) 不從 0 歲開始時,則無此必要。若能改變 Excel 工作表中的行號,讓其從 0 甚至從 -1 開始,則新替換函數表就與通常習慣一致,即表頭放在前面,而不

是放在后面，年齡從小到大順序排列。

(2) 可在生命表中任何一空白單元格輸入計算公式，而不必像本文中放在 U 列，T 列為提示符號，亦可用中文表示。本文只不過是為了簡單起見，以便能用一張圖表概括全貌。

(3) 新替換函數表的特點是：壽險精算中的替換函數值符號與單元格記號有機地一致起來(0 歲除外)。當預定條件變化后，可以按文獻 1 及本文方法重新構建出新的替換函數表。

## 三、第 2 套生命表及其替換函數表的編製

上述文獻 2 所介紹的方法雖然比文獻 1 有了很大的進步，但仍然存在局限性。主要是從舊表到新表數據必須「選擇性粘貼」，每當舊表中死亡概率或預定利率變動后就必須重新「選擇性粘貼」。下面的編製方法將省去這一麻煩。

(1) 從中國保險監督管理委員會網站獲取基本數據。這裡下載的數據為中國人壽保險業經驗生命表(2000—2003)，它是以 Word 文檔形式存在的。將這些數據放在 Excel 的一個工作表(稱為備用表)中進行整理，使每一數據占一個單元格，每一列就是代表一張最簡略的生命表，它們分別是非養老金業務男表(CL1)、非養老金業務女表(CL2)、養老金業務男表(CL3)、養老金業務女表(CL4)。

(2) 新建一個工作簿，以文件名「生命表與替換函數表實驗」的形式保存。在一張工作表中按本節文獻 1 的方法完成生命表及其替換函數表。首先，在一張工作表中將死亡概率換成 CL1 的數據；其次在 B110 單元格中輸入利率「2.5%」；在 A110 中輸入「$i$ =」作為提示符號，在第二行中將文獻 1 替換函數中的利率 0.023 換成「$B$110」，拖動填充即可完成普通形式的生命表及替換函數表。

(3) 將一張新工作表重新命名為「CL1N」。其目的是將「CL1」中有關替換函數值轉到「CL1N」中來，要求替換函數符號與單元格列行號一一對應，如替換函數值 $C_{11}$ 對應於單元格 C11，$R_{38}$ 與 R38 對應。參見本節文獻 2 的方法，只是這裡不用「選擇性粘貼」。方法是在單元格 C1 中輸入「= CL1!M3」，拖動填充下去，但在 C106 輸入「= CL1!M2」。同理將 $D_x$、$M_x$、$N_x$、$R_x$、$S_x$ 的數據分別轉到 D 列、M 列、N 列、R 列、S 列。

(4) 對「CL1」「CL1N」通過「移動或複製工作表」「建立副本」「確定」等操作，分別將其副本重新命名為「CL2」或「CL2N」。在「CL2」中的死亡概率分別換成備用表中的「CL2」這一列數據，「CL2N」與「CL2」關聯起來，只須在第一行單元格中的「= CL1!M3」換成「CL2!M3」，拖動填充下去；同樣可將其他列數據中的工作表「CL1」換成「CL2」，如此繼續下去；有時也可用「查找」與「替換」的方法將「CL1」

換成「CL2」。當然,也可對工作簿複製並重新命名,然后更換其死亡概率即可,只是需要四個工作簿,用上述方法則只用一個工作簿即可。

(5) 同理,「CL3」與「CL3N」關聯、「CL4」與「CL4N」關聯。

(6) 為上述八張表建立一個主頁或目錄「homepage」,通過超級連結方式連結起來。在 CL1 中的 B110 單元格中輸入「 = homepage!G7」,就可在主頁上修改利率、選擇生命表、替換函數表。見圖 12 - 2 - 3。

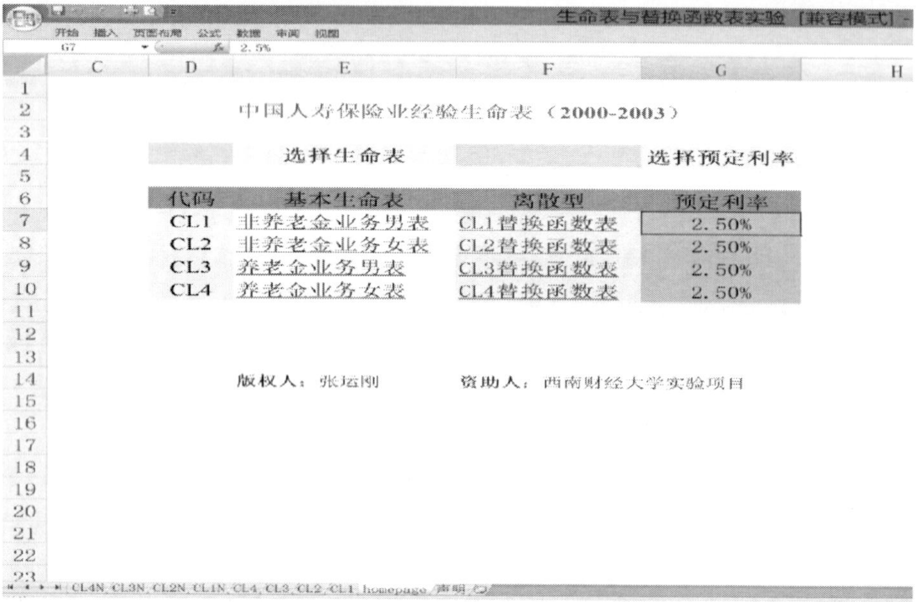


**圖 12 - 2 - 3　生命表及替換函數表主頁**

(7) 今后未做特別說明時,僅在與「CL1」構成的關聯表「CL1N」中空白部分進行保險費、責任準備金等有關問題的計算。可以根據需要修改預定利率、預定死亡率。

(8) 當最高年齡高於或低於 105 歲時,只須增加或刪除一些行即可。

## 四、替換函數表的進一步改進與完善

到目前為止,上述文獻已實現了單元格記號與替換函數符號間的一一對應,且當利率或死亡概率變動后,就自動得到新的替換函數表,可以在工作表 CL1N(或 CL2N、CL3N、CL4N) 中第 110 行以后的空白區域進行演算。為了區分起見,現在將這些工作表名稱中的最后一個字母「N」改成「D」,意思是離散(Discrete)。但筆者發現,仍有如下一些問題需要解決:

### (一) 用計算器與電腦計算導致的計算結果偏差及其糾正

1. 偏差問題的形成原因

在工作表 CL1D 中演算的結果與通過查表用計算器計算出的結果存在微小的差異,尤其當保險金額比較大時,結果的差異就會更大。主要原因在於:一般教材中的替換函數表保留了兩位小數,用計算器運算時使用的是兩位小數,而電腦中的 CL1D 中的替換函數表從表面上看可能是兩位小數,實際上是若干位小數在參與運算。

2. 解決問題的對策

在 CL1D 中的單元格 C1 中輸入「 = ROUND(『CL1』!M3,2)」,並重新拖動填充,其余各列數據做類似的處理,這樣得到的替換函數表中的數據就只保留兩位小數了。

### (二) 替換函數面臨模型的挑戰及其應對措施

1. 模型的採用是否降低了替換函數的作用

Gerber(1997) 指出,隨著基於概率論的模型日益被接受,替換函數的意義已日漸消失。由此引出了問題:是否大量採用模型就降低了替換函數的使用意義呢?但筆者認為,同樣可使用上述替換函數方法,而且使用起來也很簡便。

2. 解決問題的對策

壽險精算中的死亡概率的給定有兩種方法:一是用表格形式,如經驗生命表;二是用函數形式,如採用 Gompertz 死亡率(Gompertz's mortality law)、Makeham 死亡率(Makeham's mortality law)。通過死力函數或其他生存模型,可以計算出年齡別死亡概率,並更換現有生命表中的死亡概率,從而得出相應的替換函數表,在此基礎上可完成有關計算。當然,必要時可以改變表格中的極限年齡。

### (三) 分期型精算問題及其處理

這裡主要涉及每年支付多次的年金保險或於死亡所在的分年度末支付保險金的人壽保險的精算問題。為此,需要引入分期型或分數型替換函數。

在 CL1 中的單元格 C109、D109、E109、F109、G109、H109、I109、J109、K109 中分別輸入「$m$」「$i^{(m)}$」「$\delta$」「$d^{(m)}$」「$d$」「$\alpha(m)$」「$\beta(m)$」「$\alpha'(m)$」「$\beta'(m)$」;在第 110 行則輸入對應的計算公式,選定 $m = 12$ 后就可以計算出其他項目的值。這裡 $\alpha'(m) \doteq 1$、$\beta'(m) \doteq \dfrac{m-1}{2m}$。換言之,在計算 $D_x^{(m)}$、$N_x^{(m)}$、$S_x^{(m)}$ 之時需要確定 $\alpha(m)$、$\beta(m)$ 是根據公式(4.3.9) 還是依據公式(4.3.10) 來計算的,這可通過 Excel 中的「復選框」控件來完成選擇,見圖 11 - 2 - 4。於是,根據 $i$ 與 $m$ 的取值就可以在 CL1 的表格后分別計算出替換函數 $D_x^{(m)}$、$N_x^{(m)}$、$S_x^{(m)}$ 值。

為了便於計算死亡所在 $\dfrac{1}{m}$ 年末支付保險金的人壽保險的精算現值,如 $A_x^{(m)}$、

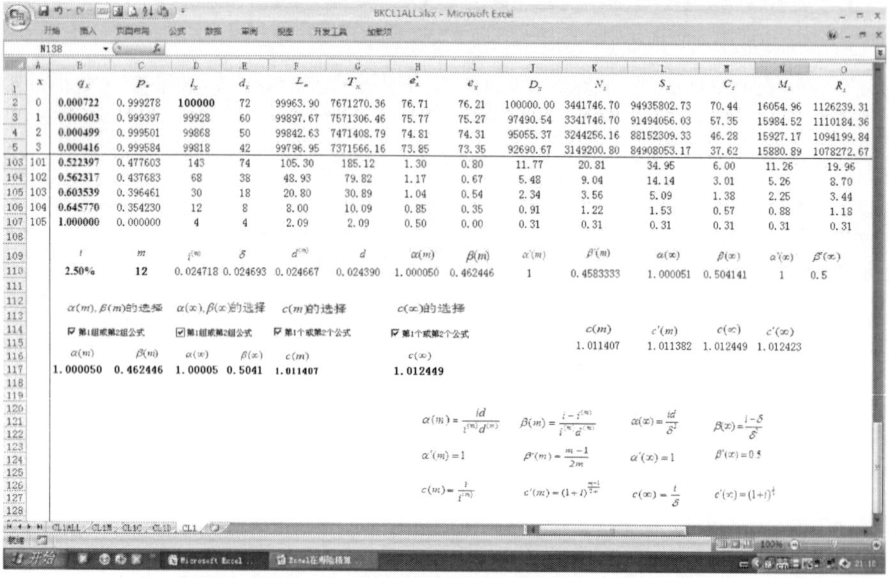

| | x | $q_x$ | $p_x$ | $l_x$ | $d_x$ | $L_x$ | $T_x$ | $\mathring{e}_x$ | $e_x$ | $D_x$ | $N_x$ | $S_x$ | $C_x$ | $M_x$ | $R_x$ |
|---|---|---|---|---|---|---|---|---|---|---|---|---|---|---|---|
| 2 | 0 | 0.000722 | 0.999278 | 100000 | 72 | 99963.90 | 7671270.36 | 76.71 | 76.21 | 100000.00 | 3441746.70 | 94935802.73 | 70.44 | 16054.96 | 1126239.31 |
| 3 | 1 | 0.000603 | 0.999397 | 99928 | 60 | 99897.67 | 7571306.46 | 75.77 | 75.27 | 97490.54 | 3341746.70 | 91494056.03 | 57.35 | 15984.52 | 1110184.36 |
| 4 | 2 | 0.000499 | 0.999501 | 99868 | 50 | 99842.63 | 7471408.79 | 74.81 | 74.31 | 95055.37 | 3244256.16 | 88152309.33 | 46.28 | 15927.17 | 1094199.84 |
| 5 | 3 | 0.000416 | 0.999584 | 99818 | 42 | 99796.95 | 7371566.16 | 73.85 | 73.35 | 92690.67 | 3149200.80 | 84908053.17 | 37.62 | 15880.89 | 1078272.67 |
| 103 | 101 | 0.522397 | 0.477603 | 143 | 74 | 105.30 | 185.12 | 1.30 | 0.80 | 11.77 | 20.81 | 34.95 | 6.00 | 11.26 | 19.96 |
| 104 | 102 | 0.562317 | 0.437683 | 68 | 38 | 48.93 | 79.82 | 1.17 | 0.67 | 5.48 | 9.04 | 14.14 | 3.01 | 5.26 | 8.70 |
| 105 | 103 | 0.603539 | 0.396461 | 30 | 18 | 20.80 | 30.89 | 1.04 | 0.54 | 2.34 | 3.56 | 5.09 | 1.38 | 2.25 | 3.44 |
| 106 | 104 | 0.645770 | 0.354230 | 12 | 8 | 8.00 | 10.09 | 0.85 | 0.35 | 0.91 | 1.22 | 1.53 | 0.57 | 0.88 | 1.18 |
| 107 | 105 | 1.000000 | 0.000000 | 4 | 4 | 2.09 | 2.09 | 0.50 | 0.00 | 0.31 | 0.31 | 0.31 | 0.31 | 0.31 | 0.31 |

| $i$ | $m$ | $i^{(m)}$ | $\delta$ | $d^{(m)}$ | $d$ | $\alpha(m)$ | $\beta(m)$ | $\alpha'(m)$ | $\beta'(m)$ | $\alpha(\infty)$ | $\beta(\infty)$ | $\alpha'(\infty)$ | $\beta'(\infty)$ |
|---|---|---|---|---|---|---|---|---|---|---|---|---|---|
| 2.50% | 12 | 0.024718 | 0.024693 | 0.024667 | 0.024390 | 1.000050 | 0.462446 | 1 | 0.4583333 | 1.000051 | 0.504141 | 1 | 0.5 |

| $\alpha(m)$ | $\beta(m)$ | $\alpha(\infty)$ | $\beta(\infty)$ | $c(m)$ | $c(\infty)$ |
|---|---|---|---|---|---|
| 1.000050 | 0.462446 | 1.00005 | 0.5041 | 1.011407 | 1.012449 |

| $c(m)$ | $c'(m)$ | $c(\infty)$ | $c'(\infty)$ |
|---|---|---|---|
| 1.011407 | 1.011382 | 1.012449 | 1.012423 |



**圖 12－2－4　連續型替換函數值計算公式的選擇**

數據來源:第 2 列數據來源於參考文獻[14]。當復選框中打「√」時,表示選擇第 1 組公式或第 1 個公式,否則選擇第 2 組公式或第 2 個公式。

$A_{x:\overline{n}|}^{(m)}$、$A_{x:\overline{n}|}^{\;\;1\,(m)}$,需要引入相應的死亡類分期型替換函數 $C_x^{(m)}$、$M_x^{(m)}$、$R_x^{(m)}$。

像創建 CL1D 那樣創建 CL1M,該工作表將實現替換函數值符號與單元格記號一一對應,只不過在 C 列、D 列、M 列、N 列、R 列、S 列分別放置 $C_x^{(m)}$、$D_x$、$M_x^{(m)}$、$N_x^{(m)}$、$R_x^{(m)}$、$S_x^{(m)}$ 的值。若涉及 $D_x^{(m)}$,還需在 CL1M 中增加一列 $D_x^{(m)}$ 的值。

**(四) 連續型精算問題及其處理**

在前述的工作表 CL1 中,在表格的右邊追加上述連續型替換函數的值。接著,像作出表 CL1D 那樣,創建另一張工作表 CL1C①,只不過在其 C 列、M 列、N 列、R 列、S 列分別放置 $\bar{C}_x$、$\bar{M}_x$、$\bar{N}_x$、$\bar{R}_x$ 與 $\bar{S}_x$ 的值,D 列仍然放置 $D_x$ 的值。這裡,可採用 Excel 中的「復選框」控件來完成 $c(\infty)$、$\alpha(\infty)$、$\beta(\infty)$ 的選擇,如圖 11－2－4 所示。也可類似於創建 CL1C 那樣創建其他類型工作表:該工作表中第 N 列放置 $N_x$ 的值。如果計算過程中涉及 $\bar{D}_x$,那麼就需要相應地替換函數值了。其中,$c(\infty)=\frac{i}{\delta}$ 或 $(1+i)^{\frac{1}{2}}$。這樣,公式(3.3.8)、公式(3.3.9)、公式(3.3.11)、公式(3.3.12)可以統一成 $\bar{C}_x=c(\infty)C_x$、$\bar{M}_x=c(\infty)M_x$、$\bar{R}_x=c(\infty)R_x$。

① 這裡 C 取自 Continuous 的首字母。

於是，根據公式(4.4.32)就可以計算出連續年金的精算現值：$(I\bar{a})_{30} = \dfrac{\bar{S}_{30}}{D_{30}}$，只須在 CL1C 中的空格處輸入「 = S30/D30」即可，結果為 552.70 元。

## 五、統一的替換函數表創建的必要性與操作方法

全離散型精算問題的解決可以在工作表 CL1D 上進行；處理連續型精算問題時需要在 CL1C 上進行；解決分期型精算問題需要在 CL1M 上進行。解決半連續型精算問題就需要在幾張工作表上操作，顯然，這很不方便。現在的問題是：能否將所有工作表合併成一張表呢？回答是肯定的，不過需要在 Excel2007 以后的版本上操作。

操作方法：複製工作表 CL1D 並粘貼，將其重新命名為 CL1ALL，將 CL1 中的 $\bar{C}_x$、$\bar{D}_x$、$\bar{M}_x$、$\bar{N}_x$、$\bar{R}_x$ 與 $\bar{S}_x$ 的值分別放在 CL1ALL 上的 CB 列、DB 列、MB 列、NB 列、RB 列、SB 列，這裡的 B 是「Bar」的首字母，因為 $\bar{C}$ 讀成「C bar」。將 $C_x^{(m)}$、$D_x^{(m)}$、$M_x^{(m)}$、$N_x^{(m)}$、$R_x^{(m)}$、$S_x^{(m)}$ 的值放在 CL1ALL 中的 CM 列、DM 列、MM 列、NM 列、RM 列、SM 列，這裡的列號中的后一字母 M 與替換函數的右上標的 $m$ 相聯繫，見圖 11 - 2 - 5。為美觀起見，可將未出現函數值的列隱藏起來，甚至還可將第 110 行以前的所有行都隱藏起來，然后在空白處進行演算，就能非常方便地求解所有精算問題了。

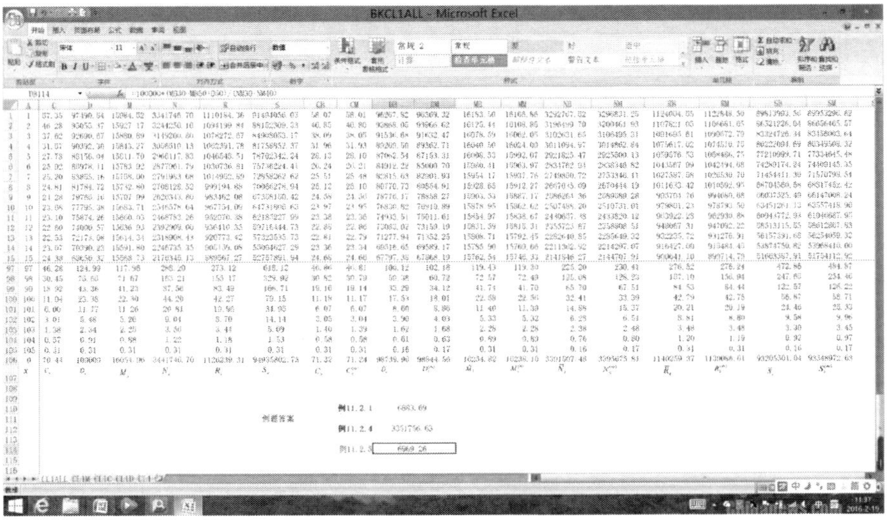


圖 11 - 2 - 5　統一的替換函數表的構建

數據來源：根據 CL1(2000—2003)及 2.5% 的年利率計算而得。

在上述計算過程中，由於 $C_x^{(m)}$、$D_x^{(m)}$、$M_x^{(m)}$、$N_x^{(m)}$、$R_x^{(m)}$、$S_x^{(m)}$ 與 $\bar{C}_x$、$\bar{D}_x$、$\bar{M}_x$、$\bar{N}_x$、$\bar{R}_x$、$\bar{S}_x$ 的計算均有兩個計算公式可供選擇，因此，在計算之前應先在工作表 CL1 上對它們進行選擇，這可通過 Excel 中的「復選框」控件來完成。當然，也包括對精算假設的調整，如利率、死亡率可根據需要進行修改。不過，為方便起見，可以根據常見的生命表，分別建立若干個像 BKCL 那樣的工作簿；或者建立一個工作簿，但包括若干個像 CL1ALL 那樣的工作表，如 CL2ALL。

## 六、涉及利率與確定年金時的替換函數表

在壽險精算中，往往還會涉及一些利息的度量與確定年金的問題。為了提高運算速度，可以事先在工作表 CL1ALL(或在更簡明一些的 CL1D、CL1C、CL1M) 上的一些空白區域，根據 CL1 中的 $i$ 與 $m$ 的值，再結合 $n$ 的取值，計算出一些常見的函數值，如 $d$、$i^{(m)}$、$d^{(m)}$、$\delta$、$v^n$、$(1+i)^n$、$a_{\overline{n}|}$、$\ddot{a}_{\overline{n}|}$、$s_{\overline{n}|}$、$\ddot{s}_{\overline{n}|}$、$a_{\overline{n}|}^{(m)}$、$\ddot{a}_{\overline{n}|}^{(m)}$、$\bar{a}_{\overline{n}|}$、$(Ia)_{\overline{n}|}$、$(I\bar{a})_{\overline{n}|}$。

## 七、統一替換函數表的應用舉例

下面將舉出 3 個實例說明在 Excel 上運用新的替換函數值表可以非常簡便地解決精算問題，尤其是重複的精算問題，如計算各年末均衡純保費責任準備金、毛保費及其責任準備金、修正責任準備金，本文所探討的方法的威力將更加顯著。

例 12.2.1 的另一個解法：在 CL1D 或 CL1ALL 上的空白單元格內輸入「= 100,000 * (M30 - M50 + D50)/(N30 - N40)」，即可得到答案為 6,883.69 元。

**例** 12.2.4　某 30 歲的人投保了 30 年期的期初支付的遞增型年金保險，每月初支付一次，第 1 年支付額為 12,000 元，以后每一年比上一年增加 12,000 元，各年內每次支付相等的金額，以 CL1(2000—2003)2.5% 為例，求應躉繳的純保費。

**解**：所求的躉繳純保費為

$$12,000\,(I\ddot{a})_{30:\overline{30}|}^{(12)} = 12,000\,\frac{S_{30}^{(12)} - S_{60}^{(12)} - 30N_{60}^{(12)}}{D_{30}}$$

在 CL1M 上的空白單元格處輸入「= 12,000 * (S30 - S60 - 30 * N60)/D30」，答案為 3,351,975.23 元或 3,351,756.63 元，出現多個答案是由於有多個近似公式，下同。

在 CL1ALL 上的空白單元格處輸入「= 12,000 * (SM30 - SM60 - 30 * NM60)/D30」也可得到同樣的答案。注意：本例中的 $m = 12$。

**例** 12.2.5　某 30 歲的人，投保了保額為 10 萬元、保險金於死亡時立即支付、保險期為 20 年的兩全保險，每月初繳納一次保費、限期 10 年繳清保費，求年繳均衡純保費。以 CL1(2000—2003)2.5% 為例。

**解**：設年繳均衡純保費為 $P$ 元，依收支平衡原則，有

$$P\ddot{a}^{(12)}_{30:\overline{10}|} = 100,000\bar{A}_{30:\overline{20}|}$$

解得

$$P = 100,000\frac{\bar{A}_{30:\overline{20}|}}{\ddot{a}^{(12)}_{30:\overline{10}|}} = 100,000\frac{\bar{M}_{30} - \bar{M}_{50} + D_{50}}{N^{(12)}_{30} - N^{(12)}_{40}}$$

在 CL1ALL 的空白單元格內輸入「= 100,000 * (MB30 - MB50 + D50)/(NM30 - NM40)」，即可得到答案為6,968.87元、6,969.88元或6,969.26元。注意：本例中的$m = 12$。

綜上所述，儘管計算機越來越先進，似乎在 Excel 上利用替換函數解決壽險精算問題已經過時。但筆者通過對 Excel 的多年研究，將單元格記號與替換函數值符號自動地一一對應起來，逐漸改善並擴大了替換函數的使用範圍與效能，增加了連續型與分期型替換函數，尤其是將各種類型的替換函數值整合進一張工作表中，從而極大地簡化了壽險精算的計算量，也能加深人們對壽險精算基本理論的理解。換言之，替換函數在 Excel 中獲得了新生。如果將表格中的精算假設進行修改，就能立即解決新問題。而且對生命表及其替換函數表進行簡單的增刪修改，就可以適用於不同國別或不同公司的情形。生命表及其替換函數原理可以運用於多生命精算模型與多減因模型之中，本文所研究的方法更適合於大批量的計算，如各年末責任準備金，也可運用於社會養老保險的精算項目之中。從而將人們從壽險精算的重複計算中解放出來，激發人們對該學科的學習興趣，並加強理論與實踐的有機結合。

## 第三節　人壽保險實驗

就人壽保險而言，包括終身壽險、定期壽險、延期壽險、兩全保險，但為了簡便起見，主要以定期壽險為例。要進行與人壽保險躉繳純保費有關的計算，關鍵是要獲得其替換函數表達式。然后，複製工作簿「生命表與替換函數表實驗」，並將其重新命名為「人壽保險實驗」，保存起來以備將來在此基礎上開發利用，在「CL1N」「CL2N」「CL3N」「CL4N」中的空白區域進行計算。當然，為了簡明起見，一般選擇在 CL1N 上演算，也可將「CL2」~「CL4」、「CL2N ~ CL4N」刪去，以后不再說明。將「CL1N」複製兩次，連同「CL1N」重新命名為「保額等比數列變化」「保額等差數列變化」「保額任意變化」。當然，也可在 CL1D 或 CL1ALL 這樣的工作表上進行演算。

特別約定：今后新出現的工作簿、工作表均按這樣的方式獲得，不再贅述。

## 一、保額按等比數列變化的人壽保險躉繳純保費演示

通過本系統可以計算出保險金額按等比數列變化的人壽保險躉繳純保費。特別地,當公比為0時,結果就是通常的等額壽險的躉繳純保費。詳見圖12－3－1。請讀者用等額人壽保險的替換函數表達式驗證其正確性,注意當「保額等比數列變化」工作表中的「保額增長率」不為0時,計算后恢復原狀。

**例** 12.3.1　某30歲的人參加了如下人壽保險,死亡年末支付保險金10,000元,分別求其躉繳純保費:(1) 終身壽險;(2)20年期定期壽險;(3)20年期純生存保險;(4)20年期兩全保險,滿期生存金為10,000元。以CL1(2000—2003)2.5% 為計算基礎。

**解**:如圖12－3－1所示,在「保額等比數列變化」工作表上,將「保額增長率」取為0,「CL1」的B110中利率相應地修改為「＝保額等比數列變化!C117」,其中C117中輸入「＝(C115－D115)/(1＋D115)」,即計算$j=\dfrac{i-r}{1+r}$,這裡的$r$為保額增長率、$i$為預定利率。本例題將保額按等比變化的人壽保險轉化為以利率$j$作為新的預定利率的等額壽險來處理。在D121、D122、D123、D124中分別輸入「＝M115＊M30/D30」、「＝M115＊(M30－M50)/D30」、「＝N115＊D50/D30」、「＝M115＊(M30－M50)/D30＋N115＊D50/D30」,則可得到結果分別為3,202.52元、260.64元、5,887.05元和6,147.69元。讀者可以思考保額年增長率為3% 的情形。以后,不再一一描述單元格中的公式,只選關鍵性的內容來介紹。

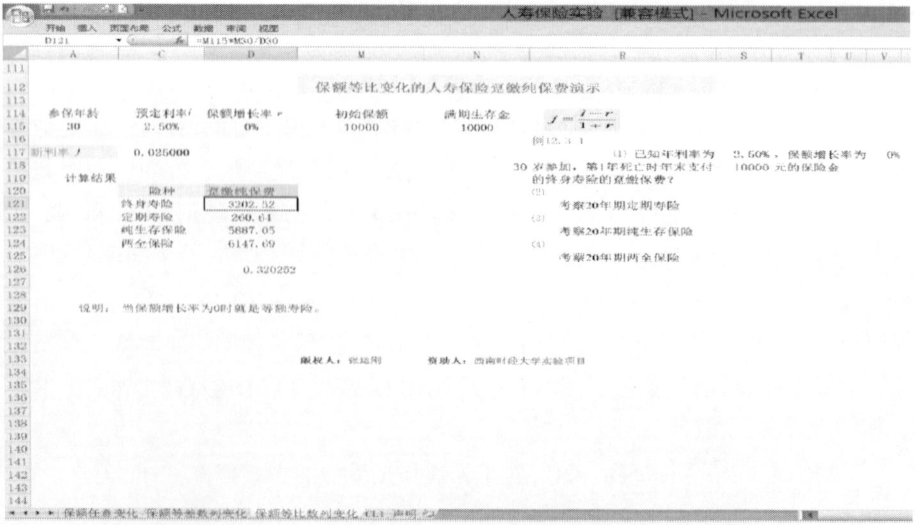


圖12－3－1　保額按等比變化的人壽保險的躉繳純保費

## 二、保額按等差變化的人壽保險的躉繳純保費演示

通過本系統可以計算出保險金額按等差數列變化的人壽保險躉繳純保費。特別地,當公差為 0 時,結果就是通常的等額壽險的躉繳純保費。詳見圖 12 - 3 - 2。

**例** 12. 3. 2　某 30 歲的人參加了如下人壽保險,死亡年末支付保險金,第一年保額為 10, 000 元,以后每一年遞增 200 元,滿期生存金與最后一年死亡保險金相同,分別求其躉繳純保費:(1) 終身壽險;(2)20 年期定期壽險;(3)20 年期純生存保險;(4)20 年期兩全保險。以 CL1(2000—2003)2. 5% 為計算基礎。

**解**:在「保額等差數列變化」工作表上,輸入「保額增長額」200 元,在單元格 D121、D122、D123、D124 中分別輸入「= M115 * M30/D30 + D115 * R31/D30」、「= M115 * (M30 - M50)/D30 + D115 * (R31 - R50 - 19 * M50)/D30」、「= (M115 + 19 * D115) * D50/D30」、「= D122 + D123」,則結果分別為 5, 948. 33 元、317. 65 元、8, 124. 13 元和 8, 441. 78 元,這就是通常的等額人壽保險情形,如圖 12 - 3 - 2 所示。讀者可以思考保額年增長額為 0 的情形。

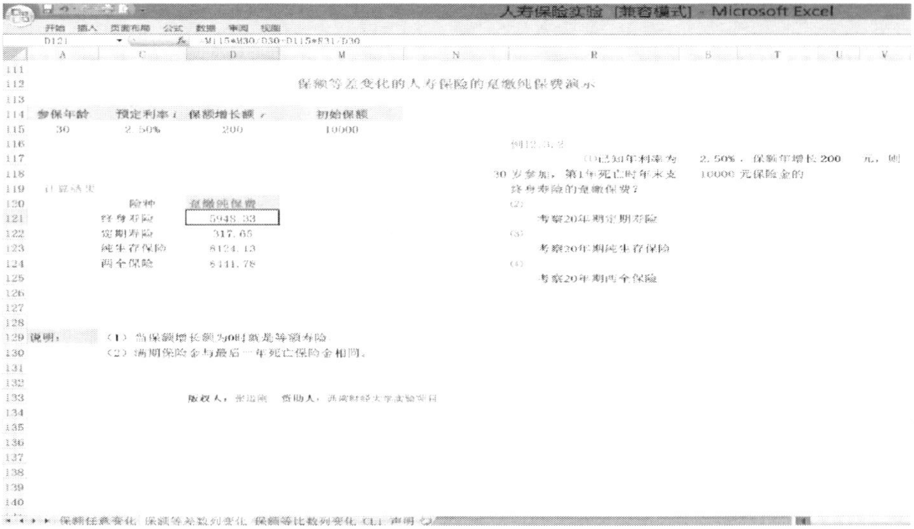


圖 12 - 3 - 2　保額按等差變化的人壽保險躉繳純保費

## 三、保額任意變化的人壽保險的躉繳純保費演示

**例** 12. 3. 3　某 30 歲的人投保了初始保額為 10, 000 元,以后每一年比上一年增加 1, 000 元,保額於死亡年末支付,保險期為 20 年,同時附加了年齡逢 5、逢 10 追加給付生存金 10, 000 元的人壽保險,求躉繳純保費。以 CL1(2000—2003)2. 5% 為計

算基礎。

**解:** 本例思路為躉繳純保費就是各次支付的精算現值之和。在「保額任意變化」工作表中,求得以死亡作為支付條件的那部分精算現值或躉繳純保費為545.66元與以生存作為支付條件的部分躉繳純保費為29,157.05元,合計應躉繳純保費為29,702.71元。詳見圖12-3-3。也可將附加的生存金取為0,也可按需要設置,例12.3.4也可這樣操作。並請讀者驗證通常標準形式遞增、遞減定期壽險躉繳純保費$(IA)^{1}_{x:\overline{n}|}$、$(DA)^{1}_{x:\overline{n}|}$的適用性。

**例12.3.4** 某30歲的人投保了初始保額為10,000元,以后每一年比上一年增加5%,保額於死亡年末支付,保險期為20年,同時附加了年齡逢5追加給付生存金10,000元、年齡逢10則追加20,000元的人壽保險,求該保險的躉繳純保費。以CL1(2000—2003)2.5%為計算基礎。

**解:** 以死亡作為支付條件的那部分精算現值或躉繳純保費為461.17元,以生存作為支付條件的那部分躉繳純保費為42,763.77元,合計應躉繳純保費為43,224.94元。請讀者自己完成。

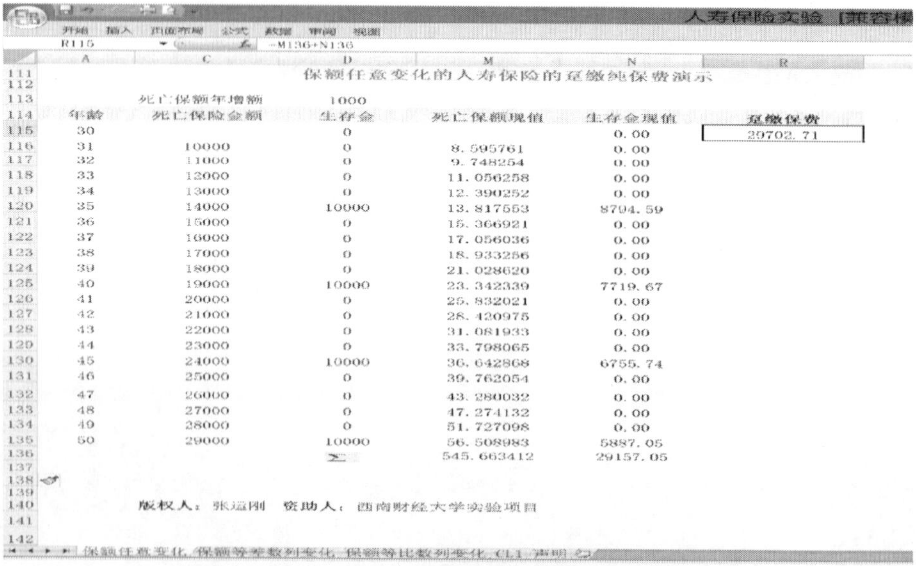


| | A | C | D | M | N | R |
|---|---|---|---|---|---|---|
| 113 | | 死亡保额年增额 | 1000 | | | |
| 114 | 年龄 | 死亡保险金额 | 生存金 | 死亡保额现值 | 生存金现值 | 趸缴保费 |
| 115 | 30 | | 0 | | 0.00 | 29702.71 |
| 116 | 31 | 10000 | 0 | 8.595761 | 0.00 | |
| 117 | 32 | 11000 | 0 | 9.748254 | 0.00 | |
| 118 | 33 | 12000 | 0 | 11.056258 | 0.00 | |
| 119 | 34 | 13000 | 0 | 12.390252 | 0.00 | |
| 120 | 35 | 14000 | 10000 | 13.817553 | 8794.59 | |
| 121 | 36 | 15000 | 0 | 15.366921 | 0.00 | |
| 122 | 37 | 16000 | 0 | 17.056036 | 0.00 | |
| 123 | 38 | 17000 | 0 | 18.933256 | 0.00 | |
| 124 | 39 | 18000 | 0 | 21.028620 | 0.00 | |
| 125 | 40 | 19000 | 10000 | 23.342339 | 7719.67 | |
| 126 | 41 | 20000 | 0 | 25.832021 | 0.00 | |
| 127 | 42 | 21000 | 0 | 28.420975 | 0.00 | |
| 128 | 43 | 22000 | 0 | 31.081933 | 0.00 | |
| 129 | 44 | 23000 | 0 | 33.798065 | 0.00 | |
| 130 | 45 | 24000 | 10000 | 36.642868 | 6755.74 | |
| 131 | 46 | 25000 | 0 | 39.762054 | 0.00 | |
| 132 | 47 | 26000 | 0 | 43.280032 | 0.00 | |
| 133 | 48 | 27000 | 0 | 47.274132 | 0.00 | |
| 134 | 49 | 28000 | 0 | 51.727098 | 0.00 | |
| 135 | 50 | 29000 | 10000 | 56.508983 | 5887.05 | |
| 136 | | | Σ | 545.663412 | 29157.05 | |

圖12-3-3 保額任意變化的人壽保險的躉繳純保費

**例12.3.5** 以CL1(2000—2003)2.5%為計算基礎,計算$\mathrm{var}(v^{K(30)+1})$。

**解:** 首先,在「CL1D」中,計算出$A_{30}$。在C115中,通過輸入「=M30/D30」可得結果0.320,251,657。將其「選擇性粘貼」,選擇「數值」放到D115裡。

其次,在「CL1」中的B110中輸入「=2*2.5%+2.5%^2」,則在「CL1D」的

C115 中的數據實際就是 $^{2}A_{30}$,即為 0.115,911,119。

最后,在 M115 中,輸入「 = C115 - D115^2」,即可得:

$$\text{var}(v^{K(30)+1}) = {}^{2}A_{30} - (A_{30})^{2} \approx 0.013,350$$

## 第四節　生存年金實驗

將本節的工作簿命名為「生存年金實驗」。

### 一、生存年金的精算現值與終值

**例** 12.4.1　假設30歲的男子參加了20年期、保額為1萬元的定期期初付生存年金,求該年金的精算現值與終值,以 CL1(2000—2003)2.5% 為例。

**解**:(1) 寫出替換函數表達式:

$$\ddot{a}_{30:\overline{20}|} = \frac{N_{30} - N_{50}}{D_{30}}, \ddot{s}_{30:\overline{20}|} = \frac{N_{30} - N_{50}}{D_{50}}$$

(2) 選擇「CL1」及 2.5% 的預定利率。

(3) 在「CL1D」中進行運算,即(任意) 選擇空白單元格,例如 M117,輸入「 = (N30 - N50)/D30」,而在 N117 中輸入「 = (N30 - N50)/D50」即分別可得到所求年金的精算現值與終值,即為 15.79、26.83。詳見圖 12 - 4 - 1。

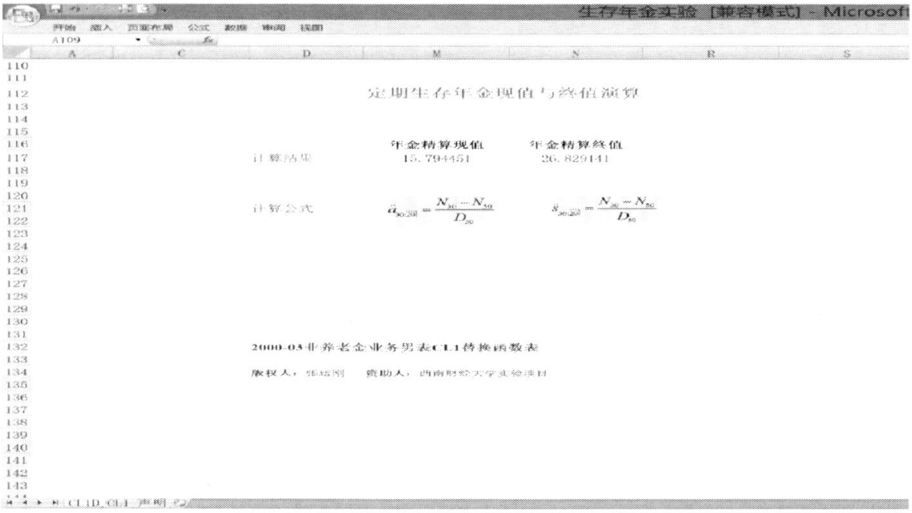


圖 12 - 4 - 1　生存年金精算現值與終值

第十二章　壽險精算實驗

## 二、年金保險保額的計算

**例** 12. 4. 2　假設某30歲的男子投保了30年繳費的終身年金保險,每年初生存時繳納保險費10,000元,60歲起領取等額的養老金,問每年初可以領取多少元?以CL1(2000—2003)2. 5%為例。

**解**:(1) 寫出替換函數表達式。設每年初可領取$R$元,由收支平衡原則可得

$$R\ddot{a}_{60} = 10,000\ddot{s}_{30:\overline{30}|}$$

$$R = 10,000\frac{\ddot{s}_{30:\overline{30}|}}{\ddot{a}_{60}} = 10,000\frac{N_{30} - N_{60}}{N_{60}}$$

(2) 在「CL1D」中(任意)選擇空白單元格D125,輸入「= 10,000 * (N30 - N60)/N60」,結果為30,429.86,即60歲后每年初生存時可領取30,429.86元。

## 三、年金保險保險費的計算

**例** 12. 4. 3　假設某30歲的男子投保了30年繳費的終身年金保險,如果從60歲起,每年初領取10,000元的養老金,那麼每年初生存時應繳納保險費多少元?以CL1(2000—2003)2. 5% 為例。

**解**:(1) 寫出替換函數表達式。設每年初應繳納$P$元,由收支平衡原則可得

$$10,000\ddot{a}_{60} = P\ddot{s}_{30:\overline{30}|}$$

$$P = 10,000\frac{\ddot{a}_{60}}{\ddot{s}_{30:\overline{30}|}} = 10,000 \cdot \frac{N_{60}}{N_{30} - N_{60}}$$

(2) 在「CL1D」中進行運算,即(任意)選擇空白單元格$D$126,輸入「= 10,000 * N60/(N30 - N60)」,結果為3,286.25,即60歲后每年初生存時可領取3,286.25元。

請讀者思考:期末付生存年金、非等額生存年金、每年給付多次的生存年金、每年連續給付的生存年金的精算現值或精算終值的計算。可以參考例12.3.3,只需將死亡保額選擇為0即可。



# 第五節　均衡純保費及其應用實驗

## 一、均衡純保費的基本計算

將本節的工作簿命名為「均衡純保費實驗」,在「CL1D」上實驗。

**例** 12. 5. 1　已知某30歲的男子參加了保額於死亡年末支付10,000元、20年的定期壽險。以CL1(2000—2003)2. 5% 為基礎,試計算如下條件下的年繳純保費:

(1) 年繳一次;(2) 年繳 12 次(分別計算真實純保費、年賦純保費、比例純保費);(3) 連續繳費。

**解**:本實驗的基本目的是分析各種不同繳費方式下均衡年繳純保費形成的差異,請讀者分析其形成差異的原因。每次繳納的保費為年繳純保費除以年繳保費的次數。詳見圖 12 - 5 - 1。

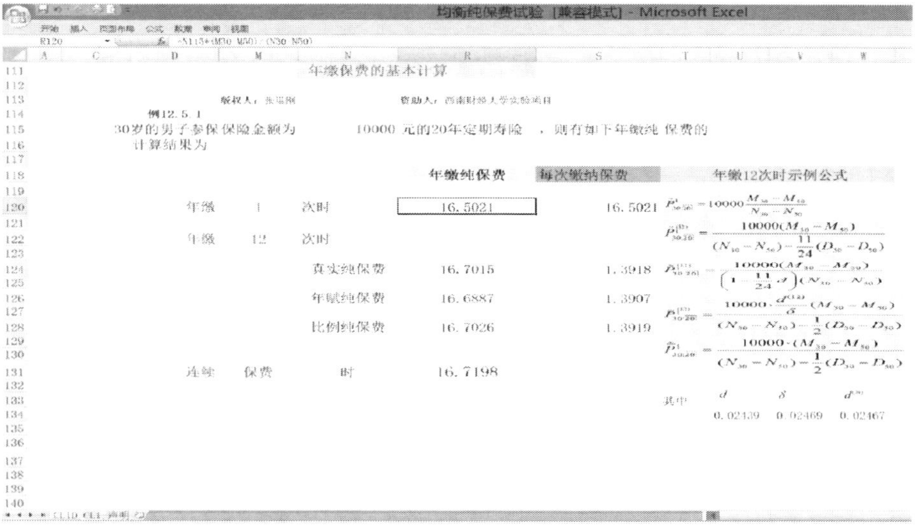


圖 12 - 5 - 1　**均衡純保費的基本計算**

在 N115 放置保險金額「10,000」,在 M122 放置年繳保費的次數「12」。在單元格 R120 中輸入「= N115 * (M30 - M50)/(N30 - N50)」, 在 R124 中輸入「= N115 * (M30 - M50)/((N30 - N50) - ((M122 - 1)/(2 * M122)) * (D30 - D50))」,在 R126 中輸入「= R120/(1 - ((M122 - 1) * U135)/(2 * M122))」,在 R128 中輸入「= N115 * (W135/V135) * (M30 - M50)/((N30 - N50) - (1/2) * (D30 - D50))」,在 R131 中輸入「= N115 * (M30 - M50)/((N30 - N50) - (1/2) * (D30 - D50))」。其中,U135、V135、W135 單元中存放的是 $d$、$\delta$、$d^{(m)}$。問題(1)、(2)、(3) 的計算結果分別為 16.50、16.70、16.69、16.70、16.72。

問題(1) 的計算公式為:

$$\tilde{P}^{1}_{30:\overline{20|}} = 10,000\,\frac{M_{30} - M_{50}}{N_{30} - N_{50}}$$

問題(2) 的計算公式為:

$$\tilde{P}^{1\,(12)}_{30:\overline{20|}} = \frac{10,000(M_{30} - M_{50})}{(N_{30} - N_{50}) - \dfrac{11}{24}(D_{30} - D_{50})}$$

$$\tilde{P}^{[12]}_{\overset{1}{30}:\overline{20|}} = \frac{10,000(M_{30} - M_{50})}{\left(1 - \frac{11}{24}d\right)(N_{30} - N_{50})} = \frac{\tilde{P}^{1}_{30:\overline{20|}}}{1 - \frac{11}{24}d}$$

$$\tilde{P}^{\{12\}}_{\overset{1}{30}:\overline{20|}} = \frac{10,000 \cdot \frac{d^{(12)}}{\delta}(M_{30} - M_{50})}{(N_{30} - N_{50}) - \frac{1}{2}(D_{30} - D_{50})}$$

問題(3) 的計算公式為:

$$\tilde{\tilde{P}}^{1}_{30:\overline{20|}} = \frac{10,000 \cdot (M_{30} - M_{50})}{(N_{30} - N_{50}) - \frac{1}{2}(D_{30} - D_{50})}$$

## 二、保費返還保單的分析

將本節的工作簿命名為「均衡純保費應用實驗」,複製「CL1D」三次,分別重命名為「CL1D1」「CL1D2」「CL1D3」。關於均衡純保費的計算也可參考例 12.4.3。

### (一) 一般原理

**例** 12.5.2　現年30歲的人購買了限期5年繳費、10年延期20年定期的期初付年金保險。(1) 若被保險人在 10 年延期內死亡,返還的保費按年利率 2% 計息,求年繳純保費。(2) 若返還的保費按年利率2.5% 計息,求年繳純保費。其中保險金額為 1,000 元。以 CL1(2000—2003)2.5% 為基礎。

**解**:(1) 在「CL1D」中,首先,計算出當年繳保費為 1 時,所返還的保費的精算現值,本例約為 0.046,記為 $a$,注意第 $k+1$ 年末返還的保費數額為 $P\ddot{s}_{\overline{k+1|}j}$,即為 $\ddot{s}_{\overline{k+1|}j}$,因為這兒返還的基準保費 $P = 1$;該返還額的精算現值為 $\ddot{s}_{\overline{k+1|}j}v^{k+1}{}_{k|}q_x = \ddot{s}_{\overline{k+1|}j} \cdot \frac{C_{x+k}}{D_x}$;其次,計算出保險金支付的精算現值,本例約為12,045.53,記為 $b$;再次,計算出繳費期為 5 年的給付額為 1 的期初付生存年金的精算現值,本例約為 4.753,292,記為 $c$;最后,按$\frac{b}{c-a}$ 計算出結果 2,559.15 元。

(2)「返還保費利率 $j$」選取 2.5% 時,可得結果 2,559.77 元。詳見圖 12 - 5 - 2。

### (二) 返還的保費不計利息

**例** 12.5.3　現年30歲的人購買了限期5年繳費、10年延期20年定期的期初付年金保險。(1) 計算年繳純保費;(2) 若被保險人在 10 年延期內死亡時返回不計利息的純保費,計算年繳純保費。其中保額為 1,000 元。以 CL1(2000—2003)2.5% 為基礎。

**解**:基本思路同例 12.5.2。在 CL1D1 上操作,「返還保費利率 $j$」選取 0,可得結果

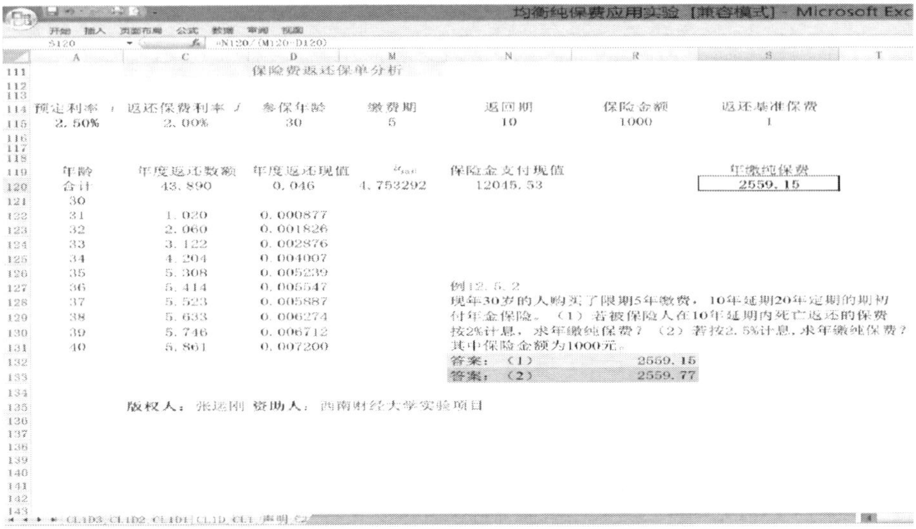


圖 12 - 5 - 2　保費返還保單分析圖

為2,556.82元。當不返還保費時,則年繳純保費下降為2,534.14元。事實上,后者被保險人獲得給付的可能性降低了。詳見圖12 - 5 - 3。也可以直接用公式分別計算返還的保費不計利息時的年繳純保費 $P_2$、不返還保費時的年繳純保費 $P_1$。計算公式為:

$$P_1 = 1,000\frac{N_{40} - N_{60}}{N_{30} - N_{35}}, P_2 = 1,000\frac{N_{40} - N_{60}}{(N_{30} - N_{35}) - (R_{30} - R_{35} - 5M_{40})}$$

## (三) 返還的保費按預定利率計息

**例** 12.5.4　現年30歲的人購買了5年繳費,(1)5年期的純生存保險;(2)5年期定期壽險;(3)5年期兩全保險;若被保險人在5年繳費期內死亡,返還已繳保費;均按年2.5%的預定利率計息,其中保險金額為1,000元,求年繳純保費。以CL1(2000—2003)2.5%為基礎。

**解**:在「CL1D2」上操作,將「返還保費利率 $j$」選取為預定利率2.5%。年繳純保費既可以按例12.5.2、例12.5.3的思路進行計算,也可以按如下公式來計算,詳見操作界面圖12 - 5 - 4,這裡顯示了問題(3)的結果。對於問題(1)、(2)來說,只須修改「保險金支付現值」的計算公式即可。問題(3)中的答案可直接由如下公式計算而得:

$$P = \frac{1,000A_{x:\overline{n}|}}{{}_nE_x\ddot{s}_{\overline{n}|}}$$

## (四) 對兩全保險保費的再認識

本實驗從數量角度加深了人們對兩全保險的兩種認識。在「CL1D3」上操作。該表反應了一個30歲的人投保了保額為10,000元的20年期兩全保險,保額於死亡年

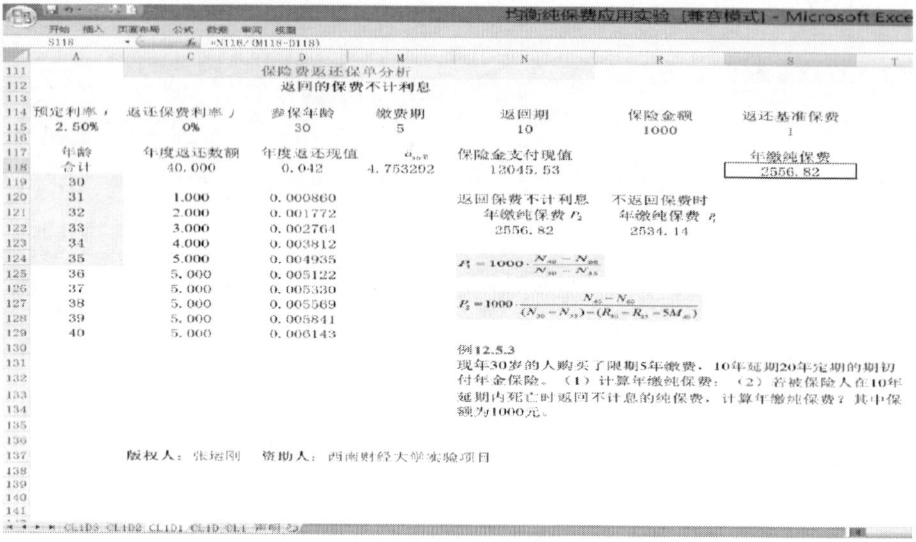


圖 12 - 5 - 3　返還的保費不計利息

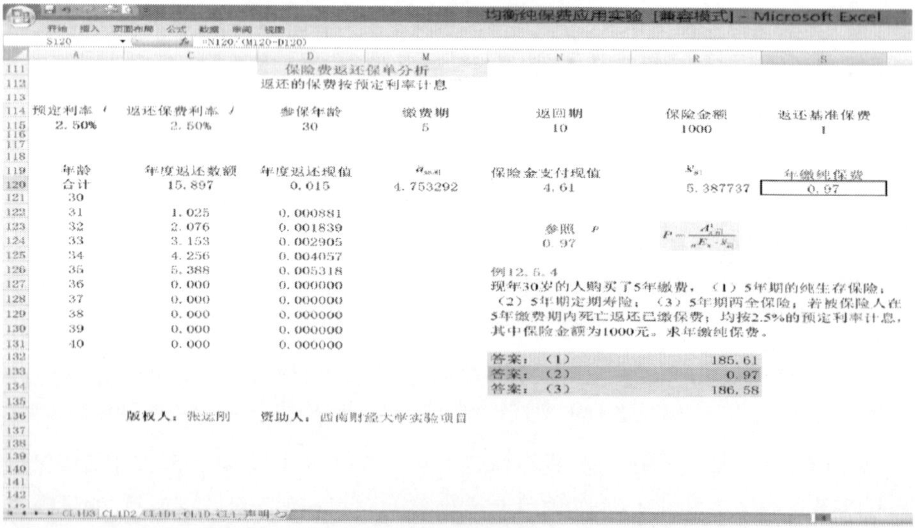


圖 12 - 5 - 4　返還的保費按預定利率計息

末支付，或保險期滿時支付生存金。

傳統認識：純生存保險的年繳純保費為 372.73 元，定期壽險的年繳純保費為 16.50 元，兩全保險年繳純保費為 389.23 元，前兩者之和剛好等於第三者。

新認識：儲金保險的年繳保費為 381.92 元，即每年初儲蓄 381.92 元，計算每年末基金余額及要支付 1,000 元保險金時的資金缺口，這一缺口就是新定期壽險的保額,這些保額在死亡條件下的精算現值,即為躉繳純保費,再均衡化后就得到保額遞減的定期壽險的年繳純保費為 7. 31 元,這兩項合併起來,也為 389. 23 元,同樣也能實現兩全保險的目標。詳見圖 12 - 5 - 5。

說明:在圖 12 - 5 - 5 中,每年所需的儲蓄額是由公式「= M114 * (A114/(1 + A114))((1 + A114)^20 - 1)」計算而得,即得到 N114 中的 381. 92;在 D119 中輸入「= $N $114 * (1 + $A $114)^C119 - 1)/( $A $114/C1 + $A $114)」,拖動填充可得該列數據。在 N119 中輸入「M119 * C30/ $D $30」,拖動填充可得 M 列、N 列數據。在 R118 中輸入「= SUM(N118:N138)」,在 S118 中輸入「= R118 * D30/(N30 - N50)」可得新定期保險的年繳純保費 7. 31 元。

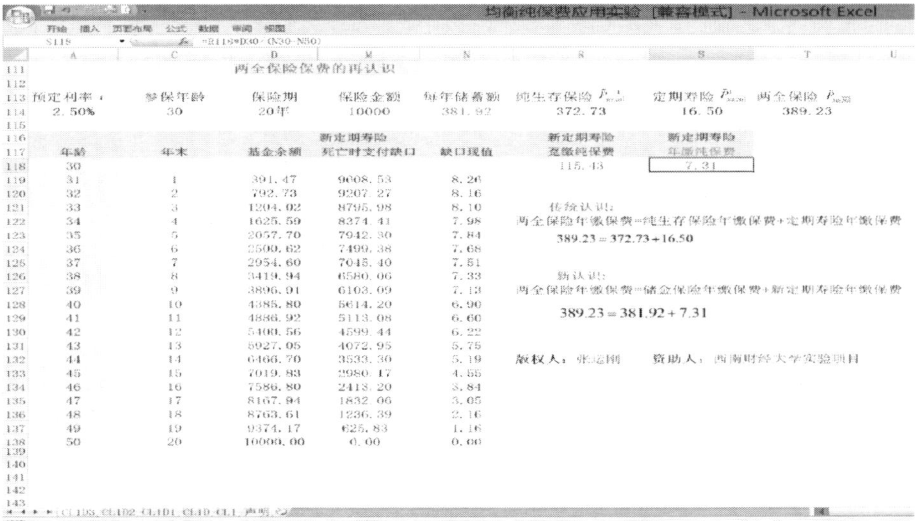
均衡纯保费应用实验 [兼容模式] - Microsoft Excel

S118　=R118*D30/(N30-N50)

两全保险保费的再认识

| 预定利率 i | 参保年龄 | 保险期 | 保险金额 | 每年储蓄额 | 纯生存保险 | 定期寿险 | 两全保险 |
|---|---|---|---|---|---|---|---|
| 2. 50% | 30 | 20年 | 10000 | 381. 92 | 372. 73 | 16. 50 | 389. 23 |

| 年龄 | 年末 | 基金余额 | 新定期寿险死亡时支付缺口 | 缺口现值 | 新定期寿险趸缴纯保费 | 新定期寿险年缴纯保费 |
|---|---|---|---|---|---|---|
| 30 | | | | | 115. 43 | 7. 31 |
| 31 | 1 | 391. 47 | 9608. 53 | 8. 26 | | |
| 32 | 2 | 792. 73 | 9207. 27 | 8. 16 | | |
| 33 | 3 | 1204. 02 | 8795. 98 | 8. 10 | | |
| 34 | 4 | 1625. 59 | 8374. 41 | 7. 98 | | |
| 35 | 5 | 2057. 70 | 7942. 30 | 7. 84 | | |
| 36 | 6 | 2500. 62 | 7499. 38 | 7. 68 | | |
| 37 | 7 | 2954. 60 | 7045. 40 | 7. 51 | | |
| 38 | 8 | 3419. 94 | 6580. 06 | 7. 33 | | |
| 39 | 9 | 3896. 91 | 6103. 09 | 7. 13 | | |
| 40 | 10 | 4385. 80 | 5614. 20 | 6. 90 | | |
| 41 | 11 | 4886. 92 | 5113. 08 | 6. 60 | | |
| 42 | 12 | 5400. 56 | 4599. 44 | 6. 22 | | |
| 43 | 13 | 5927. 05 | 4072. 95 | 5. 75 | | |
| 44 | 14 | 6466. 70 | 3533. 30 | 5. 19 | | |
| 45 | 15 | 7019. 83 | 2980. 17 | 4. 55 | | |
| 46 | 16 | 7586. 80 | 2413. 20 | 3. 84 | | |
| 47 | 17 | 8167. 94 | 1832. 06 | 3. 05 | | |
| 48 | 18 | 8763. 61 | 1236. 39 | 2. 16 | | |
| 49 | 19 | 9374. 17 | 625. 83 | 1. 16 | | |
| 50 | 20 | 10000. 00 | 0. 00 | 0. 00 | | |

传统认识:
两全保险年缴保费=纯生存保险年缴保费+定期寿险年缴保费
389.23 = 372.73 + 16.50

新认识:
两全保险年缴保费=储金保险年缴保费+新定期寿险年缴保费
389.23 = 381.92 + 7.31

版权人: 张运刚　资助人: 西南财经大学实验项目

圖 12 - 5 - 5　對兩全保險保費的再認識

## 第六節　均衡純保費責任準備金實驗

將本節所採用的工作簿命名為「均衡純保費準備金實驗」,將「CL1D」複製兩次,並重新命名為「CL1D1」和「CL1D2」。

### 一、責任準備金的基本計算方法

本系統主要介紹計算責任準備金常見的方法:未來法、過去法、倒遞推公式法、順遞推公式法。對同一問題,其計算結果應該是一樣的。

**例 12. 6. 1**　某 30 歲的人參加了 20 年期定期壽險,於死亡年末支付保險金 1,

保費均衡繳納,試用未來法、過去法、倒遞推公式法、順遞推公式法計算各年末責任準備金。以 CL1(2000—2003)2.5% 為計算基礎。

**解**:本題所用公式為

$$\text{未來法}:{}_tV^1_{30:\overline{20}|} = A^{\ 1}_{30+t:\overline{20-t}|} - P^1_{30:\overline{20}|}\ddot{a}_{30+t:\overline{20-t}|}$$

$$\text{過去法}:{}_tV^1_{30:\overline{20}|} = P^1_{30:\overline{20}|}\ddot{s}_{30:\overline{t}|} - \frac{A^{\ 1}_{30:\overline{t}|}}{{}_tE_{30}}$$

$$\text{倒遞推法}:{}_tV^1_{30:\overline{20}|} = -P^1_{30:\overline{20}|} + vq_{30+t} + vp_{30+t}\cdot{}_{t+1}V^1_{30:\overline{20}|}$$

$$\text{順遞推法}:{}_{t+1}V^1_{30:\overline{20}|} = \frac{D_{30+t}}{D_{30+t+1}}({}_tV^1_{30:\overline{20}|} + P^1_{30:\overline{20}|}) - \frac{C_{30+t}}{D_{30+t+1}}$$

操作步驟:

(1) 在「CL1D」上操作,在 C118 中輸入「=(M30 - M50)/(N30 - N50)」。

(2) 輸入第 0 年末責任準備金的遞推公式,即在 D118、M118 中分別輸入「=(M30 - $M $50)/D30 - $C $118 * (N30 - $N $50)/D30」、「= $C $118 * ( $N $30 - N30)/D30 - ( $M $30 - M30)/D30」。

(3) 在 N138 中輸入初始值「0」后,在 N137 中輸入「= - $C $118 + C49/D49 + (D50/D49) * N138」, 或者在 N118 中輸入「=- $C $118 + C30/D30 + (D31/D30) * N119」。

(4) 在 R118 中輸入初始值「0」,在 R119 中輸入「=(D30/D31) * (R118 + $C $118) - C30/D31」。然后向下或向上拖動填充就可得各年末責任準備金。比如第 5 年年末的責任金均為0.003,680,39。詳見圖 12 - 6 - 1。

## 二、虧損變量法計算責任準備金

**例** 12.6.2 某 30 歲的人參加了 20 年期定期壽險,於死亡年末支付保險金 1,保費均衡繳納, 試用虧損變量法計算第 5 年年末的責任準備金。以 CL1(2000—2003)2.5% 為計算基礎。

**解**:在「CL1D1」上操作,基本思路是:

(1) 將「CL1」中的 35 ~ 50 歲間各年齡尚存人數與死亡人數轉移到當前工作表上,比如在 C120 中輸入「= CL1!D37」,在 D120 中輸入「= CL1!E37」。

(2) 將「CL1」中的利率也轉過來,在 D115 中輸入「= CL1!B110」。

(3) 在 C115 中輸入「=(M30 - M50)/(N30 - N50)」作為年繳純保費。

(4) 在 N120、R120、S120、T120、U120 中分別輸入「=(1 + $D $115)^( - M120 - 1)」、「= $C $115 * (1 - N120)/( $D $115/(1 + $D $115))」、「= N120 - R120」、「= D120/ $C $120」、「= S120 * T120」。

均衡纯保费责任准备金实验 [兼容模式] - Mic

C118 = (M30-M50)/(N30-N50)

责任准备金的计算方法

$$ {}_tV^1_{30:\overline{20}|} = -P^1_{30:\overline{20}|} + vq_{30+t} + vp_{30+t}\,{}_{t+1}V^1_{30:\overline{20}|} $$

$$ {}_tV^1_{30:\overline{20}|} = A^1_{30+t:\overline{20-t}|} - P^1_{30:\overline{20}|}\ddot a_{30+t:\overline{20-t}|} \qquad {}_tV^1_{30:\overline{20}|} = P^1_{30:\overline{20}|}\ddot s_{30:\overline{t}|} - \frac{A^1_{30:\overline{t}|}}{{}_tE_{30}} \qquad {}_{t+1}V^1_{30:\overline{20}|} = \frac{D_{30+t}}{D_{30+t+1}}({}_tV^1_{30:\overline{20}|} + P^1_{30:\overline{20}|}) - \frac{C_{30+t}}{D_{30+t+1}} $$

| 时刻 $t$ | $P^1_{30:\overline{20}|}$ | 未来法 | 过去法 | 倒递推公式法 | 顺递推公式法 |
|---|---|---|---|---|---|
| 0 | 0.001650214 | 0 | 0 | 0.00000000 | 0 |
| 1 | | 0.00081112 | 0.00081112 | 0.00081112 | 0.00081112 |
| 2 | | 0.00159246 | 0.00159246 | 0.00159246 | 0.00159246 |
| 3 | | 0.00233206 | 0.00233206 | 0.00233206 | 0.00233206 |
| 4 | | 0.00303003 | 0.00303003 | 0.00303003 | 0.00303003 |
| 5 | | 0.00368039 | 0.00368039 | 0.00368039 | 0.00368039 |
| 6 | | 0.00427497 | 0.00427497 | 0.00427497 | 0.00427497 |
| 7 | | 0.00480444 | 0.00480444 | 0.00480444 | 0.00480444 |
| 8 | | 0.00525609 | 0.00525609 | 0.00525609 | 0.00525609 |
| 9 | | 0.00561531 | 0.00561531 | 0.00561531 | 0.00561531 |
| 10 | | 0.00586756 | 0.00586756 | 0.00586756 | 0.00586756 |
| 11 | | 0.00600106 | 0.00600106 | 0.00600106 | 0.00600106 |
| 12 | | 0.00600856 | 0.00600856 | 0.00600856 | 0.00600856 |
| 13 | | 0.00588368 | 0.00588368 | 0.00588398 | 0.00588398 |
| 14 | | 0.00562127 | 0.00562127 | 0.00562158 | 0.00562158 |
| 15 | | 0.00521014 | 0.00521014 | 0.00521045 | 0.00521045 |
| 16 | | 0.00462990 | 0.00462990 | 0.00463023 | 0.00463023 |
| 17 | | 0.00385211 | 0.00385211 | 0.00385245 | 0.00385245 |
| 18 | | 0.00284284 | 0.00284284 | 0.00284318 | 0.00284318 |
| 19 | | 0.00156800 | 0.00156800 | 0.00156835 | 0.00156835 |
| 20 | | 0 | 0 | 0 | 0 |

版权人：张运刚　资助人：西南财经大学实验项目

圖 12－6－1　**責任準備金的計算方法**

(5) 拖動填充可得各年末的相應值，加總各虧損均值可得到第5年年末的責任金為0.003,680,45。詳見圖12－6－2。這與例12.6.1的結果略有差異，主要原因是四舍五入造成的。

均衡纯保费责任准备金实验 [兼容模式] - Microsoft Excel

U136 =SUM(U120:U135)

亏损变量法考虑第5年末责任准备金

$P^1_{30:\overline{20}|}$ 0.001650214　利率 2.50%

亏损现值公式 ${}_jL = v^{j+1} - P^1_{30:\overline{20}|}\ddot a_{\overline{j+1}|}$　亏损概率公式 ${}_{j|}q_{35} = \frac{d_{35+j}}{l_{35}}$

| $t$ | $l_{35+t}$ | $d_{35+t}$ | $j$ | $v^{j+1}$ | $P^1_{30:\overline{20}|}\ddot a_{\overline{j+1}|}$ | 亏损现值 | 亏损概率 | 亏损均值 |
|---|---|---|---|---|---|---|---|---|
| 0 | 97974 | 117 | 0 | 0.975610 | 0.001650 | 0.973960 | 0.001194 | 0.001163 |
| 1 | 97857 | 125 | 1 | 0.951814 | 0.003260 | 0.948554 | 0.001273 | 0.001208 |
| 2 | 97732 | 134 | 2 | 0.928599 | 0.004831 | 0.923769 | 0.001364 | 0.001260 |
| 3 | 97598 | 144 | 3 | 0.905951 | 0.006363 | 0.899587 | 0.001466 | 0.001319 |
| 4 | 97455 | 155 | 4 | 0.883854 | 0.007858 | 0.875996 | 0.001581 | 0.001385 |
| 5 | 97300 | 167 | 5 | 0.862297 | 0.009317 | 0.852980 | 0.001703 | 0.001453 |
| 6 | 97133 | 179 | 6 | 0.841265 | 0.010740 | 0.830525 | 0.001829 | 0.001519 |
| 7 | 96954 | 192 | 7 | 0.820747 | 0.012128 | 0.808619 | 0.001957 | 0.001583 |
| 8 | 96762 | 204 | 8 | 0.800728 | 0.013482 | 0.787246 | 0.002087 | 0.001643 |
| 9 | 96558 | 218 | 9 | 0.781198 | 0.014804 | 0.766395 | 0.002222 | 0.001703 |
| 10 | 96340 | 232 | 10 | 0.762145 | 0.016093 | 0.746052 | 0.002373 | 0.001770 |
| 11 | 96107 | 249 | 11 | 0.743556 | 0.017351 | 0.726205 | 0.002546 | 0.001849 |
| 12 | 95858 | 269 | 12 | 0.725420 | 0.018578 | 0.706843 | 0.002744 | 0.001940 |
| 13 | 95589 | 291 | 13 | 0.707727 | 0.019775 | 0.687952 | 0.002968 | 0.002042 |
| 14 | 95298 | 314 | 14 | 0.690466 | 0.020943 | 0.669523 | 0.003209 | 0.002148 |
| 15 | 94984 | 339 | 15+ | 0.000000 | 0.020943 | -0.020943 | 0.969483 | -0.020304 |
| | | | | | | $\sum$ | 1.000000 | 0.00368045 |

版权人：张运刚　资助人：西南财经大学实验项目

圖 12－6－2　**虧損變量法計算責任準備金**

## 三、各年末責任準備金的演變過程

**例 12.6.3**　某 30 歲的人參加了 20 年期定期壽險，於死亡年末支付保險金 1，保費均衡繳納，試用團體法計算各年末責任準備金。以 CL1(2000—2003)2.5% 為計算基礎。

**解：**在「CL1D2」上操作。

(1)C115、D115 分別存放年繳純保費及利率，將「CL1」上的 30 ~ 50 歲間各年齡尚存人數與死亡人數轉移到當前工作表上。

(2) 輸入各年初保費收入金額、年初余額、付前余額、預期給付金額、付后余額、人均余額的計算公式，即在 N118 中輸入「 = $ C $ 115 * D118」，在 U118 中輸入初始值「0」，在 V118 中輸入「 = U118/D118」，在 R119、S119、T119 中分別輸入「 = N118 + U118」、「 = R119 * (1 + $D $115)」、「 = M118 * 1」、「 = S119 - T119」。

(3) 拖動填充可得各年末的相應值，最后一列的各年末人均余額即為各年末責任準備金。本例採用了團體法。見圖 12 - 6 - 3。

均衡純保费责任准备金实验 [兼容模式] - Microsoft Excel

V123　=C123/D123

各年末责任准备金的演变过程

| $P^1_{30:\overline{20}\|}$ | 利率 |
|---|---|
| 0.001650214 | 2.50% |

| 时刻 $t$ | $l_{30+t}$ | $d_{30+t}$ | $l_{30+t}P^1_{30:\overline{20}\|}$ | 年初余额 | 付前余额 | 预期给付 | 付后余额 | 人均余额 |
|---|---|---|---|---|---|---|---|---|
| 0 | 98463 | 87 | 162.49 | | | | 0 | 0 |
| 1 | 98377 | 92 | 162.34 | 162 | 166.55 | 87 | 80 | 0.000811 |
| 2 | 98285 | 98 | 162.19 | 242 | 248.20 | 92 | 157 | 0.001592 |
| 3 | 98187 | 104 | 162.03 | 319 | 326.67 | 98 | 229 | 0.002332 |
| 4 | 98084 | 110 | 161.86 | 391 | 400.78 | 104 | 297 | 0.003030 |
| 5 | 97974 | 117 | 161.68 | 459 | 470.53 | 110 | 361 | 0.003680 |
| 6 | 97857 | 125 | 161.48 | 522 | 535.31 | 117 | 418 | 0.004275 |
| 7 | 97732 | 134 | 161.28 | 580 | 594.31 | 125 | 470 | 0.004804 |
| 8 | 97598 | 144 | 161.06 | 631 | 646.59 | 134 | 513 | 0.005256 |
| 9 | 97455 | 155 | 160.82 | 674 | 690.90 | 144 | 547 | 0.005615 |
| 10 | 97300 | 167 | 160.57 | 708 | 725.76 | 155 | 571 | 0.005867 |
| 11 | 97133 | 179 | 160.29 | 731 | 749.76 | 167 | 583 | 0.006001 |
| 12 | 96954 | 192 | 159.99 | 743 | 761.76 | 179 | 583 | 0.006008 |
| 13 | 96762 | 204 | 159.68 | 743 | 761.10 | 192 | 569 | 0.005884 |
| 14 | 96558 | 218 | 159.34 | 729 | 747.23 | 204 | 543 | 0.005621 |
| 15 | 96340 | 232 | 158.98 | 702 | 719.67 | 218 | 502 | 0.005210 |
| 16 | 96107 | 249 | 158.60 | 661 | 677.43 | 232 | 445 | 0.004630 |
| 17 | 95858 | 269 | 158.19 | 604 | 618.65 | 249 | 369 | 0.003852 |
| 18 | 95589 | 291 | 157.74 | 527 | 540.63 | 269 | 272 | 0.002843 |
| 19 | 95298 | 314 | 157.26 | 429 | 440.22 | 291 | 149 | 0.001568 |
| 20 | 94984 | 339 | 156.74 | 307 | 314.37 | 314 | 0 | 0.000000 |

版权人：张运刚　　资助人：西南财经大学实验项目

圖 12 - 6 - 3　各年末責任準備金的演變過程

## 第七節　毛保費與修正責任準備金實驗

### 一、毛保費及其責任準備金

毛保費及其準備金的計算將使用工作簿「毛保費及其準備金實驗」,複製「CL1D」,並重新命名為「CL1D1」。在「CL1D」與「CL1D1」上設置「選項按鈕」,以「兩全保險」、「定期壽險」作為其選項,均指向單元格 A112,即當選擇定期壽險時,結果為1;當選擇兩全保險時,結果為2。在 A113 中輸入「= A112 - 1」,實驗中這兩個單元格被掩蓋起來了。

**(一) 毛保費的計算**

本系統主要以定期壽險、兩全保險為例,演示毛保費的計算過程,也顯示均衡毛保費與均衡純保費、均衡附加保費之間的關係。其中的附加費用率、保險金額是可以調整的。當然保險期限也是可以調整的,這需要適當的手工操作。

**例** 12.7.1　10 年期兩全(定期) 保單,30 歲時簽發,保險金額 20,000 元,死亡年末給付,保險期限內每年繳付相同的保險費,費用發生在各年初,第一年的附加費用為毛保費的 30% 以及每千元保額支付 6 元;以后各年它們分別降為 6.5% 與 2.5 元。求該保險的均衡年繳純保險費、均衡年繳附加保險費與均衡年繳毛保險費,以 CL1(2000—2003)2.5% 為基礎。

**解**:首先將均衡年繳純保險費、均衡附加保險費與均衡毛保費依收支平衡原則列出計算公式,其次再用替換函數表達式反應出來,最后用 Excel 計算即可得到結果。可參閱本教材相關內容。

本實驗的基本思路是:

(1) 計算出保險金支付的精算現值,設為 $a$。

(2) 計算各年單位毛保費所對應的附加費用的精算現值的總和,設為 $b$。

(3) 各年與保額相關的附加費用的精算現值的總和,設為 $c$。於是,依收支平衡原則可得:

$$P^{*}\ddot{a}_{30:\overline{10|}} = a + P^{*}b + c$$

解得

$$P^{*} = \frac{a + c}{\ddot{a}_{30:\overline{10|}} - b}$$

並且

$$P = 20,000P_{30:\overline{10|}} \text{ 或 } P = 20,000P^{1}_{30:\overline{10|}}$$

$$e = P^{*} - P$$

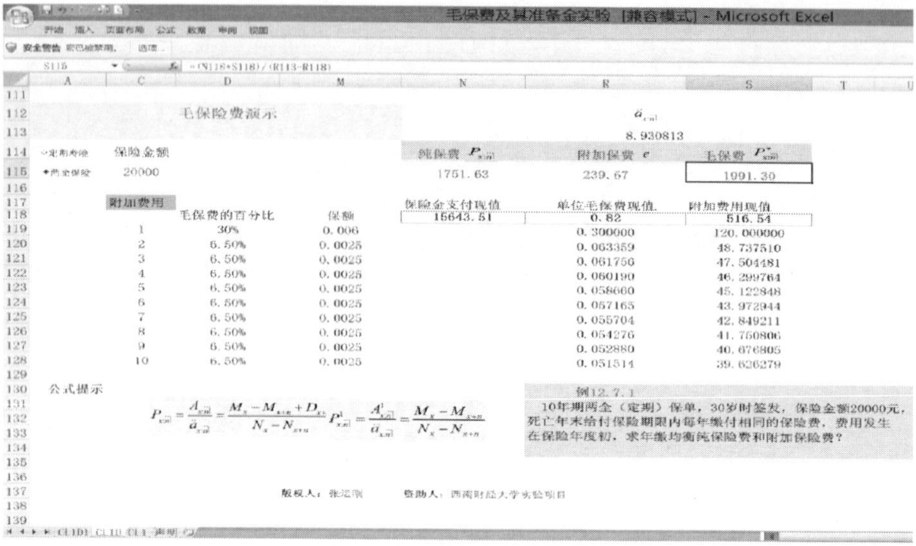


圖 12 - 7 - 1　毛保費演示

其中，$P^*$ 為均衡毛保費、$P$ 為均衡純保費、$e$ 為均衡附加保費。

說明：在 N118 中輸入「= C115 * (M30 - M40 + $A $113 * D40)/D30」，在 R119 中輸入「= D119 * D30/ $D $30」，在 S119 中輸入「= $C $115 * M119 * D30/ $D $30」。在 R118、S118 中分別輸入「= SUM(R119:R128)」、「= SUM(S119:S128)。」在 N115 中輸入「= C115 * (M30 - M40 + $A $113 * D40)/(N30 - N40)」，在 S115 中輸入「= (N118 + S118)/(R113 - R118)」，在 R115 中輸入「= S115 - N115」。

當選擇兩全保險時，年繳純保費、年繳附加保費、年繳毛保費分別為1,751.63、239.67、1,991.30；選擇定期壽險時，結果為 22.86、69.95、88.81。見圖 12 - 7 - 1。

**（二）均衡毛保費責任準備金**

**例** 12.7.2　10 年期兩全(定期)保單，30 歲時簽發，保險金額 20,000 元於死亡年末給付，保險期內每年繳付相同的保險費，費用發生在各年初，第 1 年的附加費用為毛保費的 30% 以及每千元保額支付 6 元；以后各年它們分別降為 6.5% 與 2.5 元。求各年末均衡毛保費責任準備金，以 CL1(2000—2003)2.5% 為基礎。

**解**：均衡毛保費責任準備金的計算原理與均衡純保費責任準備金的計算原理相同，既可用未來法，又可用過去法。這裡考慮未來法，請讀者考慮過去法。未來法的思路是某保險年度末的責任準備金等於未來支付(包括保險金與附加費用)的精算現值減去未來毛保費收入的精算現值。

在「CL1D1」上操作。通過本系統不僅可以比較方便地求出均衡毛保費責任準備金,而且也可以求出均衡純保費責任準備金,並進行比較。除了在保險期的期初與期末,各年末的均衡純保費責任準備金均小於均衡毛保費責任準備金,是否總是如此?詳見圖 12 - 7 - 2。需要說明的是:在 D131 中輸入「= $C$115*(M30 - $M$40 + $A$113*$D$40)/D30 - $N$115*(N30 - $N$40)/D30」,而在單元格 M131 中輸入「= $C$115*(M30 - $M$40 + $A$113* $D$40)/D30 + (SUM(S119:$S$128) + $S$115*SUM(R119:$R$128))* $D$30/D30 - $S$115*(N30 - $N$40)/D30」。然后,再拖動填充就可得到結果。比如,兩全保險在第 5 年年末的純保費責任準備金為 9,076.31 元,而純保費責任準備金為 9,362.44 元。

圖 12 - 7 - 2　均衡毛保費責任準備金演示

## 二、安全邊際實驗

**例** 12.7.3　年齡 25 歲的 100,000 人都參加了於死亡年末支付保險金 20,000 元的終身壽險,在 95% 的置信水平下,試求個人安全邊際量以及每人應實繳的保費。以 CL1(2000—2003)2.5% 為基礎。

**解**:本例將使用「安全邊際實驗」工作簿,複製「CL1」,並重新命名為「CL11」;複製「CL1D」,並重新命名為「CL1DD」,修改「CL1NN」中引用的工作表,使「CL11」與「CL1DD」關聯。

下面主要在「CL1D」上操作。

(1) 在 A112 中輸入利率「2.5%」,在「CL1」中的 B110 輸入「= CL1D!A112」,在 CL11 中的 B110 輸入「= (CL1D!A112) * 2 + (CL1D!A112)^2」。

(2) 在 C120、D120、M120、N120、R120、S120 中分別輸入「= M25/D25」、「= CL1DD!M25/CL1DD!D25」、「= D117 * C120」、「= D117^2 * (D120 - C120^2)」、「= M117 * M120」、「= M117 * N120」。

(3) 在 C123、D123、M123 中分別輸入「= R117 * (S120)^0.5/R120」、「= C123 * R120」、「= C123 * M120」,其中在 R117 中輸入「= NORMSINV(N117)」。

(4) 在 D127 中輸入「= M120 + M123」,於是得到本題結果為 11.42 元、5,723.92 元。詳見圖 12 - 7 - 3。

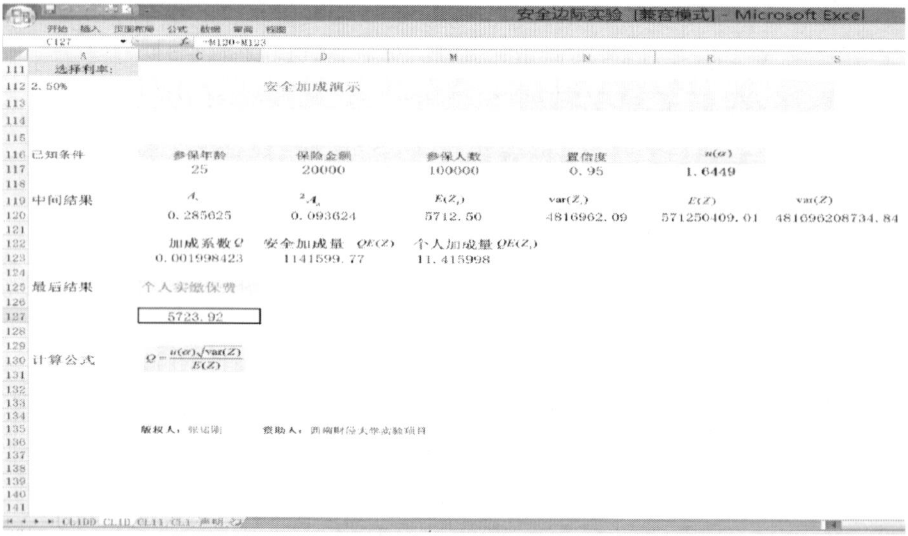


圖 12 - 7 - 3　安全邊際演示

## 三、修正責任準備金

修正責任準備金的計算在「修正責任準備金實驗」工作簿上進行操作。將「CL1D」複製兩次,並連同「CL1D」重新命名為「普通修正」「定期式修正」「保險監督官修正」。下面以兩全保險為例進行實驗。

### (一) 普通修正法

這裡以限期繳費的兩全保險為例。

**例 12.7.4**　某 30 歲人參加了保險期為 30 年、保額為 10,000 元的兩全保險,保險金於死亡年末支付或滿期生存時支付,限期 20 年繳清保費,修正期為 10 年,修正幅度為 300 元,試計算:(1) 修正后初年和續年的年繳保費;(2) 修正前后的責任準備金,以 CL1(2000—2003)2.5% 為計算基礎。

**解**:在工作表「普通修正」上實驗。

(1) 在 T115 中存放自然保費,需輸入「= $M $115 * C30/D30」,在 S115 中輸入「= (N30 - N40)/D30」,在 D119 中輸入「= M115 * (M30 - M60 + D60)/(N30 - N50)」獲得年繳純保費。

(2) 在 D121 中輸入「= D119 - R115 * (1 - 1/S115)」,在 D122 中輸入「= D119 + R115/S115」就可獲得修正期中第一年和續年的年繳純保費 42.80 元和 342.80 元。

(3) 在 R120 中輸入「= $M $115 * (M30 - $M $60 + $D $60)/D30 - $D $119 * (N30 - $N $50)/D3」。

(4) 在 S120、S121 中輸入「0」、「= R121 - ( $R $115/ $S $115) * ((N31 - $N $40)/D30)」。修正前后第 1 年年末的責任準備金分別為 3,048.40 元、41.99 元,即修正責任準備金小於均衡純保費責任準備金,修正期內其余年度末的責任準備金也呈現這一規律,而修正期結束后則責任準備金就保持一致了。

(5) 拖動填充可得各年末修正前后的責任準備金。詳見圖 12 - 7 - 4。

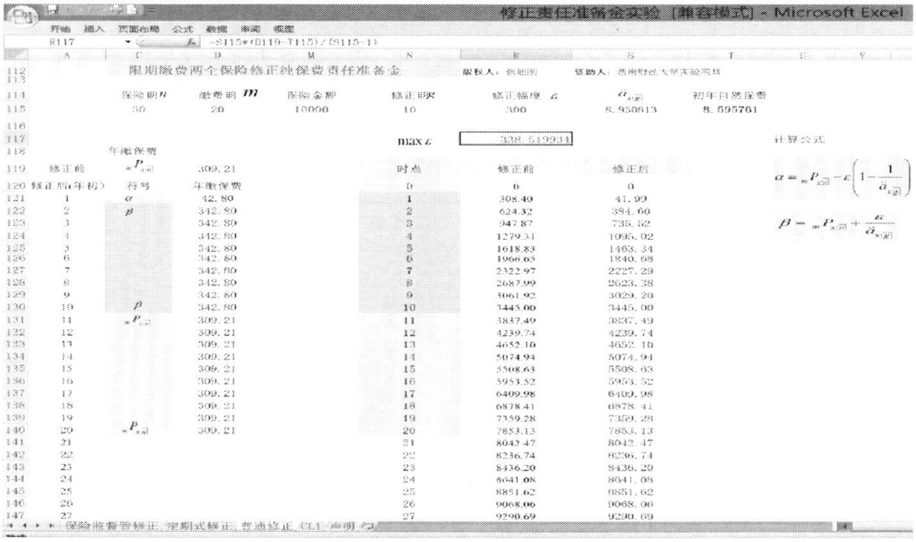

修正责任准备金实验 [兼容模式] - Microsoft Excel

R117 =S115*(D119-T115)/(S115-1)

限期缴费两全保险修正纯保费责任准备金

| 保险期 n | 缴费期 m | 保险金额 | 修正期 | 修正幅度 ε | $\ddot{a}_{x:\overline{n}\vert}$ | 初年自然保费 |
|---|---|---|---|---|---|---|
| 30 | 20 | 10000 | 10 | 300 | 8.930813 | 8.595761 |

max ε 338.519931

| | 年缴保费 | | 时点 | 修正前 | 修正后 |
|---|---|---|---|---|---|
| 修正前 | ${}_mP_{x:\overline{n}\vert}$ | 309.21 | | | |
| 修正后(年初) | 符号 | 年缴保费 | 0 | 0 | 0 |
| 1 | $\alpha$ | 42.80 | 1 | 308.49 | 41.99 |
| 2 | $\beta$ | 342.80 | 2 | 624.32 | 384.60 |
| 3 | | 342.80 | 3 | 947.87 | 735.52 |
| 4 | | 342.80 | 4 | 1279.31 | 1095.02 |
| 5 | | 342.80 | 5 | 1618.83 | 1463.34 |
| 6 | | 342.80 | 6 | 1966.63 | 1840.68 |
| 7 | | 342.80 | 7 | 2322.97 | 2227.29 |
| 8 | | 342.80 | 8 | 2687.99 | 2623.38 |
| 9 | | 342.80 | 9 | 3061.92 | 3029.20 |
| 10 | $\beta$ | 342.80 | 10 | 3445.00 | 3445.00 |
| 11 | ${}_mP_{x:\overline{n}\vert}$ | 309.21 | 11 | 3837.49 | 3837.49 |
| 12 | | 309.21 | 12 | 4239.74 | 4239.74 |
| 13 | | 309.21 | 13 | 4652.10 | 4652.10 |
| 14 | | 309.21 | 14 | 5074.94 | 5074.94 |
| 15 | | 309.21 | 15 | 5508.63 | 5508.63 |
| 16 | | 309.21 | 16 | 5953.52 | 5953.52 |
| 17 | | 309.21 | 17 | 6409.98 | 6409.98 |
| 18 | | 309.21 | 18 | 6878.41 | 6878.41 |
| 19 | | 309.21 | 19 | 7359.28 | 7359.28 |
| 20 | ${}_mP_{x:\overline{n}\vert}$ | 309.21 | 20 | 7853.13 | 7853.13 |
| 21 | | | 21 | 8042.47 | 8042.47 |
| 22 | | | 22 | 8236.74 | 8236.74 |
| 23 | | | 23 | 8436.20 | 8436.20 |
| 24 | | | 24 | 8641.08 | 8641.08 |
| 25 | | | 25 | 8851.62 | 8851.62 |
| 26 | | | 26 | 9068.06 | 9068.06 |
| 27 | | | 27 | 9290.69 | 9290.69 |

计算公式

$$\alpha = {}_mP_{x:\overline{n}\vert} - \varepsilon\left(1 - \frac{1}{\ddot{a}_{x:\overline{n}\vert}}\right)$$

$$\beta = {}_mP_{x:\overline{n}\vert} + \frac{\varepsilon}{\ddot{a}_{x:\overline{n}\vert}}$$

圖 12 - 7 - 4　**普通修正法下的修正責任準備金**

本例題給出了修正幅度為 300 元。其實,可計算最大修正幅度,它使修正后初年度純保費等於自然保費,即滿足

$$\alpha = {}_{m}P_{x:\overline{n}|} - \varepsilon\left(1 - \frac{1}{\ddot{a}_{x:\overline{g}|}}\right) \quad 且 \quad \alpha = vq_x$$

解之得

$$\varepsilon = \frac{({}_{m}P_{x:\overline{n}|} - vq_x)\ddot{a}_{x:\overline{g}|}}{\ddot{a}_{x:\overline{g}|} - 1}$$

因此,在 R117 中輸入「 = S115 * (D119 - T115)/(S115 - 1)」可得到最大修正幅度為 338.52,參見圖 12 - 7 - 4。

### (二) 定期式修正法

本系統以全期繳費的兩全保險為例,研究定期式修正責任準備金,並與普通修正責任準備金進行對比。當然也可與修正前責任準備金進行對比。

**例** 12.7.5　某 30 歲的人參保了保險期為 30 年、保額為 10,000 元的兩全保險,保險金於死亡年末支付或期滿期生存時支付,限期 10 年繳清保費,修正期為 10 年,試求各年初年度定期式責任準備金。以 CL1(2000—2003)2.5% 為計算基礎。

**解:**在「定期式修正」工作表上操作。按例 12.7.4 中普通修正法思路進行修正,不過需要將繳費期縮短到 10 年,「修正幅度」單元格中輸入最大修正幅度「606.123,320」或輸入「 = R117」,即可得到初年定期式修正法下的結果。修正前年繳保費為 546.85 元,修正后的第一年繳納保費 8.60 年,其余每年初生存時繳納 614.72 元,修正后第一年末的責任準備金分別為 0 元,以后各年責任準備金逐漸增加,並且定期式修正責任準備金小於均衡純保費責任準備金;修正期結束后,責任準備金保持不變,詳見圖 12 - 7 - 5。

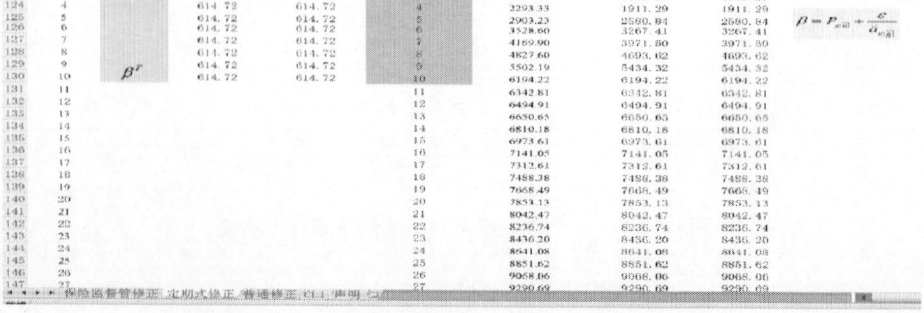

全期繳費兩全保險修正純保費責任準備金

| 險種 | 保險期 $n$ | 繳費期 $m$ | 保險金額 | 修正期 $g$ | 修正幅度 $\varepsilon$ | $\ddot{a}_{x:\overline{g}|}$ | 初年自然保費 |
|---|---|---|---|---|---|---|---|
| 兩全保險 | 30 | 10 | 10000 | 10 | 606.123320 | 8.930813 | 8.595761 |

max $\varepsilon$ 606.123320

修正前 年繳保費 $P_{x:\overline{n}|}$ 546.85

| 修正后(年初) | 符號 | 年繳保費 | 定期式年繳保費 | 時點 | 責任準備金 修正前 | 普通修正 修正后 | 定期式 |
|---|---|---|---|---|---|---|---|
| | | | | 0 | 0 | 0 | 0 |
| 1 | $\alpha^F$ | 8.60 | 8.60 | 1 | 552.20 | 0.00 | 0.00 |
| 2 | $\beta^F$ | 614.72 | 614.72 | 2 | 1118.25 | 621.36 | 621.35 |
| 3 | | 614.72 | 614.72 | 3 | 1698.47 | 1258.28 | 1358.28 |
| 4 | | 614.72 | 614.72 | 4 | 2293.33 | 1911.29 | 1911.29 |
| 5 | | 614.72 | 614.72 | 5 | 2903.23 | 2580.84 | 2580.84 |
| 6 | | 614.72 | 614.72 | 6 | 3528.60 | 3267.41 | 3267.41 |
| 7 | | 614.72 | 614.72 | 7 | 4169.90 | 3971.50 | 3971.50 |
| 8 | | 614.72 | 614.72 | 8 | 4827.60 | 4693.62 | 4693.62 |
| 9 | | 614.72 | 614.72 | 9 | 5502.19 | 5434.32 | 5434.32 |
| 10 | $\beta^T$ | 614.72 | 614.72 | 10 | 6194.22 | 6194.22 | 6194.22 |
| 11 | | | | 11 | 6342.81 | 6342.81 | 6342.81 |
| 12 | | | | 12 | 6494.91 | 6494.91 | 6494.91 |
| 13 | | | | 13 | 6650.65 | 6650.65 | 6650.65 |
| 14 | | | | 14 | 6810.18 | 6810.18 | 6810.18 |
| 15 | | | | 15 | 6973.61 | 6973.61 | 6973.61 |
| 16 | | | | 16 | 7141.05 | 7141.05 | 7141.05 |
| 17 | | | | 17 | 7312.61 | 7312.61 | 7312.61 |
| 18 | | | | 18 | 7488.38 | 7488.38 | 7488.38 |
| 19 | | | | 19 | 7668.49 | 7668.49 | 7668.49 |
| 20 | | | | 20 | 7853.13 | 7853.13 | 7853.13 |
| 21 | | | | 21 | 8042.47 | 8042.47 | 8042.47 |
| 22 | | | | 22 | 8236.74 | 8236.74 | 8236.74 |
| 23 | | | | 23 | 8436.20 | 8436.20 | 8436.20 |
| 24 | | | | 24 | 8641.08 | 8641.08 | 8641.08 |
| 25 | | | | 25 | 8851.62 | 8851.62 | 8851.62 |
| 26 | | | | 26 | 9068.06 | 9068.06 | 9068.06 |
| 27 | | | | 27 | 9290.69 | 9290.69 | 9290.69 |

$$\alpha = P_{x:\overline{1}|} - \varepsilon\left(1 - \frac{1}{\ddot{a}_{x:\overline{g}|}}\right)$$

$$\beta = P_{x:\overline{n}|} + \frac{\varepsilon}{\ddot{a}_{x:\overline{m}|}}$$

圖 12 - 7 - 5　定期修正法下的修正責任準備金

也可在單元格 M121、M122 中分別輸入「 = T115 」「 = M115 *(M31 - M60 + D60)/(N31 - N40)」就可得修正后初年和續年的年繳純保費。在 T120 中輸入「0」, 在 T121 中輸入「 = $M $115 *(M31 - $M $60 + $D $60)/D31 - $M $122 *(N31 - $N $40)/D31」。當然,需要拖動填充得到各年末責任準備金。

**(三)保險監督官修正法**

仍以全期繳費的兩全保險為例,對於高續年保費保單,需採用保險監督官法來計算責任準備金。

**例** 12.7.6　在例 12.7.5 中,試問該保單是否高續年保費保單?是否需要採用保險監督官修正法來進一步修正?若是,則求其修正后的責任準備金。

**解:**在「保險監督官修正」工作表上操作。通過例 12.7.5,可以看出續年保費為 614.72 元,它大於限期 20 年繳費保額不變的終身壽險在採用定期式修正法下的續年保費 215.89 元[只需在 M135 中輸入「 = M115 * M31/(N31 - N50)」],這說明需採用保險監督官修正法去修正,將兩者之差 207.29 作為修正幅度,即只需在 R115 中輸入「 = M135 - T115」即可,由此得到的普通修正法下的責任準備金就是保險監督官修正責任準備金,第一年年末為 363.35 元,第二年年末為 948.31 元,等等。不難看出,在修正期內,保險監督官修正責任準備金大於初年度定期式責任準備金,而小於均衡純保費責任準備金,這實際上是對定期式修正法修正過猛的一種矯正。修正期結束后,三者的差異消失了。詳見圖 12 - 7 - 6。

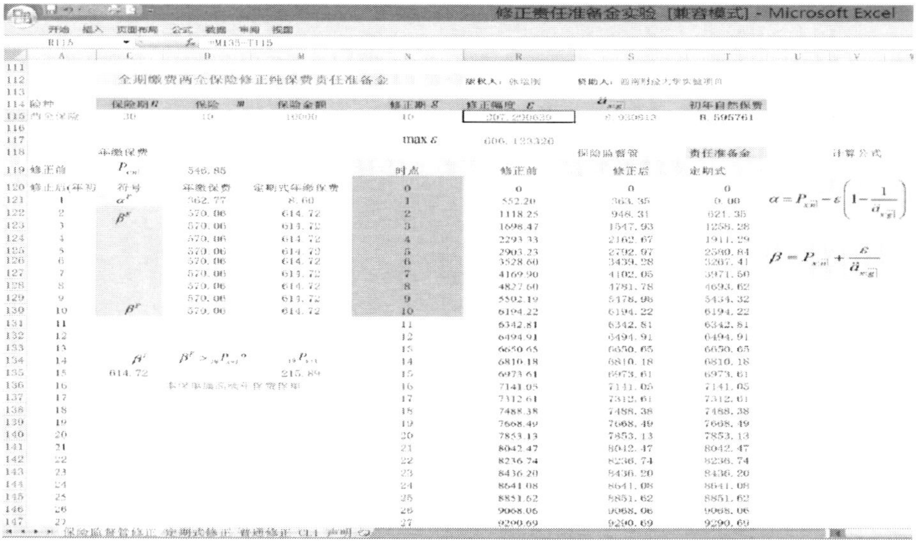


圖 12 - 7 - 6　保險監督官修正法下的修正責任準備金

# 第八節　多生命精算理論實驗

本實驗以中國人壽保險業經驗生命養老金業務男表和女表即「CL3」和「CL4」為基礎，首先構建多生命函數與替換函數，然后進行有關保險費與責任準備金的計算。本實驗工作簿由「生命表與替換函數表實驗」工作簿複製而成，刪去工作表「homepage」「CL1」「CL1D」「CL2」「CL2N」，並將工作簿重新命名為「多生命精算理論實驗」。本實驗考慮22歲丈夫與20歲的妻子構成的條件狀態與非條件狀態。為簡化起見，「CL3」「CL4」中的 $l_0$ 都選為10,000。

## 一、多生命函數與替換函數

### (一) 基本表的構建

增加工作表「CL3CL4」，在第三行輸入表頭 $x$、$y$、$l_x$、$l_y$、$l_{xy}$、$D_{xy}$、$C_{xy}$、$N_{xy}$、$M_{xy}$、$C_{xy}^{1}$、$C_{x\overset{1}{y}}$、$M_{xy}^{1}$、$M_{x\overset{1}{y}}$。

在A4、B4中分別輸入「22」「20」，以下各行年齡依次增加1歲。在C4、D4中分別輸入「= CL3!D24」「= CL4!D22」。在E4中輸入「= C4 * D4」，在F4中輸入「= E4 - E5」。注意到 $l_{xy} = l_x l_y, d_{xy} = l_{xy} - l_{x+1,y+1}$。

在E2中輸入預定利率「2.5%」，運用公式(8.3.41) ~ 公式(8.3.44)、公式(8.4.7)、公式(8.4.8)就可完成替換函數表的。

### (二) 整理替換函數表

(1) 插入工作表「CL3CL4N1」，將在第22行的A列存放丈夫年齡數字22，B列存放妻子年齡數字20。將 $C_{xy}$、$D_{xy}$、$M_{xy}$、$N_{xy}$ 的數值分別放在C列、D列、M列、N列，並將中間的其他列隱藏起來，方法是：在C22、D22、M22、N22中分別輸入「= CL3CL4!H4」「= CL3CL4!G4」「= CL3CL4!J4」「= CL3CL4!I4」，然后拖動填充即可。當然也可利用函數ROUND保留兩位小數，這樣即可使通過查表計算的結果與用電腦計算的結果保持一致，本節將這樣操作。在此工作表上就可進行聯合生存狀態下保險費與責任準備金的計算，在單元格中輸入替換函數表達式時，在形式上只須關注丈夫年齡，從而簡化操作。參見圖12-8-1。

(2) 複製工作表「CL3CL4N1」，並將其重新命名為「CL3CL4N2」。在「CL3CL4N2」中，將其中C列、M列數據更換為 $C_{xy}^{1}$、$M_{xy}^{1}$，只需在C22、M22中分別輸入「= CL3CL4!K4」「= CL3CL4!M4」，再拖動填充即可。

(3) 複製工作表「CL3CL4N1」，並將其重新命名為「CL3CL4N3」。在「CL3CL4N3」中，將其中C列、M列數據更換為 $C_{x\overset{1}{y}}$、$M_{x\overset{1}{y}}$，只需在C22、M22中分別輸

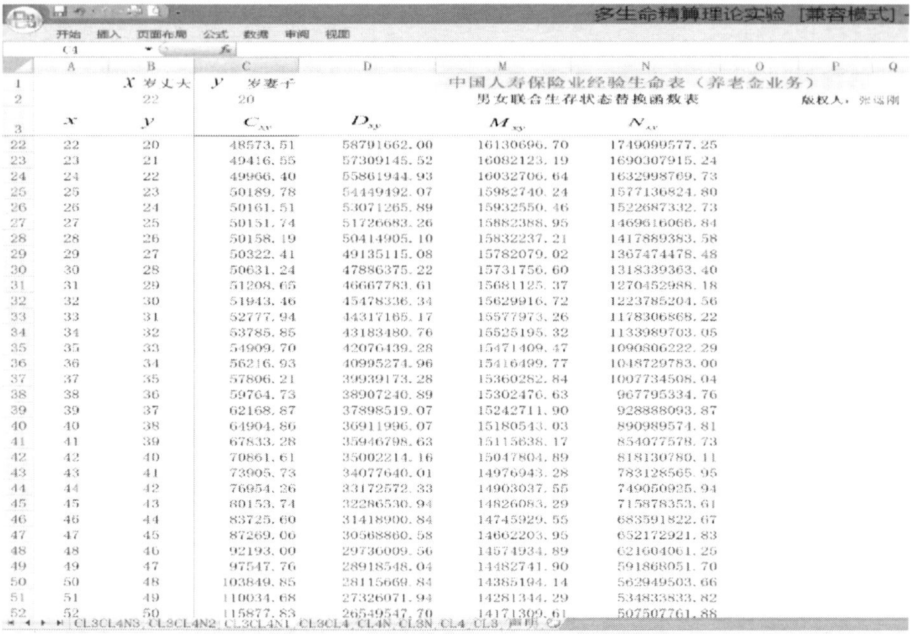

多生命精算理论实验 [兼容模式]

中国人寿保险业经验生命表（养老金业务）

男女联合生存状态替换函数表　　版权人：张运刚

| | A | B | C | D | M | N |
|---|---|---|---|---|---|---|
| 1 | | X 岁丈夫 | y 岁妻子 | | | |
| 2 | | 22 | 20 | | | |
| 3 | $x$ | $y$ | $C_{xy}$ | $D_{xy}$ | $M_{xy}$ | $N_{xy}$ |
| 22 | 22 | 20 | 48573.51 | 58791662.00 | 16130696.70 | 1749099577.25 |
| 23 | 23 | 21 | 49416.55 | 57309145.52 | 16082123.19 | 1690307915.24 |
| 24 | 24 | 22 | 49966.40 | 55861944.93 | 16032706.64 | 1632998769.73 |
| 25 | 25 | 23 | 50189.78 | 54449492.07 | 15982740.24 | 1577136824.80 |
| 26 | 26 | 24 | 50161.51 | 53071265.89 | 15932550.46 | 1522687332.73 |
| 27 | 27 | 25 | 50151.74 | 51726683.26 | 15882388.95 | 1469616066.84 |
| 28 | 28 | 26 | 50158.19 | 50414905.10 | 15832237.21 | 1417889383.58 |
| 29 | 29 | 27 | 50322.41 | 49135115.08 | 15782079.02 | 1367474478.48 |
| 30 | 30 | 28 | 50631.24 | 47886375.22 | 15731756.60 | 1318339363.40 |
| 31 | 31 | 29 | 51208.65 | 46667783.61 | 15681125.37 | 1270452988.18 |
| 32 | 32 | 30 | 51943.46 | 45478336.34 | 15629916.72 | 1223785204.56 |
| 33 | 33 | 31 | 52777.94 | 44317165.17 | 15577973.26 | 1178306868.22 |
| 34 | 34 | 32 | 53785.85 | 43183480.76 | 15525195.32 | 1133989703.05 |
| 35 | 35 | 33 | 54909.70 | 42076439.28 | 15471409.47 | 1090806222.29 |
| 36 | 36 | 34 | 56216.93 | 40995274.96 | 15416499.77 | 1048729783.00 |
| 37 | 37 | 35 | 57806.21 | 39939173.28 | 15360282.84 | 1007734508.04 |
| 38 | 38 | 36 | 59764.73 | 38907240.89 | 15302476.63 | 967795334.76 |
| 39 | 39 | 37 | 62168.87 | 37898519.07 | 15242711.90 | 928888093.87 |
| 40 | 40 | 38 | 64904.86 | 36911996.07 | 15180543.03 | 890989574.81 |
| 41 | 41 | 39 | 67833.28 | 35946798.63 | 15115638.17 | 854077578.73 |
| 42 | 42 | 40 | 70861.61 | 35002214.16 | 15047804.89 | 818130780.11 |
| 43 | 43 | 41 | 73905.73 | 34077640.01 | 14976943.28 | 783128565.95 |
| 44 | 44 | 42 | 76954.26 | 33172572.33 | 14903037.55 | 749050925.94 |
| 45 | 45 | 43 | 80153.74 | 32286530.94 | 14826083.29 | 715878353.61 |
| 46 | 46 | 44 | 83725.60 | 31418900.84 | 14745929.55 | 683591822.67 |
| 47 | 47 | 45 | 87269.06 | 30568860.58 | 14662203.95 | 652172921.83 |
| 48 | 48 | 46 | 92193.00 | 29736009.56 | 14574934.89 | 621604061.25 |
| 49 | 49 | 47 | 97547.76 | 28918548.04 | 14482741.90 | 591868051.70 |
| 50 | 50 | 48 | 103849.85 | 28115669.84 | 14385194.14 | 562949503.66 |
| 51 | 51 | 49 | 110034.68 | 27326071.94 | 14281344.29 | 534833833.82 |
| 52 | 52 | 50 | 115877.83 | 26549547.70 | 14171309.61 | 507507761.88 |



圖 12 - 8 - 1　聯合生存狀態下的替換函數

入「 = CL3CL4!L4」「 = CL3CL4!N4」,再拖動填充即可。

## 二、聯合生存狀態下的年繳均衡純保費及其責任準備金

**例** 12.8.1　22 歲的丈夫與 20 歲的妻子投保了 20 年期的聯合生存狀態下的兩全保險,保額為 100,000 元,保險金於狀態死亡年末或期滿生存時給付,求年繳均衡純保費及各年末的責任準備金。

**解:** 本實驗在「CL3CL4N1」上操作。在 A115 中輸入保險金額「100,000」,在 B115 中輸入「 = (M22 - M42 + D42)/(N22 - N42)」,即可得單位保額的年繳純保費 0.038,761,在 C115 中輸入「 = A115 * B115」,就可得到本例題的年繳純保費 3,876.08 元。在 D118 中輸入「 = $A$115 * (M22 - $M$42 + $D$42)/D22 - $C$115 * (N22 - $N$42)/D22」,然后拖動填充,就可得到各年末責任準備金,如第 1 年年末責任準備金為 3,891.59 元、第 2 年年末的責任準備金為 7,880.45 元,等等。詳見圖 12 - 8 - 2。

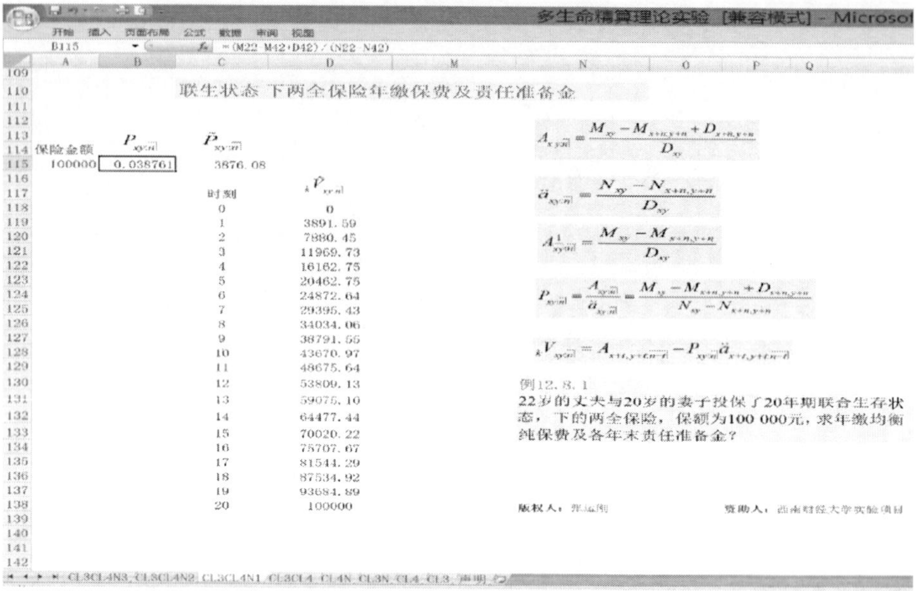


**圖 12 - 8 - 2　聯合生存狀態下的年繳均衡純保費及責任準備金**

## 三、條件生存狀態下的年繳均衡純保費及責任準備金

**例** 12.8.2　22 歲的丈夫與 20 歲的妻子投保了 20 年期條件生存狀態下的定期壽險，保額為 100,000 元，求年繳均衡純保費及各年末責任準備金。這裡以丈夫死亡時妻子仍然生存作為條件，於丈夫死亡年末支付保險金。

**解**：本實驗在「CL3CL4N2」上操作。在 A115 輸入保險金額「100,000」，在 B115 中輸入「= (M22 - M42)/(N22 - N42)」，即可得單位保額的保費 0.000,817，在 C115 中輸入「= A115 * B115」，就可得到本例題的年繳純保費 81.65 元。在 D118 中輸入「= $ A $ 115 * (M22 - $M $42)/D22 - $C $115 * (N22 - $N $42)/D22」，然后拖動填充，就可得到各年末責任準備金，如第 1 年年末責任準備金為 23.62 元、第 2 年年末的責任準備金為 45.66 元，等等。詳見圖 12 - 8 - 3。

從上述計算過程不難看出，在單元格中輸入的公式相當於單生命條件下 22 歲的人投保時的替換函數公式。

請讀者思考：若在妻子死亡時丈夫仍然生存，則在妻子死亡年末支付保險金 100,000 元，試求年繳均衡純保費及各年末責任準備金。提示：在「CL3CL4N3」上操作。

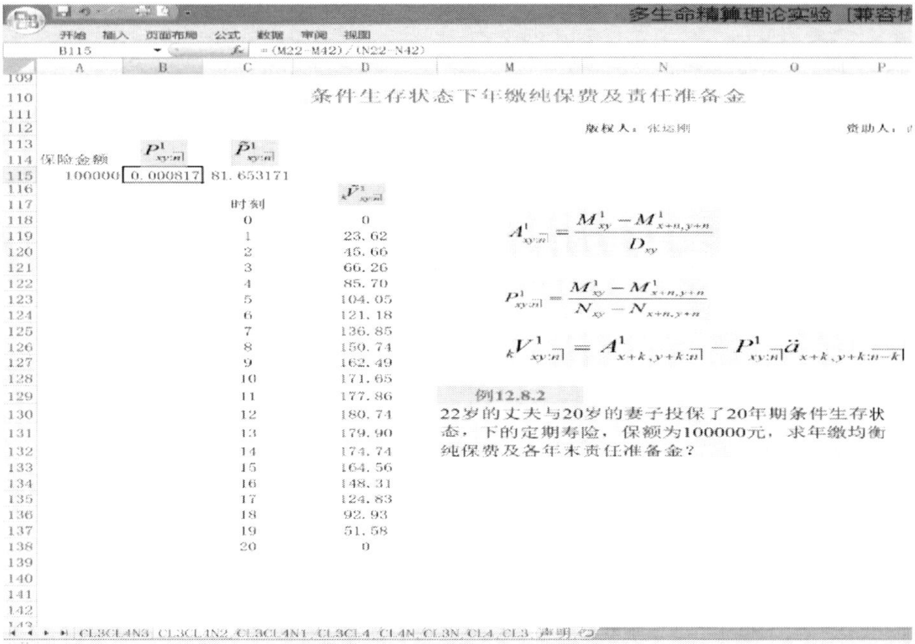


圖 12 - 8 - 3　條件生存狀態下的年繳均衡純保費及責任準備金

## 第九節　多減因模型實驗

### 一、多減因表的構建

在工作簿「多減因模型實驗」上操作，在 C18 上輸入預定利率「2.5%」，在第 19 行上分別輸入表頭 $x$、$l_x^{(\tau)}$、$d_x^{(1)}$、$d_x^{(2)}$、$d_x^{(\tau)}$、$q_x^{(1)}$、$q_x^{(2)}$、$q_x^{(\tau)}$、$D_x^{(\tau)}$、$N_x^{(\tau)}$、$C_x^{(1)}$、$C_x^{(2)}$、$C_x^{(\tau)}$、$M_x^{(1)}$、$M_x^{(2)}$、$M_x^{(\tau)}$。

以附表 3A 中的 $d_x^{(1)}$、$d_x^{(2)}$ 作為基準或精算假設，取 $l_{20}^{(\tau)}$ = 100,000，於是在 B20 中存放「100,000」，在 B21 中輸入「= B20 - E20」。在 E20、F20、G20、H20 中分別輸入「= C20 + D20」「= C20/B20」「= D20/B20」「= E20/B20」，就可以完成附表 3A 的製作。

在單元格 I20、J20、K20、L20、M20、N20、O20、P20 中分別輸入「= (1 + $C$18)^(- A20) * B20」「= SUM(I20: $I$60)」「= (1 + $C$18)^(- A20 - 1) * C20」「= (1 + $C$18)^(- A20 - 1) * D20」「= K20 + L20」「= SUM(K20: $K$60)」「= SUM(L20: $L$60)」「= N20 + O20」，這樣就完成了替換函數表的製

作。詳見圖 12 - 9 - 1。將此工作表重新命名為「MD1」。注意:本實驗中的替換函數是用電腦算出來的,形式上是兩位小數,實際上是若干位數參與運算得到例 12. 9. 1 與例 12. 9. 2 的結果。利用附表 3B 與計算器算出的結果存在微小差異,讀者可使用 ROUND 函數消除這一差異。

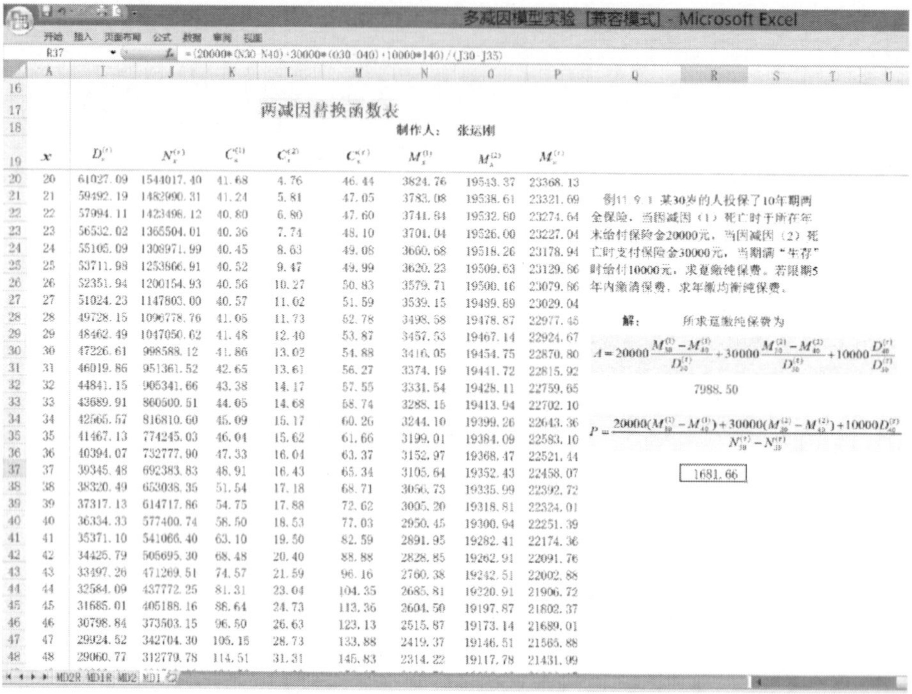


两减因替换函数表

制作人: 张运刚

| $x$ | $D_x^{(\tau)}$ | $N_x^{(\tau)}$ | $C_x^{(1)}$ | $C_x^{(2)}$ | $C_x^{(\tau)}$ | $M_x^{(1)}$ | $M_x^{(2)}$ | $M_x^{(\tau)}$ |
|---|---|---|---|---|---|---|---|---|
| 20 | 61027.09 | 1544017.40 | 41.68 | 4.76 | 46.44 | 3824.76 | 19543.37 | 23368.13 |
| 21 | 59492.19 | 1482990.31 | 41.24 | 5.81 | 47.05 | 3783.08 | 19538.61 | 23321.69 |
| 22 | 57994.11 | 1423498.12 | 40.80 | 6.80 | 47.60 | 3741.84 | 19532.80 | 23274.64 |
| 23 | 56532.02 | 1365504.01 | 40.36 | 7.74 | 48.10 | 3701.04 | 19526.00 | 23227.04 |
| 24 | 55105.09 | 1308971.99 | 40.45 | 8.63 | 49.08 | 3660.68 | 19518.26 | 23178.94 |
| 25 | 53711.98 | 1253866.91 | 40.52 | 9.47 | 49.99 | 3620.23 | 19509.63 | 23129.86 |
| 26 | 52351.94 | 1200154.93 | 40.56 | 10.27 | 50.83 | 3579.71 | 19500.16 | 23079.86 |
| 27 | 51024.23 | 1147803.00 | 40.57 | 11.02 | 51.59 | 3539.15 | 19489.89 | 23029.04 |
| 28 | 49728.15 | 1096778.76 | 41.05 | 11.73 | 52.78 | 3498.58 | 19478.87 | 22977.45 |
| 29 | 48462.49 | 1047050.62 | 41.48 | 12.40 | 53.87 | 3457.53 | 19467.14 | 22924.67 |
| 30 | 47226.61 | 998588.12 | 41.86 | 13.02 | 54.88 | 3416.05 | 19454.75 | 22870.80 |
| 31 | 46019.86 | 951361.52 | 42.65 | 13.61 | 56.27 | 3374.19 | 19441.72 | 22815.92 |
| 32 | 44841.15 | 905341.66 | 43.38 | 14.17 | 57.55 | 3331.54 | 19428.11 | 22759.65 |
| 33 | 43689.91 | 860500.51 | 44.05 | 14.68 | 58.74 | 3288.15 | 19413.94 | 22702.10 |
| 34 | 42565.57 | 816810.60 | 45.09 | 15.17 | 60.26 | 3244.10 | 19399.26 | 22643.36 |
| 35 | 41467.13 | 774245.03 | 46.04 | 15.62 | 61.66 | 3199.01 | 19384.09 | 22583.10 |
| 36 | 40394.07 | 732777.90 | 47.33 | 16.04 | 63.37 | 3152.97 | 19368.47 | 22521.44 |
| 37 | 39345.48 | 692383.83 | 48.91 | 16.43 | 65.34 | 3105.64 | 19352.43 | 22458.07 |
| 38 | 38320.49 | 653038.35 | 51.54 | 17.18 | 68.71 | 3056.73 | 19335.99 | 22392.72 |
| 39 | 37317.13 | 614717.86 | 54.75 | 17.88 | 72.62 | 3005.20 | 19318.81 | 22324.01 |
| 40 | 36334.33 | 577400.74 | 58.50 | 18.53 | 77.03 | 2950.45 | 19300.94 | 22251.39 |
| 41 | 35371.10 | 541066.40 | 63.10 | 19.50 | 82.59 | 2891.95 | 19282.41 | 22174.36 |
| 42 | 34425.79 | 505695.30 | 68.48 | 20.40 | 88.88 | 2828.85 | 19262.91 | 22091.76 |
| 43 | 33497.26 | 471269.51 | 74.57 | 21.59 | 96.16 | 2760.38 | 19242.51 | 22002.88 |
| 44 | 32584.09 | 437772.25 | 81.31 | 23.04 | 104.35 | 2685.81 | 19220.91 | 21906.72 |
| 45 | 31685.01 | 405188.16 | 88.64 | 24.73 | 113.36 | 2604.50 | 19197.87 | 21802.37 |
| 46 | 30798.84 | 373503.15 | 96.50 | 26.63 | 123.13 | 2515.87 | 19173.14 | 21689.01 |
| 47 | 29924.52 | 342704.30 | 105.15 | 28.73 | 133.88 | 2419.37 | 19146.51 | 21565.88 |
| 48 | 29060.77 | 312779.78 | 114.51 | 31.31 | 145.83 | 2314.22 | 19117.78 | 21431.99 |

例11.9.1 某30岁的人投保了10年期两全保险，当因减因（1）死亡时于所在年末给付保险金20000元，当因减因（2）死亡时支付保险金30000元，当期满"生存"时给付10000元，求趸缴纯保费。若限期5年内缴清保费，求年缴均衡纯保费。

解: 所求趸缴纯保费为

$$A=20000\frac{M_{30}^{(1)}-M_{40}^{(1)}}{D_{30}^{(\tau)}}+30000\frac{M_{30}^{(2)}-M_{40}^{(2)}}{D_{30}^{(\tau)}}+10000\frac{D_{40}^{(\tau)}}{D_{30}^{(\tau)}}$$

7988.50

$$P=\frac{20000(M_{30}^{(1)}-M_{40}^{(1)})+30000(M_{30}^{(2)}-M_{40}^{(2)})+10000D_{40}^{(\tau)}}{N_{30}^{(\tau)}-N_{35}^{(\tau)}}$$

1681.66

圖 12 - 9 - 1　兩減因替換函數表

## 二、保險費的計算

**例 12. 9. 1**　某 30 歲的人投保了 10 年期兩全保險,當因減因(1) 死亡時於所在年末給付保險金 20,000 元,當因減因(2) 死亡時支付保險金 30,000 元,當期滿「生存」時給付 10,000 元,求躉繳純保費。若限期 5 年內繳清保費,求年繳均衡純保費。以附表 3B 為基礎。

**解**:所求躉繳純保費為:

$$A = 20,000A_{30:\overline{10|}}^{1(1)} + 30,000A_{30:\overline{10|}}^{1(2)} + 10,000A_{30:\overline{10|}}^{(\tau)\ \ 1}$$

$$= 20,000\frac{M_{30}^{(1)} - M_{40}^{(1)}}{D_{30}^{(\tau)}} + 30,000\frac{M_{30}^{(2)} - M_{40}^{(2)}}{D_{30}^{(\tau)}} + 10,000\frac{D_{40}^{(\tau)}}{D_{30}^{(\tau)}}$$

在 R32 中輸入「 = (20,000 * (N30 - N40) + 30,000 * (O30 - O40) +

10, 000 * I40 ) / I30」可得結果為 7, 988. 50 元。

限期 5 年內繳清保費,則年繳純保費為:

$$P = \frac{A}{\ddot{a}^{(\tau)}_{30:\overline{5|}}} = \frac{20,000(M^{(1)}_{30} - M^{(1)}_{40}) + 30,000(M^{(2)}_{30} - M^{(2)}_{40}) + 10,000D^{(\tau)}_{40}}{N^{(\tau)}_{30} - N^{(\tau)}_{35}}$$

在 R37 中輸入「 = (20, 000 * ( N30 - N40) + 30, 000 * ( O30 - O40) + 10, 000 * I40 ) / ( J30 - J35 )」可得結果為 1, 681. 66 元。見圖 12 - 9 - 1。

## 三、責任準備金的計算

**例** 12. 9. 2　某 30 歲的人投保了 10 年期兩全保險,無論因哪個減因死亡時均於所在年末給付保險金 20, 000 元,當期滿生存時給付 20, 000 元,全期繳費,求各年末責任準備金。以附表 3B 為基礎。

**解**:複製工作表「MD1」,並重新命名為「MD2」,本例題在「MD2」工作表上操作。採用的公式為:

$$\begin{aligned} {}_t\tilde{V}^{(\tau)}_{30:\overline{10|}} &= 20,000\,{}_tV^{(\tau)}_{30:\overline{10|}} = 20,000(A^{(\tau)}_{30+t:\overline{10-t|}} - P^{(\tau)}_{30:\overline{10|}}\ddot{a}^{(\tau)}_{30+t:\overline{10-t|}}) \\ &= 20,000\left(\frac{M^{(\tau)}_{30+t} - M^{(\tau)}_{40} + D^{(\tau)}_{40}}{D^{(\tau)}_{30+t}} - P^{(\tau)}_{30:\overline{10|}}\frac{N^{(\tau)}_{30+t} - N^{(\tau)}_{40}}{D^{(\tau)}_{30+t}}\right) \end{aligned}$$

其中,$P^{(\tau)}_{30:\overline{10|}} = \dfrac{M^{(\tau)}_{30} - M^{(\tau)}_{40} + D^{(\tau)}_{40}}{N^{(\tau)}_{30} - N^{(\tau)}_{40}}$。

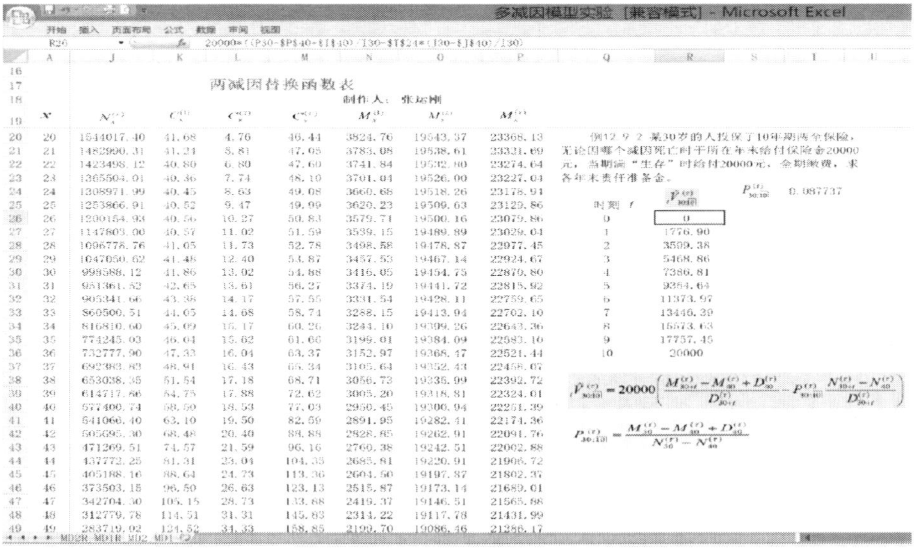


| $x$ | $N_x^{(\tau)}$ | $C_x^{(1)}$ | $C_x^{(2)}$ | $C_x^{(\tau)}$ | $M_x^{(1)}$ | $M_x^{(2)}$ | $M_x^{(\tau)}$ |
|---|---|---|---|---|---|---|---|
| 20 | 1544017.40 | 41.68 | 4.76 | 46.44 | 3824.76 | 19543.37 | 23368.13 |
| 21 | 1482990.31 | 41.24 | 5.81 | 47.05 | 3783.08 | 19538.61 | 23321.69 |
| 22 | 1423498.12 | 40.80 | 6.80 | 47.60 | 3741.84 | 19532.80 | 23274.64 |
| 23 | 1365504.01 | 40.36 | 7.74 | 48.10 | 3701.04 | 19526.00 | 23227.04 |
| 24 | 1308971.99 | 40.45 | 8.63 | 49.08 | 3660.68 | 19518.26 | 23178.94 |
| 25 | 1253866.91 | 40.52 | 9.47 | 49.99 | 3620.23 | 19509.63 | 23129.86 |
| 26 | 1200164.93 | 40.56 | 10.27 | 50.83 | 3579.71 | 19500.16 | 23079.86 |
| 27 | 1147803.00 | 40.57 | 11.02 | 51.59 | 3539.15 | 19489.89 | 23029.04 |
| 28 | 1096778.76 | 41.05 | 11.73 | 52.78 | 3498.58 | 19478.87 | 22977.45 |
| 29 | 1047050.62 | 41.48 | 12.40 | 53.87 | 3457.53 | 19467.14 | 22924.67 |
| 30 | 998588.12 | 41.86 | 13.02 | 54.88 | 3416.05 | 19454.75 | 22870.80 |
| 31 | 951361.52 | 42.65 | 13.61 | 56.27 | 3374.19 | 19441.72 | 22815.92 |
| 32 | 905341.66 | 43.38 | 14.17 | 57.55 | 3331.54 | 19428.11 | 22759.65 |
| 33 | 860500.51 | 44.05 | 14.68 | 58.74 | 3288.15 | 19413.94 | 22702.10 |
| 34 | 816810.60 | 45.09 | 15.17 | 60.26 | 3244.10 | 19399.26 | 22643.36 |
| 35 | 774245.03 | 46.04 | 15.62 | 61.66 | 3199.01 | 19384.09 | 22583.10 |
| 36 | 732777.90 | 47.33 | 16.04 | 63.37 | 3152.97 | 19368.47 | 22521.44 |
| 37 | 692383.83 | 48.91 | 16.43 | 65.34 | 3105.64 | 19352.43 | 22458.07 |
| 38 | 653038.35 | 51.54 | 17.18 | 68.71 | 3056.73 | 19336.99 | 22392.72 |
| 39 | 614717.86 | 54.75 | 17.88 | 72.62 | 3005.20 | 19318.81 | 22324.01 |
| 40 | 577400.74 | 58.50 | 18.53 | 77.03 | 2950.45 | 19300.94 | 22251.39 |
| 41 | 541066.40 | 63.10 | 19.50 | 82.59 | 2891.95 | 19282.41 | 22174.36 |
| 42 | 505695.30 | 68.48 | 20.40 | 88.88 | 2828.85 | 19262.91 | 22091.76 |
| 43 | 471269.51 | 74.57 | 21.59 | 96.16 | 2760.38 | 19242.51 | 22002.88 |
| 44 | 437772.25 | 81.31 | 23.04 | 104.35 | 2685.81 | 19220.91 | 21906.72 |
| 45 | 405188.16 | 88.64 | 24.73 | 113.36 | 2604.50 | 19197.87 | 21802.37 |
| 46 | 373503.15 | 96.50 | 26.63 | 123.13 | 2515.87 | 19173.14 | 21689.01 |
| 47 | 342704.30 | 105.15 | 28.73 | 133.88 | 2419.37 | 19146.51 | 21565.88 |
| 48 | 312779.78 | 114.51 | 31.31 | 145.83 | 2314.22 | 19117.78 | 21431.99 |
| 49 | 283719.02 | 124.52 | 34.33 | 158.85 | 2199.70 | 19086.46 | 21286.17 |

$P^{(\tau)}_{30:\overline{10|}}$　0.087737

| 时刻 $t$ | ${}_t\tilde{V}^{(\tau)}_{30:\overline{10|}}$ |
|---|---|
| 0 | 0 |
| 1 | 1776.90 |
| 2 | 3599.38 |
| 3 | 5468.86 |
| 4 | 7386.81 |
| 5 | 9354.64 |
| 6 | 11373.97 |
| 7 | 13446.39 |
| 8 | 15573.63 |
| 9 | 17757.45 |
| 10 | 20000 |

$${}_t\tilde{V}^{(\tau)}_{30:\overline{10|}} = 20000\left(\frac{M^{(\tau)}_{30+t} - M^{(\tau)}_{40} + D^{(\tau)}_{40}}{D^{(\tau)}_{30+t}} - P^{(\tau)}_{30:\overline{10|}}\frac{N^{(\tau)}_{30+t} - N^{(\tau)}_{40}}{D^{(\tau)}_{30+t}}\right)$$

$$P^{(\tau)}_{30:\overline{10|}} = \frac{M^{(\tau)}_{30} - M^{(\tau)}_{40} + D^{(\tau)}_{40}}{N^{(\tau)}_{30} - N^{(\tau)}_{40}}$$

圖 12 - 9 - 2　兩減因條件下兩全保險的責任準備金

在 T24 中輸入「 = (P30 - P40 + I40)/(J30 - J40)」,可得保額為 1 時的年繳保費 $P_{30:\overline{10|}}^{(\tau)}$,結果為 0.087,737;在 R26 中輸入「 = 20,000 * ((P30 - $P$40 + $I$40)/I30 - $T$24 * (J30 - $J$40)/I30)」,然后拖動填充就可得到各年末責任準備金。比如,第 1 年年末責任準備金為 1,776.90 元,第 2 年年末責任準備金為 3,599.38 元。詳見圖 12 - 9 - 2。

## 本章小結

本章的主要內容是研究 Excel 在壽險精算中的應用。關鍵點就是根據需要作出替換函數,使單元格與替換函數盡可能實現一一對應。也就是說精算結果的替換函數怎麼寫,在單元格中就怎麼輸入。

在壽險精算實驗過程中,可自行選擇空白單元格進行演算,注意盡可能保持預定利率、預定死亡率、預定費用率等精算假設的參數選擇具有可變性。

## 習題 12

12 - 1　你認為壽險精算實驗的核心技術是什麼?

12 - 2　能否在 Excel 中運用一些像「選項按鈕」這樣的控件?

12 - 3　能否使用 Excel 本身的一些函數來完成壽險精算的計算?

12 - 4　本章實驗中的年齡是相對固定的,能否利用 OFFSET 函數使年齡可變?

12 - 5　能否在 Excel 中增加 VB 語言的應用?

12 - 6　能否用 Visual FoxPro 完成壽險精算的計算?

12 - 7　能否將 Matlab、R 語言運用於壽險精算之中?

12 - 8　能否將本章實驗方法運用於養老金業務之中?

12 - 9　你認為本章的壽險精算實驗有哪些地方值得改進?如何改進?

12 - 10　你還能增加哪些實驗內容?

12 - 11　以 CL3(2000—2003),CL4(2000—2003)為例,預定利率為 2.5%。考慮現年 22 歲的丈夫和 20 歲的妻子,投保了保額為 10,000 元的遺屬年金保險,即從丈夫死亡的年末起,妻子生存期間每年末可領取 10,000 元,

(1) 求躉繳純保費、年繳純保費。

(2) 以第六次全國人口普查資料為依據,若妻子再婚時立即支付 5,000 元,求這時的遺屬年金保險需躉繳與年繳多少純保費。

（3）更為重複的情形：在丈夫死亡后，若妻子在 20 ~ 29 歲間再婚，立即給付 5,000 元；若在 30 ~ 39 歲間再婚，立即給付 6,000 元；若在 40 ~ 49 歲間再婚，立即給付 7,000 元；若在 50 ~ 59 歲間再婚，立即給付 8,000 元；若在 60 ~ 69 歲間再婚，立即給付 9,000 元；若在 70 歲以后再婚，立即給付 10,000 元，求購買此遺屬年金保險需躉繳、年繳的純保費。

12 - 12　某 30 歲的人向銀行貸款 1,000,000 元，年計息 12 次的年名義利率為 6%，貸款 20 年，每月末等額本利還款 1 次。假設借款人死亡后，未償還的貸款余額由保險公司代為償還，以 CL1(2000—2003)2.5% 為例，在 Excel 上求此人應躉繳的純保費、年繳純保費及月繳純保費。

12 - 13　某 30 歲的人投保了保額為 50,000 元的 10 年期兩全保險，遭遇死亡、退保兩種風險后仍生存的概率為 CL1(2000—2003) 中的生存概率，而先發生死亡的概率為此生命表中相應的死亡概率的 85%，退保時現金價值由公式 ${}_k(CV) = {}_kV - \frac{10-k}{10}\sigma$ 確定，這裡 $\sigma = 0.000,5$，首年度附加費用為毛保費的 20%，同時每千元保額還要花費 6 元；后續年份附加費用為毛保費的 6%，同時每千元保額只花費 2 元，假設初始資產份額為 0 元，利用 Excel 求各年末的資產份額。

12 - 14　某職工 20 歲參加工作，當年工資為 48,000 元；假設 60 歲退休、80 歲死亡；工資年增長率為 8%，個人帳戶年累積利率為 4%，退休后年利率為 3%，費率為 28%，假設退休后養老金保持不變，問每一年可領取多少養老金？如果提前 1 年退休，那麼養老金標準需降低百分之幾？如果延遲 1 年退休，那麼養老金標準可以提高百分之幾？若上述問題中的退休以后領取的是生存年金，以 CL3(2000—2003) 為基礎，60 歲前仍使用年利率 4%，60 歲以后使用年利率 3%，則結果如何？利用 Excel 計算。

12 - 15　利用 Excel 完成例 11.3.1、例 11.3.2 及習題 11 - 8。

# 附錄 A　利息與確定年金

本附錄主要講述:① 與利息度量有關的概念、利息的三種度量方式以及利率問題的簡單應用,主要包括現值、終值、投資年數、利率等問題的基本計算。② 確定年金的有關概念、確定年金現值與終值的計算。它是壽險精算的重要基礎,同時對學習壽險精算也有啓發與借鑑意義。

## 第一節　利息的度量

### 一、現值函數與終值函數

#### (一) 本金、利息與累積值的關係

任何一項普通的金融業務都可視為投入一定數量的資金以產生一定的利息。把每項業務開始時投入的金額即初始投資的金額稱為本金,而經過一段時間后,連本帶利回收的總金額稱為在該時刻的累積值;投資終了時刻的累積值為終值。累積值與本金的差額就是這一段時期產生的利息或所得到的利息報酬。顯然,本金 + 利息 = 累積值。換言之,累積值就是在本金的基礎之上的利息累積。

決定累積值或終值大小的三個因素:① 本金;② 投資期限(即投資所經歷的時間長度,設度量時間長度的單位為時期,簡稱為期,可以以 1 年、半年、1 季、1 月等為 1 期);③ 利息的度量方式。

#### (二) 終值函數與總量函數

1. 終值函數

1 單位本金從投資之時起,經過 $t$ 期后的累積值或終值,記為 $a(t)$。在利息度量方式一定的條件下,$a(t)$ 是所經歷的時期 $t$ 的函數,稱為終值函數或累積值函數,今后將不特意去區分終值函數與累積值函數的差異。如下圖 A－1－1 所示。

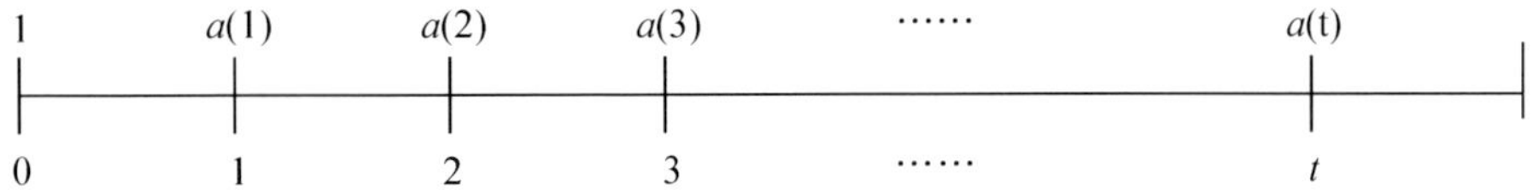


圖 A－1－1　**累積過程**

它具有如下性質：①$a(0)=1$；②一般地，$a(t)$ 為 $t$ 的增函數(未必是嚴格的)；③當利息連續產生時，$a(t)$ 為 $t$ 的連續函數。

2. 總量函數

$K(K>0)$ 個單位本金，經歷 $t$ 期后的累積值或終值，記為 $A(t)$。在利息度量方式一定的條件下，它同樣是所經歷的時期 $t$ 的函數，稱為總量函數或數量函數。$A(t)$ 具有與 $a(t)$ 類似的性質：①$A(0)=K$；②一般地，$A(t)$ 為 $t$ 的增函數；③當利息連續產生時，$A(t)$ 為 $t$ 的連續函數。

總量函數與終值函數的關係為：

$$A(t)=Ka(t) \quad 或 \quad A(t)=A(0)a(t)$$

即 $K \xrightarrow{\times a(t)} Ka(t)$，因此稱 $a(t)$ 為累積因子。這種由本金到終值的過程稱為累積過程。

### (三) 現值函數

為了獲得未來一定數量的貨幣，而現在必須投入的金額或本金就稱為未來這一定數量的貨幣在現在時刻的現值。簡言之，將未來一定數量的貨幣按一定方式折算為現在的價值，稱為現值。

為了獲得 $t$ 期后的1個單位貨幣，現在必須投入的本金即現值記為 $a^{-1}(t)$，顯然 $a^{-1}(t)$ 經過 $t$ 期的累積可以達到終值1，即 $a^{-1}(t)\cdot a(t)=1$，從而 $a^{-1}(t)=\dfrac{1}{a(t)}$，即 $Ba^{-1}(t) \xleftarrow{\times a^{-1}(t)} B$，稱 $a^{-1}(t)$ 為折現因子。這種將未來金額換算到現在的價值的過程稱為折現過程。

綜上所述，累積值與過去有關，現值與未來相聯繫，既與過去又與現在相聯繫的值稱為當前值。

在利息理論、壽險精算、保險精算等課程中，由於貨幣在不同時點具有不同的價值，不同時點發生的金額不能直接比較，也不能直接相加減，因此，首先必須明確站在哪個時點來考慮問題，為簡便起見，以后把這樣的時點稱為觀察點。於是，不同時點發生的金額，要麼通過累積，要麼通過折現，換算為在觀察點的值，然后就可以比較或運算了。

## 二、利息的度量方式

利息可以用三種方式來度量：一是用利息率來直接度量利息；二是用貼現率來

間接度量利息;三是用利息力來度量利息產生的強弱程度。

**(一) 利息率**

利息率,簡稱利率,它是一定時期內產生的利息與投入或貸出的本金之比率。它反應了單位本金在單位時期內產生利息的多少。

在利息理論、壽險精算等課程中,將利息率區分為實際利率與名義利率,從而可使許多公式(如年金現值與終值公式)表現形式簡明且統一。

1. 實際利率

所謂實際利率就是一期內實際產生的利息與期初投入的本金之比,它直接反應了單位本金在單位時期內產生利息的水平高低。通常把一年結算一次的年利率稱為年實際利率。

假設在時刻0投入的本金 $A(0)$ 在時刻 $t$ 的累積值為 $A(t)$,如圖 A-1-2 所示。

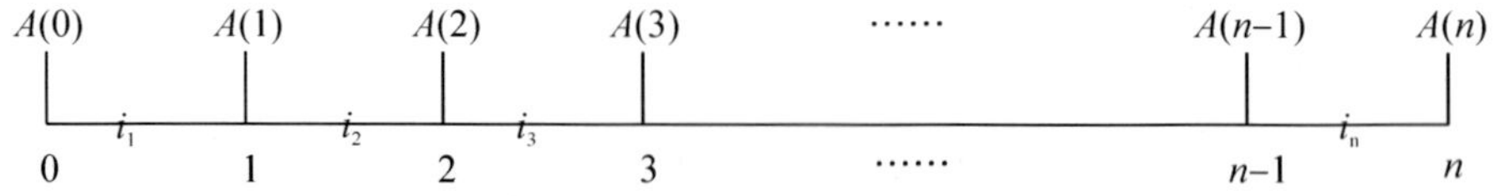


**圖 A-1-2　投資回收過程**

假設某投資在第 $t$ 期末的累積值為 $A(t)$ 或 $a(t)$,第 $t$ 期的實際利率為 $i_t$,則

$$i_t = \frac{A(t) - A(t-1)}{A(t-1)} = \frac{a(t) - a(t-1)}{a(t-1)}, t \in N \quad (A.1.1)$$

顯然,下列關係式成立:

$$A(n) = A(0)(1+i_1)(1+i_2)\cdots(1+i_n) \quad (A.1.2)$$

$$a(n) = (1+i_1)(1+i_2)\cdots(1+i_n) \quad (A.1.3)$$

在實務中,還涉及單利和複利問題。

(1) 單利。所謂單利,指的是每期產生的利息不加入到本金當中在下期產生新的利息,或者說利息與經歷的時間長度成正比,即利息 = 本金 × 利率 × 時間。假設每期利率為 $i$,在時刻 $t$ 按單利計算的終值 $a(t)$ 為

$$a(t) = 1 + it, t \geq 0 \quad (A.1.4)$$

顯然,對非整數的非負實數 $t$ 也成立。

單利條件下的現值函數為

$$a^{-1}(t) = (1+it)^{-1} \quad (A.1.5)$$

(2) 複利。按本金計算出的利息加入到本金之中並在下一期產生新的利息,即利上加利或「利滾利」。假設每期利率為 $i$,在時刻 $t$ 按複利計算的終值 $a(t)$ 為

$$a(t) = (1+i)^t, t \geq 0 \quad (A.1.6)$$

複利條件下的現值函數為

$$a^{-1}(t) = (1+i)^{-t} \tag{A.1.7}$$

2. 名義利率

假設年利率為6%,每年結轉利息4次,那麼每一季的利率為$\frac{6\%}{4} = 1.5\%$。若現在投入本金1,在1年后的終值則為$(1+1.5\%)^4 \approx 1.061, = 1+6.14\%$,即年初的本金1按照1年結息4次的方式,在年末將增值6.14%,這6.14%就稱為年實際利率,而計算所採用的初始年利率6%則稱為年計息4次的年名義利率,1.5%稱為季實際利率,顯然年名義利率是季實際利率的4倍。如圖A-1-3所示。

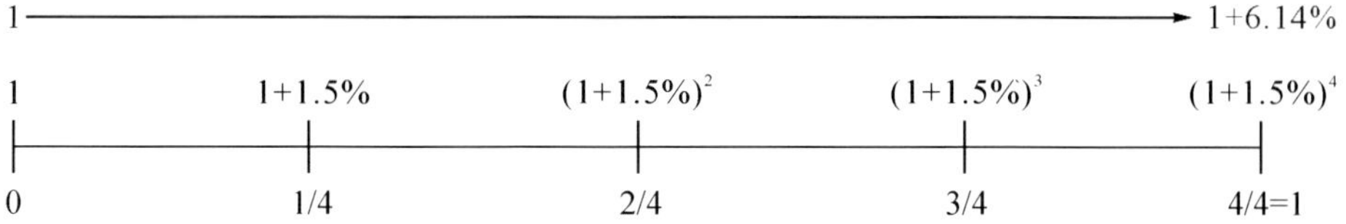


**圖A-1-3 名義利率與實際利率的關係**

一般地,如果一期結息$m$次,那麼稱$\frac{1}{m}$期的實際利率的$m$倍為該期的名義利率,記為$i^{(m)}$。由此可得$\frac{1}{m}$期的實際利率為$\frac{i^{(m)}}{m}$。按每期計息$m$次的名義利率,期初投入的本金1在期末的終值為$\left(1+\frac{i^{(m)}}{m}\right)^m$,將其寫成:

$$\left(1+\frac{i^{(m)}}{m}\right)^m = 1+i \tag{A.1.8}$$

滿足上述公式中的$i^{(m)}$與$i$具有等價關係,即相同的本金經歷相同的時間將達到相同的終值。顯然

$$i = \left(1+\frac{i^{(m)}}{m}\right)^m - 1 \tag{A.1.9}$$

或者

$$i^{(m)} = m[(1+i)^{\frac{1}{m}} - 1] \tag{A.1.10}$$

以$\frac{1}{m}$期作為新的一期,簡稱「新期」,每「新期」的實際利率為$\frac{i^{(m)}}{m}$,期初的本金1累積到期末意味著本金1經過$m$個「新期」的累積,於是,由複利公式可得終值為$\left(1+\frac{i^{(m)}}{m}\right)^m$。

### (二) 貼現率

1. 實際貼現率

某人將一張面額 10,000 元還有一年才到期的票據向銀行申請貼現,銀行確定該票據的年貼現率為4.50%,銀行扣除貼息 10,000 ×4.50% = 450 元后,將票面余額 10,000 - 450 = 9,550 元支付給票據持有人,銀行在票據到期日就可得到資金 10,000 元。在這個過程中,原票據持有人由於提前 1 年獲得現金,因而在到期日應得款項 10,000 元的基礎上損失了利息或支付了貼息 450 元,因而年貼現率為:$\frac{450}{10,000}=4.50\%$,且在貼現之時(或貼現期之初)支付了貼息450元。從銀行的角度來看,投資 9,550 元,1 年期滿得到 10,000 元,獲得利息 450 元,因而年實際利率為:$\frac{450}{9,550}\approx 4.71\%$,且票據到期之時獲得利息 450 元。如圖 A-1-4 所示。

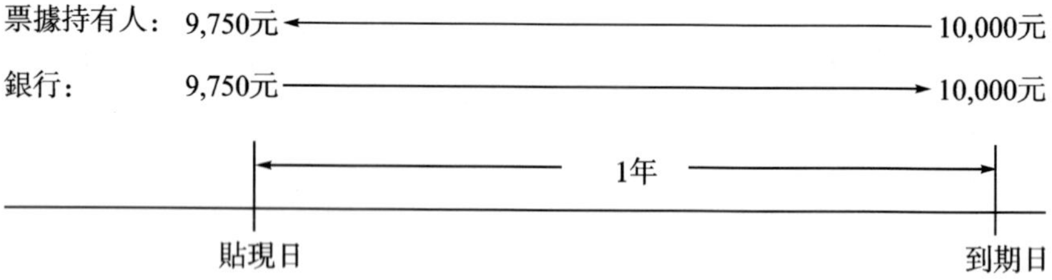


圖 A-1-4　貼現過程

$$票據持有人年貼現率:\frac{450}{10,000}=4.50\%$$

$$銀行年實際利率:\frac{450}{9,550}\approx 4.71\%$$

因此,貼現率就是貼息與票據到期應得金額之比率,而實際貼現率則是在一期內貼息的金額(或損失的利息金額)與期末的應付金額之比率,它反應了單位到期值每提前一期而損失的利息。換言之,實際貼現率就是一期內貼現一次的貼現率。將實際貼現率記為 $d$。

實際貼現率有單貼現與復貼現之分。在單貼現情形下,假設每期貼現率為 $d$,最后一期的終值為1,於是 $a^{-1}(t)=1-dt$,其中 $0\leq t\leq \frac{1}{d}$。在復貼現情形下,假設每期貼現率為 $d$,則 $a^{-1}(t)=(1-d)^{t}$。前者每期扣除的貼息的絕對數相同,以到期值為基準計算貼現;后者每期扣除的比例相同,每期的貼息從到期值中扣除后作為新的到期值以計算新的貼息,即「折上有折」。

利息率與貼現率的關係:

$1 \xrightarrow{\text{在利率 } i \text{ 作用下}} 1+i$,即1單位本金在期末的終值為$1+i$;反過來,可計算出實際貼現率

$$d = \frac{i}{1+i} \tag{A. 1. 11}$$

$1-d \xleftarrow{\text{在貼現率 } d \text{ 作用下}} 1$,即期末1單位到期值在期初的現值為$1-d$;反過來,可計算出實際利率

$$i = \frac{d}{1-d} \tag{A. 1. 12}$$

按照利率方式,期末的終值1對應於期初的現值為$v = \dfrac{1}{1+i}$,由此可得

$$1 - d = v \tag{A. 1. 13}$$

根據本金1經過先累積再貼現后又還原為1可得:$(1+i)(1-d) = 1$,從而也可說明上式成立。由此也可看出,貼息只不過是利息的現值。相應地,利息就是貼息的終值。而且還可得到$i - d = id$。

解釋:考慮兩種投資方式。投資方式1:期初投資單位1,期末回收$1+i$,獲得利息$i$;投資方式2:按貼現方式期初投資$1-d$,期末回收1,獲得利息$d$;投資方式1比投資方式2多獲得利息$i-d$,這是由於投資方式1比投資方式2多投入了本金$d$,由於1單位投資經過1期可產生利息$i$,因而就多獲得利息$id$,從而等式成立。如圖A－1－5所示。

**圖A－1－5　兩種投資方式的比較**

假設在時刻0投入的本金$A(0)$在時刻$t$的累積值為$A(t)$,見圖A－1－2。這個過程也可反過來理解:在時刻$n$可獲得到期值$A(n)$,若要提前1期,則只能獲得$A(n-1)$;若要提前2期,則只能獲得$A(n-2)$…… 若要提前$n$期,則只能獲

得 $A(0)$。

由於實際貼現率是一個時期內貼息額(或利息額)與到期日應付金額之比,因而可用累積函數與總量函數來表示第 $n$ 期的實際貼現率 $d_n$,則

$$d_n = \frac{A(n) - A(n-1)}{A(n)} = \frac{a(n) - a(n-1)}{a(n)} \tag{A.1.14}$$

於是

$$a^{-1}(n) = (1 - d_1)(1 - d_2)\cdots(1 - d_n) \tag{A.1.15}$$

特別地,當 $d_1 = d_2 = \cdots = d_n$ 時,$a^{-1}(t) = (1-d)^t$。

2. 名義貼現率

假設某一筆貼現業務,年貼現率為6%,每季初計算一次貼息,求期末到期且票面金額1的現值。

在1年支付4次貼息后,每季貼現率為6%/4 = 1.5%,,因而所能獲得的款項為$\left(1 - \frac{6\%}{4}\right)^4 \approx 1 - 5.87\%$,這相當於支付了5.87%的貼息,所以5.87%稱為年實際貼現率。即

$$\left(1 - \frac{6\%}{4}\right)^4 \approx 0.941,3 = 1 - 5.87\%$$

如果每一期內計算 $m$ 次貼息,那麼將$\frac{1}{m}$期的實際貼現率的 $m$ 倍稱為該期的名義貼現率,記為 $d^{(m)}$。由此可得$\frac{1}{m}$期的實際貼現率為$\frac{d^{(m)}}{m}$。

一般地,假設一期內計算 $m$ 次貼息的名義貼現率為 $d^{(m)}$,期末1單位終值在期初的現值為$\left(1 - \frac{d^{(m)}}{m}\right)^m$,將其寫成 $1-d$,則 $d$ 就是該期的實際貼現率。因此,

$$\left(1 - \frac{d^{(m)}}{m}\right)^m = 1 - d \tag{A.1.16}$$

顯然

$$d = 1 - \left(1 - \frac{d^{(m)}}{m}\right)^m \tag{A.1.17}$$

或

$$d^{(m)} = m\left[1 - (1-d)^{\frac{1}{m}}\right] = m\left(1 - v^{\frac{1}{m}}\right) \tag{A.1.18}$$

名義貼現率與實際貼現率的關係見圖 A-1-6。

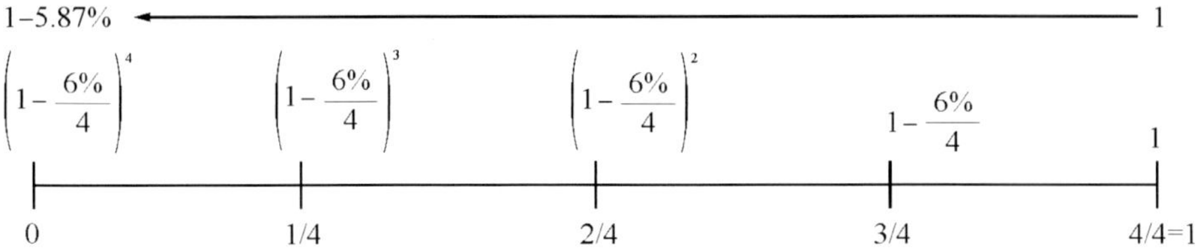


圖 $A-1-6$　名義貼現率與實際貼現率的關係

## (三) 利息力或貼息力

1. 利息力

設一筆投資在時刻 $t$ 的累積值為 $A(t)$,定義該投資在時刻 $t$ 的利息力為

$$\delta_t = \frac{\frac{\mathrm{d}}{\mathrm{d}t}A(t)}{A(t)} = \frac{A'(t)}{A(t)} \tag{A.1.19}$$

或用累積值函數 $a(t)$ 來定義在時刻 $t$ 的利息力為

$$\delta_t = \frac{\frac{\mathrm{d}}{\mathrm{d}t}a(t)}{a(t)} = \frac{a'(t)}{a(t)} \tag{A.1.20}$$

由於 $A(t) = A(0)a(t)$,因此二者是等價的定義。

依利息力定義,

(A.1.21) 反應了單位本金每期產生利息的多少或強弱程度,故又稱為利息強度,其本質上就是名義利率。如圖 $A-1-7$ 所示。

$$\delta_t^+ = \lim_{\Delta t \to 0+} \frac{A(t+\Delta t) - A(t)}{\Delta t\, A(t)} = \lim_{\Delta t \to 0+} \frac{\frac{A(t+\Delta t) - A(t)}{A(t)}}{\Delta t} \tag{A.1.21}$$

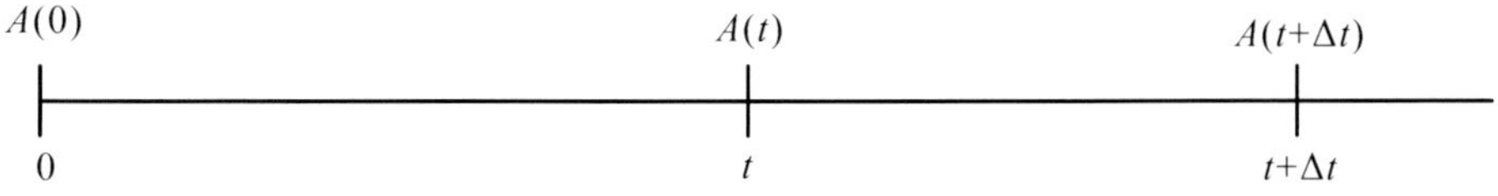


圖 A－1－7　對利息力的理解

類似於(A.1.21) 的分析,$\delta_t^- = \lim_{\Delta t \to 0-} \frac{A(t) - A(t+\Delta t)}{-\Delta t\, A(t)}$ 本質上為名義貼現率,它反應了單位到期值每提前一期所損失利息的多少,又稱為貼息強度。依據極限定義,當 $\delta_t$ 存在時,$\delta_t^+$ 與 $\delta_t^-$ 均存在且相等,即 $\delta_t^+ = \delta_t^- = \delta_t$。換言之,當 $\Delta t \to 0$ 時,名義利率、名義貼現率都統一到了利息力這一概念上。

2. 貼息力(貼息強度)

設 $t$ 期后 1 單位終值的現值為 $a^{-1}(t)$,定義

$$\bar{\delta}_t = -\frac{\frac{\mathrm{d}}{\mathrm{d}t}a^{-1}(t)}{a^{-1}(t)} \tag{A.1.22}$$

為在時刻 $t$ 的貼息力或貼息強度。它顯然等於 $\delta_t$。

3. 用利息力 $\delta_t$ 表示 $a(t)$ 或 $A(t)$

由利息力 $\delta_t$ 的定義可得

$$\delta_t = \frac{\mathrm{d}}{\mathrm{d}t}\ln a(t)$$

或

$$\mathrm{d}\ln a(t) = \delta_t \mathrm{d}t \tag{A.1.23}$$

兩邊從 0 到 $t$ 積分,並改變積分變量記號可得

$$\int_0^t \mathrm{d}\ln a(s) = \int_0^t \delta_s \mathrm{d}s$$

$$\therefore a(t) = \exp\left(\int_0^t \delta_s \mathrm{d}s\right)$$

$$\therefore A(t) = A(0)\exp\left(\int_0^t \delta_s \mathrm{d}s\right) \tag{A.1.24}$$

(A.1.23) 式兩邊從 $t_1$ 到 $t_2$ 積分,可得更一般的關係式

$$A(t_2) = A(t_1)\exp\left(\int_{t_1}^{t_2} \delta_s \mathrm{d}s\right) \tag{A.1.25}$$

特例:當 $\delta_t = \delta$($\delta$ 為常數) 時,$a(t) = \mathrm{e}^{\delta t}$。

$$\because \delta \geqslant 0, \therefore \mathrm{e}^{\delta} \geqslant 1$$

若記 $i = \mathrm{e}^{\delta} - 1$,則

$$\mathrm{e}^{\delta} = 1 + i \quad 或 \quad \delta = \ln(1 + i) \tag{A.1.26}$$

顯然,這裡的 $i \geqslant 0$。這也說明 $a(t) = (1 + i)^t$ 成立,從而 $i$ 為實際利率。

由 $\delta_t$ 的定義可得

$$\mathrm{d}A(t) = A(t)\delta_t \mathrm{d}t$$

兩邊從 0 到 $n$ 積分得

$$A(n) - A(0) = \int_0^n A(t)\delta_t \mathrm{d}t \tag{A.1.27}$$

顯然,在長度為 d$t$ 的微元上的利息為 $A(t)\delta_t \mathrm{d}t$,因此,(A.1.27) 表示 $n$ 期內產生的利息就是該段時間裡每時每刻產生的利息的累加。如圖 A-1-8 所示。

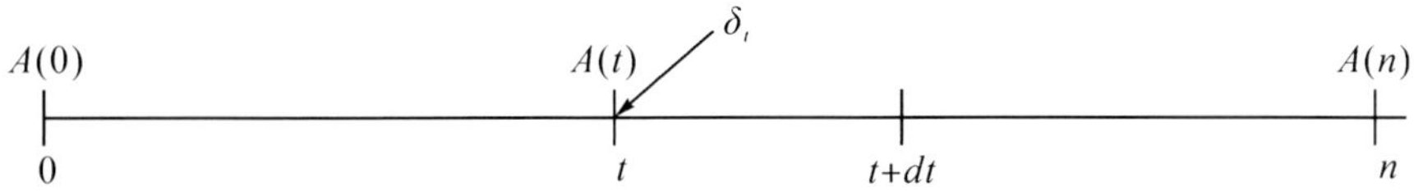


圖 A－1－8　**利息的形成過程**

綜上所述,容易得出實際利率、名義利率、實際貼現率、名義貼現率、利息力之間的關係

$$\left(1+\frac{i^{(m)}}{m}\right)^{m}=1+i=(1-d)^{-1}=\left(1-\frac{d^{(n)}}{n}\right)^{-n}=\mathrm{e}^{\delta} \qquad (A.1.28)$$

或

$$\left(1+\frac{i^{(m)}}{m}\right)^{-m}=(1+i)^{-1}=1-d=\left(1-\frac{d^{(n)}}{n}\right)^{n}=\mathrm{e}^{-\delta} \qquad (A.1.29)$$

說明:一個利率是否實際利率,判斷標準是一期是否計息一次。同理,這一標準也可區分實際貼現率與名義貼現率。當一個利率或貼現率沒有指明計息或貼息次數時,就默認為一次,因而就是實際利率或貼現率。

**例** A. 1. 1　某人現在在銀行存入1,000元,第1年年末、第2年年末帳戶余額分別為1,100元、1,265元,求第1年和第2年的實際利率和實際貼現率。

**解**:由題意可知 $A(0)=1,000$, $A(1)=1,100$, $A(2)=1,265$,因此有:

$$I_1=A(1)-A(0)=100,\ I_2=A(2)-A(1)=165,$$

$$i_1=\frac{I_1}{A(0)}=\frac{100}{1,000}=10\%,\ i_2=\frac{I_2}{A(1)}=\frac{165}{1,100}=15\%,$$

$$d_1=\frac{I_1}{A(1)}=\frac{100}{1,100}\approx 9.09\%,\ d_2=\frac{I_2}{A(2)}=\frac{165}{1,265}\approx 13.04\%。$$

**例** A. 1. 2　已知 $a(t)=\alpha t^2+\beta$,並且在時刻0投資1,000元,能在時刻5累積到1,800元。(1)求 $\alpha$ 與 $\beta$ 的值;(2)如果在時刻4投資4,000元,那麼在時刻8能累積到多少元?

**解**:由已知條件可得

$$\begin{cases}\alpha\times 0^2+\beta=1\\ 1,000(\alpha\times 5^2+\beta)=1,800\end{cases}$$

解之,得

$$\begin{cases}\alpha=0.032\\ \beta=1\end{cases}$$

在時刻4投資4,000元相當於在時刻0投資 $A(0)=\dfrac{4,000}{a(4)}$ 元,因而,所求的累

積值或終值為

$$A(0)a(8)=\frac{4,000}{a(4)}\cdot a(8)=4000\cdot\frac{0.032\times 8^2+1}{0.032\times 4^2+1}\approx 8,063.49(\text{元})。$$

**例 A.1.3** 證明:(1) $(1+i)^n>1+ni \quad (n>1, -1<i\neq 0)$;

(2) $(1+i)^n<1+ni \quad (0<n<1, -1<i\neq 0)$。

**證明:**(1) 考慮函數 $f(i)=(1+i)^n-(1+ni)$

$f'(i)=n[(1+i)^{n-1}-1]$

$\because f'(i)<0\ (-1<i<0)$ 且 $f'(i)>0\ (i>0)$

$\therefore f(i)$ 在 $i=0$ 時取得最小值,即 $f(i)>f(0)=0\ (-1<i\neq 0)$

從而不等式得證。

(2) 考慮函數 $f(i)=(1+i)^n-(1+ni)$

$f'(i)=n[(1+i)^{n-1}-1]$

$\because f'(i)>0\ (-1<i<0)$ 且 $f'(i)<0\ (i>0)$

$\therefore f(i)$ 在 $i=0$ 時取得最大值,即 $f(i)<f(0)=0\ (-1<i\neq 0)$

從而不等式成立。

**例 A.1.4** 存款翻番問題。(1) 若要使一筆存款在 10 年內翻一番,則年利率應為多少?(2) 已知年利率為 5%,求使一筆存款翻一番所需要的時間。

**解:**(1) 設年利率為 $i$ 且本金為 1 個單位,則

$(1+i)^{10}=2$

$\therefore i=2^{0.1}-1\approx 7.18\%$

(2) 設所求的時間為 $n$ 年且本金為 1 個單位,則

$(1+5\%)^n=2$

$$\therefore n=\frac{\ln 2}{\ln 1.05}\approx 14.21(\text{年})$$

**例 A.1.5** 某 5 年期投資項目的本金為 10 萬元,第 1 年年結轉利息 2 次的年名義利率為 5%,第 2 年年實際利率為 5%,第 3 年年計算貼息 4 次的年名義貼現率為 5%,第 4 年的年實際貼現率為 5%,第 5 年連續計息的利息力為 5%,求第 5 年年末該項投資的余額。

**解:**第 5 年年末該項投資的余額為

$$10\left(1+\frac{5\%}{2}\right)^2(1+5\%)\left(1-\frac{5\%}{4}\right)^{-4}(1-5\%)^{-1}e^{5\%}$$

$$\approx 1.283,747,9(\text{萬元})$$

**例 A.1.6** 某人現在投資 20,000 元,5 年后再投資 10,000 元,已知在時刻 $t$ 的

利息力為 $\delta_t = (5 + t)^{-1}$,求在第 10 年年末可以獲得的金額。

**解**:在第 10 年年末可以獲得的金額為

$$20,000\exp\left(\int_0^{10}\delta_t \mathrm{d}t\right) + 10,000\exp\left(\int_5^{10}\delta_t \mathrm{d}t\right)$$

$$= 20,000\exp\left(\int_0^{10}\frac{1}{5+t}\mathrm{d}t\right) + 10,000\exp\left(\int_5^{10}\frac{1}{5+t}\mathrm{d}t\right)$$

$$= 20,000\exp[\ln(5+t)|_0^{10}] + 10,000\exp[\ln(5+t)|_5^{10}]$$

$$= 20,000 \times \frac{15}{5} + 10,000 \times \frac{15}{10} = 75,000(\text{元})$$

**例 A.1.7** 已知每期實際利率為 $i$,求 $\lim\limits_{m\to+\infty} i^{(m)}$。

**解**:

$$\lim_{m\to+\infty} i^{(m)} = \lim_{m\to+\infty} m[(1+i)^{\frac{1}{m}} - 1]$$

$$= \lim_{t\to 0+}\frac{(1+i)^t - 1}{t} = \lim_{t\to 0+}\frac{(1+i)^t\ln(1+i)}{1}$$

$$= \ln(1+i) = \delta$$

其中,$t = \frac{1}{m}$。

**例 A.1.8** 證明:當 $m > 1$ 且 $-1 < i \neq 0$ 時,$\delta < i^{(m)} < i$。

**證明**:$\because m > 1 \therefore 0 < \frac{1}{m} < 1$

(1) 考慮函數

$$f(i) = i - i^{(m)} = i - m[(1+i)^{\frac{1}{m}} - 1]$$

$$\therefore f'(i) = 1 - (1+i)^{\frac{1}{m}-1}$$

$$\therefore f'(i) < 0\ (-1 < i < 0) \text{ 且 } f'(i) > 0\ (i > 0)$$

因此,當 $-1 < i \neq 0$ 時

$$f(i) > f(0) = 0, \text{即 } i > i^{(m)}。$$

(2) 考慮函數

$$g(i) = i^{(m)} - \delta = m[(1+i)^{\frac{1}{m}} - 1] - \ln(1+i)$$

$$\therefore g'(i) = (1+i)^{\frac{1}{m}-1} - (1+i)^{-1}$$

$$\therefore g'(i) < 0\ (-1 < i < 0) \text{ 且 } g'(i) > 0\ (i > 0)$$

因此,當 $-1 < i \neq 0$ 時

$$g(i) > g(0) = 0, \text{即 } i^{(m)} > \delta$$

於是,所證不等式成立。

## 第二節　確定年金

所謂年金,就是指一系列款項的收入或支出。年金按不同的標準有不同的分類。按是否與約定的人的生死發生關聯而分為生存年金和確定年金。生存年金又稱為風險年金,它在被保險人或約定人生存期間,且在規定的時間範圍內才給付,當其死亡或約定期滿時,給付結束。該年金實際給付的次數事先無法確定,因而支付的總量事先也無法確定。按月領取養老金、年繳保險費,就是生存年金的例子。在生存年金的計算中,除了要考慮利率因素外,還要考慮年金受領人的生存概率,也就是說要依據生命表,因而計算就比較重複。所謂確定年金就是與人的生死無關的年金,其每次給付金額、給付時點、給付期限事先確定,該年金純粹以利率作為累積或計算的基礎。這裡,我們只研究確定年金。

確定年金有如下幾種分類方法:

(1) 按是期初還是期末給付,可以分為:

確定年金 { 期初付年金 / 期末付年金 }

在每期期初給付的年金稱為期初付年金,在每期期末給付的年金則稱為期末付年金。

(2) 按簽約后是否立即開始給付期,可以分為:

確定年金 { 即期年金 / 延期年金 }

立即開始給付期的年金稱為即期年金;等待一段時間后才開始支付期的年金,稱為延期年金。

(3) 按給付期限是否有限,可以分為:

確定年金 { 定期年金 / 永久年金 }

給付期限為有限的年金稱為定期年金;否則,叫永久年金。

(4) 按各次給付金額是否相等,可以分為:

確定年金 { 等額年金 / 非等額年金 }

各次給付金額相等的年金,稱為等額年金;否則,稱為非等額年金。

(5) 按每期支付頻率快慢(以一個利息結算期作為一期),可以分為:

確定年金 $\begin{cases} \text{多期給付 1 次的年金} \\ \text{每期給付 1 次的年金} \\ \text{每期給付多次的年金} \\ \text{每期連續給付的年金} \end{cases}$

本節將按此分類方法劃分內容結構,但重點研究等額確定年金,而對於非等額確定年金,將側重研究按等差數列與等比數列變化的年金。本節的主要內容為求年金的現值或年金的終值。年金的現值就是各次給付的現值之和,而年金的終值就是各次給付的終值之和,此定義法將是求年金現值或終值的萬能方法。

## 一、每期給付一次的等額確定年金

### (一) 期末付年金

1. 現值與終值

設每期利率為 $i$,每期末給付 1,給付 $n$ 期的年金在 0 點的現值記為 $a_{\overline{n|}}$ 或 $a_{\overline{n|}i}$,在 $n$ 點的終值記為 $s_{\overline{n|}}$ 或 $s_{\overline{n|}i}$,它們分別被稱為該期末付年金的現值或終值。

$$a_{\overline{n|}} = v + v^2 + \cdots + v^n = \frac{1 - v^n}{i} \tag{A.2.1}$$

$$s_{\overline{n|}} = (1+i)^{n-1} + (1+i)^{n-2} + \cdots + (1+i) + 1$$
$$= \frac{(1+i)^n - 1}{i} \tag{A.2.2}$$

公式(A.2.1) 可變形為

$$1 = ia_{\overline{n|}} + v^n \tag{A.2.3}$$

解釋:該式可理解為在 0 點的一個收支平衡等式。具體而言,現在投資 1,投資 $n$ 期,每期利率為 $i$,其現值為 1;那麼在每期末可回收當期利息 $i$,並在投資期滿時回收本金 1,回收的現值為 $ia_{\overline{n|}} + v^n$,由收支平衡原則可得公式(A.2.3)。

公式(A.2.2) 可變形為

$$(1+i)^n = i\,s_{\overline{n|}} + 1 \tag{A.2.4}$$

解釋:該式可理解為在 $n$ 點的一個收支平衡等式。具體而言,現在投資 1,投資 $n$ 期,每期利率為 $i$,投資的終值為 $(1+i)^n$;那麼在每期期末可回收當期利息 $i$,並在投資期滿時可回收本金 1,回收的終值為 $i\,s_{\overline{n|}} + 1$,因而公式(A.2.4) 成立。

不難發現,公式(A.2.3) 和公式(A.2.4) 都反應了同樣一個投資回收過程,只不過觀察點不同。

2. $a_{\overline{n}|}$ 與 $s_{\overline{n}|}$ 的關係

(1) 等價關係

$$a_{\overline{n}|} = v^n s_{\overline{n}|} \quad (A.2.5)$$

$$s_{\overline{n}|} = (1+i)^n a_{\overline{n}|} \quad (A.2.6)$$

(2) 倒數關係

$$\frac{1}{a_{\overline{n}|}} = i + \frac{1}{s_{\overline{n}|}} \quad (A.2.7)$$

解釋:現在投資 1,投資 $n$ 期,每期利率為 $i$,可按兩種方法回收。方法 1:每期末等額回收 $\frac{1}{a_{\overline{n}|}}$。方法 2:每期末先回收當期利息 $i$,滿期時回收本金 1。由於滿期時回收本金 1,相當於每期末回收 $\frac{1}{s_{\overline{n}|}}$,因而每期末可等額回收 $i+\frac{1}{s_{\overline{n}|}}$,故等式(A.2.7)成立。

說明:也可用「先借貸后償還」的原理來解釋公式(A.2.7)。

**(二) 期初付年金**

1. 現值與終值

設每期利率為 $i$,每期期初給付 1,給付 $n$ 期的年金在 0 點的現值記為 $\ddot{a}_{\overline{n}|}$ 或 $\ddot{a}_{n\,i}$,在 $n$ 點的終值記為 $\ddot{a}_{\overline{n}|}$ 或 $\ddot{s}_{\overline{n}|i}$。依年金現值、終值的定義有

$$\ddot{a}_{\overline{n}|} = 1 + v + \cdots + v^{n-1} = \frac{1-v^n}{d} \quad (A.2.8)$$

$$\ddot{a}_{\overline{n}|} = (1+i)^n + (1+i)^{n-1} + \cdots + (1+i) = \frac{(1+i)^n - 1}{d} \quad (A.2.9)$$

公式(A.2.8)可變形為

$$1 = d\ddot{a}_{\overline{n}|} + v^n \quad (A.2.10)$$

解釋:該式可理解為在 0 點的一個收支平衡等式。具體而言,現在投資 1,投資 $n$ 期,每期利率為 $i$,投資的現值為 1;那麼在每期期初可預收當期利息 $d$,並在期滿時回收本金 1,回收的現值為 $d\ddot{a}_{\overline{n}|} + v^n$,由收支平衡原則可得公式(A.2.10)。

2. $\ddot{a}_{\overline{n}|}$ 與 $\ddot{s}_{\overline{n}|}$ 的關係

(1) 等價關係

$$\ddot{a}_{\overline{n}|} = v^n \ddot{s}_{\overline{n}|} \quad (A.2.11)$$

$$\ddot{s}_{\overline{n}|} = (1+i)^n \ddot{a}_{\overline{n}|} \quad (A.2.12)$$

(2) 倒數關係

$$\frac{1}{\ddot{a}_{\overline{n}|}} = d + \frac{1}{\ddot{s}_{\overline{n}|}} \quad (A.2.13)$$

解釋:現在投資 1,投資 $n$ 期,可按兩種方法回收。方法 1:每期期初可等額回收

$\frac{1}{\ddot{a}_{\overline{n}|}}$。方法 2:每期期初先預收當期利息 $d$,然后在期滿時回收本金 1。由於滿期時回收本金 1,相當於每期期初可回收 $\frac{1}{\ddot{s}_{\overline{n}|}}$,因而每期期初實際上可等額回收 $d+\frac{1}{\ddot{s}_{\overline{n}|}}$,故等式(A.2.13)成立。

3. 期初付年金與期末付年金的關係

(1) $\ddot{a}_{\overline{n}|} = a_{\overline{n}|}(1+i)$ (A.2.14)

$\ddot{s}_{\overline{n}|} = s_{\overline{n}|}(1+i)$ (A.2.15)

(2) $\ddot{a}_{\overline{n}|} = a_{\overline{n-1}|} + 1$ (A.2.16)

$a_{\overline{n}|} = \ddot{a}_{\overline{n+1}|} - 1$ (A.2.17)

$\ddot{s}_{\overline{n}|} = s_{\overline{n+1}|} - 1$ (A.2.18)

$s_{\overline{n}|} = \ddot{s}_{\overline{n-1}|} + 1$ (A.2.19)

**(三) 延期年金**

1. 延期期末付年金

令 ${}_{f|}a_{\overline{n}|}$ 表示延期 $f$ 期,給付 $n$ 期,每期末給付 1 的年金現值,則

$${}_{f|}a_{\overline{n}|} = v^{f+1} + v^{f+2} + \cdots + v^{f+n} = v^f a_{\overline{n}|} = a_{\overline{f+n}|} - a_{\overline{f}|} \quad \text{(A.2.20)}$$

2. 延期期初付年金

令 ${}_{f|}\ddot{a}_{\overline{n}|}$ 表示延期 $f$ 期,給付 $n$ 期,每期期初給付 1 的年金現值,則

$${}_{f|}\ddot{a}_{\overline{n}|} = v^{f} + v^{f+1} + \cdots + v^{f+n-1} = v^f \ddot{a}_{\overline{n}|} = \ddot{a}_{\overline{f+n}|} - \ddot{a}_{\overline{f}|} \quad \text{(A.2.21)}$$

**(四) 永久年金**

每期給付額為 1 的期末付永久年金的現值,記為 $a_{\overline{\infty}|}$,即

$$a_{\overline{\infty}|} = v + v^2 + v^3 + \cdots = \frac{v}{1-v} = \frac{1}{i} \quad (\text{假設 } i > 0) \quad \text{(A.2.22)}$$

或者

$$a_{\overline{\infty}|} = \lim_{n\to\infty} a_{\overline{n}|} = \lim_{n\to\infty}\frac{1-v^n}{i} = \frac{1}{i} \quad (\text{假設 } i > 0)$$

公式(A.2.22)可以這樣理解:現在投入本金 $\frac{1}{i}$,在每期利率 $i$ 的作用下,每期末可獲得當期利息 1,並可以永遠地投資下去。

同樣地,每期給付額為 1 的期初付永久年金的現值,記為 $\ddot{a}_{\overline{\infty}|}$,即

$$\ddot{a}_{\overline{\infty}|} = 1 + v + v^2 + \cdots = \frac{1}{1-v} = \frac{1}{d} \ (\text{假設 } i > 0) \quad \text{(A.2.23)}$$

或者

$$\ddot{a}_{\overline{\infty}|} = \lim_{n\to\infty} \ddot{a}_{\overline{n}|} = \lim_{n\to\infty}\frac{1-v^n}{d} = \frac{1}{d} \ (\text{假設 } i > 0)。$$

容易求得延期永久年金的現值：

$$ {}_{f|}a_{\overline{\infty}|} = v^{f+1} + v^{f+2} + v^{f+3} + \cdots = v^f a_{\overline{\infty}|} = \frac{v^f}{i} \quad (\text{假設 } i > 0) \qquad (A.2.24) $$

$$ {}_{f|}\ddot{a}_{\overline{\infty}|} = v^f + v^{f+1} + v^{f+2} + \cdots = v^f \ddot{a}_{\overline{\infty}|} = \frac{v^f}{d} \quad (\text{假設 } i > 0) \qquad (A.2.25) $$

## 二、每期給付多次的等額確定年金

### (一) 期末付年金

1. 現值與終值

設每期利率為 $i$，每$\frac{1}{m}$期末給付$\frac{1}{m}$，給付 $n$ 期的年金的現值與終值分別記為 $a_{\overline{n}|}^{(m)}$、$s_{\overline{n}|}^{(m)}$；或者 $a_{\overline{n}|i}^{(m)}$、$s_{\overline{n}|i}^{(m)}$。於是，

$$ a_{\overline{n}|}^{(m)} = \frac{1}{m}\left(v^{\frac{1}{m}} + v^{\frac{2}{m}} + \cdots + v^{\frac{mn}{m}}\right) $$

$$ = \frac{1}{m} \cdot \frac{v^{\frac{1}{m}}\left(1 - \left(v^{\frac{1}{m}}\right)^{mn}\right)}{1 - v^{\frac{1}{m}}} = \frac{1 - v^n}{i^{(m)}} \qquad (A.2.26) $$

$$ s_{\overline{n}|}^{(m)} = \frac{1}{m}\left[(1+i)^{\frac{mn-1}{m}} + (1+i)^{\frac{mn-2}{m}} + \cdots + (1+i)^{\frac{1}{m}} + 1\right] $$

$$ = \frac{(1+i)^n - 1}{i^{(m)}} \qquad (A.2.27) $$

上述公式中的 $n$ 不必為整數，只須為$\frac{1}{m}$的整數倍數即可。這些公式的推證實際上依據了年金現值與終值的定義。下面將其轉化為每期給付一次的年金問題去處理。這裡有兩種處理方法：一是期限分解法，二是給付額合併法。

(1) 期限分解法

以每$\frac{1}{m}$期作為新的一期，設其實際利率為 $j$，顯然 $j = \frac{i^{(m)}}{m}$，這樣，原來的年金就轉化為每期給付 1 次、每期末給付$\frac{1}{m}$、給付 $mn$ 期的年金問題，即

$$ a_{\overline{n}|}^{(m)} = \frac{1}{m} a_{\overline{mn}|j} = \frac{1}{m} \cdot \frac{1 - (1+j)^{-mn}}{j} $$

$$ = \frac{1}{m} \cdot \frac{1 - \left(1 + \frac{i^{(m)}}{m}\right)^{-mn}}{\frac{i^{(m)}}{m}} = \frac{1 - v^n}{i^{(m)}} $$

$$ s_{n}^{(m)} = \frac{1}{m} s_{\overline{mn}|j} = \frac{1}{m} \cdot \frac{(1+j)^{mn} - 1}{j} $$

$$= \frac{1}{m} \cdot \frac{\left(1+\frac{i^{(m)}}{m}\right)^{mn}-1}{\frac{i^{(m)}}{m}} = \frac{(1+i)^n-1}{i^{(m)}}$$

(2) 給付額合併法

設每$\frac{1}{m}$期末給付$\frac{1}{m}$,給付一期相當於期末給付 $x$,則

$$x = \frac{1}{m} + \frac{1}{m}(1+i)^{\frac{1}{m}} + \frac{1}{m}(1+i)^{\frac{2}{m}} + \cdots + \frac{1}{m}(1+i)^{\frac{m-1}{m}}$$

$$= \frac{1}{m} \cdot \frac{1-\left[(1+i)^{\frac{1}{m}}\right]^m}{1-(1+i)^{\frac{1}{m}}} = \frac{i}{m\left[(1+i)^{\frac{1}{m}}-1\right]} = \frac{i}{i^{(m)}}$$

因此

$$a_{\overline{n}|}^{(m)} = xa_{\overline{n}|} = \frac{i}{i^{(m)}} \cdot \frac{1-v^n}{i} = \frac{1-v^n}{i^{(m)}}$$

$$s_{\overline{n}|}^{(m)} = xs_{\overline{n}|} = \frac{i}{i^{(m)}} \cdot \frac{(1+i)^n-1}{i} = \frac{(1+i)^n-1}{i^{(m)}}。$$

2. $a_{\overline{n}|}^{(m)}$ 與 $s_{\overline{n}|}^{(m)}$ 的關係

(1) 等價關係

$$a_{\overline{n}|}^{(m)} = v^n s_{\overline{n}|}^{(m)} \quad (A.2.28)$$

$$s_{\overline{n}|}^{(m)} = (1+i)^n a_{\overline{n}|}^{(m)} \quad (A.2.29)$$

2. 倒數關係

$$\frac{1}{a_{\overline{n}|}^{(m)}} = i^{(m)} + \frac{1}{s_{\overline{n}|}^{(m)}} \quad (A.2.30)$$

**(二) 期初付年金**

1. 現值與終值

設每期利率為 $i$,每$\frac{1}{m}$期初給付$\frac{1}{m}$,給付 $n$ 期的年金的現值與終值分別記為 $\ddot{a}_{\overline{n}|}^{(m)}$、$\ddot{s}_{\overline{n}|}^{(m)}$;或者 $\ddot{a}_{\overline{n}|i}^{(m)}$、$\ddot{s}_{\overline{n}|i}^{(m)}$。於是,

$$\ddot{a}_{\overline{n}|}^{(m)} = \frac{1}{m}\left(1+v^{\frac{1}{m}}+v^{\frac{2}{m}}+\cdots+v^{\frac{mn-1}{m}}\right) = \frac{1-v^n}{d^{(m)}} \quad (A.2.31)$$

$$\ddot{s}_{\overline{n}|}^{(m)} = \frac{1}{m}\left[(1+i)^{\frac{mn}{m}}+(1+i)^{\frac{mn-1}{m}}+\cdots+(1+i)^{\frac{1}{m}}\right]$$

$$= \frac{(1+i)^n-1}{d^{(m)}} \quad (A.2.32)$$

上述公式中的 $n$ 不必為整數,只須為$\frac{1}{m}$的整數倍數即可。

2. $\ddot{a}^{(m)}_{\overline{n}|}$ 與 $\ddot{s}^{(m)}_{\overline{n}|}$ 的關係

(1) 等價關係

$$\ddot{a}^{(m)}_{\overline{n}|} = v^n \ddot{s}^{(m)}_{\overline{n}|} \tag{A.2.33}$$

$$\ddot{s}^{(m)}_{\overline{n}|} = (1+i)^n \ddot{a}^{(m)}_{\overline{n}|} \tag{A.2.34}$$

(2) 倒數關係

$$\frac{1}{\ddot{a}^{(m)}_{\overline{n}|}} = d^{(m)} + \frac{1}{\ddot{s}^{(m)}_{\overline{n}|}} \tag{A.2.35}$$

**(三) 期初付年金與期末付年金的關係**

$$\ddot{a}^{(m)}_{\overline{n}|} = (1+i)^{\frac{1}{m}} a^{(m)}_{\overline{n}|} \tag{A.2.36}$$

$$a^{(m)}_{\overline{n}|} = v^{\frac{1}{m}} \ddot{a}^{(m)}_{\overline{n}|} \tag{A.2.37}$$

$$\ddot{s}^{(m)}_{\overline{n}|} = (1+i)^{\frac{1}{m}} s^{(m)}_{\overline{n}|} \tag{A.2.38}$$

$$s^{(m)}_{\overline{n}|} = v^{\frac{1}{m}} \ddot{s}^{(m)}_{\overline{n}|} \tag{A.2.39}$$

$$\ddot{a}^{(m)}_{\overline{n}|} = a^{(m)}_{\overline{n-\frac{1}{m}}|} + \frac{1}{m} \tag{A.2.40}$$

$$a^{(m)}_{\overline{n}|} = \ddot{a}^{(m)}_{\overline{n+\frac{1}{m}}|} - \frac{1}{m} \tag{A.2.41}$$

$$\ddot{s}^{(m)}_{\overline{n}|} = s^{(m)}_{\overline{n+\frac{1}{m}}|} - \frac{1}{m} \tag{A.2.42}$$

$$s^{(m)}_{\overline{n}|} = \ddot{s}^{(m)}_{\overline{n-\frac{1}{m}}|} + \frac{1}{m} \tag{A.2.43}$$

**(四) 延期年金**

${}_{f|}a^{(m)}_{\overline{n}|}$ 表示延期 $f$ 期,給付 $n$ 期,每$\frac{1}{m}$期末給付$\frac{1}{m}$的年金現值。因此

$$\begin{aligned} {}_{f|}a^{(m)}_{\overline{n}|} &= \frac{1}{m}\left(v^{f+\frac{1}{m}} + v^{f+\frac{2}{m}} + \cdots + v^{f+\frac{mn}{m}}\right) \\ &= v^f a^{(m)}_{\overline{n}|} = a^{(m)}_{\overline{f+n}|} - a^{(m)}_{\overline{f}|} \end{aligned} \tag{A.2.44}$$

${}_{f|}\ddot{a}^{(m)}_{\overline{n}|}$ 表示延期 $f$ 期,給付 $n$ 期,每$\frac{1}{m}$期初給付$\frac{1}{m}$的年金現值。因此

$$\begin{aligned} {}_{f|}\ddot{a}^{(m)}_{\overline{n}|} &= \frac{1}{m}\left(v^f + v^{f+\frac{1}{m}} + v^{f+\frac{2}{m}} + \cdots + v^{f+\frac{mn-1}{m}}\right) \\ &= v^f \ddot{a}^{(m)}_{n} = \ddot{a}^{(m)}_{\overline{f+n}|} - \ddot{a}^{(m)}_{\overline{f}|} \end{aligned} \tag{A.2.45}$$

**(五) 永久年金**

期末付永久年金的現值:

$$a^{(m)}_{\overline{\infty}|} = \lim_{n\to+\infty} a^{(m)}_{\overline{n}|} = \frac{1}{i^{(m)}} \tag{A.2.46}$$

期初付永久年金的現值：

$$\ddot{a}_{\overline{\infty}|}^{(m)} = \lim_{n\to+\infty}\ddot{a}_{\overline{n}|}^{(mn)} = \frac{1}{d^{(m)}} \tag{A.2.47}$$

## 三、連續給付的等額確定年金

### (一) 現值與終值

用 $\bar{a}_{\overline{n}|}$、$\bar{s}_{\overline{n}|}$ 分別表示每期連續給付1、給付 $n$ 期的連續年金的現值與終值。顯然，它是每期給付 $m$ 次($m>1$) 的等額確定年金在 $m\to+\infty$時的極限情形。因而，有如下結論：

$$\bar{a}_{\overline{n}|} = \lim_{m\to+\infty} a_{\overline{n}|}^{(m)} = \lim_{m\to+\infty}\frac{1}{m}\sum_{k=1}^{mn} v^{\frac{k}{m}}$$

$$= \int_0^n v^t \mathrm{d}t = \frac{1-v^n}{\delta} \tag{A.2.48}$$

$$\bar{s}_{\overline{n}|} = \lim_{m\to+\infty} s_{\overline{n}|}^{(m)} = \lim_{m\to+\infty}\frac{1}{m}\sum_{k=0}^{mn-1}(1+i)^{\frac{k}{m}}$$

$$= \int_0^n (1+i)^t \mathrm{d}t = \frac{(1+i)^n - 1}{\delta} \tag{A.2.49}$$

同樣，可由每期給付 $m$ 次的期初付的年金現值與終值的極限來定義 $\bar{a}_{\overline{n}|}$、$\bar{s}_{\overline{n}|}$，即 $\bar{a}_{\overline{n}|} = \lim\limits_{m\to+\infty}\ddot{a}_{\overline{n}|}^{(m)}$，$\bar{s}_{\overline{n}|} = \lim\limits_{m\to+\infty}\ddot{s}_{\overline{n}|}^{(m)}$，上述公式仍能成立，其中定積分表達式可用數學中微元法思想去理解。

### (二) $\bar{a}_{\overline{n}|}$ 與 $\bar{s}_{\overline{n}|}$ 的關係

1. 等價關係

$$\bar{a}_{\overline{n}|} = v^n \bar{s}_{\overline{n}|} \tag{A.2.50}$$

$$\bar{s}_{\overline{n}|} = (1+i)^n \bar{a}_{\overline{n}|} \tag{A.2.51}$$

2. 倒數關係

$$\frac{1}{\bar{a}_{\overline{n}|}} = \delta + \frac{1}{\bar{s}_{\overline{n}|}} \tag{A.2.52}$$

### (三) 連續年金與每期給付一次的年金的關係

$$\bar{a}_{\overline{n}|} = \bar{s}_{\overline{1}|} a_{\overline{n}|} = \bar{a}_{\overline{1}|}\ddot{a}_{\overline{n}|} \tag{A.2.53}$$

$$\bar{s}_{\overline{n}|} = \bar{s}_{\overline{1}|} s_{\overline{n}|} = \bar{a}_{\overline{1}|}\ddot{a}_{\overline{n}|} \tag{A.2.54}$$

其中，$\bar{a}_1 = \dfrac{d}{\delta}$，$\bar{s}_1 = \dfrac{i}{\delta}$。

### (四) 其他連續年金

${}_{f|}\bar{a}_{\overline{n}|}$ 表示延期$f$期，給付 $n$ 期，每期連續給付1的延期年金的現值。$\bar{a}_{\overline{\infty}|}$表示每期

連續給付 1 的永久年金的現值。

$$_{f|}\bar{a}_{\overline{n}|} = v^f \bar{a}_{\overline{n}|} = \bar{a}_{\overline{f+n}|} - \bar{a}_{f} \quad (A.2.55)$$

$$\bar{a}_{\overline{\infty}|} = \frac{1}{\delta} \quad (A.2.56)$$

## 四、多期給付一次的等額確定年金

每 $k$ 期給付一次的等額確定年金指的是每 $k$ 個利息結算期才給付一次的年金,如每季結轉一次利息,每年支付一次款項的年金;又如每月結轉一次利息,每季支付一次款項的年金。它們都是每 $k$ 期給付一次的年金的實例。對於這種年金,有三種方法求其現值與終值:一是定義法;二是期限合併法;三是給付額分解法。需要說明的是,為了方便起見,本節現值與終值記號是作者自行編製的。

### (一) 定義法

所謂定義法指的是直接依據年金現值與終值的定義來求現值與終值,這也是求年金現值與終值的普遍而常用的方法。

1. 期末付年金

設每期利率為 $i$,每 $k$ 期末給付 1,給付 $n$ 期($n$ 為 $k$ 的整數倍)的年金現值、終值分別記為 $(ka)_{\overline{n}|}$、$(ks)_{\overline{n}|}$,或者 $(ka)_{\overline{n}|i}$、$(ks)_{\overline{n}|i}$。

$$(ka)_{\overline{n}|} = v^k + v^{2k} + \cdots + v^{\frac{n}{k}\cdot k} = \frac{1 - v^n}{(1+i)^k - 1} \quad (A.2.57)$$

$$= \frac{a_{\overline{n}|}}{s_{\overline{k}|}} = \frac{\ddot{a}_{\overline{n}|}}{\ddot{s}_{\overline{k}|}} \quad (A.2.58)$$

$$(ks)_{\overline{n}|} = (1+i)^{(\frac{n}{k}-1)k} + (1+i)^{(\frac{n}{k}-2)k} + \cdots + (1+i)^k + 1$$

$$= \frac{(1+i)^n - 1}{(1+i)^k - 1} \quad (A.2.59)$$

$$= \frac{s_{\overline{n}|}}{s_{\overline{k}|}} = \frac{\ddot{a}_{\overline{n}|}}{\ddot{s}_{\overline{k}|}} \quad (A.2.60)$$

$(ka)_{\overline{n}|}$ 與 $(ks)_{\overline{n}|}$ 的關係:

$$(ka)_{\overline{n}|} = v^n (ks)_{\overline{n}|} \quad (A.2.61)$$

$$(ks)_{\overline{n}|} = (1+i)^n (ka)_{\overline{n}|} \quad (A.2.62)$$

2. 期初付年金

設每期利率為 $i$,每 $k$ 期初給付 1,給付 $n$ 期($n$ 為 $k$ 的整數倍)的年金現值、終值分別記為 $(k\ddot{a})_{\overline{n}|}$、$(k\ddot{s})_{\overline{n}|}$,或者 $(k\ddot{a})_{\overline{n}|i}$、$(k\ddot{s})_{\overline{n}|i}$。

$$(k\ddot{a})_{\overline{n}|} = 1 + v^k + v^{2k} + \cdots + v^{(\frac{n}{k}-1)\cdot k} = \frac{1 - v^n}{1 - v^k} = \frac{a_{\overline{n}|}}{a_{\overline{k}|}} = \frac{\ddot{a}_{\overline{n}|}}{\ddot{a}_{\overline{k}|}} \quad (A.2.63)$$

$$(k\ddot{s})_{\overline{n}|} = (1+i)^{\frac{n}{k}\cdot k} + (1+i)^{(\frac{n}{k}-1)k} + \cdots + (1+i)^{k}$$

$$= \frac{(1+i)^n - 1}{1 - v^k} = \frac{s_{\overline{n}|}}{a_{\overline{k}|}} = \frac{\ddot{a}_{\overline{n}|}}{\ddot{a}_{\overline{k}|}} \qquad (A.2.64)$$

$(k\ddot{a})_{\overline{n}|}$與$(k\ddot{s})_{\overline{n}|}$的關係：

$$(k\ddot{a})_{\overline{n}|} = v^n (k\ddot{s})_{\overline{n}|} \qquad (A.2.65)$$

$$(k\ddot{s})_{\overline{n}|} = (1+i)^n (k\ddot{a})_{\overline{n}|} \qquad (A.2.66)$$

### (二) 期限合併法

所謂期限合併法就是將 $k$ 期合併成新的一期,於是每 $k$ 期給付一次的年金就轉化為每期給付一次的年金,從而求出其現值與終值的方法。以 $k$ 期作為新的一期,設新的一期的利率為 $j$,顯然 $j = (1+i)^k - 1$,於是

$$(ka)_{\overline{n}|} = a_{\overline{\frac{n}{k}}|j} = \frac{1-(1+j)^{-\frac{n}{k}}}{j} = \frac{1-v^n}{(1+i)^k - 1}$$

同理,

$$(ks)_{\overline{n}|} = s_{\overline{\frac{n}{k}}|j} = \frac{(1+i)^n - 1}{(1+i)^k - 1}$$

$$(k\ddot{a})_{\overline{n}|} = \ddot{a}_{\overline{\frac{n}{k}}|j} = \frac{1-v^n}{1-v^k}$$

$$(k\ddot{s})_{\overline{n}|} = \ddot{s}_{\overline{\frac{n}{k}}|j} = \frac{(1+i)^n - 1}{1-v^k}$$

### (三) 給付額分解法

所謂給付額分解法就是將 $k$ 期給付一次分解為每期給付一次,從而將每 $k$ 期給付一次的年金問題轉化為每期給付一次的年金來求解的方法。

1. 期末付年金

設每 $k$ 期末給付 1 等價於($k$ 期中的) 每期末給付 $x$,那麼 $1 = xs_{\overline{k}|}$,即 $x = \frac{1}{s_{\overline{k}|}}$;從而每 $k$ 期末給付一次、給付 $n$ 期的年金相當於每期末給付 $x$、給付 $n$ 期的年金。因而

$$(ka)_{\overline{n}|} = xa_{\overline{n}|} = \frac{a_{\overline{n}|}}{s_{\overline{k}|}},\ (ks)_{\overline{n}|} = xs_{\overline{n}|} = \frac{s_{\overline{n}|}}{s_{\overline{k}|}}$$

上面給付額還可這樣分解:設每 $k$ 期末給付 1 等價於($k$ 期中) 每期初給付 $y$,那麼 $1 = y\ddot{s}_{\overline{k}|}$,即 $y = \frac{1}{\ddot{s}_{\overline{k}|}}$;從而每 $k$ 期末給付一次、給付 $n$ 期的年金相當於每期初給付 $y$、給付 $n$ 期的年金。因而

$$(ka)_{n} = y\ddot{a}_{\overline{n}|} = \frac{\ddot{a}_{\overline{n}|}}{\ddot{s}_{\overline{k}|}},(ks)_{n} = y\ddot{a}_{\overline{n}|} = \frac{\ddot{a}_{\overline{n}|}}{\ddot{s}_{\overline{k}|}}$$

2. 期初付年金

運用給付額分解法,可以得到

$$(k\ddot{a})_{n} = \frac{a_{\overline{n}|}}{a_{k}} = \frac{\ddot{a}_{\overline{n}|}}{\ddot{a}_{\overline{k}|}},\ (k\ddot{s})_{n} = \frac{s_{\overline{n}|}}{a_{\overline{k}|}} = \frac{\ddot{a}_{\overline{n}|}}{\ddot{a}_{\overline{k}|}}$$

## 五、非等額確定年金

這裡主要討論兩類特殊的非等額確定年金:一類是給付額按等差數列變化,另一類是給付額按等比數列變化;對於其他情形的一般年金,只能按定義來求其現值與終值。

### (一) 給付額按等差數列變化的非等額確定年金

1. 每期支付一次的變額確定年金

(1) 遞增年金:第 1 期期末給付 1,第 2 期期末給付 2…… 第 $n$ 期期末給付 $n$ 的年金的現值與終值分別記為$(Ia)_{\overline{n}|}$、$(Is)_{\overline{n}|}$或$(Ia)_{\overline{n}|i}$、$(Is)_{\overline{n}|i}$;第 1 期期初給付 1,第 2 期期初給付 2…… 第 $n$ 期期初給付 $n$ 的年金的現值與終值分別記為$(I\ddot{a})_{\overline{n}|}$、$(I\ddot{s})_{\overline{n}|}$或$(I\ddot{a})_{\overline{n}|i}$、$(I\ddot{s})_{\overline{n}|i}$。因此,

$$(Ia)_{\overline{n}|} = v + 2v^{2} + 3v^{3} + \cdots + (n-1)v^{n-1} + nv^{n} \qquad (A.2.67)$$

公式(A.2.67) × (1 + $i$) 得

$$(1+i)(Ia)_{\overline{n}|} = 1 + 2v + 3v^{2} + 4v^{3} + \cdots + nv^{n-1} \qquad (A.2.68)$$

公式(A.2.68) − 公式(A.2.67) 得

$$i(Ia)_{\overline{n}|} = (1 + v + v^{2} + \cdots + v^{n-1}) - nv^{n} = \ddot{a}_{\overline{n}|} - nv^{n}$$

$$\therefore\ (Ia)_{\overline{n}|} = \frac{\ddot{a}_{\overline{n}|} - nv^{n}}{i} \qquad (A.2.69)$$

也可按如下方法將非等額年金轉化為等額年金來處理:

$$\begin{aligned}(Ia)_{\overline{n}|} &= a_{\overline{n}|} + {}_{1|}a_{\overline{n-1}|} + {}_{2|}a_{\overline{n-2}|} + \cdots + + {}_{n-1|}a_{\overline{1}|} \\ &= a_{\overline{n}|} + va_{\overline{n-1}|} + v^{2}a_{\overline{n-2}|} + \cdots + + v^{n-1}a_{\overline{1}|} \\ &= \frac{1 + v + v^{2} + \cdots + v^{n-1} - nv^{n}}{i} = \frac{\ddot{a}_{\overline{n}|} - nv^{n}}{i}\end{aligned}$$

$$(Is)_{\overline{n}|} = (1+i)^{n}(Ia)_{\overline{n}|} = \frac{\ddot{s}_{\overline{n}|} - n}{i} \qquad (A.2.70)$$

$$(I\ddot{a})_{\overline{n}|} = 1 + 2v + 3v^{2} + \cdots + nv^{n-1} = \frac{\ddot{a}_{\overline{n}|} - nv^{n}}{d} \qquad (A.2.71)$$

$$(I\ddot{s})_{\overline{n}|} = (1+i)^{n}(I\ddot{a})_{\overline{n}|} = \frac{\ddot{s}_{\overline{n}|} - n}{d} \qquad (A.2.72)$$

(2) 遞減年金:第 1 期期末給付 $n$,第 2 期期末給付 $n-1$…… 第 $n$ 期期末給付

1 的年金的現值與終值分別記為$(Da)_{\overline{n}|}$、$(Ds)_{\overline{n}|}$或$(Da)_{\overline{n}|i}$、$(Ds)_{\overline{n}|i}$；第 1 期期初給付 $n$，第 2 期期初給付 $n-1$…… 第 $n$ 期期初給付 1 的年金的現值與終值分別記為$(D\ddot{a})_{\overline{n}|}$、$(D\ddot{s})_{\overline{n}|}$或$(D\ddot{a})_{\overline{n}|i}$、$(D\ddot{s})_{\overline{n}|i}$。因此，

$$(D\ddot{a})_{\overline{n}|} = n + (n-1)v + (n-2)v^2 + \cdots + 2v^{n-2} + v^{n-1} \qquad (A.2.73)$$

公式(A.2.73) $\times v$ 得

$$v(D\ddot{a})_{\overline{n}|} = nv + (n-1)v^2 + (n-2)v^3 + \cdots + 2v^{n-1} + v^n \qquad (A.2.74)$$

公式(A.2.73) − 公式(A.2.74) 得

$$(1-v)(D\ddot{a})_{\overline{n}|} = n - (v + v^2 + \cdots + v^{n-1} + v^n) = n - a_{\overline{n}|}$$

$$\therefore\ (D\ddot{a})_{\overline{n}|} = \frac{n - a_{\overline{n}|}}{d} \qquad (A.2.75)$$

$$(D\ddot{s})_{\overline{n}|} = (1+i)^n (D\ddot{a})_{\overline{n}|} = \frac{n(1+i)^n - s_{\overline{n}|}}{d} \qquad (A.2.76)$$

$$(Da)_{\overline{n}|} = v(D\ddot{a})_{\overline{n}|} = \frac{n - a_{\overline{n}|}}{i} \qquad (A.2.77)$$

$$(Ds)_{\overline{n}|} = v(Ds)_{\overline{n}|} = \frac{n(1+i)^n - s_{\overline{n}|}}{i} \qquad (A.2.78)$$

2. 每期給付 $m$ 次的變額確定年金

(1) 各期內 $m$ 次給付額保持不變

第 1 期內給付總額為 1、每次給付$\frac{1}{m}$，第 2 期內給付總額為 2、每次給付$\frac{2}{m}$，……第 $n$ 期內給付總額為 $n$、每次給付$\frac{n}{m}$的 $n$ 期期末付、期初付遞增年金的現值分別記為$(Ia)_{\overline{n}|}^{(m)}$、$(I\ddot{a})_{\overline{n}|}^{(m)}$，相應的終值分別記為$(Is)_{\overline{n}|}^{(m)}$、$(I\ddot{s})_{\overline{n}|}^{(m)}$。於是，

$$(Ia)_{\overline{n}|}^{(m)} = \frac{1}{m}(v^{\frac{1}{m}} + v^{\frac{2}{m}} + \cdots + v^{\frac{m}{m}}) + \frac{2}{m}(v^{1+\frac{1}{m}} + v^{1+\frac{2}{m}} + \cdots + v^{1+\frac{m}{m}}) + \cdots$$

$$+ \frac{n}{m}(v^{n-1+\frac{1}{m}} + v^{n-1+\frac{2}{m}} + \cdots + v^{n-1+\frac{m}{m}}) \qquad (A.2.79)$$

$$= a_{\overline{1}|}^{(m)} + 2va_{\overline{1}|}^{(m)} + 3v^2 a_{\overline{1}|}^{(m)} + \cdots + nv^{n-1}a_{\overline{1}|}^{(m)}$$

$$= a_{\overline{1}|}^{(m)}(1 + 2v + 3v^2 + \cdots + nv^{n-1})$$

$$= a_{\overline{1}|}^{(m)}(I\ddot{a})_{\overline{n}|} = \frac{\ddot{a}_{\overline{n}|} - nv^n}{i^{(m)}} \qquad (A.2.80)$$

同理可得

$$(I\ddot{a})_{\overline{n}|}^{(m)} = \ddot{a}_{\overline{1}|}^{(m)}(I\ddot{a})_{\overline{n}|} = \frac{\ddot{a}_{\overline{n}|} - nv^n}{d^{(m)}} \qquad (A.2.81)$$

$$(Is)_{\overline{n}|}^{(m)} = (1+i)^n (Ia)_{\overline{n}|}^{(m)} = \frac{\ddot{s}_{\overline{n}|} - n}{i^{(m)}} \tag{A.2.82}$$

$$(I\ddot{s})_{\overline{n}|}^{(m)} = (1+i)^n (I\ddot{a})_{\overline{n}|}^{(m)} = \frac{\ddot{s}_{\overline{n}|} - n}{d^{(m)}} \tag{A.2.83}$$

第 1 期內給付總額為 $n$、每次給付$\frac{n}{m}$，第 2 期內給付總額為 $n-1$、每次給付$\frac{n-1}{m}$……第 $n$ 期內給付總額為 1、每次給付$\frac{1}{m}$的 $n$ 期期末付、期初付遞減年金的現值分別記為$(Da)_{\overline{n}|}^{(m)}$、$(D\ddot{a})_{\overline{n}|}^{(m)}$，相應的終值分別記為$(Ds)_{\overline{n}|}^{(m)}$、$(D\ddot{s})_{\overline{n}|}^{(m)}$。可按遞增年金現值與終值的推導方法進行推導，結果如下：

$$(Da)_{\overline{n}|}^{(m)} = \frac{n - a_{\overline{n}|}}{i^{(m)}} \tag{A.2.84}$$

$$(D\ddot{a})_{\overline{n}|}^{(m)} = \frac{n - a_{\overline{n}|}}{d^{(m)}} \tag{A.2.85}$$

$$(Ds)_{\overline{n}|}^{(m)} = \frac{n(1+i)^n - s_{\overline{n}|}}{i^{(m)}} \tag{A.2.86}$$

$$(D\ddot{s})_{\overline{n}|}^{(m)} = \frac{n(1+i)^n - s_{\overline{n}|}}{d^{(m)}} \tag{A.2.87}$$

（2）各期內給付額保持遞增

每期給付 $m$ 次、給付 $n$ 期，第 1 次給付$\frac{1}{m^2}$，第 2 次給付$\frac{2}{m^2}$，第 3 次給付$\frac{3}{m^2}$……第 $mn$ 次給付$\frac{mn}{m^2}$的期末付、期初付年金的現值分別記為$(I^{(m)}a)_{\overline{n}|}^{(m)}$、$(I^{(m)}\ddot{a})_{\overline{n}|}^{(m)}$，終值分別記為$(I^{(m)}s)_{\overline{n}|}^{(m)}$、$(I^{(m)}\ddot{s})_{\overline{n}|}^{(m)}$。於是，

$$(I^{(m)}a)_{\overline{n}|}^{(m)} = \frac{1}{m^2}v^{\frac{1}{m}} + \frac{2}{m^2}v^{\frac{2}{m}} + \cdots + \frac{mn-1}{m^2}v^{\frac{mn-1}{m}} + \frac{mn}{m^2}v^{\frac{mn}{m}} \tag{A.2.88}$$

公式(A.2.88) × $(1+i)^{\frac{1}{m}}$ 得

$$(1+i)^{\frac{1}{m}}(I^{(m)}a)_{\overline{n}|}^{(m)} = \frac{1}{m^2} + \frac{2}{m^2}v^{\frac{1}{m}} + \frac{3}{m^2}v^{\frac{2}{m}} + \cdots + \frac{mn}{m^2}v^{\frac{mn-1}{m}} \tag{A.2.89}$$

公式(A.2.89) − 公式(A.2.88) 得

$$[(1+i)^{\frac{1}{m}} - 1](I^{(m)}a)_{\overline{n}|}^{(m)} = \frac{1}{m}\cdot\frac{1}{m}(1 + v^{\frac{1}{m}} + v^{\frac{2}{m}} + \cdots + v^{\frac{mn-1}{m}}) - \frac{mn}{m^2}v^{\frac{mn}{m}}$$

$$= \frac{1}{m}\ddot{a}_{\overline{n}|}^{(m)} - \frac{n}{m}v^n$$

$$(I^{(m)}a)_{\overline{n}|}^{(m)} = \frac{\ddot{a}_{\overline{n}|}^{(m)} - nv^n}{i^{(m)}} \tag{A.2.90}$$

同理可得

$$(I^{(m)}\ddot{a})_{\overline{n}|}^{(m)} = \frac{\ddot{a}_{\overline{n}|}^{(m)} - nv^n}{d^{(m)}} \tag{A.2.91}$$

容易得出

$$(I^{(m)}s)_{\overline{n}|}^{(m)} = (1+i)^n (I^{(m)}a)_{\overline{n}|}^{(m)} = \frac{\ddot{s}_{\overline{n}|}^{(m)} - n}{i^{(m)}} \tag{A.2.92}$$

$$(I^{(m)}\ddot{s})_{\overline{n}|}^{(m)} = (1+i)^n (I^{(m)}\ddot{a})_{\overline{n}|}^{(m)} = \frac{\ddot{s}_{\overline{n}|}^{(m)} - n}{d^{(m)}} \tag{A.2.93}$$

3. 連續給付的變額確定年金

在時刻 $t$ 每期給付總額為 $t$、給付 $n$ 期的遞增連續年金的現值記為$(\bar{I}\bar{a})_{\overline{n}|}$,由微元法思想求解定積分可得

$$(\bar{I}\bar{a})_{\overline{n}|} = \int_0^n tv^t \mathrm{d}t = \frac{\bar{a}_{\overline{n}|} - nv^n}{\delta} \tag{A.2.94}$$

公式(A.2.92)也可按下面方法導出:

$$(\bar{I}\bar{a})_{\overline{n}|} = \lim_{m\to+\infty}(I^{(m)}a)_{\overline{n}|}^{(m)} = \lim_{m\to+\infty}\frac{\ddot{a}_{\overline{n}|}^{(m)} - v^n}{i^{(m)}} = \frac{\bar{a}_{\overline{n}|} - nv^n}{\delta}。$$

同樣地,

$$(\bar{I}\bar{a})_{\overline{n}|} = \lim_{m\to+\infty}(I^{(m)}\ddot{a})_{\overline{n}|}^{(m)} = \frac{\bar{a}_{\overline{n}|} - nv^n}{\delta}$$

更一般地,在時刻 $a$ 與 $b$ 之間的時刻 $t$ 以每期給付總額為 $f(t)$ 進行給付,且在時刻 $t$ 的利息力為 $\delta_t$,則該連續年金的現值為$\int_a^b f(t)\exp(\int_0^t \delta_s \mathrm{d}s)\mathrm{d}t$。

### (二)給付額按等比數列變化的非等額確定年金

1. 期末付年金

設第 1 期期末給付 1,第 2 期期末給付 $1+r$,第 3 期期末給付$(1+r)^2$……第 $n$ 期期末給付$(1+r)^{n-1}$ 的年金的現值與終值分別為$(Ga)_{\overline{n}|}$、$(Gs)_{\overline{n}|}$。依定義,

$$(Ga)_{\overline{n}|} = v + (1+r)v^2 + (1+r)^2v^3 + \cdots + (1+r)^{n-1}v^n \tag{A.2.95}$$

當 $r = i$ 時

$$(Ga)_{\overline{n}|} = nv = \frac{n}{1+i} \tag{A.2.96}$$

當 $r \neq i$ 時

$$(Ga)_{\overline{n}|} = v \cdot \frac{1 - [(1+r)v]^n}{1-(1+r)v} = \frac{1 - \left(\frac{1+r}{1+i}\right)^n}{i-r} \tag{A.2.97}$$

利用 $(Gs)_{\overline{n}|} = (1+i)^n(Ga)_{\overline{n}|}$ 可以得到$(Gs)_{\overline{n}|}$的具體表達式。

2. 期初付年金

設第 1 期期初給付 1,第 2 期期初給付 $1+r$,第 3 期期初給付 $(1+r)^2$…… 第 $n$ 期期初給付 $(1+r)^{n-1}$ 的現值與終值分別為 $(G\ddot{a})_{\overline{n}|}$、$(G\ddot{s})_{\overline{n}|}$。同樣,可按照期末付年金現值與終值的處理方法去操作。

**例** A. 2. 1　已知某人向銀行貸款 10 萬元,每月末等額還款 1 次,計劃 5 年還清,每年計息 12 次的年名義利率為 5. 04% ,第 4 年銀行利率已上調為年計息 12 次的年名義利率 5. 52% 。利率調整后,求每月還款額增加多少元?

**解**:設利率調整前每月末還款 $R_1$ 元,利率調整后每月末還款 $R_2$ 元,第 3 年年末的貸款余額為 $L$ 元。由於調整前每月利率為 $5.04\%/12 = 0.42\%$,調整后每月利率為 $5.52\%/12 = 0.46\%$,因此可得

$$100,000 = R_1 a_{\overline{60}|0.42\%}$$

$$\therefore R_1 = 1,888.96$$

$$L = R_1 a_{\overline{24}|0.42\%} = 1,888.96 a_{\overline{24}|0.42\%} = 43,039.19(\text{元})$$

$$\because 43,039.19 = R_2 a_{\overline{24}|0.46\%} \quad \therefore R_2 = 1,898.23$$

因此,利率調整后每月末還款額將增加

$$R_2 - R_1 = 1,898.23 - 1,888.96 = 9.27(\text{元})$$

**例** A. 2. 2　(1) 某人現在應存入一筆多大金額的款項,以便從第 3 年年末開始直至第 9 年年末為止,每年年末可從銀行領取 20,000 元?(2) 假設從第 3 年年末開始直至第 9 年年末為止每年年末投入 20,000 元,求當最后一筆投入結束后再經過 5 年的終值。假設年利率為 4% 。

**解**:(1) 需要存入的款項為

$$20,000 \cdot {}_{2|}a_{\overline{7}|} = 20,000 \cdot v^2 a_{\overline{7}|} \approx 110,984.74(\text{元})$$

或者

$$20,000 \cdot {}_{3|}\ddot{a}_{\overline{7}|} = 20,000 \cdot v^3 \ddot{a}_{\overline{7}|} \approx 110,984.74(\text{元})$$

(2) 所求的終值為

$$20,000 \cdot s_{\overline{7}|}(1+4\%)^5 = 20,000(s_{\overline{12}|} - s_{\overline{5}|}) \approx 192,189.66(\text{元})$$

**例** A. 2. 3　已知 $i > 0, n \geqslant 2$,證明:$s_{\overline{n}|}\ddot{a}_{\overline{n}|} > n^2$。

**證明**:$\because i > 0, n \geqslant 2$

$$\begin{aligned}\therefore s_{\overline{n}|}\ddot{a}_{\overline{n}|} &= [(1+i)^{n-1} + (1+i)^{n-2} + \cdots + (1+i) + 1] \\ &\quad (1 + v + v^2 + \cdots + v^{n-2} + v^{n-1}) \\ &= (1+i)^{n-1} + (1+i)^{n-2} + \cdots + (1+i) + 1 \\ &\qquad + (1+i)^{n-2} + \cdots + (1+i) + 1 + v\end{aligned}$$

$$+\cdots\cdots$$

$$+(1+i)+1+v+v^2+\cdots+v^{n-2}$$

$$+1+v+v^2+\cdots+v^{n-2}+v^{n-1}$$

$$=[(1+i)^{n-1}+v^{n-1}]+2[(1+i)^{n-2}+v^{n-2}]+\cdots$$

$$+(n-1)[(1+i)+v]+n$$

$$>1\times 2+2\times 2+3\times 2+\cdots+(n-1)\times 2+n$$

$$=n^2\quad(\because i>0,n\geqslant 2)$$

**例 A.2.4**　每年末付款1萬元的10年期確定年金,前3年年利率為 $i=0.03$,后7年年計息4次的年名義利率為 $i^{(4)}=0.04$,計算該年金的現值。

**解**:設后7年的年實際利率為 $j$,則

$$j=\left(1+\frac{i^{(4)}}{4}\right)^4-1=\left(1+\frac{0.04}{4}\right)^4-1=1.01^4-1$$

於是所求年金的現值為:

$$a_{\overline{3}|i}+v^3a_{\overline{7}|j}\approx 2.828,611,\ +5.480,490,8\approx 8.309,102(\text{萬元})$$

**例 A.2.5**　已知某種年支付額為12,000元,分期於每月月末支付相等金額,給付期為10年。分別在下列兩種情況下求該年金的現值:(1) 年利率為6%;(2) 年計息4次的年名義利率為6%。

**解**:(1) 以一年為一期,則每期實際利率為6%,於是所求現值為

$$12,000a_{\overline{10}|6\%}^{(12)}\approx 90,724.32(\text{元})$$

(2) 以一季為一期,則每期實際利率為6%/4 = 1.5%,於是所求現值為

$$3,000a_{\overline{40}|1.5\%}^{(3)}\approx 90,194.79(\text{元})。$$

**例 A.2.6**　某10年期的確定年金在前4年每年初可領取20,000元;后6年的每月初可領取2,000元。已知前4年年利率為4%,后6年年計息4次的年名義利率為6%,求該年金的現值。

**解法1**:后6年每季的實際利率為$\frac{6\%}{4}=1.5\%$,於是該年金的現值為

$$20,000\ddot{a}_{\overline{4}|4\%}+6,000\ddot{a}_{\overline{24}|1.5\%}^{(3)}v_{(4\%)}^4$$

$$=20,000\times 3.775,091,033+6,000\times 20.230,378,06\times 0.854,804,19$$

$$\approx 179,259.89(\text{元})$$

**解法2**:依題意知后6年 $i^{(4)}=6\%$,則后6年的月實際利率為

$$j=\left(1+\frac{i^{(4)}}{4}\right)^{\frac{1}{3}}-1\approx 0.004,975,206,3$$

$$\therefore PV=20,000\ddot{a}_{\overline{4}|4\%}+1.04^{-4}\times 2,000\times\ddot{a}_{\overline{72}|j}\approx 179,259.89(\text{元})$$

**解法** 3:設后 6 年的年實際利率為 $i$,則

$$\left(1+\frac{6\%}{4}\right)^4 = 1+i$$

$\therefore i \approx 0.061,363,55$

所求現值為

$$PV = 20,000\ddot{a}_{\overline{4}|4\%} + 24,000\ddot{a}_{\overline{6}|i}^{(12)}(1+4\%)^{-4}$$
$$= 20000 \cdot \frac{1-(1.04)^{-4}}{\frac{0.04}{1.04}} + 24000 \cdot \frac{1-(1+i)^{-6}}{12[1-(1+i)^{-\frac{1}{12}}]}(1+4\%)^{-4}$$
$$\approx 179,259.89(\text{元})$$

**例** A.2.7　已知某投資者欲購買這樣一種年金:3 年延期,20 年給付期,每季初給付1,800 元,年結轉12 次利息的年名義利率為 12%,問投資者的購買價格是多少元?

**解**:由題意知,月利率為 12%/12 = 1%,記 $v=(1+1\%)^{-1}$,設年金的購買價格為 $P$ 元。下面分別用定義法、期限合併法、給付額分解法來求 $P$ 的值。

(1) 定義法

$$P = 1,800(v^{36}+v^{39}+v^{42}+\cdots+v^{270}+v^{273})$$
$$= 1,800\frac{v^{36}(1-(v^3)^{80})}{1-v^3} = 18,000\frac{v^{36}-v^{276}}{1-v^3} \approx 38,849.81(\text{元})$$

(2) 期限合併法

以 3 月為一期,設每期利率為 $j$,顯然 $j=(1+1\%)^3-1=0.030,301$,於是本題涉及的年金就是延期 12 期支付 80 期,每期給付 1,800 元的期初付年金,因此

$$P = 1,800\,{}_{12|}\ddot{a}_{\overline{80}|j} = 1,800\ddot{a}_{\overline{92}|j} - 1,800\ddot{a}_{\overline{12}|j} \approx 57,276.80 - 18,426.99$$
$$\approx 38,849.81(\text{元})$$

(3) 給付額分解法

設每 3 月初給付 1,800 元相當於每月初給付 $x$ 元,則

$$1,800 = x\ddot{a}_{\overline{3}|1\%} \quad \therefore x \approx 605.98$$
$$\therefore P = x\,{}_{36|}\ddot{a}_{\overline{240}|1\%} = x\ddot{a}_{\overline{276}|1\%} - x\ddot{a}_{\overline{36}|1\%}$$
$$\approx 57,276.80 - 18,426.99 \approx 38,849.81(\text{元})$$

**例** A.2.8　某年金第 1 年初支付 10,000 元,以后每兩年增加 1,000 元,直至 20,000 元,然后,每年比上一年減少 1,000 元,直至 10,000 元,已知年利率為 4%,求該年金的現值。

**解**:在前 20 年,以兩年為一期,則每期實際利率為

$$(1+4\%)^2-1 = 8.16\%$$

在后 10 年,以每年為一期,於是所求年金的現值為

$$10,000\ddot{a}_{\overline{10}|8.16\%}+1,000(Ia)_{\overline{9}|8.16\%}+v_{4\%}^{20}(10,000\ddot{a}_{\overline{11}|4\%}+1,000(D\ddot{a})_{\overline{10}|4\%})$$

$$=1,000\left[10\ddot{a}_{\overline{10}|8.16\%}+\frac{\ddot{a}_{\overline{9}|8.16\%}-9v_{8.16\%}^{9}}{8.16\%}+v_{4\%}^{20}\left(10\ddot{a}_{\overline{11}|4\%}+\frac{10-a_{\overline{10}|4\%}}{4\%/(1+4\%)}\right)\right]$$

$$=1,000[72.055,377+27.809,516+0.456,387(91.108,958+49.116,710)]$$

$$=163,862.06(\text{元})$$

例 A. 2. 9　假設某 30 年期末付年金,第 $3t+1$ 年末支付 1 萬元,第 $3t+2$ 年末支付 3 萬元,第 $3t+3$ 年末支付 5 萬元,這裡 $t=0,1,2,\cdots,9$,已知年利率為 6%,每半年計息一次,求該年金的理論價格。

**解**:以半年為一期,則每期實際利率為 6%/2 = 3%,於是該年金理論價格為

$$P=(v^2+v^8+v^{14}+\cdots+v^{56})+3((v^4+v^{10}+v^{16}+\cdots+v^{58})$$
$$+5((v^6+v^{12}+v^{18}+\cdots+v^{60})$$
$$=(v^2+3v^4+5v^6)\frac{1-v^{60}}{1-v^6}=39.825,8(\text{萬元})。$$

例 A. 2. 10　延期 5 年且連續變化的年金共付款 6 年,在時刻 $t$ 時的年付款率為 $(t+1)^2$,時刻 $t$ 的利息強度為 $(1+t)^{-1}$,計算該年金的現值。

**解**:所求年金的現值為

$$PV=\int_5^{11}(t+1)^2\exp(-\int_0^t\frac{1}{1+s}\mathrm{d}s)\mathrm{d}t$$

$$=\int_5^{11}(t+1)^2\cdot\frac{1}{1+t}\mathrm{d}t=\int_5^{11}(t+1)\mathrm{d}t=\frac{1}{2}(t+1)^2\Big|_5^{11}=54(\text{元})$$

例 A. 2. 11　某人欲購買一種年金,該年金在第 1 年年末給付 6,000 元,以后每一次比上一次多給 500 元,年金給付期為 40 年。如果年利率為 6%,那麼這項年金的現價是多少元?

**解**:將本題的年金分解為兩種年金。年金 1:每年年末給付 5,500 元,給付 40 年,其現值為 $5,500a_{\overline{40}|}$;年金 2:第 1 年年末給付 1 個單位(本題 1 個單位為 500 元),第 2 年年末給付 2 個單位……第 40 年年末給付 40 個單位,其現值為 $500(Ia)_{\overline{40}|}$。因此,該項年金的現價為

$$5,500a_{\overline{40}|}+500(Ia)_{\overline{40}|}\approx183,256.19(\text{元})$$

例 A. 2. 12　一項年金在每半年初支付一次,一共支付 5 年。第一次付款為 1,000 元,以后每一次付款為前一次的 95%。如果每個季度結轉一次利息的年名義利率為 10%,試計算該項年金的現值。

**解**:以一季為一期,則每期的實際利率為 10%/4 = 2.5%,記 $v=$

$(1+2.5\%)^{-1}$,因此所求年金的現值為

$$1,000 + 1,000 \times 95\% v^2 + 1,000 \times (95\%)^2 v^4 + \cdots + 1,000 \times (95\%)^9 v^{18}$$

$$= 1000 \cdot \frac{1-(95\% v^2)^{10}}{1-95\% v^2} \approx 6,625.94(\text{元})$$

## 習題 A

A－1　已知 $A(t) = t + 2\sqrt{t} + 4$,求 $i_3$、$d_3$、$\delta_3$。

A－2　每年初存入 10,000 元,在單利條件下在第 20 年年末的累積值為 284,000 元,那麼在複利條件下的終值為多少?

A－3　設 $0 < d < 1$,證明:

(1) $(1-d)^n > 1 - dn\ (n > 1)$;(2) $(1-d)^n < 1 - dn\ (0 < n < 1)$。

A－4　已知每期實際利率為 $i$,求 $\lim\limits_{m \to +\infty} d^{(m)}$。

A－5　證明:當 $m > 1$ 且 $-1 < i \neq 0$ 時,$d < d^{(m)} < \delta$。

A－6　已知 $i = 3.25\%$,求 $i^{(12)}$、$d$、$d^{(4)}$ 與 $\delta$。

A－7　已知 $d^{(2)} = 6\%$,求 $i$、$i^{(4)}$、$d$、$d^{(6)}$ 與 $\delta$。

A－8　已知利息力

$$\delta_t = \begin{cases} 0.05 & (0 \leq t \leq 3) \\ 0.09 - 0.01t & (3 < t \leq 8), \\ 0.01t - 0.03 & (t > 8) \end{cases}$$

在時刻 2 投資 500 元,在時刻 9 投資 800 元,求在時刻 10 的累積值。

A－9　某人向銀行貸款 80 萬元,年計息 12 次的年名義利率為 6%,貸款 20 年,求每月末還款額。如果要將每月的還款額精確到百元,那麼應首付多少元?

A－10　已知 $a_{\overline{n+1}|} = 12.863$,$s_{\overline{n+2}|} = 53.345$,求 $i$ 與 $d$。

A－11　每年初存入 2 萬元,共存 10 次,前 6 年年利率為 6%,后 4 年年計息 4 次的年名義利率為 4%,求第 10 年年末能提取的款項?若要達到同樣的效果(即獲得相同的終值),在年利率為 5% 的條件下,每年初應存入多少元?

A－12　已知 $n$ 使 $\bar{a}_{\overline{n}|} = n - 2$ 成立,$\delta = 0.04$,求 $\int_0^n \bar{a}_{\overline{t}|}\mathrm{d}t$。

A－13　已知某一種年金第 1 年年末支付 800 元,第 2 年年末支付 900 元……第 9 年年末支付 1,600 元,$i = 4\%$,求該年金的現值。

A－14　已知 $n>1$ 且 $-1<i\neq 0$,證明:$(I\ddot{a})_{\overline{n|}}<(\ddot{a}_{\overline{n|}})^2$。

A－15　已知 $a_{\overline{20|}}=11.196$,$(Ia)_{\overline{20|}}=95.360$,求利率 $i$。

A－16　一項投資基金在時刻0投入本金1,在以后的 $n$ 年中,新的儲蓄在時刻 $t$ 以年率 $1+t$ 連續投入,利息力為 $\delta_t=(1+t)^{-1}$,求該基金在第 $n$ 年末的累積值。

A－17　延期1年連續支付的年金共付款13年,在時刻 $t$ 時的年付款率為 $t^2-1$,在時刻 $t$ 的利息力為 $(1+t)^{-1}$,求該年金的現值。

A－18　一項每月第1日支付1次的10年期年金:1月份付款1,000元,2月份付款2,000元……12月份付款12,000元,每年皆這樣循環。已知年利率為5%,求該年金的現值與終值。

A－19　假設一個每年年末支付一次的60年期年金,在第 $3t+1$ 年末付款2萬元,在第 $3t+2$ 年末付款4萬元,在第 $3t+3$ 年末付款6萬元,其中 $t=0,1,2,\cdots,19$,年計息2次的年名義利率為5%,求該年金的現值。

A－20　一項年金提供20筆年末付款,一年以后的第一次付款為1,200元,以后每年付款額比上一年多5%,已知年實際利率為7%,求該年金的現值。

# 附錄 B 利息力翻倍有關問題的探討

利息力翻倍常見於求方差的問題中，主要是運用於求保險金支付現值或虧損變量等這些隨機變量的方差之中。符號上，在左上角用「2」表示，主要以${}^2A$、${}^2\bar{A}$、${}^2\ddot{a}$、${}^2\bar{a}$等形式出現。

## 第一節 利息力翻倍條件下的利息度量

設利息力翻倍后的實際利率、實際貼現率、利息力分別記為${}^2i$、${}^2d$、${}^2\delta$，而翻倍前的實際利率、實際貼現率、利息力分別記為$i$、$d$、$\delta$。顯然，它們有如下基本關係：

翻倍前：

$$d = \frac{i}{1+i}, 1 + i = \exp(\delta), 1 - d = \exp(-\delta)$$

翻倍后：

$${}^2d = \frac{{}^2i}{1+{}^2i}, 1 + {}^2i = \exp({}^2\delta), 1 - {}^2d = \exp(-{}^2\delta)$$

前后聯繫：

$${}^2\delta = 2\delta$$

$$1 + {}^2i = \exp({}^2\delta) = \exp(2\delta) = (\exp(\delta))^2 = (1+i)^2$$

即

$${}^2i = 2i + i^2$$

同理可得

$$1 - {}^2d = \exp(-{}^2\delta) = (1-d)^2$$

即

$$^2d = 2d - d^2$$

$$^2i^{(m)} = m[(1 + {}^2i)^{\frac{1}{m}} - 1] = m[(1 + i)^{\frac{2}{m}} - 1]$$

$$^2d^{(m)} = m[1 - (1 - {}^2d)^{\frac{1}{m}}] = m[(1 - d)^{\frac{2}{m}}] = m(1 - v^{\frac{2}{m}})$$

## 第二節　保險費的應用

$$^2A_x = \sum_{k=0}^{+\infty} v^{2(k+1)}{}_{k|}q_x = \sum_{k=0}^{+\infty}(1 + {}^2i)^{-(k+1)}{}_{k|}q_x = \sum_{k=0}^{+\infty}\exp(-2\delta(k+1))_{k|}q_x$$

$$^2\bar{A}_x = \int_0^{+\infty}\exp(-2\delta t)_t p_x \mu_{x+t}\mathrm{d}t = \frac{^2i}{^2\delta}\cdot{}^2A_x = \frac{2i + i^2}{2\delta}\cdot{}^2A_x$$

$$^2\bar{A}^1_{x:\overline{n}|} = \int_0^n \exp(-2\delta t)_t p_x \mu_{x+t}\mathrm{d}t = \frac{^2i}{^2\delta}\cdot{}^2A^1_{x:\overline{n}|} = \frac{2i + i^2}{2\delta}\cdot{}^2A^1_{x\overline{n}|}$$

$$^2\ddot{a}_x = \sum_{k=0}^{+\infty} v^{2k}{}_kp_x = \sum_{k=0}^{+\infty}(1 + {}^2i)^k{}_kp_x = \sum_{k=0}^{+\infty}\exp(-2\delta(k))_kp_x$$

$$^2\bar{a}_x = \int_0^{+\infty}\exp(-2\delta t)_t p_x \mathrm{d}t = \mathrm{E}(\bar{a}_{\overline{T}|2i})。$$

$$^2A_x^{(m)} = \frac{^2i}{^2i^{(m)}}\cdot{}^2A_x = \frac{2i + i^2}{m[(1 + i)^{\frac{2}{m}} - 1]}\cdot{}^2A_x$$

$$A^{(m)1}_{x:\overline{n}|} = \frac{^2i}{^2i^{(m)}}\cdot{}^2A^1_{x:\overline{n}|} = \frac{2i + i^2}{m[(1 + i)^{\frac{2}{m}} - 1]}\cdot{}^2A^1_{x:\overline{n}|}$$

由於 $A_x = 1 - d\ddot{a}_x$,$\bar{A}_x = 1 - \delta\bar{a}_x$,因此,

$$^2A_x = 1 - {}^2d\cdot{}^2\ddot{a}_x = 1 - (2d - d^2)\cdot{}^2\ddot{a}_x$$

$$^2\bar{A}_x = 1 - {}^2\delta\cdot{}^2\bar{a}_x = 1 - 2\delta\cdot{}^2\bar{a}_x$$

同理可得

$$^2A_{x:\overline{n}|} = 1 - {}^2d\cdot{}^2\ddot{a}_{x:\overline{n}|} = 1 - (2d - d^2)\cdot{}^2\ddot{a}_{x:\overline{n}|}$$

$$^2P_{x:\overline{n}|} = \frac{1}{^2\ddot{a}_{x:\overline{n}|}} - {}^2d = \frac{1}{^2\ddot{a}_{x:\overline{n}|}} - (2d - d^2)$$

這裡 $^2P_{x:\overline{n}|}$ 表示利息力翻倍條件下保額為 1 的兩全保險的年繳均衡純保費。

## 第三節　方差的應用

在方差應用方面,基本要點為:

$$\mathrm{var}(v^{K+1}) = {}^2A_x - A_x^2$$

$$\mathrm{var}(v^{K+\frac{J+1}{m}}) = {}^2A_x^{(m)} - (A_x^{(m)})^2$$

$$\mathrm{var}(v^T) = {}^2\bar{A}_x - \bar{A}_x^2$$

因此

$$\mathrm{var}(\ddot{a}_{\overline{K+1}|}) = \mathrm{var}\left(\frac{1-v^{K+1}}{d}\right) = \frac{1}{d^2}\mathrm{var}(v^{K+1}) = \frac{1}{d^2}({}^2A_x - A_x^2)$$

$$= \frac{1}{d^2}[(1 - {}^2d \cdot {}^2\ddot{a}_x) - (1 - d\ddot{a}_x)^2]$$

$$= ({}^2\ddot{a}_x - \ddot{a}_x^2) - \frac{2}{d}({}^2\ddot{a}_x - \ddot{a}_x)$$

**例** B. 3. 1　已知$(x)$參加的期初付生存年金，每次支付額為1，$Y$表示該年金支付現值，已知$\ddot{a}_x = 10$，${}^2\ddot{a}_x = 6$，$i = \frac{1}{24}$，試計算$\mathrm{var}(Y)$。

**解**：顯然，$Y = \ddot{a}_{\overline{K+1}|}$，於是，

$$\mathrm{var}(Y) = ({}^2\ddot{a}_x - \ddot{a}_x^2) - \frac{2}{d}({}^2\ddot{a}_x - \ddot{a}_x)$$

$$= (6 - 10^2) - \frac{2(1 + 1/24)}{1/24}(6 - 10) = 106$$

**例** B. 3. 2　計算$\mathrm{E}(\ddot{a}^{(12)}_{\overline{K+1}|})$，$\mathrm{var}(\ddot{a}^{(12)}_{\overline{K+1}|})$。

**解**：$\mathrm{E}(\ddot{a}^{(12)}_{\overline{K+1}|}) = \mathrm{E}\left(\frac{1-v^{K+1}}{d^{(12)}}\right) = \frac{1-A_x}{d^{(12)}} = \frac{d}{d^{(12)}}\ddot{a}_x$

$$\mathrm{var}(\ddot{a}^{(12)}_{\overline{K+1}|}) = \mathrm{var}\left(\frac{1-v^{K+1}}{d^{(12)}}\right) = \frac{{}^2A_x - A_x^2}{(d^{(12)})^2}$$

**例** B. 3. 3　已知$\mathrm{E}(\bar{a}_{\overline{T}|}) = 10$，${}^2\bar{a}_x = 7.375$，$\mathrm{var}(\bar{a}_{\overline{T}|}) = 50$，試求$\bar{A}_x$。

**解**：由題意知

$$\bar{a}_x = 10, {}^2\bar{a}_x = 7.375$$

$$\therefore\ 50 = \mathrm{var}(\bar{a}_{\overline{T}|}) = \mathrm{var}\left(\frac{1-v^T}{\delta}\right) = \frac{{}^2\bar{A}_x - \bar{A}_x^2}{\delta^2}$$

$$\therefore\ {}^2\bar{A}_x - \bar{A}_x^2 = 50\delta^2$$

$$\because\ \bar{A}_x = 1 - \delta\bar{a}_x = 1 - 10\delta$$

$${}^2\bar{A}_x = 1 - {}^2\delta \cdot {}^2\bar{a}_x = 1 - 2\delta \cdot {}^2\bar{a}_x = 1 - 2\delta \times 7.375 = 1 - 14.75\delta$$

$$\therefore\ (1 - 14.75\delta) - (1 - 10\delta)^2 = 50\delta^2$$

$$\therefore\ \delta = 0.035$$

$$\therefore\ \bar{A}_x = 1 - 10\delta = 1 - 10 \times 0.035 = 0.65$$

# 附錄C 附表

附表 1 中國人壽保險業經驗生命表(2000—2003)

| 年齡(歲) | 非養老金業務表 | | 養老金業務表 | |
|---|---|---|---|---|
| | 男(CL1) | 女(CL2) | 男(CL3) | 女(CL4) |
| 0 | 0.000,722 | 0.000,661 | 0.000,627 | 0.000,575 |
| 1 | 0.000,603 | 0.000,536 | 0.000,525 | 0.000,466 |
| 2 | 0.000,499 | 0.000,424 | 0.000,434 | 0.000,369 |
| 3 | 0.000,416 | 0.000,333 | 0.000,362 | 0.000,290 |
| 4 | 0.000,358 | 0.000,267 | 0.000,311 | 0.000,232 |
| 5 | 0.000,323 | 0.000,224 | 0.000,281 | 0.000,195 |
| 6 | 0.000,309 | 0.000,201 | 0.000,269 | 0.000,175 |
| 7 | 0.000,308 | 0.000,189 | 0.000,268 | 0.000,164 |
| 8 | 0.000,311 | 0.000,181 | 0.000,270 | 0.000,158 |
| 9 | 0.000,312 | 0.000,175 | 0.000,271 | 0.000,152 |
| 10 | 0.000,312 | 0.000,169 | 0.000,272 | 0.000,147 |
| 11 | 0.000,312 | 0.000,165 | 0.000,271 | 0.000,143 |
| 12 | 0.000,313 | 0.000,165 | 0.000,272 | 0.000,143 |
| 13 | 0.000,320 | 0.000,169 | 0.000,278 | 0.000,147 |
| 14 | 0.000,336 | 0.000,179 | 0.000,292 | 0.000,156 |
| 15 | 0.000,364 | 0.000,192 | 0.000,316 | 0.000,167 |

附表 1(續 1)

| 年齡(歲) | 非養老金業務表 | | 養老金業務表 | |
|---|---|---|---|---|
| | 男(CL1) | 女(CL2) | 男(CL3) | 女(CL4) |
| 16 | 0. 000, 404 | 0. 000, 208 | 0. 000, 351 | 0. 000, 181 |
| 17 | 0. 000, 455 | 0. 000, 226 | 0. 000, 396 | 0. 000, 196 |
| 18 | 0. 000, 513 | 0. 000, 245 | 0. 000, 446 | 0. 000, 213 |
| 19 | 0. 000, 572 | 0. 000, 264 | 0. 000, 497 | 0. 000, 230 |
| 20 | 0. 000, 621 | 0. 000, 283 | 0. 000, 540 | 0. 000, 246 |
| 21 | 0. 000, 661 | 0. 000, 300 | 0. 000, 575 | 0. 000, 261 |
| 22 | 0. 000, 692 | 0. 000, 315 | 0. 000, 601 | 0. 000, 274 |
| 23 | 0. 000, 716 | 0. 000, 328 | 0. 000, 623 | 0. 000, 285 |
| 24 | 0. 000, 738 | 0. 000, 338 | 0. 000, 643 | 0. 000, 293 |
| 25 | 0. 000, 759 | 0. 000, 347 | 0. 000, 660 | 0. 000, 301 |
| 26 | 0. 000, 779 | 0. 000, 355 | 0. 000, 676 | 0. 000, 308 |
| 27 | 0. 000, 795 | 0. 000, 362 | 0. 000, 693 | 0. 000, 316 |
| 28 | 0. 000, 815 | 0. 000, 372 | 0. 000, 712 | 0. 000, 325 |
| 29 | 0. 000, 842 | 0. 000, 386 | 0. 000, 734 | 0. 000, 337 |
| 30 | 0. 000, 881 | 0. 000, 406 | 0. 000, 759 | 0. 000, 351 |
| 31 | 0. 000, 932 | 0. 000, 432 | 0. 000, 788 | 0. 000, 366 |
| 32 | 0. 000, 994 | 0. 000, 465 | 0. 000, 820 | 0. 000, 384 |
| 33 | 0. 001, 055 | 0. 000, 496 | 0. 000, 855 | 0. 000, 402 |
| 34 | 0. 001, 121 | 0. 000, 528 | 0. 000, 893 | 0. 000, 421 |
| 35 | 0. 001, 194 | 0. 000, 563 | 0. 000, 936 | 0. 000, 441 |
| 36 | 0. 001, 275 | 0. 000, 601 | 0. 000, 985 | 0. 000, 464 |
| 37 | 0. 001, 367 | 0. 000, 646 | 0. 001, 043 | 0. 000, 493 |
| 38 | 0. 001, 72 | 0. 000, 699 | 0. 001, 111 | 0. 000, 528 |
| 39 | 0. 001, 589 | 0. 000, 761 | 0. 001, 189 | 0. 000, 569 |
| 40 | 0. 001, 715 | 0. 000, 828 | 0. 001, 275 | 0. 000, 615 |
| 41 | 0. 001, 845 | 0. 000, 897 | 0. 001, 366 | 0. 000, 664 |
| 42 | 0. 001, 978 | 0. 000, 966 | 0. 001, 61 | 0. 000, 714 |
| 43 | 0. 002, 113 | 0. 001, 033 | 0. 001, 560 | 0. 000, 763 |

附表 1(續 2)

| 年齡(歲) | 非養老金業務表 | | 養老金業務表 | |
|---|---|---|---|---|
| | 男(CL1) | 女(CL2) | 男(CL3) | 女(CL4) |
| 44 | 0. 002, 255 | 0. 001, 103 | 0. 001, 665 | 0. 000, 815 |
| 45 | 0. 002, 413 | 0. 001, 181 | 0. 001, 783 | 0. 000, 873 |
| 46 | 0. 002, 595 | 0. 001, 274 | 0. 001, 918 | 0. 000, 942 |
| 47 | 0. 002, 805 | 0. 001, 389 | 0. 002, 055 | 0. 001, 014 |
| 48 | 0. 003, 042 | 0. 001, 527 | 0. 002, 238 | 0. 001, 123 |
| 49 | 0. 003, 299 | 0. 001, 690 | 0. 002, 446 | 0. 001, 251 |
| 50 | 0. 003, 570 | 0. 001, 873 | 0. 002, 666 | 0. 001, 393 |
| 51 | 0. 003, 847 | 0. 002, 074 | 0. 002, 880 | 0. 001, 548 |
| 52 | 0. 004, 132 | 0. 002, 295 | 0. 003, 085 | 0. 001, 714 |
| 53 | 0. 004, 434 | 0. 002, 546 | 0. 003, 300 | 0. 001, 893 |
| 54 | 0. 004, 778 | 0. 002, 836 | 0. 003, 545 | 0. 002, 093 |
| 55 | 0. 005, 203 | 0. 003, 178 | 0. 003, 838 | 0. 002, 318 |
| 56 | 0. 005, 744 | 0. 003, 577 | 0. 004, 207 | 0. 002, 607 |
| 57 | 0. 006, 427 | 0. 004, 036 | 0. 004, 676 | 0. 002, 979 |
| 58 | 0. 007, 260 | 0. 004, 556 | 0. 005, 275 | 0. 003, 410 |
| 59 | 0. 008, 229 | 0. 005, 133 | 0. 006, 039 | 0. 003, 816 |
| 60 | 0. 009, 313 | 0. 005, 768 | 0. 006, 989 | 0. 004, 272 |
| 61 | 0. 010, 490 | 0. 006, 465 | 0. 007, 867 | 0. 004, 781 |
| 62 | 0. 011, 747 | 0. 007, 235 | 0. 008, 725 | 0. 005, 351 |
| 63 | 0. 013, 091 | 0. 008, 094 | 0. 009, 677 | 0. 005, 988 |
| 64 | 0. 014, 542 | 0. 009, 059 | 0. 010, 731 | 0. 006, 701 |
| 65 | 0. 016, 134 | 0. 010, 148 | 0. 011, 900 | 0. 007, 499 |
| 66 | 0. 017, 905 | 0. 011, 376 | 0. 013, 229 | 0. 008, 408 |
| 67 | 0. 019, 886 | 0. 012, 760 | 0. 014, 705 | 0. 009, 438 |
| 68 | 0. 022, 103 | 0. 014, 316 | 0. 016, 344 | 0. 010, 592 |
| 69 | 0. 024, 571 | 0. 016, 066 | 0. 018, 164 | 0. 011, 886 |

附表 1(續 3)

| 年齡(歲) | 非養老金業務表 | | 養老金業務表 | |
|---|---|---|---|---|
| | 男(CL1) | 女(CL2) | 男(CL3) | 女(CL4) |
| 70 | 0. 027, 309 | 0. 018, 033 | 0. 020, 184 | 0. 013, 337 |
| 71 | 0. 030, 340 | 0. 020, 241 | 0. 022, 425 | 0. 014, 964 |
| 72 | 0. 033, 684 | 0. 022, 715 | 0. 024, 911 | 0. 016, 787 |
| 73 | 0. 037, 371 | 0. 025, 479 | 0. 027, 668 | 0. 018, 829 |
| 74 | 0. 041, 30 | 0. 028, 561 | 0. 030, 647 | 0. 021, 117 |
| 75 | 0. 045, 902 | 0. 031, 989 | 0. 033, 939 | 0. 023, 702 |
| 76 | 0. 050, 829 | 0. 035, 796 | 0. 037, 577 | 0. 026, 491 |
| 77 | 0. 056, 262 | 0. 040, 026 | 0. 041, 594 | 0. 029, 602 |
| 78 | 0. 062, 257 | 0. 044, 726 | 0. 046, 028 | 0. 033, 070 |
| 79 | 0. 068, 871 | 0. 049, 954 | 0. 050, 920 | 0. 036, 935 |
| 80 | 0. 076, 187 | 0. 055, 774 | 0. 056, 312 | 0. 041, 241 |
| 81 | 0. 084, 224 | 0. 062, 253 | 0. 062, 253 | 0. 046, 033 |
| 82 | 0. 093, 071 | 0. 069, 494 | 0. 068, 791 | 0. 051, 365 |
| 83 | 0. 102, 800 | 0. 077, 511 | 0. 075, 983 | 0. 057, 291 |
| 84 | 0. 113, 489 | 0. 086, 415 | 0. 083, 883 | 0. 063, 872 |
| 85 | 0. 125, 221 | 0. 096, 294 | 0. 092, 554 | 0. 071, 174 |
| 86 | 0. 138, 080 | 0. 107, 243 | 0. 102, 059 | 0. 079, 267 |
| 87 | 0. 152, 157 | 0. 119, 364 | 0. 112, 464 | 0. 088, 225 |
| 88 | 0. 167, 543 | 0. 132, 763 | 0. 123, 836 | 0. 098, 129 |
| 89 | 0. 184, 333 | 0. 147, 553 | 0. 136, 246 | 0. 109, 061 |
| 90 | 0. 202, 621 | 0. 163, 850 | 0. 149, 763 | 0. 121, 107 |
| 91 | 0. 222, 500 | 0. 181, 775 | 0. 164, 456 | 0. 134, 355 |
| 92 | 0. 244, 059 | 0. 201, 47 | 0. 180, 392 | 0. 148, 896 |
| 93 | 0. 267, 383 | 0. 222, 987 | 0. 197, 631 | 0. 164, 816 |
| 94 | 0. 292, 544 | 0. 246, 507 | 0. 216, 228 | 0. 182, 201 |
| 95 | 0. 319, 604 | 0. 272, 115 | 0. 236, 229 | 0. 201, 129 |

附表 1(續 4)

| 年齡(歲) | 非養老金業務表 | | 養老金業務表 | |
|---|---|---|---|---|
| | 男(CL1) | 女(CL2) | 男(CL3) | 女(CL4) |
| 96 | 0. 348, 606 | 0. 299, 903 | 0. 257, 666 | 0. 221, 667 |
| 97 | 0. 379, 572 | 0. 329, 942 | 0. 280, 553 | 0. 243, 870 |
| 98 | 0. 412, 495 | 0. 362, 281 | 0. 304, 887 | 0. 267, 773 |
| 99 | 0. 447, 334 | 0. 396, 933 | 0. 330, 638 | 0. 293, 385 |
| 100 | 0. 484, 010 | 0. 433, 869 | 0. 357, 746 | 0. 320, 685 |
| 101 | 0. 522, 397 | 0. 473, 008 | 0. 386, 119 | 0. 349, 615 |
| 102 | 0. 562, 317 | 0. 514, 211 | 0. 415, 626 | 0. 380, 069 |
| 103 | 0. 603, 539 | 0. 557, 269 | 0. 446, 094 | 0. 411, 894 |
| 104 | 0. 645, 770 | 0. 601, 896 | 0. 477, 308 | 0. 444, 879 |
| 105 | 1 | 1 | 1 | 1 |

附表 2A　　中國人壽保險業經驗生命表(2000—2003)

非養老金業務(男表)(CL1)

| $x$ | $q_x$ | $p_x$ | $l_x$ | $d_x$ | $L_x$ | $T_x$ | $\mathring{e}_x$ | $e_x$ |
|---|---|---|---|---|---|---|---|---|
| 0 | 0. 000, 722 | 0. 999, 278 | 100, 000 | 72 | 99, 963. 90 | 7, 671, 270. 36 | 76. 71 | 76. 21 |
| 1 | 0. 000, 603 | 0. 999, 397 | 99, 928 | 60 | 99, 897. 67 | 7, 571, 306. 46 | 75. 77 | 75. 27 |
| 2 | 0. 000, 499 | 0. 999, 501 | 99, 868 | 50 | 99, 842. 63 | 7, 471, 08. 79 | 74. 81 | 74. 31 |
| 3 | 0. 000, 416 | 0. 999, 584 | 99, 818 | 42 | 99, 796. 95 | 7, 371, 566. 16 | 73. 85 | 73. 35 |
| 4 | 0. 000, 358 | 0. 999, 642 | 99, 776 | 36 | 99, 758. 33 | 7, 271, 769. 22 | 72. 88 | 72. 38 |
| 5 | 0. 000, 323 | 0. 999, 677 | 99, 740 | 32 | 99, 724. 36 | 7, 172, 010. 89 | 71. 91 | 71. 41 |
| 6 | 0. 000, 309 | 0. 999, 691 | 99, 708 | 31 | 99, 692. 84 | 7, 072, 286. 53 | 70. 93 | 70. 43 |
| 7 | 0. 000, 308 | 0. 999, 692 | 99, 677 | 31 | 99, 662. 09 | 6, 972, 593. 69 | 69. 95 | 69. 45 |
| 8 | 0. 000, 311 | 0. 999, 689 | 99, 647 | 31 | 99, 631. 24 | 6, 872, 931. 60 | 68. 97 | 68. 47 |
| 9 | 0. 000, 312 | 0. 999, 688 | 99, 616 | 31 | 99, 600. 21 | 6, 773, 300. 35 | 67. 99 | 67. 49 |
| 10 | 0. 000, 312 | 0. 999, 688 | 99, 585 | 31 | 99, 569. 13 | 6, 673, 700. 15 | 67. 02 | 66. 52 |
| 11 | 0. 000, 312 | 0. 999, 688 | 99, 554 | 31 | 99, 538. 07 | 6, 574, 131. 01 | 66. 04 | 65. 54 |
| 12 | 0. 000, 313 | 0. 999, 687 | 99, 523 | 31 | 99, 506. 96 | 6, 474, 592. 94 | 65. 06 | 64. 56 |
| 13 | 0. 000, 320 | 0. 999, 680 | 99, 491 | 32 | 99, 475. 47 | 6, 375, 085. 98 | 64. 08 | 63. 58 |
| 14 | 0. 000, 336 | 0. 999, 664 | 99, 460 | 33 | 99, 442. 84 | 6, 275, 610. 51 | 63. 10 | 62. 60 |
| 15 | 0. 000, 364 | 0. 999, 636 | 99, 426 | 36 | 99, 408. 04 | 6, 176, 167. 67 | 62. 12 | 61. 62 |
| 16 | 0. 000, 404 | 0. 999, 596 | 99, 390 | 40 | 99, 369. 86 | 6, 076, 759. 64 | 61. 14 | 60. 64 |
| 17 | 0. 000, 455 | 0. 999, 545 | 99, 350 | 45 | 99, 327. 18 | 5, 977, 389. 77 | 60. 17 | 59. 67 |
| 18 | 0. 000, 513 | 0. 999, 487 | 99, 305 | 51 | 99, 279. 11 | 5, 878, 062. 59 | 59. 19 | 58. 69 |
| 19 | 0. 000, 572 | 0. 999, 428 | 99, 254 | 57 | 99, 225. 25 | 5, 778, 783. 48 | 58. 22 | 57. 72 |
| 20 | 0. 000, 621 | 0. 999, 379 | 99, 197 | 62 | 99, 166. 07 | 5, 679, 558. 23 | 57. 26 | 56. 76 |
| 21 | 0. 000, 661 | 0. 999, 339 | 99, 135 | 66 | 99, 102. 50 | 5, 580, 392. 16 | 56. 29 | 55. 79 |
| 22 | 0. 000, 692 | 0. 999, 308 | 99, 070 | 69 | 99, 035. 46 | 5, 481, 289. 66 | 55. 33 | 54. 83 |
| 23 | 0. 000, 716 | 0. 999, 284 | 99, 001 | 71 | 98, 965. 74 | 5, 382, 254. 20 | 54. 37 | 53. 87 |
| 24 | 0. 000, 738 | 0. 999, 262 | 98, 930 | 73 | 98, 893. 79 | 5, 283, 288. 46 | 53. 40 | 52. 90 |
| 25 | 0. 000, 759 | 0. 999, 241 | 98, 857 | 75 | 98, 819. 77 | 5, 184, 394. 67 | 52. 44 | 51. 94 |
| 26 | 0. 000, 779 | 0. 999, 221 | 98, 782 | 77 | 98, 743. 78 | 5, 085, 574. 91 | 51. 48 | 50. 98 |
| 27 | 0. 000, 795 | 0. 999, 205 | 98, 705 | 78 | 98, 666. 07 | 4, 986, 831. 13 | 50. 52 | 50. 02 |
| 28 | 0. 000, 815 | 0. 999, 185 | 98, 627 | 80 | 98, 586. 64 | 4, 888, 165. 06 | 49. 56 | 49. 06 |
| 29 | 0. 000, 842 | 0. 999, 158 | 98, 546 | 83 | 98, 504. 96 | 4, 789, 578. 42 | 48. 60 | 48. 10 |

附表 2A(續 1)

| $x$ | $q_x$ | $p_x$ | $l_x$ | $d_x$ | $L_x$ | $T_x$ | $\mathring{e}_x$ | $e_x$ |
|---|---|---|---|---|---|---|---|---|
| 30 | 0. 000, 881 | 0. 999, 119 | 98, 463 | 87 | 98, 420. 10 | 4, 691, 073. 46 | 47. 64 | 47. 14 |
| 31 | 0. 000, 932 | 0. 999, 068 | 98, 377 | 92 | 98, 330. 88 | 4, 592, 653. 36 | 46. 68 | 46. 18 |
| 32 | 0. 000, 994 | 0. 999, 006 | 98, 285 | 98 | 98, 236. 19 | 4, 494, 322. 48 | 45. 73 | 45. 23 |
| 33 | 0. 001, 055 | 0. 998, 945 | 98, 187 | 104 | 98, 135. 55 | 4, 396, 086. 29 | 44. 77 | 44. 27 |
| 34 | 0. 001, 121 | 0. 998, 879 | 98, 084 | 110 | 98, 028. 78 | 4, 297, 950. 74 | 43. 82 | 43. 32 |
| 35 | 0. 001, 194 | 0. 998, 806 | 97, 974 | 117 | 97, 915. 31 | 4, 199, 921. 96 | 42. 87 | 42. 37 |
| 36 | 0. 001, 275 | 0. 998, 725 | 97, 857 | 125 | 97, 794. 44 | 4, 102, 006. 64 | 41. 92 | 41. 42 |
| 37 | 0. 001, 367 | 0. 998, 633 | 97, 732 | 134 | 97, 665. 26 | 4, 004, 212. 20 | 40. 97 | 40. 47 |
| 38 | 0. 001, 72 | 0. 998, 528 | 97, 598 | 144 | 97, 526. 62 | 3, 906, 546. 94 | 40. 03 | 39. 53 |
| 39 | 0. 001, 589 | 0. 998, 411 | 97, 455 | 155 | 97, 377. 36 | 3, 809, 020. 32 | 39. 08 | 38. 58 |
| 40 | 0. 001, 715 | 0. 998, 285 | 97, 300 | 167 | 97, 216. 50 | 3, 711, 642. 96 | 38. 15 | 37. 65 |
| 41 | 0. 001, 845 | 0. 998, 155 | 97, 133 | 179 | 97, 043. 46 | 3, 614, 426. 45 | 37. 21 | 36. 71 |
| 42 | 0. 001, 978 | 0. 998, 022 | 96, 954 | 192 | 96, 857. 97 | 3, 517, 382. 99 | 36. 28 | 35. 78 |
| 43 | 0. 002, 113 | 0. 997, 887 | 96, 762 | 204 | 96, 659. 85 | 3, 420, 525. 02 | 35. 35 | 34. 85 |
| 44 | 0. 002, 255 | 0. 997, 745 | 96, 558 | 218 | 96, 448. 75 | 3, 323, 865. 17 | 34. 42 | 33. 92 |
| 45 | 0. 002, 413 | 0. 997, 587 | 96, 340 | 232 | 96, 223. 65 | 3, 227, 416. 42 | 33. 50 | 33. 00 |
| 46 | 0. 002, 595 | 0. 997, 405 | 96, 107 | 249 | 95, 982. 72 | 3, 131, 192. 76 | 32. 58 | 32. 08 |
| 47 | 0. 002, 805 | 0. 997, 195 | 95, 858 | 269 | 95, 723. 58 | 3, 035, 210. 05 | 31. 66 | 31. 16 |
| 48 | 0. 003, 042 | 0. 996, 958 | 95, 589 | 291 | 95, 443. 75 | 2, 939, 486. 47 | 30. 75 | 30. 25 |
| 49 | 0. 003, 299 | 0. 996, 701 | 95, 298 | 314 | 95, 141. 16 | 2, 844, 042. 72 | 29. 84 | 29. 34 |
| 50 | 0. 003, 570 | 0. 996, 430 | 94, 984 | 339 | 94, 814. 42 | 2, 748, 901. 56 | 28. 94 | 28. 44 |
| 51 | 0. 003, 847 | 0. 996, 153 | 94, 645 | 364 | 94, 462. 82 | 2, 654, 087. 14 | 28. 04 | 27. 54 |
| 52 | 0. 004, 132 | 0. 995, 868 | 94, 281 | 390 | 94, 085. 99 | 2, 559, 624. 32 | 27. 15 | 26. 65 |
| 53 | 0. 004, 434 | 0. 995, 566 | 93, 891 | 416 | 93, 683. 05 | 2, 465, 538. 33 | 26. 26 | 25. 76 |
| 54 | 0. 004, 778 | 0. 995, 222 | 93, 475 | 447 | 93, 251. 58 | 2, 371, 855. 28 | 25. 37 | 24. 87 |
| 55 | 0. 005, 203 | 0. 994, 797 | 93, 028 | 484 | 92, 786. 26 | 2, 278, 603. 70 | 24. 49 | 23. 99 |
| 56 | 0. 005, 744 | 0. 994, 256 | 92, 544 | 532 | 92, 278. 46 | 2, 185, 817. 44 | 23. 62 | 23. 12 |
| 57 | 0. 006, 427 | 0. 993, 573 | 92, 013 | 591 | 91, 716. 99 | 2, 093, 538. 98 | 22. 75 | 22. 25 |
| 58 | 0. 007, 260 | 0. 992, 740 | 91, 21 | 664 | 91, 089. 44 | 2, 001, 822. 00 | 21. 90 | 21. 40 |
| 59 | 0. 008, 229 | 0. 991, 771 | 90, 758 | 747 | 90, 384. 16 | 1, 910, 732. 55 | 21. 05 | 20. 55 |
| 60 | 0. 009, 313 | 0. 990, 687 | 90, 011 | 838 | 89, 591. 61 | 1, 820, 348. 39 | 20. 22 | 19. 72 |

附表 2A(續 2)

| $x$ | $q_x$ | $p_x$ | $l_x$ | $d_x$ | $L_x$ | $T_x$ | $\mathring{e}_x$ | $e_x$ |
|---|---|---|---|---|---|---|---|---|
| 61 | 0. 010, 490 | 0. 989, 510 | 89, 172 | 935 | 88, 704. 76 | 1, 730, 756. 78 | 19. 41 | 18. 91 |
| 62 | 0. 011, 747 | 0. 988, 253 | 88, 237 | 1, 037 | 87, 718. 79 | 1, 642, 052. 02 | 18. 61 | 18. 11 |
| 63 | 0. 013, 091 | 0. 986, 909 | 87, 201 | 1, 142 | 86, 629. 76 | 1, 554, 333. 23 | 17. 82 | 17. 32 |
| 64 | 0. 014, 542 | 0. 985, 458 | 86, 059 | 1, 251 | 85, 433. 25 | 1, 67, 703. 47 | 17. 05 | 16. 55 |
| 65 | 0. 016, 134 | 0. 983, 866 | 84, 808 | 1, 368 | 84, 123. 38 | 1, 382, 270. 22 | 16. 30 | 15. 80 |
| 66 | 0. 017, 905 | 0. 982, 095 | 83, 439 | 1, 94 | 82, 692. 24 | 1, 298, 146. 84 | 15. 56 | 15. 06 |
| 67 | 0. 019, 886 | 0. 980, 114 | 81, 945 | 1, 630 | 81, 130. 47 | 1, 215, 454. 59 | 14. 83 | 14. 33 |
| 68 | 0. 022, 103 | 0. 977, 897 | 80, 316 | 1, 775 | 79, 428. 08 | 1, 134, 324. 12 | 14. 12 | 13. 62 |
| 69 | 0. 024, 571 | 0. 975, 429 | 78, 540 | 1, 930 | 77, 575. 57 | 1, 054, 896. 04 | 13. 43 | 12. 93 |
| 70 | 0. 027, 309 | 0. 972, 691 | 76, 611 | 2, 092 | 75, 564. 58 | 977, 320. 47 | 12. 76 | 12. 26 |
| 71 | 0. 030, 340 | 0. 969, 660 | 74, 518 | 2, 261 | 73, 388. 05 | 901, 755. 90 | 12. 10 | 11. 60 |
| 72 | 0. 033, 684 | 0. 966, 316 | 72, 258 | 2, 434 | 71, 040. 64 | 828, 367. 85 | 11. 46 | 10. 96 |
| 73 | 0. 037, 371 | 0. 962, 629 | 69, 824 | 2, 609 | 68, 518. 99 | 757, 327. 20 | 10. 85 | 10. 35 |
| 74 | 0. 041, 30 | 0. 958, 570 | 67, 214 | 2, 785 | 65, 821. 95 | 688, 808. 22 | 10. 25 | 9. 75 |
| 75 | 0. 045, 902 | 0. 954, 098 | 64, 430 | 2, 957 | 62, 950. 89 | 622, 986. 26 | 9. 67 | 9. 17 |
| 76 | 0. 050, 829 | 0. 949, 171 | 61, 72 | 3, 125 | 59, 909. 88 | 560, 035. 38 | 9. 11 | 8. 61 |
| 77 | 0. 056, 262 | 0. 943, 738 | 58, 348 | 3, 283 | 56, 706. 22 | 500, 125. 50 | 8. 57 | 8. 07 |
| 78 | 0. 062, 257 | 0. 937, 743 | 55, 065 | 3, 428 | 53, 350. 76 | 443, 419. 28 | 8. 05 | 7. 55 |
| 79 | 0. 068, 871 | 0. 931, 129 | 51, 637 | 3, 556 | 49, 858. 54 | 390, 068. 52 | 7. 55 | 7. 05 |
| 80 | 0. 076, 187 | 0. 923, 813 | 48, 080 | 3, 663 | 46, 248. 85 | 340, 209. 99 | 7. 08 | 6. 58 |
| 81 | 0. 084, 224 | 0. 915, 776 | 44, 417 | 3, 741 | 42, 546. 80 | 293, 961. 14 | 6. 62 | 6. 12 |
| 82 | 0. 093, 071 | 0. 906, 929 | 40, 676 | 3, 786 | 38, 783. 40 | 251, 14. 34 | 6. 18 | 5. 68 |
| 83 | 0. 102, 800 | 0. 897, 200 | 36, 891 | 3, 792 | 34, 994. 34 | 212, 630. 94 | 5. 76 | 5. 26 |
| 84 | 0. 113, 489 | 0. 886, 511 | 33, 098 | 3, 756 | 31, 220. 03 | 177, 636. 60 | 5. 37 | 4. 87 |
| 85 | 0. 125, 221 | 0. 874, 779 | 29, 342 | 3, 674 | 27, 504. 78 | 146, 416. 57 | 4. 99 | 4. 49 |
| 86 | 0. 138, 080 | 0. 861, 920 | 25, 668 | 3, 544 | 23, 895. 57 | 118, 911. 79 | 4. 63 | 4. 13 |
| 87 | 0. 152, 157 | 0. 847, 843 | 22, 123 | 3, 366 | 20, 440. 36 | 95, 016. 21 | 4. 29 | 3. 79 |
| 88 | 0. 167, 543 | 0. 832, 457 | 18, 757 | 3, 143 | 17, 185. 91 | 74, 575. 86 | 3. 98 | 3. 48 |
| 89 | 0. 184, 333 | 0. 815, 667 | 15, 615 | 2, 878 | 14, 175. 45 | 57, 389. 94 | 3. 68 | 3. 18 |
| 90 | 0. 202, 621 | 0. 797, 379 | 12, 736 | 2, 581 | 11, 45. 99 | 43, 214. 49 | 3. 39 | 2. 89 |
| 91 | 0. 222, 500 | 0. 777, 500 | 10, 156 | 2, 260 | 9, 025. 85 | 31, 768. 51 | 3. 13 | 2. 63 |

附表 2A(續 3)

| $x$ | $q_x$ | $p_x$ | $l_x$ | $d_x$ | $L_x$ | $T_x$ | $\ddot{e}_x$ | $e_x$ |
|---|---|---|---|---|---|---|---|---|
| 92 | 0. 244, 059 | 0. 755, 941 | 7, 896 | 1, 927 | 6, 932. 48 | 22, 742. 66 | 2. 88 | 2. 38 |
| 93 | 0. 267, 383 | 0. 732, 617 | 5, 969 | 1, 596 | 5, 170. 94 | 15, 810. 18 | 2. 65 | 2. 15 |
| 94 | 0. 292, 544 | 0. 707, 456 | 4, 373 | 1, 279 | 3, 733. 30 | 10, 639. 24 | 2. 43 | 1. 93 |
| 95 | 0. 319, 604 | 0. 680, 396 | 3, 094 | 989 | 2, 599. 29 | 6, 905. 94 | 2. 23 | 1. 73 |
| 96 | 0. 348, 606 | 0. 651, 394 | 2, 105 | 734 | 1, 738. 02 | 4, 306. 65 | 2. 05 | 1. 55 |
| 97 | 0. 379, 572 | 0. 620, 428 | 1, 371 | 520 | 1, 110. 91 | 2, 568. 63 | 1. 87 | 1. 37 |
| 98 | 0. 412, 495 | 0. 587, 505 | 851 | 351 | 675. 24 | 1, 57. 72 | 1. 71 | 1. 21 |
| 99 | 0. 447, 334 | 0. 552, 666 | 500 | 224 | 388. 00 | 782. 49 | 1. 57 | 1. 07 |
| 100 | 0. 484, 010 | 0. 515, 990 | 276 | 134 | 209. 37 | 394. 49 | 1. 43 | 0. 93 |
| 101 | 0. 522, 397 | 0. 477, 603 | 143 | 74 | 105. 30 | 185. 12 | 1. 30 | 0. 80 |
| 102 | 0. 562, 317 | 0. 437, 683 | 68 | 38 | 48. 93 | 79. 82 | 1. 17 | 0. 67 |
| 103 | 0. 603, 539 | 0. 396, 461 | 30 | 18 | 20. 80 | 30. 89 | 1. 04 | 0. 54 |
| 104 | 0. 645, 770 | 0. 354, 230 | 12 | 8 | 8. 00 | 10. 09 | 0. 85 | 0. 35 |
| 105 | 1. 000, 000 | 0. 000, 000 | 4 | 4 | 2. 09 | 2. 09 | 0. 50 | 0. 00 |

附表 2B　　中國人壽保險業經驗生命表(2000—2003) 替換函數表

非養老金業務表(男表 CL1)2.5%

| $x$ | $D_x$ | $N_x$ | $S_x$ | $C_x$ | $M_x$ | $R_x$ |
|---|---|---|---|---|---|---|
| 0 | 100, 000. 00 | 3, 441, 746. 70 | 94, 935, 802. 73 | 70. 44 | 16, 054. 96 | 1, 126, 239. 31 |
| 1 | 97, 490. 54 | 3, 341, 746. 70 | 91, 94, 056. 03 | 57. 35 | 15, 984. 52 | 1, 110, 184. 36 |
| 2 | 95, 055. 37 | 3, 244, 256. 16 | 88, 152, 309. 33 | 46. 28 | 15, 927. 17 | 1, 094, 199. 84 |
| 3 | 92, 690. 67 | 3, 149, 200. 80 | 84, 908, 053. 17 | 37. 62 | 15, 880. 89 | 1, 078, 272. 67 |
| 4 | 90, 392. 30 | 3, 056, 510. 13 | 81, 758, 852. 37 | 31. 57 | 15, 843. 27 | 1, 062, 391. 78 |
| 5 | 88, 156. 04 | 2, 966, 117. 83 | 78, 702, 342. 24 | 27. 78 | 15, 811. 70 | 1, 046, 548. 51 |
| 6 | 85, 978. 11 | 2, 877, 961. 79 | 75, 736, 224. 41 | 25. 92 | 15, 783. 92 | 1, 030, 736. 81 |
| 7 | 83, 855. 16 | 2, 791, 983. 68 | 72, 858, 262. 62 | 25. 20 | 15, 758. 00 | 1, 014, 952. 89 |
| 8 | 81, 784. 72 | 2, 708, 128. 52 | 70, 066, 278. 94 | 24. 81 | 15, 732. 80 | 999, 194. 88 |
| 9 | 79, 765. 16 | 2, 626, 343. 80 | 67, 358, 150. 42 | 24. 28 | 15, 707. 99 | 983, 462. 08 |
| 10 | 77, 795. 38 | 2, 546, 578. 64 | 64, 731, 806. 63 | 23. 68 | 15, 683. 71 | 967, 754. 09 |
| 11 | 75, 874. 26 | 2, 468, 783. 26 | 62, 185, 227. 99 | 23. 10 | 15, 660. 03 | 952, 070. 38 |
| 12 | 74, 000. 57 | 2, 392, 909. 00 | 59, 716, 444. 73 | 22. 60 | 15, 636. 93 | 936, 410. 35 |
| 13 | 72, 173. 08 | 2, 318, 908. 43 | 57, 323, 535. 73 | 22. 53 | 15, 614. 34 | 920, 773. 42 |
| 14 | 70, 390. 23 | 2, 246, 735. 35 | 55, 004, 627. 29 | 23. 07 | 15, 591. 80 | 905, 159. 08 |
| 15 | 68, 650. 32 | 2, 176, 345. 13 | 52, 757, 891. 94 | 24. 38 | 15, 568. 73 | 889, 567. 27 |
| 16 | 66, 951. 54 | 2, 107, 694. 81 | 50, 581, 546. 81 | 26. 39 | 15, 544. 35 | 873, 998. 54 |
| 17 | 65, 292. 19 | 2, 040, 743. 27 | 48, 473, 852. 00 | 28. 98 | 15, 517. 96 | 858, 454. 19 |
| 18 | 63, 670. 71 | 1, 975, 451. 08 | 46, 433, 108. 74 | 31. 87 | 15, 488. 98 | 842, 936. 23 |
| 19 | 62, 085. 90 | 1, 911, 780. 36 | 44, 457, 657. 66 | 34. 65 | 15, 457. 11 | 827, 447. 25 |
| 20 | 60, 536. 97 | 1, 849, 694. 46 | 42, 545, 877. 30 | 36. 68 | 15, 422. 47 | 811, 990. 14 |
| 21 | 59, 023. 78 | 1, 789, 157. 50 | 40, 696, 182. 84 | 38. 06 | 15, 385. 79 | 796, 567. 67 |
| 22 | 57, 546. 11 | 1, 730, 133. 72 | 38, 907, 025. 34 | 38. 85 | 15, 347. 73 | 781, 181. 88 |
| 23 | 56, 103. 70 | 1, 672, 587. 61 | 37, 176, 891. 62 | 39. 19 | 15, 308. 88 | 765, 834. 15 |
| 24 | 54, 696. 12 | 1, 616, 483. 91 | 35, 504, 304. 01 | 39. 38 | 15, 269. 69 | 750, 525. 28 |
| 25 | 53, 322. 69 | 1, 561, 787. 79 | 33, 887, 820. 10 | 39. 48 | 15, 230. 30 | 735, 255. 59 |
| 26 | 51, 982. 65 | 1, 508, 465. 10 | 32, 326, 032. 31 | 39. 51 | 15, 190. 82 | 720, 025. 29 |

| $x$ | $D_x$ | $N_x$ | $S_x$ | $C_x$ | $M_x$ | $R_x$ |
|---|---|---|---|---|---|---|
| 27 | 50, 675. 27 | 1, 56, 482. 45 | 30, 817, 567. 21 | 39. 30 | 15, 151. 31 | 704, 834. 47 |
| 28 | 49, 399. 99 | 1, 05, 807. 18 | 29, 361, 084. 76 | 39. 28 | 15, 112. 01 | 689, 683. 16 |
| 29 | 48, 155. 83 | 1, 356, 407. 19 | 27, 955, 277. 58 | 39. 56 | 15, 072. 73 | 674, 571. 15 |
| 30 | 46, 941. 74 | 1, 308, 251. 36 | 26, 598, 870. 39 | 40. 35 | 15, 033. 17 | 659, 498. 42 |
| 31 | 45, 756. 47 | 1, 261, 309. 62 | 25, 290, 619. 03 | 41. 60 | 14, 992. 82 | 644, 465. 25 |
| 32 | 44, 598. 86 | 1, 215, 553. 14 | 24, 029, 309. 42 | 43. 25 | 14, 951. 22 | 629, 472. 43 |
| 33 | 43, 467. 83 | 1, 170, 954. 29 | 22, 813, 756. 27 | 44. 74 | 14, 907. 97 | 614, 521. 21 |
| 34 | 42, 362. 90 | 1, 127, 486. 46 | 21, 642, 801. 98 | 46. 33 | 14, 863. 23 | 599, 613. 24 |
| 35 | 41, 283. 33 | 1, 085, 123. 56 | 20, 515, 315. 53 | 48. 09 | 14, 816. 90 | 584, 750. 01 |
| 36 | 40, 228. 33 | 1, 043, 840. 23 | 19, 430, 191. 97 | 50. 04 | 14, 768. 81 | 569, 933. 11 |
| 37 | 39, 197. 11 | 1, 003, 611. 91 | 18, 386, 351. 74 | 52. 28 | 14, 718. 77 | 555, 164. 30 |
| 38 | 38, 188. 80 | 964, 414. 80 | 17, 382, 739. 83 | 54. 84 | 14, 666. 49 | 540, 445. 53 |
| 39 | 37, 202. 53 | 926, 225. 99 | 16, 418, 325. 03 | 57. 67 | 14, 611. 65 | 525, 779. 04 |
| 40 | 36, 237. 48 | 889, 023. 47 | 15, 492, 099. 04 | 60. 63 | 14, 553. 98 | 511, 167. 39 |
| 41 | 35, 293. 00 | 852, 785. 99 | 14, 603, 075. 57 | 63. 53 | 14, 493. 35 | 496, 613. 42 |
| 42 | 34, 368. 67 | 817, 492. 99 | 13, 750, 289. 58 | 66. 32 | 14, 429. 82 | 482, 120. 07 |
| 43 | 33, 464. 09 | 783, 124. 32 | 12, 932, 796. 59 | 68. 98 | 14, 363. 49 | 467, 690. 25 |
| 44 | 32, 578. 91 | 749, 660. 23 | 12, 149, 672. 28 | 71. 67 | 14, 294. 51 | 453, 326. 76 |
| 45 | 31, 712. 62 | 717, 081. 32 | 11, 00, 012. 05 | 74. 66 | 14, 222. 84 | 439, 032. 25 |
| 46 | 30, 864. 49 | 685, 368. 70 | 10, 682, 930. 73 | 78. 14 | 14, 148. 18 | 424, 809. 41 |
| 47 | 30, 033. 56 | 654, 504. 21 | 9, 997, 562. 03 | 82. 19 | 14, 070. 04 | 410, 661. 23 |
| 48 | 29, 218. 84 | 624, 470. 65 | 9, 343, 057. 82 | 86. 72 | 13, 987. 85 | 396, 591. 19 |
| 49 | 28, 419. 47 | 595, 251. 81 | 8, 718, 587. 17 | 91. 47 | 13, 901. 13 | 382, 603. 34 |
| 50 | 27, 634. 84 | 566, 832. 34 | 8, 123, 335. 36 | 96. 25 | 13, 809. 67 | 368, 702. 21 |
| 51 | 26, 864. 57 | 539, 197. 49 | 7, 556, 503. 03 | 100. 83 | 13, 713. 42 | 354, 892. 54 |
| 52 | 26, 108. 51 | 512, 332. 92 | 7, 017, 305. 53 | 105. 25 | 13, 612. 59 | 341, 179. 12 |
| 53 | 25, 366. 47 | 486, 224. 40 | 6, 504, 972. 62 | 109. 73 | 13, 507. 34 | 327, 566. 54 |
| 54 | 24, 638. 04 | 460, 857. 93 | 6, 018, 748. 21 | 114. 85 | 13, 397. 61 | 314, 059. 20 |

附表 2B(續 2)

| $x$ | $D_x$ | $N_x$ | $S_x$ | $C_x$ | $M_x$ | $R_x$ |
|---|---|---|---|---|---|---|
| 55 | 23, 922. 27 | 436, 219. 89 | 5, 557, 890. 28 | 121. 43 | 13, 282. 76 | 300, 661. 59 |
| 56 | 23, 217. 37 | 412, 297. 62 | 5, 121, 670. 39 | 130. 11 | 13, 161. 33 | 287, 378. 83 |
| 57 | 22, 520. 98 | 389, 080. 25 | 4, 709, 372. 77 | 141. 21 | 13, 031. 22 | 274, 217. 50 |
| 58 | 21, 830. 48 | 366, 559. 27 | 4, 320, 292. 51 | 154. 62 | 12, 890. 01 | 261, 186. 29 |
| 59 | 21, 143. 40 | 344, 728. 80 | 3, 953, 733. 24 | 169. 75 | 12, 735. 38 | 248, 296. 28 |
| 60 | 20, 457. 96 | 323, 585. 40 | 3, 609, 004. 44 | 185. 88 | 12, 565. 64 | 235, 560. 90 |
| 61 | 19, 773. 11 | 303, 127. 43 | 3, 285, 419. 05 | 202. 36 | 12, 379. 76 | 222, 995. 26 |
| 62 | 19, 088. 48 | 283, 354. 32 | 2, 982, 291. 62 | 218. 76 | 12, 177. 40 | 210, 615. 50 |
| 63 | 18, 404. 14 | 264, 265. 84 | 2, 698, 937. 30 | 235. 05 | 11, 958. 64 | 198, 438. 10 |
| 64 | 17, 720. 21 | 245, 861. 70 | 2, 434, 671. 46 | 251. 40 | 11, 723. 58 | 186, 479. 47 |
| 65 | 17, 036. 61 | 228, 141. 49 | 2, 188, 809. 76 | 268. 16 | 11, 72. 18 | 174, 755. 88 |
| 66 | 16, 352. 92 | 211, 104. 88 | 1, 960, 668. 27 | 285. 66 | 11, 204. 02 | 163, 283. 70 |
| 67 | 15, 668. 41 | 194, 751. 96 | 1, 749, 563. 39 | 303. 98 | 10, 918. 36 | 152, 079. 69 |
| 68 | 14, 982. 27 | 179, 083. 56 | 1, 554, 811. 43 | 323. 08 | 10, 614. 38 | 141, 161. 33 |
| 69 | 14, 293. 77 | 164, 101. 29 | 1, 375, 727. 87 | 342. 65 | 10, 291. 30 | 130, 546. 95 |
| 70 | 13, 602. 50 | 149, 807. 52 | 1, 211, 626. 58 | 362. 41 | 9, 948. 65 | 120, 255. 65 |
| 71 | 12, 908. 32 | 136, 205. 02 | 1, 061, 819. 06 | 382. 09 | 9, 586. 24 | 110, 307. 00 |
| 72 | 12, 211. 39 | 123, 296. 71 | 925, 614. 04 | 401. 30 | 9, 204. 16 | 100, 720. 75 |
| 73 | 11, 512. 26 | 111, 085. 31 | 802, 317. 33 | 419. 73 | 8, 802. 86 | 91, 516. 60 |
| 74 | 10, 811. 74 | 99, 573. 05 | 691, 232. 02 | 437. 01 | 8, 383. 13 | 82, 713. 73 |
| 75 | 10, 111. 03 | 88, 761. 31 | 591, 658. 97 | 452. 80 | 7, 946. 12 | 74, 330. 61 |
| 76 | 9, 411. 63 | 78, 650. 28 | 502, 897. 66 | 466. 72 | 7, 493. 33 | 66, 384. 48 |
| 77 | 8, 715. 36 | 69, 238. 65 | 424, 247. 38 | 478. 38 | 7, 026. 61 | 58, 891. 15 |
| 78 | 8, 024. 41 | 60, 523. 29 | 355, 008. 73 | 487. 39 | 6, 548. 23 | 51, 864. 54 |
| 79 | 7, 341. 30 | 52, 498. 88 | 294, 485. 44 | 493. 27 | 6, 060. 84 | 45, 316. 31 |
| 80 | 6, 668. 97 | 45, 157. 59 | 241, 986. 56 | 495. 70 | 5, 567. 57 | 39, 255. 47 |
| 81 | 6, 010. 62 | 38, 488. 61 | 196, 828. 97 | 493. 89 | 5, 071. 87 | 33, 687. 91 |
| 82 | 5, 370. 13 | 32, 478. 00 | 158, 340. 36 | 487. 61 | 4, 577. 98 | 28, 616. 04 |

附表 2B(續 3)

| $x$ | $D_x$ | $N_x$ | $S_x$ | $C_x$ | $M_x$ | $R_x$ |
|---|---|---|---|---|---|---|
| 83 | 4, 751. 53 | 27, 107. 87 | 125, 862. 36 | 476. 54 | 4, 090. 37 | 24, 038. 06 |
| 84 | 4, 159. 10 | 22, 356. 34 | 98, 754. 49 | 460. 50 | 3, 613. 82 | 19, 947. 69 |
| 85 | 3, 597. 16 | 18, 197. 24 | 76, 398. 15 | 439. 45 | 3, 153. 32 | 16, 333. 87 |
| 86 | 3, 069. 97 | 14, 600. 08 | 58, 200. 91 | 413. 56 | 2, 713. 87 | 13, 180. 55 |
| 87 | 2, 581. 53 | 11, 530. 11 | 43, 600. 83 | 383. 22 | 2, 300. 31 | 10, 466. 68 |
| 88 | 2, 135. 35 | 8, 948. 58 | 32, 070. 72 | 349. 04 | 1, 917. 09 | 8, 166. 37 |
| 89 | 1, 734. 23 | 6, 813. 23 | 23, 122. 14 | 311. 88 | 1, 568. 05 | 6, 249. 28 |
| 90 | 1, 380. 05 | 5, 079. 00 | 16, 308. 90 | 272. 81 | 1, 256. 17 | 4, 681. 23 |
| 91 | 1, 073. 59 | 3, 698. 95 | 11, 229. 90 | 233. 05 | 983. 37 | 3, 425. 05 |
| 92 | 814. 35 | 2, 625. 37 | 7, 530. 95 | 193. 90 | 750. 32 | 2, 441. 68 |
| 93 | 600. 59 | 1, 811. 01 | 4, 905. 58 | 156. 67 | 556. 42 | 1, 691. 36 |
| 94 | 429. 27 | 1, 210. 42 | 3, 094. 57 | 122. 52 | 399. 75 | 1, 134. 95 |
| 95 | 296. 28 | 781. 15 | 1, 884. 14 | 92. 38 | 277. 23 | 735. 20 |
| 96 | 196. 67 | 484. 87 | 1, 102. 99 | 66. 89 | 184. 85 | 457. 97 |
| 97 | 124. 99 | 288. 20 | 618. 12 | 46. 28 | 117. 96 | 273. 12 |
| 98 | 75. 65 | 163. 21 | 329. 92 | 30. 45 | 71. 67 | 155. 17 |
| 99 | 43. 36 | 87. 56 | 166. 71 | 18. 92 | 41. 23 | 83. 49 |
| 100 | 23. 38 | 44. 20 | 79. 15 | 11. 04 | 22. 30 | 42. 27 |
| 101 | 11. 77 | 20. 81 | 34. 95 | 6. 00 | 11. 26 | 19. 96 |
| 102 | 5. 48 | 9. 04 | 14. 14 | 3. 01 | 5. 26 | 8. 70 |
| 103 | 2. 34 | 3. 56 | 5. 09 | 1. 38 | 2. 25 | 3. 44 |
| 104 | 0. 91 | 1. 22 | 1. 53 | 0. 57 | 0. 88 | 1. 18 |
| 105 | 0. 31 | 0. 31 | 0. 31 | 0. 31 | 0. 31 | 0. 31 |

附表 3A　　兩減因表(示例)

| $x$ | $l_x^{(\tau)}$ | $d_x^{(1)}$ | $d_x^{(2)}$ | $d_x^{(\tau)}$ | $q_x^{(1)}$ | $q_x^{(2)}$ | $q_x^{(\tau)}$ |
|---|---|---|---|---|---|---|---|
| 20 | 100, 000 | 70 | 8 | 78 | 0. 000, 700 | 0. 000, 080 | 0. 000, 780 |
| 21 | 99, 922 | 71 | 10 | 81 | 0. 000, 711 | 0. 000, 100 | 0. 000, 811 |
| 22 | 99, 841 | 72 | 12 | 84 | 0. 000, 721 | 0. 000, 120 | 0. 000, 841 |
| 23 | 99, 757 | 73 | 14 | 87 | 0. 000, 732 | 0. 000, 140 | 0. 000, 872 |
| 24 | 99, 670 | 75 | 16 | 91 | 0. 000, 752 | 0. 000, 161 | 0. 000, 913 |
| 25 | 99, 579 | 77 | 18 | 95 | 0. 000, 773 | 0. 000, 181 | 0. 000, 954 |
| 26 | 99, 484 | 79 | 20 | 99 | 0. 000, 794 | 0. 000, 201 | 0. 000, 995 |
| 27 | 99, 385 | 81 | 22 | 103 | 0. 000, 815 | 0. 000, 221 | 0. 001, 036 |
| 28 | 99, 282 | 84 | 24 | 108 | 0. 000, 846 | 0. 000, 242 | 0. 001, 088 |
| 29 | 99, 174 | 87 | 26 | 113 | 0. 000, 877 | 0. 000, 262 | 0. 001, 139 |
| 30 | 99, 061 | 90 | 28 | 118 | 0. 000, 909 | 0. 000, 283 | 0. 001, 191 |
| 31 | 98, 943 | 94 | 30 | 124 | 0. 000, 950 | 0. 000, 303 | 0. 001, 253 |
| 32 | 98, 819 | 98 | 32 | 130 | 0. 000, 992 | 0. 000, 324 | 0. 001, 316 |
| 33 | 98, 689 | 102 | 34 | 136 | 0. 001, 034 | 0. 000, 345 | 0. 001, 378 |
| 34 | 98, 553 | 107 | 36 | 143 | 0. 001, 086 | 0. 000, 365 | 0. 001, 51 |
| 35 | 98, 410 | 112 | 38 | 150 | 0. 001, 138 | 0. 000, 386 | 0. 001, 524 |
| 36 | 98, 260 | 118 | 40 | 158 | 0. 001, 201 | 0. 000, 407 | 0. 001, 608 |
| 37 | 98, 102 | 125 | 42 | 167 | 0. 001, 274 | 0. 000, 428 | 0. 001, 702 |
| 38 | 97, 935 | 135 | 45 | 180 | 0. 001, 378 | 0. 000, 459 | 0. 001, 838 |
| 39 | 97, 755 | 147 | 48 | 195 | 0. 001, 504 | 0. 000, 491 | 0. 001, 995 |
| 40 | 97, 560 | 161 | 51 | 212 | 0. 001, 650 | 0. 000, 523 | 0. 002, 173 |
| 41 | 97, 348 | 178 | 55 | 233 | 0. 001, 828 | 0. 000, 565 | 0. 002, 393 |
| 42 | 97, 115 | 198 | 59 | 257 | 0. 002, 039 | 0. 000, 608 | 0. 002, 646 |
| 43 | 96, 858 | 221 | 64 | 285 | 0. 002, 282 | 0. 000, 661 | 0. 002, 942 |
| 44 | 96, 573 | 247 | 70 | 317 | 0. 002, 558 | 0. 000, 725 | 0. 003, 282 |
| 45 | 96, 256 | 276 | 77 | 353 | 0. 002, 867 | 0. 000, 800 | 0. 003, 667 |
| 46 | 95, 903 | 308 | 85 | 393 | 0. 003, 212 | 0. 000, 886 | 0. 004, 098 |
| 47 | 95, 510 | 344 | 94 | 438 | 0. 003, 602 | 0. 000, 984 | 0. 004, 586 |

| $x$ | $l_x^{(\tau)}$ | $d_x^{(1)}$ | $d_x^{(2)}$ | $d_x^{(\tau)}$ | $q_x^{(1)}$ | $q_x^{(2)}$ | $q_x^{(\tau)}$ |
|---|---|---|---|---|---|---|---|
| 48 | 95, 072 | 384 | 105 | 489 | 0. 004, 039 | 0. 001, 104 | 0. 005, 143 |
| 49 | 94, 583 | 428 | 118 | 546 | 0. 004, 525 | 0. 001, 248 | 0. 005, 773 |
| 50 | 94, 037 | 475 | 133 | 608 | 0. 005, 051 | 0. 001, 14 | 0. 006, 466 |
| 51 | 93, 429 | 525 | 150 | 675 | 0. 005, 619 | 0. 001, 605 | 0. 007, 225 |
| 52 | 92, 754 | 578 | 170 | 748 | 0. 006, 232 | 0. 001, 833 | 0. 008, 064 |
| 53 | 92, 006 | 634 | 193 | 827 | 0. 006, 891 | 0. 002, 098 | 0. 008, 989 |
| 54 | 91, 179 | 692 | 219 | 911 | 0. 007, 589 | 0. 002, 402 | 0. 009, 991 |
| 55 | 90, 268 | 752 | 249 | 1, 001 | 0. 008, 331 | 0. 002, 758 | 0. 011, 089 |
| 56 | 89, 267 | 814 | 283 | 1, 097 | 0. 009, 119 | 0. 003, 170 | 0. 012, 289 |
| 57 | 88, 170 | 877 | 322 | 1, 199 | 0. 009, 947 | 0. 003, 652 | 0. 013, 599 |
| 58 | 86, 971 | 941 | 367 | 1, 308 | 0. 010, 820 | 0. 004, 220 | 0. 015, 039 |
| 59 | 85, 663 | 1, 006 | 419 | 1, 25 | 0. 011, 744 | 0. 004, 891 | 0. 016, 635 |
| 60 | 84, 238 | 1, 121 | 83, 117 | 84, 238 | 0. 013, 308 | 0. 986, 692 | 1. 000, 000 |

附表 3B 兩減因替換函數表

| $x$ | $D_x^{(\tau)}$ | $N_x^{(\tau)}$ | $C_x^{(1)}$ | $C_x^{(2)}$ | $M_x^{(1)}$ | $M_x^{(2)}$ |
|---|---|---|---|---|---|---|
| 20 | 61, 027. 09 | 1, 544, 017. 40 | 41. 68 | 4. 76 | 3, 824. 76 | 19, 543. 37 |
| 21 | 59, 492. 19 | 1, 82, 990. 31 | 41. 24 | 5. 81 | 3, 783. 08 | 19, 538. 61 |
| 22 | 57, 994. 11 | 1, 23, 498. 12 | 40. 80 | 6. 80 | 3, 741. 84 | 19, 532. 80 |
| 23 | 56, 532. 02 | 1, 365, 504. 01 | 40. 36 | 7. 74 | 3, 701. 04 | 19, 526. 00 |
| 24 | 55, 105. 09 | 1, 308, 971. 99 | 40. 45 | 8. 63 | 3, 660. 68 | 19, 518. 26 |
| 25 | 53, 711. 98 | 1, 253, 866. 91 | 40. 52 | 9. 47 | 3, 620. 23 | 19, 509. 63 |
| 26 | 52, 351. 94 | 1, 200, 154. 93 | 40. 56 | 10. 27 | 3, 579. 71 | 19, 500. 16 |
| 27 | 51, 024. 23 | 1, 147, 803. 00 | 40. 57 | 11. 02 | 3, 539. 15 | 19, 489. 89 |
| 28 | 49, 728. 15 | 1, 096, 778. 76 | 41. 05 | 11. 73 | 3, 498. 58 | 19, 478. 87 |
| 29 | 48, 462. 49 | 1, 047, 050. 62 | 41. 48 | 12. 40 | 3, 457. 53 | 19, 467. 14 |
| 30 | 47, 226. 61 | 998, 588. 12 | 41. 86 | 13. 02 | 3, 416. 05 | 19, 454. 75 |
| 31 | 46, 019. 86 | 951, 361. 52 | 42. 65 | 13. 61 | 3, 374. 19 | 19, 441. 72 |
| 32 | 44, 841. 15 | 905, 341. 66 | 43. 38 | 14. 17 | 3, 331. 54 | 19, 428. 11 |
| 33 | 43, 689. 91 | 860, 500. 51 | 44. 05 | 14. 68 | 3, 288. 15 | 19, 413. 94 |
| 34 | 42, 565. 57 | 816, 810. 60 | 45. 09 | 15. 17 | 3, 244. 10 | 19, 399. 26 |
| 35 | 41, 67. 13 | 774, 245. 03 | 46. 04 | 15. 62 | 3, 199. 01 | 19, 384. 09 |
| 36 | 40, 394. 07 | 732, 777. 90 | 47. 33 | 16. 04 | 3, 152. 97 | 19, 368. 47 |
| 37 | 39, 345. 48 | 692, 383. 83 | 48. 91 | 16. 43 | 3, 105. 64 | 19, 352. 43 |
| 38 | 38, 320. 49 | 653, 038. 35 | 51. 54 | 17. 18 | 3, 056. 73 | 19, 335. 99 |
| 39 | 37, 317. 13 | 614, 717. 86 | 54. 75 | 17. 88 | 3, 005. 20 | 19, 318. 81 |
| 40 | 36, 334. 33 | 577, 400. 74 | 58. 50 | 18. 53 | 2, 950. 45 | 19, 300. 94 |
| 41 | 35, 371. 10 | 541, 066. 40 | 63. 10 | 19. 50 | 2, 891. 95 | 19, 282. 41 |
| 42 | 34, 425. 79 | 505, 695. 30 | 68. 48 | 20. 40 | 2, 828. 85 | 19, 262. 91 |
| 43 | 33, 497. 26 | 471, 269. 51 | 74. 57 | 21. 59 | 2, 760. 38 | 19, 242. 51 |
| 44 | 32, 584. 09 | 437, 772. 25 | 81. 31 | 23. 04 | 2, 685. 81 | 19, 220. 91 |
| 45 | 31, 685. 01 | 405, 188. 16 | 88. 64 | 24. 73 | 2, 604. 50 | 19, 197. 87 |
| 46 | 30, 798. 84 | 373, 503. 15 | 96. 50 | 26. 63 | 2, 515. 87 | 19, 173. 14 |
| 47 | 29, 924. 52 | 342, 704. 30 | 105. 15 | 28. 73 | 2, 419. 37 | 19, 146. 51 |

附表 3B(續 1)

| $x$ | $D_x^{(\tau)}$ | $N_x^{(\tau)}$ | $C_x^{(1)}$ | $C_x^{(2)}$ | $M_x^{(1)}$ | $M_x^{(2)}$ |
|---|---|---|---|---|---|---|
| 48 | 29, 060. 77 | 312, 779. 78 | 114. 51 | 31. 31 | 2, 314. 22 | 19, 117. 78 |
| 49 | 28, 206. 14 | 283, 719. 02 | 124. 52 | 34. 33 | 2, 199. 70 | 19, 086. 46 |
| 50 | 27, 359. 33 | 255, 512. 88 | 134. 83 | 37. 75 | 2, 075. 18 | 19, 052. 13 |
| 51 | 26, 519. 45 | 228, 153. 54 | 145. 38 | 41. 54 | 1, 940. 35 | 19, 014. 38 |
| 52 | 25, 685. 71 | 201, 634. 09 | 156. 16 | 45. 93 | 1, 794. 97 | 18, 972. 84 |
| 53 | 24, 857. 15 | 175, 948. 38 | 167. 11 | 50. 87 | 1, 638. 81 | 18, 926. 91 |
| 54 | 24, 032. 90 | 151, 091. 23 | 177. 95 | 56. 32 | 1, 71. 70 | 18, 876. 04 |
| 55 | 23, 212. 46 | 127, 058. 33 | 188. 66 | 62. 47 | 1, 293. 75 | 18, 819. 73 |
| 56 | 22, 395. 18 | 103, 845. 87 | 199. 23 | 69. 27 | 1, 105. 09 | 18, 757. 26 |
| 57 | 21, 580. 45 | 81, 50. 69 | 209. 42 | 76. 89 | 905. 86 | 18, 687. 99 |
| 58 | 20, 767. 79 | 59, 870. 24 | 219. 22 | 85. 50 | 696. 44 | 18, 611. 10 |
| 59 | 19, 956. 54 | 39, 102. 45 | 228. 65 | 95. 23 | 477. 22 | 18, 525. 60 |
| 60 | 19, 145. 91 | 19, 145. 91 | 248. 57 | 18, 430. 37 | 248. 57 | 18, 430. 37 |

註:本表根據附表 3A 兩減因表(示例) 及利率 $i = 2.5\%$ 計算而得。

附表 4A　　在職人員多減因表(示例)

| $x$ | $l_x^{(\tau)}$ | $d_x^{(d)}$ | $d_x^{(w)}$ | $d_x^{(i)}$ | $d_x^{(r)}$ | $q_x^{(d)}$ | $q_x^{(w)}$ | $q_x^{(i)}$ | $q_x^{(r)}$ | $q_x^{(\tau)}$ |
|---|---|---|---|---|---|---|---|---|---|---|
| 18 | 100, 000 | 85 | 9, 286 | 5 | 0 | 0. 000, 850 | 0. 092, 860 | 0. 000, 050 | 0. 000, 000 | 0. 093, 760 |
| 19 | 90, 624 | 77 | 8, 145 | 6 | 0 | 0. 000, 850 | 0. 089, 877 | 0. 000, 066 | 0. 000, 000 | 0. 090, 793 |
| 20 | 82, 396 | 70 | 7, 355 | 6 | 0 | 0. 000, 850 | 0. 089, 264 | 0. 000, 073 | 0. 000, 000 | 0. 090, 186 |
| 21 | 74, 965 | 62 | 6, 418 | 6 | 0 | 0. 000, 827 | 0. 085, 613 | 0. 000, 080 | 0. 000, 000 | 0. 086, 520 |
| 22 | 68, 479 | 56 | 5, 627 | 7 | 0 | 0. 000, 818 | 0. 082, 171 | 0. 000, 102 | 0. 000, 000 | 0. 083, 091 |
| 23 | 62, 789 | 52 | 4, 735 | 7 | 0 | 0. 000, 828 | 0. 075, 411 | 0. 000, 111 | 0. 000, 000 | 0. 076, 351 |
| 24 | 57, 995 | 46 | 4, 185 | 8 | 0 | 0. 000, 793 | 0. 072, 161 | 0. 000, 138 | 0. 000, 000 | 0. 073, 093 |
| 25 | 53, 756 | 42 | 3, 418 | 8 | 0 | 0. 000, 781 | 0. 063, 584 | 0. 000, 149 | 0. 000, 000 | 0. 064, 514 |
| 26 | 50, 288 | 40 | 2, 950 | 8 | 0 | 0. 000, 795 | 0. 058, 662 | 0. 000, 159 | 0. 000, 000 | 0. 059, 617 |
| 27 | 47, 290 | 37 | 2, 497 | 9 | 0 | 0. 000, 782 | 0. 052, 802 | 0. 000, 190 | 0. 000, 000 | 0. 053, 775 |
| 28 | 44, 747 | 33 | 2, 063 | 9 | 0 | 0. 000, 737 | 0. 046, 104 | 0. 000, 201 | 0. 000, 000 | 0. 047, 042 |
| 29 | 42, 642 | 31 | 1, 548 | 9 | 0 | 0. 000, 727 | 0. 036, 302 | 0. 000, 211 | 0. 000, 000 | 0. 037, 240 |
| 30 | 41, 054 | 30 | 1, 32 | 10 | 0 | 0. 000, 731 | 0. 034, 881 | 0. 000, 244 | 0. 000, 000 | 0. 035, 855 |
| 31 | 39, 582 | 30 | 1, 189 | 10 | 0 | 0. 000, 758 | 0. 030, 039 | 0. 000, 253 | 0. 000, 000 | 0. 031, 049 |
| 32 | 38, 353 | 29 | 978 | 10 | 0 | 0. 000, 756 | 0. 025, 500 | 0. 000, 261 | 0. 000, 000 | 0. 026, 517 |
| 33 | 37, 336 | 30 | 822 | 11 | 0 | 0. 000, 804 | 0. 022, 016 | 0. 000, 295 | 0. 000, 000 | 0. 023, 114 |
| 34 | 36, 473 | 32 | 735 | 12 | 0 | 0. 000, 877 | 0. 020, 152 | 0. 000, 329 | 0. 000, 000 | 0. 021, 358 |
| 35 | 35, 694 | 34 | 626 | 13 | 0 | 0. 000, 953 | 0. 017, 538 | 0. 000, 364 | 0. 000, 000 | 0. 018, 855 |
| 36 | 35, 021 | 36 | 519 | 14 | 0 | 0. 001, 028 | 0. 014, 820 | 0. 000, 400 | 0. 000, 000 | 0. 016, 247 |
| 37 | 34, 452 | 39 | 446 | 15 | 0 | 0. 001, 132 | 0. 012, 946 | 0. 000, 435 | 0. 000, 000 | 0. 014, 513 |
| 38 | 33, 952 | 42 | 373 | 17 | 0 | 0. 001, 237 | 0. 010, 986 | 0. 000, 501 | 0. 000, 000 | 0. 012, 724 |
| 39 | 33, 520 | 45 | 338 | 19 | 0 | 0. 001, 342 | 0. 010, 084 | 0. 000, 567 | 0. 000, 000 | 0. 011, 993 |
| 40 | 33, 118 | 48 | 315 | 20 | 0 | 0. 001, 49 | 0. 009, 511 | 0. 000, 604 | 0. 000, 000 | 0. 011, 565 |
| 41 | 32, 735 | 52 | 272 | 24 | 0 | 0. 001, 589 | 0. 008, 309 | 0. 000, 733 | 0. 000, 000 | 0. 010, 631 |
| 42 | 32, 387 | 57 | 235 | 28 | 0 | 0. 001, 760 | 0. 007, 256 | 0. 000, 865 | 0. 000, 000 | 0. 009, 881 |
| 43 | 32, 067 | 63 | 201 | 32 | 0 | 0. 001, 965 | 0. 006, 268 | 0. 000, 998 | 0. 000, 000 | 0. 009, 231 |
| 44 | 31, 771 | 69 | 193 | 35 | 0 | 0. 002, 172 | 0. 006, 075 | 0. 001, 102 | 0. 000, 000 | 0. 009, 348 |
| 45 | 31, 74 | 75 | 173 | 37 | 0 | 0. 002, 383 | 0. 005, 497 | 0. 001, 176 | 0. 000, 000 | 0. 009, 055 |
| 46 | 31, 189 | 81 | 155 | 42 | 0 | 0. 002, 597 | 0. 004, 970 | 0. 001, 347 | 0. 000, 000 | 0. 008, 913 |
| 47 | 30, 911 | 88 | 138 | 46 | 0 | 0. 002, 847 | 0. 004, 464 | 0. 001, 88 | 0. 000, 000 | 0. 008, 799 |
| 48 | 30, 639 | 92 | 112 | 51 | 0 | 0. 003, 003 | 0. 003, 655 | 0. 001, 665 | 0. 000, 000 | 0. 008, 323 |
| 49 | 30, 384 | 100 | 81 | 55 | 0 | 0. 003, 291 | 0. 002, 666 | 0. 001, 810 | 0. 000, 000 | 0. 007, 767 |
| 50 | 30, 148 | 110 | 36 | 61 | 0 | 0. 003, 649 | 0. 001, 194 | 0. 002, 023 | 0. 000, 000 | 0. 006, 866 |
| 51 | 29, 941 | 118 | 15 | 65 | 0 | 0. 003, 941 | 0. 000, 501 | 0. 002, 171 | 0. 000, 000 | 0. 006, 613 |
| 52 | 29, 743 | 128 | 0 | 70 | 0 | 0. 004, 304 | 0. 000, 000 | 0. 002, 353 | 0. 000, 000 | 0. 006, 657 |
| 53 | 29, 545 | 141 | 0 | 75 | 0 | 0. 004, 772 | 0. 000, 000 | 0. 002, 539 | 0. 000, 000 | 0. 007, 311 |

附表 4A(續 1)

| $x$ | $l_x^{(\tau)}$ | $d_x^{(d)}$ | $d_x^{(w)}$ | $d_x^{(i)}$ | $d_x^{(r)}$ | $q_x^{(d)}$ | $q_x^{(w)}$ | $q_x^{(i)}$ | $q_x^{(r)}$ | $q_x^{(\tau)}$ |
|---|---|---|---|---|---|---|---|---|---|---|
| 54 | 29, 329 | 154 | 0 | 81 | 0 | 0. 005, 251 | 0. 000, 000 | 0. 002, 762 | 0. 000, 000 | 0. 008, 013 |
| 55 | 29, 094 | 171 | 0 | 87 | 2, 158 | 0. 005, 878 | 0. 000, 000 | 0. 002, 990 | 0. 074, 173 | 0. 083, 041 |
| 56 | 26, 678 | 189 | 0 | 93 | 1, 774 | 0. 007, 084 | 0. 000, 000 | 0. 003, 486 | 0. 066, 497 | 0. 077, 067 |
| 57 | 24, 622 | 209 | 0 | 99 | 1, 369 | 0. 008, 488 | 0. 000, 000 | 0. 004, 021 | 0. 055, 601 | 0. 068, 110 |
| 58 | 22, 945 | 225 | 0 | 108 | 832 | 0. 009, 806 | 0. 000, 000 | 0. 004, 707 | 0. 036, 261 | 0. 050, 774 |
| 59 | 21, 780 | 240 | 0 | 117 | 427 | 0. 011, 019 | 0. 000, 000 | 0. 005, 372 | 0. 019, 605 | 0. 035, 996 |
| 60 | 20, 996 | 0 | 0 | 0 | 20, 996 | 0 | 0 | 0 | 1 | 1 |

附表 4B　　在職人員多減因替換函數表

| $x$ | $D_x^{(\tau)}$ | $N_x^{(\tau)}$ | $D_{x+\frac{1}{2}}^{(\tau)}$ | $N_{x+\frac{1}{2}}^{(\tau)}$ |
|---|---|---|---|---|
| 18 | 64, 116. 59 | 785, 887. 54 | 60, 360. 95 | 753, 490. 88 |
| 19 | 56, 687. 82 | 721, 770. 94 | 53, 450. 40 | 693, 129. 93 |
| 20 | 50, 283. 88 | 665, 083. 12 | 47, 427. 24 | 639, 679. 53 |
| 21 | 44, 633. 13 | 614, 799. 24 | 42, 178. 32 | 592, 252. 29 |
| 22 | 39, 777. 03 | 570, 166. 10 | 37, 656. 67 | 550, 073. 97 |
| 23 | 35, 582. 35 | 530, 389. 07 | 33, 804. 04 | 512, 417. 30 |
| 24 | 32, 064. 01 | 494, 806. 72 | 30, 513. 13 | 478, 613. 27 |
| 25 | 28, 995. 48 | 462, 742. 71 | 27, 715. 87 | 448, 100. 14 |
| 26 | 26, 463. 29 | 433, 747. 23 | 25, 359. 43 | 420, 384. 27 |
| 27 | 24, 278. 67 | 407, 283. 94 | 23, 335. 99 | 395, 024. 84 |
| 28 | 22, 412. 78 | 383, 005. 27 | 21, 617. 06 | 371, 688. 85 |
| 29 | 20, 837. 49 | 360, 592. 49 | 20, 198. 57 | 350, 071. 80 |
| 30 | 19, 572. 19 | 339, 755. 00 | 18, 985. 46 | 329, 873. 22 |
| 31 | 18, 410. 17 | 320, 182. 80 | 17, 901. 97 | 310, 887. 76 |
| 32 | 17, 403. 46 | 301, 772. 63 | 16, 962. 00 | 292, 985. 80 |
| 33 | 16, 528. 76 | 284, 369. 17 | 16, 137. 26 | 276, 023. 79 |
| 34 | 15, 752. 88 | 267, 840. 41 | 15, 393. 43 | 259, 886. 53 |
| 35 | 15, 040. 42 | 252, 087. 52 | 14, 715. 82 | 244, 493. 10 |
| 36 | 14, 396. 91 | 237, 047. 10 | 14, 104. 74 | 229, 777. 29 |
| 37 | 13, 817. 56 | 222, 650. 19 | 13, 548. 98 | 215, 672. 55 |
| 38 | 13, 284. 91 | 208, 832. 63 | 13, 038. 41 | 202, 123. 57 |
| 39 | 12, 795. 97 | 195, 547. 72 | 12, 563. 17 | 189, 085. 16 |
| 40 | 12, 334. 16 | 182, 751. 75 | 12, 112. 37 | 176, 521. 99 |
| 41 | 11, 894. 16 | 170, 417. 59 | 11, 685. 77 | 164, 409. 62 |
| 42 | 11, 80. 70 | 158, 523. 43 | 11, 283. 81 | 152, 723. 85 |
| 43 | 11, 090. 01 | 147, 042. 73 | 10, 903. 38 | 141, 40. 05 |
| 44 | 10, 719. 65 | 135, 952. 72 | 10, 538. 63 | 130, 536. 67 |

附表 4B(續 1)

| $x$ | $D_x^{(\tau)}$ | $N_x^{(\tau)}$ | $D_{x+\frac{1}{2}}^{(\tau)}$ | $N_{x+\frac{1}{2}}^{(\tau)}$ |
|---|---|---|---|---|
| 45 | 10, 360. 44 | 125, 233. 06 | 10, 186. 98 | 119, 998. 04 |
| 46 | 10, 016. 22 | 114, 872. 63 | 9, 849. 22 | 109, 811. 06 |
| 47 | 9, 684. 82 | 104, 856. 41 | 9, 523. 89 | 99, 961. 84 |
| 48 | 9, 365. 46 | 95, 171. 60 | 9, 212. 05 | 90, 437. 95 |
| 49 | 9, 060. 99 | 85, 806. 14 | 8, 915. 05 | 81, 225. 90 |
| 50 | 8, 771. 33 | 76, 745. 15 | 8, 633. 95 | 72, 310. 85 |
| 51 | 8, 498. 63 | 67, 973. 82 | 8, 366. 60 | 63, 676. 90 |
| 52 | 8, 236. 52 | 59, 475. 19 | 8, 108. 38 | 55, 310. 30 |
| 53 | 7, 982. 14 | 51, 238. 67 | 7, 855. 37 | 47, 201. 93 |
| 54 | 7, 730. 52 | 43, 256. 53 | 7, 605. 07 | 39, 346. 55 |
| 55 | 7, 481. 54 | 35, 526. 02 | 7, 082. 91 | 31, 741. 48 |
| 56 | 6, 692. 94 | 28, 044. 48 | 6, 356. 07 | 24, 658. 57 |
| 57 | 6, 026. 47 | 21, 351. 54 | 5, 749. 81 | 18, 302. 50 |
| 58 | 5, 479. 03 | 15, 325. 07 | 5, 274. 41 | 12, 552. 69 |
| 59 | 5, 073. 99 | 9, 846. 04 | 4, 921. 53 | 7, 278. 28 |
| 60 | 4, 772. 05 | 4, 772. 05 | 2, 356. 75 | 2, 356. 75 |

註：本表根據附表 4A 在職人員多減因表(示例) 及利率 $i = 2.5\%$ 計算而得。

附表 5　　中國人壽保險業經驗生命表(1990—1993)

| x | CL1 | CL2 | CL3 | CL4 | CL5 | CL6 |
|---|---|---|---|---|---|---|
| 0 | 0.003,037 | 0.002,765 | 0.002,909 | 0.002,733 | 0.002,489 | 0.002,618 |
| 1 | 0.002,157 | 0.001,859 | 0.002,016 | 0.001,941 | 0.001,673 | 0.001,814 |
| 2 | 0.001,611 | 0.001,314 | 0.001,70 | 0.001,50 | 0.001,186 | 0.001,323 |
| 3 | 0.001,250 | 0.000,966 | 0.001,114 | 0.001,125 | 0.001,183 | 0.001,003 |
| 4 | 0.001,000 | 0.000,734 | 0.000,872 | 0.000,900 | 0.000,661 | 0.000,785 |
| 5 | 0.000,821 | 0.000,573 | 0.000,702 | 0.000,739 | 0.000,516 | 0.000,632 |
| 6 | 0.000,690 | 0.000,458 | 0.000,579 | 0.000,621 | 0.000,412 | 0.000,521 |
| 7 | 0.000,593 | 0.000,375 | 0.000,489 | 0.000,534 | 0.000,338 | 0.000,440 |
| 8 | 0.000,520 | 0.000,315 | 0.000,421 | 0.000,468 | 0.000,281 | 0.000,379 |
| 9 | 0.000,468 | 0.000,274 | 0.000,374 | 0.000,421 | 0.000,247 | 0.000,337 |
| 10 | 0.000,437 | 0.000,249 | 0.000,346 | 0.000,393 | 0.000,234 | 0.000,311 |
| 11 | 0.000,432 | 0.000,240 | 0.000,339 | 0.000,389 | 0.000,216 | 0.000,305 |
| 12 | 0.000,458 | 0.000,248 | 0.000,356 | 0.000,412 | 0.000,223 | 0.000,320 |
| 13 | 0.000,516 | 0.000,269 | 0.000,396 | 0.000,464 | 0.000,242 | 0.000,356 |
| 14 | 0.000,603 | 0.000,302 | 0.000,457 | 0.000,543 | 0.000,272 | 0.000,411 |
| 15 | 0.000,706 | 0.000,341 | 0.000,529 | 0.000,635 | 0.000,307 | 0.000,476 |
| 16 | 0.000,812 | 0.000,382 | 0.000,602 | 0.000,731 | 0.000,344 | 0.000,542 |
| 17 | 0.000,907 | 0.000,421 | 0.000,670 | 0.000,816 | 0.000,379 | 0.000,603 |
| 18 | 0.000,981 | 0.000,454 | 0.000,724 | 0.000,883 | 0.000,409 | 0.000,652 |
| 19 | 0.001,028 | 0.000,481 | 0.000,762 | 0.000,925 | 0.000,433 | 0.000,686 |
| 20 | 0.001,049 | 0.000,500 | 0.000,778 | 0.000,944 | 0.000,450 | 0.000,700 |
| 21 | 0.001,048 | 0.000,511 | 0.000,784 | 0.000,943 | 0.000,460 | 0.000,706 |
| 22 | 0.001,030 | 0.000,517 | 0.000,780 | 0.000,927 | 0.000,465 | 0.000,702 |
| 23 | 0.001,003 | 0.000,519 | 0.000,767 | 0.000,903 | 0.000,467 | 0.000,690 |
| 24 | 0.000,972 | 0.000,519 | 0.000,752 | 0.000,972 | 0.000,467 | 0.000,677 |
| 25 | 0.000,945 | 0.000,519 | 0.000,738 | 0.000,875 | 0.000,467 | 0.000,664 |
| 26 | 0.000,925 | 0.000,520 | 0.000,728 | 0.000,833 | 0.000,468 | 0.000,655 |

| x | CL1 | CL2 | CL3 | CL4 | CL5 | CL6 |
|---|---|---|---|---|---|---|
| 27 | 0. 000, 915 | 0. 000, 525 | 0. 000, 727 | 0. 000, 824 | 0. 000, 473 | 0. 000, 654 |
| 28 | 0. 000, 918 | 0. 000, 533 | 0. 000, 730 | 0. 000, 826 | 0. 000, 480 | 0. 000, 657 |
| 29 | 0. 000, 933 | 0. 000, 546 | 0. 000, 743 | 0. 000, 840 | 0. 000, 491 | 0. 000, 669 |
| 30 | 0. 000, 963 | 0. 000, 566 | 0. 000, 773 | 0. 000, 867 | 0. 000, 509 | 0. 000, 696 |
| 31 | 0. 001, 007 | 0. 000, 592 | 0. 000, 809 | 0. 000, 906 | 0. 000, 533 | 0. 000, 728 |
| 32 | 0. 001, 064 | 0. 000, 625 | 0. 000, 855 | 0. 000, 958 | 0. 000, 563 | 0. 000, 770 |
| 33 | 0. 001, 136 | 0. 000, 666 | 0. 000, 910 | 0. 001, 022 | 0. 000, 599 | 0. 000, 819 |
| 34 | 0. 001, 222 | 0. 000, 714 | 0. 000, 976 | 0. 001, 100 | 0. 000, 643 | 0. 000, 878 |
| 35 | 0. 001, 321 | 0. 000, 722 | 0. 001, 057 | 0. 001, 189 | 0. 000, 695 | 0. 000, 951 |
| 36 | 0. 001, 36 | 0. 000, 838 | 0. 001, 146 | 0. 001, 292 | 0. 000, 754 | 0. 001, 031 |
| 37 | 0. 001, 565 | 0. 000, 914 | 0. 001, 249 | 0. 001, 09 | 0. 000, 823 | 0. 001, 124 |
| 38 | 0. 001, 710 | 0. 001, 001 | 0. 001, 366 | 0. 001, 539 | 0. 000, 901 | 0. 001, 229 |
| 39 | 0. 001, 872 | 0. 001, 098 | 0. 001, 97 | 0. 001, 685 | 0. 000, 988 | 0. 001, 347 |
| 40 | 0. 002, 051 | 0. 001, 208 | 0. 001, 650 | 0. 001, 846 | 0. 001, 087 | 0. 001, 85 |
| 41 | 0. 002, 250 | 0. 001, 331 | 0. 001, 812 | 0. 002, 025 | 0. 001, 198 | 0. 001, 631 |
| 42 | 0. 002, 470 | 0. 001, 68 | 0. 001, 993 | 0. 002, 223 | 0. 001, 321 | 0. 001, 794 |
| 43 | 0. 002, 713 | 0. 001, 620 | 0. 002, 193 | 0. 002, 442 | 0. 001, 58 | 0. 001, 974 |
| 44 | 0. 002, 981 | 0. 001, 790 | 0. 002, 409 | 0. 002, 683 | 0. 001, 611 | 0. 002, 168 |
| 45 | 0. 003, 276 | 0. 001, 979 | 0. 002, 658 | 0. 002, 948 | 0. 001, 781 | 0. 002, 392 |
| 46 | 0. 003, 601 | 0. 002, 188 | 0. 002, 933 | 0. 003, 241 | 0. 001, 969 | 0. 002, 640 |
| 47 | 0. 003, 958 | 0. 002, 420 | 0. 003, 231 | 0. 003, 562 | 0. 002, 178 | 0. 002, 908 |
| 48 | 0. 004, 352 | 0. 002, 677 | 0. 003, 558 | 0. 003, 917 | 0. 002, 409 | 0. 003, 202 |
| 49 | 0. 004, 784 | 0. 002, 962 | 0. 003, 925 | 0. 004, 306 | 0. 002, 666 | 0. 003, 533 |
| 50 | 0. 005, 260 | 0. 003, 277 | 0. 004, 322 | 0. 004, 734 | 0. 002, 949 | 0. 003, 890 |
| 51 | 0. 005, 783 | 0. 003, 627 | 0. 004, 770 | 0. 005, 205 | 0. 003, 264 | 0. 004, 293 |
| 52 | 0. 006, 358 | 0. 004, 014 | 0. 005, 263 | 0. 005, 722 | 0. 003, 613 | 0. 004, 737 |
| 53 | 0. 006, 991 | 0. 004, 442 | 0. 005, 790 | 0. 006, 292 | 0. 003, 998 | 0. 005, 211 |

附表 5(續 2)

| x | CL1 | CL2 | CL3 | CL4 | CL5 | CL6 |
|---|---|---|---|---|---|---|
| 54 | 0. 007, 686 | 0. 004, 916 | 0. 006, 367 | 0. 006, 917 | 0. 004, 424 | 0. 005, 730 |
| 55 | 0. 008, 449 | 0. 005, 440 | 0. 007, 005 | 0. 007, 604 | 0. 004, 896 | 0. 006, 305 |
| 56 | 0. 009, 288 | 0. 006, 020 | 0. 007, 735 | 0. 008, 359 | 0. 005, 418 | 0. 006, 962 |
| 57 | 0. 010, 210 | 0. 006, 661 | 0. 008, 524 | 0. 009, 189 | 0. 005, 995 | 0. 007, 672 |
| 58 | 0. 011, 222 | 0. 007, 370 | 0. 009, 386 | 0. 010, 100 | 0. 006, 633 | 0. 008, 447 |
| 59 | 0. 012, 333 | 0. 008, 154 | 0. 010, 349 | 0. 011, 100 | 0. 007, 339 | 0. 009, 314 |
| 60 | 0. 013, 553 | 0. 009, 022 | 0. 011, 378 | 0. 012, 198 | 0. 008, 120 | 0. 010, 240 |
| 61 | 0. 014, 893 | 0. 009, 980 | 0. 012, 508 | 0. 013, 403 | 0. 008, 982 | 0. 011, 257 |
| 62 | 0. 016, 361 | 0. 011, 039 | 0. 013, 779 | 0. 014, 725 | 0. 009, 935 | 0. 012, 401 |
| 63 | 0. 017, 972 | 0. 012, 209 | 0. 015, 167 | 0. 016, 175 | 0. 010, 988 | 0. 013, 650 |
| 64 | 0. 019, 740 | 0. 013, 502 | 0. 016, 672 | 0. 017, 766 | 0. 012, 152 | 0. 015, 005 |
| 65 | 0. 021, 677 | 0. 014, 929 | 0. 018, 275 | 0. 019, 509 | 0. 013, 436 | 0. 016, 448 |
| 66 | 0. 023, 800 | 0. 016, 505 | 0. 020, 107 | 0. 021, 20 | 0. 014, 855 | 0. 018, 096 |
| 67 | 0. 026, 125 | 0. 018, 244 | 0. 022, 111 | 0. 023, 513 | 0. 016, 420 | 0. 019, 900 |
| 68 | 0. 028, 671 | 0. 020, 162 | 0. 024, 315 | 0. 025, 804 | 0. 018, 146 | 0. 021, 884 |
| 69 | 0. 031, 57 | 0. 022, 278 | 0. 026, 701 | 0. 028, 311 | 0. 020, 050 | 0. 024, 031 |
| 70 | 0. 034, 504 | 0. 024, 610 | 0. 029, 296 | 0. 031, 054 | 0. 022, 149 | 0. 026, 366 |
| 71 | 0. 037, 835 | 0. 027, 180 | 0. 032, 152 | 0. 034, 052 | 0. 024, 462 | 0. 028, 937 |
| 72 | 0. 041, 74 | 0. 030, 009 | 0. 035, 305 | 0. 037, 327 | 0. 027, 008 | 0. 031, 775 |
| 73 | 0. 045, 446 | 0. 033, 123 | 0. 038, 746 | 0. 040, 901 | 0. 029, 811 | 0. 034, 871 |
| 74 | 0. 049, 779 | 0. 036, 549 | 0. 042, 465 | 0. 044, 801 | 0. 032, 894 | 0. 038, 219 |
| 75 | 0. 054, 501 | 0. 040, 313 | 0. 046, 582 | 0. 049, 051 | 0. 036, 282 | 0. 041, 924 |
| 76 | 0. 059, 644 | 0. 044, 447 | 0. 051, 078 | 0. 053, 680 | 0. 040, 002 | 0. 045, 970 |
| 77 | 0. 065, 238 | 0. 048, 984 | 0. 055, 926 | 0. 058, 714 | 0. 044, 086 | 0. 050, 333 |
| 78 | 0. 071, 317 | 0. 053, 958 | 0. 061, 236 | 0. 064, 185 | 0. 048, 562 | 0. 055, 112 |
| 79 | 0. 077, 916 | 0. 059, 405 | 0. 066, 958 | 0. 070, 124 | 0. 053, 465 | 0. 060, 262 |
| 80 | 0. 085, 069 | 0. 065, 364 | 0. 073, 092 | 0. 076, 562 | 0. 058, 828 | 0. 065, 783 |

| $x$ | CL1 | CL2 | CL3 | CL4 | CL5 | CL6 |
|---|---|---|---|---|---|---|
| 81 | 0. 092, 813 | 0. 071, 876 | 0. 079, 823 | 0. 083, 532 | 0. 064, 688 | 0. 071, 841 |
| 82 | 0. 101, 184 | 0. 078, 981 | 0. 087, 192 | 0. 091, 066 | 0. 071, 083 | 0. 078, 473 |
| 83 | 0. 110, 218 | 0. 086, 722 | 0. 095, 102 | 0. 099, 196 | 0. 078, 050 | 0. 085, 592 |
| 84 | 0. 119, 951 | 0. 095, 145 | 0. 103, 653 | 0. 107, 956 | 0. 085, 631 | 0. 093, 288 |
| 85 | 0. 130, 418 | 0. 104, 291 | 0. 112, 976 | 0. 117, 376 | 0. 093, 862 | 0. 101, 678 |
| 86 | 0. 141, 651 | 0. 114, 207 | 0. 123, 047 | 0. 127, 486 | 0. 102, 786 | 0. 110, 742 |
| 87 | 0. 153, 681 | 0. 124, 933 | 0. 133, 927 | 0. 138, 313 | 0. 112, 440 | 0. 120, 534 |
| 88 | 0. 166, 534 | 0. 136, 511 | 0. 145, 631 | 0. 149, 881 | 0. 122, 860 | 0. 131, 068 |
| 89 | 0. 180, 233 | 0. 148, 980 | 0. 158, 079 | 0. 162, 210 | 0. 131, 082 | 0. 142, 271 |
| 90 | 0. 194, 793 | 0. 162, 374 | 0. 171, 599 | 0. 175, 316 | 0. 146, 137 | 0. 154, 439 |
| 91 | 0. 210, 233 | 0. 176, 721 | 0. 185, 702 | 0. 189, 210 | 0. 159, 049 | 0. 167, 132 |
| 92 | 0. 226, 550 | 0. 192, 046 | 0. 200, 967 | 0. 203, 895 | 0. 172, 841 | 0. 180, 870 |
| 93 | 0. 243, 742 | 0. 208, 364 | 0. 217, 252 | 0. 219, 368 | 0. 187, 528 | 0. 195, 527 |
| 94 | 0. 261, 797 | 0. 225, 680 | 0. 234, 450 | 0. 235, 617 | 0. 203, 112 | 0. 211, 005 |
| 95 | 0. 280, 694 | 0. 243, 992 | 0. 253, 233 | 0. 252, 625 | 0. 219, 593 | 0. 227, 910 |
| 96 | 0. 300, 399 | 0. 263, 285 | 0. 272, 344 | 0. 270, 359 | 0. 236, 957 | 0. 245, 110 |
| 97 | 0. 320, 871 | 0. 283, 531 | 0. 292, 664 | 0. 288, 784 | 0. 255, 178 | 0. 263, 398 |
| 98 | 0. 342, 055 | 0. 304, 690 | 0. 314, 651 | 0. 307, 850 | 0. 274, 221 | 0. 283, 186 |
| 99 | 0. 363, 889 | 0. 326, 708 | 0. 336, 441 | 0. 327, 500 | 0. 294, 037 | 0. 302, 797 |
| 100 | 0. 386, 299 | 0. 349, 518 | 0. 358, 080 | 0. 347, 669 | 0. 314, 566 | 0. 322, 272 |
| 101 | 0. 409, 200 | 0. 373, 037 | 0. 381, 55 | 0. 368, 280 | 0. 335, 733 | 0. 343, 310 |
| 102 | 0. 432, 503 | 0. 397, 173 | 0. 405, 397 | 0. 389, 253 | 0. 357, 456 | 0. 364, 857 |
| 103 | 0. 456, 108 | 0. 421, 820 | 0. 429, 801 | 0. 410, 497 | 0. 379, 638 | 0. 386, 821 |
| 104 | 0. 479, 911 | 0. 446, 863 | 0. 454, 556 | 0. 431, 920 | 0. 402, 177 | 0. 409, 100 |
| 105 | 1. 000, 000 | 1. 000, 000 | 1. 000, 000 | 1. 000, 000 | 1. 000, 000 | 1. 000, 000 |

附表 6　　多生命替換函數表

| $x$ | $y$ | $C_{xy}$ | $D_{xy}$ | $M_{xy}$ | $N_{xy}$ |
|---|---|---|---|---|---|
| 22 | 20 | 485. 74 | 587, 916. 62 | 161, 306. 97 | 17, 490, 995. 77 |
| 23 | 21 | 494. 17 | 573, 091. 46 | 160, 821. 23 | 16, 903, 079. 15 |
| 24 | 22 | 499. 66 | 558, 619. 45 | 160, 327. 07 | 16, 329, 987. 70 |
| 25 | 23 | 501. 90 | 544, 494. 92 | 159, 827. 40 | 15, 771, 368. 25 |
| 26 | 24 | 501. 62 | 530, 712. 66 | 159, 325. 50 | 15, 226, 873. 33 |
| 27 | 25 | 501. 52 | 517, 266. 83 | 158, 823. 89 | 14, 696, 160. 67 |
| 28 | 26 | 501. 58 | 504, 149. 05 | 158, 322. 37 | 14, 178, 893. 84 |
| 29 | 27 | 503. 22 | 491, 351. 15 | 157, 820. 79 | 13, 674, 744. 78 |
| 30 | 28 | 506. 31 | 478, 863. 75 | 157, 317. 57 | 13, 183, 393. 63 |
| 31 | 29 | 512. 09 | 466, 677. 84 | 156, 811. 25 | 12, 704, 529. 88 |
| 32 | 30 | 519. 43 | 454, 783. 36 | 156, 299. 17 | 12, 237, 852. 05 |
| 33 | 31 | 527. 78 | 443, 171. 65 | 155, 779. 73 | 11, 783, 068. 68 |
| 34 | 32 | 537. 86 | 431, 834. 81 | 155, 251. 95 | 11, 339, 897. 03 |
| 35 | 33 | 549. 10 | 420, 764. 39 | 154, 714. 09 | 10, 908, 062. 22 |
| 36 | 34 | 562. 17 | 409, 952. 75 | 154, 165. 00 | 10, 487, 297. 83 |
| 37 | 35 | 578. 06 | 399, 391. 73 | 153, 602. 83 | 10, 077, 345. 08 |
| 38 | 36 | 597. 65 | 389, 072. 41 | 153, 024. 77 | 9, 677, 953. 35 |
| 39 | 37 | 621. 69 | 378, 985. 19 | 152, 427. 12 | 9, 288, 880. 94 |
| 40 | 38 | 649. 05 | 369, 119. 96 | 151, 805. 43 | 8, 909, 895. 75 |
| 41 | 39 | 678. 33 | 359, 467. 99 | 151, 156. 38 | 8, 540, 775. 79 |
| 42 | 40 | 708. 62 | 350, 022. 14 | 150, 478. 05 | 8, 181, 307. 80 |
| 43 | 41 | 739. 06 | 340, 776. 40 | 149, 769. 43 | 7, 831, 285. 66 |
| 44 | 42 | 769. 54 | 331, 725. 72 | 149, 030. 38 | 7, 490, 509. 26 |
| 45 | 43 | 801. 54 | 322, 865. 31 | 148, 260. 83 | 7, 158, 783. 54 |
| 46 | 44 | 837. 26 | 314, 189. 01 | 147, 459. 30 | 6, 835, 918. 23 |
| 47 | 45 | 872. 69 | 305, 688. 61 | 146, 622. 04 | 6, 521, 729. 22 |
| 48 | 46 | 921. 93 | 297, 360. 10 | 145, 749. 35 | 6, 216, 040. 61 |
| 49 | 47 | 975. 48 | 289, 185. 48 | 144, 827. 42 | 5, 918, 680. 52 |
| 50 | 48 | 1, 038. 50 | 281, 156. 70 | 143, 851. 94 | 5, 629, 495. 04 |
| 51 | 49 | 1, 100. 35 | 273, 260. 72 | 142, 813. 44 | 5, 348, 338. 34 |
| 52 | 50 | 1, 158. 78 | 265, 495. 48 | 141, 713. 10 | 5, 075, 077. 62 |

| $x$ | $y$ | $C_{xy}$ | $D_{xy}$ | $M_{xy}$ | $N_{xy}$ |
|---|---|---|---|---|---|
| 53 | 51 | 1, 218. 34 | 257, 861. 20 | 140, 554. 32 | 4, 809, 582. 14 |
| 54 | 52 | 1, 283. 01 | 250, 353. 57 | 139, 335. 98 | 4, 551, 720. 94 |
| 55 | 53 | 1, 356. 74 | 242, 964. 37 | 138, 052. 97 | 4, 301, 367. 38 |
| 56 | 54 | 1, 46. 56 | 235, 681. 66 | 136, 696. 22 | 4, 058, 403. 01 |
| 57 | 55 | 1, 556. 64 | 228, 486. 77 | 135, 249. 67 | 3, 822, 721. 34 |
| 58 | 56 | 1, 699. 21 | 221, 357. 28 | 133, 693. 03 | 3, 594, 234. 57 |
| 59 | 57 | 1, 881. 30 | 214, 259. 11 | 131, 993. 81 | 3, 372, 877. 29 |
| 60 | 58 | 2, 096. 82 | 207, 151. 98 | 130, 112. 51 | 3, 158, 618. 17 |
| 61 | 59 | 2, 273. 78 | 200, 002. 67 | 128, 015. 69 | 2, 951, 66. 20 |
| 62 | 60 | 2, 438. 34 | 192, 850. 78 | 125, 741. 91 | 2, 751, 63. 52 |
| 63 | 61 | 2, 611. 11 | 185, 708. 77 | 123, 303. 58 | 2, 558, 612. 75 |
| 64 | 62 | 2, 791. 69 | 178, 568. 18 | 120, 692. 47 | 2, 372, 903. 98 |
| 65 | 63 | 2, 979. 67 | 171, 21. 17 | 117, 900. 78 | 2, 194, 335. 80 |
| 66 | 64 | 3, 179. 66 | 164, 260. 49 | 114, 921. 11 | 2, 022, 914. 64 |
| 67 | 65 | 3, 385. 72 | 157, 074. 48 | 111, 741. 45 | 1, 858, 654. 15 |
| 68 | 66 | 3, 598. 72 | 149, 857. 67 | 108, 355. 73 | 1, 701, 579. 67 |
| 69 | 67 | 3, 816. 30 | 142, 603. 89 | 104, 757. 01 | 1, 551, 722. 00 |
| 70 | 68 | 4, 034. 49 | 135, 309. 45 | 100, 940. 72 | 1, 09, 118. 11 |
| 71 | 69 | 4, 250. 57 | 127, 974. 73 | 96, 906. 22 | 1, 273, 808. 66 |
| 72 | 70 | 4, 461. 22 | 120, 602. 83 | 92, 655. 66 | 1, 145, 833. 93 |
| 73 | 71 | 4, 662. 52 | 113, 200. 08 | 88, 194. 44 | 1, 025, 231. 11 |
| 74 | 72 | 4, 841. 94 | 105, 776. 58 | 83, 531. 92 | 912, 031. 03 |
| 75 | 73 | 5, 002. 08 | 98, 354. 73 | 78, 689. 98 | 806, 254. 45 |
| 76 | 74 | 5, 137. 82 | 90, 953. 75 | 73, 687. 91 | 707, 899. 72 |
| 77 | 75 | 5, 245. 04 | 83, 597. 55 | 68, 550. 09 | 616, 945. 97 |
| 78 | 76 | 5, 308. 42 | 76, 313. 54 | 63, 305. 04 | 533, 348. 42 |
| 79 | 77 | 5, 330. 12 | 69, 143. 81 | 57, 996. 62 | 457, 034. 88 |
| 80 | 78 | 5, 304. 74 | 62, 127. 26 | 52, 666. 50 | 387, 891. 07 |
| 81 | 79 | 5, 227. 94 | 55, 307. 21 | 47, 361. 76 | 325, 763. 81 |
| 82 | 80 | 5, 096. 24 | 48, 730. 31 | 42, 133. 81 | 270, 456. 60 |
| 83 | 81 | 4, 907. 87 | 42, 445. 53 | 37, 037. 57 | 221, 726. 28 |

附表 6(續 2)

| $x$ | $y$ | $C_{xy}$ | $D_{xy}$ | $M_{xy}$ | $N_{xy}$ |
|---|---|---|---|---|---|
| 84 | 82 | 4, 663. 02 | 36, 502. 40 | 32, 129. 70 | 179, 280. 75 |
| 85 | 83 | 4, 364. 35 | 30, 949. 07 | 27, 466. 67 | 142, 778. 36 |
| 86 | 84 | 4, 017. 17 | 25, 829. 87 | 23, 102. 33 | 111, 829. 28 |
| 87 | 85 | 3, 629. 65 | 21, 182. 70 | 19, 085. 16 | 85, 999. 42 |
| 88 | 86 | 3, 212. 60 | 17, 036. 40 | 15, 455. 51 | 64, 816. 71 |
| 89 | 87 | 2, 779. 12 | 13, 408. 28 | 12, 242. 91 | 47, 780. 31 |
| 90 | 88 | 2, 343. 82 | 10, 302. 13 | 9, 463. 79 | 34, 372. 03 |
| 91 | 89 | 1, 921. 73 | 7, 707. 04 | 7, 119. 97 | 24, 069. 90 |
| 92 | 90 | 1, 527. 13 | 5, 597. 33 | 5, 198. 24 | 16, 362. 86 |
| 93 | 91 | 1, 172. 17 | 3, 933. 68 | 3, 671. 11 | 10, 765. 53 |
| 94 | 92 | 865. 80 | 2, 665. 57 | 2, 498. 94 | 6, 831. 85 |
| 95 | 93 | 612. 85 | 1, 734. 75 | 1, 633. 14 | 4, 166. 28 |
| 96 | 94 | 413. 85 | 1, 079. 59 | 1, 020. 29 | 2, 431. 53 |
| 97 | 95 | 265. 28 | 639. 41 | 606. 44 | 1, 351. 94 |
| 98 | 96 | 160. 54 | 358. 54 | 341. 16 | 712. 53 |
| 99 | 97 | 91. 19 | 189. 25 | 180. 61 | 353. 99 |
| 100 | 98 | 48. 29 | 93. 45 | 89. 43 | 164. 74 |
| 101 | 99 | 23. 68 | 42. 87 | 41. 13 | 71. 30 |
| 102 | 100 | 10. 67 | 18. 14 | 17. 45 | 28. 42 |
| 103 | 101 | 4. 39 | 7. 03 | 6. 78 | 10. 28 |
| 104 | 102 | 1. 63 | 2. 47 | 2. 39 | 3. 25 |
| 105 | 103 | 0. 76 | 0. 78 | 0. 76 | 0. 78 |

說明:此表由 CL3(2000—2003) 與 CL4(2000—2003) 合成,其中各生命表基數均為 1, 000,預定利率為 2. 5%。

# 附錄 D　壽險精算英漢詞匯



## A

absolute rate of decrement 絕對損失率

accumulated value 累積值

actuarial assumption 精算假設

actuarial accumulated value 精算累積值

actuarial management 精算管理

actuarial present value 精算現值

actuarial science 精算學

actuary 精算師

adjusted premium 調整保費

age－at－death 死亡年齡

aggregate table 綜合表

amount of death claim 死亡保險金

annual premium 年繳保費

annuity－certain 確定年金

annuity－due 期初付年金

annuity－immediate 期末付年金

apportionable annuity－due 比例期初年金

apportionable premium 比例保費

asset share 資產份額

## B

Baldueci assumption 鮑德希假設

## C

cash value 現金價值
central - death - rate 中心死亡率
central rate of decrement 中心減因率
Commissioner's premium reserve 保險監督官責任準備金
commutation function 換算函數、轉換函數、替換函數
complete annuity - immediate 完全期末年金
complete - expectation - of - life 完全平均余命
compound interest 複利
constant force of mortality assumption 死力常數假設或 CFM 假設
continuous(life) annuity 連續型(生存)年金
continuous premium 連續支付的保費
curtate - expectation - of - life 簡約平均余命
curtate - future - lifetime 取整余命

## D

death rate 死亡率
decreasing annuity 遞減型生存年金
decreasing(n - year) term life insurance 遞減(n 年)定期壽險
decrement 損因、減因
decremental table 減因表
deferred annuity 延期年金
deferred insurance 延期保險
deferred temporary life annuity 延期定期生存年金
deferred whole life annuity 延期終身生存年金
discrete( life) annuity 離散型(生存)年金

dividend 紅利

## E

effective rate of discount 實際利率

effective rate of interest 實際利率

endowment insurance 兩全保險

expected expense 預定費用率

expected interest rate 預定利率

expected mortality 預定死亡率

expense reserve 費用責任準備金

experience table 經驗生命表

## F

force of decrement 減因力

force of interest 利息力

force of mortality 死亡力

full preliminary term(FPT)完全初年定期式修正方法

future lifetime 剩余壽命

## G

Gompertz's law 龔柏兹法則

gross premium 毛保費

gross premium reserve 毛保費責任準備金

guaranteed life annuity 有保證期的生存年金

## I

immediate annuity 即期年金

increasing annuity 遞增型生存年金

increasing life insurance 遞增壽險

independent rate of decrement 獨立損失率
initial reserve 期初責任準備金
insurance against death 死亡保險
insurance option 保單選擇權
interest loss 利差損
interest profit 利差益
insurance payable at the end of death 死亡所在年末給付保險金的保險
insurance with return of premium 保費返還保險

J

joint - life status 聯生狀態
joint insurance 聯生保險

L

last - survivor status 最后生存狀態
law of mortality 死亡法則
level( net) premium 均衡(純)保費
life - aged - x 年齡為 x 歲的人
life annuity 生存年金
life expectancy 平均預期壽命
life functions 生命函數
life insurance mathematics 壽險精算
life table 生命表
limiting age 終極年齡
loading loss 利差損
loading profit 費差益

M

Makeham's law 梅克哈姆法則
modified reserve 修正責任準備金

mortality table 死亡表

m－thly payment life annuity 年付 m 次生存年金

multiple decrement model 多損因或多減因模型

multiple decrement table 多損因表或多減因表

multiple life function 多生命函數

## N

natural premium 自然保費

net amount at risk 風險淨值

net premium 淨保費或純保費

net premium reserve 淨保費責任準備金

net probabilities of decrement 淨損失概率

net single premium 躉交純保費

nominal rate of discount 名義貼現率

nominal rate of interest 名義利率

non－forfeiture benefits 不沒收價值

n－year deferred m－year term insurance n 年延期 m 年定期壽險

## O

operating expenses 附加費或事業費

## P

paid－up insurance 繳清保險

payable at the end of the m－th of a year of death 死亡所在 1/m 年末給付

payable at the end of the year of death 死亡年末給付

payable at the moment of death 死亡即刻給付

payable in advance 期初給付

payable in arrear 期末給付

perpetuity 永久年金

policy value 保單價值、責任準備金

population table 國民生命表
present value 現值
principle of equivalence 收支平衡原則
probability of dying 死亡概率
probability of living 生存概率
prospective method 未來法
pure endowment insurance 純生存保險

R

radix(生命表)基數
recursive formulas 遞推公式
renewal premium 續年保費
reserve 準備金
retrospective method 過去法

S

second - to - die life insurance 殘存者保險
select and ultimate mortality tables 選擇—終極生命表
select period 選擇期限
select table 選擇表
simple interest 單利
step premium 階梯保費
surplus 盈余
surrender charge 解約費用
surrender loss 解約損
surrender profit 解約益
survival function 生存函數
survival models 生存模型

T

temporary life annuity 定期生存年金

terminal reserve 期末責任準備金

terminal value 終值

term insurance 定期壽險

time - until - death 剩余壽命

true m - thly payment premium 年付 m 次的真實純保費

truncated table 截斷表

## U

ultimate table 終極表

unearned net premium 未經過純保費

uniform distribution of deaths assumption 死亡人數均勻分佈假設或 UDD 假設

## V

variable annuity 變額年金

variable life insurance 變額壽險

varying benefit insurance 非等額保險

## W

whole life insurance 終身壽險

whole life annuity 終身生存年金

withdrawal 退保

waiting period 等待期

# 附錄 E　部分習題答案

## 習題 2

2 - 1　0.707,107;0.014,713;0.978,337;0.007,813

2 - 2　(1) $\frac{1}{15}(64-0.8x)^{-2/3}$;(2)60;(3)514.29;(4)7.5;(5)8.04;(6)2/15

2 - 3　0.59

2 - 4　90

2 - 5　0.979,201

2 - 6　$\ln\frac{1-0.5q_x}{1-q_x}$

2 - 7　0.074,055

2 - 8

| $x$ | $l_x$ | $d_x$ | $p_x$ | $q_x$ | $e_x$ | $\mathring{e}_x$ |
|---|---|---|---|---|---|---|
| 97 | 200 | 120 | 0.4 | 0.6 | 0.55 | 1.05 |
| 98 | 80 | 56 | 0.3 | 0.7 | 0.375 | 0.875 |
| 99 | 24 | 18 | 0.25 | 0.75 | 0.25 | 0.75 |
| 100 | 6 | 6 | 0 | 1 | 0 | 0.50 |

2 - 9　0.1

2 - 10　48.89

2 - 11　0. 05 ,0. 966, 667 ,0. 033, 333 ,22. 5

2 - 12　15. 60

2 - 13　15. 48

2 - 14　(1)0. 031, 579 ;(2)0. 032, 258 ;(3)0. 051, 317

2 - 15　精確值:0. 007, 843 ;近似值:0. 007, 859 ,0. 007, 874 ,0. 007, 890

2 - 16　(1)0. 078, 2 ;(2)0. 054, 645 ;0. 054, 773 ;0. 054, 901

2 - 17　4, 800

2 - 18　0. 010, 26

2 - 19　150, 000

2 - 20　10. 08

## 習題 3

3 - 1　0. 276, 324 、0. 110, 310 、0. 526, 211 、0. 636, 522

3 - 2　0. 05 ,0. 60

3 - 3　(1)0. 810, 140 ;(2)12. 11

3 - 4　0. 054, 848

3 - 5　0. 54

3 - 6　3. 81

3 - 7　826

3 - 8　12. 27

3 - 9　0. 140, 8

3 - 10　0. 435, 959

3 - 11　0. 190, 258

3 - 12　(1)0. 102, 1 ;(2)0. 103, 0 ;(3)0. 103, 2 ;(4)0. 103, 4

3 - 13　(1)0. 161, 5 ;(2)0. 163, 1 ;(3)0. 163, 4 ;(4)0. 163, 6

3 - 14　(1)3, 073. 31 ;(2)3, 167. 38

3 - 15　0. 04

3 - 16　0. 52

3 - 17　0. 281, 5 、0. 112, 4 、0. 638, 6 、0. 283, 2 、0. 113, 0 、0. 639, 3

3 - 18　0. 01

3 - 19　4

3 - 20　9, 870

## 習題 4

4 - 1　(1) $-{}_nE_x(\mu_{x+n}+\delta)$;(2) ${}_nE_x(\mu_x-\mu_{x+n})$

4 - 2　64, 166. 72

4 - 3　151, 682. 34

4 - 4　2. 213, 2

4 - 5　106

4 - 6　0. 940, 2

4 - 7　538. 35

4 - 8　0. 177, 2

4 - 9　6. 737, 4

4 - 10　(1) $\frac{5,000}{D_x}(S_x-3S_{x+10}+2S_{x+14})-5,000$;

(2)466, 000. 63、430, 956. 00、386, 835. 99

4 - 11　在簡單近似公式下:178, 591. 56、174, 357. 41、173, 416. 49、172, 946. 03;

在重複近似公式下:178, 591. 56、174, 322. 09、173, 379. 07、172, 908. 35。

4 - 12　在簡單近似公式下:167, 300. 50、171, 534. 65、172, 475. 57、172, 946. 03;

在重複近似公式下:167, 300. 50、171, 99. 32、172, 438. 15、172, 908. 35。

4 - 13　在簡單近似公式下:312, 073. 62、308, 807. 76、308, 082. 01、307, 719. 14;

在重複近似公式下:312, 073. 62、308, 788. 82、308, 061. 95、307, 698. 93。

4 - 14　10

4 - 15　13. 03

4 - 16　0. 464, 8

4 - 17　0. 65

4 - 18　(1)0. 02;(2)0. 466, 0

4 － 19　11. 607, 995 ;11. 269, 361 或 11. 273, 048 ;11. 238, 885 或 11. 242, 598

4 － 20　12. 302, 5 ,11. 702, 5

## 習題 5

5 － 1　1. 393, 353 萬元

5 － 2　6, 433. 12

5 － 3　(1)0. 06 ;(2)0. 03 ;(3)0. 04

5 － 4　0. 21

5 － 5　0. 06

5 － 6　0. 053, 391

5 － 7　0. 009 ;0. 05

5 － 8　0. 018, 75

5 － 9　80. 38

5 － 10　137. 16

5 － 11　－0. 254, 6

5 － 12　15. 02

5 － 13　(1)756. 10 ;(2)763. 85

5 － 14　2, 824. 39

5 － 15　31. 20

5 － 16　(1)1, 966. 13 ;(2)1, 964. 99(3)1, 966. 53

5 － 17　138. 05

5 － 18　0. 08 ,0. 371, 5

5 － 19　29. 42

5 － 20　0. 04

## 習題 6

6 － 1　5, 280. 42 、12, 096. 61

6 － 2　(1)7, 658. 45 ;(2)205, 469. 55 、368, 610. 17 、253, 317. 62 、151, 511. 18

6 － 3　0. 284, 1

6 － 4　0. 085, 1

6 - 5　0. 006, 32 ,0. 078, 32

6 - 6　0. 058

6 - 7　$\frac{{}_tV_x}{1-{}_tV_x}, 2\,{}_tV_x$

6 - 8　0. 904, 8

6 - 9　280. 51 ,610. 29

6 - 10　0. 003, 994

6 - 11　0. 224, 434

6 - 12　$P_x, {}_kV_x$

6 - 13　178. 84

6 - 14　5. 28

6 - 15　(1)73. 61、117. 35、104. 20;(2)91. 83、89. 72、87. 61

6 - 16　0. 543, 271

6 - 17　(1)786. 14;(2)4, 103. 74、4, 324. 42、4, 545. 11、4, 765. 79、4, 986. 48;(3)4, 309. 93、4, 319. 59、4, 525. 79

6 - 18　0. 123, 581

6 - 19　0. 075, 2

6 - 20　(1)789. 12;(2)8, 745. 25、9, 164. 83、9, 744. 20

## 習題 7

7 - 1　98. 47

7 - 2　904 ,887. 14 ,888. 23

7 - 3　$1+e_0+e_2+e_3, e_1+e_0d$

7 - 4　(1)0. 717, 937 ,43. 08;(2)0. 007, 179 ,0. 43

7 - 5　30. 35 ,29. 75 ,29. 51

7 - 6　137. 5 ,0. 319, 375

7 - 7　(1)498. 32 ,4, 257. 56;(2)90. 50 ,85. 30

7 - 8　(1)263. 21 ,663. 21;(2)3, 024. 92;(3)11, 017. 25

7 - 9　(1)174. 41 ,674. 41;(2)2, 971. 73;(3)11, 017. 25;678

7 - 10　0. 058, 015

7 - 11　0. 015, 416

7 - 12　0. 284, 633

7 - 13　0. 017, 864

7 - 14　0. 069, 101

7 - 15　(1)17. 19,1, 229. 44,5, 161. 68;(2)1, 212. 25

7 - 16　(1)17. 19,130. 39,471. 26;(2)113. 20

7 - 17　是,414. 58,725. 54,1, 140. 12,5, 585. 94

7 - 18　否

7 - 19　18, 008. 20;91, 568. 86

7 - 20　20, 479. 16、15, 026. 87、可分別購買保額為100, 000元與8, 143. 61元的剩余期限的定期壽險與純生存保險。

## 習題 8

8 - 1　(1)0. 000, 54;(2)0. 683, 06;(3)0. 316, 94;(4)0. 999, 46

8 - 2　0. 483, 590

8 - 3　0. 501, 134

8 - 4　0. 222, 222

8 - 5　12

8 - 6　11. 25,23. 75

8 - 7　(1)20. 83;(2)52. 08

8 - 8　0. 6

8 - 9　5. 82

8 - 10　15. 56,113. 58

8 - 11　(1)0. 4;(2)0. 067, 375

8 - 12　0. 228, 571,0. 057, 143,0. 006, 349

8 - 13　${}_{20|}a_{30} + {}_{25|}a_{25} - {}_{25|}a_{25:30}$

8 - 14　4, 328. 09

8 - 15　$\ddot{a}_{25:\overline{25|}} + \ddot{a}_{30:\overline{20|}} - \ddot{a}_{(25:30):\overline{20|}}$

8 - 16　11

8 - 17　${}_{5|}\bar{a}_{55} + {}_{20|}\bar{a}_{40} - {}_{5|}\bar{a}_{(40:55):\overline{10|}} - {}_{20|}\bar{a}_{40:50}$

8 - 18　8, 125

8 - 19　(1)0. 07;(2)0. 312, 5,0. 025

8 - 20 (1)116. 32;242. 44

(2)1, 698. 33;107. 28; - 319. 46

## 習題 9

9 - 1 8. 33

9 - 2 0. 027, 858 ,0. 046, 431 ,0. 065, 003 ,0. 139, 292

9 - 3 0. 009, 949

9 - 4 0. 051, 293

9 - 5 0. 029, 554 ,0. 048, 771 ,0. 067, 606

9 - 6 0. 986, 564

9 - 7 0. 512, 195

9 - 8 0. 214, 508

9 - 9 0. 112, 096

9 - 10 0. 111, 847

9 - 11 0. 015

9 - 12 (1)0. 086, 48;(2)0. 089, 8

9 - 13 648

9 - 14 15, 154. 86

9 - 15 1

9 - 16 130, 44. 08

9 - 17 8, 619. 35

9 - 18 119, 98. 21 ,1, 345. 33

9 - 19 13, 586. 77 ,15, 403. 38 ,20, 000;7, 200. 51 ,15, 403. 38 ,20, 000

9 - 20 302, 865. 93 ,12, 121. 04

## 習題 10

10 - 1 6, 000

10 - 2 9, 242

10 - 3 (1)30, 611. 57;(2)43, 344. 72;(3)113, 957. 45

10 - 4 233, 18. 95

10 - 5　$120,00\sum_{k=0}^{39} v^{k+0.5}{}_{k+0.5}p_{30}^{(\tau)} w_{30+k}$,

$$其中\ w_{30+k} = \begin{cases} 1.05^k (0 \leqslant k < 10) \\ 1.05^k \times 1.1 (10 \leqslant k < 20) \\ 1.05^k \times 1.1^2 (20 \leqslant k < 30) \\ 1.05^k \times 1.1^3 (30 \leqslant k < 40) \end{cases}$$

10 - 6　753, 12.06

10 - 7　(1)$15,000\dfrac{{}_3\tilde{Z}_{65}}{w_{40}} - 0.5I_{65}$,

$$其中\ {}_3\tilde{Z}_{65} = \frac{1}{3}(w_{62} + w_{63} + w_{64})$$

(2)$17,100\dfrac{{}_3Z_{68}}{w_{40}} - 0.5I_{68.5}$

10 - 8　231, 945.15

10 - 9　$10\% \sum_{k=0}^{29}\left[25,000\dfrac{w_{35+k}}{w_{35}} - 10,000(1+5\%)^k\right] v^{k+0.5}{}_{k+0.5}p_{35}^{(\tau)}$

10 - 10　36, 330.77

## 習題 11

11 - 1　19, 463.41

11 - 2　(1) - 681.88;(2)833.78;(3) 有負有正, - 3.88,4,1,961.13

11 - 3　(1) - 378.10;(2)462.33;(3) 有負有正, - 144.27,5,705.15

11 - 4　13, 687.71,11, 937.71,13, 080.95,87.21%

11 - 5　210.29,470.81,674.06,否,404.97,251.25,596.95,1, 000.03

11 - 6

| 盈余來源 | 第 1 年 | 第 2 年 | 第 3 年 |
|---|---|---|---|
| 利差損益 | 2.02 | 9.84 | - 5.01 |
| 費差損益 | 6.87 | 4.86 | 9.41 |
| 死差損益 | 8.94 | 8.23 | 84.61 |
| 解約損益 | - 0.06 | - 0.16 | 0.00 |
| 合計 | 17.78 | 22.76 | 89.02 |

各年盈余形成的終值為 131.09

11 - 7　0.002,240,13，0.028,201,58，0.004,932,01

11 - 8　死差益 -59.20，利差益 12,492.52，費差益 2,181.03，解約益 0.00，總盈余為 14,614.34

11 - 9　(1) 各年紅利形成的終值為 20.71。具體如下：

| 紅利來源 | 第 1 年 | 第 2 年 | 第 3 年 |
|---|---|---|---|
| 利差 | 0.00 | 6.39 | -9.78 |
| 費差 | -2.10 | 0.81 | 1.29 |
| 死差 | 7.49 | 20.51 | 0.00 |
| 退差 | 2.07 | -1.49 | 0.00 |
| 合計 | 7.46 | 26.21 | -8.48 |

(2) 各年紅利形成的終值為 78.54。具體如下：

| 紅利來源 | 第 1 年 | 第 2 年 | 第 3 年 |
|---|---|---|---|
| 利差 | 0.00 | 5.75 | -8.49 |
| 費差 | -2.10 | 0.81 | 1.29 |
| 死差 | 8.13 | 26.92 | 43.86 |
| 退差 | -4.28 | 4.92 | 0.00 |
| 合計 | 1.75 | 38.41 | 36.66 |

11 - 10　74.20

## 習題 A

A - 1　0.185,374、0.156,313、0.150,739；

A - 2　309,692.02 元；

A - 4　$-\ln(1-d)$ 或 $\delta$；

A - 6　0.032,026、0.031,77、0.031,856、0.031,983；

A - 7　0.062,812、0.061,385、0.059,100、0.060,610、0.060,918；

A - 8　1,559.72 元；

A－9　5,731.45 元、4,389.60 元；

A－10　5.60%、5.30%；

A－11　275,148.28 元、20,833.85 元；

A－12　50；

A－13　8,728.39 元

A－15　0.062,996；

A－16　$(n+1)^2$；

A－17　84.5；

A－18　613,875.86 元、999,939.09 元；

A－19　73.70 萬元；

A－20　18,860.25 元。

國家圖書館出版品預行編目(CIP)資料

壽險精算理論與實驗 / 張運剛 編著. -- 第二版.
-- 臺北市 : 崧燁文化, 2018.09

面 ; 公分

ISBN 978-957-681-523-2(平裝)

1.人壽保險 2.保險數學

563.73 107013641

書　名：壽險精算理論與實驗
作　者：張運剛 編著
發行人：黃振庭
出版者：崧燁文化事業有限公司
發行者：崧燁文化事業有限公司
E-mail：sonbookservice@gmail.com
粉絲頁　　網　址：
地　址：台北市中正區重慶南路一段六十一號八樓 815 室
8F.-815, No.61, Sec. 1, Chongqing S. Rd., Zhongzheng Dist., Taipei City 100, Taiwan (R.O.C.)
電　話：(02)2370-3310 傳　真：(02) 2370-3210
總經銷：紅螞蟻圖書有限公司
地　址：台北市內湖區舊宗路二段 121 巷 19 號
電　話：02-2795-3656　傳真：02-2795-4100　網址：
印　刷　：京峯彩色印刷有限公司（京峰數位）



定價：700 元
發行日期：2018 年 9 月第二版
◎ 本書以POD印製發行